U0517316

中国社会科学院创新工程学术出版资助项目

日常生活的苦难与希望

实 践 民 俗 学 田 野 笔 记

户晓辉◎著

中国社会科学出版社

图书在版编目(CIP)数据

日常生活的苦难与希望:实践民俗学田野笔记/户晓辉著. —北京:
中国社会科学出版社,2017.10
ISBN 978 - 7 - 5203 - 1306 - 3

Ⅰ.①日… Ⅱ.①户… Ⅲ.①民俗学—研究—中国 Ⅳ.①K892

中国版本图书馆 CIP 数据核字(2017)第 262136 号

出 版 人 赵剑英
选题策划 郭晓鸿
责任编辑 熊 瑞
责任校对 杨 林
责任印制 戴 宽

出 版 中国社会科学出版社
社 址 北京鼓楼西大街甲 158 号
邮 编 100720
网 址 http://www.csspw.cn
发 行 部 010 - 84083685
门 市 部 010 - 84029450
经 销 新华书店及其他书店

印 刷 北京明恒达印务有限公司
装 订 廊坊市广阳区广增装订厂
版 次 2017 年 10 月第 1 版
印 次 2017 年 10 月第 1 次印刷

开 本 710 × 1000 1/16
印 张 34.5
插 页 2
字 数 569 千字
定 价 148.00 元

目　录

下篇　结论

附　录

题　记

　　姥姥从根本上是沉默的、失语的，但是她把一张可以用文字说话的嘴长到了她的长孙——我的身上。姥姥呀姥姥，你几十年如一日辛辛苦苦、默默无闻地把我带大，然后你看着我走进大学读了文学学士还有文学硕士，在我还没有来得及告诉你——你的孙子还要进名牌大学念博士的时候，你却走了！所有这些，不都是为了从我这一代开始不再沉默，让我的父亲、母亲还有亲爱的姥姥开口说话吗？在这一点上，我可以向我的父老乡亲、向姥姥的在天之灵起誓：我不一定做得最好，但也绝不会做得太差！你们不要以为我没有钱就没有能耐，你们即使有了钱可能仍然不能张嘴，我就是你们养育出来的一副喉舌啊！你们世世代代的沉默将从我开始发声！

——摘自户晓辉《姥姥走了》

上 篇

引 论

故乡!故乡!

——故乡是任务

2016 年，是我的知天命之年。

不管人们怎么理解天命，在我的感觉里，它都是一种注定，更是一种召唤，一种冥冥之中的使命安排。这一年的 3 月 24 日，我回到故乡调研，短短几天时间，我回来后又是坐卧不宁、心绪难平。① 我分明听到了来自故乡的召唤，我有一种书写和倾诉的冲动。

的确，赫尔曼·鲍辛格早就指出："故乡不是与一个地点相连的，而是与一群人相连的；故乡表达的是尚未存在但是人所期待的团结；故乡不是一个不可改变的自然现成物，而是任务。"② 如果故乡是任务，那么，对我而言，这个任务至少包含着对故乡的重新理解、表达和目的条件还原，因为故乡不仅是过去的已然和现在的实然，而且是将来必须被创造（说）出来的某种东西③，也就是理性的应然和未来的可然。故乡托付给我的任务至少是，"从我这一代开始不再沉默，让我的父亲、母亲还有亲爱的姥姥开口说话"，因为我早就"向我的父老乡亲、向姥姥的在天之灵起誓：我不一定做得最好，但也绝不会做得太差！你们不要以为我没有钱就没有能耐，你们即使有了钱可能仍然不能张嘴，我就是你们养育出来的一副喉舌啊！你们世世代代的沉默将从我开始发声！"④

---

① 1999 年，我曾写道："老大每一次从家里回来，都会坐卧不宁几天，像是被什么东西叮住了魂，老大说不清痛在何处，但他明白这种咬人的东西就是他的出生地，一种被称为'故乡'的那个地方。"（户晓辉：《故乡之殇》，《绿洲》1999 年第 3 期；另见罗文斌、董立勃主编《阳光大坂——新疆当代散文选》，新疆人民出版社 1999 年版，第 161 页）

② ［德］赫尔曼·鲍辛格尔（Hermann Bausinger）：《故乡？故乡！——故乡是任务》，李双志译，2011 年 11 月发表于中德文化网 www.de-cn.net（2014 年 4 月 23 日）；我将译名统一改为"鲍辛格"。

③ 参见 Manfred Klein, *Antizipation und Noch-Nicht-Sein-Zum Heimatbegriff bei Ernst Bloch*, Hamburg, Disserta Verlag, 2014, S. 50。

④ 户晓辉：《姥姥走了》，《绿洲》1996 年第 1 期。

　　这个任务首先要求我摆脱传统的文人角色，正因如此，我早就明确指出：

　　如果说当代语言和生态环境一样正在遭受空前的污染，那么"文人"这个词大概是被玷污得最厉害的词之一了。在"文人"的麾下聚集了一大批文化掮客、御用刀笔吏、自大狂、面部贫血的伪精神贵族、青春期或更年期疾病携带者，似乎随便能读几本书能写几行字的人都能打着"文人"的招牌干点儿什么，捞取些什么，致使大街上已经开始贴出"防火防盗防文人"的标语，也致使我这个"书虫"兼"字虫"总是悖论式地不敢也不愿以"文人"自居。"文人"这个字眼被涂抹得面目全非之后，我们自然难以窥见其本真面目。可是，纵观几千年的古代，"文人骚客"们又做了些什么？他们或者包袱一打，"仰天大笑出门去，我辈岂是蓬蒿人"，或者脑袋一摇，"先天下之忧而忧，后天下之乐而乐"，潜台词是采用天子的视角看"天下"，整个是几千年一贯制的官本位。他们"吟成五个字，用破一生心"，以诗道比机智，比才气，比学问，最终无非是"心知不得载行事，俯首刻意追风骚"而已。难怪老百姓要说：一为文人，便不足观矣！这怪不得别人，怪只怪历朝历代的小文人糟蹋了行情。

　　中国历来多假冒伪劣的堕落文人，而缺真正具有"独立之精神，自由之思想"的真文人。所谓"文人"，我以为并不是能读文会写字的人，而是"人文"，即以笔为旗高扬人文精神、以纸为器从事人文关怀的人。真正的文人应该是国家的喉舌、民族的良心、时代的眼睛，他是知识的先知先觉者，是精神迷宫的领路人。他站在时代的前沿，眼观六路，耳听八方，见前人想见而未见，言他人欲说而未说，不断地注视着本民族和全人类的生存实际和精神内容，他从事的是一种具有广阔视野和专业精神的书写，在人道的意义上保护民众、普度众生，使更多的人免遭"盲人骑瞎马，夜半临深池"的精神险境，让知识洞烛更多的蒙昧之门。一切孤芳自赏、井底看天、沽名钓誉、蝇营狗苟、自甘沉沦的言行都与真正的文人无涉。

　　文人从事的工作不仅是对一个人的才情和能力的考验，而且往往也是用贫穷和孤独对一个人的耐力的检验。因此，我以为，社会上适合或有资格做文人的人绝不会比适合经商的人更多。

　　当今时代，文人正在和社会一起步入转型时期，然而不论怎么

"转"，我坚信一点：做文人，不做古代的小文人和酸文人，不做当代的伪文人和臭文人，要做就做地道的真文人，让文人这面旗帜首先在自己头顶的天空上纯洁地飘扬起来！①

虽然这种说法还留有圣人情怀和英雄情结的某些印记，但我所谓"文人"，实际上就是具有独立人格与自由权利的知识分子，而非中国古代士大夫意义上的那种"文人"。这就不由得让我想起：2013 年 10 月 28—29日，我随中国社会科学院文学研究所国情调查组一行考察了四川省射洪县的陈子昂读书台。射洪是唐代诗人陈子昂的故里，也是我母亲的故乡。因此，对我来说，此次考察不仅具有精神寻根的意味，更是一次反思自己和历代文人共同"宿命"的现实契机。我们冒着淅淅沥沥的小雨拾级而上，登临这座有着数百年历史的读书台。我再次感受到陈子昂《登幽州台歌》的雄浑气魄和悲凉心境："前不见古人，后不见来者。念天地之悠悠，独怆然而涕下。"同样是登台，同样是"前不见古人，后不见来者"，但是，来自全球化时代的我们，自然也应该与当年陈子昂的心情和想法有所不同。陈子昂（约 661—702），字伯玉，生于梓州射洪（今属四川）。与古代许多杰出文人的经历相似，他曾中得进士并得到武则天的赏识而官至右拾遗，因此，后世也称他为陈拾遗。但可惜的是，武则天欣赏的只是陈子昂的才华和胆识，并不采纳他的政治主张。后来，陈子昂因"逆党"反对武后而被株连入狱。他在三十八岁时辞官回乡，受到县令段简的陷害，冤死狱中，年仅 42 岁。

陈子昂的死是一个悲剧，他的一生也同样是一个悲剧。如今，我们在为他的悲剧扼腕的同时也不能不看到，类似的悲剧并非发生在陈子昂一人身上，而是发生在古代中国几乎每一个文人或士大夫的身上，只是表现形式和程度各有不同罢了。陈子昂的文学才华和成就自不待言，但他像中国古代所有文人或士大夫一样，志不在文学，而是要"学成文武艺，货于帝王家"（元杂剧《马陵道》）。出仕，始终是绝大多数中国文人的终极追求。诗文只是他们科举入仕的手段和副产品，正如陈子昂在《喜马参军相遇醉歌并序》中所写："吾无用久矣！进不能以义补国，退不能以道隐身。"证之以《孟子·尽心上》中的另一句话就是："穷则独善其身，达

① 户晓辉：《做一个真正的文人》，《新疆经济报》1995 年 6 月 28 日。

则兼善天下。"古代文人或士大夫几乎全都徘徊在仕途"穷""达"的两极之间。好诗一般总是出在他们郁郁不得志的"穷"时，清代诗人赵翼把这种现象总结为"国家不幸诗家幸，赋到沧桑句便工"（《题遗山诗》）。即便像陶渊明那样隐居山野之间，仍然是人在曹营心在汉——"穷"时的心思仍然是"达"。由此看来，古代中国作为诗的国度虽然取得了很大的艺术成就，但从其背面或反面来看，这种成就恰恰以文人在现实政治中的失意和失败为代价。文人以所谓诗意眼光看待社会和政治，这除了让他们在官场政治的潜规则面前显得迂腐和幼稚，因而屡屡碰壁和不得志并由此在他们身上激发出更强烈的诗情和更明显的自恋情结之外，对现实人生和社会政治生活而言，他们的这种诗意眼光可谓于事无补，并且于己有害。① 问题的关键在于，这些文人或者正在做官，或者是将来可能做官的候补队员，在他们之外，并不存在另一个阶层来思考如何更加合理地治理国家与社会，并且把这些好的想法付诸实践。因此，如果文人在思想和行动上失职，就只能导致整个国家和社会管理制度的单调重复和恶性循环，难以有良性的革新与质变。文人只能在既有的穷达循环模式中终了一生，而不能对这种模式形成反思性认识，更难以跳出这种模式来思考并寻求更好的制度框架。究其原因，一方面是因为文人大多只能意识到摆脱官场权贵的自由（况且很少有文人能够真正从思想和精神上摆脱官场的诱惑），这种摆脱外在有限事物的自由并非真自由，而是伪自由，也就是不自由。正因为不辨真假，所以，追求假自由的结果往往适得其反，"倘若允诺给我们通往自由的道路一旦事实上被证明是一条通往奴役的大路的话，悲剧岂不更惨？"② 另一方面，他们又把目空一切和为所欲为的狂狷误认为自由，这同样是一种反社会的、绝对个人主义的和极度自私的伪自由。其结果就是使文人要么认同官场的潜规则而如鱼得水（所谓达），要么不认同这种规

---

① 正如马克斯·韦伯所指出的："古代的中国，在氏族团体与行会的牢不可破的势力上，有少数的'士大夫'（mandarin）。士大夫是受过古典人文教育的文人，他们接受俸禄，但没有任何行政与法律的知识，只能吟诗挥毫，诠释经典文献，有无政治业绩，对他们而言并不重要；他们不亲自治事，行政工作是掌握在幕僚（师爷、胥吏）之手，为了防止官吏在地方上生根，他们须不断调任，而且绝对不能在原籍任职。他无法通晓所治州县方言，故此无法与民众接触。"（《经济与历史支配的类型》，康乐、吴乃昌、简惠美、张炎宪、胡昌智译，广西师范大学出版社2004年版，第166页）

② ［英］弗里德里希·奥古斯塔·冯·哈耶克：《通往奴役之路》（修订版），王明毅、冯兴元等译，中国社会科学出版社2015年版，第52页。

则而暂时出离官场甚至社会（所谓穷），这就使他们既在客观上（即使在他们达的时候）无法进行制度变革与创新的思考，又在主观上无法建立独立的人格与尊严（即使在他们穷的时候）。究其原因在于他们把实用主义的官场政治与一个好社会赖以维系的政治学混为一谈，这就使他们在进入官场时认同官场政治，在逃避官场时实际上同时也回避了社会政治学（哪怕是思考的可能性）。因此，作为古代中国官场庞大后备资源的文人从来没有能力，也没有勇气和胆量跳出官场政治来思考怎样改善中国式的官场政治，也想不到是否存在另一种可能的政治学，怎样才能让我们自己过上有尊严的生活。在骨感的现实面前，"安得广厦千万间，大庇天下寒士俱欢颜"也只能是文人的一种看起来很美的愿望和空想。他们不可能想到古希腊那种城邦生活和公民概念，而只能在民可载舟、亦可覆舟的简单比附中来重复一种维稳思路。他们也无法明白，政治不是让人们过生活，而是要让人们过上好生活，并且为这种好生活提供目的条件和根本保障。这就使他们在"穷"时也没有能力、没有胆量和勇气做任何独立的思考，在"达"时更不可能有根本的创新。在他们那里，忠君（愚忠）和颂圣实际上是一回事。当然，这其中的根本原因还在于：从外在方面来看，他们没有像古希腊先哲那样明确地把理性原则纳入政治生活，没有意识到只有在国家和政治生活中，人才能自我实现并且成为完整的人，才能调节自由与必然之间的对立关系；从内在方面来看，他们没有建立独立的人格，因为人格的独立需要人意识到自己的理性，需要理性的自我约束和规训。也就是说，独立的人格意味着人不受任何外物的役使，只接受实践理性自身的规约和命令。这时，人虽然不受外物的牵制和制约，却需要实践理性的自我立法，因为真正的自由以他人的自由为界限，或者说，每个人的自由都包含着他人的自由，每个人的自由都不能妨碍或者损害他人的自由，这样的自由才是真自由。① 只有以真自由为基础建立起来的人格才是独立而健全的人格，也才是有尊严的人格。如果说只有具备了独立的人格才能称为真正的知识分子，那古代的文人多半还算不上是知识分子。②

由此来看，尽管在偌大的中国，我们已经习惯了以文人的态度来看待并对待故乡，尽管我们历来都不乏充沛的情感，甚至情感在我们这个以抒

---

① 比较《新约·罗马人书》（2：14）的说法："没有律法的外邦人若顺着本性行律法上的事，他们虽然没有律法，自己就是自己的律法。"

② 参见户晓辉《从古代文人的人格悲剧说开来》，《中国社会科学报》2013年12月2日。

情诗见长的国度里早就有些泛滥和过剩，而且几千年来已有无数背井离乡的文人写出无数感时伤怀的怀乡之作，但是，故乡对我的召唤，故乡托付给我的任务，绝非向故乡泼洒虚情假意的眼泪，绝非把故乡当作随意想象和精神意淫的世外桃源，而是"敢于直面惨淡的人生，敢于正视淋漓的鲜血"①。这就首先要求我做一个真正的学者，至少逐渐学会做一个合格的公民。因为"在一个个人的自由及其生而具有的自然权利可被任意侵害与欺凌的社会里，在一个满街还都被视为草民的社会里，如果学者们不是把如何确立和维护个人的自由权利这一涉及立国之本的问题，而是把如何获得实质平等这一首先是社会政策层面上的问题，当作这个社会要解决的根本问题，那么，这样的学者要么是在转移这个社会的问题，要么就是对人之为人的自由还缺乏真正的意识。这样的学者本身还有待自我启蒙或者'被启蒙'"。② 因此，故乡对我的召唤，故乡作为我的任务，恰恰要求我在人性与理性上返回本源并且追根溯源，至少要敢于并且勇于面对真实的自己与真实的故乡。本书的返乡之旅，从主观上说，就是精神上的启蒙与自我启蒙之旅，就是告别文人角色、寻求实践理性之旅，就是从草民向公民艰难转换的精神之旅；从客观上来说，则是立足实践理性的立场还原真实的故乡及其目的条件之旅。本书的写作也试图表明，"朴素的、大气的、自然的生活态度比一般地掌握知识重要，这样，就不会沦为艺术的可耻卑贱的奴仆和小丑，就不至于故弄玄虚，也不会降低为一类爬格子的动物，我们不是在格子里填那么几千个字的文字砌砖工，而是用几千个字碰撞出一种精神音响的、表达特殊理解的人……"③ 我想，故乡需要的并非"一类爬格子的动物"。中国也好，故乡也好，江山代有而且从来不缺能够写出一手好文章和华丽文字的文人。我做不了这样的文人，也从来没打算做这样的文人。我只想勉力完成故乡托付给我的任务。

这就意味着，我不是为了认识故乡以及那里的人，而是为了理解故乡以及那里的人需要什么样的目的条件才能过上好生活。这就需要我从长期的经验实证范式转向实践理性范式，把故乡的问题当作自己的问题，而不是把自己的问题冒充为故乡的问题。我要回到故乡的日常生活，这实际上也是回到我自己的日常生活。此时，我首先发现，对故乡而言，对我而

①　鲁迅：《记念刘和珍君》，《鲁迅全集》第 3 卷，人民文学出版社 1981 年版，第 274 页。

②　黄裕生：《站在未来的立场上》，生活·读书·新知三联书店 2014 年版，第 206 页。

③　周涛：《稀世之鸟》，解放军文艺出版社 1990 年版，第 197 页。

言，对所有中国人而言，没有比过上有尊严和有权利保障的好生活更重要的事情，而要过上这样的好生活，我们当然离不开日常生活的政治实践。因为日常生活的吃、喝、拉、撒、睡都与政治息息相关。"除了居住和饮食，其他生存问题亦然。当你生病的时候，是否能够得到相对公平的医疗资源的救治，这是政治问题；当你老迈之时，是否老有所养，能否得到公平的退休金待遇，这是政治问题；你作为纳税人，是否被合理地课税，你是否知道你缴纳的钱用作何处，这也是政治问题；你若触犯了法律，是不是能依法得到公正的审判，这还是政治问题。你是否不会因为出身、族群、性别、年龄、性取向等而受到歧视与不公正待遇，简而言之就是不仅能够活着，而且能过一种有尊严的生活，这当然是政治问题，而且对一个社会中包括穷人在内的所有成员来说，都是政治问题。"① 在这方面，我同样觉得，"一旦缺乏政治目的，我就会写出毫无生气的书，深陷于华而不实的段落，写出内容空洞的句子、矫饰的形容词和通篇的废话假话"②。如果我们再不去关注现实生活中的根本问题，如果我们遗忘了故乡的苦难与希望而不能把它们说出来，那我的学问对家乡能有多少实际意义呢？

有人说，最深的苦难无法言说，只能放弃叙述，选择木讷、沉默或者任其飘落在荒郊野外。这种反智主义倾向混淆了两种苦难——存在论意义上不可言说的苦难与人为造成的不可言说的苦难——的性质。我承认前一种苦难的存在，但本书探讨的并非这种难以摆脱的苦难，而是由人为的主观因素（道德）和客观因素（制度）造成的精神苦难。在中国，即便是存在论层次上难以言说的苦难，也多半来自人为而非天然。本书的实践民俗学思考恰恰不想局限于苦难的经验事实，而是试图探讨苦难的目的条件。它的重点不在苦难之果，而在苦难之因。当苦难变成我们日常生活的常态之时，当我们在日常生活中的苦难不能畅所欲言地诉说出来之时，难道我们仍然只需选择沉默和木讷吗？即便苦难的经验事实有不可言说的最深层次，但其原因和目的条件绝非不可言说，至少其人为因素必须言说。如果不分轩轾地诉诸木讷和沉默，那就无异于自欺欺人、自娱自乐的鸵鸟

---

① 郭于华：《回到政治世界，融入公共生活——如何重新激发底层公众的政治参与热情》，《人民论坛·学术前沿》2013 年第 23 期。

② George Orwell，"Why I Write"，参见［英］乔治·奥威尔《动物庄园》，赵润译，江苏文艺出版社 2013 年版，第 171 页。

政策，也是逃避责任的反智之举。

为了这样的言说与实践，我们需要采用一种超越精神，这在本书中就体现为理性的目的条件还原法，即超越经验事实，还原日常生活中的伦理行为和政治行为的目的条件。正因如此，"或许在民俗志写作上，我们也该探寻'另一种技巧'"①。实践民俗学需要采用新的实验写作方式，不是回避甚至撇开日常生活中的各种实践境遇感，而是首先对这些实践境遇感进行目的条件还原。既然人类学家可以有人类学诗学②的写作方式，那我们为什么不可以有民俗学诗学或实验民俗志的写作方式呢？本来，"民俗的传承与变迁都是与具体的人群、个人连接在一起，同时又都与时代社会背景紧密联系，所以应该将问题、事件、人凝结于富有弹性变化的表达与呈现之中。这是感受生活的民俗学所应该追求的吧！"③ 既然要涉及人的实践境遇感，实践民俗学的写作就可能与文学有相通之处。既然人类学与文学"本来应该具有不证自明的天然因缘"④，实践民俗学又何独不然呢？既然"人类学中的诗学维度不仅是一种表现手法，而是这个学科正在发展的方法论的一个重要部分"⑤，那么，实践民俗学采用一点文学手法当然也就不仅具有体裁意义，更是为了便于理解并还原生活感受及其目的条件。文学成分在学术文本中的出现表明了现实的多义性。在有创造力的研究者的文本中，梦幻与现实是交织在一起的，这不是因为他们的思想是幻想，而是因为这些研究者意识到他们的认识的探索性。⑥ "实际上，叙事性、表现性的文学艺术作品等的卓越之处，绝不是仅仅塑造一个处处如意的诗意天堂，而恰恰是将生活的冲突保存在其中。换句话说，这也是着眼于对生活的'问题'意识：对出了'问题'的生活的关注，因为只有出

---

① 岳永逸：《都市中国的乡土声音——民俗、曲艺、心性》，中国人民大学出版社 2015 年版，第 295 页。

② 参见 Ivan Brady（ed.），*Anthropological Poetics*，Rowman & Littlefield Publishers，Inc.，1991。

③ 刘铁梁：《感受生活的民俗学》，《民俗研究》2011 年第 2 期。

④ 户晓辉：《关于文学人类学的批评与自我批评》，《广西民族学院学报》2003 年第 5 期；人大复印报刊资料《文艺理论》2004 年第 2 期。

⑤ J. Ivan Prattis，*Anthropology at the Edge：Essays on Culture，Symbol，and Consciousness*，University Press of America，1997，pp. 58 – 59.

⑥ 参见 Ilse N. Bulhof，"Literarische Elemente in wissenschaftlichen Texten：Grundlegung einer hermeneutischen Ontologie"，in *Allgemeine Zeitschrift für Philosophie*，12 Jahrgang，1987，Heft 2，S. 46。

了'问题'的生活才是需要关注的"①，因此，"文学作为民俗学的表达手法，并不是让民俗学的表述获得一种注重修辞或抒情的语言风格，而是在文学能让生活'被看见'的意义上使用的"②。

当然，本书的实践民俗学实验写作采用一点文学笔法，也是为了更好地表达日常生活的实践境遇感和存在代入感。"从感受生活的角度来理解民俗研究的意义，并不是说别的学科不感受生活，而是说由于民俗本身就具有生活的性质，所以经由民俗的理解更为贴近人们对于生活的切身感受。……民俗学者就更是如此，他感受生活的深刻程度决定着他研究的深度。"③ 当然，本书描述的日常生活实践境遇感"并非一种任意的'随感'，而有可能成为一种严谨的研究方法——让被实证研究抽象、物化的事实重新回复到被生活感受、意味的状态中去，重新发现被感受的结构，以及感受本身的复杂状况"④。首先，本书致力于还原我与家人在日常生活中的共同实践境遇感。我的任务不是认识日常生活，而是还原我与家人共同经历和遭遇的日常生活的目的条件，还原我们在日常生活中的共同感悟和相通体会，还原我们共同的日常生活出现的实践问题和出了实践问题的日常生活。其次，本书着力寻求并还原我与家人（实际上也就是普通人）在日常生活中共同具有的常识感、公平感和正义感，并且运用条件还原法，把当年我与家人未能明确意识到的行为目的条件加以清晰还原，这实际上也是立足未来的实践理性立场来看过去和现在。最后，本书需要把我们的这些共识推进并提升到现代价值观的公识层次，由此反思日常生活的伦理行为和政治行为的目的条件。因此，在描述我与家人的实践境遇感时，我始终采用的是条件还原法，而不同于一般的经验描述。我注重的不是感性经验和偶然细节，而是始终立足实践理性的立场还原这些感性经验和偶然细节的目的条件。日常生活中的伦理行为与政治行为始终是目的在先、结果在后，不当的目的条件会产生不当的行为结果，这一本性决定了实践民俗学的研究必须从前因（目的条件）来认识并评判后果（行为事实），而不能像经验实证范式那样仅仅止步于经验描述和因果归纳。因此，

① 胥志强：《生活问题：民俗学"存在论研究"引论》，博士学位论文，中国社会科学院研究生院，2012年。
② 同上书，第112—113页。
③ 刘铁梁：《感受生活的民俗学》，《民俗研究》2011年第2期。
④ 胥志强：《生活问题：民俗学"存在论研究"引论》，博士学位论文，中国社会科学院研究生院，2012年。

本书把写作和表达视为实践民俗学意义上的实践，本书的实验写作就是实践写作，而且是立足实践理性立场上的实践写作，因而不同于通常的写作实践。

在我看来，真正的研究不能只追逐盲目的偶然，不能跟着感觉走还要紧抓住梦的手，而是要追求必然，至少学会理解必然。实践民俗学不仅不忽视生活感受，而且要重视生活感受，但与此同时更要超越单纯的主观感受，因为"对不公正的感受可以被视为触动我们的一个信号，但我们需要对该信号进行批判性考察，并审思由此得出的结论是否合理"①。本书恰恰希望通过普通人对"不公正的感受"还原出伦理行为与政治行为的目的条件，并由此考察目的条件的缺失与日常生活的苦难之间的必然关联。所谓"社会的不公正，是在不必要的情况下排除或妨碍社会成员以同等权利的机会参与社会合作程序"②。毋宁说，为了还原完整的人及其日常生活的目的条件，本书的实践民俗学研究不仅需要参与式观察与自传式体验，也需要反复的实验写作。德国民俗学者伊娜－玛丽亚·格雷韦鲁斯早就指出，"我们的学科处于变革之中，而且我们作为教育者也是学习者和探索者"③。我恰恰想从自己开始这种学习和探索，而本书的实践民俗学写作就是我进行这种学习和探索的一个成果。它虽然与家乡有关，但并非家乡民俗学的思考方式，而是我作为民的自传体实验写作和实践写作，是我对自己与家人日常生活的重新体验和理解，也是我对自己和家人在日常生活中的伦理行为和政治行为的目的条件还原，因为"我们自己就是民众，应该各各体验自己的生活！"④

其实，德国民俗学者阿尔布雷希特·莱曼（1939—　）早就在相关著作和论文——《叙事结构与简历：自传研究》《讲述自己的日常经历：事态、情境、功能》《自我辩护的故事：论讲述自己的日常经历的一种

---

① ［印度］阿玛蒂亚·森：《正义的理念》，王磊、李航译，中国人民大学出版社 2012 年版，"序"，第 2 页。

② ［德］阿克塞尔·霍耐特：《自由的权利》，王旭译，社会科学文献出版社 2013 年版，第 138 页。

③ Ina-Maria Greverus, "Über Kultur und Alltagswelt", in *Ethnologia Europaea*, Volume IX (1976), S. 211.

④ 顾颉刚：《〈民俗〉发刊辞》，王文宝编《中国民俗学论文选》，中国民间文艺出版社 1986 年版，第 15 页。

功能》①——中论述了自传体日常生活经历的学术价值。乍一看来，我写的日常生活好像是过去的"故"事，但它是我立足当下对过去生活的回忆、理解和还原，它就是当下的日常生活，也是通向未来的日常生活，是立足理性的未来对过去和现在的实践行为所做的目的条件还原。因为我本来就"生活在未来和过去之间。不生活在过去的人，就不会生活在未来"②。从内容上来看，正如威廉·沙普所指出，过去和未来在此时此刻就是当前的或当下的。③ 在故事中，过去和未来均成为现在，过去和未来交织在故事中。④ 从形式上来看，回忆也是当下经验的联想要素，因而与通常的记忆不同。⑤ 回忆（Erinnerung）具有双重功能：把某种东西设定为过去的东西，同时又把它引入意识的当下。过去生活的外在形式已经过去了，但它的内在形式仍然保留着。过去在回忆中同时被设定为过去并且被昭示为当前的。⑥ "德语 Erinnerung（回忆或追忆），即 Er + innerung（把……内在化），因此，回忆或追忆实际上也是把事情内在化的过程。本来，事情可能是外在的，可能与我无关，但通过我的回忆或追忆，事情就被转化为与我有关的内在事件，就被纳入或被赋予了内在的时间。一旦进入内在的时间，它就不仅是过去的，而且是现在的和将来的。"⑦ 所谓内在的时间，也是我的时间。这种时间不再是空的流程，而是充盈着我的生命内容，"这就是人们可以叫作的属己的时间，而且我们所有的人都能从自己的生活经历而熟知它。属己的时间的基本形式是：童年时代、青年、成年、老年和死亡。在这里并没有计算，也没有从一些空洞的瞬间拼凑出整个时间来的一种循序渐进的序列。我们用钟表来观察和推算恒定的时间

---

① 参见 Albrecht Lehmann，*Erzählstruktur und Lebenslauf. Autobiographische Untersuchungen*，Frankfurt am Main，1983；"Erzählen eigener Erlebnisse im Alltag. Tatbestände，Situationen，Funktionen"，in *Zeitschrift für Volkskunde*，74 Jahrgang，1978，S. 198 – 215；"Rechtfertigungsgeschichten. Über eine Funktion des Erzählens eigener Erlebnisse im Alltag"，in *Fabula*，21 Jahrgang，1980，S. 56 – 69。

② ［英］阿克顿：《自由与权力——阿克顿勋爵论说文集》，侯健、范亚峰译，商务印书馆 2001 年版，第 403 页。

③ 参见 Wilhelm Schapp，*Philosophie der Geschichten*，Vittorio Klostermann GmbH，1981，S. 3。

④ 参见 Wilhelm Schapp，*In Geschichten Verstrickt. Zum Sein von Mensch und Ding*，Richard Meiner Verlag，1953，S. 160 – 162。

⑤ 参见 John J. Drummond，"Time，History，and Tradition"，in John B. Brough & Lester Embree（ed.），*The Many Faces of Time*，Kluwer Academic Publishers，2000，p. 131。

⑥ 参见 Friedrich Kümmel，*Über den Begriff der Zeit*，Max Niemeyer Verlag，Tübingen 1962，S. 155。

⑦ 户晓辉：《民间文学的自由叙事》，社会科学文献出版社 2014 年版，第 185—186 页。

之流的持续性，但它关于青年和老年却什么也没有告诉我们。使某人年青或年老的时间不是钟表的时间，在它里面显而易见的是一种非连续性。忽然之间一个人就变老了，或者人们突然地发现某人'已经不是小孩子了'；那时人们才觉察到，他的时间是属己的时间"①。在这种属己的时间里，即便是朝花夕拾，也仍然让朝花染上了夕拾的意味，甚至罩上了未来的光晕。回忆意味着把时间整合到当下之中（das Integrieren der Zeit in die Gegenwart），为过去赋予当下和未来的理解内容，甚至需要还原出过去行为的目的条件。当前的事情和过去的事情必须被回忆，也就是必须被意识到，这一点只有通过扬弃人们感知到的某个直接印象才是可能的。② 所以，沃尔夫冈·仁茨把回忆或当前化（Vergegenwärtigen）界定为与自己交谈的活动（Im-Gespräch-Sein-Mit-Sich），因为在回忆或当前化中，"我"被推向表达，这时的"我"不是现成物，而是与自身交谈的活动，是自己展开的活动（Sich-Entfaltendes）和回归自身的活动（Zu-Sich-Kommendes）。③ 因此，回忆就是"我"与"我"自己的交谈，是过去的"我"与现在的"我"以及将来的"我"之间的交谈。回忆当然是立足于现在，但相对过去而言，现在不正是过去的未来吗？换言之，回忆是立足于过去的未来而追忆过去，实际上就是站在未来的理性立场来看过去并且还原出过去的目的条件。这个未来，不仅是时间上的未来，更应该是实践理性意义上的将来。否则，它就只是时间之流，仿佛空洞的直线和无意义的空壳，没有任何进步和长进，也缺乏人的理性目的，因而不再是属于人的时间。

退一步说，即便不是回忆，而是日常的时间，仍然同时涉及过去、现在和未来。即便从事实层面来看，民俗学也绝非仅仅关注过去而罔顾现在与未来。④ 因此，与日常生活打交道的"民俗学是一门有关民众生活的学

① ［德］伽达默尔：《美的现实性——作为游戏、象征、节日的艺术》，张志扬等译，生活·读书·新知三联书店 1991 年版，第 70 页。

② 参见 Friedrich Kümmel, *Über den Begriff der Zeit*, Max Niemeyer Verlag, Tübingen 1962, S. 117, S. 154。

③ 参见 Wolfgang Senz, *Transzendentalphilosophie und Volkskunde. Zur Transzendentalphilosophie als Fundament des Vergegenwärtigens*, Unter Mitarbeit von Brigitte Senz, Peter Lang GmbH, Frankfurt am Main 2006, S. 9, S. 42, S. 182。

④ 鲍辛格早就注意到了恩斯特·布洛赫《希望的原理》与民俗学"非同时性"问题的关联，参见 Hermann Bausinger, "Ungleichzeitigkeit. Von der Volkskunde zur empirische Kulturwissenschaft", in *Der Deutschunterricht*, 6/87 od. VI, 1987。

科……民众生活从时间的深度经过各自的当前流入未来"①。然而，记忆也好，回忆也好，究竟是什么意思呢？当我们立足现在与未来回忆过去的时光或者重新咀嚼自己的记忆时，我们不光是在怀旧，还在对过去的事情、对自己的记忆进行新的体认和新的还原。哪怕是遗忘和变形，过去的事情或记忆本身并非原封不动的再现，而是构成新知。"回忆总是对那些人们知道的、但是由于大脑里地方有限不能使其一直处于在场状态的内容的部分重构。"②这种新知和重构就是黑格尔所谓的内化（Er-Innerung）过程，也就是走进自身（Insichgehen）的过程。③ 回忆不仅是向事情本身的内化，也是向回忆者自身的内化，它既是回到事情的内部，也是回到回忆者的内部。这是双重的内化。因为"在回忆中，一个当前的直观或表象引发了过去的一个直观或表象的图像，这个直观或表象是与当前的直观或表象相同的图像。我所认识的相同性一方面是它的内容的同一性，另一方面，我在当前的直观中认识我自己，因而获得我与我自身的同一性，或者说，我在这种直观中回忆我自身"④。一方面，在当初经历这些事情的时候，我可能还懵懵懂懂、迷迷瞪瞪。然而，在后来回忆同样这些事情的时候，我才把这些直观感受和外部感知内化为理性反思的对象，我才意识到它们的得失及其目的条件。我通过回忆再次走进它们内部，于是又看到甚至体会到前所未有的新境界和新含义。另一方面，当我回想起从前的我时，这个从前的我才有了深度和厚度，才有了精神上的辨识度。那些当初没有理解的东西，在我自己身上被重新理解，那些空洞的内容又重新得到充实。

因此，无论对自己还是对日常生活的实践民俗学而言，我们的确需要通过回忆和返回自身才能更好地理解我们想理解的东西，也才能更好地理解我们自身。难怪黑格尔说，一个人越是有教养，就越不是生活在直接的直观之中，而是要让他的所有直观都沉入回忆，让他的感受完全带有回忆

---

① Josef Hanika, *Volkskundliche Wandlungen durch Heimatverlust und Zwangswanderung: Methodische Forschungsanleitung am Beispiel der deutschen Gegenwart*, Otto Müller Verlag, Salzburg, 1957, S. 13.

② ［德］赫尔曼·鲍辛格等：《日常生活的启蒙者》，吴秀杰译，广西师范大学出版社 2014 年版，第 223 页。

③ 参见 Hermann Glockner（Hg.），*Hundert Aussprüche Hegels*, Fr. Frommanns Verlag Günther Holzboog, 1958, S. 22。

④ ［德］黑格尔：《黑格尔全集》第 10 卷，张东辉、户晓辉译，商务印书馆 2012 年版，第 277 页。

的特征。①

　　实际上，我们的学术写作常常离不开回忆。从前例来看，人类学家列维－斯特劳斯写作《忧郁的热带》时已经距离他最后一次离开巴西15年。② 因此，《忧郁的热带》也可看作一部回忆之作。中国古代的不少民俗志，也是依据回忆来进行的梦幻式写作。严格说来，民族志与民俗志都是回忆之作，因为它们的写作通常都无法与事件同步，而是必须在事件发生之后。即便单纯的记录也是追随在事件之后而并非与它同时。通过回忆和记忆来写作的必要性在于，只靠当下的田野调查来理解和领会日常生活的意义常常显得过于仓促，因为理解和领会往往得靠时间、耐心和阅历的磨砺，得靠我们的理解能力和领悟力，而这些往往不是单纯的田野调查就能奏效的事情。比如，我在大学时代就有一点思乡病，用今天的时髦话来说可能就是乡愁。我当时就想对自己的故乡和家人写点什么，但又不知如何下笔，因为连我自己都感到这种故乡情愫多半只是一些主观情绪，缺乏具体内容。用黑格尔的话来说，这种乡愁仍然是抽象的而不是具体的。过了这么多年，我终于再次有了写作的冲动，才敢触碰这个问题。这主要不是因为我已经准备好了，而是因为再不写我可能就老了。毕竟，人生每个阶段都有每个阶段的理解和领会。我现在只需记录自己当下的理解和领会就足矣。借用黑格尔对哲学的说法③，我们对自己和事物的真正理解总是出现得太晚。也就是说，只有当现实完成其教化过程之后，这种深入的理解才会出现。这时候，生活中的我可能已经变老了，我可能理解得越多就越悲观。我无法用这种悲观使自己变得年轻，只能让自己看得更清楚，让自己更明白，人生苦难的根源在于缺乏实践理性的目的条件。

　　所幸，当年的家信基本上被我保留下来。作为文字见证，它们不仅有助于我的回忆和思考，而且本身也是众声喧哗的发声与对话方式。我在文字与记忆之间旅行，因为"旅行同时也是对旅行者的自我进行探索和发现的心灵历程。旅行所留下来的痕迹本身就是分裂而散乱的，并不像在高速

---

　　① 参见 Hermann Glockner（Hg.），*Hundert Aussprüche Hegels*，Fr. Frommanns Verlag Günther Holzboog，1958，S. 14。

　　② 参见［法］克洛德·列维－斯特劳斯《忧郁的热带》，王志明译，中国人民大学出版社2009年版，第3页；Claude Lévi-Strauss，*Tristes Tropiques*，Translated by John and Doreen Weightman，Jonathan Cape Ltd.，1973，p. 15。

　　③ 参见 Hermann Glockner（Hg.），*Hundert Aussprüche Hegels*，Fr. Frommanns Verlag Günther Holzboog，1958，S. 15。

公路上那样各种车辆总是互相尾随,仅仅具有同向、相向或背向这几种简单关系。……阅读亦然。阅读是一种与未知文本的接触,它同样具有历险的性质,具有人类学的特征。阅读留下的痕迹既是一种自然行迹,又是一种人文话语;既有正确的解读又会有误读……"① 我试图通过亲人的回忆以及家人的书信走进他们的内心,我希望他们微弱的声音被更多的人听见,希望通过我的解读和理解,把它们放大为更加有力的呐喊与呼唤,还原出他们悲欢离合和忧思伤痛的目的条件与深层根源。既然"现代精神的勇气或者绝望就是:在任何情况下认真对待其诚实的痛苦,严肃面对我们在世存在这一事实。将世界看作是自己出让自己的世界,将世界的法则视为不忍受任何干预,而我们从属于这个世界的严格性绝不会因为外部世界的天命而减弱"②,我们为何要虚伪地回避而不是诚实地面对这些痛苦呢?我们为什么不好好想一想,这些让我们世世代代难以摆脱的痛苦与苦难,其根源究竟何在呢?

我在记忆与文字之间思索、游荡和穿行,我要通过记忆与文字来进行思想穿越和隔空对话。有人说,阅读是在案头进行的旅行和田野作业,而实地考察则是在田野进行的阅读。③ 其实,它们的相通和相同之处就在于都需要理解和沟通。我恰恰要在阅读和旅行的交叉小径上进一步思考:究竟是什么原因导致了我们最大的心头之痛和心头之恨,我想从实践理性上对这些原因做出目的条件还原。我承认日常生活本身具有片断性和无序性,但我不满足于此,而是更想还原普通人在日常生活中本来就具有的常识感、公平感和正义感,也就是"在日常生活中,存在着的最普遍、老百姓最关注、群众体验最真实、内容最丰富的公正问题"④。我试图发现普通民众对公正秩序的渴望,看见他们最大的希望,即建构公正合理的制度程序并且"拥有一套最富活力、最为亲密的把孩子社会化为成人、把私人状态的人转化为公共精神的人的机制"⑤。有时我甚至想,最重要的不是

---

① [爱尔兰] 泰特罗:《本文人类学》,王宇根等译,北京大学出版社 1996 年版,第 4 页。

② [德] 汉斯·约纳斯:《奥斯维辛之后的上帝观念》,张荣译,华夏出版社 2002 年版,第 9 页。

③ 参见户晓辉《自我与他者:文化人类学的新视野》,《广西民族学院学报》2000 年第 2 期。

④ 徐晓海:《制度公正的日常生活基础》,博士学位论文,吉林大学,2005 年。

⑤ 唐·艾伯利:《市民社会的含义、起源与应用》,见 [美] 唐·E. 艾伯利主编《市民社会基础读本——美国市民社会讨论经典文选》,林猛、施雪飞、雷聪译,商务印书馆 2012 年版,第 4 页。

学科，而是事情本身，是朝向并且回到事情本身！只要事情本身需要，我索性放浪形骸一回，来一次精神还乡，又有何不可呢？又有何不妥呢？——"民俗志，何妨自私而为？"① 但我的"私"不是一己之私，而是为了事情本身之"私"。毋宁说，既然已经有那么多人在率性而为，又何妨我率理性而为呢？正如黑格尔早就指出的那样，"谁理性地注视世界，世界也会理性地注视他"②，这不正是说，我见人间多理性、料人间见我应如是吗？难道实践民俗学不正是需要率实践理性而为吗？难道因为民俗学的研究对象曾长期被视为非理性现象，研究这些非理性现象的民俗学就不需要理性了吗？是日常生活中本来就没有理性，还是我自己脑子进了太多水而对这种理性视而不见、充耳不闻呢？

的确，民俗学曾经长期保持怀旧情绪并且带有与生俱来的非理性倾向，我现在的任务就是把这种非理性倾向导入实践理性的轨道。

---

① 岳永逸：《都市中国的乡土声音——民俗、曲艺、心性》，中国人民大学出版社 2015 年版，第 299 页。

② Hermann Glockner（Hg.），*Hundert Aussprüche Hegels*, Fr. Frommanns Verlag Günther Holzboog, 1958, S. 14.

家乡或故乡

——一个理念

应该承认，在地理意义和精神意义上，每个人都有家乡。在我们的心灵一隅，至少会给家乡留有一席之地。新疆作家周涛说："家乡就是一只你祖辈上养过的不死的老狗，它总是不知什么时候就回来了，悄无声息地卧在你记忆的门前。"① 所谓家乡民俗学，就以对家乡的熟稔和亲近为前提。安德明这样界定家乡民俗学的"家乡"概念：

> 它首先指的是研究者出生于此、生长于此并在此处有比较熟悉或稳定的社会关系、同时又可以被研究者对象化的地方，也就是说，这里的"家乡"，是民俗研究者的家乡，它既是研究者身处其间的母体文化的承载者，又是可以被研究者所超越和观察的一个对象。其次，这个概念又可以扩大为研究者与之建立了熟悉的人际关系和生活实践关系并可以把它对象化的任何地方，这样，"第二故乡"一类的地方，也可以作为"家乡民俗学"所关涉的范畴。②

这种"家乡"主要是地理意义上的关系场域。吕微把"家乡"看作民俗学的基本立场，认为民俗学在一定程度上恰恰以对家乡和故土的熟悉与陌生化为纯粹发生形式：

> 家乡民俗学之"家乡"意味着什么？在此，家乡并不是一个民俗学的分析单位，而是意味着民俗学的基本立场。作为分析单位，家乡是一个边界模糊的表述。家乡可以是一个村庄，也可以是一个县城，

---

① 周涛：《坂坡村》，《周涛自选集》，新疆人民出版社 1992 年版，第 85 页。
② 安德明：《民俗学家乡研究的理论反思》，《民间文化论坛》2005 年第 4 期。

大而言之也可以就是祖国。如果我们一度离开祖国，祖国的土地（因为故土上的故人之故）就成为了我们回望的故乡。很可能，我们从来就不曾踏上过父辈们曾经生活过的土地，我们只是在履历表中的籍贯一栏填上过家乡的名字。就此而言，家乡可以只是一个寄托着我们的某种理念的想象中的载体，只是意味着我们的前辈和亲人曾经生活过以及我自己的心因之而向往的地方。

极而言之，家乡是一个离异后的命题。身在故园我们不会产生真正的故土意识，只有当我们离开故土，故乡才会对于我们来说生成为一个富有意义的对象。就此而言，"家乡"的命题是对民俗学的一种发生学的立场性描述，"家乡"的概念确切地讲述了民俗学发生的真实故事：一群青年离开了故土，去异地接受在本质上不同于家乡传统文化的另一种世界现代文化的教育，于是当这些年轻人回过头来，重新回望故土的时候，一门新的学问产生了，这就是民俗学。……那么，什么才是我们民俗学这门学科的纯粹发生形式呢？

如果抛开"殖民地"和"家乡"这些具体的、想象中的文化载体，我们实际上可以把民俗学和人类学都视为是对异文化的研究：人类学不外乎是从外向内进入异文化，而民俗学则是先从内向外走出本文化，然后又从外回到内进入异文化。……民俗学者既懂得家乡的方言土语，同时也已经学会了讲公家话、普通话。民俗学者穿梭、徘徊于这两种语言之间，既出乎其外，又入乎其内，既是本文化的同人，又是异文化的他者，这正是民俗学不同于人类学的发生学纯粹形式，以及民俗学者不同于人类学者的两栖身份。而民俗学以及民俗学者的这种纯粹的发生形式和身份形式对于我们定义民俗学的基本问题具有决定性的意义。

……民俗学也许真的无法为我们的研究对象带去物质的实惠，但民俗学在经历了反思的洗礼之后更坚定了如下信念：民俗学的知识生产一定要有助于被研究对象的主体地位的根本改善。为此，民俗学者首先要致力于使民俗成为研究者自我的主体和被研究者他者的主体共同关心的对象。[①]

---

① 吕微：《家乡民俗学——民俗学的纯粹发生形式》，《民间文化论坛》2005年第4期。

　　的确，吕微至少给我们做了两点重要提示：首先，秉持经验实证范式的民俗学者往往过于执着于作为某个具体地点的家乡，久而久之，我们就忘了"家乡可以只是一个寄托着我们的某种理念的想象中的载体，只是意味着我们的前辈和亲人曾经生活过以及我自己的心因之而向往的地方"；其次，即便"民俗学也许真的无法为我们的研究对象带去物质的实惠"，但至少在精神和社会层面上，"民俗学的知识生产一定要有助于被研究对象的主体地位的根本改善"。这至少是故乡托付给我们的重要任务之一。我们能做到这一点吗？如何才能做到这一点呢？在我看来，这首先得从转变"家乡"观念开始。

　　在汉语中，"故乡"是"出生或长期居住过的地方；家乡；老家"，而"家乡"是"自己的家庭世代居住的地方"[1]。在德语中，对 Heimat（家乡或故乡）最简单的界定是，一个人在那里出生和长大或者在那里长期居住并且觉得像在家里的国家、地区或地方。[2] 从字面上来看，"故乡"主要指曾经的家乡，"家乡"更多地指现在的家之所在。本书把这两个词当作同义词来使用。

　　家乡固然与地点相连，却又不仅仅是某个地点。偏偏我们对家乡的理解总是容易受地点的限制，也就是说，地理意义上的家乡总是容易圈住我们的理解视域。比如，我生在新疆奎屯，长在新疆生产建设兵团农七师一二三团皮革厂。我对奎屯基本没什么记忆，所以并不认为奎屯是我的家乡。再比如，多数人都会觉得自己对家乡很熟悉、很了解，其实不然。正如黑格尔早就指出，"一般被熟知的东西之所以不是真正被认识了的东西，正因为它是被熟知的。在认识的时候先把某个东西假定为被熟知的，并且同样对它采取将就的态度，这就像其他欺骗一样是最习以为常的自欺欺人"[3]。我们对家乡、对亲人自以为是、不以为非的某些认识，同样也是

---

　　① 中国社会科学院语言研究所词典编辑室编：《现代汉语词典》（第 6 版），商务印书馆 2012 年版，第 470、621 页。
　　② 参见叶本度主编《朗氏德汉双解大词典》，外语教学与研究出版社 2000 年版，第 802 页。
　　③ 重点原有，这句话在现有的《精神现象学》两种汉译本（贺麟、王玖兴译本和先刚译本）中都译得不够贴切，原文是：Das Bekannte überhaupt ist darum, weil as *bekannt* ist, nicht erkannt. Es ist die gewöhnlichste Selbsttäuschung wie Täuschung anderer, beim Erkennen etwas als bekannt voraus zu setzen, und es sich ebenso gefallen zu lassen（Georg Wilhelm Friedrich Hegel, *Phänomenologie des Geistes*, Nach dem Texte der Originalausgabe herausgegeben von Johannes Hoffmeister, Verlag von Felix Meiner in Hamburg, 1952, S. 28）。

如此。所以，早在 1927 年，董作宾就曾感叹说："我们对于自己伯叔兄弟诸姑姊妹的生活、思想、文艺，反没有外人知道的详悉啊。"① 即便在今天，我们是否就敢信心满满地说，我们对自己的亲人和所谓家乡民俗就一定比"外人知道的详悉"呢？我真的是家乡的局内人（insider）吗？我真的比外人更了解自己的家乡和家人吗？我真的比别人更了解我自己吗？

我们之所以相信自己最熟悉、最了解家乡，也许是因为我们主要关注的是家乡的人、家乡的事以及家乡的一些生活现象。可一旦深入下去，我们的自信心就会发生动摇，而且，越是不断向家乡的精神层面挺进，我们的把握可能就越小。换言之，我们的自信心主要源于过于实在的家乡观念。我们只看到家乡是在某个地点已经发生和正在发生的人与事，并把这些在特定时空中发生的人与事认作家乡，全然不顾家乡远不止这些东西。德国作家兼记者加布里尔·劳布（Gabriel Laub，1928—1998）说："每个人都有一个家乡——在自身之内，而且在那里是一个享有特权的异乡人。"② 为什么在自己的家乡还是"一个享有特权的异乡人"呢？这也许就是秘鲁诗人塞萨尔·巴列霍（1892—1938）的诗句想要表达的意思：

> 在这世界上有个地方，
> 我知道它，但偏偏
> 我们永远无法抵达。
>
> 哪怕我们的脚
> 一瞬间踏上了它，
> 仍然如同从未到达。
> 此生中我们不时看见它，
> 这个地方走啊，走啊，
> 走成了一串地点。

---

① 董作宾：《为〈民间文艺〉敬告读者》，王文宝编《中国民俗学论文选》，中国民间文艺出版社 1986 年版，第 11 页。

② Hans-Horst Skupy（Hg.），*Das große Handbuch der Zitate*，Bertelsmann Lexikon Verlag GmbH，Gütersloh，1993，S. 427.

在比我本人还要近的地方，

在比我这对卵黄还要近的地方，

我隐约看见它总是离命运很远。①

　　有没有"永远无法抵达"的家乡？家乡是否可能"离命运"近在咫尺却又远在天涯？我们看见了家乡但能否看见并理解它的命运？正如歌德所言，"不理解的东西也无法占有"②。如果我们不理解家乡，也就很难说自己有家乡。同样，如果不能理解家乡，即使身在其中，我们也不能说自己已然进入了家乡——"哪怕我们的脚/一瞬间踏上了它，/仍然如同从未到达"。毋宁说，那种"我们永远无法抵达"的家乡是希望中的家乡，尽管"此生中我们不时看见它"，它却在前方一直引领着我们的方向，所以，它才让我们往"这个地方走啊，走啊，/走成了一串地点"，但只有付出我们的努力，它才并非"总是离命运很远"。另外，如果家乡仍然是潜规则甚至恶霸横行的地方，如果家乡不适合我们生活和居住，如果家乡仍然是靠拼爹才能生存的地方，那么，尽管它"在比我本人还要近的地方"，我却"隐约看见它总是离命运很远"，因为它可能恰恰是让我人在曹营心在汉的地方，是无法让我安心和安神的地方，是我避之唯恐不及的地方，甚至是我想方设法要逃离的地方。

　　当然，并非所有民俗学者都那么"实诚"。例如，奥地利民俗学者赫尔穆特·保罗·菲尔豪尔曾精辟地指出，"在许多方面，我们的家乡是未知领域，是有待发现的处女地"，因而就是"一个家乡的理念"（Idee einer Heimat）③。德国民俗学者康拉德·克斯特林（1940—　 ）在《作为身份工厂的"家乡"》一文中认为，如果家乡是人的一种发明，是人造出来的东西，那么家乡的理念也能由人来改变。④ 由此看来，家乡是与特定地

　　①　[秘鲁] 塞萨尔·巴列霍：《诗歌全集》，第 295 页，转引自索飒《丰饶的苦难：拉丁美洲笔记》，广西师范大学出版社 2003 年版，第 314—315 页。

　　②　*Goethes Werke*，Band XII，Verlag C. H. Beck，München，1978，S. 398.

　　③　参见 Helmut P. Fielhauer，*Von der Heimatkunde zur Alltagsforschung. Beiträge zur Währinger Kulturgeschichte*，Eingeleitet und Herausgegeben von Herbert Nikitsch，Wien，1988，S. 16 – 17。

　　④　参见 Konrad Köstlin，"'Heimat' als Identitätfabrik"，in *Österreichische Zeitschrift für Volkskunde* 99（1996），S. 321 – 408；参见 Wolfgang Senz，*Transzendentalphilosophie und Volkskunde. Zur Transzendentalphilosophie als Fundament des Vergegenwärtigens*，Unter Mitarbeit von Brigitte Senz，Peter Lang GmbH，Frankfurt am Main 2006，S. 11。

点相连的理念。许多语言中都有一句谚语，"哪儿好，哪儿就是家乡"①，人们也常说，我心安处即故乡，德语叫"Zu Hause ist nun mal，wo das Herz ist"（心之所在即家之所在）。这不仅是一种实用哲学，更可以说明，家乡同时也是一种理想价值和尚未实现的价值，家乡具有未来性和可能性。因此，恩斯特·布洛赫在其皇皇巨著《希望的原理》中使用的最后一个词就是 Heimat（家乡、故乡），即在这个世界上"对所有人而言都照进童年却还无人曾在其中的某种东西"②。家乡就是尚未到来或者尚未实现的东西（Noch-Nicht als Heimat）。"从哲学上讲，家乡不仅是我们身后的作为我们来历的地方，而且是我们前面的作为我们向往的地方，即我们有待重新发现的地方。"③ 这也就意味着，家乡不是已经封闭和已经固定的地点，而是一种虽然与具体地点相连却又超越具体时空的精神存在。实践民俗学要研究的家乡正是这样的家乡理念，这样的家乡才是完整的家乡。在这个意义上说，"这个概念原本不属于那个世界，而是后来才以量身定做的方式被放进去的"④。"所以，怀想的对象并不真的是一个被称为家的地方，而是这种和世界的亲密感；这不是一般意义上的过去，而是那个想象中的时刻。"⑤

家乡既在过去和现在，也在未来，它既是已经实现的已然和实然（行为事实），更是尚未实现的应然和可然（目的条件）。用吕微的话来说，"为了定义的准确和周延起见，我们与其根据理论民俗学的经验论对象论，把民俗学区分为家乡民俗学和都市民俗学，不如用出于经验性知识的熟人原则与先验知识的陌生人原则的实践民俗学的先验论目的论和现象学方法论，来定义家乡民俗学与都市民俗学。但是这样一来，无论家乡民俗学还是都市民俗学，也就不再是理论民俗学的对象，而是实践民俗学的目的（态度）、原则（理由）和方法（理论）了；然而，我们看到，只有立足

---

① 王淑馨编：《常用谚语汉 日 俄 英 德 法 西班牙 意大利 拉丁 九种语言对照》，中国建筑工业出版社 2002 年版，第 172 页。

② 原文是"so entsteht in der Welt etwas，das allen in die Kindheit scheint und worin noch niemand war：Heimat"（Ernst Bloch，*Das Prinzip der Hoffnung*，Suhrkamp Verlag Frankfurt am Main，1959，S. 1628）。

③ 梦海：《"陌生"的家乡》，《中国社会科学报》2016 年 4 月 1 日。

④ ［德］赫尔曼·鲍辛格：《技术世界中的民间文化》，户晓辉译，广西师范大学出版社 2014 年版，第 124 页。

⑤ ［美］斯维特兰娜·博伊姆：《怀旧的未来》，杨德友译，译林出版社 2010 年版，第 279 页。

于实践民俗学的陌生人原则的先验知识，我们才能够理解和解释，无论已经多年闯荡都市的打工者，还是仍然长期留守家乡的空巢人，对真正的陌生人原则的渴望"①。也就是说，即便是家乡的熟人与亲人，也不再是我要认识的"（经验实证范式意义上的）理论民俗学的对象"，而是实践民俗学的实践"对象"。这样一来，不仅我与家乡的亲朋好友之间是实践关系，而且他们之间也变成了实践关系。既然是实践关系，当然就不仅有过去和现在，更有未来；不仅有已然和实然的行为事实，更有应然和可然的目的条件。日常生活中的伦理行为和政治行为不仅需要理性，更需要实践理性。从实践上来看，应然和可然是已然和实然的目的条件，应然和可然是衡量已然和实然是否如意、能否达标的目的条件，已然和实然则能够反映出应然和可然的实现程度及其原因。

　　本书试图立足实践理性立场对家乡的已然和实然做出应然和可然的目的条件还原，也就是向完整的家乡迈进。尽管在时间和空间上写的是非常局部的家乡，但本书实际上也是立足陌生原则的未来立场还原我与家人的日常生活及其目的条件，最终是还原我自己的日常生活及其目的条件。这是曾经的日常生活，但未必不是现在和未来的日常生活，至少是与现在和未来密切相关的日常生活。这倒不仅仅因为我立足未来的立场理解并还原日常生活及其目的条件，而且因为日常生活本来就是如此，而且向来就是如此。我们之所以长期对这一点视而不见、充耳不闻，恰恰因为仅仅立足经验实证的立场，根本不知道还有实践理性的自由立场，因而无法从目的条件的立场来看日常生活出的实践问题和出了实践问题的日常生活。如今，当我转换到实践理性的立场重新审视日常生活时，那些曾经被蒙蔽的意义、价值和目的条件才得以重见天日并在一定程度上得以恢复原貌。"看吧，过去的已经过去了。我们生活在现在，而且必须决定今后往何处走。人们应该更关心那些和打造未来有关的事情。"② 在这方面，我们需要恢复早已被格式化的感觉和感受，需要忠实于真实的自我，甚至需要努力恢复真实的自我。这也就意味着我们需要开掘并回归自己的实践理性，像拨开云雾见青天那样拂去尘埃，让尘封

　　① 吕微：《与陌生人打交道的心意与学问——在乡愁与大都市梦想之"前"的实践民俗学》，《民俗研究》2016 年第 4 期。
　　② 德国巴伐利亚家乡文化保护协会研究员米希尔·里特语，参见王霄冰《德国巴伐利亚州家乡文化保护协会负责人访谈录》，《文化遗产》2012 年第 2 期。

已久的实践理性重新回到我们的日常生活之中。"这也再一次说明了民俗学的矛盾：那些在社会上突出的、对整个文化重要的事情，不可能不引起这个专业的关注。"① 一旦想到这一点，我就会扪心自问：我还有真实的自我吗？在许多方面，我难道不是早已习惯了自觉不自觉的自欺和欺人吗？但无论如何，我们还是应该寻找并保留一点真实的想法和理性的思考。有句谚语说，"正是在你出生的地方，你才可能最有用处"②，我对家乡的无用之用，大概就是寻找并保留一点真实的想法和理性的思考吧。至少，我与作家阎连科有同样的感受：

> 原来，世界就是我家乡的村落。
> 我家乡的那一隅村庄，就是整个的中国。③

我想补充的是：我的家乡就是整个世界。在我小的时候，这句话是真实的感受；在我离开家乡之后，这句话越来越变成真实的寓言。我相信：我生活的地方，就是我的家乡；我是什么，家乡便是什么；我有光明，家乡便有光明。

索尔仁尼琴曾说，"重述不能触及心灵的事情是徒劳的"④。我试图重述的事情，至少能够触及我自己的心灵。这正如乔治·奥威尔所指出："我之所以写作，是因为有一些谎言我要揭穿，有一些真相我要唤起人们的注意，我的初衷就是想让更多的人听到我发出的声音。"⑤

---

① ［德］赫尔曼·鲍辛格等：《日常生活的启蒙者》，吴秀杰译，广西师范大学出版社 2014 年版，第 110 页。

② 英译文是："It's where you're born that you can be most useful"（Alexandr I. Solzhenitsyn, *East and West*, Harper & Row, Publishers, Inc., 1980, p. 78）。

③ 阎连科：《一派胡言：阎连科海外演讲集》，中信出版社 2012 年版，第 19 页。

④ 英译文是："There is no point asserting and reasserting what the heart cannot believe"（Alexander Solzhenitsyn, *Nobel Lecture*, Translated from the Russian by F. D. Reeve, Farrar, Straus and Giroux, 1972, p. 7）。

⑤ George Orwell, "Why I Write", 参见［英］乔治·奥威尔《动物庄园》，赵润译，江苏文艺出版社 2013 年版，第 168 页。

我的写作

——另一个家乡博物馆

2016 年 3 月，我回到故乡调研，特意参观了位于一二三团青少年学生校外活动中心一楼的"一二三团团史陈列馆"（参见图 1），它陈列的都是 60 多年来该团发展史上的一些图片和实物。①

图1 一二三团团史陈列馆，对我而言，它就是一个家乡博物馆。2017 年 4 月 6 日，韩子猛在办公室告诉我，这个博物馆可能将并入新建的二十二兵团纪念馆

对我而言，这当然就是一个家乡博物馆。但重要的是，家乡博物馆的目的何在？对谁有用？家乡博物馆通常只展示过去，却排除现在和其他东西。②

---

① 2016 年 9 月 16 日上午，我在一二三团行政办公楼见到史志办韩子猛主任。他说，这个团史陈列馆是他一手弄起来的，展出的主要是他自 20 世纪 80 年代以来收藏的有关实物。

② 参见 Helmut P. Fielhauer, *Von der Heimatkunde zur Alltagsforschung. Beiträge zur Währinger Kulturgeschichte*, Eingeleitet und Herausgegeben von Herbert Nikitsch, Wien, 1988, S. 31。

这样的家乡博物馆多半只能引起怀旧和凭吊过去的思绪，却盛不下历史的细节，容不了一个家庭的日常生活及其未来。而且，它展示的是历史之物却并非历史本身，因为历史并非过去了的东西，因为过去了的东西恰恰是不再演历的东西。但它也不是单纯今天的东西，因为单纯今天的东西也不会演历。相反，历史是从将来得到规定并且穿过现在的往事和曾经的存在。① 是啊，往事必须经过未来的规定才能成为历史，曾在必须被现在接收过来才能进一步通向未来。

　　正是在这样的意义上，本书的写作就成为另一个家乡博物馆。它不是驻足在过去，而是试图"观古今于须臾，抚四海于一瞬"（陆机《文赋》）。正如奥地利民俗学者赫尔穆特·保罗·菲尔豪尔所说，我们现在需要真正民主化的博物馆，让民众在其中也能找到自己的历史认同，让他们能够为现在和将来的文化遗产做出衡量并达到成年。② 尽管我的写作捕捉的并非日常生活的全貌，却是一种完整的日常生活，是以往的民俗学者不曾留意和留心的日常生活及其目的条件，它涉及我们自己从前很少关注的自由、权利与尊严问题。家乡艰苦的自然环境在一定程度上蒙蔽了我们的视线，那里受到的宣传和教育也使我们以服从和忍受为理所当然，况且"人类对于自由的珍重一般总是远远不及对于权力的珍重"③。当我立足实践民俗学的未来立场来看曾经的日常生活时，家乡和亲人在日常生活中的苦难根源和最大关切才逐渐浮出水面。当然，这些问题不一定清晰地浮现在他们的经验意识当中，所以才需要我立足过去的未来立场做出目的条件还原。这是故乡的亲人给我提出的一项越来越清晰、越来越紧迫的任务。他们养育了我，难道不正是为了让我有朝一日能够为他们思考和发声吗？难道他们把我送出来不是希望"借我借我一双慧眼吧，让我把这纷扰看得清清楚楚明明白白真真切切"（阎肃《雾里看花》）吗？故乡作为任务难道不是正在向我发出殷切的召唤吗？我分明听到了这种召唤，难道我还要继续装聋作哑、无动于衷吗？不！我已按捺不住响应召唤的冲动。尽管还不能说我已准备充分，但机不可失、时不我待，我必须趁热打铁！

---

　　① 参见［德］海德格尔《形而上学导论》，熊伟、王庆节译，商务印书馆1996年版，第44页。

　　② 参见 Helmut P. Fielhauer, *Von der Heimatkunde zur Alltagsforschung. Beiträge zur Währinger Kulturgeschichte*, Eingeleitet und Herausgegeben von Herbert Nikitsch, Wien, 1988, S. 34。

　　③ ［英］约翰·密尔：《论自由》，许宝骙译，商务印书馆1959年版，第125页。

如前所述，完整不是事无巨细和靡有孑遗，而是揭其内部原理、记其精神样态，也就是记录并反思日常生活中的实践问题，还原其目的条件。这种记录、反思和还原不只是"从'被看见'的方面理解生活"①，而且把生活看作一个未完成和未完结的过程，因为"生活从未完成过，像对待完成状态的某物一样观察人，就早已经丧失了本己的视野。生活着即是面向'未'来的生活，可能性也就意味着生活的无法止息。它注定带着这个无法捕获的未来，它的每一步都是朝向这个未来的筹划。不是说生活只在今天、此外还有个明天。生活已然在明天之中，当下的生活已经朝向明天的筹划，是'明天怎么办'或'明天会更好'。……这个'明天'可说是生活的基本生存论性质，是生活的那个'希望'。所以，没有了明天会让人难以忍受；而这意思是说，希望遭到了障碍。因此，生活本质地由被把握到的'未'来、明天——'希望'——构成，或由把握不到明天（没有未来、绝望）的焦虑构成"②。换言之，希望本来已经照进现实，未来的希望已经参与了对现在的建构，只是我们未必对此有直接的实证经验而已，只是需要我们经过自身的努力才能把积极的和好的希望变成现实而已。所谓生活的完整，不仅有成功，也有失败；不仅有高兴和享受，也有悲伤和苦难；不仅有主动选择，也有万般无奈；不仅有绝望，也要有希望；不仅是有，而且是无。但遗憾的是，"民俗学从来关注着一个（忽视可能性的）'有'的对象领域，或者说从'有'的视角关注着其对象。这不仅错过了对生（机）、存在即'无中生有'及其意义的领会，也错过了对生机之有无与其衍生的生活现象的重视"③。为了弥补这种遗憾，本书试图还原日常生活的一部分完整面貌，把以往民俗学者遗忘和遗落的那些不够成功、不够完整、不够高雅的生活碎片捡拾回来，把我们曾经缺失和正在缺失的目的条件补上，重新镶嵌在记忆的天花板上。只不过"生活的图景不是拼图，无论是向前看去设计，还是回头看去观察，它都不能由事先规定和计划好的部分拼构出现全体。它是一个互动的游戏，每种新情形下也会出现新的可能性"④。但与经验实证立场相比，本书的实践理性立

---

① 胥志强：《生活问题：民俗学"存在论研究"引论》，博士学位论文，中国社会科学院研究生院，2012年。

② 同上书，第32—33页。

③ 同上书，第35页。

④ ［德］赫尔曼·鲍辛格等：《日常生活的启蒙者》，吴秀杰译，广西师范大学出版社2014年版，第230页。

场恰恰要反其道而行之，不仅要"能闲世人之所忙者，方能忙世人之所闲"（张潮《幽梦影》），而且要轻经验实证之所重，重经验实证之所轻，将关注重心完全转向实践理性及其目的条件，因为这才是中国人日常生活的当务之急，也才是其实践问题的症结所在。正是在这个意义上，我们才能与美国民俗学者史蒂夫·蔡特林一起说，"我们民俗学者是不平凡的物种，是稀有的品种"①。这并非小学科的自大狂。如果不具备相对于其他学科而言的"不平凡的"和"稀有的"见识，我们凭什么这么说呢？我们的自信来自接近完整的日常生活的学科抱负和实践理想。因此，我的民俗学不仅不忧郁，反而自由自在，而且我思故我在、我行我自在，根本用不着去刷什么存在感。我的忧郁不在民俗学，而是记挂在仍然生活在故乡的那些人身上，因为我"感到自己的故乡就像这些荒草野刺，具有野生的性质，如果不是因为是自己的故乡，谁会驻足对它做一番仔细的端详和打量呢？别说这些故乡的荒野中自生自长的植物，就是故乡的人们，不也是在无人知晓中长大，又在无人问闻的状态下离去吗？"②

然而，本书作为另一个家乡博物馆所展现的，与其说是与一般家乡博物馆不同的日常生活细节，不如说是另一种完全不同的日常生活及其目的条件。"这就是以'命运'的眼光来打量（他们的或我们的）生活。就是说，判断他们是生得其命，还是生不得其命，生活如意还是不如意。在这一眼光之下，他们不再是某种外在的民俗的产物，而是他们的奋斗与失败、背叛与懊悔、是他们的'意志'与受挫。这是关怀生活的民俗学的独特视野"③；"民俗学要坚持从'命运'的最终视角打量生活，并不是构造、捕捉不同于日常的视角，而只是不断地从让所有人都达乎其命运的视角来打量生活，进而筹划生活——至于能否成功却也要依赖于生活为我们提供的生机"④。也就是说，这种"命运"不完全是所谓冥冥神意和天注定，也是每个人自我选择的结果，是客观制度是否给每个人提供平等机会

①　[美]史蒂夫·蔡特林：《我是民俗学家而你不是——民俗学实践中泛化与分界的策略对抗》，宋颖译，参见周星主编《民俗学的历史、理论与方法》，商务印书馆2006年版，第788页。

②　户晓辉：《故乡之殇》，《绿洲》1999年第3期；罗文斌、董立勃主编：《阳光大坂——新疆当代散文选》，新疆人民出版社1999年版，第162页。

③　胥志强：《生活问题：民俗学"存在论研究"引论》，博士学位论文，中国社会科学院研究生院，2012年。

④　同上书，第110页。

的结果。因为"人对昨天和今天的决断总是意味着明天世界的命运"①。
当我们说一次性筷子、一次性水杯等一次性消费现象时，常常难以想到，
人生最大的一次性消费恰恰是我们自己的生活、生命和命运！覆水难收、
时光难再，这道理任谁都懂，恰恰因为这样，我们才会怀旧。假如一切都
能重来，我们也就无旧可怀，怀旧也就既无必要，也没什么意义。正因为
每个人的生活和生命都是一次性的，正因为"死亡与生命是一起带来的，
而且有死性是存在之新的可能性为自己必须付出的代价……生命在本质上
是可废除的、可毁灭的存在，是有死性的一个探险"②，所以，每个人从
出生到死亡的生活和生命才不能不有所讲究，而且要大有讲究，尽管我们
可以苟且偷生、得过且过，尽管有些人宁愿要猪一样的幸福也不愿承受人
之为人的痛苦。尽管人也是动物，但人注定不可能像动物一样生存，人的
生存注定大于动物的生存，也注定超出动物的生存。所以，每个人的一
次性人生消费能否成为人的消费，能否作为人来消费，当然并非无足轻
重，而是非同小可和生死攸关的头等大事。正因如此，在与海德格尔一
起关注未来的同时，我们也要防止像他那样对当下和现在采取虚无主义
态度。我们不能像他那样把当下和现在仅仅当作过去与未来的转折点
（die Krisis），好像我们无法也无须在当下和现在逗留。③ 毕竟，我们只有
一个人生，我们的希望不是寄托在来世，而是要照进我们的此生此世和现
实的日常生活。

　　当然，尽管事情一旦发生就已然过去，但"怀旧不永远是关于过去
的；怀旧可能是回顾性的，但是也可能是前瞻性的。现代的需要所决定的
对于过往世代的奇思幻想，对于未来的现实具有直接的影响。对于未来的
考量使我们承担起对于我们怀旧故事的责任"④。否则，一味地怀旧甚至
可能构成对某些更本质的生活意义和价值的遗忘，甚至是对责任的淡化和

　　① 参见 Josef Stürmann, *Der Mensch in der Geschichte. Versuch einer philosophisch-anthropologischen Geschichtsbetrachtung*, Verlag Kurt Desch München, 1948, S. 45。
　　② ［德］汉斯·约纳斯：《奥斯维辛之后的上帝观念》，张荣译，华夏出版社 2002 年版，第12 页。
　　③ 在这方面，海德格尔的学生汉斯·约纳斯对其老师有尖锐的批评，参见 Hans Jonas, *Zwischen Nichts und Ewigkeit. Drei Aufsätze zur Lehre vom Menschen*, Vandenhoeck & Ruprecht in Göttingen, 1963, S. 15。
　　④ ［美］斯维特兰娜·博伊姆：《怀旧的未来》，杨德友译，译林出版社 2010 年版，"导言"，第 5 页。

逃避，对残酷的非人性行为的过滤和文过饰非（参见图2）。生活的大河奔流不息，我们人，有谁不是在尚未完成生活之前就从这条大河中急流勇退了呢？在直观感受上，我们每个人一出生就开始投入生活，直到有一天又从生活中全身而退。生活的没有止息，不仅在于它对每个人而言都是未完成时，也在于它打通了过去、现在和未来，因而截取哪一段生活之流似乎都无关紧要。可"生活并非总已开始，不是自呱呱落地便生生不已不曾止息；生活还有一个绝对的、'内在'的诞生"[①]，这种内在的诞生才真正属于我们自己。尽管生命的开始和结束多半都不能让我们自己来选择（虽然人可以选择用自杀来结束自己的生命），在这两点之间的生活还有诸多不能由我们自己决定和选择，甚至让我们万般无奈的命运安排，可毕竟还是有一些能够让我们选择和决定的事情。哪怕所谓命运，也有一部分掌握在我们自己手中。只不过许多中国人喜欢相信宿命，常常把自己的命运拱手交给神秘莫测的神灵和飘忽不定的偶然，常常不想、不愿，因而也就不能为命运的改变和改善做出自己的努力。毕竟每个人都不仅有承受命运的时光，也有改变命运的时刻。盲目的偶然所造成的命运，可以引起我们的感叹，却不能被我们改变。这种命运已经使中外无数文学家写出了无数优秀的和不太优秀的作品，中国文人尤其善于此道，而且由此让无数后人竞折腰，所以，我想把这种命运继续留给他们以及那些以追逐偶然性而扬扬自得的诗人和所谓学者们。我想抒写和思考的命运，是我们作为人有可能、有能力运用自己的实践理性来掌握并改变的那部分命运（参见图3）。我回忆苦难，不是为了描述和展示过往的经历，而是为了还原其实践的目的条件，因为只有这样才能找到摆脱苦难的根本出路与希望。"这就是任何痛苦所要达到的目的，尤其是我们目睹我们的同胞残缺、败坏和贫困时出现的痛苦所要达到的目的。谁感觉不到这种痛苦和这种严重不满，谁就是鄙俗的人。谁感觉到这种痛苦，谁就会竭尽全力，尽可能改善自己的地位和自己的环境，从而力求摆脱这种痛苦。尽管他的工作毫无成效，他看不到工作的好处，但他的积极活动的感受和他在反对普通道德败坏的斗争中贡献出自己力量的情景也使他忘掉了那种痛苦"，因为面对这样的苦难，"人类自身就有挽

---

① 胥志强：《生活问题：民俗学"存在论研究"引论》，博士学位论文，中国社会科学院研究生院，2012年。

救自己的力量"①。

图2 一二三团九连的旧礼堂，是我们团目前唯一保留下来并做了简单复原的一座老建筑。我在九连上初中时曾在这个礼堂里参加集体活动。虽然这种实物的复原满足了我们的某些怀旧情绪，但它不该让我们遗忘当年某些非人道的行为，甚至淡化或逃避自己的责任

图3 2016年7月20日，我回故乡调研途中拍摄的乌鲁木齐市红山转盘地下通道里的标语

---

① 〔德〕费希特：《论学者的使命 人的使命》，梁志学、沈真译，商务印书馆1984年版，第57页。

中　篇

本　论

过　去

——尚未完成

2016 年 3 月，我站在皮革厂那两棵苍凉颓唐的老梧桐树下（参见图4），想起小时候在树下当着全厂人的面独唱《红灯记》的情形。那是我唯一的一次正式登台演出，当时还化了妆。我试图寻找当年日常生活的蛛丝马迹，我希望故地重游，却无奈地发现，能够帮助我回忆的东西在如今的皮革厂早已荡然无存，只有这两棵老梧桐树成了硕果仅存的物证（参见图5）。我曾写道："故乡有几棵由两人才能围抱其树干的百年老树，或许只有这些树才清楚地记得父亲在那块土地上挥洒的汗水和劳作的业绩。难怪动画片《狮子王》中的树王爷爷就是一部活历史，小辛巴要了解自己的身世和森林的历史就必须找树王爷爷。人活着的时候，可以砍树，可是，树随便一活就比人长寿。故乡的人们不知是否早已明白了这个道理，他们砍了很多小树，锯掉了不少粗树，就是没有碰这几棵百年老树。我猜想，老树是时间的见

图4　1994 年 7 月 21 日，儿子户张洋在皮革厂那两棵仍然郁郁葱葱的老梧桐树下与我捉迷藏，我小时候曾在这两棵老树下独唱《红灯记》的片段。儿子身后是皮革厂的老厂部办公室。此照片使用的是乐凯胶卷，色彩还原度不高

证者，父亲他们那一代的历史就镌刻在老树的记忆神经里，老树的年轮就是智慧的象征，就像一张张能够放出当年活剧的光盘。多少兴衰更替、人事代谢，都被它们尽收其中。可惜，我手中没有打开这些光盘的

解码器。"①

图 5　皮革厂的那两棵老梧桐树，虽然显得有些蓬头垢面，但仍然保持着蓄势待发的生命力

树仍在，人已非。如今，皮革厂的格局已然大变。我们家的老房子早就荡然无存，老菜地已经种上了别人家的菜。虽然"故乡在随着父辈们的衰老而衰老，随着亲人们的相继辞世而渐渐死去"②，但我对此并不感到特别惋惜。我生活过的那个皮革厂是处在青春期的皮革厂，它还保持着初创时期的朝气和野性的生命力。我不想盲目感伤，更不想去空洞矫情地渲染所谓乡愁，"同时也注意避免陷入所谓'过去的黄金岁月'之类的反动怀旧情绪中"③。因为"没有得到反思的怀旧会制造出魔怪"，"诱引我们为了情感的羁绊而放弃批判性思维"④。这些轻浮的东西在我的感觉里总显得矫揉造作、无病呻吟。阿多诺曾说："自奥斯维辛之后，写诗是野蛮的。"⑤ 我同样认为，大部分所谓的诗并不适合写我的家乡和亲人。尤其那些到处充斥的伪诗和赝品诗，如果用来写我的家乡和亲人，不仅显得轻慢，而且可能是亵渎和不敬。虽然我的家乡和亲人并没有经历过奥斯维辛式的灾难，也不曾遭遇灭顶之灾，但

---

① 户晓辉：《逝者如斯——记忆我的父亲》，《绿洲》2001 年第 5 期。

② 户晓辉：《故乡之殇》，《绿洲》1999 年第 3 期；罗文斌、董立勃主编：《阳光大坂——新疆当代散文选》，新疆人民出版社 1999 年版，第 167 页。

③ 唐·艾伯利：《市民社会的含义、起源与应用》，见［美］唐·E. 艾伯利主编《市民社会基础读本——美国市民社会讨论经典文选》，林猛、施雪飞、雷聪译，商务印书馆 2012 年版，第 20 页。

④ ［美］斯维特兰娜·博伊姆：《怀旧的未来》，杨德友译，译林出版社 2010 年版，"导言"，第 4 页。

⑤ 原文是：nach Auschwitz ein Gedicht zu schreiben, ist barbarisch, und das frisst auch die Erkenntnis an, die ausspricht, warum es unmöglich ward, heute Gedichte zu schreiben, 参见 Theodor W. Adorno, Kulturkritik und Gesellschaft, in *Gesammelte Schriften*, Band 10, Zweite Auflage, Suhrkamp Verlag Frankfurt am Main 1996, S. 30。

奥斯维辛能够成为反思他们苦难的一面镜子①，他们的精神世界与那些轻飘飘的、哼哼唧唧的、碎碎念式的乡愁和所谓诗意，是两个世界的存在。不是说父老乡亲们只有沉重、没有轻松，而是说他们的沉重和轻松不属于那些轻描淡写、矫揉造作、拐弯抹角和无病呻吟的诗。毋宁说，他们的沉重和轻松都更直截了当、更痛彻心扉、更无遮无掩。因为"这么多年，日子对他们而言是严酷、结实的生存，是无法逃避的命运和选择"②。他们把粗放的性情与细腻的情感结合在一起，让卑微的生存与崇高的尊严统一到一处。与此同时，他们的"生活中恰恰有太多的苦难——不快、不幸和不能忍受的经验。……生活中的苦难现象，显示了人对自身有价值或意义的要求这一根本特征，也显示了生活与其'最终应该所是'之间的差距与鸿沟这一现实状态。……因此，套用一句康德的名言，民俗研究需要限制功能论，为揭示民俗生活中的苦难留下余地"③。不仅如此，我们还需要节制自己的感性冲动，以便为实践理性留出更多的地盘。在我看来，生活中的苦难不仅属于某个特殊的年代，也属于生活、生命和存在本身。也就是说，还包括生活本身自带的和难以免除的苦难，甚至包括存在本身的悲剧和悲情。不同人的生活和不同时代的生活，其差异不在于有没有苦难，而在于苦难的多少以及苦难的性质。本书的重点不是存在本身的苦难，也不是由自然原因造成的苦难，而是人为的苦难，因而也是可以减少和能够避免的苦难。

2016 年 7 月，我带着儿子与母亲、二弟、二弟媳、三弟的儿子等人一起再次回到皮革厂（参见图 6）。母亲问我："皮革厂有啥好的？"是啊，我也问自己：那里有啥好的？尤其现在的皮革厂，好也罢坏也罢，兴也罢衰也罢，似乎早已和我了无干系。我暗自思忖：假如儿子仍然生活在这里，他会重复我的命运吗？即便"繁华"落幕，我的离开难道仅仅因为嫌贫爱富吗？到底是家乡抛弃了我还是我抛弃了家乡？是什么让我与

① 正如吕微指出的那样，"如今，'奥斯维辛'已成为学科反思、学术反省的代名词，'奥斯维辛'已经成为各门学科及学者为自我反思、自我反省所设定的自我检验的实践理性的先验标准，每门学科、每位学人都必须接受'奥斯维辛'的拷问，也就是说，接受'个人自由是否存在'的理性拷问：现代学科、当代学术是否应对个体作为自在、自由的主体、亦即个人作为'人自身'而自在、自由地存在负起实践理性的伦理责任？"（吕微：《民俗学：一门伟大的学科——从学术反思到实践科学的历史与逻辑研究》，中国社会科学出版社 2015 年版，第 84 页。）

② 黄灯：《回馈乡村，何以可能》，《十月》2016 年第 1 期。

③ 胥志强：《生活转向的解释学重构》，博士后出站报告，华中师范大学，2015 年。

家乡的关系剪不断、理还乱？家乡难道就是用来离开的吗？如果失去了记忆，这里还是我的家乡吗？难道我对家乡的记忆仅仅被寄存在家乡吗？我回到家乡，要寻找什么？是想找回当年的"盛世"，还是想回味和留恋曾经的苦难？这些苦难源于亲人之间的离愁别恨，还是人与人之间的明争暗斗？

图6　我们在皮革厂那两棵老梧桐树下合影，前排从左到右：三弟的儿子户见智、母亲何文秀、二弟户军辉；后排：我和儿子户张洋。如今，我们这些曾经的土著却变成故乡的游子

我提醒自己：绝不纵容记忆的惰性，并且时刻对它的无原则怀旧倾向与抹稀泥本性保持高度警惕。我必须克制自己单纯怀旧的天然冲动和返回过去时光的虚妄之念，因为"凡是回忆触及的地方，我们都发现有一种隐秘的要求复现的冲动"①。我必须学会区分貌合神离的东西，我不能让这些东西永远蒙蔽自己的眼睛，因为"我知道，苦难一旦随时间一点一点远去，成为回忆中的往事，它就开始由苦变甜了"②，因为我早就看到，记忆的某些天然倾向已经在太多人的身上造成了对苦难的遗忘，甚至对苦难

---

① ［美］斯蒂芬·欧文：《追忆——中国古典文学中的往事再现》，郑学勤译，上海古籍出版社1990年版，第117页。

② 户晓辉：《逝者如斯——记忆我的父亲》，《绿洲》2001年第5期。

的甜兮兮改造。这种状况已经够糟了，我不想再加入这种大合唱。当然，"更经常出现的情况是，回忆者无法控制感知推移以及他们会对被感知到的内容进行不自觉的加工。更有决定性意义的是，如果回忆必须说出来的话，怀疑也就被带来了。因为回忆要协助形成的是自我的形象，是他人心目中关于某个人的形象，或者是要按照他人的意志打造的形象"，因此，"呈现出来的回忆不仅仅取决于从前所经历过的内容，它同时也被回忆者当下的处境和其置身其中的社会环境所左右。回忆有一种趋向美化的引力，而且将回忆主体自身设置于美丽的光环之下。甚至在那些悔过和负罪意识占主导的回忆中，情况亦如此。可以这样假定，回忆者在回忆的那一时刻把这个角度看作对自己最有利的。在那些重构过去以便为当下辩护的回忆中，那些修正性的介入就显得更清楚了"①。正因如此，我一方面要防止回忆的失真和变形，另一方面要把重点放在对回忆的反思和重构上，即立足未来立场来反观现在和过去。

我的这种立场恰好被鲜活而灵动的民间语言一语中的！2016 年 9 月 12 日上午，在明媚的晨光中，我骑着一辆旧自行车来到曾经上过初中的一二三团九连（参见图 7）向一位陌生的中年妇女打听过去的老学校如今安在。她说："你回旧呢？现在很多人都回旧。"多好的说法！——"回旧"，是回去还是回忆，抑或二者兼备？是啊，我们"回旧"，总要站在现在和未来的立场，我们已经置身于旧之外，还回得去吗？不管事实上能否回得去，至少我们在某些时刻想回去。"回旧"，不仅是思绪，更是行动，至少是行动的意愿，它本身已经结合了过去、现在和未来的时间维度（参见图 8）。

我想起德国著作家和新闻记者汉斯－霍斯特·斯库皮（Hans-Horst Skupy，1942—　）的话："思乡——对错过的东西的痛心。"② 可我并没有错过什么。那些随时光流逝的东西，也并非我错过的东西。我更赞成奥地利女作家玛格丽特·泽曼（Margarete Seemann，1893—1949）的说法："思乡是一种根病。"③ 当然，这种根，既是经验之根，更是先验之根和超验

---

① ［德］赫尔曼·鲍辛格等：《日常生活的启蒙者》，吴秀杰译，广西师范大学出版社 2014 年版，第 224—225 页。

② Hans-Horst Skupy（Hg.），*Das große Handbuch der Zitate*，Bertelsmann Lexikon Verlag GmbH，Gütersloh，1993，S. 427.

③ Ibid.

图7　我（左）在一二三团九连上初中时与同
学薛广洲的合影，拍摄者可能是当时的某位老师，
拍摄时间在 1978 年 9 月—1981 年 7 月

之根。因为故乡是人的形而上的起源处，是人自身的前历史的精神家园。①
正因如此，海德格尔曾引述诺瓦利斯（Novalis，1772—1801）的说法：哲
思的基调就是思乡。② 因为故乡不仅在过去和现在，还在未来。故乡是有
形的地方，更是无形的理想。所以，思乡不是发思古之幽情，也不是安顿
浪漫的怀旧情愫，而是寻找自己作为人的根源和根据，是寻找好生活的目
的条件，是探寻人性之根与制度之根的发现之旅。

　　我置身于沉默的家乡，实际上也是置身于家乡的沉默之中，我仿佛又
回到了自己的开端和起源，但那不仅是我的开端和起源，更是对我而言的
历史的开端和事物的起源。因为"我们在沉默中重新站立在泰初的发端之
前。在那里，万事可以重新开始，万事可以重新创造。人可以通过沉默，
在每一个瞬间，与泰初的东西相结合"③。我回到家乡寻根，但哪里才是
我的根呢？我看不见根的存在，好像这里早已无根可寻（参见图9）。我
仔细检点那些残留的记忆片段，它们仿佛在茫茫大海中依然熠熠闪光的一

　　① 参见 Josef Stürmann, *Der Mensch in der Geschichte. Versuch einer philosophisch-anthropologischen Geschichtsbetrachtung*, Verlag Kurt Desch München, 1948, S. 44。
　　② 参见 Helmuth Vetter, "Zeichen des Anderen. Zum zweiten Hauptwerk von Lévinas mit Bezug auf Heidegger", in *Deutsche Zeitschrift für Philosophie*, 42. Jahrgang, 1994, Heft 4, S. 680。
　　③ ［瑞士］马克斯·皮卡德：《沉默的世界》，李毅强译，上海书店出版社 2013 年版，第
6 页。

个个灯盏。难道这些不正是闪耀着人性色彩和人道光辉的人生瞬间吗？难道不正是这样一些人生瞬间才让我们不思量、自难忘，甚至别有一番滋味在心头吗？我忽然明白：我的寻根岂不正是要寻找人性之根和制度之根吗？家乡是我的根，更是人性之根的微缩景观，是制度之根的微型标本。我家的日常生活，不正是需要认真对待并且值得深入反思的日常生活吗？我家的日常生活，岂非千千万万中国人日常生活的缩影和活化石吗？我家的日常生活是否具有以及在多大程度上具有好生活的目的条件，难道不足以让我们一叶落而知天下秋吗？果真如此的话，我的实践民俗学研究又何须骑驴找驴呢？

图8　在晨光的映衬之下，我"回旧"的身影正如精神的返乡之路一样既阻且长，恰似我的身体和心灵已不可能停留在单纯的过去，而是仿佛立足未来的理性立场，通过现在，回望我们终将逝去的青春时光

　　我只能说，在那个处于青春期的皮革厂，曾经有我们家碌碌无闻的日常生活，有我们与各自命运的遭遇，有我们共同命运的遭际。这里曾经是我的世界，也是家人的世界，"对于个人来说，体验着的自我以自己为中心定向世界，确定经验的远近亲疏，决定熟悉（家乡）和陌生（异国）；对于一个共同体来说，体验着的主观间的自我也以同样的方式经验世界"①。感觉告诉我，青春期的皮革厂好像充满了蓬勃朝气，好像还没出什么问题。但理性告诉我，非也！那时的皮革厂早已出了问题，只不过年轻的我尚未具备足够的洞察力，还看不出问题之所在，或者只是不以为意、不以为病罢了（参见图10）。当我陪着年迈的母亲再次回到年迈的皮革厂时，当中年的我站在今天和未来回望过去时，我们的日常生活出的实践问题才在我的脑海里逐渐清晰起来，这些实践问题正是好生活的目的条件付诸阙如或者未能完全

---

　　① 户晓辉：《返回爱与自由的生活世界——纯粹民间文学关键词的哲学阐释》，江苏人民出版社2010年版，第338页。

图9　我家在皮革厂的老房子只剩下一点老地基和残砖碎瓦，难道我们当年的日常生活也随之变得支离破碎甚至无影无踪了吗

具备所造成的必然后果。我想起恩斯特·布洛赫的一句话："真正的起源不在起点，而在终点。"① 我忽然领悟到，现在就是过去的未来，我站在现在就是站在过去的未来立场上，也就是站在过去的临时终点上。只有站在这个临时的终点上，我才能真正理解起源。这倒不仅是说，"现在的问题在过去有其根源"②，而是说，每个人通过追求都活在未来，过去的东西只是将来才出现的，而真正的当下在总体上几乎尚未存在。③ 只有理性的未来才能照亮过去，所以，立足理性的目的论立场来看，过去和现在都是向理性的未来生成的尚未终结又尚未完成的目的与价值。

　　本书正是要立足理性的目的论立场来还原我们家的日常生活及其目的条件。

　　① 参见 Ernst Bloch, *Das Prinzip der Hoffnung*, Suhrkamp Verlag Frankfurt am Main, 1959, S. 1628。

　　② Helmut P. Fielhauer, *Von der Heimatkunde zur Alltagsforschung. Beiträge zur Währinger Kulturgeschichte*, Eingeleitet und Herausgegeben von Herbert Nikitsch, Wien, 1988, S. 34.

　　③ 参见 Ernst Bloch, *Das Prinzip der Hoffnung*, Suhrkamp Verlag Frankfurt am Main, 1959, S. 2。

　　图10　大概是1994年春节，我在皮革厂家门前拍的全家福，前排左起：侄女关兴霞、姥姥赵发珍；第二排左起：表弟何启明、母亲何文秀、父亲户连森；后排左起：二弟户军辉、表哥关小军、三弟户金辉。院子里是我家那棵沙枣树。当时我并没有意识到我家日常生活的根本问题及其根源所在

车排子

——家乡的传说与来历

在此之前，首先需要对家乡的几个地名做简要的梳理。

（1）新疆生产建设兵团的来历。1954 年 10 月 7 日，"新疆军区遵照中央军委、总参谋部 8 月 6 日的决定发布命令，宣布新疆军区生产建设兵团成立。……兵团保持军队的组织形式，实行农、工、商、学、兵相结合，党、政、军一体的特殊体制"①。这种特殊的建制非常具有中国特色，因为新疆生产建设兵团是中国现存最后一个生产建设兵团，也是中国最大的兼具戍边屯垦、实行军、政、企合一的特殊行政区划单位。当然，这也是以部队形式管理普通老百姓的一种方式。"新疆兵团作为当今世界唯一、中国独有的特殊的组织体制，不被人所了解。这是一个不争的事实。"② 有人说，"什么是兵团？用民间的一句话来概括：兵团是政府，但要纳税；兵团是企业，但要办社会；兵团是军队，但没军费；兵团是农民，但要入工会"③。2006 年 9 月，我在黑龙江农垦系统调研时，那里的兵团已改为黑龙江农垦总局。有一个部门领导告诉我，黑龙江的农垦有"四不像"之说："是政府没国徽，是企业办社会，是农民交会费，是事业养军队。"（参见图 11）这些特点与新疆生产建设兵团如出一辙。

（2）农七师和一二三团的来历。1953 年 5 月，"二十二兵团二十五师整编为中国人民解放军农业建设第七师，驻沙湾炮台。师长刘振世，政治

---

① 新疆生产建设兵团史志编纂委员会编：《新疆生产建设兵团大事记》（1949 年 10 月—1992 年 12 月），新疆人民出版社 1995 年版，第 66 页。

② 李秀芹：《新疆生产建设兵团体制研究——历史制度主义的视角》，硕士学位论文，南昌大学，2012 年。

③ 同上。

委员史骥"①,第七师"1958 年 3 月迁奎屯"②。《一二三团志》记载:"一二三团的前身是七十四团。1950 年 4 月,中国人民解放军二十二兵团二十五师七十四团官兵来车排子屯垦,使这里成为现代军垦史上最早的开发地之一。1952 年,二营、三营和团部搬迁到车排子……1953 年,七十四团改称二十团。"③ 具体而言,"1953 年 6 月 5 日,新疆军区转发中央军委命令,七十四团改名为农业建设第二十团。团下设营、连、排、班,隶属于中国人民解放军新疆军区第七师"④;"1969 年 6 月,中共新疆军区生产建设兵团委员会决定,二十团农场改为一二三团农场。隶属于农业建设第七师"⑤。20 世纪"五十至八十年代,团下设营(作业站)、连(生产队)、排、班序列进行管理。团部、营部、连部(既

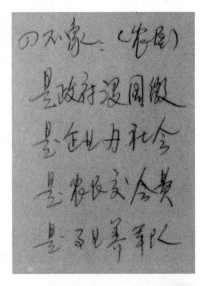

图 11 2006 年 9 月,我请黑龙江农垦总局那位部门领导写下的农垦"四不象",因为我的故乡也是这样一个保持军队组织形式的"部队大院"

是生产工作的指挥中心,又是行使社会管理职能的综合统一社区机构"⑥。21 世纪以来,随着包产到户责任制的实行,团、连的建制仍然保留着,营、排、班已基本不存在。

(3)关于一二三团皮革厂。一二三团皮革厂曾叫新车排子。近年,人们在皮革厂那两棵梧桐树下立起石碑,上面刻上"车排子"的字样(参见图 12)。"新车排子的原址在团皮革厂,由于此地位于奎屯河边,又处

①　新疆生产建设兵团史志编纂委员会编:《新疆生产建设兵团大事记》(1949 年 10 月—1992 年 12 月),新疆人民出版社 1995 年版,第 59 页。

②　同上书,第 69 页。

③　参见一二三团史志编纂委员会编《一二三团志》,中华书局 1999 年版,第 1—3 页。

④　同上书,第 15 页;"1953 年 6 月,七十四团改番号为中国人民解放军新疆农业建设第二十团,部队脱离了国防部队编制序列,完全编制为新疆生产建设部队,团长王云龙,政委张兴汉"(农七师一二三团史志编纂委员会编著:《一二三团简史》,新疆生产建设兵团出版社 2011 年版,第 18 页)。

⑤　一二三团史志编纂委员会编:《一二三团志》,中华书局 1999 年版,第 16 页。

⑥　同上书,第 14 页。

图 12　皮革厂那两棵梧桐树下，立上了石碑，上面刻上了"车排子"的字样

于乌（苏）塔（城）公路要道，来往行人要在这里过河，人们习惯于把这个地方称为新车排子。"① 我上小学时，皮革厂仍有一座炮楼，后来旁边还住着人家。我们当时在小学附近的旧战壕里挖出过子弹壳，说明这里当年曾打过仗。1950 年春天，受团领导委派来车排子探查情况的副营长李生隆回忆说，"下午五六点钟光景，我们一行三人到了新车排子（一二三团皮革厂一带）。虽然人困马乏，我们的心情却异常激动，希望能买到大批粮食。新车排子有一条短短的街道，几十户人家。还有一座不大的清真寺，街道上一栋比较正规的房屋是当地派出所。塔城至乌苏的电话线通过这里。……三区革命时，这里是战场，从乌鲁木齐到塔城、阿勒泰，

都要经过这里。过去三区民族军从伊犁来，苏军从阿拉山口进来，都是路经此地的，从军事上讲，这是兵家必争之地"②。父亲与母亲来到皮革厂后，也听说当年这里血流成河。我家挖宅基地和别人家挖菜窖时，都曾挖出过尸骨。③ "1952 年 3 月下旬团部和直属单位搬到新车排子（皮革厂附近）。1954 年 10 月，团机关移至黄家庄子（现车排子镇）。机关设在招待所院内平房。1964 年农场部办公室落成（现机关大院）。"④《一二三团志》记载：

---

① 一二三团史志编纂委员会编：《一二三团志》，中华书局 1999 年版，第 39 页。
② 李生隆口述，郭绍珍整理：《车排子军垦序曲》，原载《奎屯文艺》1983 年创刊号，参见一二三团史志编纂委员会编《一二三团志》，中华书局 1999 年版，第 716—717 页。
③ 据 2017 年 4 月 7 日上午母亲何文秀在家中的讲述。
④ 一二三团志编纂委员会编：《一二三团志》，中华书局 1999 年版，第 17 页。

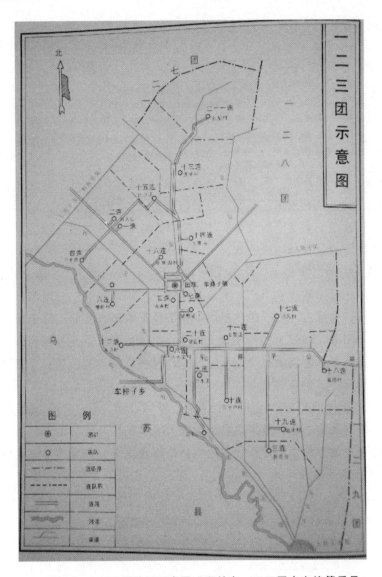

图 13 一二三团地理示意图（翻拍自一二三团史志编纂委员
会编《一二三团志》，中华书局 1999 年版），在九连正南方的奎屯
河北岸，就是不起眼的皮革厂

（皮革厂）位于车排子镇南部，直线距离 8.7 公里，住地 1983 年
奎屯市地名普查办公室命名为车排子村，地处奎屯河边，北与九连接
壤，南隔奎屯河与车排子乡为邻（参见图 13），辖区面积 1 平方公里，

地势较平坦，有耕地 935 亩，主要从事皮革加工业，兼营种植业。

1963 年在基建大队皮房的基础上成立二十团手工业厂，1965 年改名劳改队，1969 年易名皮革厂。庭院经济 1994 年、1995 年获师、团先进单位。

1997 年全厂常住人口 52 户，153 人，其中男 73 人，女 80 人，在岗职工 43 人，其中女职工 34 人，职工人均收入 2049 元，人均 1974 元。①

1962 年，"是年，手工业厂成立（今皮革厂）"②。母亲回忆说，1969 年，她与父亲来到皮革厂，这里以前曾是劳改队。③ 1998 年，皮革厂划归九连，行政建制意义上的皮革厂已不复存在。即便在一二三团，皮革厂也是一个经常被忽视的边缘之地。

（4）关于"车排子"（参见图 14）。据史书记载，"车排子的名称，在历史上先后出现过 4 个。一个是老车排子，原址在一二三团部；一个是新车排子，原址在一二三团皮革厂；一个是奎屯河东面的车排子镇，即现在一二三团部，1983 年经奎屯地名普查办公室定名；一个是河西面的车排子乡，是乌苏县管辖的一个行政区，1991 年又改称车排子镇；今日的车排子，从广义上准确来讲应该是个大的区域，它是由兵团和地方两部分组成"④。老车排子的名称源于一个传说：很久以前，有一个车夫赶着一辆马车，来到此地，遇到道路翻浆，他就丢下车，只身骑马而走。后来，人们就把这个地方称作车排子。在独克公路修建之前（1956 年），从乌鲁木齐到塔城都要途经车排子。⑤ 当年，瑞典著名探险家斯文·赫定（Sven Hedin，1865—1952）在记述自己从塔城返回乌鲁木齐的经过时曾生动地写道：

---

① 一二三团史志编纂委员会编：《一二三团志》，中华书局 1999 年版，第 31—32 页。

② 同上书，第 744 页。

③ 据 2017 年 4 月 7 日上午母亲何文秀在家中的讲述。

④ 一二三团史志编纂委员会编：《一二三团志》，中华书局 1999 年版，第 735 页。

⑤ 参见一二三团史志编纂委员会编《一二三团志》，中华书局 1999 年版，第 38 页；1953—1958 年曾是第三任团政委的杨新三回忆说，"关于车排子这个地名还有个古老的传说。传说很久以前，一个车夫赶着一辆马车来到此地，遇到道路翻浆，马车被困于此无法行走，他就丢下了马车，只身骑马而去。因为有这么一架车子始终放在那里，人们指路时常常说，哎，就在那里，那个有车子的地方，久而久之，这个地方就不言而寓（喻）为车排子了。在 1956 年以前，这个地方是从乌鲁木齐到塔城的必经之路"（付海云整理：《脚印——杨新三回忆录》，新疆生产建设兵团出版社 2010 年版，第 112—113 页）。

图14　一二三团综合文化活动中心前的宣传栏"车排子典故"

　　在车排子村，又检查了一次护照。车一停下来，立刻围上了一大群小商贩、无所事事的流浪汉、乞丐和孩子，有柯尔克孜人、维吾尔人和东干人。他们喋喋不休地议论、吵闹。有些人用手指边拂弄汽车，边发表高见，这些聪明的见解不时引起阵阵笑声。当他们靠得太近时，我突然按响喇叭，他们先是大吃一惊，倒退一两步，然后暴发出响亮的笑声。村中的巴扎集市，像一条狭窄的隧道。它的上方，用稻草、席子搭起天棚，隧道两侧摆满了陈列着各式商品的货摊。

过了车排子，我们在长满矮树丛的大平原飞驰。受到惊吓的金色雄雉与灰褐色雌雉双双对对呼啦啦扇动翅膀飞向蓝天，剩下的一些胆子大些，拥到公路边，惊奇地注视着我们，在不时出现的芦苇丛中，常常有野猪出没，野鹅、野鸭也栖居于这些雨后形成的沼泽中。①

当年，车排子位于乌苏城北60公里处，遍地是红柳、芦苇、梭梭林和梧桐树。奎屯河从这里蜿蜒流过，有十几户各族农牧民在这里散居、耕种或放牧。1950年，七十四团政委史骥为解决部队粮荒问题前往乌苏县购粮，在县政府办公室的一幅新疆挂图上看到乌苏以北有一个叫"车排子"的地方。一打听，才知道那里是奎屯河的尾部，有个杨绅士在那里种过几千亩地，可以买到粮食。于是，车排子被重新发现。当年4月18日，一营400多人奔赴车排子开辟垦区。② 从此之后，车排子就变成了兵团的一个开发区。1981年，车排子当年的开发者之一李福欣在《车排子的春天》一文中写道：

春天是美丽的，车排子的春天更美。

作为车排子拓荒者之中的一员，我曾经在这里战斗过二十多个春秋，我熟悉这里的一切，我怀念这里的一切，我热爱这里的一切。

今年春天，我又回到了久别的垦区车排子。车一进入垦区，就仿佛钻进了深山老林。只见公路两边的林带似两山壁立，蓝天一线，汽车好像在峡谷中穿行。那挺拔的白杨、婆娑的柳树、垂散的沙枣树、繁茂的榆树，组成了无边无际的绿色林网，向遥远的地平线伸展开去。缀满枝头的米黄色的沙枣花含苞待放，那浓郁的芳香，从林间飘散出来，直扑鼻孔，沁人肺腑，真有"沾衣欲湿杏花雨，吹面不寒杨

① ［瑞典］斯文·赫定：《亚洲腹地探险八年：1927—1935》，徐十周、王安洪、王安江译，新疆人民出版社1992年版，第263—264页。

② 参见农七师一二三团史志编纂委员会编著《一二三团简史》，新疆生产建设兵团出版社2011年版，第12—13页。

柳风"之感。从林带的网格里透视出去，更是春意盎然，一片生机。那一块块方格里的麦田，绿油油的；那片片果林，宛如江南的春景。园林姑娘们的身姿在花枝间翻飞，修枝的剪刀声和着欢快的笑声从浓荫处荡起，那样和谐动听。如果置身于这鲜艳、旺盛、滋润、丰满的园林之中，宛如步入仙境。

树，改变了车排子的面貌，使荒凉戈壁变成万顷良田；树，美化了人们的生活环境，给建设者增添了无限生活乐趣；树，像一件雍容华贵的霞帔，把车排子装扮得绚丽多姿，分外妖娆。人们把车排子称为戈壁滩上的花园，赞美她是准格尔盆地的一颗光彩夺目的明珠。我还记得，那是1964年的夏天，新疆宗教界上层人士代表来车排子参观，一位哈萨克族阿訇，一下汽车就被遮天蔽日、绿阴掩映的林网迷住了，老人面对这浩气森森的园林陷入沉思。原来，他是车排子的老住户，解放前，由于不堪忍受这里的恶劣气候而远徙他乡。这次他旧地重游，不由的想起当年那狼嚎狐奔、蚊虻成群、风沙弥漫、满目荒凉的情景，他怎能相信这是他曾经生活过的故乡？直到我带他看了当年居民点的断壁残垣和村口的那棵苍老驼背的沙枣树，方如梦初醒，悲喜交集，流下了激动的热泪。

我也曾在这里接待过著名诗人郭小川、贺敬之。诗人们一进入车排子，就被置入林海之中，陶然于荫凉深邃、温馨秀丽的园林情趣，惊叹戈壁深处竟有这等清幽去处。他们欣然站在"一线天"之下，以直插云天的白杨作背景，让我给他们合影留念。诗人在这里每时每刻都被这巨大的绿化成就激励着、感奋着。把一个个为绿化、美化农场而立下殊勋的农垦战士的光辉业绩刻在脑海之中。在战士们精心设计的像蒙古包一样的葫芦宫里，郭小川同志兴奋地在一个硕大的葫芦上，挥刀刻下了"双手万能，巧夺天工"八个大字。我想，这正是为他们以后写成的《边疆处处赛江南》等脍炙人口的名歌和其他名作提供的原始素材吧。

车排子，过去的名字叫哈拉苏（即黑水），位于准格尔盆地与阿拉山下艾比湖之间的奎屯河畔，这是一片广袤无际的冲积带。幅员辽阔，土地平整肥沃。千百年来，这里很少有过人类的足迹。密密麻麻漫生着柽柳、梭梭和沙枣，栖息着野猪、黄羊和狐狸，由于它东同古尔班通古特沙漠相接，北与托里盆地的老风口贯通，西濒艾比湖与阿拉山口相对，因此，气候恶劣，人类难以生存。1952 年，中国人民解放军的一个营，刚刚完成了剿匪任务，还没来得及洗去征尘，就拉上爬犁向车排子荒原进军，揭开了屯垦戍边的序幕。建场初期，开荒种地备受艰辛：春天播下棉花，一场风沙，能把一株株棉花打成光杆；夏天，小麦灌浆，一场热风，能把麦浆烧瘪。秋天，一场狷獗的西北风，能把洋芋连根拔起。暴戾的大自然使尽了浑身解数，想把这些拓荒者赶出自己的世袭领地，而人们也从失败中总结了教训，懂得了植树的重要和造林的意义。他们开始了描金点翠绣山河，绿化农场创大业的斗争。经过艰苦卓绝的努力，在沙漠边缘、道路两侧、条田之间、渠道两旁、庄园周围植起了八万七千二百多亩庄园林、护田林、道路林、风景林和各种果园，使车排子百万亩耕地有了林木的（覆）盖和保护，一条条、一片片绿色屏障，整整齐齐地镶嵌在田野上，像一队队威武的卫士，挺立在风沙前沿，捍卫着块块茂密苗壮的作物，阻挡了风沙的侵袭、流沙的移动，改变了农田的气候，使农业年年增产。据科研人员调查，林带进入中龄之后，车排子的年平均温差比建场初期减少摄氏 6.6 度至 11 度，相对湿度提高 6%，8 级大风次数从 60 年前的年平均 20.7 次减少到 70 年以后的 3 次，充分显示了林业对农业增产的巨大作用。同行的同志还告诉我，去年 6 月 25 日，车排子遭受了一场二十多年来没有过的狂风袭击。位于车排子中心的 123 团场的风力大到 11 级，上千株树被刮倒，数百根电线杆被刮断。但是被林带复（覆）盖良好的轮作区却出现了奇迹，各种作物依然葱茏茂密，整齐苗壮，叶绿蔓长，新果累累。是什么显示了这么大的神威呢？是树，是千万棵组成无数网络的树，有了它，就使风沙失去了淫威。

车排子的盐碱化严重，由于常年灌溉，造成了土壤的大量次生盐碛化，吞噬了数万亩良田。在有些地方，盐碱竟赶得人们无法立足，人们不甘心被它赶着走，就想出很多的办法，其中主要的方法就是植树造林。据测定，一株中龄树每年能蒸腾 800 公斤水，因此，一条林带就是一条生物排水渠。那时候，我们种树的热情是多么高啊！每年开春，排碱水、挖深沟、整林床、植树苗。荒原上的蚊虻真多，常常成群结队向赤身露臂的战士们发动袭击，搞得人们无法招架，只有消极防御，用泥巴将头脸和身子糊起来，大家彼此看看，不禁放声大笑，小伙子说姑娘们是菩萨再世，姑娘们笑小伙子是黑煞下凡。一片片沙枣栽起来了，棵棵沙枣依靠它惊人的毅力和活力，在盐碱窝里扎根、生长，像一个个无数的勇士坚守住了这块阵地，逐渐收复了失地。每当我看到这些根深叶茂的沙枣树时，不禁联想到我们这些从五湖四海聚拢来的农垦战士，何尝不像这棵棵沙枣树，深深地扎根于祖国边疆的沃土之中，为改造自然，开发边疆而年复一年的辛勤劳动，奉献出自己的光和热！

　　树，对农业增产起着举足轻重的作用，而它本身又是一笔多么巨大的财富！以123团场为例，全团有林带16000亩，木材积蓄量18万立方米。这些年，他们边采伐边更新，每年采伐木材都在6000立方米左右，除满足了农场生产和生活用材需要外，还制作大批木器家俱到外地销售。其实，它提供给人类的又何止这些，它的叶子、果实是牲畜的好饲料，它的枝条又究竟编织了多少筐篓，做成了多少扁担、工具把，谁也说不清，有一点可以说明：六十年代以来，农场再没从外地购进过这些用具。

　　……

　　十年树木，百年树人。车排子流行着一句话："爱树如爱子"。人们深知种树不易，保护它也更难。为了保活每一株树，白天、黑夜、风里、雨里，农垦战士们付出了艰辛的劳动，花费了不少心血。然而，车排子的千木万树，侥幸度过了（19）58年的刀斧之灾，却没能躲过"史无前例"的株连之祸。随着"植树团长"、"园林政委"成为走资派的代名词，这些不会思维的生命，受到残酷的破坏，有的断条空心，有的荡然无存，使车排子的环境失去了生态平衡，作物失去了林木保护，粮棉产量逐年下降，造成了史无前例的倒退。①

　　看来，人祸比天灾要可怕得多、严重得多，但车排子的这些开发业绩，也凝聚着父母的心血与汗水。他们当年正是响应开发车排子的号召，才分别从河南和四川来到这里，才把车排子变成了我的故乡。1956年9月11日《新疆日报》报道：5.5万多名志愿参加边疆建设的河南支边青壮

---

① 李福欣：《车排子的春天》，《新疆文学》1981年第10期。

年，全部到达生产建设兵团。① 其中的"志愿"二字隐含着各地支边青年的不同动机和共同意愿。《一二三团志》的记载稍微详细一点："河南省杞县、郏县、兰考、遂平、汝南、上蔡垦荒队员2864人，分四批于1956年6月18日至7月7日先后来团，分配在11个农业连队和基建大队"，当年"10月河南省副省长贾新斋率慰问团来团看望慰问河南支边青年。河南省豫剧二团随团慰问演出"②。父亲就是在这一年从河南省汝南县留盆乡留盆大队西户村来新疆支边的青年（参见图15），当时被分配在二十团蔬菜队。

父亲小时候在河南老家出麻疹，奶奶户宋氏③当时给地主种地，就把父亲丢在磨道里。地主的老婆没娃娃，也许出于同情心，就给父亲喂了几口水。父亲由此捡了一条性命，却落下肺心病的病根。④ 奶奶有四个儿子和两个女儿，养着一定不易。后来被父亲从河南老家接到新疆的三叔，也是因为小时候发高烧，没钱治病，烧成了哑巴。⑤ 母亲说，父亲曾告诉她，他恨奶奶户宋氏。但母亲并不偏心，她当年还是让父亲给老家的奶奶寄钱，无论这些钱有多少真能花在奶奶身上。⑥ 四叔回忆说，父亲人老实，所以老吃亏。父亲在河南老家时入党早，还是民兵队长。当时，他原本没打算去支边，只是动员我姑奶户振兰去，姑奶说："小毛⑦去，我就去；小毛不去，我也不去。"于是，父亲就来到新疆⑧。我想，父亲当年支边固然有点情非得已，但毕竟是为了追求自己的理想吧——至少在新疆总比呆在人多地少的老家多一点希望。虽然"由于他们在来疆之前，受当地政府对新疆生产建设兵团不实而夸大宣传的影响，什么'电灯、电话、洋犁、洋耙'等等。他们来到团场后，发现农场环境十分艰苦，现实与宣传

---

① 新疆生产建设兵团史志编纂委员会编：《新疆生产建设兵团大事记》（1949年10月—1992年12月），新疆人民出版社1995年版，第88页。

② 一二三团史志编纂委员会编：《一二三团志》，中华书局1999年版，第60、742页。

③ 2017年4月17日下午，我给住在河南省驻马店市的四叔户连秀打电话，询问了奶奶的姓名。四叔说，父亲户连森的驼背是小时候干活累的，自他记事起父亲就是这样。我估计，父亲生于1928年，四叔生于1937年，父亲落下驼背可能是在四叔诞生以前发生的事情。四叔还说，三叔是烧毁了（才成了哑巴）。

④ 2016年5月1日上午母亲何文秀在电话里告诉我的内容。

⑤ 据2016年9月13日下午母亲何文秀在家中的讲述。

⑥ 据2017年4月8日晚母亲何文秀在家中的讲述。

⑦ 父亲户连森的小名叫"白毛"。

⑧ 2017年4月27日早晨，我打电话向住在河南省驻马店市的四叔户连秀询问。

图 15　一二三团综合文化活动中心前的宣传栏"支边青年"，
其中特别提到来自河南省汝南县的那几批青年

的内容反差颇大，他们一时间难以适应这种艰苦的生活环境，产生了思想
波动"①，但是，对当年的父亲而言，车排子这个神秘陌生的地方就是他

---

① 农七师一二三团史志编纂委员会编著：《一二三团简史》，新疆生产建设兵团出版社 2011
年版，第 31 页。

的未来。他与汝南老乡一起踏上远离中原故土的异域他乡，该需要何等决绝的毅力！我们家后来发生的一切事情，甚至我们弟兄三人的出生，都蕴含在父亲当年的决断之中。"1956 年，父亲响应政府号召来到新疆支边，其中也有逃荒的意味。穷则思变，实属无奈。1956 年支边的河南人，在兵团里构成了一个群落，他们吃大苦，流大汗，是兵团的第一批垦荒者。这些河南年轻人拉爬犁、挖地窝子、开垦荒地，他们不仅创造了兵团的物质文明，也缔造了最早的兵团文化。一个最明显的例子就是，他们把河南话变成了兵团的'官话'。父亲与兵团的河南老乡一见面，只要凭口音就能彼此认出对方，他们一般都要问对方是哪一年来新疆的，如果一听是 1956 年来的，他们就会多一分亲近感。1956 年支边的第一代兵团人，大部分都在艰苦的垦荒生活中留下了身体的硬伤或残疾。如今，多数已经离开人世。"[1]（参见图 16）

图 16　1956 年与父亲一起来一二三团支边的部分河南青年，在半个世纪后聚在团部行政办公大楼前合影。当然，2001 年辞世的父亲不在其中。照片由堂嫂即户家祥（前排左五）的夫人叶桂英提供

当然，我们家的事还有赖于母亲的决断。母亲告诉我，1959—1960

---

[1]　户晓辉：《逝者如斯——记忆我的父亲》，《绿洲》2001 年第 5 期。

年，四川老家饿死不少人，有的人走着走着就死在了公路上。① "大跃进"时，四川省射洪县武东公社在六村成立了林场，母亲从一村被选派到公社林场劳动。当时，母亲吃住在林场，每天栽种和培育橘子树、梨树，还养猪，吃的是大米和红薯，这种"特殊"待遇让其他人好生羡慕，因为浮夸风已经让村里一些吃不上东西的人饿死了。大概在1959年，公社林场解散，大家各回各村。② 当年在林场，母亲与表姐何发秀关系要好，母亲来自一村，何发秀来自十村。也就在这一年，何发秀来新疆，后来母亲给她写信说，自己也想来新疆。于是，经过一二三团九连肖德清的介绍，由父亲出300元路费③，母亲于1961年7月从四川省射洪县武东公社林场与杨先德、何明清、何周成一起来新疆生产建设兵团一二三团。穷人家的孩子第一次出远门，还带着炒面，都怕得不行。奎屯市那时叫师部。④

到了奎屯，母亲搭了一辆便车，司机还有些不老实，母亲看见"车排子"的路标便急忙下车，司机还要了母亲5块钱路费；后来，母亲搭乘一辆马车到了一二八团。第二天走路到了二十团蔬菜队，由父亲管吃管住。母亲当时23岁，登记户口的大田班吴班长说，"狗屁！你最多只有20岁"，于是就给母亲登记成了20岁（参见图17）。到现在，母亲户口上的年龄仍然比实际年龄小4岁。母亲见到父亲时，父亲穿的是条绒鞋、蓝裤子，上身穿的是四个兜的白府绸褂子。直到结婚，父亲一直穿的都是这一身衣服，脏了就洗一洗。当年我家挂着的相框里还有一张父亲穿着这身衣服的单人照，可惜早就不知所终。早晨集合，母亲见父亲站在队伍里，就数他整整齐齐的，但不知他身体不好。1961年8—9月，父亲与母亲结婚。

1963年，父亲被调往奎屯的师部招待所管理小果园，母亲被调往那里当端饭的招待员（参见图18），那时，奎屯只有办公楼和商业楼两座楼。招待所有一个所长，管着三个招待所：第一招待所主要接待领导吃饭；第二招待所主要接待各团场来的人；第三招待所主要接待来往于内地的人。三个招待所都在同一个楼上。1966年2月，父母有了我。有一次，我吃奶也哭，不吃奶也哭，母亲气得在被子上砰砰地打两下。隔壁大娘听见了，

① 2016年9月13日上午母亲何文秀在家中向我诉说。
② 2016年11月28日下午我在电话中询问母亲何文秀。
③ 2016年9月14日下午，二弟户军辉在家中告诉我，父亲曾说，这300元当时是公家给父亲的，其中250元是安家费，50元是接母亲的路费，结果被母亲用作同行4人的路费。
④ 参见史骥《奎屯小城的诞生》，《新疆地方志》1994年第3期。

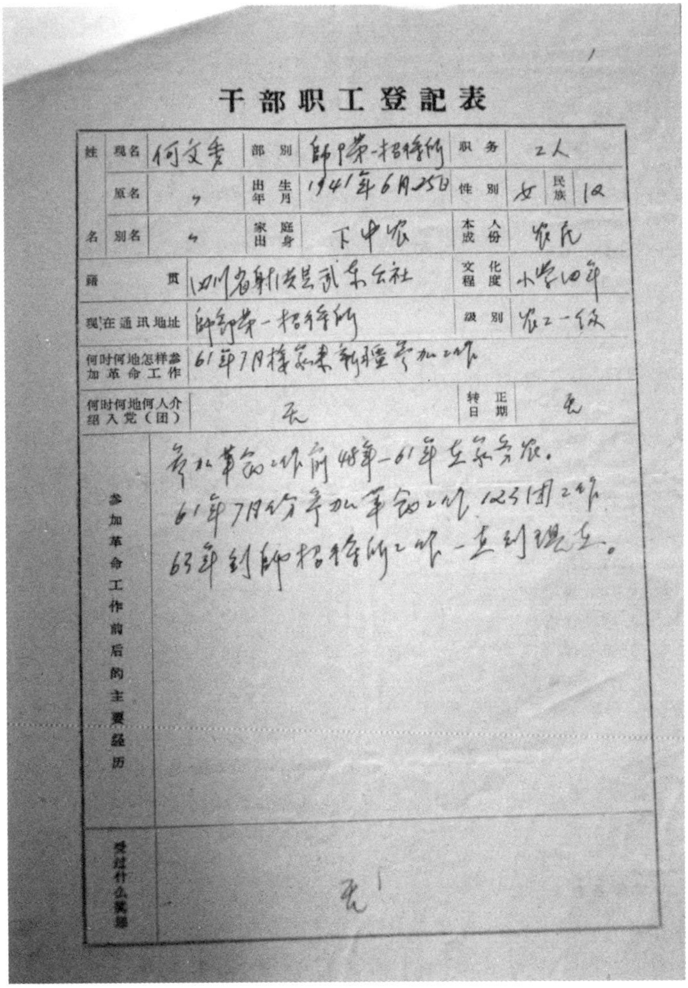

干部职工登記表

姓名 现名	何文秀	部别	師部第一招待所	职务	工人
原名	〃	出生年月	1941年6月25日	性别	女　民族 汉
别名	〃	家庭出身	下中农	本人成份	农民
籍贯	四川省射洪县武东公社			文化程度	小学四年
现在通讯地址	師部第一招待所			级别	农工一级
何时何地怎样参加革命工作	61年7月从老家来新疆参加工作				
何时何地何人介绍入党（团）	无			转正日期	无
参加革命工作前后的主要经历	参加革命工作前48年—61年在家务农。61年7月份参加革命工作123团工作。63年到師招待所工作一直到现在。				
受过什么奖励	无				

图17　我在一二三团劳资科查到母亲当年的干部职工登记表。这里登记母亲的生日是1941年6月25日，家庭出身是“下中农”，母亲身份证上的生日是1942年5月25日。可见当时登记者的混乱和随意

就对母亲说：“你是不是奶水不够啊？你把奶瓶子兑一格牛奶、两格水，给他试试！”结果一试，我睡了半天，母亲这才知道是自己奶水不足，就给我吃牛奶。直到3岁多时到了皮革厂，我还在抱着奶瓶子喝牛奶。有了这样的经验，后来，二弟、三弟还没出生，父母就早早把牛奶给他们联系好了。大概1968年1月，在我不到两岁时，父亲生病，在农七师机关门诊所拿了

图18　1964年，父母在奎屯招待所工作时与表姐夫妇的合影，前
排左起：母亲何文秀、表姐何明清，后排左起：父亲户连森、表姐夫谢
自站，照片由三弟户金辉提供。母亲告诉我，她不记得啥时拍过这张
照片，当时的转业军人谢自站在奎屯师部招待所站岗，常与母亲闲聊。
母亲看这个小伙子不错，就跟父亲说，干脆把他介绍给何明清吧。于
是，表姐与表姐夫喜结良缘

药，本该吃两片，他却吃了三片，吃完就睡了。到了夜里入睡以后，母亲发
现我开始抽搐、发烧。父亲昏睡，母亲去拿药，姥姥用凉水毛巾捂我的额头
退烧，但我吃药后仍然不睁眼。于是，母亲叫醒父亲，用斗篷裹着我去机关
门诊所看病，门诊医生要我住院。也在生病的父亲浑身乏力，和门诊医生在
前面走，母亲抱着我跟在后面。从门诊所到医院的路很远，我生下来就七
斤，加上斗篷，待走到医院，母亲累得跪在了地上。一到医院，就抽我的后
脊髓，我生病前还不会喊妈妈，医生给我取骨髓时，我才疼得直喊"妈妈
呀，妈妈呀"，母亲当时哭得不行，父亲也落了泪，他们都快吓死了。医生
说，我得的是脑髓炎，即流脑，我被转入传染科。父母给医生说好话，请求
他们尽量用好药，要多少钱都行。结果，给我打了半个小时的针之后，我的
嘴唇开始泛红。我住了半个月院，终于在刚满两岁时出院，那时的奎屯还有
积雪呢。[1] 1968年，农七师招待所的联司（造反派）和联总（即带枪的部

---

① 据2017年4月8日晚母亲何文秀在家中的讲述。

队）两派搞武斗，子弹乱飞，父亲走到哪里都拉住我，担心我受到伤害。好在后来这两派并没有继续打下去。当时，父亲在地里干活，啥派都不参加；母亲虽然在观点上是造反派，但也不参加任何一派。父母与联司住在同一排房子，他们说母亲是地主婆，啥也不参加。母亲不管那一套，她既不游行，也不举手，只是坐在路边看隔几天一次的敲锣打鼓游行的彩车队。有一次，乌鲁木齐的车造队来围攻奎屯农校的造反派学生，他们用水滋学生的眼睛，呼声震天，用了七天七夜终于攻了下来。母亲看学生可怜，说要去看看，招待所所长王好贤把母亲从车上拽下来，并且说："你不想活了？"

1969 年，部队接管了奎屯的师部招待所，父母又被调回一二三团，从前的蔬菜队已经解散，劳资科的王宝根就把母亲分配到皮革厂去做饭，替换皮革厂伙房里的刘新忠、张守忠（二人均曾劳改过）（参见图 19）。父母在皮革厂住平房，没住过地窝子。他们到皮革厂时，那里就有奎屯河大桥，河西①那边只有汉族老韩和哈萨克族贾以别克两家人。②

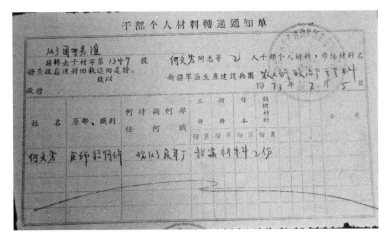

图 19　我在一二三团劳资科查到母亲档案中 1973 年她从奎屯师部招待所调往一二三团皮革厂的调档通知单

2016 年 9 月 10 日，我把 1964 年拍的奎屯照片（参见图 20）拿回家

---

① "1956 年 12 月，自治区在乌苏县召开了第二次兵地土地调整会议。会议决定车排子地区以奎屯河为界，河西为乌苏县农业开垦区，河东为农七师农业开垦区"（农七师一二三团史志编纂委员会编著：《一二三团简史》，新疆生产建设兵团出版社 2011 年版，第 34 页）。

② 据 2016 年 3 月 25 日和 2017 年 4 月 6 日晚母亲何文秀在家中的讲述。

让母亲辨认，她戴起老花镜指着照片说，这好像就是她工作过的农七师第一招待所，她当时就在左边的一楼里当端饭的招待员（参见图21）。

图20　1964年的奎屯，当时母亲在农七师第一招待所当端饭的招待员（图片翻拍自《奎屯》画册编委会编纂《奎屯》，新疆美术摄影出版社、香港现代出版社1995年版）

图21　母亲在家中戴起老花镜并指着照片说，这好像就是她工作过的农七师第一招待所，她当时就在左边的一楼里当端饭的招待员

　　我问母亲为啥来新疆，她说："你舅天天只管你舅妈，让我干活，累死了；你姥爷何绍稼（音）走得早，你姥姥辛苦，和你舅妈吵架，家里好吃的都让你舅妈吃了，你姥姥和我啥也吃不上。"1963 年，母亲出路费把姥姥赵发珍从四川老家接到新疆。我问母亲："你来新疆后悔过吗？"她语气坚决地回答说："没有！"① 2017 年 4 月 5 日晚，母亲与表姐何玉芳一起慷慨激昂地诉说当年各自在四川老家的痛苦经历和不幸遭遇。母亲形容说，那时锅里煮了红薯稀饭，舅舅用勺子捞出红薯在锅上晃啊晃啊，把米晃下去留给舅妈吃，把勺子上的红薯给母亲吃。母亲当年在老家的山上砍柴，手都裂得不行，还得自己背着一背的柴火回家，沉重的柴火压得她把地都蹬出一个槽印；姥姥是小脚，舅舅又懒，一下雨就让母亲光脚到地里掰苞谷、掰豆角。有一次，舅舅打母亲，母亲推了舅舅一把，把家里的竹坯墙撞出一个豁口，舅舅起来后，使劲打母亲。母亲对表姐说："你说我恨不恨我哥？"但母亲从不和舅舅吵架。她离开老家时曾发誓：出了这个门，就再也不回来！尽管如此，母亲来新疆后，还是照样每年过年给舅舅寄 10 块钱，一直到我上大学的 1983 年才不再寄了。舅妈去世时，母亲还托人给舅舅带去 500 块钱。表姐也说，"我不喜欢我爸"，她自述小时候曾十几年没吃过肉，舅舅当年在她初中刚毕业时为了 900 元钱把她卖给一个提黑提包的男子。她为了逃婚，才于 1980 年 7 月 1 日被母亲接到皮革厂。她们你一言我一语，母亲对表姐说"你爸"如何如何，表姐对母亲说"你哥"如何如何，表面上她们在对话，实际上却在各说各话。在一旁的表姐夫王文明和我都问："你俩说的到底是谁呀？难道不是同一个人吗？"表姐夫说她们在开批斗会，我说她们在开诉苦会。

　　显然，母亲和表姐都对老家有怨恨，因为老家曾给她们造成深深的伤害，这些怨气无处倾诉、难以发泄，就容易形成积怨。因为"怨恨这种情感是存在于某些人心中的一种冥顽不化的憎恨。怨恨同样也根源于人的潜意识的情感体验层次上被隐藏起来的那些不可救药的无能。这样的情感为什么会不知不觉地突然爆发并对人造成困扰，原因就在于此。这种独特的憎恨感不仅会发生在某些个体身上，也会发生在各种集体性的团体、阶级、或许还有整个文化当中"②。母亲对故乡有怨恨，表姐对故乡有怨恨，

---

　　① 2016 年 4 月 15 日，我在电话中询问母亲何文秀。
　　② ［美］曼弗雷德·S. 弗林斯：《舍勒的心灵》，张志平、张任之译，上海三联书店 2006 年版，第 145 页。

难道父亲对故乡就没有怨恨吗？难道无数背井离乡、出来逃荒和逃难的中国人对故乡就没有怨恨吗？当然，这些怨恨大多针对的是故乡里活生生的人，而不是故乡里看不见、摸不着的关系网与社会制度。我们怨只怨曾经伤害过我们的人，却很少反思：这些亲人或乡亲之间的"恶行"，是否仅仅出于主观故意，是否也由于环境所迫和情非得已？当怨恨成为我们与故乡发生关联的宿命关系时，究竟什么才是故乡呢？故乡在我们的人生中究竟占据着什么样的位置呢？这种如瘟疫般代代相传并一直延续的怨恨何以终结、如何了断呢？怎样才能不让它毒害一代又一代人的心灵和日常生活呢？

　　我注意到，母亲在诉说往事时，使用最多的措辞就是："可把我苦死了"，"把我吓死了"，"可把我整坏了"，"家里穷，我又没有爸，谁管我啊？在老家把我苦死了，整死了"①，"你姥爷死得早，一辈子叫我啥罪都受了"②。父母都是为了脱离各自的苦海、为了逃荒和逃难，才选择了车排子。于是，车排子或一二三团皮革厂，也就成了我的故乡。虽然皮革厂早在 1998 年就被并入九连，但人们仍然把那块地方叫作皮革厂。现在，只有不多的几户人家，夏天在皮革厂居住，到了冬天就回到团部的楼房里生活。在这个意义上说，我的故乡是父母的选择，不是我的选择。尽管如此，我并不怨恨父母当年的选择，反而对他们充满感激之情，正如章德益的诗句所说：

我自豪，我是开荒者的子孙

　　　　我曾想，地球上应有开荒者的雕像，
　　　　那该是十万大山，弯腰躬身，背负青天；
　　　　我曾想，大地上应有开荒者的档案，
　　　　那该是片片绿洲，存放着春花秋果，碧血汗泉；
　　　　我曾想，人世间应有开荒者的纪念，
　　　　那该是绿叶的签书，年年发行于春天；
　　　　我曾想，世界上应有开荒者的留言册，

---

① 据 2017 年 4 月 5 日晚母亲何文秀在家中与表姐何玉芳的讲述。
② 2017 年 4 月 7 日中午，母亲何文秀在家中对我说。

那该是尚未开拓的远方的荒原。

呵，我庆幸，我是开荒者的子孙，
在我的世界中也有一片荒原——

平沙的卧榻呀，云烟的纱帘，
浊雾的斗篷呀，雪片的垫肩，
霞光的绳索，为我扯起天的篷帐；
月牙的衣勾，为我高悬银袍千件；
风沙的骑队，为我备下幻想的鞍鞯；
摇曳的沙柱，为我晃动开道的长鞭。
清晨，我点起太阳的篝火，焚烧残存的黑夜；
薄暮，我傍着夕阳的余烬，与世界围坐谈天；
夜晚，银河的犁绳呵，我思想的犁尖，
在空旷里开拓着永恒与无限。

呵，我喜欢浊云的烙饼，烘烤在炉壁般的漠天，
虽然焦黄，却能品到创业之味，斗争之甜；
我喜欢天之胸腔中，那天风的高歌，
虽然粗犷，却也共鸣着我心灵的和弦；
我喜欢大漠上，那帐篷的钮扣，
虽然只缝一个，也已开始了一件新衣的裁剪；
我喜欢瀚海中，那泉水的珠链，
虽然仅觅一串，也已镶上了理想的冠冕。

呵，人生怎能没有开拓的荒原，
没有荒原的人生，只能是生命的墓园。
我鄙夷，那随哀叹而飘走的人生的希望；
我鄙夷，那随悲泪而跌碎的生活的信念。
我蔑视，以一己胸怀作生命耕耘的田园；
我蔑视，以三寸目光作灵魂之犁的绳纤。
呵，耕耘着小小的悲欢，播种着淡淡的哀怨，

这样的生命，能有一个什么样的秋天？
呵，人生之长，生活之远，
怎能把自己向隅而泣的影子，看作整个世界！

呵，我庆幸，我们民族永远有开荒者，
一代代人，在历史的荒地上扶犁向前——
连绵的群山，是紧挨的肩膀，
横亘的长江，是拉犁的绳纤，
拉起一块大陆的重载，聚拢一个民族的力点，
扶起一代人心的憧憬，绷紧一个时代的信念。
太阳在上呵——高悬着人生空间里的金钟；
曙光在前呵——抛来了历史险滩中的巨纤。
呵，人类在不断的开荒中扩大着春天的疆域；
人类在无穷的开荒中创造着理想的境界，
开真理之荒，开灵魂之荒，
脚下滴血的足印，是我们在这世界上
留下的探索者的赠言；
开大地之荒，开天体之荒，
拉犁者背上隆起的筋肉，是我们民族
真正的生命之巅。

呵，开荒者——人世的山岳，历史的篝火，
开荒者——大地的轴心，世界的支点。
生活是人间的一幅画，开荒者就是浓重的底色；
历史是人类的一部书，开荒者就是庄重的封面；
希望是人生的生存之光，开荒者就是不灭的灯芯；
未来是人类的追求之的，开荒者就是爱神之箭；
呵，没有开荒者，这个民族就没有希望；
没有开荒者，这个世界就没有明天。

呵，请分给我一份荒原吧——
即使从广大的世界里，分来小小的一片，

那我的篝火，也能从生活的荒地上升起；

那我的犁尖，也能从心灵的炉火中锻冶，

那我将来的坟茔，也能像一块生命的砝码，

在大地的秤盘上，称出沉甸甸的人生，沉甸甸的信念。

呵，不负后人啊，不负先贤，

呵，不负民族啊，不负世界。

我自豪，我是开荒者的子孙，

在我的世界上，也有一片荒原。①

　　我们每个人都是身不由己地来到这个世界的——我们既不能选择自己的父母，也不能选择自己是否出生以及在何时何地出生。想到这种被抛入世界的状态，有时难免让人有点窝心。可我们的父母有这种选择的权利——如果父母当初没有选择去新疆或者没有选择成婚，我当然也就不会来到这个世界，车排子或一二三团皮革厂也就不会成为我的故乡。所以，当年我写道："父亲选择新疆作为自己的归宿，由此也使新疆成为我的出生地，成为我魂牵梦萦的精神故乡。人的生命、父亲、故乡，这一切都是宿命。我离开故乡，是为了和她保持一段距离，以便更清楚地凝望她，更深情地想像她。"② 虽然宿命有时也是一种苦难，但现在我要说的是宿命之外的苦难。其实，兵团就是另一种意义上的"部队大院"，我的命运就是在车排子这个"部队大院"里开始展开的。我的单纯倔强、直率豪爽、爱憎分明和吃苦耐劳，也正是兵团生活在我身上留下的印记。有人说，"20 世纪 50、60 年代兵团社会经济的快速发展也说明了强制变迁的成果，但是这种变迁是由国家的意志体现、通过国家权利（力）赋予而实现的，而不是由群体中个体的要求来获得"③，但我认为，父母的命运并不完全是被动安排的结果，也是他们自己的主动选择。正因如此，他们才能创造出生活的种种奇迹，正如 1962 年 10 月，诗人左齐在走访了农七师之后写下的诗句所言：

　　战斗生产两内行，

---

① 章德益：《我自豪，我是开荒者的子孙》，《新疆文学》1982 年第 2 期。

② 户晓辉：《逝者如斯——记忆我的父亲》，《绿洲》2001 年第 5 期。

③ 董秋菊：《新疆"兵团文化"形成述论——以农七师 130 团为例》，《濮阳职业技术学院学报》2012 年第 3 期。

和平建设办农场；
犹记当年驱战马，
不因今日换戎装。

荆棘铲除禾浪绿，
荒原斩断麦金黄；
十百方田千万顷，
丰收时节稻粱香。

奎屯车排下野地，
炮台建场老根基；
亲栽林带三千里，
手培桃园几万畦。

广种棉田连阡陌，
叶绿花红映夕曦；
更喜健容采棉女，
採得棉朵与山齐。①

　　这里的"奎屯""车排""下野地"都是地名，"车排"指的就是我的故乡车排子。诗中描述的也是父亲当年支边建设的业绩。

　　父亲在世时，我没问过他当年的想法。如今，他们那一批支边的河南人多数已长眠在家乡的土地上，他们当年的壮举也成了史书上干巴巴的几行文字。难道他们的意志和精神变成了戈壁滩上四处游荡的劲风和奎屯河上随波逐浪的芦苇了吗？难道故乡托付给我的任务不正是理解并继承父辈的意志和精神吗？家乡的父老乡亲本来就没有多少物质财富，他们留给我们的最大财富，难道不正是自己的意志和精神吗？如果不能领会和理解这笔无形的遗产，我们就难以真正拥有它，也难以觉识并且学会正确使用自己身上潜藏的这笔无形财富。

---

① 左齐：《农垦曲·战斗生产》，《新疆文学》1962 年第 11、12 期合刊。

上大学

——光宗耀祖还是自我撕裂

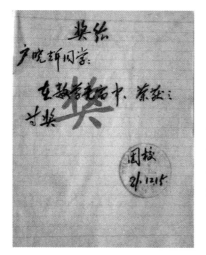

图 22　1981 年 12 月 15 日，一二三团团校给我奖励的作业本

不过，对我的命运而言，我自己的决断更具现实性。经过在团校高中的两年学习（参见图 22），我考上了大学。1983 年 9 月，我离家前往西安求学（参见图 23）。正如父母当年选择背井离乡并开启了别样人生一样，这次离开也彻底改变了我的命运，把我"从故乡中甄别和拯救出来"，让我"永远不会像父辈那样面朝黄土背朝天，粘在那块火辣辣的戈壁荒滩上了"①。在我出生那一年，中国的高考制度被中断，所幸在高中毕业时，我赶上了恢复不久的高考。假如没有这种相对平等的高考机会②，假如父母不支持我考大学，我很可能会一直是兵团户口，而户口就把我固定在这块土地上，在一无靠山、二无后门的情况下，我就不大可能离开家乡。对我这样的农场子弟来说，高考是自救的一条独木桥。父母也许觉得我上大学可

---

① 参见户晓辉《故乡之殇》，《绿洲》1999 年第 3 期；罗文斌、董立勃主编《阳光大坂——新疆当代散文选》，新疆人民出版社 1999 年版，第 161 页。

② 当时，我并不知道，"在中国，高考招生地域歧视的症结——录取名额分配制度——可以说是根深蒂固，在古代科举制度已经发现其踪迹，只不过不如当代高考制度化、系统化而已。不仅乡试、州试等地方性考试按照地方标准由地方主持，而且全国性的会试也逐渐带上地区配额的特征。至少从明朝'南北榜'事件之后，中国考试录取制度从来没有实现过完全意义上的公平竞争"（张千帆：《权利平等与地方差异：中央与地方关系法治化的另一种视角》，中国民主法制出版社 2011 年版，第 172 页）。

图 23　我的大学录取通知书邮寄信封，它就像是我改变命运的一根稻草

以光宗耀祖，有一种说不清、道不明的荣耀感，但他们并不指望我鲤鱼跃龙门。他们朴素地认为知识和文化本身是好东西，而不在于充当进入官场的敲门砖。我临行前，父亲一边用行军带为我捆着被褥，一边在脸上绽放出喜悦的光芒。母亲给我带上一条皮革厂制作的羊毛毡，我至今还保存完好（参见图24）。① 在厨房忙里忙外的姥姥，也显得格外精神。家里家外一下子溢满了喜庆的气氛，亲朋好友自然也不无羡慕。

那是我第一次出远门，第一次走出我自以为很熟悉的那个逼仄而狭小

---

① "1963 年 4 月，为满足团场需要，在基建大队皮房，以手工操作的原始传统工艺生产加工马桶脖子、马鞭子、马拉套具，供应各生产连队使用。当年加工生产马桶脖子 60 个、马鞭子 35 个、马座包 28 个。从此，一二三团皮革加工业便应运而生。随着农场生产规模的不断扩大，生产、生活用皮革制品需求量增加，从 1967 年开始，增加了生产毡袜、鞋垫、毛背心、劳保用皮大衣等生活用品。由于生产工艺、设备落后，大部分皮毛加工全靠手工完成，工效低，质量不稳，品种单一，且工人的劳动强度大。1968 年春，团选派刘玉岫担任指导员。1972 年，进行技术改革，购进皮革加工的部分机械设备，皮毛加工开始由简单的手工操作改为机器生产，减轻了工人的劳动强度，生产规模扩大，人员增至 75 人。1984 年后陆续购进蝴蝶牌缝纫机 20 台和脱水机、去油机、削均机、烫毛机、拼缝机等皮革加工机械。1990 年团拨款对皮革厂进行技术改革，生产发展，产品质量提高，品种增多，并能加工生产出较高档的皮大衣、皮鞋、皮背心、皮夹克、烫毛皮大衣等，产品不断进入市场。1993 年生产的'电烫毛背心'、'列式夹克'、'防寒服'三项产品获得自治区检验标准合格证书。'盛华牌'注册商标被工商部门认可，产品进入全国市场，产销两旺。1985—1995 年共生产各种棉、皮制品 29466 件。"（一二三团史志编纂委员会编：《一二三团志》，中华书局 1999 年版，第 290 页）

图24　1983年9月我上大学时，父亲户连森为我捆扎行李，母亲何文秀让我带上这条皮革厂制作的羊毛毡，至今仍然保存完好。它伴随我读本科、硕士和博士的10年，是我家和皮革厂共同的历史见证

的生活世界。那时上大学根本没有让家长亲自送的观念。从家乡到乌鲁木齐市的300多公里路，隔日才有一趟的长途车走了11个小时。老式大面包车狭窄的座位，让我觉得逼仄难耐。那时我17岁，可等到下车时脚也照样肿了。[1]

临行前，母亲问我："晓辉，你想不想家?"我说："不想。"结果，到了学校，我的思绪就不当家了，赶紧给家里写信说，想家想得不行。[2]

---

① 1955年，兵团政委张仲瀚到二十团（一二三团的前身）视察工作，曾对当时的团政委杨新三称这里的路为"扬灰路"。杨新三回忆说，"可不是吗? 这可真的称的（得）上是'扬灰路'。艰苦的条件下，没有能力修建出像样的好路，几条'趟'出来的路也都是走的多了才形成的，路况更不用说了，土层很厚，晴天时尘土飞扬，过个汽车，两三米之间相互都看不到影子，就像是刮了一场尘土风一样。最糟糕的是下雨天，老天爷就好像是赶来和面的，平地成小溪，洼地成小河，而这土路呢? 就更是无下脚之处，无法抬步，一只脚陷进去，另一只脚拔不出来，让人懊恼万分"（付海云整理：《脚印——杨新三回忆录》，新疆生产建设兵团出版社2010年版，第157页）；据团志记载，20世纪"五六十年代，农场职工回内地探亲和外出办事靠农场外出拉货便车捎带，十分不便。六十年代中期以后，奎屯客运站和乌鲁木齐客运公司先后分别开行奎屯——一二三团和乌鲁木齐——一二三团客运班车，隔日一趟。因道路状况不佳，一二三团至奎屯的班车行驶3—4小时"（一二三团史志编纂委员会编：《一二三团志》，中华书局1999年版，第303页）。

② 据2017年4月7日下午母亲何文秀的回忆。

当时我还没有明确意识到，离开家乡仅仅是自我撕裂的开始。从此以后，我似乎分裂成了两个人：一半是海水，另一半是火焰；一半在此岸，另一半在彼岸。我的分裂症好像不可救药、难以止息。"自从离开我生活过的那个团场，我的一部分精神就开始老化，它们被连根拔起，被移植到一个营养过剩的地方——大学生活腰斩了我的青春，使它的萌芽失去了自然而然的接续。我的还没有发育起来的青春过早地接受了过量的刺激，它背上了沉重的义务和责任，它开始变得一丝不苟，它开始失去了飞翔的笑容。"① 这种分裂的最初表现就是对家人的思念。到了学校，我给河南老家的大伯写信说：

> 大爷②，我于 9 月 1 日接到通知，被陕西师范大学中文系录取了！办完手续以后，我于 9 月 3 日早晨七点乘公共（长途）汽车离开一二三团，于下午 6 时抵达乌鲁木齐火车站。当天晚上 11 点零 5 分乘 144 次直通西安的快车，于 9 月 6 日上午 12 点 10 分顺利抵达西安市火车站，等了几个小时的车，于下午 4 时乘我校公共汽车到达学校。现在已基本办理完入学手续，我们即将开始自己在大学的新生活！
>
> 大爷，陕西师大位于西安市南郊，从我校到西安市中心的钟楼商场只需花 1 角 5 分钱就可乘车到达。西安市容和学校校容都很美。学校的学习风气和伙食情况都很好。在这种环境里我决心努力刻苦地学习，不辜负父母及您对我的希望。请您放心！③

还是河南老家的四叔（参见图 25）传统观念重一些。上过两年私塾，又在学校继续上到五年级的他亲自给我回信说："你这次被录取师大，是你父亲的富贵，也是你的光荣，更是我们全家荣幸。……希望你今年在寒假中最好回到咱西户（村）与你四叔、婶一快（块），愉快地过个新春佳节。回来看看咱家乡的变化吧，在你第一次回来时家乡简直向（像）个穷破的样子，而今成为幸福乐园。"④ 我第一次也是唯一的一次回河南老家是在 1972 年初。当时，大爷来信说奶奶户宋氏生病了，卧床不起。母亲

---

① 户晓辉：《我的青春简历》，《新疆经济报》2002 年 8 月 12 日。

② 在河南方言中指父亲的哥哥。

③ 1983 年 9 月 10 日我写给河南老家的大爷（伯）户连杰的信，当时因地址不符被退回。

④ 1983 年 10 月 8 日，住在河南省汝南县留盆公社留盆大队西户村的四叔户连秀给我的信。

图25 年轻时当兵的四叔户连秀（照片由四叔的女儿户小群提供）

对父亲说："你回家一趟，行不行？"父亲说："我不回！"母亲说："老母亲卧床不起，还能活多长时间？"于是，父亲打报告请假，带着6岁的我一起回河南老家。临行前，母亲嘱咐说："老户，你在火车上不要睡觉，不要跟人家谝。"结果这话让我记住了。上了火车，一到晚上，父亲就让我在座位上睡觉，他自己不睡；可到了白天，一旦父亲打瞌睡，我就推父亲的肩膀说，"爸，我妈让你不要睡觉"；父亲和别人搭讪，我又趴到父亲的耳朵旁悄悄地说，"爸，我妈让你不要和别人谝"。结果，父亲一到老家就生病住院了。① 大爷又写信，让母亲来河南老家照顾父亲。于是，母亲从郑州倒车到了驻马店。夜里下车，人生地不熟，幸亏碰见宁夏兵团的两个人，就跟着他们去住旅社，他们替母亲签了字。母亲一个人住在旅社房间里害怕，就在烧水房洗脸、洗头。天亮以后，那两个人去新蔡，母亲去汝南。大爷在汝南接上母亲，天还下着雨，他们就从城里走回留盆公社西户村，路上的淤泥把母亲的新棉鞋都拽烂了。到了奶奶户宋氏家，已经是大年三十的凌晨4点。当时，母亲和父亲住在汝南城关医院的病房里，亲戚也很少来探望。我成天跟着当时担任城关副主任的大爷到处溜达。大爷带着我去看电影，把《杜鹃山》的戏票给了母亲，但父亲不让母亲去。看管父亲的许医生（父亲的表妹）对父亲说："表哥，你叫表嫂去看戏，我来管你。"父亲就不吭声了。等母亲看戏回来，父亲对她说："我不行了，差一点过去了，是表妹把我抢救过来了"。母亲一摸，父亲双腿的大腿以下和双臂的肘关节以下，全是凉的。当时，母亲在父亲脚那头睡，父亲用脚抖母亲，让她去叫许医生，母亲一开门，门前一条狗刺溜一声跑了，第二次开门，又跑了一条狗。等到鸡叫三遍，父亲的脚和手终于缓过来，母亲就睡了。

----

① 此事，父亲户连森生前也不止一次微笑着对我讲过。

第二天中午，父亲对母亲说："文秀，昨晚你知道不知道，一个大高个子站在我的床前，就是没有扑在我身上，还有一些小娃娃。"母亲回去把这些情况讲给奶奶户宋氏听，奶奶反复唠叨说："晓辉妈呀，那是你的火焰高呀，要不然啊，毛儿①都完了。"

当时，三叔背着我到处转悠，还每晚给我点一个灯笼，我穿着一双高底草鞋，一崴一崴地跑得可快了。周围的乡亲们见我这个胖乎乎的新疆娃娃，都喜欢我，都来逗我，吹灭我的灯笼，把我气得够呛。每天晚上，乡亲们还叫我唱《临行喝妈一碗酒》，母亲说，我那时唱得还挺不错哩。人家问："晓辉，谁教你的？"我答："我妈教的！"家里的鸡下的蛋，都让我给控制起来，下一个摸一个，拿去让奶奶给我煮了吃。有一次，我提着筐子，跟着母亲到鱼池捞鱼草，干部户连善开玩笑说："晓辉，晓辉，你提的鱼草拿回家给你妈吃吗？"我说："你当个干部有啥了不起！"户连善连连感叹："乖乖！"

母亲回新疆时，我不愿跟她回去，我和大爷一起把母亲送到郑州。先是我和大爷在省会转了一圈，然后由大爷回到汽车站看管行李，让我带着母亲在省会转了一圈。晚上，母亲要上火车，我突然变卦，要跟着母亲一起回新疆。母亲走到哪儿，我就跟到哪儿。大爷问："咋了？"我说："老家人光欺负我！"我的变卦把大爷气得够呛。结果，上了火车，我的个子需要补票，大爷给我补了票，害得他也多坐了一站才下车。当时，大爷把自己的自行车卖掉，给奶奶准备了棺木。可是，我大娘下地时眼里飞进小虫，她的儿子给她点了青霉素眼药膏，不知何故，大娘竟然疼死了，用上给奶奶准备的棺材。临走前，母亲给大爷钱，让他再买一辆自行车。于是，1972 年 3、4 月，我和母亲一起回到新疆。②

1983 年底，四叔又在信中写道："我在信中看到你在你（学校）学习十分紧张，但对你学习求进是有及（极）大的好处，可我看信后，把信给全家读了数遍，全家人非常高兴，特别我更高兴，我与亲、邻说：我侄儿上大学是他个人的光荣，也是我作叔叔的荣幸，可我想侄儿在不久的将来，总有一天会与叔见面，叔有说不出（的）高兴话来。"③四叔本想让我在 1984 年寒假回河南老家过年，但父亲来信说："寒假，我们和你姥

① 父亲户连森的小名叫"白毛"。
② 据 2016 年 3 月 27 日下午、2017 年 4 月 6 日晚和 4 月 8 日晚母亲何文秀在家中的讲述。
③ 1983 年 12 月 10 日四叔户连秀给我的回信。

姥、军哥他们都希望你回新疆度过，因为头一年，你想家里的人，可家里
的人同样想念你呀！等明年暑假，你可以回河南看一下。"①

　　父母都没正式上过学，只能勉强通过看报认一些字，尽管看报的机会
也不多。母亲在四川老家时曾上过一点夜校。晚上，她一个人穿过稻田去
离家很远的地方，有人就学认几个字，没人就无功而返。后来，她又跟人
学认字，简单的字都认识，只是笔画多的字不认识。② 那时，二弟和三弟
还小，所以，父母需要请表哥关小军代笔才能给我写信（参见图 26）。
1983 年 12 月初，父亲在信中的语气有所松动：

**图 26　我上大学时收到的第一封家信，还是挂号信。这个颇具质
感和年代感的牛皮纸信封，承载着亲人怎样的温情与关切**

晓辉：

　　你的回信和寄回的粮票都收到了，没有及时给你去信，望不要着
急。现在全家都好，今年冬季看来我的身体还不错，你姥姥的身体也
不错。目前咱处的气温还不太底（低），今冬的生活还很好，白面也
足够用的。……总的来看家中情况是很好的，小三的学习进步较快，
军辉的学习比前也好些。我想这些情况如你亲眼看到会更高兴。我和

---

①　1983 年 10 月 29 日父亲户连森给我的信，表哥关小军代笔。
②　据 2017 年 4 月 8 日晚母亲何文秀在家中的讲述。

你妈及全家都望你把青春年华要集宗（中）到求学上去。

　　关于你回信讲寒假准备外出旅游一下，我们都同意。至于路费需要多少，你回信说明，我给你寄，元旦快到了，你要过的愉快些，应花的钱不要太克俭了。①

　　可是，1983 年 12 月 27 日，父亲又来信嘱咐，"不管花钱多少，春节你一定回来"。1984 年 1 月 9 日，父亲在信中下了"军令状"，不容商量："回信收到。给你寄的钱是还了账后做回来的路费的。我和你妈命你一定回来共度新年。由于天冷，你到团下车后到你姑奶家，我把自行车、手套、帽子都放在那里。别不多谈。"

　　高中两年，我住在一二三团机关大院的姑奶家（参见图 27），他们一家人（参见图 28）待我亲如一家。通常，我周末会回到皮革厂看望父母、姥姥和弟弟。此番去西安求学，第一次远离家乡，自然也免不了与家人互相牵挂。而且，"只有在与陌生人相遇的背景下，人们才把本地的东西也体验为家乡的东西和自家的东西"②。对在外求学的我来说，原先在家时并不在意的东西都开始具有了家乡价值，"'家乡'这个概念与事实上在这种视域内发展起来的精神力场相应，因此力场中的每一点和每一物也都获得了'家乡的'价值"③。当时，大叔（参见图 29）来信勉励我说：

　　　　来信及信件（机关、五连）均已收到，得知你平安到达，并顺利地办完入学手续，投入紧张的高学府学习，很高兴，也很放心。在此，我代表全家再次向你表示祝贺。

　　　　高等学府，在人们的心目中，尤其是青年人，那是向往并追求的崇高目标，然而，高等学府并非是享乐之地，而是不带硝烟的战场，是需要流血流汗、奋力拼搏的精神和力量方可有立足之地的场所。你考进了高等学府，这在我们大家族中，已是第二个大学生。我们的前辈，尽是些文化不高和没有文化的人，就此来说，你是我们前辈的骄

---

① 1983 年 12 月 4 日父亲户连森给我的信，表哥关小军代笔。
② Klaus Held, "Heimwelt, Fremdwelt, die eine Welt", in *Perspektiven und Probleme der Husserlschen Phänomenologie*: *Beiträge zur neueren Husserl-Forschung*, Verlag Karl Freiburg, 1991, S. 308.
③ ［德］赫尔曼·鲍辛格：《技术世界中的民间文化》，户晓辉译，广西师范大学出版社 2014 年版，第 124 页。

图27　**1989 年，姑爷余小收与他的大孙女余玮（小名苗苗）在自己家门前留影，照片由大叔余建军提供。1981—1983 年，我在团部上高中时曾在姑爷家住过两年。1996 年，这排房子被拆**

傲，是我们大家族的骄傲。为此，我希望你在学校，要发扬上高中学习的那股精神，那种干劲，以十倍的力量，百倍的干劲，努力学习，力求向上，努力并超额完成大学应学的一切知识，青出于蓝而胜于蓝，向着最理想的高峰攀登。

西安，是历史的古城，悠久的文化和历史的宝库在此传承。高等学府在此立办，这对你、对整个人们来说，是个很好的求知之地，尤其是对于上文科的学生来说，更是一部活生生的教科书。世界之大，无奇不有，无闻不传。望你在完成学习任务的同时，多多向本地有知识的兄长请教、学习，由此来丰富头脑、武装头脑，使所学的各科成绩和社会成绩名列前茅，做一个有使用价值、有经济效力、有益于人类的大学生。

家里一如既往。现三秋大忙季节，据目前形势来看，123 团基本上能完成全年生产等各项任务，勿念。

离开了家乡，离开了父老，思念之心何人不有，然而想起我们的任务，我们肩上的担子，有什么不可抛弃呢？最后，用我所偶得的四句话，献给你作为勉励吧：

图28 1978年11月，父亲与姑奶全家的合影，前排左起：父亲户连森、姑奶的母亲徐朋俊、姑奶户振兰、姑爷余小收；后排左起：二叔余建平、姑姑余军玲、大叔余建军、三叔余建新，照片由大叔提供。20世纪70年代初，生于1937年的姑奶加入一二三团钢铁大嫂排时，已经是四个孩子的母亲，最大的孩子10岁，最小的4岁。据《一二三团志》记载："余小收1969年9月任副参谋长，1975年2月调离。"（中华书局1999年版，第474页）

父母情意重，游子思乡长，若为民族兴，二者皆可抛。

全家人向你问好，祝你学习进步。①

自你走后，家里很惦念你，同时，又为你进入大学生活并取得了初步的成绩而感到光荣和自豪。前几天，你父母来我家，谈到了你的学习生活情况，通过交谈，我得知一个道理，望子成龙，人皆有之，而家教之方，各不相同。你父母为了你的学习能取得成绩，任劳任怨，尤其是你上大学，生活学习需要必须的经济支柱。你父母毫不犹豫、慷慨解囊，甚至把今年收入的打瓜子变卖成钱给你寄去。家里的情况你也知道，今年全团百分之六十的工资都发不下来，更何况还要养活全家人呢？小辉，我本不想把此事告诉你，但出于——我也说不出什么心情，今写信告诉你，你是否知道父母的苦心何在？然而，生

① 1983年10月3日，大叔余建军给我的信。

图29　大叔余建军，现在奎屯日报社工作，拍摄于 2016 年 8 月，
照片由大叔本人提供

活学习需要现钱，一个学生怎能自己解决呢？该用的还是要用，因为
刚入学，像安个新家一样，但自己一定要节省开支……记住：忠言逆
耳利于心，良药苦口利于身。①

　　那时的大学生一般也没有打工的概念。幸亏那时上大学不收学费，我
们师范生每月还有基本够用的伙食补贴；否则，我们家的困难也就可想而
知。我当然不会乱花钱，我的开支主要是买书和假期回家的路费。七年
间，三天三夜从西安到乌鲁木齐市的 143 次和 144 次列车，我坐了好多个
来回，从来都是硬座，甚至都没想过要坐卧铺。有时买不上硬座，就买站
票。夜里在别人的硬座下面铺上几张报纸，全当睡卧铺。等到下火车时，
小腿和脚都肿了，还要再继续坐将近一天的长途汽车回到一二三团。当
然，长途汽车不能直接通到皮革厂。如果家里没人来接，还得在九连路口
下车，步行回家。

---

①　1983 年 11 月 19 日晚，大叔余建军给我的信。

　　大叔说的"在我们大家族中"的第一个大学生就是姑姑余军玲，她当时已在新疆八一农学院农学系求学。我到学校之后，姑姑（参见图 30）给我回信说：

　　图 30　2016 年春节，现在新疆生产建设兵团纪委工作的姑姑余军玲的全家福（前排左起：姑姑余军玲、姑父付岩；后排左起：姑姑的女儿付雨萌、女婿弭乾坤），照片由姑姑本人提供

　　获悉你已顺利入校之讯，感到欣慰！……（我）到校后，就给家里去了一封信，打听你何时来（乌鲁木齐），我好准备到车站迎送，未想到实习，却把计划打破了。不过还好，你到校后，得到了咏瑚和翠玲的热情接待和帮助，顺利地安顿下来。初到一个新的环境中，一切都是陌生的、好奇的，远离父母，身在他乡，一切要从头开始。学会独立生活，要依靠集体，和新同学搞好团结，遇事不要冲动，多动脑筋思考，干什么事多让人，有什么困难多找咏瑚她们，请求帮助或来信告知。节假日到熟悉的同学那里聚聚，或到西安市的名胜古迹游览，既排除思乡之情，又可增长见识，这对你所学专业是有所帮助的。①

_____

① 1983 年 9 月 17 日晚，姑姑余军玲给我的信。

　　"十一"国庆节放假三天，玩得好吗？老同学聚会了吧？出门在外，一个地方的相聚在一起，交谈、叙旧想必十分愉快的；加上是节日，同学结伴外出游览，观赏西安古城风光，既饱眼福，开阔视野，又增长知识，见见世面，这样很富有诗情，想必你一定感到欣悦吧！我想，此时怀乡之情不会没有吧。……从你的来信得知，入学考核，你顺利通过并取得好的效果。应该具有自信心，在班里担任一个（新闻）小组长，你就要在小组里充分发挥你的为人和才能，进一步向班里进取，严格要求自己，争取在第一学年成为一个三好学生。①

的确，哪能没有"怀乡之情"呢？1984 年初，我写了这样一篇作文：

归

　　我离开了父母，开始了独立生活。

　　"小草恋山，游子思家。"脑海里，总有缕缕乡思索绕盘旋而经久不散。整日里吃喝不香，坐卧不宁，我盼着寒假的到来。时间像一条疲惫的老牛，仍是不紧不慢地迈着它的步子。

　　寒假终于来了。我买了些年货，在同学们送别时的友谊声浪中，匆匆地踏上了归家的旅程。

　　到了家里，自然是全家人欢聚一堂。爸爸问起我的学习，"还可以！"只有一句模棱两可的答语。爸爸竟没有问下去。

　　半个月的与家人团聚是愉快的，消磨的时光像流水一般。

　　要归校了。在父母的送别声中，我又踏上了归程。

　　车上，我静静地沉思。思想在飞跃。爸爸的问语，上学期如坐针毡似的神态，还有妈妈那双期待的眼睛……

　　这学期怎么办？假期是短暂的，而四年又能有多长？我暗暗地咬了咬嘴唇，意识到自己应该在归途上。

　　于是我轻轻地唤了一声：

　　心啊！你与我一起归来……

---

① 1983 年 10 月 6 日，姑姑余军玲给我的信。

当然，学习是第一要务。父亲来信说："'十一'的回电我都收到了。由于你刚到一个新的环境，对家的怀念少不了的，不过以后慢慢会好的，希你以后把心收回到你的学习上面去。家庭各方面都很好……节后给你寄了20元钱，收到没有，再次回信时说明一下。以后你需要（，）回信就要。生活也不要太节约了，要吃好、吃饱。和同学要搞好团结，要听老师的话，努力学习好科学知识。"①

我在信中把学校的一些活动告诉了家人，父亲说："你要不考上大学，能会得到今天的幸福么。"② 1985年，父亲来信勉励我说：

　　　小辉儿：

　　　你好吧，学习进步、身体健康吧？

　　　你的来信我都收到了，内情尽知、见信如面。今去信特向你说为好，有（由）于我们家没有人会写信，所以每封的来信都没有及时回信，请你不必有什么想法。

　　　从我接到你的每一封信后我都非常的高兴。你在学校进步很快，上进心很强，而切（且）你的做（作）文能在《陕西日报》上发表（参见图31），这是你的进步和取得的成绩。我感到很满意，希以后要更加努力。现在春天到了，大忙记（即）将开始，去信有可能会少一些，今年全家老少的身体都很好，请不必挂念。我们家现在喂了二十只母羊，下了15只小羊娃，家庭富（副）业搞的很好，我现在还是在门市部上班，军辉、金辉的学习成绩有所进步。

　　　今后希望你在校学习更加努力、刻苦专（钻）研，并不以这为界，要虚心学习，团结同学，忠（注）重自己的大学生称号，要向（像）你信上所说的那样，我就放心了。

　　　关于经济方面如需要就来信说为好。③

---

① 1983年10月12日父亲户连森给我的信，表哥关小军代笔。

② 1983年或1984年二弟户军辉给我的信，日期不详。

③ 1985年3月24日父亲户连森给我的信，从字体来看，应是当时在新疆昌吉市榆树沟乡勇进三队的表哥杨福德来我家时的代笔；他在当年12月3日给我的信中说他当年12月2日又去我家看望了我的父母和小弟。2017年4月6日晚，母亲何文秀回忆说，1986年1月，杨福德骑着新摩托车去甘家湖买羊，中途来皮革厂看望我父母。晚上他脱衣服时，母亲见他腰上一圈钱，他还说，"姊，我每个月给晓辉100块钱"，当然并没有兑现。后来，在返回昌吉的途中因为逆行被一辆汽车带出去几十米远，当场死亡。母亲代表父亲去昌吉，帮助他们家料理后事。

既要比"耕田"，也要比"过年"

森 文

一位医学院的朋友来信诉苦，他在班里学习优良，平时活动积极参加，各方面表现都不错，年终却没有评上"三好"，无奈，只好拿孔夫子的话自我宽慰，"君子病无能焉，不病人之不己知也！"

由此，我想到历来那些因"怀才不遇"而郁郁终身的志士仁人！即如我国第一个伟大诗人屈原，虽然有"朝饮木兰之坠露兮，夕餐秋菊之落英"这样的高洁之志，但终因不被楚怀王和顷襄王赏识，而落得"壮志未酬身先逝"的寒心结局。环境酿成屈原人生的悲局，但这和他"不吾知其亦已兮，苟余情其信芳"的思想也不无关系。

人们常以"千里马常有，而伯乐不常有"

来慨叹发现人才的不易，但人与马到底不同。当今时代的青年与封建时代的"才子"更有本质区别。

明朝朱载堉也说，"君子恐人所不能恕，容人所不能容，处人所不能处。"当然，在某些情况下适当的"恕"和"容"是必要的，但如果把它视为人生的信条，来对待一切，正因为有这种认为"不争"是"美德"的观念，许多很有一番才能的人，在不平面前只能忍气吞声，孤芳自赏，不为人知，致使"英雄无用武之地"，对社会，对自己都造成很大的损失。

各行各业急需人才的今天，"宁与别人比种田，不与别人比过年"的时代过去了！同在耕耘，我们应该比"种田"，也一样有权比"过年"！

图31 1985年3月6日，刚满19岁的我用笔名"森文"（从父亲户连森和母亲何文秀的名字中各取一个字组合而成）第一次在《陕西日报》上发表了杂文《既要比"耕田"，也要比"过年"》。该文被收入朱建新、李念东主编《新疆杂文选》（新疆青少年出版社1993年版，第91—92页）

当年年底，母亲知道我打算考研究生，让二弟写信嘱咐我说：

上次寄去的信你收到了吗？给你寄去的一百元钱收到了吧！这是让你在阳历（新）年用的。过年家里的猪也宰了，也发了牛肉（每个工会会员五斤牛肉）。姥姥的身体比去年好的多，爸爸的身体也比去年好的多。今年这里的天气比去年好的多。随（虽）说下了几场雪，但是天气不太冷，看进九的时候有什么变化。

下面是妈妈说的话，你可要注意看信的内容。妈妈说，她听到池树芳阿姨说葛玉梅考研究生，她本来想孝（考）上海的研究生，可是她想到在自己本校考有优先，在其他学校考没有把握。如果别的学生也要攀高，那么人家比你多半分，那么别的学校就收这个多半分的。妈妈说："你还是孝（考）你本校有把握"，这都是通过葛玉梅的实际经验体会到的……

86 年快到了，85 年快完了。①

葛玉梅是我父母在皮革厂的同事葛广学与范素芳的女儿，她早我两年考入西南交通大学。20 世纪 70 年代，他们家与我们家曾在同一排房子居住。② 当年，我去信请教，葛玉梅回信说：

> 小辉弟弟：
>
> 你好！
>
> 没及时给你回信，请原谅。
>
> 寒假你回家了吧。和家中亲人团聚了吧。你们老同学也一起畅谈了吧。你们已经度过了大学的八分之一，在各方面也许有不小的收获。
>
> 我们还有一年半的时间了，大学生活就快结束了。回顾过去，教训倒是不老少。因此，我想给你谈谈，免得走同样的弯路。你们近来的情况，我不太了解，但我想，你最好争取考研究生，并且要早做准备。一、二年级基础课要学得扎扎实实，多请教老师及高年级的同学。在生活上或是为人处事上有什么困难，可以问问陈咏琍③，她年龄大，又是高年级，请她帮助。尽可能排除干扰，集中学习，不管遇到什么事，要有独立的见解，不能随波逐流。我们进了大学的宗旨就是学习。另外，要多与老师保持联系。这样能不时鞭策自己刻苦学习，不断改进学习方法，少走弯路。这些都是老生常谈，在这些方面，我做得不够，但感到是很重要的。好了，不多谈了。
>
> 祝学习进步！④

那时，考研是上进的正途，因为学校包分配，尽管后来才知道这种分

① 1985 年 12 月 16 日二弟户军辉给我的信。
② 20 世纪"六十年代各连在完成生产任务的同时，打土块盖房屋，一律是兵营式宿舍，结构简单，平面布局为行列式，一个生产连队一般规划三到四个住宅区，每个住宅区有平房六到八栋，横竖成行。每排 6—10 间，每间 20 平方米左右，一般家庭为一户一间，三世同堂可多分半间或一间。七十年代建房开始下基础，有的是砖，有的是片石，同样是兵营式布局"（一二三团史志编纂委员会编：《一二三团志》，中华书局 1999 年版，第 266 页）。
③ 陈咏琍是我的高中语文老师陈济时先生的女儿，1982 年考入陕西师范大学中文系。
④ 1984 年 3 月 24 日葛玉梅给我的信。

配中的猫腻和走后门现象已很严重，但傻乎乎的我很少考虑就业和出路问题。为了考研，1987 年寒假，我留在学校用功。除此之外，我差不多每年假期都回家（参见图 32）。1986 年暑假，我曾给同学兼好友许文军报告了返家火车上的一幕喜剧：

图 32 大概我上大一的暑假回家时，在团部照相馆与父亲户连森（前排左一）、二弟户军辉（后排左一）和三弟户金辉（前排左二）的合影。那时，我们难得想起专门去照相，好像大家都没有这样的习惯。难道是忙于生计的生活让我们很少有这种需求吗

文军：

一人在校，想必寂寞会时时来袭击！

刚才，从父亲手里接到你的信。似乎不值得抱歉，因为你下车的那一刻，我也不知想了些什么，浑身滴汗，我干脆坐下来，猛吸几口香烟，任汗流吧！心里不是味，想到你，想到我，想到你我之间，我不愿想个人的事情，事实上，它不必过于认真，也没有我所想的那么悲观，一路上多想的是所学的未来。路上，身旁坐着几位人大的学生（广东人），谈及北京学校的学风，外语情况；对面的"但丁"（在兰州下车）过山洞时，与"那一位"来了一个飞吻，可惜很不幸，山洞太短，光明之处，留下的印象可以想见。又碰见咱校政教系八二级一女生（分至八一农学院），又谈及校情；同厢内一社会"油条"大

吹特吹，以致于哑了嗓子，笑声绕耳；一路所幸，有你的"新概念"随手可取，聊以填补静默的时间。

15日在乌市车站邮局，将书寄走，想（必）收到了吧。

16日上午到家，家里人照样。亲热得使我自己都感到内疚。在团部亲戚（姑奶家）处玩了半天，在陈（济时）老师家住了一宿，第二天又领我到团校拜访两位老师。与肖永明（人大）商量明年去北京玩。然后，闭门攻读，一口气将两万字左右的《神话的结构研究》基本译完……

不知不觉成了流水账。回来与几个老同学谈起兵团女子节操观的日下如江河，甚至使一个（当年的同学）今日的小伙产生了失望、厌世感，吃惊不小。他说，剩下"好的"，也都是"南瓜脸"，如此之类，写到此笑不自禁，实话说，与他有共鸣感。关于此类事情，不愿多想，有时干脆有一种"二劲儿"——从心里骂一句：去他妈的！

第二篇已开译，八一前后可译完。断断续续，并不太紧，放假也确实应该放一放假吧。①

1987年，我还是报考并考上了本校的研究生。当我把这个消息告诉家人时，还在上小学的三弟来信说：

四月二十三日收到你的信，家里的人身体也非常好，可姥姥这几天病又犯了，成天起不了床，现在病又好了一些，又起来做饭，听说你考上了研究生，姥姥的病也就好了似的，又笑了。……妈妈说："你看你哥考上大学了。你不学你哥哥那样吗？"姥姥让我问你暑假回来还是不回来，请你下封信说明，家里又种了好多西瓜、茄子、豆角、西红柿……都是等你回来吃的。②

同一天，二弟在信中说：

至于你在上回来信中说到你要买吉他的事，妈妈说这是你的事，

---

① 1986年7月26日下午我写给同学兼好友许文军的信，不知何故，此信仍保留在我这里。
② 1987年4月23日三弟户金辉给我的信。

家里人不管，听说你考上研究生，我又高兴，又惭愧，高兴因为你为家里争了光，惭愧是因为我悔恨当初没好好学习，要是好好学习我现在不正在初二或初三教室里上课的吗。唉！①

上了研究生之后，由于当时的同班女朋友已回乌鲁木齐工作，我有点想放弃学业（参见图33）。父亲来信教育我说：

图33 读硕士研究生时的我，是不是有点拗？也许是在和自己较劲吧

晓辉：

你的回信我们收到了，看到你的思想动态我和你妈是很生气的。对于你与江艳的恋爱问题，我们都不反对，不过为了个人的恋爱就起了这么大的变化，你能对我们讲了实话，这还不错，不然的话，我们还不知怎么回事的。

对此我要谈一下我的看法，你也不小了，但离结婚年龄还是得上一段时间的，在这个时间内正当的恋爱关系是应该的，但是不能影响个人的事业，不然的话以后是取得不了什么功名的。你是学中文的，对历史人物你要比我们知道的多，那（哪）个有名人物把个人的事业放在脑后而去更多的（地）考虑个人的婚姻问题？你同江艳谈过多长时间？你对她的思想动态能否真正了解？你能保证今后家庭不出任何问题吗？在恋爱、婚姻问题上引出的悲剧是很多很多的。我看只有你在事业上作出成绩后，对你今后一切事情都有利，否者（则），你会后悔的。研究生，你一定要上下去，花钱我并不怕，为你十几年上学都把钱花过了，难道这三年我就花不起了吗？你放假赶快回来，有事咱们回来共同商议。②

---

① 1987年4月23日二弟户军辉给我的信。
② 1987年6月29日父亲户连森给我的信，表哥关小军代笔。

　　事实证明，父亲果然英明。1997 年，经过七年的工作之后，我考取了山东大学的博士生（参见图 34）。当时，三弟去乌鲁木齐考体育单项测试，他回家后给我写信说："我于 26 日晚 11 点钟安全到家……咱爸在我去乌鲁木齐那天就出院了，现在病已好了。看见我从乌鲁木齐带来的东西，咱爸很高兴。或许也就是这样的。爸妈听说你已考上博士，特别高兴，因为这或许将会让全家人的脸上增添光彩。"① 在我到了济南之后，二弟来信说："首先祝贺你又进了校门深造。我现在特别为你和三弟高兴，因为在我们这个家中能出一个博士，一个大学生，是特别不容易的事。再就是谢谢你和三（弟）为全家争光了。我现在特别忙，早晨 7 点钟起床去取网［下了三铁（帖）网］，取回后将鱼取完就十点了。给羊弄完草就已十一点钟了。中午饭吃过后，睡上一会觉，大概 7—8 点钟就下地过（称）棉花，完了后，回来下网。晚上去看皮革厂的棉花。现在，我在护秋（中午 1—2 点，下午 7—8 点在地里过秤），晚上看棉花到 3—4 点。这就是我每天的生活安排。"②

图 34　在行政机关里工作了七年的我坐在山东大学博士生宿舍中，摆脱了不务正业的感觉，心里不禁感叹："终于归队了！"

　　是啊，我是上了硕士和博士，但这最多也只是在某种程度上拯救了自

---

①　1997 年 5 月 28 日三弟户金辉给我的信。
②　1997 年 9 月 25 日二弟户军辉给我的信。

己，撕裂了自我。家人可能感到脸上有光，但像我这样无权无势的一介书生，实际上也让他们沾不上什么实惠的光。

自上大学以后，我就远离了故乡与亲人。我与亲人的隔离实际上是自我撕裂的开始，仿佛我把另一个我留在了家乡，好像我临时上了岸，可他们仍然生活在水深火热之中。在我离家在外的这些年里，我与亲人们彼此最为惦念的就是各自身体的安危。1984 年寒假过后，二弟在信中说：

> 亲爱的哥哥你好，
>
> 你来的两封信我们都收到了，知道你一路平安的（地）到达学校。哥哥（，）自从你走后，一直是气温下降，冷空气入亲（侵），气温达到三十八度，各（个）别地区可达到四十多度，哥哥，爸爸、妈妈说，你在路上来回花了几个钱爸爸妈妈都高兴的，特别是姥姥，一方面是看到了你，另一方面是了解学校的情况，我们全家人望你回来过一个团圆年，全家人都很高兴。
>
> 另外爸爸妈妈说你总是节约得太很了（。）（虽）然你花了（几）个钱，都是有意义的，一不是乱花钱，二不是浪费，我们知道你的心情，家里的人都很健康，三弟还得了奖状和大红花……①

当年暑假前，父亲又来信勉励我说：

> 现在全家一切都很好，你不要想念家。夏天是比冬天忙一些，但也不十分太忙。我的身体，我个人会注意的。当父母的，光想让自己后代长成才，但这只是一种外因，具体能否成才，全靠你们个人的努力，我们需要的是你多学些本领。生活上有什么困难，你只管要就行了。暑假很快要到了，你什么时候回来，提前回个信，我好给你寄路费。
>
> 望你努力学习。②

1986 年春，已满 10 岁的三弟用不带标点符号、歪歪扭扭的字体给我

---

① 1984 年 3 月 12 日二弟户军辉给我的信。
② 1984 年 6 月 8 日父亲户连森给我的信，表哥关小军代笔。

写信说："我的个子长高了去年的衣服今年穿就短了棉衣也小了我每天放学直直地回家不在路上贪玩妈妈整天都安排我们不在大渠玩……"① 可是，当年 4 月 23 日，我的日记这样记载："刚才，收到军哥来信，言父亲身体不好！心情顿时沉下来，很担心会有什么不测！想一想，我平日的发奋，是对得起父亲的，然而，难道鲁迅的经历会在我身上重演吗？去年三叔之不测或许对他打击太大!? ……回不成，速回信安慰父亲的牵挂之心。"表哥在给我的回信中写道：

> 这二次的来信我都收到了，看到你求学的上进心，真让人十分高兴。就连你爸妈为你的好学，也每天面代（带）笑容。这是很自然的，不论谁的儿女、亲戚朋友有这种情况，他们也同样如此高兴。你的例子，以后为教育军辉、小三和兴霞都是很好的说服力……由于你爸的身体不太好，过重的体力活我们是不会让他干的。你爸的身体不太好，可以（说）是多年的了。可现在与往常一样。他个人对他的身体也十分注意。这在我们交谈中早就发现了，一次是你三叔刚去世时，他这样讲过："我的（得）保重我个人的身体，因为我的任务还重，晓辉在上学还没走上工作岗位，老二老三都还小。"又有一次他是这样说的："等我退了休我可以到处去玩一玩了，不会老在皮革厂的。"我听后很高兴，他能自己宽劝自己，特别是第二次的说法，其中……要到以后你的工作单位去玩的。你可以想想看他对你是如此（地）高兴。你可以放心，他现在身体很好，我绝不会骗你的，对于上次信的语言误会把它消除好了。②

父亲首先想到的不是自己的身体，而是养育我们的责任。父亲为了责任而存在！他活在自己的希望和未来之中。生活有希望，日子就有了盼头和奔头。我知道，父亲是个老病号，姥姥也是年老多病。为了让我放心，国庆节后，父亲又来信宽慰我说："目前家里一切都很好，你姥姥的身体很好，我和你妈妈的身体也很好。冬季的取暖煤也已卖（买）好，冬天的肉食也不愁问题。生活是很理想的……你好好的把最后一年的学习搞好就

---

① 1986 年 4 月 13 日三弟户金辉给我的信。
② 1986 年 5 月 4 日表哥关小军给我的信。

行了。达到个人的理想更好，万一达不到也不要生气。等以后再争取。"①
1987 年夏，也许我事先收到了告知姥姥身体不太好的家信，所以回信询
问，三弟说："你来信说姥姥身体不好。现在好了又给家里做饭了。爸爸
的商店搬走了，家里的房子又大了。家里的一切都弄好了，有菜、羊、
鸡、猪等，家里还种了一亩六分自留地，全种了玉米……现在家里开始剪
羊毛了，妈妈说恳（肯）定你没有钱了。请放心，马上给你寄路费钱。"②
当年暑假，我得了瘩背疮，久治不愈。三弟给我写信道：

图 35　1987 年，我刚读硕士
时拍摄于陕西师范大学图书馆前，
母亲当时就是看到这张照片才说
我："人可瘦了，胡子也长长了。"

你寄来的信，我们都收到了，还有
两张照片，你的伤口好的很慢要赶快治，
妈妈说，叫你好好学习、身体保护好，
特别是你的伤口，保护好不要活动力
（厉）害，要买点营养的东西，不要节
约。……全家人看到你的照片可高兴了。
妈妈看你骑自行车上的照片（参见图 35），
人可瘦了，胡子也长长了，妈妈想到你
的伤口可受够了。③

1989 年国庆节后，三弟来信说：
"爸爸经常帮妈妈提（货），有时我放学
也去帮妈妈带。爸爸身体很好，姥姥每
天早上帮我们做饭。身体也很好。"④ 稍
后又告诉我："姥姥的身体还好。父母的
身体还好。家里今年的收成很好，苞谷

在中间屋里堆了半间屋子。家里买了一头毛驴，220 元。冬天了，父亲上
团拉货方便多了。"⑤ 1991 年劳动节后，三弟又给我报了家人的平安：

① 1986 年 10 月 15 日父亲户连森给我的信，表哥关小军代笔。
② 1987 年 6 月 3 日三弟户金辉给我的信。
③ 1987 年 11 月 3 日三弟户金辉给我的信。
④ 1989 年 10 月 23 日三弟户金辉给我的信。
⑤ 1989 年 11 月 28 日三弟户金辉给我的信。

（我）在家帮着干活，今年天气炎热，棉苗成活率占30%，整天在地里补种。今天才算把地里的活全部干完。等着浇水。……家里的活干完了，我也该迎接考试了。姥姥她的身体不如往年，所以只让她做饭、喂鸡。其他的事都不让她管。爸、妈的身体都很好。①

是啊，身体是革命的本钱，这是那个年代的人们经常挂在嘴边的话。我们的命和我们的精神就寄居在各自的身体里。家人的身体平安成了我最大的心愿。

在家信中，父母活在我的愿景里，活在未来。这个不一定将来的未来，构成了他们日常生活的希望与前景。在家信中，他们活在我的希望中；在现实中，他们活在自己的希望中。如果没了希望，那日子还有啥奔头？那苦日子还有啥过头？正如一部小说中的人物所说："什么是苦日子呢？我说苦日子有两种。苦日子若是没有任何指望了，那是真苦；苦日子若是充满了希望，那就不是真苦。"②

---

① 1991 年 5 月 23 日三弟户金辉给我的信。
② 鲍昌：《盲流》，上海文艺出版社 1986 年版，第 250 页。

过日子

——制度之困

是啊，日子总要一天一天地过，活着就是要经过一天一天的日子。所以，汉语有一些形象的说法叫"过年""过日子""过活"。这个"过"字，强调了过程和经过，也在暗示过得不易。人们常说，过日子总会有酸甜苦辣咸的五味杂陈（参见图 36）。"在中国人看来，过日子这个过程才是生活的常态，生活得不好的人，就是这个过程中的某个环节出了问题。这个过程中的每个环节都是以家庭为背景展开的，因此，家庭在'过日子'这个概念中有着核心的地位。……家庭之所以重要，并不仅仅因为它是社会学意义上的一个基本社会单位，而更在于它是过日子这一生命过程发生的场所，因而具有更根本的存在论意义。"① 我和家人就曾经在故乡那个小天地里过日子并且铺展我们的日常生活。本来嘛，"日常的生活世界在其直接为人熟悉和预先被给予中是一个本然的家乡世界，是人诗意地栖居的世界"②。所谓"诗意"（poetisch），原本不（仅仅）是指诗情画意，而是来自古希腊语动词 ποιέω，指的是制作、生

图 36 2016 年 9 月 11 日，母亲在家中亲自下厨为我炒了拿手的豇豆炒肉，让我又一次尝到了妈妈的味道

---

① 吴飞：《论"过日子"》，《社会学研究》2007 年第 6 期。

② 户晓辉：《返回爱与自由的生活世界——纯粹民间文学关键词的哲学阐释》，江苏人民出版社 2010 年版，第 348 页。

产、主动地行事和活动，而 ποίημα（诗，字面意思是做成的东西）则是这种制作或创作的结果。[①] 因此，我们应该依据古希腊语的本义，从本源上把所谓"诗意地栖居"理解为以劳作或创造的方式栖居。人活着就在操劳和做事，就在庸庸日常中过日子。乍一看来，这有啥稀奇？难道不是人人如此吗？难道有谁例外吗？这种过法和活法，有啥大惊小怪和值得书写的吗？但殊不知，"正是这种以非文字的、日常的、平民的、被认为理所当然的、被忘却的事物的关注，才使民俗学有了存在的理由"[②]。当年周作人曾底气十足地说，"我们相信民俗学的研究在现今的中国是很重要的一件事业"[③]，为什么？凭什么？也许坪井洋文所谓"在乡土中了解乡土，在乡土中发现自己"[④]即"通过研究更好地理解我自己和产生我的那种文化"[⑤]，可以算作一个理由。另一个理由也许是高丙中早就指出的，"当代中国民俗学家可以通过研究民俗生活进而关心国人的人生，关心在传统向现代的大转换过程中显得异常艰难、异常困苦的人生"[⑥]。我想补充的是，中国民俗学不仅可以而且必须关注中国人"异常艰难、异常困苦的人生"。当然，这种人生不仅是一道可以望见的风景，也是一条看不见的战线。以我家为例。翻看当年的家信，触目皆是的正是对我家日常生活的记录和叙述（参见图 37）。按不成文的惯例，家信一般都是报喜不报忧，正像家庭的新闻联播。这些信让我看见的都是一道道可以望见的风景，而不是一条条看不见的战线。如今，我站在实践理性的未来立场上，自然不仅要呈现前者，也要补上被遗落的后者。确切地说，我要努力还原出经验事实（过去的已然和现在的实然）的目的条件（理性的应然和未来的可能）。

在一个接一个扑面而来的日子里，我们都在忙碌、操劳和烦心着各自的事情。相比之下，记载这些事情的书信写于哪一年反倒显得无关紧要。有道是"年年岁岁花相似，岁岁年年人不同"。其实，如果生活没

---

① 参见户晓辉《亚里士多德模仿说的目的论》，《中国社会科学院文学研究所学刊》（2011），中国社会科学出版社 2012 年版，第 375—376 页。

② 王晓葵：《民俗学与现代社会》，上海文艺出版社 2011 年版，第 274 页。

③ 周作人：《〈歌谣周刊〉发刊词》，王文宝编《中国民俗学论文选》，中国民间文艺出版社 1986 年版，第 9 页。

④ ［日］千叶德尔：《"乡土"的民俗研究》，余志清译，王晓葵、何彬编《现代日本民俗学的理论与方法》，学苑出版社 2010 年版，第 112 页。

⑤ William A. Wilson, "The Deeper Necessity: Folklore and the Humanities", in *Journal of American Folklore*, Vol. 101, No. 400, 1988, p.166.

⑥ 高丙中：《民俗文化与民俗生活》，中国社会科学出版社 1994 年版，第 146 页。

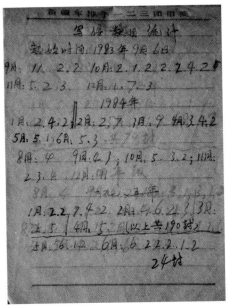

图 37　我上大学时给家里写信数量记录（第 1 页），那个时候还真有家书抵万金的感觉

有大的变故，除了天增岁月人增寿之外，日子好像也都一切如旧。海德格尔把此在的这种日常的无差别性称为平均性（Durchschnitt-lichkeit），认为这种平均性是人这种存在者的一种积极的现象学特征。[①] 换言之，本真的存在方式与非本真的存在方式共同构成了人的存在，非本真的存在方式能够通过忙碌、激动、兴致、嗜好来最为具体地规定人[②]，因而并非仅仅具有消极的和负面的价值。

在这些庸常的日子里，我们当然首先是为了生计而奔波和忙碌。我家的营生无外乎这些内容：

（1）种地

据团史记载，在 20 世纪 60—70 年代的相当长一个时期，团场"生活补贴干部为 23%，工人为 39%（乌苏地区），新一级（农、牧、农机），月工资标准 28 元，加生活补贴为 38.92 元"[③]。我小时候经常听大人们说"三八九二"，指的就是多数人的月工资都是 38.92 元。"1966 年后至 1974 年'文革'时期，农场自产细粮减产，职工口粮供应以玉米面为主，白面供应 10%，强调粗粮细作。副食夏季以青菜为主，冬天一日三餐是萝卜、白菜、洋芋。春季大部分人家和集体食堂吃自制咸菜。平时很少吃上白面馍和面条，有限的白面只留作给病号和幼儿。过节食堂为每个工人供应一份肉馅，一市斤白面包饺子改善生活。过年时连队才按人平均供应一些大肉、羊肉。……九十年代，农场生产发展，职工收入增加，生活改善，一般家庭一日三餐以白面为主，大米不断。玉米面基本退出餐桌，杂粮成为调剂生活的辅助食品。"[④] 那时的粮食和

① Martin Heidegger, *Sein und Zeit*, Max Niemeyer Verlag, 1953, S. 43.
② Ibid.
③ 一二三团史志编纂委员会编：《一二三团志》，中华书局 1999 年版，第 75 页。
④ 同上书，第 77 页。

布匹都是统一计划，凭票供应。尽管孟子早就说过，"民之为道也，有恒产者有恒心，无恒产者无恒心"①，但当时根本不允许拥有任何私产，我们也不懂什么叫私有，只知道国有制和公有制。"我们这一代已经忘记的是：私有制是自由的最重要的保障，这不单是对有产者，而且对无产者也是一样。只是由于生产资料掌握在许多个独立行动的人的手里，才没有人有控制我们的全权，我们才能够以个人的身份来决定我们要做的事情。如果所有的生产资料都落到一个人手里，不管它在名义上是属于整个'社会'的，还是属于独裁者的，谁行使这个管理权，谁就有全权控制我们。"② 集体所有制在名义上是让全民成为财产拥有者，但管理自己财产的人却不是任何一个人民，而是能够管理财产的个别官员，而有资格管理财产的个别官员管理的又是不属于自己的财产。更重要的是，这些官员往往不是人民自己选的，而是被指定的人民公仆。这样一来，人民能够指望这些人民公仆真的会把人民的财产管好吗？即使他们把人民的财产管不好甚至随意糟践或攫为己有，人民又能把他们怎样呢？实际上，虽然名义上集体财产属于人民；但掌握财产管理权的少数人民公仆却成了主人，拥有财产权的主人却沦为只能听从分配和支派的仆人。因为"所谓经济权力，虽然它可能成为强制的一种工具，但它在私人手中时，绝不是排他性的或完整的权力，绝不是支配一个人的全部生活的权力。但是如果把它集中起来作为政治权力的一个工具，它所造成的依附性就与奴隶制度没有什么区别了"③。人民代表模糊的、可大可小的集体，几乎可以被随意解说和使用，谁有权力，谁就可以代表人民。由于缺乏作为个体的公民概念，所以，以人民的名义剥夺个人权利的做法就会在个体服从集体的价值观中被普遍合理化。一方面，人民没有自己的财产可以支配，只好依附于并且听命于有权力支配这些财产的少数人，人民还有多少独立自由和人格尊严可言呢？我们的物质财产都掌握在人家手里，我们的精神生活能跑出如来佛的手心吗？实际上，"私有财产的权利，按黑格尔的说法，之所以有着它的理性的理由，更多的是因为它保证每一个人都有机会，从外部得到对他意志特性合法性的保障"④。另一方面，既然集体财产不属于人民中的个

---

① 《孟子·滕文公上》，参见朱熹《四书章句集注》，中华书局 1983 年版，第 254 页。

② ［英］弗里德里希·奥古斯塔·冯·哈耶克：《通往奴役之路》（修订版），王明毅、冯兴元等译，中国社会科学出版社 2015 年版，第 123 页。

③ 同上书，第 162 页。

④ ［德］阿克塞尔·霍耐特：《自由的权利》，王旭译，社会科学文献出版社 2013 年版，第 118 页。

人，个人也就不再与它有直接的利益关系，个人也就失去了创造与维护这种集体财产的动机和动力。只有靠对这种集体主义本身的信任和信仰才能给个人带来生产和创造的动力，一旦这种信任和信仰受到怀疑或变得松懈，生产的效力就必将下降并难以为继。这就会出现美国经济学家曼柯·奥尔逊（Mancur Lloyd Olson, Jr., 1932—1998）在1965年提出的搭便车问题（Free rider problem，也叫免费搭车问题）。通俗地说，大锅饭容易养懒汉，让某些人不劳而获、坐享其成，这就极大地挫伤了劳动者的积极性，由此拉低整个群体的生产力。正因如此，到了20世纪80年代初，一二三团的集体经济已跌入谷底，难以为继。

因此，我上大学以后，团场开始扭转局面，允许职工发展庭院经济，我家也开始有了农副业①（参见图38）。1984年夏，二弟来信说："十九号给你寄的钱，我和弟弟正在复习，准备迎接暑假考试，咱家的葫芦下来了，地里的蔬菜都很好，有西瓜、黄瓜、菜瓜、西红柿等，等你回来吃。"②（参见图39）1985年初，表哥在给我的回信中写道：

> 你的来信我收到了。……今年你们家的羊发展的很好，现已下了十二个羊娃。我的下了三个，大小羊一起近四十只了。二头肥猪，五一可以处理。国家肉已涨价，年底的收入是很不错的，一切收获是用汗水换来的；你爸爸、妈妈和你叔叔整天也够忙的，不过他们的身体却都很好，你二个弟弟由于越来越大，自觉性也好了，学习比往常也好点了，除此还能干点家务等。总之家里一切都很好，你不必想家，只管用功业务，撑（掌）握真才实学，将来好为人类工作。以后没有真才实学，牌子再好，也没用。③

小农经济容易使人知足常乐。不知是笔误还是表哥确实作如是想，

---

① "'文化大革命'10年动乱，团场经济衰退。党的十一届三中全会，确立了以经济建设为中心和改革开放的政策，在30年的改革开放进程中，一二三团党委在兵团党委、农七师党委的领导下，先后进行了5次生产经营制度的改革，奋力发展农场事业。第一次改革是1984年。……鼓励职工自筹资金举办开发性家庭农林场划分职工宅基地、自用地，鼓励职工发展庭院经济。"（农七师一二三团史志编纂委员会编著：《一二三团简史》，新疆生产建设兵团出版社2011年版，"前言"，第1—2页。）

② 1984年6月22日二弟户军辉给我的信。

③ 1985年3月13日当时家住皮革厂的表哥关小军给我的信。

图38　一二三团综合文化活动中心前的宣传栏"第一次划
分宅基地"，说明政策上正式允许家庭有农副业始于 1984 年

"将来好为人类工作"的期许，虽然显得口气大了些，却也气度不凡。
我虽不能至，然心向往之。1986 年 2 月 12 日，我在日记中写道："昨
日，过生日（或许是二十一日）……20 岁了，忆往昔，我无愧；看前
面，我有未来。"看来，当年我好像的确有点"将来好为人类工作"的
意思！3 月，二弟来信说："你在西安过了二十岁的生日，你在西安高

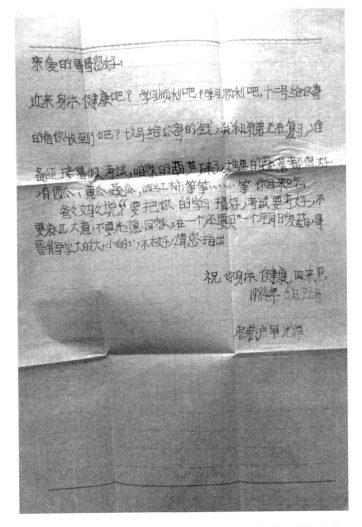

图 39 1984 年 6 月 22 日二弟户军辉给我的信，当时他的字写得有板有眼，虽然还有错别字

兴，我们在这里也为你高兴。现在冬天已经过去了，春天来了，天气也暖和了，雪也化完了，羊羔也下的差不多了，爸爸现在还在开商店，妈妈还在工房，我和弟弟，一个在九连，一个在八连。化雪了，路非常不好走，姥姥现在还在为我们做饭，请不要挂念。"① 那时，皮革厂的孩子

———————————

① 1986 年 3 月 16 日二弟户军辉给我的信。

在约 4 公里外的九连上小学，在约 6 公里外的八连三中上初中（参见图 40）。"新疆的天气冷了，又下了一天的大雪，本来'三八'可以把雪化完，可是又下了一大场雪。这几天，我们几乎每天都要走路回。走路去（上学）。"① 1988 年劳动节，三弟在信中写道："家里的地已经翻了。种的菠菜、韭菜都可以吃了。现在我正在紧张学习……你的第三封信说，你已经买了去延安的车票，早晨 7 点钟的车就走了，你不要节约，要吃饱、吃好。你还要 50 块钱，妈妈、爸爸已经给你寄去 100 元钱，钱你已经收到了吧！"②

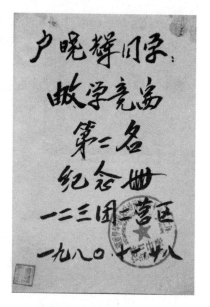

图 40　1980 年 11 月 28 日，我在一二三团八连的三中获数学竞赛奖，奖品是这个塑料皮笔记本

反正是春种、夏长、秋收、冬藏。对此，年复一年的家信中都有不断的记述：

家里今年种棉花约 7—8 亩，所以很忙，没有给（你）回信。家里买了一台 14 英寸的黑白电视机，价钱 550 元。③

家里的棉花已经种好，地里已经收拾妥当。我现在家休息。休息四天以后，开始过毕业考试关。小军今年给咱家出了不少力。家里用的薄膜、化肥都是他从三连带回来的。所以今年家里播种早而且快，全靠小军了。④

家里咱（今）天把地全部整好，等待播种。爸的身体很好，妈有时手麻木。姥姥今年很少做饭，几乎是爸爸来做的，小军有时也做。⑤

---

① 1990 年 3 月 16 日三弟户金辉给我的信。
② 1988 年 5 月 1 日三弟户金辉给我的信。
③ 1990 年 6 月 8 日三弟户金辉给我的信。
④ 1991 年 5 月 1 日三弟户金辉给我的信。
⑤ 1992 年 4 月 8 日三弟户金辉给我的信。

家里的地到现在还未种，因为水的原因。地前几天才浇完，又加上气候不好，所以播种必须推一些日子才可以。①

八一前收到你们的来信，一直到现在才给你们回信。请你们愿（原）谅，只因家里现在把以前的羊圈开成了地，前一阵一直在收拾那块地。前天彻底收拾好。"八一"那天夜里我们这里遭受了冰雹的袭击，以致于许多棉花被打落了叶，棉花减产了。家里有一块地棉花叶几乎打的没剩几个。②

再过几天到 9 月 1 日我们又要拾啤酒花了。家里现在十分清闲。今天家里打了一口井，140 元钱，四十米深，主要是为了浇才开的那块菜地。再过几天，家里又要拾棉花了，一拾棉花就开始忙了。③

家里农活已经结束。昨天星期六，我把军哥家的果树移到了后面的菜地里，两棵葡萄，四棵苹果树，又用水泵泵了水浇了（参见图41）。④
家里今年也不忙，下星期准备扒棉苗。等 20 号妈妈去乌鲁木齐时，地里的活也许已经干完了。今年家里种的一切植物都长的很好。棉花成行，地里的菜现在全部都已长出，果树从开花来看今年结果还不少。房旁的菜地里西瓜苗已经出去，葡萄树已发芽。⑤

妈于当天下午就安全到家了，大哥给家里人买的衣服、鞋都很合适。妈说小洋洋长的很好，白白胖胖的，姥姥和爸爸听后很高兴。……水泵爸已经在团部提回来了一个，185 元钱，550 瓦。另外还买了十米水管子。昨天，我和爸爸用水泵抽水，把大葱也栽上了。前天，我们这儿又受了一场冰雹灾害。家里的农作物并没有受多大危害，西瓜被砸了几个眼。大哥和嫂子给父亲和姥姥拿回来的 300 元钱，姥姥和爸爸得知后，十分高兴。⑥

---

① 1992 年 5 月 15 日三弟户金辉给我的信。
② 1992 年 8 月 9 日三弟户金辉给我的信。
③ 1992 年 8 月 26 日三弟户金辉给我的信。
④ 1992 年 11 月 1 日三弟户金辉给我的信。
⑤ 1993 年 5 月 8 日三弟户金辉给我的信。
⑥ 1993 年 7 月 7 日三弟户金辉给我的信。

图41　1995年8月，儿子与他爷爷在我家后面菜地的果树前合影留念，儿子的瞬间表情恰好被我的镜头捕捉到了

家里今年种植的蔬菜、瓜果长势都很好。去年房后开的那片生地，今年种什么长什么，西瓜、果树、黄花、豆角、丝瓜都长的很好。刚才，我还摘了几个西花（瓜）。今年的棉花长势过旺，叶肥杆粗，恐怕到拾棉花时还要拾不及呢！皮革厂的棉花就属咱家的最好了。①

小军现在被安排在皮革厂工房里上工，虽然工资不能全发，但是总比包地强。现在爸、妈、姥姥的身体都很好，家里呈现出一片人兴畜旺的景象。②

今年棉花收成不好，多浇了一遍水。棉花不好拾，还要减产。这样爸、妈就可以多休息了。姥姥身体挺好的，每天照常做饭、喂鸡，

---

① 1993年7月18日三弟户金辉给我的信。
② 1994年4月21日三弟户金辉给我的信。

姥姥她闲的时候还给我做鞋垫呢！①

　　家里现在基本上都已停止干任何活了，秋天忙碌的季节已经过去了。②

　　好久未给你们写信了，家里现在一切都很好，地里的蔬菜都已经种上了，棉花上星期已经种上了。现在家里人都闲着的。今天准备把家里的顶棚重新粘一层，正好今天小军休息。小军现在干得还可以，干了一个多个（月）拿了二百八十多块钱，还是相当不错。③

　　爸和妈每天都去拾一会儿棉花，花开的不多，也不用着急，小军每天帮别人拾花，也能挣几十块钱呢！因为今年（啤）酒花开的早，赶得紧，所以我们又延期拾了一个星期。大约十九日就结束了吧。④

　　现在地里棉花开的正旺，小军明天也去拾花。家里今年种的棉花不错，比起别人的都要好一些。这两天又准备拾一遍。⑤

　　家里现在一切都好，棉花在别人家的都减产的情况下还比去年多拾了四百多斤，这真是"老天爷都会照顾勤劳的人"。爸、妈的身体也很好，这几天棉花也没开，所以都闲在家里。⑥

　　这些文字从历史深处走来，散发着岁月的清香。它们仿佛是我家曾经的日常生活仅存的物证。它们诱使我返回过去，它们唤起我回旧的冲动！但我必须遏制自己盲目的冲动，我必须首先对这种冲动加以严格批判和理性审查。我承认，如果可能，我当然想让亲人复活过来，重回我与他们共享的时光。但这种冲动即便可能实现也不能让我忘记：那些我与他们共享的时光，并非只有欢欣和愉悦（参见图42），更有艰辛和苦难。虽然生活不可能只有欢欣和愉悦而没有艰辛和苦难，但这些艰辛和苦难却不是自然环境造成的，

---

① 1994 年 9 月 20 日三弟户金辉给我的信。
② 1994 年 11 月 1 日三弟户金辉给我的信。
③ 1995 年 4 月 23 日三弟户金辉给我的信。
④ 1995 年 9 月 14 日三弟户金辉给我的信。
⑤ 1996 年 9 月 13 日三弟户金辉给我的信。
⑥ 1996 年 10 月 7 日三弟户金辉给我的信。

而是人为的和人间的，也是可以避免的和应该诅咒的。我想重复的只是欢欣和愉悦，而绝非艰辛和苦难！如果生活只有人为的艰辛和苦难，我绝不想让他们再吃二遍苦、再受二茬罪！如果他们的未来没有根本的改善，我凭什么希望与他们重逢呢？我不能不问："我们的世界改变了什么，我们的世界期待着什么，我们的世界只剩下什么？"（《乌兰巴托的夜》）

图 42　1995 年 8 月，二弟户军辉在皮革厂老水闸的浅水滩里与我儿子一起戏水。如今，二弟的欢乐与悲伤永远定格在家乡那块土地上了

　　面对这些文字记录，我家多年的生产方式和日常生活模式跃然纸上。可是，这些年复一年的习以为常和理所当然，难道没有值得反思的地方吗？这些习以为常真的都是正常吗？在不正常的社会里，难道正常与不正常不是恰好颠倒过来了吗？当不正常成为习惯之后，就很可能被人们视为理所当然的正常，而正常反而被当作稀有而罕见的非常，当此之时，这些理所当然的正常难道真的就是理所当然吗？家中的一亩二分地是否限住了我们的精神理想、拴住了我们的人生呢？我们的日常生活难道不是受生产方式指导和决定的吗？我们的日子是自己的选择，还是迫不得已的无可奈何？在这种单调重复的日子里，我们的需要是否得到了满足呢？毕竟，"在完全世俗的意义上，一个人通过他拥有和可以支配的物品而有机会，对所有那些进入他生命历史的责任、关系和义务进行考查；因为在这些事物通过时间而积累的存在意义上，才能比较容易看清，自己究竟想以一种

怎样的方式生活"①。可是，这么多年来，我们只知道拉车，却没有能力看路。因为我们自己无法选择自己的路，我们也被认为没有选择的能力。闭塞的环境几乎让我们闭目塞听，我们的生活世界好像只有这么大。外面的世界只能存在于宣传和想象之中。我们不知道，我们的劳作除了依靠老天爷和我们自己的努力之外，还能靠什么。2016 年夏，当二弟用摩托车带着我再次回到皮革厂时，这些文字又为那里的苍凉和荒芜平添了人气、血肉与生趣（参见图 43）。时间可以抹平我家留下的印记，却无法剥夺我们的意志和精神。从这些文字里可以看出，家人的辛勤劳作给我们带来的并非发家致富，而只是在基本的温饱线上挣扎和起伏。我们只能怪自己没本事和时运不济，却很少问为什么。唐代诗人李绅的《悯农》一诗曾说："春种一粒粟，秋收万颗子。四海无闲田，农夫犹饿死。"看来，农民面朝黄土背朝天、忙忙碌碌一整年在地里刨食仍然吃不饱、穿不暖的问题，并非始于今日，而是由来已久。难道只是因为土地贫瘠、天公不作美或者农民自己偷懒吗？长期以来，我们都不懂得，"穷人是物质匮乏之人，而物质之匮乏来源于权利匮乏；穷人之所以贫和弱，是因为权利的缺失。我们知道，任何社会都会存在分化和差异，人们在物质财富的占有方面、在享受生活的舒适程度方面不可能平等，但在享有权利和机会方面则应完全平等。一个以公平正义为基础的和谐社会并不是绝对公平的社会，而是人们能够在其中正常生活的社会，是基本保持底线公平的社会。……穷人的贫困和没有能力改变贫困只是问题的表层，问题的实质在于那些'显而易见的不公'，在于他们的合法权利没有得到保障，而权利的缺失则是一系列制度安排诸如身份户籍制度、土地制度、社会保障制度、社会救助制度等造成的，而这些制度安排能否改善，又是与人们能否表达正当的利益诉求、公权力是否受到限制并且是否带头守法等更基本的制度联系在一起的。意识到贫困与权利的关系需要一个过程，权利意识的觉醒常常是从具体的物质利益或经济权利向公民权利的延展"②。只有立足当年的未来立场，我们才明白，"改革开放后的民主化和权力下放，是经济发展的重要条件。中国区域经济发展的经验证明，越是民主、开放、放权的地方，经济发

---

① ［德］阿克塞尔·霍耐特：《自由的权利》，王旭译，社会科学文献出版社 2013 年版，第 120 页。

② 郭于华：《回到政治世界，融入公共生活——如何重新激发底层公众的政治参与热情》，《人民论坛·学术前沿》2013 年第 23 期。

展就越好。如深圳、广东和浙江、温州经济发展的经验证明了这一点。越是政府权力集中、不放权的地方，经济发展越滞后。中国中西部和东北的经济不能很好发展有很多原因，但有一点是肯定的，即与传统集权的思维和体制僵化有关"①。当年，我们只怪自己不够勤劳、不够努力，我们只能怨老天却不能尤别人。我们想不到还有什么客观原因会让我们一直没闲着而且还算勤勤恳恳却无法让自己的生活有一个根本的改善和基本的保障，我们只知道任劳任怨，有悔却无法有怨。我们只怨自己命不好——谁让我们生在这个荒凉偏僻的戈壁滩上呢？我们不会想到，"在一个经济生活受到彻底管制的国家中，甚至形式上承认个人权利或少数人的平等权利都会失去任何意义，对于这一点中欧各个国家的经验给予了充分的说明"②。平凡日常，谁主沉浮？是别人、圣贤还是我们自己呢？

图 43　2016 年 7 月 24 日，二弟户军辉用摩托车带我回到皮革厂，我在当年我家位于奎屯河边的这块菜地的地头给他拍摄了这张照片，没想到竟成了他在故乡留下的最后影像。二弟曾与父母一起在此挥洒汗水，如今他把自己的命也交付给了故乡这块生养他的土地，尽管这里现在长的已经是别人家的庄稼，可谓物不是、人已非

①　蔡定剑：《民主是一种现代生活》，社会科学文献出版社 2010 年版，第 27 页。
②　[英]弗里德里希·奥古斯塔·冯·哈耶克：《通往奴役之路》（修订版），王明毅、冯兴元等译，中国社会科学出版社 2015 年版，第 107 页。

（2）饲养牲畜

在很长一段时间里，我们只能养猫，不准养鸡、鸭、猪、牛、羊。据团志记载，"1983 年以前，团场职工家庭饲养少量的鸡。1983 年后，团场扶持帮助职工家庭饲养牲畜、家禽，发展庭院养殖业经济"① （参见图 44）。我上大学后，我们家已经养了羊，当时是三叔在放羊。1983 年底，表哥来信说："咱家养了三口猪，一口大的到春节可以宰掉，二口小的到明年 5 至 6 月份可以养成。现在咱又发展了近十只棉（绵）羊，除咱原来的一只粗毛外，其余的全是细毛（粗毛羊娃，换了一只大细毛羊）。"② 当时，父亲告诉我："由于全家的心（辛）勤劳动，猪和羊养的很肥，总的来说，一切都是很理想的，你不要想家，把你的精力都用在你学业之上，会增加不少知识的。只要如此，我们当父母的就是再苦一点，也是高兴的。"③ 二弟也说："家里的羊也长的好，羊娃一个个腰圆、腿肥。"④ 1988 年，"在家里军辉他也不上学了。现在放咱家的羊，军哥家的羊已经卖了"⑤ （参见图 45）。1990 年初，三弟告诉我，"家里的羊毛给卖了，卖了一千多元"⑥。

当年夏天，二弟来信问道："你的来信里说，你们吃饭的饭馆是清真的。家里想请你问一问他们要不要羊肉。有活的，也有杀过的。有大概五十几个。……现在家里的房子、围墙都已经收拾好了，现在就等着卖羊。请你多费一点儿心，围墙是我自己垒的。"⑦ 我哪是能够办这种实事的人呢？结果自然也就不了了之。当月，三弟告诉我："今年，家里准备把羊卖了，家里就清闲了。咱家门前盖起了一个四合院，准备一开春就栽上几颗（棵）葡萄树，夏天可以盛（乘）凉，吃起来也很方便了。……妈让我告诉你，星期天到街上买点大肉吃，整天吃牛、羊肉吃不惯吧？"⑧ 年底，"咱家的羊除里（处理）了一半，平均每只 120 元钱。冬天下羊娃的

---

① 一二三团史志编纂委员会编：《一二三团志》，中华书局 1999 年版，第 218 页。
② 1983 年 12 月 4 日父亲户连森给我的信，表哥关小军代笔。
③ 1984 年 11 月 25 日父亲户连森给我的信，表哥关小军代笔。
④ 1986 年 5 月 4 日二弟军辉给我的信。
⑤ 1988 年 5 月 1 日三弟户金辉给我的信。
⑥ 1990 年 3 月 16 日三弟户金辉给我的信。
⑦ 1990 年 8 月 19 日二弟军辉给我的信。
⑧ 1990 年 8 月 31 日三弟户金辉给我的信。

图44 2016年7月24日，母亲回皮革厂见到我家老邻居王天兴家的鸡圈，显得很高兴，也许她想起了我家当年养过的那些鸡

图45 二弟户军辉放羊时与我（左）合影，由当时我的女友拍摄。那时我们都风华正茂，我们的人生还充满了未知的变数

羊都卖了，只剩下几只不下羊娃的，也减轻了冬天的负担"①。剩下的羊当然还要继续放养，三弟来信说："二哥现在每天都放羊，爸爸有时帮妈

———————————

① 1990年12月16日三弟户金辉给我的信。

妈提货，有时也在家休息。"① 到了 1992 年初，"羊也都全部卖掉了。爸妈早上也可以睡懒觉了"②。

2016 年 5 月 1 日，母亲在电话里对我回忆说，当年三叔去世以后，二弟又在上学，冬天她与曹明凯、梁万生三个人在戈壁滩上放羊，苦死了。

（3）开商店

皮革厂离团部有 9 公里左右的路程，日常购物多有不便。所以，大约从 1986 年起，父亲在皮革厂承包了公家的一个小商店。当年 5 月，二弟来信说，"妈妈还在工房（参见图 46），爸爸还在开商店。今年家里还抓了两个小猪崽。地里种的蔬菜全出芽了。和（种）的瓜是优良瓜'红星 2 号'，等着你回来吃的，姥姥的身体比去年好的多，我和弟弟也能帮家里干一些活了。我帮家里挑水，弟弟帮家里喂鸡、关鸡、关猪圈"③。开了小商店，家里也想添置一点家电。看来经济基础的确在一定程度上决定着我们的精神需求。1988 年国庆节后，三弟告诉我说：

> 家里养了一头肥猪买了一头牛将近 1000 元，买了一台录音机将近 500 元（双卡录音机）买了两张高低床（一张大，一张小）。
>
> 爸爸现在还在开商店，妈妈在工房，我已经进入初中一年级（一）班上学，小军在家成天放羊（参见图 47）。现在黑白电视机到处都有，妈妈都不想买。听学（说）西安有一家电视机厂，想叫你去买一台彩电如果买的上就来信，给你寄钱，如买不上算了。④

团场当时闭塞的信息渠道可见一斑。后来，关于录音机给我家的日常生活带来的乐趣与变化，我在一篇小文章里这样写道：

> 在我的记忆里，故乡的生活总是宁静的。然而，自从家里买回一台双卡录音机以后，平静的日子里就多了一些喧嚣和"小插曲"；二弟喜欢听流行歌曲，每当"咚、嚓"的节奏响起，他便抖开自己五音不全的破锣嗓子，边唱边用脚打着拍子，且乐此不疲；老爹是个豫剧

---

① 1990 年 12 月 27 日三弟户金辉给我的信。
② 1992 年 2 月 2 日三弟户金辉给我的信。
③ 1986 年 5 月 4 日二弟户军辉给我的信。
④ 1988 年 10 月 26 日三弟户金辉给我的信。

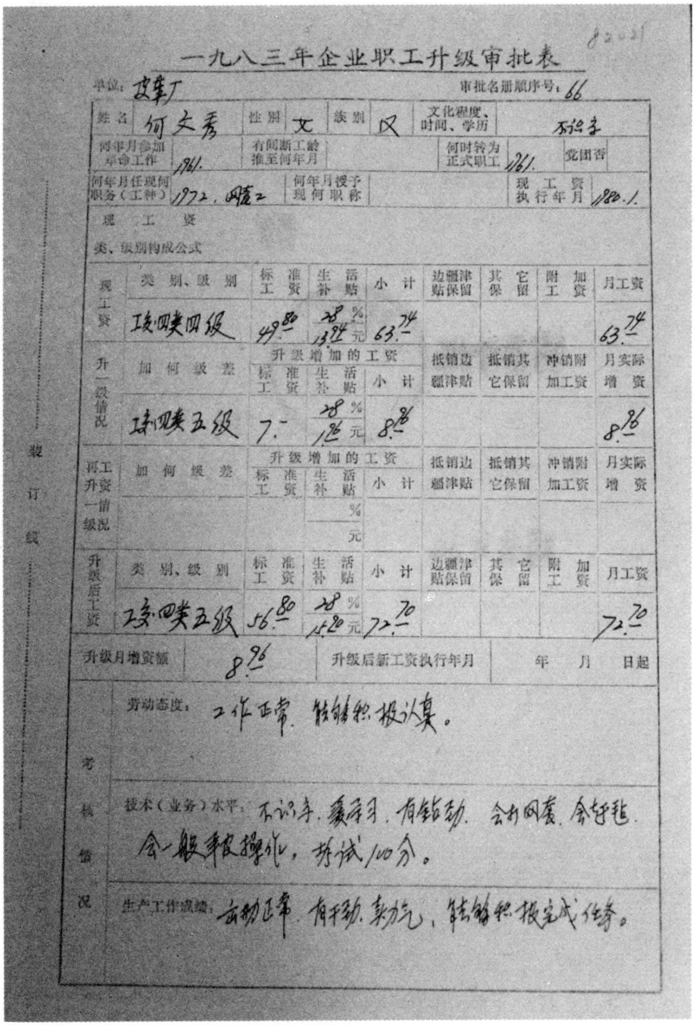

一九八三年企业职工升级审批表

单位：皮革厂　　审批名册顺序号：66

姓名	何文秀	性别	女	族别	汉	文化程度、时间、学历	不识字
何年月参加革命工作	1961.	有间断工龄推至何年月		何时转为正式职工	1961.	党团否	
何年月任现何职务（工种）	1972.四级2	何年月授予现何职称		现工资执行年月	1980.1.		

现工资类、级别构成公式

	类别、级别	标准工资	生活补贴	小计	边疆津贴保留	其它保留	附加工资	月工资
现工资	工资四类四级	49.80	28% 13.94元	63.74				63.74

	加何级差	标准工资	生活补贴	小计	抵销边疆津贴	抵销其它保留	冲销附加工资	月实际增资
升一级情况	工资四类五级	7.–	28% 1.96元	8.96				8.96
再工升资一情级况			% 元					

	类别、级别	标准工资	生活补贴	小计	边疆津贴保留	其它保留	附加工资	月工资
升级后工资	工资四类五级	56.80	28% 15.90元	72.70				72.70

升级月增资额　8.96　升级后新工资执行年月　年　月　日起

考核情况

劳动态度：工作正常，能积极认真。

技术（业务）水平：不识字，爱学习，有钻劲，会打风镜，会打毛毡，会一般手工操作，考试100分。

生产工作成绩：出勤正常，有干劲，卖力气，能积极按完成任务。

装订线

图46　我在一二三团劳资科查到母亲的档案，其中这份1983年工资审批表有组织上对她在工房劳动内容的记录以及对她平时表现的评价

迷，平时难得空闲，一旦坐下来，免不了要“请”小香玉出来唱一段“穆桂英挂帅”。只见他老人家端坐在沙发上，悠然自得，仿佛在细嚼个中滋味，有时听到兴头上，干脆紧闭双目，表现出另一种陶醉的神情；真正难为的是这台录音机，“一仆二主”，刚唱完古装戏，说不准又得改头换面，“粉墨登场”，来一曲“新长征路上的摇滚”！羊年春

图 47 当年在皮革厂放羊的二弟户军辉，透着青春的虎气和猛劲

节，我回家探亲，二弟兴冲冲地拿出一盘磁带，"看，老爹买的！"我仔细一瞧——原来是《渴望》的插曲。流行歌曲，终于成了两代人之间的一种共同语言。①

可是，关于要不要买彩电，家里的意见并不一致。一个月后，二弟来信写道：

> 姥姥听说你的手今年没冻，非常高兴。爸爸、妈妈说你应该用的就用，不要太省着了，身子要紧。
> 关于电视，也有好处，也有坏处。一是姥姥活不了几年了，家里有个电视，姥姥总之还是方便，二是影响三弟的学习。哥你还是回信时吵妈一顿，因为她这几天几乎天天吵姥姥，我说又不管用，就看你研究生的了。不过你来信说的不要太狠了。②

---

① 户晓辉：《流行歌曲随想曲》，《新疆经济报》1991 年 5 月 20 日。
② 1988 年 11 月 26 日二弟户军辉给我的信。

我已不记得如何答复家人了。反正，后来他们改变了主意。快到年底时，三弟告诉我：

> 家里的猪也宰了，牛也卖了。小军的靴子不要买了，爸爸给我们一人买了一双军用大头鞋一双价值 39.5 元。妈妈说："全国粮食紧张，你需不需要粮票，你那里生活好不好？跟过去一样不一样了。另外电视机暂时不买了。今后价格稳定再说。爸爸、妈妈、姥姥都很好。新疆现在下了一点雪，有时还化雪呢，天气到现在还不冷。①

1989 年，二弟来信说："你给我们寄回的照片我们已经收到，信也收到了。爸爸 3 月 1 日就退休了。妈妈想接商店，可自己又拿不定注（主）意，所以我想让你给出个主意。"② 同一天，三弟也在信中说："你寄来的信已经收到了。相片也收到了。爸爸 3 月 1 日已经退休了，可至今没有人接班，所以家里还挺忙。你（放寒假）走之后，没过几天，（我）便上学了。天气转暖和了，可是刚过半个月，又下了一天的鹅毛大雪。……妈准备（承）包商店，从你走后，冷空气入清（侵），比冬天还冷，爸退休后发 80% 的工资。"③ 当年 6 月，三弟告诉我："妈妈现在已经承包了商店。家里今年开春又分了两亩地。家里都把这些地种成苞谷。今年咱家的菜长得还可以，就是今年新疆是旱年。"④ 当年暑假，我还带了一些小商品放在小商店里卖。20 世纪"七十年代中后期，大部分连队打了自流井，职工小家或集体食堂用扁担挑，拉水桶取水。水质虽不咸，但含氟、砷有害物质，对人身体有害。1984 年 9 月，国家、自治区投资车排子去氟改水一期工程结束……家家户户装上了自来水龙头，结束了吃渠水、咸水、含氟水的历史，告别了人挑、车拉取水的历史"⑤。我上小学时，皮革厂打了一口自流井，给居民提供日常用水。我放假回家，除了帮家里去井上挑水之外，也在小商店里帮着卖点东西。小地方的商店，顾客基本都是熟人。有时我们正在吃饭，有人来买东西，我就去商店"顶班"。二弟认为，

---

① 1988 年 12 月 19 日三弟户金辉给我的信。
② 1989 年 3 月 21 日二弟户军辉给我的信。
③ 1989 年 3 月 21 日三弟户金辉给我的信。
④ 1989 年 6 月 4 日三弟户金辉给我的信。
⑤ 一二三团史志编纂委员会编：《一二三团志》，中华书局 1999 年版，第 79 页。

"你说的前几年回家不习惯，可今年就不同了。这也没有什么，你干那么一点，其实也帮不上什么忙，只是你心里舒服就是了，带回来的东西也不怎么好卖。以后有你站柜台的时间"①。1990 年，我回家过了春节。之后，三弟来信说："今年咱们家也太忙了。你回来只顾帮家里人干活，自己的课却没背（备）好，我代表咱们家向你道歉。咱姥冬天病的厉害。二哥自听你说的稍微有一点作用。只不过有时还是脾气大发。咱家的羊又下了四只羊羔。"② 当年 6 月，三弟告诉我，"妈妈开的商店生意十分兴隆。二哥有时还要跟母亲顶嘴"③（参见图 48）。

图 48　2016 年 4 月 16 日，三弟托四叔的儿子户明中从河南老家翻拍的照片，大概是我在 20 世纪 90 年代初拍摄于皮革厂家中，左起：母亲何文秀、三弟户金辉、姥姥赵发珍、二弟户军辉和父亲户连森

　　1992 年 2 月，三弟告诉我，"你们的来信已经收到，其实你们不必为家里寄钱，家里开商店流动的钱还是有的。临近过年时，爸经常上团去买一些肉类的东西。因为家里今年只有一个商店里面忙，其他的地方都闲……"④

---

① 1989 年 9 月 13 日二弟户军辉给我的信。
② 1990 年 2 月 8 日三弟户金辉给我的信。
③ 1990 年 6 月 8 日三弟户金辉给我的信。
④ 1992 年 2 月 2 日三弟户金辉给我的信。

当年 3 月，母亲退休。其后，二弟也接管过一阵子商店。小商店的商品，除了有人不定期地送来酱油醋以外，大多需要去团部提货。所以，当年 5 月，三弟来信说："家里现在一切都很好，二哥现在已经承包了商店，并且现在他自己经常去提货。这样就使爸妈可以多在家休息了。"①

　　1993 年底，三弟在信中写道："爸、妈让我告诉你，你不要再给家里寄钱了，因为家里现在也不缺钱花，上个星期把猪卖了，卖了一千二百多元钱，家里面留了两个猪头，八个猪蹄子，还有好肉。爸爸也出去很少了，几乎就在家里和商店转。"② 1994 年初，三弟又传来家里的消息："小军他从学校回来之后，就一直待在家里，也没地方干活，我前天才放假，假期休息二十五天。家里商店一到过年生意又兴隆了，现在我可以帮爸妈卖东西了。"③ 稍后又说："家里现在挺好的，爸爸的身体比大哥回来时又好了一些，有时他自己住（做）饭吃。现在爸爸正在宰鸡呢！姥姥也比以前好多了。现在每天都缝补一些衣服，还给自己做鞋穿呢！妈妈现在也不太忙了，因为要交商店，所以这阵子也没有去提货。现在正准备盘点交商店。今天星期日，虽然路上化雪难走，但是，父亲不放心我在外面，所以让我星期日休息就回来，其时（实）也没有什么，骑车到九连，走路回皮革厂。"④

　　当年春天，三弟告诉我："家里现在十分好，商店交了，爸爸、妈妈都在家里，就只种一些蔬菜、棉花，商店里有些东西没交，就放在家里，有时，还有人到家里来买东西。这样家里今年手头又不会缺零钱花。"⑤ 不仅如此，我儿子小时候只要到了他爷爷奶奶家，就享有"特权"，可以在小商店里随便喝饮料、吃零食（参见图 49），还可以摘果子吃（参见图 50）。当年由于没人带，我们曾把儿子放在母亲家两个多月。我们走后，儿子哭个不停。他爷爷见状，就推了家里的一辆自行车来。儿子坐上爷爷的自行车，感到很新鲜，就不哭了。母亲那时经常去团部提货，只有晚上才有时间给儿子洗衣服。儿子整天就跟着他爷爷跑。儿子乖得很，每当有人在商店门口喊"老户、老户"，儿子就立马答应"来了、来了"，可是，不一会就在柜台跟前蹲着拉屎。⑥ 之所以"家里仍开着一个商店，

① 1992 年 5 月 15 日三弟户金辉给我的信。
② 1993 年 12 月 12 日三弟户金辉给我的信。
③ 1994 年 2 月 1 日三弟户金辉给我的信。
④ 1994 年 3 月 20 日三弟户金辉给我的信。
⑤ 1994 年 4 月 21 日三弟户金辉给我的信。
⑥ 据 2017 年 4 月 8 日下午母亲何文秀的回忆。

因为别人接商店时想让咱家减价20%商品，这样父亲就不同意，就准备了在家重开商店的想法"①。这样一来，"家里现在有了一个小商店，生意做的挺好，爸妈也为此十分高兴，因为家里有了流动的零花钱。爸妈做这些都是为了我们能吃的好一些"②。当然，小本生意，也不可能赚什么大钱。

图 49　1995 年 8 月，儿子和他奶奶在我家开的小商店里

图 50　1995 年 8 月，儿子与他奶奶在皮革厂家后面的小果园里摘果子，这是我家日常生活的美好瞬间

---

① 1994 年 5 月 16 日三弟户金辉给我的信。
② 1994 年 6 月 28 日三弟户金辉给我的信。

（4）过生日和节日

家人过生日的意识比较淡，一般不讲究也想不起来过生日。我小时候，父母忙，姥姥给我煮两个鸡蛋，我才想起自己过生日。当然，在老人寿辰时，还是要过一下的。1985年，姥姥68岁寿辰，表哥来信说："正月二十一是咱姥的生日，那天我们都在一起吃长寿面。"① 1992年，三弟来信转达了父亲对我们淡忘他的生日有些抱怨情绪："你来信后两天，就是父亲的生日，因天气不好，下了大雨，托人上团买了生日蛋糕，晚上为父亲庆祝了'大寿'，一家人很高兴，就缺你和嫂子了。父亲说去年你们结婚时，刚巧也是他的寿日。今年，你们来信也没提，可能是你们忘了吧？"② 1993年，三弟告诉我："咱爸过生日的那一天，我准备用我今年'三秋'挣的钱为爸买生日蛋糕，买其他的东西爸也不愿意。我把剩下的95元钱就给了爸，也好为家里商店多提点货。"③ 1995年，三弟在信中写道："前日收到你们的来信，还有大哥给爸寄来的100元钱。爸过生日那天，我和二哥还有爸、妈一起吃了两顿火锅，而且还是在他老人家过生日的时候。家里现在挺和睦的。二哥现在帮家里人开商店，几乎每隔几天就上团提货。二哥还给咱爸打了一个炕，爸直说睡在上面暖和。现在似乎越来越能看出咱爸希望小军留在家中。家里今年不缺肉吃，两头猪卖一些，剩下的也够自己家人吃的，再说还有一头羊呢！咱爸还挺喜欢吃羊肉的。"④

倒是在父亲身边的二弟还经常惦记着给父亲过生日。1998年，他来信提醒我说："有件事是，咱爸今年七十寿过还是不过，反正他的生日刚好快过年。咱们弟兄三个长那么大，一次都没有给老人祝过寿。今年刚好是70寿，我想不妨，我们就给他过个热闹的，你看怎样。"⑤ 当时可能是我带儿子回去给父亲祝寿，可我对此事已记不大清楚。这次"祝寿宴"，难得父母都那么高兴（参见图51）。

2016年3月26日，也是在二弟的提醒之下，趁着我和三弟都回到家乡，我们一家人在车排子明珠宾馆提前给母亲过了78岁的生日（参见图52）。

---

① 1985年3月13日表哥关小军给我的信。
② 1992年11月1日三弟户金辉给我的信。
③ 1993年11月13日三弟户金辉给我的信。
④ 1995年11月28日三弟户金辉给我的信。
⑤ 1998年4月12日二弟户军辉给我的信。

图51 1998年11月23日父亲过70岁大寿生日（从左到右：母亲何文秀、父亲户连森、儿子户张洋和二弟户军辉）。瞧他们高兴的！真是知足常乐啊

图52 母亲何文秀78岁寿宴，前排左起：母亲和她的后老伴杨加山，后排左起：二弟媳妇徐红霞、二弟户军辉、我、三弟户金辉。谁曾想到，这次由二弟提议的生日宴，竟是他最后一次为母亲祝寿

相比过生日，我们家更注重过节。1985年初，表哥在回信中写道：

你的春节过的如此愉快，我们很高兴。春节我们过的也很愉快，生活丰富多样，除夕鞭炮齐鸣，正月十五元宵节，家家红灯高照。团里还举行了灯会。①

1990 年底，三弟来信说："元旦即将来临，不知你现在正做些什么，也不知你元旦回不回来。我们这里至今还没有下大雪，天气也不太冷。……咱家商店的生意也十分兴隆。今年河西的农民们都嫌（赚）了许多钱，所以买的东西较多……"②（参见图 53）1996 年初，三弟兴奋地告诉我："今年元旦家里过的很好，似乎今年比哪一年家里的人都相处的好。家里的人相处的好，家里的麻烦事也就少了许多，爸爸的身体也挺好的。"③ 这一年的春节似乎也过得格外热闹：

图 53　对面就是河西的人家，当年连接河西与皮革厂的奎屯河大桥早已荡然无存，只留下这条堆了垃圾的"水路"，车排子的通路已被阻断

我们新年过的很好，家里一块包饺子，一块守夜。昨天玉芳姐一

---

① 1985 年 3 月 13 日当时家住皮革厂的表哥关小军给我的信。
② 1990 年 12 月 27 日三弟户金辉给我的信。
③ 1996 年 1 月 6 日三弟户金辉给我的信。

家和军哥一家都聚在咱家吃了一顿饭，可就是缺你和嫂子还有洋洋，家里今年准备吃的东西最全了，饺子馅准备了两种：牛肉的和羊肉的。猪头肉、猪肝、猪肚子都被卤了，就准备过年吃的，并且今年我们自己动手炸了挺好吃的麻花、麻叶子。这两天，该来的亲戚已来完了，剩下的东西就由自己家人吃了。……不知你们那儿允许放鞭炮吗？母亲说："洋洋最爱看放炮了，现在还记得他妈抱他看炮的地方呢！"如果没有看见，那就等明年回来看吧！①

（5）盖房

据团志记载，20 世纪 70 年代，团场"各单位发动职工业余时间打土坯盖起了部分军营式布局的排房，每排多户居住，每户分给 1 间，面积 20 平米左右。土木结构，标准低。职工住房仍很紧张"（参见图 54），"1984 年，为尽快解决职工住房紧张局面，改善居住条件，团场制定优惠政策，加大职工住房投入，为职工免费提供部分建筑材料，连队为职工划分 1— 1.5 亩建房基地，号召职工自建住房"②。1989 年，二弟来信说，家里的"一间房子已经盖好，请不要记在心里。小三现在懂事多了，你看他放学回来，帮助喂兔子，还帮爸爸带货，拾啤酒花五天二十三元钱。我现在非常高兴，现在天天放羊也没有什么。记住冬天过年回来看能不能吃兔子肉，过年一定回来"③。那时候盖房，土块都是自己打的，木料也是自己备的，只需买一些砖头打地基，人工也基本上不用外请，所以也花不了多少钱。当然，关键是家里也没多少钱。

1990 年 6 月，三弟告诉我，"今年家里准备再盖一间房子"④。8 月，三弟在信中说："家里的两间新房子已经盖好了，等你冬天和江艳姐来。'十一'如果你回来的化（话），请先来一封信，我说我在十字路口等你，那你要有耐心。我们拾啤酒花的人都是天黑往家走。如果你要回来，我会早点回家。如果你和江艳姐一起来，我会到砖厂借一辆车子，让你们骑回来。如果你半下午到时，你先到地里去问一下。或许今年我们初三不拾啤

---

① 1996 年 2 月 22 日三弟户金辉给我的信。
② 一二三团史志编纂委员会编：《一二三团志》，中华书局 1999 年版，第 78 页。
③ 1989 年 9 月 18 日中午二弟户军辉给我的信。
④ 1990 年 6 月 8 日三弟户金辉给我的信。

图 54　一二三团六连的老排房，是该团仅存的旧建筑，已经凋敝不堪，与我家当年住过的排房格局一模一样

酒花。希望你照我说的办。"① 1991 年初，三弟告诉我，"开春了，家里也开始忙了。地里也开始种菜。爸爸现在比以前好多了。早上起床也不咳嗽了。也睡到八九点起床。姥姥现在也很好，每天吃了饭，就坐在新房子门前晒太阳，有时自己作（做）饭"②。接近年底时，三弟又传来消息说，"现在家里只有爸爸和小军住在新房子，姥姥还是住在她以前住的房子；我自己住南头的旧房子，因为新房子有电视，妈妈住在商店，所以大家还是不能一起搬回新房子的"③。

　　1992 年初夏，"前两个星期家里拆了一间旧房子，下星期又准备再盖一间，地里马上又要播种了"④。5 月，"家里现在准备再盖一间房子"⑤。7 月，三弟来信说，"我于前天考完试。当天晚上我和小军一块交（浇）了一夜的水，一夜没合眼，昨天几乎睡了一天。今天上午扎顶棚。刚扎好，我就动手给你们写信……现在，家里人身体都好。地里的活也不忙。

①　1990 年 8 月 15 日下午三弟户金辉给我的信。
②　1991 年 3 月 24 日三弟户金辉给我的信。
③　1991 年 11 月 12 日三弟户金辉给我的信。
④　1992 年 4 月 8 日三弟户金辉给我的信。
⑤　1992 年 5 月 15 日三弟户金辉给我的信。

明天，我准备和小军一起垒院墙"①。

1994年，二弟在乌鲁木齐市打工。已满18岁的三弟来信说：

> 家里现在一切几乎收拾妥当。上学前几天，我把家里该干的活都干了。如果二哥他不回来，请你告诉他，"放心地干活，家里用不着他担心，房子也泥好了，隔墙也打好了，只剩下商店烟囱没打，不过我有时间抽空会打好的。我打的火墙、烟囱比他打的要好了"②（参见图55）。

图55　儿子1岁多时在皮革厂玩耍，远处是父亲与两个弟弟一起盖的新房，还有我们家的院子以及那棵沙枣树，拍摄于1994年7月20日

实际上，我家的生计当然不能不受某些宏观政策和微观措施的控制，"而任何控制一切经济活动的人也就控制了用于我们所有的目标的手段，因而也就必定决定哪一种需要予以满足和哪一种需要不予满足。这实际上是问题的关键。经济控制不仅只是对人类生活中可以和其余部分分割开来的那一部分生活的控制，它也是对实现我们所有目标的手段的控制。任何对手段具有唯一控制权的人，也就必定决定把它用于哪些目标，哪些价值

---

① 1992年7月4日三弟户金辉给我的信。

② 1994年8月28日三弟户金辉给我的信。

应得到较高的估价，哪些应得到较低的估价——总之，就是决定人们应当相信和应当争取的是什么。集中计划意味着经济问题由社会解决而不由个人解决，而这就必然也要由社会，或者更确切地说，由社会的代表们，来决定各种不同需要的相对重要性"①。我们需要什么，由不得自己。我们的经济命脉基本上不在自己手里，我们的日常生活当然也就难以正常地由我们自己做主，因为我们的需要在很大程度上也是被生产出来的，我们无法参与对我们自己的制度设计和制度安排。可惜，我们一直对这些都缺乏觉悟和认识。我们只是认为自己的命不好，所以才生活在穷山恶水和自然条件恶劣的地方，好像只要生活在这样的地方，我们就只能认命，夫复何求？

多年以后，我才逐渐认识到，在我的家乡，自然条件的艰苦和亘古荒原的博大显得耀眼夺目，也挡住了我们的视线，圈住了我们的眼界。我们不知道帕斯卡尔早就说过，尽管人是自然界非常脆弱的一棵芦苇，用不着整个大自然都拿起武器，哪怕一口气、一滴水就足以置人于死地，但人却是一棵有感觉和能思想的芦苇。按约纳斯的进一步阐释，恰恰作为会思想的芦苇，人不再是自然的一部分，也不再属于自然，而是在这一点上与自然界截然不同而且不可通约。当大自然压碎芦苇时，它是无心和无意而为，但人作为能思想的芦苇在被压碎时却能够感觉到并且想到自己被压碎。② 也就是说，当大自然或历史的车轮从我们这根会思想的芦苇身上碾过之时，除了能够发出痛苦的呻吟之外，我们还能够知道自己被什么东西或被谁压碎，还可能思想自己之所以被压碎的原因，也可以想方设法预见并防止这种碾压，至少可以防止别人或后代重蹈覆辙。

在我的家乡，空旷的大自然很容易让人感到渺小和微不足道，但也恰恰是这种强烈的反差和鲜明的对比迫使我们思考人在大自然中的位置与价值。恰恰在这一点上，我们需要保持和维护自己高贵的尊严，我们不同于皮革厂的野生芦苇（参见图56），尽管我们也可能和它们一样脆弱不堪。但是，我们想要得到的幸福也好，尊严也好，并不在大自然之中。当大自

① ［英］弗里德里希·奥古斯塔·冯·哈耶克：《通往奴役之路》（修订版），王明毅、冯兴元等译，中国社会科学出版社2015年版，第111—112页。

② 参见 Hans Jonas, *Zwischen Nichts und Ewigkeit. Drei Aufsätze zur Lehre vom Menschen*, Vandenhoeck & Ruprecht in Göttingen, 1963, S. 7。

图56　皮革厂的野生芦苇，虽然不像人那样应该具有独立的精神与个性，却也拥有任性而茂盛的集体生命力

然压碎我们和芦苇之时，它不会做出轻重缓急的区别对待。它可能把洪水、风暴和各种自然灾害同样降临在我们头上，大自然的善意只能是我们祈求的偶然运气。我们和芦苇一样只是大自然中随风飘零、随遇而安的偶然环节。所以，如果单纯从大自然让我们享有的东西来看，我们的生命价值与芦苇差不多同样微不足道，同样脆弱不堪。① 在自然界中，我们得听天由命地服从大自然的安排，我们不得不充当大自然的手段。只有在人自己创造的文化中，我们才能让自己不仅成为手段，而且成为目的。文化本来就是化人，就是人文化成。英语 culture（文化）与德语的 kultur（文化）均源自拉丁语 cultura，原意指耕作和栽培，后来主要指培养和完善

人的精神能力，以超越单纯的自然状态。所以，文化本来就该以人为目的，只有这样，我们的尊严甚至幸福才有安身之处，才能得到根本的保障。因为文化的根本目的就在于维护和保障人的价值与尊严，因为文化本来就是理性的人为自己造成和创造的理性世界与目的世界，它不同于大自

---

① 正如康德早已指出的那样，"自然远非把他当作自己特殊的宠儿来对待而且善待他超过一切动物，相反，在其有害影响方面，在瘟疫、饥荒、水患、严寒方面，自然对他的免于伤害同样不比其他大大小小的动物等等更少；但更有甚者，人的自然禀赋的那种非理性特质还把人置于自己设想出来的磨难之中，并且通过统治的压迫、战争的野蛮等让他自己的其他同类（Gattung）陷入这样的困境，而他自己也在尽力毁灭他自己的同类……"（Immanuel Kant, *Kritik der Urteilskraft*, Verlag von Felix Meiner, 1922, S. 299）

然的非理性世界。每次回到故乡，我都会切切实实地感到，即便我们的老房子、我们种的树和庄稼都被大自然的威力消磨殆尽，即便我们的身体必然被大自然收回囊中，但我们创造的文化却能够代代相传。

但遗憾的是，长期以来，我们忘记了自己与周围繁茂的野生芦苇的不同，我们出没在自然界的芦苇丛中，好像把自己也变成了野生的芦苇。我们和这些野生的芦苇一起战天斗地，却很少想一想我们到底最容易被什么东西压碎，是自然界，还是我们自己的同类？要说自然界，我们何曾惧怕过？我们可以人进沙退，我们相信人定胜天，我们可以让千里戈壁变良田，但我们却经常在人间的苦难面前不堪一击，因为明枪易躲、暗箭难防。我们有很多人都在打攻心战，看谁的心眼多，却想不到也根本没有听说过还有所谓的制度性贫困和制度性不公，不知道许多贫困源于权利的缺失和制度设计的不合理，好像我们除了随波逐流和在夹缝中求生存之外就不能别有所想和另有所求。我们也一直没有意识到，"一个人长大后从事什么性质的工作、经济收入和社会地位如何，在很大程度上取决于他出生在什么地方、什么家庭，而这显然不是他自己能够控制的选择，而是社会制度造成的"①。我们只知道埋头苦干，不知道"中国人每年工作的时间可能超过了发达国家的1/5。为什么？如果我们没有这种没日没夜的工作，就不可能有经济的发展，因为我们的制度成本太高了。没有民主法治，人们需要付出很多的劳动，为没有效力的制度付出代价，甚至为不受节制的政府机构浪费的开支付账，为贪官付账，挣了半天之后才是自己的。民主和法制本身并不直接创造收入，但它可让同样的勤劳创造更多的收入，让同样的财政惠及更多的人民，而不是进入黑洞，让人们的劳动事倍功半。这样比较少的劳动就可以得到比较幸福的生活"②。

正因如此，站在过去的未来立场上，我们才需要弄清楚，社会主义核心价值观为好社会提出的目的论条件——民主、自由、平等、公正和法治究竟意味着什么，它们怎样才能在我们的日常生活中落地生根。我的父母来自旧社会更糟糕的制度贫困，所以，他们常常忆苦思甜，他们也被教导要经常忆苦思甜，要饮水不忘挖井人，要懂得感恩戴德，他们

---

① 张千帆：《权利平等与地方差异：中央与地方关系法治化的另一种视角》，中国民主法制出版社 2011 年版，第 70 页。

② 蔡定剑：《民主是一种现代生活》，社会科学文献出版社 2010 年版，第 57 页。

图57　1994年7月，我带着儿子与二弟户军辉（后排左一）、三弟户金辉（后排左二）在皮革厂大渠上合影，由我妻子拍摄。那时，我们并没有意识到，究竟是什么原因让我们的日常生活陷入难以摆脱的怪圈

在新社会的制度中的确感受到了比苦难的从前更多的安逸和希望。他们已经看到了变化并且满足于这些变化，这倒不仅仅因为他们知足常乐，更因为他们缺乏更好的、更合理的制度来作比较和参照，他们别无选择。他们知道自己朴素的生活愿望常常难以实现，却不大明白：贫困并非因为单纯的生产技术落后和自然条件恶劣，其根本原因在于我们的社会还没有做到以实践理性来规范并限制政府的权力，还没有从根本上保障穷人本该拥有的政治权利与经济权利。诺贝尔经济学奖获得者哈耶克、阿玛蒂亚·森等学者的研究已经从道理和原理上令人信服地证明，个人的政治权利与经济权利是否和能否得到社会制度的公平而又公正的客观保障，是造成贫困的根本原因。[1] 可是，作为后代的我们（参见图57）又能比父母多知道多少呢？而且，即便知道得多一些，我们又多做了什么呢？

---

　　① 参见［英］弗里德里希·奥古斯塔·冯·哈耶克《通往奴役之路》（修订版），王明毅、冯兴元等译，中国社会科学出版社2015年版；［印度］阿玛蒂亚·森《贫困与饥荒——论权利与剥夺》，王宇、王文玉译，商务印书馆2001年版；［印度］阿玛蒂亚·森《正义的理念》，王磊、李航译，中国人民大学出版社2012年版；［美］威廉·伊斯特利《威权政治：经济学家、政策专家和那些被遗忘的穷人权利》，冯宇、邓敏译，中信出版社2016年版。

如何讲理

——父母拉不开的栓

当然，制度与人是相互制约和互为因果的关系。简言之，良法的前提是民主，民主的基础是自由，自由的保障是法治。民主和法治被称为自由之车的两翼，因为民主使自由得以确立，而法治使自由变得规范而真实。仅有保障自由的正确目的和实行民主的良好愿望是不够的，还必须用制度程序和法治框架予以落实和保驾护航。法治的目的条件就是以公正而规范的制度程序来理性地发展民主并且实现自由。只有意识到自己具有自由的能力，我们才能在主观上有意识地运用并且锻炼这种能力，才能在客观上想方设法地建立能够维护这种自由能力的社会制度；当然，好的制度恰恰也是能够尊重、保障我们的自由能力的制度。所谓自由能力，也是每个人维护自己的尊严与权利的能力，这种能力也就是实践理性能力。一旦这种能力受到忽视、排挤，甚至打压，日常生活就会出现严重的实践问题，就会出现苦难。

所以，首先还是应该从自己的主观上找原因，因为制度的好坏，根源还是在我们每个人身上。不会、不敢使用自己的实践理性能力，不仅是难以建立好制度的主观因素，而且是难以过上好生活、难以让日子过顺畅的重要原因。在这方面，主观的不能与客观的不许互为因果，形成恶性循环的死结。当我们的实践理性能力被遗忘、被蒙蔽和被误用之时，日常生活就会失去其日常性而变得不再平常和非同寻常，正是这些不再平常和非同寻常让我们揪心难忘，甚至耿耿于怀。好像我们无法选择制度，只有制度选择我们。我们无法主动选择，部分原因在于我们平时很少有机会锻炼自己的选择能力，我们甚至分不清吵架与讲理有啥不同。

我的"父母都是那种一眼望去就知道他们不会干坏事的善人，他们大半辈子的经历也已经表明，除非受到别人欺侮，他们绝不会主动去欺侮别人或比他们弱的人"①。尽管父母几乎从不招惹是非，但他们并非胆小怕事、不讲是非。2017 年 4 月 7 日上午，母亲在家中说，当年她赶着羊，羊不听话，她就骂了一句："他妈的，你乱跑啥哩？"结果，家在附近的HLY 听见了，就在那里骂母亲，母亲没理她。第三天，母亲又赶着羊路过这里，HLY 又喊着母亲的名字骂，于是，母亲跟唱戏似的，也喊着她的名字，手舞足蹈地与她对骂，从此以后，她就再也不敢骂母亲了。母亲说，这还是工房里的女同事教的呢。她们问："何文秀，HLY 骂你，你咋不还嘴呀？你做了啥短事吗？"母亲说："我不会骂呀。"她们说："她骂你啥，你就骂她啥！"

2016 年 9 月 12 日下午，母亲在家中告诉我，当年，我的一个小学同学从三营十连干活回来，在工房里偷了马灯，被父亲举报。后来这个同学把父亲恼透了。大概在 1988 年前后，有一次在皮革厂工房上班时，DXY说他们家在鹿圈养鹿，白天吃菜，晚上吃肉。其父 DGR 抱怨母亲给别人说他们家晚上吃肉了。于是，在皮革厂开支部会议时，DGR 的两个儿子DXY、DXM 来到会场，把父亲架起来要打，指导员江燕冰点着他们兄弟俩的鼻子说："你们敢动一个手指头，我就让你们戴铐子！"他们两个仍不放手，江指导员就给团部打电话报案。俩兄弟被弄到了团部。后来，DXY来给母亲道歉说："姨姨，我错了。"母亲说："我养儿是往上长，不是往下埋！你们家晚上吃肉，这话你在工房说了没有？就算你们说我传了话，为啥你不来找我？老户是老病号，他要是住院了，你吃不了兜着走！"DXY 说："我听人家的话，我错了。"母亲说："DXY，你听人家的话，你自己长脑瓜没有？你自己在工房说了，你也承认，你说我说得对不对？我又没造你的谣！"后来，在我家位于奎屯河边的那块菜地里，DGR 又来揪住父亲的领子，当时在场的表哥关小军不愿意了，DGR 这才作罢。母亲说："这兄弟俩在皮革厂啥坏事都干。人都说，这样的人，生个孩子没屁眼。没想到，DXM 后来与第二个老婆生了一个儿子，真的没屁眼！从嘴里朝外喷饭。后来在北京还是上海做手术割开了，可是，这孩子长到三岁又变成了傻子！"民间诅咒孩子的说法，固然有些不人道，可是，难道真的是可恨之人必有可怜之处、可怜之人也必有可恨之处吗？

① 户晓辉：《故乡之殇》，《绿洲》1999 年第 3 期；罗文斌、董立勃主编：《阳光大坂——新疆当代散文选》，新疆人民出版社 1999 年版，第 165 页。

2015 年 5 月，同样住在团部楼房里的 DGR 两口子碰见了母亲。DGR 对母亲说："老何，我准备到你家认个门去。"母亲说："你认我家的门干啥？我家的门不要你认！你他妈当年咋不找我？你是不是共产党员？你白活几十年，你还是党员呢，你是人是狗？"DGR 的老婆只管拦住他。后来，DGR 和老婆还是来母亲家里坐了一会儿，母亲也以礼相待，不再旧事重提。

还有一次，皮革厂的 LCX 告诉他的儿子 LHP 说："老傅不让我（承）包地。"当时，父亲正在我家房后拴牛，刚刚劳改释放回来的 LHP 就抱住父亲要打，母亲在窗后听见父亲说，"你打吧，你打吧"。LCX 在旁边说："不是他，老傅不是户连森！"原来，LHP 把"老傅"（指皮革厂的另一个姓傅的工人）听成了"老户"。当时，全国上下正在搞严打第一网运动。父亲气呼呼地说："马勒戈壁，报案！"母亲答："不报！咱养三个儿，还不知啥样哩！"

另有一次，二弟在井上洗衣服，好友刁建国叫他去皮革厂工房院子里的管口处洗。由于当时井水不大，往工房放了水，井口基本上就没水了。所以，正在井口洗衣服的 HLY（ZJQ 的老婆）就开始骂我的父母，母亲听到后就出来与她对骂。于是，路过的 DXM 就指挥 HLY 的二儿子（比二弟大得多）来我们家打二弟。当时，二弟刚刚步入青春期，已经很有劲了。由于受到父母和张瑞的极力阻拦，愤怒的二弟把我家的洗脸盆架都砍成了两半（参见图 58），把洗脸盆也打出一个洞。母亲说，他们之所以要拼命拦住二弟是因为此前他们从团部的通报中得知，一二八团有一个身体不大好的人，从一家人门口经过时，那家人的狗跑出来咬他，他扔了一块砖头，恰好打到那家人的门。结果那家不但老两口出来骂，而且两个儿子又出来把此人

图 58　一二六团戈壁母亲旧居展出的木制洗脸盆架，与我家当年使用的那个很像，但它比我家那个洗脸盆架幸运，因为三叔户得春为我家做的那个洗脸盆架被当作"替罪羊"牺牲掉了，那是谁之罪呢

按住打。结果，此人被打死，那家的两个儿子也被劳改了。因此，那天父母坚决拦住二弟，否则很可能会出大事。①

然而，就是这样从不欺负别人的父母，却过不顺自己家的日子。我家当年的日常生活一直让我们揪心的难题就是，父母合不来又分不开，但这似乎又不仅仅因为他们的性格不合或感情不深，而且因为他们有时不太会使用自己的理性能力。生活在用拳头而不是用道理来解决纠纷的环境中，他们好像只能靠争强好胜、固执己见、以势压人的方式来争吵和斗气，而不是平心静气地讲理。正如有一次母亲说起她与父亲的关系时对我说，"不知是驴不走，还是磨不转，反正是弄不到一块儿"。也许，母亲在四川老家受到的委屈和怨恨常常无人倾诉、无处发泄，所以一朝负气成今日，一旦遇到某些事由，她就可能变得固执而任性，就可能与父亲争吵，有时也会迁怒于姥姥。二弟小时候也因为调皮挨过母亲的打，当然，母亲不会打要害部位。身体不好而且年龄又比母亲大十岁的父亲常常让着母亲，但内心深处对母亲还是有点不够信任。也许因为父亲自己不够自信，也许还有我们不知道的原因。天长日久，这些因素逐渐酿成他们的精神苦难，形成盘根错节的心理死结。当然，他们也有和好的时候，尤其在我们回家或来客人时，哪怕是装出来，家里也有暂时的祥和景象。大学快毕业的一个暑假，我的同学兼好友许文军从乌苏到我们家来玩，我只隐约记得自己骑着自行车接他的情景，其他细节均已淡忘，可他却写得如在目前：

> 长途班车并不特别拥挤，但按照约定地点即皮革厂下车这句话，我怎么也说不出口。车上都是团里人，大概只有我一个外地人，从我说话的语气和特别的生分感里，他们很容易知道我并非本地人，因此我感到他们的侧目和注意，这使我不舒服。到任何一个陌生地方我都会如此。结果是过了一点儿才下车，打听一下路边干活的职工，说是往哪个方向走，于是我就朝着野草齐膝和防护林耸立如山的方向深一脚浅一脚地走，不一会儿就看到你狂蹬着自行车从荒草丛中朝我这个方向奔过来，显然已经看到了我（参见图59）。
>
> 你穿得特别随便，和在学校很不一样，这可以证明你在学校里的打扮是经过一番刻意经营过的。两人见面自然高兴，都不知道说啥

---

① 据2017年4月7日下午母亲何文秀在家中的讲述。

图 59　当年我大概就在这个地方接上许文军。那时并没有这个指示牌，路也远没有现在这么规整，当然，自行车也并非当年那一辆

好。快到你家，距离还有两百米，就看到你父亲站在门前等着，其间似乎还有你弟弟时隐时现，然后看见你父亲大步朝我们的方向走来，比我还走得快，以至于使我很不好意思不走得更快一些。"终于盼到你来了！"你父亲的大手握着我说，显然热情得很，但欢迎词却很客套，好像我成了进驻连队的工宣队和党组织了。然后见到你姥姥，微微笑着，耳朵背，四川口音很重，我不大听得懂她说话，但你们却毫不费力就明白了。接着见到的是你晚来了一会儿的母亲，天很热，她的额头汗津津的，装作不在意，但看得出在打量我，轻声地责怪你弟弟为什么不洗点儿黄瓜西红柿，但它们已经摆在我俩坐位中间的茶几上了，于是她就去洗脸了。那几天天气很好，阳光很明亮，空气里有一种我很熟悉的泥土和草腥气。我俩坐在晒不着太阳的屋里，高谈阔论。我记得我那几天不知道为什么，瞧了两眼系统论和控制论什么玩艺儿，当时就胡说起来。有争论，更多的是笑谑，没有理由的快乐。你说你父亲和母亲总吵架，年少的我并不懂得那是什么意思。你姥姥总是慢慢走过来，手里端着一盘炒得恰到好处的油葵，或者几个刚洗净的苹果之类的，一言不发，交到咱们手里后，满意地转过身去，离开。你那时告诉我你姥姥最喜欢你。吃饭也很高兴，有鸡和肉，显示了特有的热情和你们家富裕的生活。鸡切得很小很碎，这和我家里不一样，因而是特别入味。我记得鸡头也从鸡喙中间切开，你似乎挺爱吃那个。你父亲夹住一块炒肉片，连带着带起没有切得很利落的另一块，"连刀肉！"他微笑着说，在别人的帮助下扯断了它们，吃了下去。我从此记住了这样一个词和他的愉快的表情。饭就是一碗元宵，我从来没有把元宵当过饭来吃，而且是用面粉自己做的，不是糯米的和机制的，这反映了你家的四川口味，但给我盛的一碗太多，我当时觉得像一盆万年青，而且从此以后只要一吃元宵就想起那一幕。你母亲末了要了一碗面，把鸡汤浇到面上，说："面条加鸡汤，可出味。"前半句是四川话，后半句就变成河南话了。他们为他们的儿子而自豪，也为他们的儿子能交上同样看上去令人自豪的人而高兴。你跟你姥姥和母亲说话用四川话，而且出大声，拉长腔调，姥姥总是咕噜咕噜回一两句，我一句也听不懂，但你们总是听罢会心一笑，我想可能是她说我的什么事情吧。你和其他家人则说普通话，好像公事公办的味道，而与特别说四川话时感觉很不一样。人们平时并不打扰我们，只把咱们留在你自己的那间小屋里，你弟弟好像挺不好意思来跟我们说话。于是咱们两个像资产阶级新贵一样在那里海聊神吹，所谈论者无一不是与眼前环境相距千里的事情。其间确乎谈到奋斗，家庭什么的。在你家房后的菜园里，我们似乎还谈到你叔叔：耳聋，未婚，后来不幸而去。我们还到那个水渠的闸门处，水流平缓，不像是会吞噬人的那样。我们都没有说话。后来咱们还在一个水塘边玩，你说你小时候水里有一种叫声奇怪的鸟，只要朝里头扔石头，就会激起它们的叫声。但现在早已没有了。你家屋后的那个厕所门边上有很多横向的刻痕，你告诉我说，那就是你身高的见证，我大吃一惊，从齐腰高到超过一米八，密密麻麻的横线一层一层朝上叠加，每一条划痕都是簇新的，好像它们是一次划上去的，而且好像是被某人在昨天或者几分钟以前伪造而成的！可是那个厕所却腐朽得不成样子，好像随便拍一下就可能拍倒它，但那些刻痕却证明它至少存在过十几年，也可能更长。横线疏密不一，中间部分显然比两头更稀一些，让人想像十几郎当岁时候的猛劲儿。我们都生在土里、长在土里，吃得是最粗糙的食物，却涌出最强劲的生命力。夜里睡觉总听到哔啪声，忽而响，忽而弱，很不规则，但不时会传过来。我不知道是什么声音，后来你告诉我说，是上厕所的人在拍屁股上缭绕不去的蚊子。几天后咱们一起去了我家，你家里人似乎很高兴你能出去走走。……有时候后悔不该到你家去，给他们增加了诸多不必要的麻烦，自己并不能帮助别人一些什么。

许文军

2005 年 12 月 2 日凌晨时分

这些文字难免有一些想象成分，却为我家的日常生活提供了一段细腻而生动的描述。2016 年 3 月 27 日，我回皮革厂寻找那个"腐朽得不成样子"的厕所，它早就了无踪影，只有厕所旁边那一排树还在原地孤零零地生长着（参见图 60）。

图 60　我在皮革厂老屋旁为家人拍摄的全家福照片（前排从左到右：母亲何文秀、姥姥赵发珍、父亲户连森；后排从左到右：三弟户金辉、二弟户军辉），拍摄于 20 世纪 90 年代初，弟弟们身后就是老厕所旁边的那一排树，照片左侧是皮革厂工房大院

2016 年 9 月 14 日早晨，我在母亲家翻老照片。母亲说，"你爸长得好，就是腰不行"。20 世纪 60 年代初在二十团蔬菜班时，有些女的对母亲说："你骚啥骚，你老头子比你长得好！"其实，从照片上看，母亲年轻

图 61　母亲何文秀年轻时也算得上是一个大辫子美女

时也算得上是一个大辫子美女（参见图 61）。在我的童年记忆里，父母在年轻时还是相亲相爱的。那个时候，父亲一般也惯着、让着有时不乏固执与任性的母亲。可随着年岁的增长，父母大概都被某些怨恨情绪毒害了心灵，他们把一些说不清、道不明的怨恨不自觉地泼洒在对方身上，这就日渐侵蚀并毒化了他们的日常生活。因为"怨恨是一种有明确的前因后果的心灵自我毒害。这种自我毒害有一种持久的心态，它是因强抑某种情感波动和情绪激动，使其不得发泄而产生的情态；这种'强抑'的隐忍力通过系统训练而养成。其实，情感波动、情绪激动是正常的，属于人之天性的基本成分。这种自我毒害产生出某些持久的情态，形成确定样式的价值错觉和与此错觉相应的价值判断"①。在这种怨恨情绪的毒害之下，尤其是母亲，偶尔就会爆发出难以控制的争吵。谈起父亲，母亲说："他一辈子那个身体，我一不跟人家打，二不跟人家疯，你说我对得起他对不起他?"②的确，在嘘寒问暖方面，母亲对父亲算得上体贴入微了，可她自觉不自觉地把一些怨气撒在父亲身上，尤其是在盲目攀比的思维定式影响下，有时难免陷入自以为是的价值错觉。人毕竟都是需要相互尊重的，所谓你敬我一尺、我敬你一丈。夫妻有时也需要相敬如宾。在我看来，父亲与母亲在日常生活中虽然不乏爱意，但也的确有互相猜忌、互相怨恨和互相伤害的时候，有时他们双方恰恰没有给对方彼此都想得到的宽容、理解与尊重。在这方面，他们都有愧对对方之处。尤其是到了晚年，父母之间的气越生越多，怨越积越深，让我们有些担惊受怕。1992 年，二弟来信说："家里今年过年非常顺利，一切都好。我发现这是一种不祥之照（兆）。这里，大概在十月

①　[德] 舍勒：《道德建构中的怨恨》，罗悌伦译，参见刘小枫选编《舍勒选集》，上海三联书店 1999 年版，第 401 页。

②　2017 年 4 月 9 日我离家前母亲何文秀的讲述。

之前，水闸上的老冯和他老婆离婚了。我不想我们家也成这样，所以写信告诉你，你写信劝劝妈，因为妈有时找爸的事，但你不要说是我告诉你的。"① 三弟也说："家里现在挺好的，人都住在一间房子内，减少用煤吗（嘛）！爸、妈现在相处的还挺好的，这首先是我最高兴的事，说实在的，我现在学习心都稳定了。好像比以前都轻松了许多。"② 姥姥去世后，三弟来信告诉我："家里现在基本上要闲下来了。所有的地里活也已经停了。家里人相处的还挺不错的。在你走后没几天，皮革厂人在 127 团水渠处找到了老曲叔并且埋葬的时候，就埋在咱姥的墓的后面。家里人一闲下来，就感觉到了家中清静了许多，平时大声说话的声音也没有了。"③ 第二年，三弟告诉我，"家中现在一切很好，爸、妈也相处的很好，所以在家庭气氛上也很让人舒服。自从有了车家里干起活来也方便多了，我们又垒了一个车棚，整个院子也整理的像个样子。给爸、妈盘了一个大炕，今年冬天的住处已经打算好了。总之我觉得家中一年比一年过的舒畅些"④。同年年底，三弟来信说，"家里现在一切都很好！近来家里宰了两只羊，几乎隔两天吃一次烧羊肉。爸妈身体很好。特别是现在家中每一个人似乎都没有那么'呛'了。进入家门，给人的感觉都不一样。我心里挺高兴的"⑤。

1997 年春节过后，在伊犁师范学院上学的三弟来信说："……我已经上学一个星期了，家里的更多事情我也不知道，但是就我在家的感觉还是挺可以的，我觉得咱爸咱妈之间就是存在偏见，其他的倒没有什么。但是就是这些偏见最难解决。因为时间太长久，不过双方如果不碰见特偏激的问题，就不会产生争执的，除非有第三个人在中间。"⑥ 是啊，人活着就有偏见，因为谁都不可能全知全能，谁都不是超人。⑦ 正如索尔仁尼琴所说，"在世界各地，人们把自己辛辛苦苦得到的价值应用在事件上，他们固执地、自信地、只是按照自己的价值标准来进行判断，而从未按照任何

---

① 1992 年 2 月 15 日二弟户军辉给我的信。
② 1995 年 10 月 15 日三弟户金辉给我的信。
③ 1995 年 11 月 5 日三弟金辉给我的信。
④ 1996 年 8 月 26 日三弟金辉给我的信。
⑤ 1996 年 12 月 24 日三弟户金辉给我的信。
⑥ 1997 年 2 月 23 日三弟户金辉给我的信。
⑦ 参见 Hannah Arendt, "Introduction into Politics", in *The Promise of Politics*, Eidted and with an Introduction by Jerome Kohn, Schocken Books, New York, 2005, pp. 99 – 101。

其他的价值标准来进行判断"①。没有其他价值标准的对比与参照，我们就难以对自己固有的价值观做出必要的反思和批判。1998 年春，三弟又告诉我：

> 本想上封信同你交谈一下爸、妈的情况，可是我想还是这封信说。我觉得今年的春节我是过的最快乐的一个春节，爸、妈之间似乎比以前关系好的（得）多。虽然二哥和我都不在家，爸、妈干的活也相对多些，但是他们却很快乐，走进家里就感觉很温馨。我在师院上半学期就挺担心爸、妈之间的关系，总害怕家中的人再相互争吵，影响家庭的和睦。现在看到家中的情况，心中就轻松了许多。②

稍后，二弟又来信说，"你今年过年没有回来，咱爸和咱妈大概是因为我的原（缘）故，今年没有生过气，也可能有其他的原因。但是不管怎样，只要他们过的好，就是做儿女的一件喜事"③。看来，这段时间父母可能确实过得比较平和。关于他们的关系，我曾写道：

> 对于我来说，父母的婚姻永远是一个猜不透的谜。遥想父亲当年，出钱将母亲从四川接到新疆成亲，（后来）两人不是没有感情。母亲在 20 世纪 70 年代后期曾经指着父亲的一张照片让我看，那张照片上的父亲显得白皙而英俊。在平时的日常起居中，母亲总是把好吃的留给父亲，在吃穿上给他以体贴和照顾。父亲年轻时也经常用昵称称呼母亲。可是，10 多年以来，父亲和母亲的关系每况愈下，有时候真让我疑心他们的结合是一场误会或者错误。也就在那个时候，有一次，母亲告诉我，她和父亲已经有 10 年没有在一起了。有了家室的我立即就明白：父亲和母亲的关系恶化到了不可救药的程度。他们之间已经没有了黏合剂，多年的一地鸡毛式的生活以及相互之间的言语伤害，早就把他们的爱情涤荡殆尽，原来的感情基础在一天天损

---

① 英译文是："In various parts of the world, men apply to events a scale of values achieved by their own long suffering, and they uncompromisingly, self-reliantly judge only by their own scale, and by no one else's"（Alexander Solzhenitsyn, *Nobel Lecture*, Translated from the Russian by F. D. Reeve, Farrar, Straus and Giroux, 1972, p. 14）。

② 1998 年 3 月 19 日三弟金辉给我的信。

③ 1998 年 4 月 12 日二弟户军辉给我的信。

耗，新的积怨以更快的速度在增加。他们闹过离婚，可都没有下定最后的决心。我曾经苦口婆心地分别给他们做工作，试图使他们能老来相伴，尽释前嫌。可他们公说公有理，婆说婆有理，谁也不是能够听劝的人，谁都不认为自己有错，仿佛真理都在自己这一边，倒弄得我不知所措。清官难断家务事，我的劝言多半只能以收效甚小或者以我自己的绝望收场。我不明白，在兵团艰苦的自然环境中，父亲和母亲为什么就不能想开一些，互相宽容一些，和气一些，再苦、再难的事情都没有让他们低头，可是，一句伤人的话就能够让他们记一辈子。那种流行的心理调解手册上说的办法，对他们滴水不漏的心灵不起作用，要他们换一种活法，无异于要他们的命。直到父亲去世，我才明白，他们无法选择，不是不想，而是没有第二种可供选择的方式。[①]

2000 年，我写过一篇短文参加"新疆绿旗·《俺爹俺娘》"征文：

很久以前，父亲为了有我成了母亲的丈夫，而母亲为了有我成了父亲的妻子。于是，作为儿子的我便有了一份沉重的亲情。

40 年前，我的父母分别从河南和四川，像命里注定了似的来到新疆，我这个"中国犹太人"就是他们爱情的第一个结晶。

在我童年的记忆里，清晰地回响着父亲轻声呼唤母亲乳名的声音，我从严肃的父亲这种难得一见的温柔中领会了爱的滋味；在父亲的日常起居中，也少不了母亲的嘘寒问暖。虽然吵架也是父母艰苦生活中的一堂必修课，但多年来，父母还是用恩爱支撑着我们这个家度过了"文革"的漫漫长夜，抵御了戈壁滩上的风沙和严寒。以至于离家多年的我每一次回家，都为家里的一片祥和之气得意。直到几年前一次回家，恰好遇见父母闹纠纷，我才吃惊地从母亲那儿得知，她和父亲赌气，已经 10 年没有在一起了！

在我眼里，父母是一部活书，有很多读不懂的谜团。因为我来到这个世界时，父母之间的很多事已成为过去，等我长大，父母的爱情似乎已经告一段落，剩下的，就是数十年如一日地与艰苦的环境和褪色的爱情做殊死搏斗。有时，我感到父母似乎不是先有了爱情才有了

---

① 户晓辉：《逝者如斯——记忆我的父亲》，《绿洲》2001 年第 5 期。

我，而是为了孕育我才产生了爱情。这份亲子之爱，如此沉重，使我无以回报。我的父母给对方的生命留下了太多、太深的印记，尽管这些印记有爱，也有伤害，但都无法抹去重写。

如今，年迈的父母还在我家的屋檐下继续和那些风蚀爱情的力量搏斗着。我相信他们一定能赢，祝愿他们赢得的不只是婚姻，还有那份因年久失修而变得锈迹斑驳的爱。①

不过，这多半是我对父母关系的愿景。在他们大半辈子磕磕碰碰的相处中，谁也不是赢家。所以，每当我回到故乡就会感到，"这一个个用土块搭起的房屋里住着一个个恩恩怨怨的故事，真正折磨着人们的不是残酷的自然，而是人与人之间的这种恩恩怨怨"②。真正让他们头疼的，不是这揭不开的锅，而是那抹不开的栓（参见图62）。

图62　2016年4月26日，三弟托亲戚从河南老家翻拍的父母合影照片，大概是我于20世纪90年代初在皮革厂的家中给他们拍摄，墙上的挂历是我从乌鲁木齐带给家里的，但我手头没有这张照片。从父亲的表情可以看出他心中有些不快和怨怼

① 户晓辉：《重拾一段爱》，《都市消费晨报》2000年1月25日第22版。
② 户晓辉：《故乡之殇》，《绿洲》1999年第3期；罗文斌、董立勃主编：《阳光大坂——新疆当代散文选》，新疆人民出版社1999年版，第165页。

父亲常说，看人要全面。一个人，要是光看其优点，那就尽是优点；要是光看其缺点，那就尽是缺点。这话听起来很是明白，可一旦在面对他与母亲的矛盾时，父亲好像就把这句话忘在了脑后。我清楚地记得，母亲年轻时看到电影里的伤心场面，常常以泪洗面，当时我并不理解母亲的心事。大概是 20 世纪 70 年代末的一个夜晚，母亲带着我一起披星戴月去河西场部看朝鲜电影《卖花姑娘》，母亲当时把手绢都哭湿了。80 年代初，我们在皮革厂对面的河西四队看《燕归来》，母亲与吕克中的夫人李老婆婆也哭得厉害。母亲说，那时候都以为电影里演的都是真的，后来才知道那都是演员演的，就不哭了。①

就是这样的父母，却把家务事掰不清楚。母亲曾念叨，清官难断家务事，甚至说："家家都有个家，看咱家。"② 我常想，家务事难道就该是吵架而不是讲理吗？家务事真的就没有是非对错的标准吗？不容否认，我们常常把家务事的争执叫作吵架，而且这种吵架本来也是讲理，甚至是较真，可我们常常把吵架当成讲理，这就让我们长期以来根本不会讲理，好像也无理可讲。无论在日常生活中还是在学术活动中，我们习惯的是争吵而不是真正的论辩或论证。"论证是理性的探讨，不要将它与争吵混为一谈。论证的目的是发现真相，争吵的目的是击败你的对手。有许多人，虽然他们愿意和你争吵，但却不愿意或者没能力和你进行论证。"③ 争吵是以势压人、讲究输赢和面子，而"论证的目的不是击败他人，而是通过观点的交流发现真理的全部复杂性。当这样做时，人人都赢。当真理的任何一个部分被掩盖起来时，无人获胜，即使看起来也许是某人赢了"④。

所谓清官难断，可能是说家务事都是一些感情纠缠，无理可讲。但恰恰是这种无理可讲的"逻辑"让我们放弃了对道理本身的讲究，这就使多少家庭矛盾成为剪不断理还乱的一团乱麻，公说公有理、婆说婆有理。到底谁有理、谁没理，永远失去了是非对错的评判标准。在家里是这样，在社会上也是如此。那么，到底有没有判断是非对错的客观标准呢？如果有，家庭矛盾需不需要这样的标准呢？如果需要，又如何在家庭和社会上

①　据 2017 年 4 月 8 日上午母亲何文秀在家中的讲述。

②　2016 年 9 月 13 日早晨母亲何文秀向我念叨，显得语重心长。

③　[美] D. Q. 麦克伦尼：《简单的逻辑学》，赵明燕译，中国人民大学出版社 2008 年版，第 98 页。

④　[美] 文森特·鲁吉罗：《超越感觉：批判性思考指南》，顾肃、董玉容译，复旦大学出版社 2015 年版，第 253 页。

实现并体现这样的标准呢？这些问题在中国往往被长期搁置了。实际上，"过日子的过程总是具有政治性的。'委屈'就是家庭政治中的不公和挫败，同时也往往意味着一个人的生活和人格的失败。从这个角度讲，对于每个人的幸福而言，家庭生活中的正义问题是至关重要的"①。仅从主观上来看，由于许多人先天地相信根本不存在什么客观的东西，所以也就认为不必白费心机地寻找和思考这种东西，一切观点和看法的不同，好像也就仅仅是立场与角度的不同而已。所谓评判者，要么是清官难断即不置可否，要么是选择站队的立场，也就是屁股决定脑袋，好像不存在第三种可能性。这种思维方式在日常生活和学术研究中都有同样的表现。"长期以来流行的这种错误的论证形式，其作用在于撇开论证的论题不谈，而把注意力集中到论证人的个人身上，以达到讽刺挖苦的目的。不管你提出的理由是什么，以诋毁他人为目的其结果却让人对你的论证极为反感。这种错误也叫作对人而不对事的论证。这种对他人的诋毁就好比为了证明对方井里的水根本喝不得，就干脆向那口井里投毒。"② 这大概就是易中天为中国"逻辑"总结的三大特点：问态度，不问事实；问动机，不问是非；问亲疏，不问道理。③ 网上关于"这鸡蛋真难吃"的段子，可以形象地表明中国"逻辑"的某些特征：

　　　　A：这鸡蛋真难吃。
　　　　B：隔壁的鸡给了你多少钱？

　　　　A：这鸡蛋真难吃。
　　　　B：有本事你下个好吃的蛋来。

　　　　A：这鸡蛋真难吃。
　　　　B：下蛋的是一只勤劳勇敢善良正直的鸡。

---

① 吴飞：《论"过日子"》，《社会学研究》2007 年第 6 期。
② ［美］约翰·查菲：《批判性思维》，姜丽蓉、刁继田、李学谦译，山西人民出版社 1989 年版，第 602—603 页。
③ 易中天：《逻辑与"中国逻辑"》，参见网址 http://www.21ccom.net/articles/sxpl/sx/article_ 2011090244553. html ［2016 年 9 月 1 日］。

A：这鸡蛋真难吃。

B：再难吃也是自己家的鸡下的蛋，凭这个就不能说难吃。

A：这鸡蛋真难吃。

B：比前年的蛋已经进步很多了。

A：这鸡蛋真难吃。

B：你就是吃这鸡蛋长大的，你有什么权力说这蛋不好吃？

A：这鸡蛋真难吃。

B：你这么说是什么居心什么目的？

A：这鸡蛋真难吃。

B：自己家鸡下的蛋都说不好吃，你还是不是中国人？

A：这鸡蛋真难吃。

B：隔壁家那鸭蛋更难吃，你咋不说呢？

A：这鸡蛋真难吃。

B：嫌难吃就别吃，滚去吃隔壁的鸭蛋吧。

A：这鸡蛋真难吃。

B：鸭蛋是好吃，可是不符合我们家的具体情况。

A：这鸡蛋真难吃。

B：胡说！我们家的鸡蛋比邻居家的鸭蛋好吃五倍！

A：这鸡蛋真难吃。

B：凡事都有个过程，现在还不是吃鸭蛋的时候……

A：这鸡蛋真难吃。

B：光抱怨有什么用，有这个时间还不如努力去赚钱。

A：这鸡蛋真难吃。

B：心理阴暗，连鸡蛋不好吃也要发牢骚。

A：这鸡蛋真难吃。

B：世界上没有绝对的好蛋，美国鸡蛋好吃，你去吧。

A：这鸡蛋真难吃。

B：不是老毛，你现在臭鸡蛋都吃不上，还有劲在这里叽叽歪歪。

A：这鸡蛋真难吃。

B：大家小心啊，此人 IP 在国外。

A：这鸡蛋真难吃。

B：台湾网特，滚，这里不欢迎你。

A：这鸡蛋真难吃。

B：tmd，我怀疑你是轮子。

A：这鸡蛋真难吃。

B：隔壁家的鸡蛋是伪鸡蛋。

A：这鸡蛋真难吃。

B：没有×××，你连这鸡蛋都吃不上。

A：这鸡蛋真难吃。

B：你这样说不利于稳定，不和谐。

A：这鸡蛋真难吃。

B：要对咱们家的鸡有耐心，它一定会下出更好吃的蛋。

A：这鸡蛋真难吃。

B：隔壁家也吃过这样的鸡蛋，这是初级阶段。

　　Ａ：这鸡蛋真难吃。

　　Ｂ：很多家都是因为吃隔壁的鸭蛋而导致家庭成员冲突，生活水平下降最终解体。

　　正是这种奇葩的中国"逻辑"让我们生活在"猪逻辑公园"，让我们司空见惯、习以为常并且安之若素。这样的对话，当然永远是鸡同鸭讲，永远是秀才遇见兵、有理说不清。这样的争执和分歧，当然是清官难断，要么是各说各话，要么是大事化小、小事化了，最后只能是让大家都难得糊涂。由于缺乏理性和逻辑，我们常常受到谬论的迷惑并且被它们牵着鼻子走。"谬论就是一种常常能够使人信服的不合理的论证。因为它表面看去似乎很合乎逻辑，有时也很投合人们的感情和偏见；有时它们所支持的那些结论正好是人们所希望的，所以常常能够使人们信以为真。谬论不是以正确的论证和批判性思维去说服人，而是凭感情以一些不合逻辑的因素去影响人，故欺骗性很大。"① 尽管诉诸情感常常比诉诸理性更容易打动多数人，尽管"当民众黑白不分的时候，为坚持真理而站在民众的对立面是件很艰难的事情"②，但我们能有多少人能够做到不以情感而是以逻辑和理性取胜呢？不要说在社会上，就是在家庭内部，在那种此亦一是非、彼亦一是非，甚至东拉西扯的中国"逻辑"支配之下，谁又能过上有尊严、讲道理、享权利的好生活呢？

　　当然，家务事也好，公开辩论也好，有效的对话和交流还要取决于参与者是否愿意倾听别人的意见，是否常常反思自己，是否给自己的看法寻求依据，能否按照平等公正的程序有条理地进行讨论。我们可以设想两种讨论方式，一种是这样的：

　　某甲：我有个朋友，她最近发现自己怀了孕，现在对该去打胎还是保胎正举棋不定。你怎么看？

　　某乙：这个，我认为打胎就是杀人。你的朋友是不愿当一名杀人犯的，对吗？

---

　　① 〔美〕约翰·查菲：《批判性思维》，姜丽蓉、刁继田、李学谦译，山西人民出版社1989年版，第587页。

　　② 〔美〕D. Q. 麦克伦尼：《简单的逻辑学》，赵明燕译，中国人民大学出版社2008年版，第114页。

某甲：你怎么能称她为杀人犯呢？人工流产是一种医疗手术嘛。

某乙：人工流产就是杀人，就是在杀死另一个人。你的朋友没有权力这样做。

某甲：我说，你可没有权力支使她该怎么做——那是她的身体，由她来决定。谁也无权迫使一个人要一个不想要的孩子。

某乙：谁也无权去杀人——这是法律！

某甲：但人工流产不是杀人。

某乙：就是杀人！

某甲：就不是杀人！

某乙：再见！我不能与杀人犯的庇护者对话！

某甲：我也不屑于和爱对别人指手画脚的人来往。①

另一种则是这样的：

某甲：我有一个朋友，她最近发现自己怀了孕，现在对该去打胎还是保胎正举棋不定。你认为如何？

某乙：我认为打胎就是杀人。你的朋友是不愿意当一名杀人犯的，对吗？

某甲：当然她不愿当杀人犯！但是你为什么会认为人工流产与杀人是一码事呢？

某乙：因为杀人就是将另一个人杀死。人工流产不就是在杀另一个人吗？

某甲：可是胎儿能算一个人吗？如果已经出生，当然是人无疑。可出生以前呢？当胎儿还在母亲的子宫内能算作人吗？

某乙：我认为是的。不能说胎儿还没有出生就不是人。别忘记，有时婴儿在发育的第八或第七个月时会早产。出生后照样有幸福、健康的生命。

某甲：现在我明白你讲的道理了。总之，在医院的特殊帮助下，七个月也罢，八个月也罢，胎儿离开子宫照样能活下来。那么，在胎

---

① ［美］约翰·查菲：《批判性思维》，姜丽蓉、刁继田、李学谦译，山西人民出版社1989年版，第107页。

儿发育的早期阶段呢？当一个卵子受精时，人的生命就开始了。你相信受精卵也是人吗？

　　某乙：让我想想看。不，我认为受精卵不能算人，而有许多人却认为算人。我认为一个受精卵有成为一个人的可能——但它还不是一个人。

　　某甲：那么你认为一个胎儿在发育的哪一时刻就可算人了呢？

　　某乙：问得好，这个问题我还没有真正地考虑过。我想，你可能会说，当一个胎儿看上去像一个人的时候，比如有头、有手、有脚等等，就成为一个人了。或者你也许会说，当一个胎儿的所有器官——肝、肾、肺等等——都形成时就成为一个人了。或许你会说，当胎儿的心脏开始跳动时，或当它的大脑发育完全时，就成为一个人了。你也可能会说，当胎儿离开子宫能够生存时，它的生命就开始了。我推想，决定胎儿什么时候成为一个人完全取决于你判断的标准。

　　某甲：我明白你的话了！既然人类生命的发育是一种由受精卵开始到婴儿出生的连续过程，那么，决定胎儿什么时候算作人，得看你在发育全过程的哪一个阶段上画线。但是你怎样决定这个界限呢？

　　某乙：这是另一场讨论的好主题。可我现在得去上课了，回头见！①

　　我的父母当然不大可能讨论这样的内容，但我推想，不是他们不想讲理，而是他们还没有学会理性的讲理方式。假如他们采用第一种方式，那八成是谈不拢；假如采用第二种方式，他们就会更多、更深地理解彼此，而不至于让隔阂越积越深，让矛盾越攒越多。其中的区别有很多，比如，是否固执己见，是否愿意倾听别人的意见，是否考虑看法的依据及其合理性，对话和讨论的动机是证明自己永远正确和有理，还是为了交流对事情的不同看法并以此丰富各自的认识。显然，第一种是偏重于感情用事和意气之争的不讲理方式，第二种则是理性的和有条理的讲理方式，它表明，"讨论问题的目的是进一步提高对所讨论的问题的认识，而不是证明自己是对的，别人是错的。我们和别人讨论问题时，常常一开始就有与别人不

---

　　① ［美］约翰·查菲：《批判性思维》，姜丽蓉、刁继田、李学谦译，山西人民出版社1989年版，第105—106页。

同的意见。实际上，这就是我们之所以要进行讨论的原因。然而，在一场有效的讨论中，我们的主要目的应该是提高认识——而不应该是竭尽全力去证明自己是正确的。如果我们一心想证明自己是正确的，那么，我们就有可能不愿意接受别人的意见以及和我们不同的观点"①。可是，在中国，不要说家庭纠纷，就是社会交往，我们常见的是第一种意气之争还是第二种理性沟通呢？

有人说，谈原则容易伤感情，所以许多民众遇到纠纷都想私了而不愿打官司，尤其是家务事一般都以忍让为先。可是，仅凭感情维系的关系，真的能够很好地维持感情并且一直不伤感情吗？古人早就说，"以利相交，利尽则散；以势相交，势败则倾；以权相交，权失则弃；以情相交，情断则伤"。交友如此，其他人际交往又何尝不是如此呢？在我的家乡，血缘和地缘并不构成绝对的亲戚关系，所以才叫"走亲戚"——如果互相不走动甚至不经常走动，亲戚也就不一定是亲戚，甚至往往不再是亲戚。单纯依靠情同手足的友情和血浓于水的亲情来维系的社会关系，有多少不是勉勉强强的维持？难道友谊的小船不是说翻就翻吗？相互隐忍和谅解是否一定要以和稀泥与不讲原则为代价呢？这其中又夹杂了多少道德绑架的成分呢？这种眉毛胡子一把抓的思维方式和生活习惯，又让我们吃了多少苦头呢？在这种情况下，即便我们有处话凄凉，但除了私下里议论东家长、西家短之外，我们真的有处去公开地论是非和说短长吗？"家庭政治之所以重要，是因为'情'并不是家庭中的惟一维度。仅仅依靠感情，并不能真正化解人与人之间必然存在的分歧和冲突。家庭生活虽然来自情、归于情，却不能依赖于情。家庭成员之间，必须依靠另外一套规则来过日子。'过日子'既要处理人与人之间的关系，又要管理经济收支；在家庭中做人不仅要与亲人相互敬爱，而且要相互尊重、维持一定的权力平衡。这些方面，都是政治。既然是政治，当然会有公正与否的问题，于是就会有'委屈'问题的存在。"② 没有对人权的根本保障与原则维护，没有理性的讲理方式，不仅难以公平地定分止争，而且常常根本就无法做到定分止争。

进而言之，许多中国人之所以信奉难得糊涂的人生哲学，恰恰因为他

---

① ［美］约翰·查菲：《批判性思维》，姜丽蓉、刁继田、李学谦译，山西人民出版社1989年版，第109页。

② 吴飞：《论"过日子"》，《社会学研究》2007年第6期。

们认为看透别看破、看破没法过。造成这种局面的原因是我们不相信原则，不重视原则，只相信经验上的随机应变和因人而异。我们依靠的是任性和偶然，而不是自由与必然。我们宁愿在随波逐流的生存中寻求夹缝中的生存，不愿费心费力去建构稳妥的、有程序保障的客观制度，难道这能怪别人吗？其实，"一种良好的程序往往比为正义的内容设定的任何标准都更能保证正义"[1]。当然，所谓清官难断家务事，首先因为所谓家务事的基本事实难以断定，其次因为断定这种事实的标准和立场有所不同。在这方面，偏听偏信固然则暗，可兼听兼信也不一定就明，因为矛盾各方总是倾向于给自己寻找理由与借口，把自己的做法合理化，这是人的天性。如果家庭矛盾到了不可调和的程度，是否需要还原基本事实并采用理性原则和法律途径呢？[2] 难道非要到了侵犯权益和人命关天的时候，我们才需要讲理和讲求原则吗？在家乡的日常生活中，即便亲朋好友之间，也大有因为一言不合就不欢而散的，大有道不同不相为谋的，这说明并非所有人都无原则，也说明并非所有人都不需要原则。即便有些人信奉人穷志短的要赖哲学，但这样的人毕竟被多数人另眼相看，因为人人心里有杆秤。这杆秤就是所谓天地良心的公平感和公正感，是人们天生具有的道德衡量标准，这个标准当然不是所谓好好先生的原则。人们之所以信奉人无信不立的行为准则，恰恰因为信是人与人之间正常的、理性的交往条件。没有这个准则，人际交往就难以维持。要么如一二三团学校的一个老师对我说的，这里的××人多，他们脑瓜灵，但不讲信用，最后还事事都怪你。由于他们人数多，我们又不能不和他们打交道，所以就得学他们那样不讲信用。[3] 这当然是一种恶性循环。相反，在美国，人们极其珍惜自己的信用和守法形象。像酒驾这样的行为，一旦被警察记录下来，就会载入你的社会安全号档案里，下次买汽车保险会被多收费，申请新工作时得先注明过去的过失。你的一切违法行为都会被记在社会安全号里，跟你一生。在美

---

① ［瑞士］托马斯·弗莱纳：《人权是什么？》，谢鹏程译，中国社会科学出版社2000年版，第117页。

② 2015年11月19日，最高人民法院通报了30起涉及"家务事"的典型案例，并且说，据不完全统计，2013年至2015年10月底，全国法院审结婚姻家庭纠纷案件近400万件，且逐渐呈现出案件增幅快、适用法律难、审理难度大的特点（参见《最高法管家务事：夫妻一方出轨另一方可索精神赔偿》，情感驿站网 http://www.coventrynv.com/hyly/252919.html）；另参见张轩栋《"清官难断家务事"的法学分析》，《赤峰学院学报》2015年第6期。

③ 2016年9月13日上午在曙光里小区二期与我交谈时所说，应本人要求，隐去其真实姓名。

国，欠债不还也是不可能的。首先，私人之间基本上不借钱，而是找银行，只要你有信用，银行会借给你钱。一般美国人就算有钱一次性付款买车，也会分期付款，为的是建立个人信用，以后买房时能贷到款。其次，公司之间做生意的前提是请征信公司调查对方的信用，如果你在欠债不还的黑名单里，就没人再跟你做生意。① 一个社会，是根据主观任性的偶然，还是根据实践理性的必然来运作？是不诚信不用付出代价反而得到好处，还是有客观的制度监督与约束并且付出一生的代价，哪一种社会制度下容易出刁民、流民和臣民，哪一种社会制度下容易出公民？哪一种社会制度更符合人性？这些难道不是一目了然的吗？目前，中国社会也在加速推进信用体系制度化建设，不断完善个人和组织信用的数据记录，逐步以统一代码来对社会信用进行记录和评价，有效遏制市场交易人信息不对称现象，引导全社会成员在日常生活中讲信用、守规矩。

说到这里，也许又有人会说，家庭内部矛盾最多属于可调解的范畴，这是中国特色嘛。我承认这是中国特色，可"中国特色"是几个意思？难道一说中国特色就意味着理所当然、天经地义和不可改变吗？如果真是这样，那么请问，多少罪行和恶行假"中国特色"以行？多少侵犯人权、损害人的基本尊严的家暴行为都打着家庭内部矛盾的保护伞？如果掰开里子来看，中国有多少家庭没有各种（身体上的）热暴力和（感情与精神上的）冷暴力呢？这种所谓中国特色就意味着中国人在家庭内部无须讲也不能讲人权和人格尊严吗？果真如此的话，那在家庭之外需不需要讲呢？实际上又讲了没有呢？如果家庭成为不讲人权的特区，社会又如何不成为例外呢？人权意味着"把人作为人来对待，你才会成为一个人"，以及"问题在于你怎样把人作为人来对待"②。难道真如索尔仁尼琴所说，"越往边远地区去越坏，越偏僻的地方越没有任何人权可言"③ 吗？没有对人格和人权的基本尊重，没有免于恐惧的自由，我们如何成为真正意义上的人呢？也许有人会说："你这是西方那一套！"有谁会欢天喜地而且真心实意地仇视人权、不想要人权，也就是不想让自己被当人对待，不希望自己的

---

①　参见《美国为何如此强大？完全是得益于它的制度！》，http://www.360doc.com/content/17/0104/04/29260002_619901808.shtml。

②　参见［美］杰克·唐纳利《普遍人权的理论与实践》，王浦劬等译，中国社会科学出版社 2001 年版，第 15 页。

③　［俄］亚·索尔仁尼琴：《古拉格群岛：1918—1956 文艺性调查初探》（下册），钱诚译，群众出版社 1982 年版，第 450 页。

基本权利和人格受到尊重并且得到保障，整天盼着自己被强迫、被压制，根本不需要免于恐惧的自由呢？

联合国于 1948 年 12 月 10 日通过的《世界人权宣言》在"序言"中早就指出，"鉴于对人权的无视和侮蔑已发展为野蛮暴行，这些暴行玷污了人类的良心，而一个人人享有言论和信仰自由并免于恐惧和匮乏的世界的来临，已被宣布为普通公民的最高愿望"。因为"人权就是人按照其本性生活并与他人生活在一起的权利"①。如果一直对自己的权利没有意识、没有觉悟，我们也就不配享有这样的权利。正如张君劢早就指出的那样，"假定人民对自己的权利及政府的不法横行，一切淡然处之，不以为意；人民的心理如此，宪法绝不会有保障的。……我对诸位说，人民对于他的权利的警觉性，乃是宪政的第一块础石"②。难道人权和人格不正是我们所追求的"民主、自由"等社会主义核心价值观的应有之义吗？可是，且不说我的父老乡亲，就是我这个上过多年学、受过多年教育的人，我就敢说自己真的会讲理吗？我这个对自己的权利已经有所觉悟的人，又做了哪些争取自己合法权益的事情呢？毕竟权利需要经过论证、争取和斗争才能得到，正如德国著名法学家耶林在其名著《为权利而斗争》中所说："你当在斗争中发现你的权利。"③ 我相信，理有固然、人有本然。事情的道理和原理是逻辑推论的结果，不是个别人的主观好恶，也不取决于它们出自谁的先知先觉，更无论它出自东方还是西方。我们欣喜地看到，2016 年 3 月 1 日，《中华人民共和国反家庭暴力法》正式实施，中国已有越来越多的人认为，应该通过法律手段来实现家庭生活中的正义。"法律不该管家务事，在法律专业上的表达就是'私法自治'。私法自治的基本含义是，对于私人领域平等主体之间的事务，法律充分尊重当事人的意志，不予干预。私法自治、私人领域神圣不可侵犯的要旨在于，以一种价值观的张扬和基本原则确立的方式划定个人活动空间，通过赋予个人自治权利来对抗国家权力对私人生活的侵扰。而家庭正是最典型的私人领域，是私人生活的中心，因此自应抗拒法律的干预，法律也应自觉止步于家庭的院

---

① ［瑞士］托马斯·弗莱纳：《人权是什么？》，谢鹏程译，中国社会科学出版社 2000 年版，第 132 页。

② 张君劢：《宪政之道》，清华大学出版社 2006 年版，第 143 页。

③ Rudolf von Jhering, *Der Kampf ums Recht*, Rudolf Haufe Verlag, 1992, S. 100；参见户晓辉《民间文艺表达私法保护的目的论》，《民族文学研究》2016 年第 3 期。

墙。……一个要澄清的重大误识就是，私法自治绝不意味着法律袖手旁观，不作任何规定。相反，法律在本质上是人际交往的合作规则，它一定要对个人与他人发生关系时的方式和界限作出规定（体现为权利和义务）。在私人自治领域，同样有基于道德、伦理、习俗等包含的公平感觉产生的法律规范，只不过这些法律规范是补充性的、任意性的，只有在当事人之间发生争议时才会被启用，这就是所谓的'权利可以放弃'、'约定优先于法定'规则。"①

---

① 王智斌：《难道法律真的不管家务事？》，《珠海特区报》2010 年 3 月 11 日。

沉默还是发声

——姥姥的望与爱

在家里，我们常常不善也不会讲理，而在公开场合，我们又常常不敢讲理，而宁愿选择默不作声。这实际上就是不敢公开地使用自己的理性能力。我自己就是一个典型的例子。说起这一点，我不能不说一说既不识字又没有文化的姥姥赵发珍。她为我们家操劳几十年，除了自言自语、自说自话和对我们嘘寒问暖之外，对我们家的家政从来不管不问，好像她也知道自己没有发言权，只顾安分守己地打理家务。2016年4月15日，母亲在电话里告诉我，当年她在四川老家背柴，累得要死。她没见过姥爷何绍稼（音）（参见图63），只听说姥爷承包了盐场，欠人钱，就跑了，后来得了伤寒，死在绵阳。债主来把姥姥打了一顿，把家里的盘子都砸了。老家的日子实在太苦，而且母亲对自己在老家受到的伤害和不公深恶痛

图 63　姥爷何绍稼（音）（左一）给我们留下的唯一一张照片。据母亲说，母亲在姥姥肚子里 7 个月时，姥爷就去世了。照片上的姥爷不大像农民，倒是不乏帅气和书卷气

绝，所以，她当年差不多是逃离了故乡。母亲知道姥姥辛苦，在离家两年后很快就把姥姥接到新疆。给姥姥寄路费时，母亲还在一二三团，但等姥姥来到新疆时，母亲已经随父亲一起调往奎屯。姥姥不知此事，跟着别人坐车，坐到了一二三团。母亲在奎屯第三招待所查看旅客姓名，发现姥姥已经离开，就去一二三团把姥姥接到奎屯。由于父母也是初来

乍到，刚开始他们和姥姥都在奎屯的第二招待所就餐，母亲在伙房里打饭、端菜。那时其他地方都买不上大米，稀饭都是给首长熬的。姥姥在第二招待所对母亲说："你去给我舀大米稀饭嘛！"可见姥姥这个爱吃米的四川人当时对大米渴望到了何种程度！于是，当伙房用大锅熬稀饭时，母亲就给姥姥多舀一些；用小锅熬时，就少舀一些。没吃几天，父母就有了自己的住处，他们就开始在家里做饭。母亲对父亲说："如果我妈有啥不对之处，你不要吭气，我来吵她，不然就乱套了。"① 在我的印象里，父亲从未吵过姥姥，姥姥几乎每天早晨都给身体不好的父亲打两个荷包蛋，端到饭桌上。

姥姥的大半生都在为我们做饭、洗碗、养鸡、喂猪。在朗朗夏日的晚上，把锅碗瓢盆收拾停当之后，姥姥经常搬个凳子坐在我家棚子门口的沙枣树下乘凉，她把脸洗得干干净净，把头梳得光光的，与我们一排房子的四川人曹明凯摆龙门阵，和从我家门前路过的人打招呼、聊天。② 我还记得，在清风徐来的夏夜，姥姥常常拿着一把蒲扇，一边纳凉，一边驱赶从奎屯河边飞来的蚊子。姥姥渴望与人交谈，姥姥也想发声讲话。那时候，我们都觉得时间过得很慢，好像我们有一大把时间，用都用不完。在新疆，姥姥最重要的操劳就是辛辛苦苦把我们弟兄三个（参见图 64）带大。1981 年，大爷的儿子来信说，奶奶户宋氏生病卧床不起，母亲想着奶奶一定也惦记着出门在外的三叔，而且一定也想见见自己一直没见过的两个小孙子，于是就让父亲带着三叔和两个弟弟一起回了河南老家。可到了家里，父亲发现他们平时给奶奶户宋氏寄去的钱并没有真的花在奶奶身上。奶奶户宋氏对父亲说："毛儿③啊，我哪是卧床不起啊，是她（指她的长孙媳妇）把双扇门都开着，我冷，才蒙住头啊。"

父亲气得和大爷吵架。大爷抱怨父亲在新疆养岳母娘，不养自己的母亲。父亲说："我养岳母娘是应该的，她把我的三个孩子带大。"④ 正因如此，我们与姥姥的感情深厚。1983 年 11 月，刚上大学的我写了这样一篇作文：

① 据 2017 年 4 月 7 日上午母亲何文秀在家中的讲述。
② 据 2017 年 4 月 7 日上午我打电话对表姐何玉芳的询问。
③ 父亲户连森的小名叫"白毛"。
④ 据 2017 年 4 月 8 日晚母亲何文秀在家中对我的讲述。

图 64　20 世纪 70 年代末，我（中间）与二弟户军辉（右）、三弟户金辉（左）的合影。2017 年 4 月 1 日，二弟永远离开了我们。我们多么希望这只是他在愚人节给我们开的一个玩笑啊

姥姥的幸福观

离开家乡已经两个多月了，我时时想起家里的双亲，但我尤其想念的是我的姥姥。

一

姥姥是四川人，个头不高，但身体挺结实。她老人家对我们弟兄三个关怀备至。有时我惹她生气，她骂我甚至打几下，但打过之后，总是哄我、劝我。

记得我十岁那年的一天，正值仲夏。天格外晴朗，太阳照在脸上、背上火辣辣的。虽然有暖风阵阵吹来，但它没有一点儿凉意，只能使人感到闷热。我和几个伙伴一起，趁大人们午休的机会，正好去洗个痛快！我们来到河里洗了个够！等穿好衣服往回走时，我才意识到：爸爸和妈妈在家里一定很着急！想到这儿，我不敢回家了。

我躲在我们厂外的一棵树的后面，偷偷地探望着。这时上班铃声响了！我更害怕了！正在这时，姥姥一摇一晃地向这边走来，她是在找我！呀，近了！只见姥姥微张着嘴，皱着眉头，用右手攥着一根手

帕放在额前，吃力地朝这边望着。

我转身想跑，正被姥姥看见，只听一声："小——辉！"（由于姥姥四川口音较重，所以这"辉"字的声调拉得很长）。无奈，我也只好"束手就擒"，做了姥姥的"俘虏"。姥姥没说话，拉着我就往家走。"完了，回去妈妈非揍我不可！"我这样想。刚进家门，妈妈拿着柳条要打，姥姥一把夺下柳条，折成几段，扔在地上，对妈妈说："莫打了！下一回犯了再打！"妈妈也许认为打一顿我会记得更牢，因为我挨一次打，就能改掉一个坏习惯，灵着呢！姥姥把我领进里屋，让我坐下，用手帕为我擦汗，并且轻声劝道："辉娃子，里（你）——莫要调皮啦，下河淹到起啷个（怎么）办？"我一边答应着，一边狠狠地点头。

姥姥为我端来饭，我大口地吃着。姥姥笑了，连说了几声："要得（好），要得（好）！"

就这样，一场小小的风波被姥姥平息了。

二

姥姥每天早晨天不亮就起来为我们做饭，天黑以后才收拾完碗筷。她老人家也常逗我们。一次弟弟大口大口地吃着姥姥做的鸡蛋羹，姥姥说："三娃子，给我吃吧！"弟弟舀起一勺，天真地往姥姥嘴里送。姥姥接过勺子，送回弟弟嘴里，还笑着说道："乖娃儿，乖娃儿。"

我在团校上高中时，每到星期六的下午，总是天不黑就到家，而且姥姥也总是走出门来接我的书包。

有一次星期六的下午，因班里刷墙，我回家晚了。等快到家时，厂里的电灯已经开始眨眼了。一进门，见爸爸、妈妈和弟弟已经在等我呢！

"妈，姥姥呢？"我急忙问妈妈。

"她老人家病了，刚给她端了饭，还没吃呢！"

我扔下书包，转向里屋，见姥姥半躺在床上，脸比以前瘦了一些。见我回来了，她慢慢地直起身，睁大眼睛，问道："啷个（怎么）搞的，这个时候才朝——家走？"我没有回答，赶忙从衣袋里拿出下午给姥姥买的月饼，放在她手里。她老人家像是想起了什么，在枕头下摸了半天，才摸出一个小包来。打开一看，原来是核桃！"我牙不好，咬不起，里（你）们吃！"说完，连手里的月饼一起命令式地塞给了我和弟弟。接着，姥姥又问了我在学校的生活情况，并说："吃好！身体是本咧！身体好，将来才好工——作！"这"工作"两字，姥姥像费了好大劲才说出来，仍拖了很长的声调。我深深地感到：姥姥对我们是多么尽心尽力啊！

三

今年暑假的一天晚上，我坐在写字台前看报，姥姥也坐在凳上缝衣服。

"辉娃子，里（你）考起了大学，要走咧！里（你）能好好地学，我就满足咧！"姥姥看看我，说。

我使劲点了点头。姥姥笑了，笑的是那样开心，眼泪从她那有皱纹的眼角滚落了下来！这，是幸福的笑！

她老人家那样忘我而无私地爱我们，是为了让我们后辈更有出息，能给她老人家以精神上的安慰。这就是姥姥的幸福观！

姥姥是爱我的，但我又何尝不爱姥姥呢？离开姥姥已经两个月了。姥姥啊！你可幸福！

我家房前屋后就是姥姥忙活的整个世界，我家三尺灶台就是姥姥操持了几十年的人生舞台。如今，我家的老屋和灶台都已随姥姥而去，我再也看不到姥姥那张透着慈爱和温暖的笑脸，再也听不到她老人家用熟悉的川音向我嘘寒问暖，再也吃不上她给我炒的清脆可口的瓜子，再也回不到被姥姥病痛的哼哼声挤得几近饱和的那些夜晚。多少次，我们只是被姥姥不断重复的哼哼声弄得心烦意乱，并不明白这种哼哼声的社会根源和存在意义。在茫茫黑暗夜，在辽阔戈壁滩，姥姥的哼哼声承载了她老人家的多少孤独与苦难，又为幼小又胆小的我们赶走了多少莫名的寂寞与恐惧！姥姥和我们只能忍受她的苦难，却不能理解，更无法改善甚至消除这种苦难。我知道，无论在身在心，姥姥的这种苦难主要来自那个万恶的旧社会，可它仿佛让我们在新社会得到的一切荣华富贵都失去了分量和重量！

在那些年里，我们弟兄三个是姥姥最直接的对话者，是她在这个世界上最熟悉的人（参见图65）。我们就是姥姥与外界联系的纽带和信使，仿佛我们就是她的世界的移动边界和活动轮廓。姥姥的幸福就是我们给她老人家带来的希望，我们就是她在日复一日的日常生活中的希望。姥姥的一生真是应了埃里希·弗洛姆的那句话——"多存在，少占有"①。在我的印象里，姥姥很少住院。大概在20世纪70年代中期，有一次姥姥和父亲都住进医院，妈妈找不到我，急得团团转。后来，跑到水渠里捉鱼的我抱着大鲤鱼回来了（参见图66）。② 我当时在我家后面那片林带的一处水坑里发现有鱼，只顾抓鱼，也就乐不思返。

图65　1990年夏，我在皮革厂家中与姥姥赵发珍合影。姥姥爱干净，整天把脸洗得干干净净，把头梳得光光的，虽然身体不大好，但仍显得神清气爽

1995年9月底，姥姥临病前说，"我要吃肉、我要吃肉"，因为她平时就爱吃肉。这大概是四川老家的贫困生活给她的生理和心理留下的后遗症。于是，母亲把家里养的猪的猪大腿炖得烂烂的，姥姥自己盛在碗里。她还没吃完，就病了。那天，姥姥去我家后面菜园的厕所里解手。母亲去摘西红柿，见姥姥独自坐在一根树棒上，便问："你咋坐在这儿不回家吃

① ［美］弗洛姆：《占有和存在之区别——以诗为例》，蒋芒译，刘小枫主编《人类困境中的审美精神——哲人、诗人论美文选》，知识出版社1994年版，第640页。
② 据2016年9月10日母亲何文秀在家中的讲述。

饭哩？"姥姥说："我摔倒了。"母亲就赶紧让二弟、三弟来把姥姥弄回家。吃完饭，母亲想让二弟去替她拾棉花，自己留在家里照顾姥姥。二弟说："不行，还是你去九连拾棉花，我在家里看着姥姥。"母亲说："那你可把你姥姥看好啊！"二弟给姥姥宰了一只鸡，炖了，给姥姥舀去。中午，二弟到九连棉花地里来背母亲拾的棉花过秤。母亲问姥姥的情况，二弟说："给她炖的鸡，头一道她说不熟，第二道她又说不吃鸡。"母亲听罢，就急了，在地里干抓，就是抓不起棉花。下午，二弟又来了，母亲问："你给你姥姥买药了没有？"二弟说："没去。"二弟帮着给棉花过秤，母亲就坐小蔡的三轮车回皮革厂。回到家里，母亲问姥姥："吃饭了没有？"姥姥说："没

图 66　我小时候捉过鱼的皮革厂水渠，两旁的树长粗了不少，杂草也茂密了很多

有，我这次完了。我去解手，有个人扒我的裤子，把我拽倒了。"皮革厂离团部医院较远，母亲就到张希田家借了一点治心里难受的药，可姥姥吃后照样难受。于是，母亲去跟厂领导说了姥姥的病情。第二天，就用小蔡的三轮车把姥姥送到一二三团医院。当时，二弟背着姥姥，母亲见姥姥的腿像是脱节了一般，心里就有一种不祥的预感。医生诊断后说："老太太的心脏已经堵死了，你们是干啥的，没吃药，也不到这儿来看病！"母亲说："那时拾棉花忙，她经常哼哼，所以，我们也没特别在意。"母亲至今还说，当年没有及时把姥姥送到医院看病，是她的过错。在医院住院拍了片子，当时姥姥还清醒地对母亲说："你给我找医生嘛，我难受！"表哥关小军会做木工活，给姥姥做了一个木头箱子，上面掏了一个洞，下面放一个盆，但姥姥在上面坐不直，都尿到了外头。当时，姥姥打吊针难受，取了吊针也难受，不搂住她，她就乱动。二弟气得把姥姥直往床上按，不到天亮就回皮革厂了。表嫂张付勤送来了大米稀饭，姥姥不好好吃；给姥姥买了面糊糊，她也不吃。母亲去找了三趟医生，因为家不在团部，母亲跟医生商量还是把姥姥接回皮革厂，医生看姥姥情况不好，也就同意了。于

图 67 姥姥赵发珍在这个世界上最后的留影，她的脸上闪出尊严之光，我在皮革厂家中拍摄于姥姥去世前近 2 个月的 1995 年 8 月

是，他们又用小蔡的三轮车把姥姥接回皮革厂。一路上，姥姥在念叨："你把我拉到哪儿去吗？你把我拉到哪儿去吗？"回到家里，姥姥躺在三弟的铺上，当晚就昏迷了。父亲给她煮的稀饭，她不喝。后来三弟过来喊母亲说："姥姥不对劲，咋不说话了。"① 等我从乌鲁木齐连夜赶回家，姥姥已经昏迷不醒，她好像在等着见我最后一面，在等待自己那个最后时刻的到来（参见图 67）。姥姥的死，是我第一次目睹死亡的真面目。也可以说，我亲眼见到了姥姥与她自己的死亡相遇。在此之前，死亡在我眼里不过是传说和传闻，姥姥的死把这些传说和传闻变成了瘦骨嶙峋的现实。

姥姥啊姥姥，你为什么总是生不逢时呢？你避开了四川老家的苦难与折磨，却没能躲过新家的偏僻与荒凉，没能赶上基本的医疗保障和社会保障为日常生活提供的阳光雨露。你来自黑暗又遁入黑暗。你走在一个看不见光的胡同里，你把我们当作人生的照明灯，可我们自己人生的黑暗又靠谁来照明呢？据说，抵抗黑暗的最好办法，就是让自己光明。在茫茫黑暗夜，在故乡那个缺少光明的戈壁滩，姥姥曾经是为我壮胆的灯盏，也许她也把我当作一盏小小的指路明灯，我们互相以自己的光明来取暖。当外面是一片黑暗之时，我们只能在自己的心里点亮一点点光明，来照亮自己和外面的世界。否则，谁又不是生不逢时呢？如果自己没有光明，如果自己不能发光发热，谁又能真正生逢其时、生当其时呢？

如今，姥姥的身影已经模糊，姥姥这盏灯早已熄灭，但我还在寻找她当年的笑容，还在沐浴她带给我们的光明。我在《姥姥走了》一文中曾写道：

---

① 据 2017 年 4 月 7 日下午母亲何文秀在家中的讲述。

　　姥姥这辈子不识字，也很少花钱。并不是她不喜欢钱，这几年过年时我给她的压岁钱，她都小心翼翼地收藏着，这次临住院前，她才交给我妈。姥姥绝少有花钱的机会，所以钱的面额大小，她也不认识。钱这个东西，真是生不带来，死不带去。姥姥这辈子和豪华、奢靡无缘。姥姥还是这个姥姥。有钱，似乎不能给她增加什么；无钱，也不能从她身上减少什么。姥姥没有什么财产留给我们，她留给我们的只是她仅有的一件东西，那就是爱。别人有钱财等物可供后代开销，这时候物质可以充当一种间接的代用品，而我的姥姥却一无所有，所以只能花费、燃烧她自己，如春蚕抽丝一般吐出爱的雨露，滋润我们成长。①

　　在某种意义上，姥姥就活在未来和希望之中。1993 年 5 月，我儿子出生，姥姥有了重孙子！当时母亲来乌鲁木齐照顾我妻子坐月子，三弟来信说："什么时候能看见小洋洋呢？如果，夏天你和嫂子不回来，那你就把他的照片寄回来一张，好让我们见见他，每次你来信，姥姥都问，信中说了些什么。我想，姥姥一定是想见见她的重孙。……妈如果要回来，请发一封电报，最好是妈快点回来。"② 稍后，我寄回了照片。三弟告诉我："大哥的来信已经收到了，洋洋的照片，我们也看到了。洋洋长的很可爱，家里人拿着照片看了很长时间，特别是姥姥，她看看照片，乐的嘴都合不上了，看了好几遍。也难怪，姥姥已有了重孙，她肯定高兴的不得了，只是姥姥问，怎么没有嫂子她抱洋洋照像（相）呢？也许姥姥想见一见嫂子吧！"③ 当年年末，三弟又来信说："洋洋长的十分可爱。家里人都说洋洋真喜欢人，特别是姥姥她老人家拿了一张大哥和洋洋的照片，要专门放起来。我就用相夹子专门夹了起来挂在墙上让她老人家看，妈妈看了又看，现在还在旁边夸洋洋长得好看呢！"④ 2016 年 3 月底，我从家乡回来后翻阅家信，看到这段文字，不禁感慨万千、潸然泪下。姥姥看到的仿佛不仅仅是她的重孙子，母亲看到的也不仅仅是她的孙子，她们共同看到的是生活的希望。从后代那里，她们并不想得到什么实惠和好处，唯一想得到

①　户晓辉：《姥姥走了》，《绿洲》1996 年第 1 期。
②　1993 年 6 月 21 日三弟户金辉给我的信。
③　1993 年 8 月 10 日三弟户金辉给我的信。
④　1993 年 12 月 12 日三弟户金辉给我的信。

的，大概就是在后代身上寄托她们的希望。她们真能看到这种希望吗？我们作为她们的后代真能给她们以及我们自己布满黑暗的人生胡同带来希望和光亮吗？即使我们能够带来，这种希望是虚妄的、空灵的还是实实在在的呢？或者她们仅仅是为一个与她们血肉相连的新生命的诞生而感到高兴而无所谓希望不希望？

1996 年，我写了《地母之歌：中国彩陶与岩画的生死母题》一书，在"后记"里，我特别表明，"我愿将这本小书献给我慈祥的姥姥赵发珍女士，她于 1995 年的溘然长逝给了我伤感和写作本书的灵感"。我还写道：

> 1995 年 10 月 2 日，把我带大的慈祥的姥姥在农场去世。5 日，出殡。按当地习俗，棺木装车启动之前，须由老人的长子（或长孙）亲手将烧纸的陶罐（盆）摔碎。事后，我询问过很多人（包括当地的和城里的），他们都对为什么要摔陶罐（盆）说不出所以然。姥姥棺木入土时，我跪在土坑旁哭泣，随着周围数人一锹一锹地将新土撒在棺木上，我忽然产生了一个奇怪的感觉：土坑就像怪兽的一张大嘴，正逐渐合拢，将姥姥收回和吞下！这个眼看亲人被吞下的过程对活人来说是撕心裂肺的！①

在这一刻，我的确感受到我们不可能在光明中与死亡发生关联，因为死亡确实是与神秘产生的一种联系。② 死亡如一块黑幕把原本的活人收入囊中，让人一下子坠入意识的永恒黑暗之中。

当年，姥姥出殡之后，家里摆席答谢皮革厂那些帮忙的熟人。我看着刚刚忙完的人们在我家院子里吃吃喝喝，有一种莫名的滑稽感。想到姥姥孤零零地被留在数公里外的六连墓地，我端着碗跑出厨房，在我家的屋檐下独自呜咽。刚刚经历的号啕大哭并不能阻止我的泪奔。多年以后，站在亲人坟前独自静思，我感觉自己是站在他们的未来在思考，但我们的现在真的是他们想要的未来吗？未来不仅是时间概念，更是理性概念。如果未经我们的奋斗和努力，如果没有经过我们的理性选择和抗争，未来就只是

---

① 户晓辉：《地母之歌：中国彩陶与岩画的生死母题》，上海文化出版社 2001 年版，第 51 页。

② 参见 Emmanuel Levinas, "Time and the Other", in *The Levinas Reader*, Edited by Seán Hand, Blackwell Publishers, 1996, p. 40。

一股源源不断、扑面而来的时间之流，尽管它会带来什么也同样难以预知。姥姥来不及眺望自己的未来就走了，而未来和希望不仅对他们，而且对每个人都并非仅仅用来直接实现，更是用来引导人生和日常生活的方向。尽管的确有人不懂也根本不愿懂什么叫理想和希望，但普通人在日常生活中都有基本的常识感、公平感和正义感。这些共识不是心理学意义上的经验心理，而是实践理性的目的条件。因此，严格说来，它们并非出自经验统计意义上的共识，而是目的条件意义上的共识。

　　我同样在姥姥的墓碑上刻了字，画了三朵花（参见图 68）。当年国庆节后，三弟来信说："家里中秋和'十一'一块过的，正好我休息了三天半，帮家里拾了一天棉花。'十一'又正好是姥姥的祭日，我和昨（咱）妈、小军一块儿上坟去，去修了一下坟，带了一些菜和月饼，也算中秋吃个团圆饭吧！"① 我从未想过让已逝前辈保佑，但姥姥在弥留之际曾对二弟说："我死了，可以保佑你们平安！"② 这就是姥姥对这个世界、对我们发出的临终遗言。姥姥的存在就是责任，她老人家甚至把这种责任延续到了身后，让它变成超出存在的义务。正是这样的责任与义务让我们以有限的生命聆听并眺望到无限的永恒。难道姥姥最后的发声还不足以显示人的存在本来就是包含着责任和义务的存在吗？难道通常被蒙蔽的存在本相不是在目不识丁的姥姥身上昭然若揭地显明出来了吗？我们人的存在本来就不仅是为自己的存在，也是为他人的存在，这种他人的存在在逻辑上优先于我的存在，这就是列维纳斯所谓他人的优先性。我们注定要为他人牵挂和操心，尽管这些他人可以是自己的亲人，也可能是非亲非故的陌生人，但我们的存在不仅包含着对自己的责任和义务，也包含着对他人的责任和义务。这就是我们作为人来存在的宿命。

　　我知道姥姥完全是善意的，因为她在即将离世的时候，想到的是自己的责任和未来，而不仅仅是自己的过去和用处，因为我们就是她的责任和未来。但我们真的是她的未来吗？我有能力成为她的未来吗？未来如果不被我们主动而费力地迎入现实，它能够进入我们的现实吗？显然，未来不能自动实现，未来也不允许被动等待。当年，我曾信誓旦旦地写道：

---

① 1996 年 10 月 7 日三弟户金辉给我的信。
② 户晓辉：《姥姥走了》，《绿洲》1996 年第 1 期。

图 68 我为姥姥赵发珍刻写的墓碑。坟头上的一束野草
象征着姥姥的名字——头发上的珍珠

姥姥从根本上是沉默的、失语的，但是她把一张可以用文字说话的嘴长到了她的长孙——我的身上。姥姥呀姥姥，你几十年如一日辛辛苦苦、默默无闻地把我带大，然后你看着我走进大学读了文学学士还有文学硕士，在我还没有来得及告诉你——你的孙子还要进名牌大学念博士的时候，你却走了！所有这些，不都是为了从我这一代开始不再沉默，让我的父亲、母亲还有亲爱的姥姥开口说话吗？在这一点上，我可以向我的父老乡亲、向姥姥的在天之灵起誓：我不一定做得最好，但也绝不会做得太差！你们不要以为我没有钱就没有能耐，你们即使有了钱可能仍然不能张嘴，我就是你们养育出来的一副喉舌啊！你们世世代代的沉默将从我开始发声！①

但是，当年的我是不是有点图样图森破（too young，too simple）了呢？我能以怎样的方式发声和讲话？我真有能力替亲人发声和讲话吗？这不仅是说我是否被允许发声和讲话，也是说，即便被允许，在那样的环境和传统中长大的我真的具备发声和讲话的能力吗？如果连我自己的权利都

---

① 户晓辉：《姥姥走了》，《绿洲》1996 年第 1 期。

不去争取，如果连我自己都没有发声和讲话的能力与自由，我又如何去替姥姥发声呢？呐喊、发声和呈现固然是实践与行动的办法，可一旦由于主观能力的局限和客观条件的不允许而喊不出声时，我该怎么办？固然，理不辩不明，事不说不清。但不要说发声有时会招致危险，单说由此产生的麻烦（比如，如果事事发声我还怎么做自己的事情），我能做到不厌其烦吗？当多数人都不发声并保持沉默时，发声的人就会被孤立起来，我能战胜自己的怯弱吗？当体制性的钳制剥夺了我们的发声能力和发声意识时，也许我们就会逐渐养成多一事不如少一事和得过且过的惰性。我自己经常也很纠结：说还是不说？我沉默，就只能忍气吞声、逆来顺受或一再退让，可我退到哪里去呢？退到最后，可能连一张平静的书桌都放不下，退到没有立足之地。当大环境和小环境都不尽如人意之时，如果我们每个人都沉默，都因为说了也白说而懒得说、不敢说或不愿说，那我们凭什么希望情况会有所改观呢？如果我们自己一点努力都不肯付出，哪里会有救世主呢？我们当然可以在糟糕的大环境和雾霾天气里搞与政治无关的所谓学问，但这种不要命、不闻不问自由与尊严为何物的所谓学问，难道还不够奢侈和残酷吗？与我们的生命价值与生活品质相比，这些无关痛痒、避重就轻的所谓学问难道不是无足轻重、没有也罢吗？"当连属于自己的思想也失去自由时，还有什么个人的自由与尊严可谈？专制王权的发展是以对社会上除王之外的每个人的剥夺为前提的；专制王权愈发展，剥夺得就愈多。"① 但是，即便在这种情况下，我们仍然需要自我启蒙，因为最通俗地说，启蒙意味着"我们既不是神又不是从外面来巡视世界的卫兵，我们是从世界当中来说话的男男女女，必须鼓起勇气来争辩什么是真的，什么是假的，什么是正确的，什么是错误的"②。这实在不是什么过高的要求，而是一些最基本的底线。当然，说到底，勇气代表的态度不是面对他人，而是面对自己。没有勇气就意味着，我没有面对自己要努力争取的自由，而是盲目地让自己与它对抗。

因此，在中国，无论搞什么研究，都不能对如何让我们过上好生活的那种政治不闻不问。我们可以逃离中国特色的政治，但逃不脱真正的政

① 刘泽华：《王权思想论》，天津人民出版社2006年版，第82页。
② ［美］詹姆斯·施密特：《导论：什么是启蒙？问题、情景及后果》，詹姆斯·施密特编《启蒙运动与现代性——18世纪与20世纪的对话》，徐向东、卢华萍译，上海人民出版社2005年版，第31页。

治，这种政治就是涉及每个人（在经济上和精神上）的根本利益并且如何让我们过上好生活的政治，即政治哲学意义上的政治。在这个意义上说，既然每个人必然都有经济利益和精神利益，那每个人也就必然与政治发生关联，也就必然具有参政议政的主观动机，只是看这种参政议政的动机有没有正常的实现途径和常规的法律程序，看这种参政议政的权利能否得到公开认可、能否得到合理合法的程序保障。①

　　仅从个人角度来看，当我反省自己的隐忍和畏难情绪时，也会产生一种疑问：难道这就是新儒家所谓内在超越之一种吗？这与心灵鸡汤教导我们通过改变自己的心情和想法来应对恶劣的外部环境又有多少差别呢？我的软弱和忍耐也表明不止我一人真善"忍"，正如冯骥才笔下的一个中学语文教师所说，"祖祖辈辈留给我灵魂里的东西太多也太少。找来找去只有两个字，但这两个字几乎把我的灵魂占满。它就是忍和善。什么是忍呢？忍字是心字上边一把刀。刀插你心上还不吭声，就是忍。善呢？祖辈说善是人的天性。后来我发现：忍字很顽强，直到今天我也扔不掉它。善，很软弱，有了变化，相反的东西从我身上冒出来了"，"咱受得了别人叫自己忍的，却受不了自己叫别人去忍。忍，是祖祖辈辈教给我的第一条生存法则，但又是谁教给祖祖辈辈的呢？它是哪个祖宗发明出来才一辈一辈传下来的？究竟从哪个时候开始忍的呢？我问过一个历史学家，他笑我，好像我这个问题没有学术价值，太无知。我说，你们的工作难道就是搬来搬去折腾那些死遗产，为什么不研究压抑我们民族几千年这个致命的活东西？"② 既然我们不能也不敢改变外部环境，那就只好把矛头指向自己；既然对外在的东西无能为力，那就只好反求诸己。这到底是内在超越还是自娱自乐、自欺欺人呢？我们往往信奉"事不关己，高高挂起""多

① 正如蔡定剑所指出，"尽管民主的实行与公民的受教育程度和文化素养有密切关系，但是，决定一个社会公民是否有参政的热情和要求，主要不是公民的受教育程度，而是经济利益。一位法国专家告诉我，他正在进行一项移民政治参与的研究。他说，在法国，来自北非的移民也常被指责缺少民主素质。调查显示，这些人也像其他人一样去教堂，也送子女上学，也关注自己周围的事，也对代表他们利益的组织感兴趣，这些现象说明他们是有兴趣和热情参与政治的。他们为什么没有参与？是制度没有给他们参与的渠道。这种情况说明公民没有政治参与热情是制度有问题，而不是他们的素质有问题。指责公民缺少民主素质是把因果搞颠倒了。不是老百姓没有民主素质，而是因为没有给他们提供有效的参与民主的渠道，使他们对政治失去信心，对政治不感兴趣，不参与政治，丧失民主素质"（蔡定剑：《民主是一种现代生活》，社会科学文献出版社2010年版，第36—37页）。
② 冯骥才：《一百个人的十年》（足本），江苏文艺出版社1997年版，第289、296页。

一事不如少一事""沉默是金"之类明哲保身的人生哲学，我们习惯于等待和依赖，而不是靠自己去努力争取。我们常常怕麻烦，尤其当这种麻烦不是针对我一人之时，就能忍则忍而懒得去寻求外在的解决途径。如此一来，已经被我们拱手交出去的东西也就难以再次让我们得到了。这也恰好应了亚里士多德的说法，"凡是属于最多数人的公共事物常常是最少受人照顾的事物，人们关怀着自己的所有，而忽视公共的事物；对于公共的一切，他至多只留心到其中对他多少有些相关的事物"①。不仅如此，我们还常常把那些认死理的人看作神经病。我们多半只能心太软，把所有的冤屈和委屈都自己扛，让自己慢慢消化和承受。我们不能不善忍，我们不能不对自己狠一点。因为我们常常逆来顺受、委曲求全，相信好死不如赖活着。难道我们一代一代不都是这么苟活过来的吗？因为"鱼类从来不会为反抗捕鱼业而斗争，鱼儿只知道努力从网眼里钻出去"②。尽管有人在日常生活中也会以偷懒、装糊涂、开小差、假装顺从、偷窃、装傻、诽谤、暗中破坏等方式来表达反抗情绪③，但这些动作和情绪常常针对的是不满意的个人而不是规则本身；尽管这种个体性的反抗已经显得勇气可嘉并且的确可以在很大程度上规避公开反抗的集体风险，但由于它们往往零敲碎打和散兵游勇，更由于它们缺乏公开性和规模性，所以，不仅难以改变不公正的制度本身，而且往往只能起到泄私愤的作用。关键是，这种反抗固然相对安全，但并不能在整体上提升人们的认识水平和理性行为能力，甚至可能沦为恶性循环或非理性的以暴制暴。在我的家乡，自然环境的苍茫大地让我们奔波在为吃饱穿暖而日夜操劳的生存线上，使我们无暇也无心顾及其他东西。我们能够战胜凶险的大自然，却常常难以战胜险恶的人心，难以运用自己的自由意志改变文化传统对我们的钳制。我们似乎很少怀疑，那些贴在房前屋后的"勤劳致富"标语真的使我们富了吗？如果没有，那仅仅是因为我们太懒或不够勤劳吗？即便我们的要求已经很低很低，即便只求基本的生活保障，但我们一代一代地真的如愿以偿了吗？即便仅仅追求物质上的安逸和丰盈并以此为满足，但我们真的得到这些东西

---

① ［古希腊］亚里士多德：《政治学》，吴寿彭译，商务印书馆1996年版，第48页。

② ［俄］亚·索尔仁尼琴：《古拉格群岛：1918—1956文艺性调查初探》（下册），钱诚译，群众出版社1982年版，第536页。

③ 参见［美］詹姆斯·C.斯科特《弱者的武器》，郑广怀、张敏、何江穗译，译林出版社2007年版，第2页。

了吗？如果不能，如果这种不能并非由于我们自己偷懒，那是因为什么呢？换言之，即便只是追求丰衣足食的保障，我们就不需要其他东西了吗？古语曰，"仓廪实则知礼节，衣食足则知荣辱"，好像只有衣食足了才能知礼节，这种说法其实是一种误导。固然，没有衣食，我们可能会饿死、冻死，但人之为人的生命价值首先需要得到尊重和保障。没有对人的生命价值的保障和对人格尊严的尊重，即便我们仅仅追求丰衣足食，也往往求之而不得。

可是，我们的惰性和习惯让我们怕麻烦、图省事，让我们想寻求终南捷径。我们只想大树底下好乘凉，却不想劳心劳力去栽树。我们只想着临时抱佛脚，结果却往往欲速不达，甚至事与愿违。我们很少想一想这样的怕麻烦是否反而给我们带来了更多的麻烦，是否反而给我们带来了更多精神上的困惑和困扰。当弱者的生命得不到应有的尊重和保障时，难道强者的生命就能够得到尊重和保障吗？强者能够一直是强者而且会一直强盛不衰吗？在同一个社会里，如果弱者不能得到公正的待遇，强者就能得到吗？强者得到的是特权还是公正的待遇？一旦失去手里的特权，强者将会如何？即便是弱者，也应该遵循法治和规则，而不能以赢得多数人同情为理由而被无底线地宽容和原谅。强者和弱者都得承担各自的责任才能保有各自的自由与尊严。贫穷和弱势不能成为作恶的道德借口，更不能成为违规、犯法的法律理由。如果仅仅因为自己贫穷和弱势就认为别人都欠你的，甚至对全世界都充满敌意，只想着得到和回报而不愿有任何付出，随时都想着仇富和均贫富，那当然也是另一种不公和非正义。

当我们遇到不公时，似乎很难抱团，而是大难临头各自飞，这就使那些给我们施加不公的人更加有恃无恐和明目张胆。我们的沉默、懦弱和胆怯，实际上无异于助纣为虐，甚至为虎作伥。当然，"显而易见，如果政府集权与行政集权结合起来，那它就要获得无限的权力。这样，它便会使人习惯于长期和完全不敢表示自己的意志，习惯于不是在一个问题上或只是暂时地表示服从，而是在所有问题上和天天表示服从。因此，它不仅能用自己的权力制服人民，而且能利用人民的习惯驾驭人民。它先把人民彼此孤立起来，然后再个个击破，使他们成为顺民"①。尤其当公权力集中在少数人手里而又不受法治监督之时，这种权力的能量就可能被无限放

---

① ［法］托克维尔：《论美国的民主》，董果良译，商务印书馆 2009 年版，第106—107 页。

大，因为它可以把社会的各种权力结构一条龙似的掌控在自己的权势范围内，任凭它的调遣和支配。这时候，它就可以调动各种公权力机构的资源，就能够成为一条任何个人的胳膊都拧不过的大腿，甚至可能用名义上冠冕堂皇和顺理成章的借口与程序达到自己的目的，而无须承担责任，甚至可能逃避法律的制裁。一般的个人，多数可能是人为刀俎、我为鱼肉，极少数可能会拿着鸡蛋碰石头，除此之外，很难再有别的选择。[①] 在这种情况下，多数人可能都会有斯多亚派那样的疑惑：我作为整体的一部分，即便一直扮演着自己的那部分角色，但真的对整体有什么作用吗？[②] 蚂蚁真的能撼动一棵大树吗？

如果要想生活在好社会并且过上好生活和正当的生活，我们当然至少需要从被动的臣民转化为主动的公民。好社会和好生活需要每个人的共同努力和共同维护。在这种情况下，我如何从臣民成长为公民呢？因为臣民与公民的区别在于：

> 公民在其本质规定上，是与臣民对应的，公民与臣民是关系状态的两极。臣民是君主专制制度下人的无主体性、不自由、不平等的社会存在状态，它所衬托的是依附型人格、身份差别、人群对立、政治歧视、消极盲从权威等特征。而公民的社会角色作为它的对立面，通过对臣民角色属性的颠覆与否定，在相反向度上呈现它的现代性本质特征。尽管公民社会在不同思想家中各有侧重、歧义纷呈，但其中对公民身份的认识上有相当明显的共识，这就是公民身份在人格上的独立、自由与平等以及在权利与义务关系上的对等性。[③]

---

　　① 尽管兵团农场与农村有一定的差别，但权力结构和社会原理却大同小异："而农村基层权力在没有制约的情况下自我膨胀和自我扩张，不可避免地存在着一定程度的异化，导致侵害农民权利的问题更加严重。由于农民文化水平普遍偏低，居住分散、社会关联度差，信息来源有限，他们对自己权利的表达缺乏自觉性和主动性；农民自身没有可依托的社会组织，利益表达渠道缺失；对法律的生疏和司法程序中昂贵的诉讼费用，使得通过法律渠道表达的成本太高，农民往往不愿意通过法律途径维护自身权益；而且司法领域存在的腐败和不公正又使得农民对司法缺乏信任。此外，由于受中国长期人治传统的影响，农民对政府形成了一种'心理依赖'，遇事习惯找政府'讨个说法'。"（黄学贤、赵中华：《农民平等权的学理分析》，张千帆主编《新农村建设的制度保障》，法律出版社 2007 年版，第 360 页。）

　　② 参见 Hans Jonas, *Zwischen Nichts und Ewigkeit. Drei Aufsätze zur Lehre vom Menschen*, Vandenhoeck & Ruprecht in Göttingen, 1963, S. 15。

　　③ 俞睿：《国家与社会关系视阈中的私人领域建构》，人民出版社 2014 年版，"导言"，第 32 页。

　　在这个意义上，我难道不是一个受消极依附倾向主宰的臣民吗？尽管我有时不算盲从，但并没有公开表达出来，这难道不仍然是盲从的表现吗？仅就个人而言，某一件不公正的事情可能暂时与我无关，但不可能每一件不公正的事情都与我无关。我可以对一件不公正的事情沉默，但岂能对每一件不公正的事情都沉默？我可以给自己的沉默找无数个外在的理由，但由此并不能免除我的道德责任和内心的愧疚感与自责感。这种道德感也许就是康德所谓理性的事实。无论我做到什么程度，事情的原理就在于："对邪恶默不作声，把它赶进躯体里去，只要不暴露就行——这样做我们就是在播种邪恶，有朝一日它将千倍地冒出来。我们不惩罚甚至不谴责恶人，这不单单是在保护他们卑微的晚年，这等于从下一代的脚下挖掉任何公正观念的基础。"① 因此，在一定意义上说，沉默就是同谋，尽管沉默也常常被误认为是一种权利。其实，所谓沉默权，一般特指犯罪嫌疑人、被告人在接受警察讯问或出庭受审时有保持沉默而拒不回答的权利，古罗马法就有"不得强迫任何人自己控告自己"的诉讼原则。美国的刑事诉讼必须遵循米兰达规则（Miranda rule）②，必须让犯罪嫌疑人享有米兰达权利（miranda rights），也就是保持沉默的权利。所以，无论出于什么原因，"在一个知识分子能够起到批判作用的正常社会里，他们对公共事务保持沉默，并不证明他们是在行使自己的正当公民权利，而是显示他们未尽自己的社会道德责任。尽管不尽责并不违法，但却仍然是一种失德行为"③。至少我就常常为自己的沉默感到惴惴不安。冷漠的社会源自每一个冷漠的人。长期的麻木不仁很容易让我们失去痛感和血性。正如"二战"前德国的宗教领袖马丁·尼默拉（Friedrich Gustav Emil Martin Niemöller，1892—1984）牧师的一首短诗所写：

> Als die Nazis die Kommunisten holten，
>
> habe ich geschwiegen；
>
> ich war ja kein Kommunist.

---

　　① ［俄］亚·索尔仁尼琴：《古拉格群岛：1918—1956 文艺性调查初探》（上册），田大畏、陈汉章译，群众出版社 1982 年版，第 174—175 页。

　　② 参见薛波主编《元照英美法词典》（缩印版），北京大学出版社 2013 年版，第 918 页。

　　③ 徐贲：《沉默是知识分子的"权利"吗》，参见网址 http://dajia.qq.com/original/category/xb20160602.html［2016 年 6 月 4 日］。

Als sie die Sozialdemokraten einsperrten,

habe ich geschwiegen;

ich war ja kein Sozialdemokrat.

Als sie die Gewerkschafter holten,

habe ich nicht protestiert;

ich war ja kein Gewerkschafter.

Als sie die Juden holten,

habe ich geschwiegen;

ich war ja kein Jude.

Als sie mich holten,

gab es keinen mehr, der protestieren konnte.

当纳粹带走共产主义者时，我没有说话

因为我不是共产主义者；

当他们关押社会民主党员时，我没有说话

因为我不是社会民主党员；

当他们带走工会会员时，我没有抗议

因为我不是工会会员；

当他们带走犹太人时，我没有说话

因为我不是犹太人；

当他们把我带走时，再也没人能够为我抗议。

　　马丁·尼默拉出生在德国利普施塔特，"一战"时曾因战功卓著，被授予一级铁十字勋章。1931年，他成为柏林达勒姆教区路德派教会的牧师。像当时的大多数新教牧师一样，尼默拉是国家主义的保守派，曾欢迎希特勒纳粹政党加入政府，并且相信由此会给民族带来复兴。但是，随着法西斯主义及其种族主义政策的不断施行，尼默拉逐渐开始觉醒。1936年，他签署了新教牧师团尖锐批评纳粹政策的请愿书，并宣布雅利安种族至上的精神不符合基督教的慈善美德。鉴于他在宗教界的地位和影响，尼默拉曾被希特勒召去面谈，但他没有改变立场。此后，尼默拉被禁止传道。1937年，因尼默拉反对纳粹的犹太政策及其对德国教会的控制，希特勒下令逮捕他。尼默拉先后被关押在萨克森豪森集中营和达豪集中营（参见图69），在战争结束前险些被处死。最后，在各方正义力量的协助下，他逃过了纳粹的迫害。尽管如此，尼默拉在晚年仍然用这首短诗表达对自己道德污点的忏悔。这首短诗有不同的英译文，其中一种被铭刻在美国波士顿犹太人大屠杀纪念碑上（参见图70）。

图69　德国纳粹最早建立的达豪（Dachau）集中营遗址，这是其中的现代雕塑。2011年8月6日，我在此参观时感到心情压抑而沉重，几乎不忍心拍摄

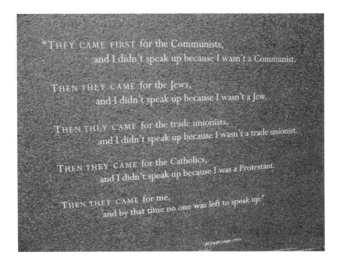

图70　美国波士顿犹太人大屠杀纪念碑（图片来自百度网）

最近，微信朋友圈里也流传着模仿尼默拉的段子：

【转】：矿工不断死去，我们没有为他们呐喊，因为我们不用下矿井；工人无端被下岗失业，我们没有呐喊，因为我们还有工可做；农民工被欠薪，我们没有为他们呐喊，因为我们没有被欠薪；街头糊口小贩被追打，我们没有呐喊，因为我们不是小贩；贫困儿童失学，我们没有为他们呐喊，因为我们自己的孩子还有书读；穷人看不起病，我们没有为他们呐喊，因为我们还付得起医药费；农民土地被强制征收，我们没有为他们呐喊，因为我们不需要种地；他人房屋被暴力强拆，我们没有呐喊，因为我们的房屋没被拆；街头老人摔倒，我们没有扶助呐喊，因为不是我们的亲人；等到哪一天不幸降临我们头上，我们需要救助需要别人呐喊时，谁会帮我们？谁为我们呐喊？不要问丧钟为谁而鸣，丧钟就是为我们而鸣！如果你不愿意走在前面，请你跟着队伍；如果你不愿意跟着队伍走，请你在路边围观；如果你不愿意在路边围观，请你在网上呐喊；如果你这些都做不到，请默默闭上你的眼，坐下来享受我们为你争取来的权利；如果你这都做不到，请你收起你的嘲讽跟无视的目光。你的视而不见，让我十分忧伤；你的冷嘲热讽，让我倍感心伤！我们争取的也是属于你的阳光啊！醒悟吧，中国人！我们生活在一个家园，抱团才能取暖，互助才能平安，团结才能胜利！

由此可见，越来越多的中国人已经开始明白尼默拉说出的道理和原理。即便有许多事情我们都做不到，最起码要收起自己的"冷嘲热讽""跟无视的目光"。

免于恐惧的自由

——母亲"吓飞了"

　　细究起来，我们的不会发声和不敢发声，主要原因在于缺乏公开而自由地发声的目的条件。母亲何文秀的胆小怕事和担惊受怕就明显地体现了这一点。

　　母亲对我说，"在皮革厂把你们弟兄三个养大，把我都吓飞了"。大概在1972年我跟着父亲回河南老家之前，有一年冬天，厂里在那两棵梧桐树旁的单干户住的大房子里开大会。我走到正在开会的母亲跟前，母亲吩咐我说："你回家找你姥姥去。"我说："好！"但后来我自己又来到会场，玩着玩着就用羊皮盖着身子睡着了。散会后，母亲回到家，姥姥说没见着我。母亲一想，坏了！没准是谁把我害了。于是，皮革厂动员全体职工，把河西和皮革厂有灯光的地方都找遍了，母亲越哭越伤心。找了半个多小时之后，母亲也哭得够够的了，住在大房子的劳改新生人员李浩然才说，"晓辉在那儿盖着皮子睡着了"①。此后，母亲就落下了小便失禁的毛病。到了老年，有时动作慢一点，就会尿裤子。当然，母亲胆小，在四川老家时听人讲孙悟空大闹天宫，就把她吓得不行。② 母亲"吓飞了"，主要是怕我们被奎屯河和大渠的水淹着，可在我看来，其原因远不只是水患。

　　1976年1月12日，曾与我家住同一排房子的四川老乡胡清林老师带着儿子胡朝辉来皮革厂玩，之后就离开了我家。这时，父亲从厂里开会回来，怀着身孕的母亲对父亲说，自己不大舒服。姥姥给母亲打了两个荷包蛋，让母亲吃下。父亲套了一辆骡子车，咣当咣当地把母亲送到一二三团医院。母亲生下三弟时，父亲还没离开医院。旁边的护士是柴广元团长的老婆，与父亲都是1956年支边来的。她跟父亲开玩笑说："把何文秀抱回

---

①　据2016年9月11日晚和2017年4月8日晚母亲何文秀在家中的讲述。
②　据2017年4月8日上午母亲何文秀在家中的讲述。

病房吧!"父亲当然抱不动。后来还是他们一起把母亲抬到病房,父亲牵着骡子回了皮革厂。① 当时,皮革厂买不上鸡蛋。为了给母亲坐月子,父亲提前在河西李克让那里订购了 30 个鸡蛋。恰好皮革厂的 HXH 去河西,李克让就托 HXH 把鸡蛋带给父亲。结果,HXH 把鸡蛋直接交给工作组,鸡蛋也被没收到皮革厂的伙房,充公了事。因为当时国家不允许私人交易,而工作组在皮革厂大权独揽。即便在皮革厂这样一个偏僻荒凉的小地方,正如在任何地方一样,"在我们的经济追求中受控制意味着,除非我们宣布我们具体的目的,否则我们将总是受控制。但是,如果当我们宣布我们具体的目的时,也必须使它获得批准,我们实际上将在每一件事上都受到控制"②。后来,工作组找到父亲,他才得知这些鸡蛋的下落。当时,工人 DFG 故意从我家门口路过时大喊"喝鸡蛋汤了",让喊声传入母亲的耳朵。从 1976 年元旦开始,国家开始实行消灭小三(不准生第三胎)的政策,恰好让三弟赶上。由于母亲没按计划生育政策结扎,不仅她没享受 56 天的月子工资和其他待遇,连三弟也被黑户了一年(参见图 71)。还是团部管计划生育的任爱玲把父亲叫到办公室,看在父亲是老同志的分上,才给已满周岁的三弟报上了户口。③ 这件小事在母亲的记忆中烙下了很深的印记,让我今天听来也印象深刻。对此,父母当然只能忍气吞声。在当时的集体主义逻辑看来,没收个人所得充公,是理直气壮和理所当然。"用目的说明手段的正当性这个原则,在个人主义道德里面被认为是对一切道德的否定。而它在集体主义的道德里面却必然成为至高无上的准则;坚定彻底的集

图71 三弟户金辉小时候唯一的一张照片,好像他仍有一种怯生生的感觉

---

① 据 2017 年 4 月 8 日下午母亲何文秀在家中的讲述。

② 〔英〕弗里德里希·奥古斯塔·冯·哈耶克:《通往奴役之路》(修订版),王明毅、冯兴元等译,中国社会科学出版社 2015 年版,第 111 页。

③ 2016 年 8 月 10 日下午,我打电话问母亲何文秀。

体主义者绝对不许做的事简直是没有的，如果它有助于'整体利益'的话，因为这个'整体利益'是他判定应当做什么的唯一标准。国家利益（raison d'etat）是集体主义道德最明确的表述，它的唯一界限就是利害的权宜——一定的行为对于眼前的目标的适宜性。凡是国家政策所肯定的国与国之间的关系，也适用于集体主义国家里面人与人之间的关系。"① 父亲当时还是贫下中农的代表，也有个班组长之类的小官职，可像他们这样的一介草民哪有主张权利的意识和机会？他们的日常生活只能笼罩在担惊受怕和瞻前顾后的情绪之中，他们能够体会到，"非人为的力量所造成的不平等比有计划地造成的不平等无疑更容易忍受些，其对个人尊严的影响也小得多"②。没有平等，也就失去了道德赖以产生和存续的基础，人们也就不存在人格尊严，进而也就失去了维护道德的冲动和内在驱动力。

2016 年 9 月 12 日，我在母亲家里午睡后，她告诉我："皮革厂的鬼道道多得很！"当年，母亲坐月子时，有人给父亲写大字报。母亲满月后就去找加工厂的李书记（时任皮革厂整风小组组长），并且问道："老户算啥？要是算皮革厂的领导，我就不说了；要是算群众，这不是群众斗群众吗？要不然，我也写！"（其实母亲不会写）李书记说："老户不算群众，也不算干部，算皮革厂的支部委员，支部里的啥事，他都知道。"

这些事例表明，母亲之所以"吓飞了"，主要还是因为她的日常生活缺乏理性制度的客观保障。

我上大学时，皮革厂只有厂部办公室（参见图 72）有一部通往外界的电话。若有急事，在邮局通过转接可以打到团部，从团部总机转到皮革厂，但厂部办公室必须有人接，然后去家里叫人，才能通话。所以，平时与家人联系，多半只能靠写信和发电报。一旦有一段时间没收到我的信，母亲就显得忧心忡忡和烦躁不安。1986 年春，二弟告诉我：

> 妈妈做了一个梦，以为你有什么事，盼望着你的来信，可是你的来信使妈妈放心了。
>
> 你在来信中问姥姥和咱爸的身体，我给你讲一讲，姥姥的身体特别好，一冬天，她一天也没有在床上，因为今年家里杀了一头猪，天

---

① ［英］弗里德里希·奥古斯塔·冯·哈耶克：《通往奴役之路》（修订版），王明毅、冯兴元等译，中国社会科学出版社 2015 年版，第 163 页。

② 同上书，第 126 页。

图 72　儿子一岁两个月时在他爷爷家门前的广场上玩耍，远处的一排平房就是皮革厂的第二代厂部办公室，但最早的厂部办公室在儿子身后方向的那两棵老梧桐树下，早已被拆

天都吃肉，因为平时吃饭很均匀。爸爸的身体也一样，因为天天给他打鸡蛋吃。

　　你给我寄来的鼓励我们的卡片，我受到了很大的鼓励，我以后要多多思考问题，不能在（再）马马虎虎了，以后我和小弟不能在路上玩……①

　　1987 年 1 月 10 日，父母来信叮嘱我："现在家里一切都很好，不要想念家。要安心学习，把大学的最后一年的学业要出色地完成。目前其他地方的大学，都有闹事的，不过还无听到你校的消息。不管怎样，你要紧跟形势，千万不要与历史的潮流来抗拒，我们说只是外因，起决定的因素还（是）你个人。遇事要三思。"显然，父母没多少文化，但毕竟见过和经历过一些事情，所以要我识时务者为俊杰，以明哲保身为上策。这是大多数人的处事之道嘛。在他们看来，我待的是知识分子成堆的地方，是非更多，人际关系更复杂，所以也让母亲更为牵挂。1988 年初，母亲让三弟给

---

①　1986 年 4 月 13 日二弟户军辉给我的信。

我写信说：

> 你从 11 月 10 日来信，到现在还没有收到你的信，到底出了什么事情，是国家事，还是私人事，还是身体有病了吗？不管怎么说你要来信呀？妈妈从过阳历年前到现在 1 月 10 日还没盼来你的信，每次送信的来，妈跑的很快。是不是没钱花，犯了什么错误了。当你得意时要找一条退路，当失意时要找一条出路，不管碰到什么问题，脑子里要考虑，想的开。不要一下子想的糊里糊涂。不管碰到什么事情，脑子要开窍，（不要）一下子想不通。

> 妈妈对你的年（明信）片对了又对，好像不是你写的一样，不管怎么说你敢（赶）快来信或（电报）。上次给你来了两封信你收到了吗?①

母亲显然也是没吃过猪肉却见过猪跑，担心我遇事想不开，可能寻短见。1989 年 6 月 4 日，我正在西安读硕士，三弟来信说："妈让我告诉你，不要去搞什么游行。"②

2016 年 5 月，我被派往中共中央党校学习一个月。母亲得知这一消息后，几次在电话里嘱咐我说："你妈没文化，当年在老家四川，有个人叫陈中央，在大鸣大放时说这不好那不好结果一家伙被打成了右派（参见图 73）。你就是知道哪里不好，心里明白就行了，千万不要乱说话!"③ 2017 年 4 月 7 日下午，母亲在家里又一次嘱咐我，"人家说啥，你听着就行了，不要插言，惹不起可以躲得起嘛。因为谁蹦得高谁倒霉，你拱不起来嘛"。这么多年来，母亲仿佛一只惊弓之鸟，仍然心有余悸。她把我的安危时刻挂在心上。2016 年 9 月 16 日晚，我在母亲家里与她聊天。我们几乎是无主题变奏，母亲也是随兴所至，想到哪儿说到哪儿。她一口气说了这么几件事：

——可能是 1968 年，奎屯工程处的两个人到工商楼买了一个小型的毛主席半身塑像，然后去上厕所。其中一人嫌把塑像放到厕所窗户上有所不敬，就放在裤兜里，结果掉到厕所里，另一人把此事向组织汇报，此人被批斗了好多次。

---

① 1988 年 1 月 10 日三弟户金辉给我的信。
② 1989 年 6 月 4 日三弟户金辉给我的信。
③ 2016 年 5 月 1 日，我与母亲何文秀电话交谈的内容。

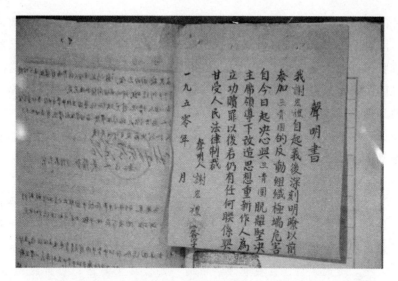

图 73　一二三团团史陈列馆展出 1950 年的声明书，当时母亲还没来新疆，但这个边陲小地发生的事情与母亲在四川省射洪县的老家见到的大同小异。我们的不幸和苦难是相似的，甚至可能同根同源

——也是这一年，奎屯修配厂有一个上海支边女青年可能是资本家出身，天天挨批斗，她就跳到厂里的开水大锅里，被烫死了，这是真事。

——塔城有一个领导，"文革"时被人挖出心脏，因为那些人说他的心是歪的、黑的，要挖出来看看。那些人把他的心脏装在一个大瓶子里。他的女儿抱着这个装着心脏的大瓶子来到奎屯第一招待所，要为父亲翻案。

——1968 年，十一连的"联总"（另外两派是"联司"和"造反派"）把杨定远打死在菜窖里①；在 20 世纪 70 年代，当时参与打人的罗有才被劳改，罗有才曾与父亲户连森一起住院，天天都怕得不行。

——母亲 1961 年结婚时，一连的医助马银才曾给她抽血化验。1968 年，马医助被打死了。当时参与殴打的卫生员左二娃子后来被判刑，出狱后没正式工作，开了一个红伟诊所，还曾经差点把三弟治死。参与殴打马

---

①　1967 年，"各单位成立群众造反组织。经联合成立所谓'二十团红卫兵造反联合司令部'简称'联司'，和二十团'红卫兵造反联合总部'简称'联总'两大派别组织，层层分别进行夺权斗争"；1968 年"5 月 31 日晚，原十二连（今十一连）工人赵新业、杨定远二人以'美蒋特务组织、拥有电台、加拿大手枪和有杀人、抢枪计划'为由被抓遭毒打惨（残）害致死"（参见一二三团史志编纂委员会编《一二三团志》，中华书局 1999 年版，第 747—748 页）。

银才的另一个卫生员（母亲不知他的名字，只知他老婆姓任）劳改回来后，刚得上工资，成天不敢见人，大热天都披着棉衣，还自己砍自己的胳膊和脖子。他老婆问"疼不疼"，他说"不疼"。他头一次砍，被送到奎屯兵团医院救了过来。第二次砍，没救过来。认识他的人都说，那是马医助找到他了，该死！①

关于此事，出身于一二三团的评论家韩子勇（我们的父亲当年一起从汝南县来一二三团支边）曾写道：

> 马医助是新疆和平解放时国民党"九二五"起义的一个士兵，团场职工把这批人统统称呼为"老九"。在那样一个缺医少药、严重依赖赤脚医生的偏远连队，马医助称得上是鹤立鸡群、非常神秘的专业人士。听大人讲，在我咿呀学语的年龄，这个马医助曾给我治过病。这病说来也简单，就是母亲在割麦子时把我放了大田边的毛渠里，我一个人在地头吃馍馍，馍馍沾上了麦芒，而麦芒刺进了嗓子。正在割麦子的母亲听到我的哭声，挟着我一路狂跑，到了连队卫生室，好一个马医助，胆大心细，临危不乱，用镊子连拔三根麦芒，手到病除，让围观者啧啧称奇。
>
> 马医助后来死了，上吊死了。那时我七八岁了，跟着一群孩子兴奋无比、过节一般去看林带里的吊死鬼。胆大一点儿的孩子在同伴的怂恿下，迟疑、慌乱中硬着头皮冲上去给他手中塞了一把麦草，然后兔子般急蹿回来。我们一群孩子围着这个吊死鬼高兴地跳着、转着、怪叫着："捞了一把稻草——捞了一把稻草——"朝他吐口水、投土块，如同某个热带小岛上的一群无知然而幸福的食人生番，正在夜晚沙滩上的篝火旁围住一个俘虏，热切地等着要吃他的肉。
>
> 对死亡的完全无知、轻度的恐惧和由轻度的恐惧所激起的好奇与

___
① 2017年1月10日晚，我又打电话向母亲何文秀核实，她说马医助被打死时，她并不在一二三团，只是1969年从奎屯回到一二三团后才听说马医助被1连的人打死了。她说，"文化大革命"打死了不少人呢。据团史记载，1979年，一二三团党委决定"给'文化大革命'中受诬陷的20多名干部和群众一律平反昭雪；对'5·24'事件、'9·9'事件彻底查清，对打死打伤致死人命的凶手和幕后策划者，要一一落实，按照党的政策，给予严肃处理。同时，对无辜被致死人员予以平反昭雪"；1980年，"对非正常死亡的13人，作出正确的结论，做好死者亲属的善后工作"（农七师一二三团史志编纂委员会编著：《一二三团简史》，新疆生产建设兵团出版社2011年版，第96页）。

兴奋，以及把孩子们从憋了一冬天的屋子里解放出来的春天，使这一切变成一场情绪盎然的户外游戏。马医助死前靠着树抽了很多烟，地上积了一堆的烟屁股，人们说是经过了激烈的思想斗争。

马医助的真实姓名我至今不知道，只知道姓马。直到很大了，才悟出我记忆中的河南口音所回荡的这个音节。所谓"医助"者，可能是国民党旧军队留下专业职称，如同主任医师、助理医师之类的头衔。而那个"捞了一把稻草"的儿歌，其实是"捞了一把救命稻草"。

直到今天，我似乎还清晰地记得，我和一群孩子在返家的路上，蹦蹦跳跳、下意识地反复叫喊着"捞了一把稻草——捞了一把稻草——"，瘸腿小兽般欢快起伏、穿行于20世纪60年代末一个春天的下午，穿行于弥漫着沙枣花浓郁的、使人喘不过气来的香味之中。松软的林间腐殖土所散发的潮气弄得我的脚掌很舒服，沙枣花的香气使人兴奋，闻久了又中毒般使人昏昏欲睡。……

可以想象，在沙枣花飘香的春天，受到冲击和刺激的马医助，从批斗现场迷迷糊糊往家走。快到家门时，邻居或路人可能还向他打了个内容暧昧的招呼。但马医助此时已忘记了回答，他看了一眼家，擦掉鼻孔流出的血。这时，一阵奇香飘来，他扭过头，循着香味鬼使神差地走到离家不远的这片沙枣树林中，拣一棵粗大的沙枣树靠着坐下。"叽叽喳喳"的麻雀的叫声，"臭姑姑"著名的一长一短报告春天已经来临的独特叫声，此起彼伏。一阵一阵扑面而来的沙枣花香，开始渗进他迟钝的鼻孔的黏膜，呛人的涩香几要让他呕吐，一种隐约的暗示涌上这个蒙羞的生命。他解下腰带，从容地把自己吊在头顶粗大、低垂的横枝上。躯体剧烈的抽搐，晃动着沙枣树，米粒般的小黄花春雨般洒落在马医助乱蓬蓬的头发里、肩膀上，使他看上去更像一个悬垂于沙枣树上的突兀的果实。

在那个年代，自杀者是可耻的。而上吊这种自杀方式，不仅可耻，而且滑稽。这样一件"林间小品"，这样的死，是多么孤独，它没有得到一个悼者，甚至没能吓退一个孩子。我猜测，它给亲人带来的可能还有不屑、丢脸和四处袭来的无以复加的嘲弄。①

---

① 韩子勇：《深处的人群》，孙立生、矫健主编《新疆走笔：新疆当代作家优秀散文选》，新疆人民出版社2005年版，第300—302页。

马医助自杀的说法，在当时一定传得沸沸扬扬，可我在《一二三团简史》中找到了不同记载。在 1968 年：

全团的群众组织受新疆两大派别群众组织不同观点的影响，对自治区党政主要领导人，兵团、农七师党政主要领导人的认识，有着严重的分歧。形成为"联总"、"联司"、"造反派"三种不同观点的群众组织。"联总"是以农场机关绝大多数工作人员为代表的多数派；"联司"是农场武装股工作人员为代表的次多数派；"造反派"是以农场机关极少数工作人员为代表的少数派。三派群众组织都以"无产阶级革命派"，誓死捍卫无产阶级革命路线自居，围绕"保护"与"打倒"某某领导人的问题，相互争论辩解不休。对此对立情绪不断加剧，致（直）至发展各群众组织纷纷自制长矛、大刀、土手雷、土手榴弹、土枪等武器弹药，进行"文攻武卫"。

十一连领导打击，压制不同观点少数派群众，把 2 名少数派职工关压（押）起来，进行非法审讯毒打，5 月 31 日死亡。单位个别领导干部，为逃脱罪责，谎称 2 人是美蒋特务，制造了"5·31"美蒋特务假案事件。

一营营部医助是国民党驻疆部队和平起义人员，被视为国民党残渣余孽分子。他多次被群众批斗，遭到毒打。8 月 23 日，他遭受毒打死亡后，尸体被挂在树上，造成他上吊自尽的假象，扬言现行反革命畏罪自杀。①

在 1979 年：

3 月 7 日，团场党委研究马银才事件，认为属政治陷害逼死人命案。并根据政策，以对人民高度负责的精神，认真彻底地纠正了错

---

① 参见农七师一二三团史志编纂委员会编著《一二三团简史》，新疆生产建设兵团出版社2011 年版，第 69—70 页。

案，为这期（起）假案昭雪。[1]

马医助之死终于有了真相！我很难想象他被打死那一瞬间是个什么模样，也不知那个时刻他会作何感想。虽然我与他素昧平生，但在看到这些历史记录时，我的文学想象力一下子全部枯竭了！至少我觉得，在我的家乡，在马医助死亡事件发生之后，如果再以文学的方式重新想象这个事件，总是有点野蛮！假如我早生几年，假如我也在马医助的死亡现场，难道"对死亡的完全无知、轻度的恐惧"不也同样会占据我的心灵吗？难道我就不会在他死亡的假象中若无其事地玩着轻浮的儿戏，甚至把他的死亡视同儿戏吗？即便多年以后，当他的死亡真相终于被史料揭开之后，我又能做什么呢？

母亲当然没看过这些史料。这说明，母亲的记忆有选择、有方向。即便经过遗忘的筛选，这些事情仍然在她的记忆中留下深刻的印记，成为她的意识流中最容易奔涌而出的首选内容。正是这些记忆中的恐怖事件让母亲没有安全感，让她没有免于恐惧的自由。因为"那些不怎么费力气的日常回忆所指向的，是那个还在当下起巨大作用、或者能把当下变得有意义的过去；那些有目标的、按照题目来唤起的回忆能照见更多的过去，但是这样的回忆依赖于把过去的内容整饰成有意义的结构"[2]。这也再次说明我的一个观念，即大自然造成的苦难和灾难，我们往往无能为力，但人给人造成的苦难却是需要诅咒和必须惩罚的恶，因为"主动的恶与自由的创造者相比，包含着一种伴随自己的授权本身而来的自由。事实就是这样。而且，欲求的恶的成功与盲目的自然因果性所带来的灾难——奥斯维辛，而非里斯本地震——相比，有过之而无不及……"[3] 如果当时人们脑子里有一根弦，能够知道尊重人的生命与人格是我们的基本伦理底线，能够知道维护每个人的人权是政府的根本职责，这些细思恐极的事件本来是完全可以避免的。显然，母亲"吓飞了"，不是怕某个具体的恶人或坏人。现在想来，她怕什么呢？她和我一样，怕制度之恶，怕社会结构和社会肌体

---

[1]　农七师一二三团史志编纂委员会编著：《一二三团简史》，新疆生产建设兵团出版社2011年版，第96页。

[2]　[德] 赫尔曼·鲍辛格等：《日常生活的启蒙者》，吴秀杰译，广西师范大学出版社2014年版，第229页。

[3]　[德] 汉斯·约纳斯：《奥斯维辛之后的上帝观念》，张荣译，华夏出版社2002年版，第34页。

之恶。2014 年，由俄罗斯导演安德烈·萨今塞夫（Andrey Zvyagintsev，1964—　）导演的电影《利维坦》，讲述的正是科里亚一家反抗市长强拆其房屋并霸占其土地的故事。科里亚一家以及他的律师面对的不是市长一人，而是由市长与他掌控的法院和警察局等公权力机构相互庇护、配合而构成的庞大网络。否则，科里亚一家的反抗和抵制要容易得多。相反，当社会的权力机构结成彼此配合、相互包庇的庞大利益链时，就会变成任何个人都难以应对和驯服的利维坦。正因如此，我们才会经常把"胳膊拧不过大腿"挂在嘴边。

我理解母亲的忧虑和恐惧，我自己也不能免除这种忧虑和恐惧。谁不热爱自己的生命呢？谁不想过平和、安全而又能够保障自己正当权益的生活呢？可是，这样的生活怎么来到而且怎样得到？除了我们自己，谁来让我们免除这种担惊受怕，怎样才能摆脱这种担惊受怕？正因为意识到自己的责任，所以，在有些场合，我发言了会难受，因为可能会得罪某些人；不发言也难受，因为觉得该说的话没有说，因为自己没能尽职尽责。总之，横竖都是不好受。难道真让索尔仁尼琴不幸言中——"在多年的恐惧和叛卖的环境里活过来的人们只是在外表上、肉体上活下来了。而内里的东西全都在发烂"[①] 吗？难道人人自危、噤若寒蝉不正是有些掌握公权力的人希望达到的效果吗？怎样才能摆脱笼罩在日常生活上空的恐惧阴影呢？

1993 年退休的母亲在最需要帮助又最无助的时候信了基督教。2001 年父亲去世以后，母亲一直独自生活在七连那两间破旧的平房里。2002 年开始有人劝她信教。2004 年 11 月 4 日，母亲患脑梗在一二三团医院住了一个星期，耽误了病情，后转入奎屯兵团医院。得病后，母亲去看中医，医生说母亲心情不好，每分钟脉搏才跳 66 下，应该到人多的地方去。当时，在团部 908 大桥那儿的王家庄有一个平房教堂，有几十个信众，以老头、老太为主，年轻人少。他们每周三、五、日去教堂，教唱歌（参见图 74），念《圣经》。母亲花 12—13 元钱买了一本《圣经》。重修教堂时，她还捐了 200 元钱和一些木料。她认为，自己得病是因为有罪，因为她是在信主之后得的病。刚开始信的时候，她身体可好了，但后来三天打鱼、

① ［俄］亚·索尔仁尼琴：《古拉格群岛：1918—1956 文艺性调查初探》（中册），田大畏、陈汉章译，群众出版社 1982 年版，第 631 页。

两天晒网，身体就不行了。

　　2007 年，由于在城里住不惯，母亲又找了一个后老伴。我和弟弟们都明白，母亲是为了不给我们增加负担。我对弟弟们说，"且不说我们无法把母亲照顾得无微不至，即便我们能够做到，也不能代替她自己的生活。母亲半辈子与父亲磕磕碰碰，所以，我们也应该支持母亲做一次她自己的选择"。此后，母亲由于赶不上趟、走不了那么远的路，才不去教堂。她说，"如果走得动，还去！教堂里也有闹矛盾、打官司的，吵架挺厉害。信主就要跟主，跟得好就好，跟不好就犯罪，你不按书办事就犯罪。不能浪费，不要敲诈，老干好事，有的人做得好，有的

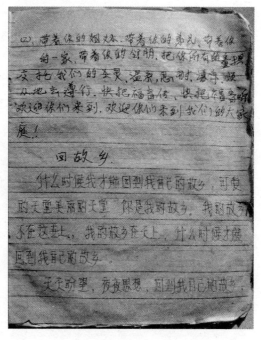

图 74　母亲何文秀信教时用过的歌本，歌词《回故乡》系她的教友所抄。我也想问："什么时候我才能回到我自己的故乡?"故乡是否真的是一个乌托邦

人做得不好"①。我知道，母亲的这种信仰并不坚定，但这恰恰说明，"信仰是对看不见的东西的爱、对不可能的东西和难以置信的事情的信赖"②。在生活里，我们总要信点什么，哪怕说不清道不明，哪怕处于稀里糊涂甚至无意识状态。比如，我们总要相信活着是值得的，才能活下去。一旦有人不信，也许就失去了活下去的勇气。当然，这种信不一定是对宗教的信仰。

　　2004 年 11 月，母亲转到奎屯兵团医院，我回去照顾她住院。12 月初，我们一起回到她独自居住的平房（参见图 75）。当初父母买这两间平房是我出的钱，为的是让他们住在团部跟前，便于生活和看病。那天晚上，睡在那间年久失修的平房里，想想父亲走后这几年母亲一人住在这个

---

① 2016 年 4 月 15 日下午母亲何文秀在电话中说的话。
② *Goethes Werke*, Band XII, Verlag C. H. Beck, München, 1978, S. 377.

屋里，顶棚上的老鼠在窸窸窣窣地乱窜，我的眼泪夺眶而出。于是决定把母亲接到北京继续康复治疗。可她只住了3个多月就坚决要求回去，因为这里没有说话的熟人，她住不惯。当然，我也知道，母亲总是谨小慎微，怕给我添麻烦，担心农场的家庭条件会给生活在城里的我带来负担，会影响我的家庭关系，虽然这只是她自己的多虑。

图75　这两间平房早已经被拆了，当然是在母亲同意并且拿到了拆迁款的前提下。母亲给我指着说，她当年七连的平房就在那个小三轮车的位置上

　　母亲不是严格意义上的信徒。如果说怀疑也是信仰的一部分，那我们对信仰就应该有新的认识。信仰不是始终都坚定不动摇，而是经过动摇和反复以后仍然信。虽然我不是这种意义上的信徒，但我相信《国际歌》中的话："世界上没有救世主，上帝、凯撒和演说家都不是救星，生产者们，我们要自己拯救自己！我们要作出拯救大家的决定！要迫使窃贼把侵吞的东西吐出来，要把我们的思想从囚室里拉出来……"① 我也相信，如果没有普遍被信奉和遵循的人性价值和实践理性，我们就无法过上好生活。尽管我不一定承认，但我和家乡的许多父老乡亲一样，似乎相信冥冥之中会有某种救世主或包青天之类的人物出现。"我有时很奇怪，为什么直到今天——我们喊着叫着现代化，可是包公却一直没倒，济世救世，为民做

　　① 采用新华社原国际部主任、巴黎总分社原社长杨起的译文，参见网址：https://zhidao.baidu.com/question/647227776482801885.html［2017年5月14日］。

主,威风十足。人们居然还这么喜欢包公。有谁想过,包青天愈多,说明法制愈不健全,中国愈没希望。"① 我们往往把希望寄托在这种凭空想象出来的人物身上,而不愿付出哪怕一点一滴的努力去改变现状和命运,因为那样太麻烦、太艰难,这是标准的愿望思维。我们往往在还没有行动之前就预先判定自己是在蚂蚁撼树,于是也就常常放弃了种种预先被我们判了死刑的实际行动。这也可以说明,"在缺乏好社会的情形下,做一个好公民有多困难"②! 请注意,这些批判和反思首先针对的不是别人,而是我自己!

这种想法恰恰让我们失去了自我和主体性,让我们逃避了原本不可推卸的责任和义务,由此也就丧失了追求民主的能力。因为民主首先需要每个民众的自主、自立和自强。即便我们都知道民主的好处,仍然需要每个人都付出艰苦的努力去争取。民主不是等靠要,而是需要孜孜以求甚至付出代价。我们每个人在追求民主的过程中可能都会有得有失。比如,非民主方式的既得利益者可能会由于民主而失去若干甚至全部既得利益,他们可能成为民主最大的反对者;即便不是某些方面的既得利益者,也必须失去本来可以用来做别的事情的时间或精力来求民主。哈耶克早就指出:

> 重要的是,我们应当重新学习坦白地面对这一事实:即只有付出代价才能得到自由,并且,就我们个人来说,我们必须准备作出重大的物质牺牲,以维护我们的自由。如果我们希望保存自由,我们就必须恢复作为盎格鲁—萨克逊国家的自由制度之基础的那种信心——这种信心曾经被本杰明·富兰克林表现在一个适用于我们个人的生活,同时也适用于一切国家的生活的句子里:"那些愿意放弃基本自由来换得少许暂时保障的人,既不配得到自由,也不配得到保障。"③

我们的确需要做出理性的选择:是愿意永远在潜规则和丛林法则的游戏规则下一代一代地了此一生,还是愿意生活在有平等权利、有人格尊

---

① 冯骥才:《一百个人的十年》(足本),江苏文艺出版社 1997 年版,第 68 页。

② 罗伯特·贝拉:《好社会:我们通过制度而生活》,见 [美] 唐·E. 艾伯利主编《市民社会基础读本——美国市民社会讨论经典文选》,林猛、施雪飞、雷聪译,商务印书馆 2012 年版,第 86 页。

③ [英] 弗里德里希·奥古斯塔·冯·哈耶克:《通往奴役之路》(修订版),王明毅、冯兴元等译,中国社会科学出版社 2015 年版,第 150 页。

严、能够真正选贤任能的民主社会。也就是说，是选择短痛还是长痛？是听凭盲目的偶然和运气的摆弄，还是过有把握、有保障的好生活？可惜，我们中国人盲目地任凭偶然和运气的捉弄与摆布已经太久了。我们常常不理解程序正义的民主思想，因而不大相信民主程序的作用和重要性。程序正义的要义在于，"只要找到了相对公认的方法和程序，按此方法和程序得出的结果，我们就推定必然是正确的或公正的。这是人类社会解决许多难以了断的纠纷的有效方法。比如司法制度就是出于一种程序公正的理论而建立的，我们很难想象当一个纠纷出现后，由于事实和证据的各种原因，会得出一个大家一致认为公正的裁决结果。之所以认为司法是公正的，是因为找到了一套普遍认同的程序，按此程序进行，作出的裁判就被认为是公正的"①。

也许有人会说，农场的职工跟农民一样素质低下，不适合搞民主。但是，胡适早就指出，"我观察近十年的世界政治，感觉到民主宪政只是一种幼稚的政治制度，最适宜于训练一个缺乏政治经验的民族。……民主政治学的好处在于不甚需要出类拔萃的人才；在于可以逐渐推广政权，有伸缩的余地；在于'集思广益'，使许多阿斗把他们的平凡常识凑起来也可以勉强对付；在于给多数平庸的人有个参加政治的机会，可以训练他们爱护自己的权利。……在我们这样缺乏人才的国家，最好的政治训练是一种可以逐渐推广政权的民主宪政"②。殊不知，一方面，"农民权利（包括政治权利）实现程度低固然与农民自身原因和客观条件有关，但不要忘记，农民的状况却不是农民自身造成的，而恰恰是制度和政策所导致的。而且，农民有没有参与能力是一回事，是一种事实问题，反映的仅仅是农民自身的能力与素质现状；但法律上应不应该确认和保障其政治参与的平等权是另一回事，是一种价值理念问题，反映了一个国家民主、法治和宪政的文明程度与道德价值观。此外，即便农民及其代表的政治知识和参政经验不足，他们可以咨询、聘用相关专家为自己参谋。总之，不能因农民自身的能力和素质问题而在宪法和法律上限制农民的政治平等权"③。另一

---

①　蔡定剑：《民主是一种现代生活》，社会科学文献出版社 2010 年版，第 112 页。

②　胡适：《再谈谈宪政》（1937 年 5 月 30 日发表于《独立评论》），《胡适全集》第 22 卷，安徽教育出版社 2003 年版，第 556—557 页。

③　黄学贤、赵中华：《农民平等权的学理分析》，张千帆主编《新农村建设的制度保障》，法律出版社 2007 年版，第 360 页，注释②。

方面，"公民的素质是民主的结果，而不是民主的前提。民主是一个实践的过程，如果实行民主选举，老百姓参与这个过程，他就会逐步提高他的素质。如果没有这个机会让他参与这个过程，他永远不会有这方面的素质。所以，以公民素质来说中国不能搞民主选举，是一个错误的结论，是本末倒置的"①。据蔡定剑②的研究，中国民主选举的发端地，不是发达地区和大城市，也不在知识群体中，而是经济欠发达的一些农村。这里往往农民负担重，村里问题多，农民由于自身利益受到侵害反而表现出强烈的民主意识和要求，"原来他们并不是愚昧落后的，他们并不缺民主素质，而是我们人为地禁锢了他们的民主诉求，束缚了他们的民主权利"。这就说明，"民主选举不是不能为，而是不可为、不让为；说明中国人民不是缺少民主意识和选举能力，而是某些制度约束了他们的民主要求，限制了他们的民主能力。稍一放手让群众自治，民众的选举积极性立即充分展现出来。看来，说经济文化落后就不能搞民主，老百姓缺乏民主意识没有能力搞好选举，是一种托词而已，而真正缺乏民主意识的是我们的某些领导干部和所谓理论家"③。

当然，规则和制度在中国已经被搞坏了，以至于人们几乎不大相信规则和制度的作用。因为"中国社会中的定规则的人和执行规则的人对规则制定思路是不一样的。中国人喜欢讲'规则是人定的'，还喜欢讲'规则是死的，人是活的'等，也喜欢既做裁判，又做球员，都是想表明人们在面对规则时可以根据情况发展与变化做及时的调整，以符合当时的需要，因为只有这样，才是合情合理的。在一场游戏中，中国人最关心的问题不是遵守游戏规则或对规则的合法性提出异议，而是就他自己的情况来说有没有变通的可能性"④。所谓潜规则，实际上是对明规则的破坏和抵消，因为"我接受一条规则，就意味着我不把这条规则看作是外部强加给我的行为约束。我必须亲近这条规则，认为它具有某种合理性或合法性，如果不遵守就应该

---

① 蔡定剑：《民主是一种现代生活》，社会科学文献出版社 2010 年版，第 104 页。

② 蔡定剑（1955—2010），被誉为"中国人大制度研究第一人"，易中天给他写的挽联是："宪政即限政，公权不能膨胀；/民主非明主，言论必须自由"。参见网址：http：//baike. baidu. com/linKöurl = m7kD0D4Gvdq6RH ＿ vy57nyEAMn3I4g8cYqMJpm ＿ R4ZnYiM9tx3DsAKZSAkVnY-0x3tVS ＿ JJdkP2CZ0uWZ-vPqqUAm7fsqIBrAoIdSCDwekKWvbIOiVa5cazXK0k8vLlC3 [2017 年 5 月 14 日]。

③ 参见蔡定剑《民主是一种现代生活》，社会科学文献出版社 2010 年版，第 149—150 页。

④ 翟学伟：《中国社会中的日常权威——关系与权力的历史社会学研究》，社会科学文献出版社 2004 年版，第 281 页。

受到批评或指责。总之，必须把遵守这条规则看作判断或评价当事人的行为的标准；这就是所谓的规则内化。规则普遍得以接受（被拒绝的范围不大），是规则起作用的最大限度的条件"[①]。相反，当人们表面上接受明规则实际上却在遵循潜规则时，明规则就已经有名无实、名存实亡了。

2006 年，我去德国访学，明显感到那里的秩序井然，人们的规则意识非常强。一个在德国生活多年的中国友人告诉我，这是因为在德国违反规则的处罚很厉害。是啊，许多中国人能够遵循潜规则，说明我们的规则意识并不弱，只是由于法不责众或违反规则不用付出多少代价，甚至很少受到处罚，所以，许多明规则才会沦为摆设。

其实，从长远来看，公平规则的建立和实践是社会长治久安的不二法门。比如说，民主规则能够让每个人成为最大的获益者，也只有民主规则才可能让每个人成为最大的赢家。美国著名教士和作家哈里·爱默生·福斯迪克（Harry Emerson Fosdick，1878—1969）说得很清楚："民主的基础是确信普通人具有不普通的能力。"[②] 换言之，民主是当你还不一定完全具备理性能力的时候就假定你有这种能力。民主实践先验地设定每个人都具有理性判断、思考和行动的意志能力，就是给每个人提供这样的实践机会，让每个人都有理性判断、思考和行动的权利与责任。如果哪个人还不具备或不完全具备这种能力，他或她就有义务学会这种能力，有责任让自己发挥这种能力，包括有理有据、和平理性地公开表达意见的能力，让自己的理性意志能力不受蒙蔽和欺骗而做出独立的选择和理性的判断。因此，民主实践最终会使每个人受益。我们不能先断言某些人素质低无法学会游泳就不让他们下水学游泳。同样，只有首先给每个人提供民主的机会，他们的民主能力才可能在参与民主实践的过程中得到锻炼和提高。正如胡适早就指出的那样，"宪政可以随时随地开始，但必须从幼稚园下手，逐渐升学上去。宪政是一种政治生活的习惯，唯一的学习方法就是实地参与这种生活。宪政的学习方法就是实行宪政，民治的训练就是实行民治，就如同学游泳必须下水，学网球必须上场一样"[③]。

---

① ［加拿大］L. W. 萨姆纳：《权利的道德基础》，李茂森译，中国人民大学出版社 2011 年版，第 59 页。

② Hans-Horst Skupy（Hg.），*Das große Handbuch der Zitate*，Bertelsmann Lexikon Verlag Gm-bH，Gütersloh，1993，S. 125.

③ 胡适：《我们能行的宪政与宪法》（1937 年 7 月 4 日发表于天津《大公报》），《胡适全集》第 22 卷，安徽教育出版社 2003 年版，第 574 页。

　　进而言之，民主的关键还不在能力，而在于有没有公开表达理性言说和参与民主的意识和意志。也就是说，重要的是有没有求民主、参与民主的耐心、决心和信心。民主实践的关键是敢于公开表达自己的理性言说。没有民主参与的态度、意识和意志，民主的规则就难以得到实施和践行。

　　其实，民主并非政治上的唱高调和非分之想，更不是附丽在日常生活之上可有可无的政治装饰品。因为"人们为了自己的经济利益建立政治制度，参与政治活动，采取政治行为，政治的实质是一种经济利益，是人们为了保护和争取自己的利益而形成的公共活动。为了保护自身利益而采取的行动就是政治行为。从这个意义上说，任何人都会关心政治，并在必要时积极参与政治，而且必然有能力参与，因为每个有健全理智的人都会知道他自己的利益所在。所以，任何人都不会缺少政治意识，也不会缺少政治参与能力。问题是某种制度安排和政治行为会不会关系到他们的利益，如果与他们的利益没有关系，而他们又无所作为时，他们就只能消极以待。一种好的政治制度就是要使个人利益在社会中得到表达和体现，一种好的选举制度就是能使选举行为与人们的利益建立联系。选举制度的真谛在于能通过公民最广泛的参与，选出代表某种利益的人来。如果这就是政治，我们每个健全的公民都不缺乏政治素质，因为他们最知道自己的利益所在，从而会最积极参与政治活动和选举。所以说，认为中国老百姓缺少素质而不能搞民主选举是没有理论和实践根据的"①。需要补充的是，每个人之所以必然有民主的政治要求，不仅因为每个人都有经济利益需要协调，更因为每个人都有精神利益，即自由与尊严的权利需要维护。在日常生活中，人的经济利益与精神利益常常密不可分，因此，普通人的经济权利与政治权利往往息息相关。

---

　　①　蔡定剑：《民主是一种现代生活》，社会科学文献出版社2010年版，第167页。

讨公道

——三叔之憾

正因为我们的不能发声和不会发声，正因为多数人不敢公开地使用自己的实践理性能力，社会才布满了丛林法则，难以有讨回公道的办法与途径。三叔户得春的故事，恰好可以说明这一点。

三叔的日常生活，已经越来越远、越来越淡，甚至可能逐渐淡出我的记忆。我试图寻找一点能够帮助我回忆的物证，却不无沮丧地发现，他甚至连一张照片都没有留下。2016 年 7 月，我沿着皮革厂的奎屯河边寻找三叔当年的足迹，却不无惊讶地发现，那里早已长满了密密匝匝的芦苇，仿佛根本就在拒绝我下脚（参见图 76）。在三叔离开之后，在我走以后，这么多年来，奎屯河又从曾经被我们驯服的一条家河，变回让野生芦苇重新覆盖的野河。我搞不懂，是现在生活在皮革厂的人太少、无法胜过自然，还是他们有了环保意识，很少在河里捕鱼？反正奎屯河边已变成人迹罕至的荒芜之地。是啊，希腊哲人赫拉克利特早就告诉我们，人不能两次踏进同一条河流，一切皆流、无物常驻嘛。我现在闻到的沙枣花香已经不是当年三叔健在时的同一种花香。万物都躲不过时间利齿的啃蚀，都逃不过时间这把杀猪刀的宰割，正如白云苍狗、沧海桑田，人类又何独不然呢？三叔当年捕鱼的脚印，自然不可能留在河边（参见图 77）。幸亏人的记忆没有完全依附于这些外物，否则会死得很惨！

三叔名叫户得春。不知他的名字里为啥没用表明他们兄弟辈分的"连"字，或许是为了寄托枯木逢春的意思吧。1972 年，我随父亲回到河南老家，但父亲到了老家就生病住院，于是又写信把母亲叫回河南。当时，家里煮了一锅红薯干，三叔望了一眼锅里的东西，撇着嘴不想吃。母亲看在眼里，就跟父亲说，"干脆把哑巴接到新疆去，咱们那儿虽然不宽裕，但吃的比老家强"。于是，1972 年六七月间，三叔随父亲一起从河南

图76　如今芦苇丛生、几近干枯的奎屯河，拍摄于 2016 年 9 月 12 日。在蛮荒的大自然中，何处才是人的足迹和精神的踪迹呢

图77　1990 年前后的奎屯河，虽然有点凌乱，但仍然充满了人间烟火气息和人工驯化的痕迹

老家来到新疆。① "三叔②是个心地极善的哑巴，幼时生病看不起医生，一

---

① 2016 年 8 月 10 日下午，我打电话询问母亲何文秀。

② 原文是 "四叔"，有误。

辈子没有娶妻生子"①，我们都叫他哑巴大或三大。他不会说话，但眼力好，身体也很棒。二弟七八岁时因为调皮，母亲要打他，三叔不让打，母亲就打了三叔几棍子。三叔一气之下跑到表哥关小军家住了一个星期，后来母亲让父亲带着二弟去把三叔叫了回来。② 我刚上大学时，二弟来信说，"爸爸、妈妈和三叔、姥姥身体都很好，三叔的棉花可以拾一二百斤，天气一天天地冷了，炉子也搬回去了，黄萝卜也要挖了"③。1984 年，二弟告诉我，"随（虽）然今年的天不好我们全家人都好三叔在五齐牌④干活，爸爸还在管合作社，还管三个工房，妈妈还在工房……"⑤ 三叔白天在五七排挣工分，还起早贪黑地去奎屯河下网捕鱼。那个年月缺衣少食，但河里的鱼却长得肥头大耳。三叔的水性好，又善于在鱼多的地方下网。我每天起床后的第一件事就是去看三叔捕的鲤鱼、鲫鱼、鲢鱼、草鱼和泥鳅在一大盆水里活蹦乱跳。有时，鱼多得吃不完，就送给几家亲戚吃。看着全家高兴的样子，三叔也露出得意的笑容，颇有几分成就感。

大概在我上初中时，有一次，三叔一脸怒容跑回家来搬救兵，用手比画着让我看他脸上的擦伤。他用哑语对我说，有人抓住他的衣领打了他，要我跟他一起去报仇。我这个唯一可能帮他的大侄子却是一个不争气的窝囊废。我记不清怎么答复他，反正没跟他一起去。三叔很生气，后果很严重！三叔一定从头凉到了脚，对我这个多年吃他捕的鱼长大的大侄子失望透顶！他悻悻地走了。此后，虽然三叔对我一如既往，但这件事一直是我的一块心病。我知道，三叔不会主动欺负别人，一旦他被打，八成是别人

---

① 户晓辉：《故乡之殇》，《绿洲》1999 年第 3 期；罗文斌、董立勃主编：《阳光大坂——新疆当代散文选》，新疆人民出版社 1999 年版，第 167 页。

② 据 2017 年 4 月 7 日上午母亲何文秀在家中的讲述。

③ 1983 年或 1984 年二弟户军辉给我的信，日期不详。

④ 应写为"五七排"，是新疆生产建设兵团当年根据毛泽东发表的"五七"指示精神由原家属队改编成立的编制，从 20 世纪 60 年代末到 80 年代中期，历时十余年，在团场的发展建设中起到至关重要的作用，后来被撤销；"'五七'家属工是指 60—70 年代，部分团场职工的家属，根据毛泽东'五七'指示精神，把他们组织起来参加集体劳动，后来停止工作，停止工作后生活没有生活来源。从 2002 年以来，他们因生活问题不断集体上访"（农七师一二三团史志编纂委员会编著：《一二三团简史》，新疆生产建设兵团出版社 2011 年版，第 241 页）；2016 年 9 月 14 日上午，我碰见当年与三叔一起在五七排劳动的尹莲芝阿姨，她说，皮革厂五七排的起讫时间大概是 1975—1985 年。

⑤ 1984 年 4 月 6 日二弟户军辉给我的信；但是，据 2017 年 4 月 5 日晚表姐何玉芳在母亲家的回忆，她 1983 年 3 月 12 日结婚时，三叔已经在皮革厂伙房喂猪了，她那时候还经常与三叔户得春一起到老坟园打柴火。

欺负他。我都能猜出欺负他的人是谁，其中一定有那几个经常欺负人的同学。可三叔也许没料到，他的这个大侄子是不会争一时高下的一块废柴。也许三叔预感到，我将来可能另有"任用"，但我这个百无一用的书生能有啥用呢？也许正因为"小的时候受人欺侮而忍气吞声，这反倒使他养成了一种争强好胜的性格——事实证明，小时候经常受欺侮的他终于从环境中挣脱出来，而那时候常欺侮他的人，现在仍在那块土地上重复着父辈的劳作，受着土地的钳制和摆布"①。2016 年 7 月，皮革厂的一个男同学告诉我，老同学中的男生已经有十几个都没了，其中一个当年到处打架的，就是死于中年之后仍然逞强好胜的一次打架。

在我的记忆里，这是三叔来新疆后唯一的一次打架。三叔这次受欺侮本来是想让我帮他讨回公道。我没帮他出气，他也无处申冤。虽然我当时也替三叔感到愤愤不平，但又隐隐约约地觉得，即便打得过那些坏蛋，也不是解决问题的办法，至少不是什么上策。在那样一个年代，"人们似乎只有通过损人才能自保，才能显出自己的强悍，不逞强就等于示弱"②。是啊，当时的我既没有足够的力气，也缺乏应有的勇气和三叔站在一边，在他需要我的时候向他伸出援助之手。难道三叔给我吃了那么多年的鱼都白吃了吗？多年之后，三叔已经不在了，我也已经长高、长壮了不少，但我并没有成长为能够在体力上为他撑腰壮胆的人，反倒成了百无一用的书生。假如三叔还活着，我能为他做什么？如果他仍然受到不公待遇，我有本事为他讨回公道吗？

三叔不会说话，但喜怒常常形之于色。他住在我们家的一间棚子里（参见图 78）。他看不懂报纸、标语，听不见广播的宣传。他似乎与世隔绝，只生活在自己的世界里。这是怎样一个世界呢？他的任务似乎就是操持和操劳，就是黄连树下弹琵琶——苦中作乐、以苦为乐。不是说我们家的其他人不为生计操劳，而是说三叔常常显得只为我家的生计操劳。操劳在他那里获得了生存的意义和价值，这大概就是海德格尔说的，作为此在基础状况的操劳（die Sorge）的意思是：Sich-vorweg-schon-sein-in（der

① 户晓辉：《故乡之殇》，《绿洲》1999 年第 3 期；罗文斌、董立勃主编：《阳光大坂——新疆当代散文选》，新疆人民出版社 1999 年版，第 165 页。
② 户晓辉：《纯粹的角色生存能否让我们过上好生活——对胡康华〈粉墨〉的政治生态解读》，《中国文学批评》2015 年第 2 期；未删节版发表于《新疆艺术》2016 年第 1 期。

Welt）als Sein-bei（innerweltlich）begegnendem Seienden。① 我们不必严格按字面意思来翻译这句话。简言之，人的操劳就是已经先行到世界中、与在世界中相遇的存在者一起存在。对三叔而言，这种说法也许过于抽象。这种操劳有时也许让他有点心烦，但更多的时候可能是让他感到充实和愉快。三叔干活的细致、能干，让五七排的人们交口称赞，他也善于体贴人。我看不见也听不见他的心思，只能看见他除了睡觉就是为自己、为我们的操劳。在早已被芦苇荡重新覆盖的奎屯河边，在皮革厂早已改变了格局并且被重新编号的土地上（参见图79），他的操劳已无迹可寻，但在我的记忆里，他的操劳依然清晰可见。这块土地也许不再认识我，但我能够认识它完全是因为我的三叔和父母曾在这块土地上挥洒过他们的汗水和生命。

图78　我家的棚子当然早就不在了，这是当年我用华夏相机给身穿棉军便服的三弟户金辉在棚顶拍的照片，他头顶上的沙枣树，是三叔户得春1972年来新疆后在戈壁滩上挖的一棵小沙枣树，移植在我家门前，后来长成了大树

　　自家里养羊之后，三叔又成了我家的牧羊人。1985年5月12日，三叔赶着羊群从皮革厂的老水闸上（参见图80）经过时，掉进大渠，溺水而亡。当天，看水闸的老董来告诉父亲说，"你们家的羊把我们家地里的

---

① Martin Heidegger, *Sein und Zeit*, Max Niemeyer Verlag, 1953, S. 249.

图79　皮革厂如今已被重新编号的土地，因为三叔户得春曾在这里劳作，所以它对我就有了特殊意义。在我的记忆里，三叔的操劳依然清晰可见

苗给吃了"。父亲就让表哥关小军去找三叔。母亲看我家羊娃浑身湿漉漉的，就怀疑三叔可能是见羊娃落水后没注意脚下也从水闸上掉了下去。他们找到八连，没找到。中午1点又回到水闸处，准备乘河西小康的三轮车去下游的一二七团继续寻找。还没动身时，姑爷余小收从团部打来电话说，"一二七团水闸处发现一个穿着棉衣的人，满脸是土"。母亲一想，坏了！因为三叔当天穿的正是母亲为他做的棉衣。后来，三叔被拉回来，脸上还碰烂了一块。① 母亲对我回忆说："哑巴去世时，皮革厂的马老婆婆哭得嗷嗷叫，说你三叔太可怜了！"②

家人怕影响我的学业，一直瞒着我。我放假回家才得知这一噩耗。三叔"一生所为都是行善积德之事，最终却不能得一个善报！"我觉得"故乡大概有一股邪气，这股气邪得可恶，邪得可怕！"③ 三叔的存在突然被死亡终止了，但"死亡所指的终结并非结束存在，而是这种存在者的一种

---

① 据2016年9月11日晚母亲何文秀在家中的讲述。

② 据2017年4月5日晚我对母亲何文秀在家中与表姐何玉芳的聊天记录。

③ 参见户晓辉《故乡之殇》，《绿洲》1999年第3期；罗文斌、董立勃主编《阳光大坂——新疆当代散文选》，新疆人民出版社1999年版，第167页。

图 80　"吞噬"三叔的皮革厂老水闸。我当年在此留影，是因为我对它不应有恨。2016 年 3 月，我回到此处才发现，它早已被拆除并改建

朝向终结的存在"①。朝向终结也就是朝向目的。人的朝向终结的存在也就是朝向人的目的的存在。人为啥而活呢？人活着在操劳，但人难道是为操劳而活吗？

1986 年寒假回家，我作为三叔的大侄子，又是当时家里唯一的"秀才"，用水泥、沙子和钢筋给三叔做了一个墓碑，用钉子在碑上刻字："1930 年 5 月生于河南省汝南县留盆公社留盆大队西户村，1985 年 5 月 12 日殁于新疆农七师一二三团皮革厂，享年五十有五"，在碑的上方再写上"与山同在，与日争辉"（参见图 81）。当年清明节后，表哥来信说，"你三叔的（墓）碑在四月三号就给他立上了。我和军辉也去给他把坟上了些土。我们是不会把他忘掉的，你安心求学就行了"②。是啊，三叔的死给他本人留下了憾，给我留下了欠。但即便三叔活到今天，仅凭个人，我就有能力偿还这种欠吗？我站在三叔的坟前，看着自己亲手为他写下的碑文，不禁悲从中来。我的悲不仅是为三叔，更是为我自己，为现在和将来的自己。我一介书生固然无力给三叔讨回啥说法，现在也早就没了这个必

①　Martin Heidegger, *Sein und Zeit*, Max Niemeyer Verlag, 1953, S. 245.
②　1986 年 4 月 13 日表哥关小军给我的信。

要，但三叔那份急切的请求、那份无助
的绝望，却一直烙印在我的心间。三叔
那双透着善良的眼睛仿佛一直在注视着
我，那份请求和绝望不仅是三叔的，更
是我的——他的无助难道不就是我的无
助吗？即便在今天的家乡，如果我仍然
生活在那里，如果这样的事情发生在我
自己身上，我难道就有助了吗？我们不
是同甘共苦、患难与共吗？我们的命运
难道不是一样的吗？既然"正义秩序的
基本机制，即那些应当对自由的实现起
着社会保障作用的机制"① 必不可少，
那么，如果缺乏民主的制度保障和公正
程序，如果不把社会主义核心价值观对

图81　我给三叔户得春刻写
的碑文

好社会的目的论条件——民主、自由、
平等、公正和法治落实到客观的社会制度和个人行为准则层面，而仅凭个
人的强弱去以牙还牙，难道不会重新落入丛林法则和底层互害的恶性循环
吗？如何才能减少"对幸运的保证被降低为对未来幸福的期待"② 呢？

可是，我对民主和法治的制度建设能做什么呢？处身中国这样一个社
会，我们每个人随时随地都有切身感受。"说实在的，让我们难以接受的，
并不是意识到这世界上缺乏'绝对的公正'——几乎没有人会这样指望，
而是意识到在我们的周围存在着一些明显可以纠正的不公正。我们希望去
消除它们，却难以如愿。在日常生活中，当我们遭受到有理由去愤恨的不
平等或欺压时，这种感受是很明显的。然而在我们所生活的这个世界中，
当在更为广泛的范围内存在不公时，也会有同样的情况。"③ 如果没有民
主的制度保障和公正程序，如果不把社会主义核心价值观对好社会的目的
论条件——民主、自由、平等、公正和法治落实到客观的社会制度和个人

---

① ［德］阿克塞尔·霍耐特：《自由的权利》，王旭译，社会科学文献出版社 2013 年版，第
67 页。

② ［德］克劳斯·菲韦格：《"道德世界观"——论黑格尔对先验哲学实践理性的批评》，
牛文君译，《安徽师范大学学报》2013 年第 1 期。

③ ［印度］阿玛蒂亚·森：《正义的理念》，王磊、李航译，中国人民大学出版社 2012 年
版，"序"，第 1 页。

行为准则层面，这些要求就注定会落空并且变得有名无实。在这种情况下，即便那些既得利益者，难道不是也终究处于朝不保夕、人人自危和听天由命的状态吗？这时候，我们的听天由命常常不过是听他人之命罢了。没有民主和法治，不仅黎民百姓的权利、自由和尊严得不到保障，既得利益者和有钱有势者的权利、自由和尊严也同样得不到保障，我们的日常就随时可能变成非常。而且，"从根本上来说，对社会条件的忽视，使得反思自由思想停在了社会条件问题的这个坎上，否则就能够凭借着社会条件给予它们的力量，而完成它们所描述的对自由的实施"①，正如胡适早就指出的那样，"中国历代自由最大的失败，就是只注意思想言论学术的自由，忽略了政治的自由。所谓政治自由，就是要实现真正的民主政治，否则一切基本自由都是空的。能实现才能取得保障"②。也就是说，只有实行和实现了民主与法治，只有把社会主义核心价值观对好社会的目的论条件——民主、自由、平等、公正和法治落实到客观的社会制度和个人的行为准则层面，才能避免它们落空和有名无实，日常生活才能得到正常的保障，我们才能活出人样。所谓保障就是通过民主制度把偶然的、主观的东西变成必然的、客观的程序。③ 因此，"我们要理解多大程度上我们是在制度中并通过制度而生活，而如果我们希望过上更好的生活，制度的改善有多重要"，因为"制度是共同生活的模式化的方式"④。民主不仅允许每

---

① ［德］阿克塞尔·霍耐特：《自由的权利》，王旭译，社会科学文献出版社 2013 年版，第68 页。

② 胡适：《自由主义在中国》（1948 年 10 月 5 日在武昌对公教人员的公开演讲），《胡适全集》第 22 卷，安徽教育出版社 2003 年版，第 753 页。

③ 正如张千帆所指出，"只有充分保障农民的政治权利，农民才能彻底摆脱自己的'弱势'地位，才能有效地利用政治和社会过程保护自己。这才是新农村建设的长远之计"（张千帆主编：《新农村建设的制度保障》，法律出版社 2007 年版，"前言"，第 5 页）；参见该文集中的另外两篇文章——黄学贤、赵中华《农民平等权的学理分析》和王广辉《论农民的社会保障权及其实现》。

④ 罗伯特·贝拉：《好社会：我们通过制度而生活》，见［美］唐·E. 艾伯利主编《市民社会基础读本——美国市民社会讨论经典文选》，林猛、施雪飞、雷聪译，商务印书馆 2012 年版，第 86—87 页；蔡定剑也指出，"反民主论者不理解代议制民主的本质是一种制度安排，它在很大程度上是一种程序保障。民主制与专制制度同样也许是少数人在统治，但不同的是，这些'少数人'是通过一定的程序由民意产生的，他们作出决定不是个人恣意独断，而是要根据一定的程序采集民意，他们的行为要受到多数人有效的监督。民主就在于有一套由民意影响决定的程序保障，而不在于是否真正由多数还是少数人作出决定。民主的正当性就在于大家都公认这种程序，而不一定是它的结果。但如果多数人不同意这个结果，就可以改变这个结果"（蔡定剑：《民主是一种现代生活》，社会科学文献出版社 2010 年版，第 16 页）。

个人有不同的看法，而且有一系列的客观程序保障让每个人对涉及自己根本利益的重大决策发表看法甚至参与决策。"民主的部分成就就是它有能力通过公开讨论使人们对相互之间的困境产生兴趣，并更好地认识其他人的生活。"① 民主的重要步骤是遵循公平、公开的参与程序，即便不能完全达到每个人希望的结果，但必须认可按照你所认可的程序得出的结果。换言之，只要是真正按照你所认可的程序和游戏规则得出的结果，只要这个程序经过严格监督而且没有作弊和造假环节，即便得出的结果与你的想法不同，你也应该承认和接受。因为民主意味着程序公正，它不能保证结果一定符合每个人的愿望，甚至任何办法都难以做到让每个人都如愿。正因如此，民主也意味着要允许一部分人合理合法地表达对结果的不满评价。这就是公平的游戏规则。规则意味着平等的契约关系，它必须具有普遍的约束力和执行力。正如胡适通俗地解释的那样：

> 民主宪政不过是建立一种规则来做政府与人民的政治活动的范围；政府与人民都必须遵守这个规定的范围，故称为宪政；而在这个规定的范围之内，凡有能力的国民都可以参加政治，他们的意见带有正当表现的机会，并且有正当方式可以发生政治效力，故称为民主宪政。这种有共同遵守的规则的政治生活就是宪政，其中并没有多大玄妙，就如同下棋的人必须遵守"马走日字，象走田字，炮隔子打，卒走一步"的规矩一样；就如同打马将的人必须遵守马将规矩一样；就如同田径赛的人必须遵守田径赛规矩一样。下棋的人犯了规矩，对方可以纠正他；打马将的人犯了规矩，同桌的人可以拒绝承认；田径赛的人犯了规矩，同赛的人可以请求裁判员公判处罚。这就是小规模的民主宪政。我们能遵守下棋，打马将，打网球，赛跑的规则，我们也学得会民主宪政的生活习惯。②

显然，规则是中性的，不管谁来下棋，都应该遵循下棋的规则。我们容易理解下棋的形式规则，可对于社会规则和政治规则，我们就容易忽视

---

① ［印度］阿玛蒂亚·森：《正义的理念》，王磊、李航译，中国人民大学出版社2012年版，第321页。

② 胡适：《我们能行的宪政与宪法》（1937年7月4日发表于天津《大公报》），《胡适全集》第22卷，安徽教育出版社2003年版，第573—574页。

并且难以理解形式规则的作用。经验主义思维方式往往让我们难以抽象地做出细致的区分。我们往往只想要公平的结果，却并不懂得依靠公平、公开的纯形式规则才能得到这样的结果，而总想侥幸地依靠针对具体对象制定的某些优惠政策。实际上，"这两类规则的区别是和制定一个道路使用规则（像'高速公路规程'）与命令人民向何处去之间的区别一样，或者更明白一些说，和设置路标与命令人民走哪一条路之间的区别一样。形式规则事先告诉人们在某种情况下，政府将采取何种行动，这种规则用一般性的措辞加以限定，而不考虑时间、地点和特定的人。它们所针对的是一种任何人都可能遇到的典型情况，在那种情况下，这种规则的存在将会对各式各样的个人目的都有用处。在那种情况下，政府将按照确定的方式采取行动，或要求人民按确定的方式行事。提供关于这方面的知识，目的在于使个人可用以制定自己的计划。人们期望，形式规则对于那些尚不知其为谁的人们，为了他们决定用其来达到的目的，在他们不能预见其详情的环境中，预计是有用的。在这一意义上讲，形式规则只是工具性的。我们并不知道这些规则的具体效果，并不知道这些规则将会有助于哪一种目的或会帮助哪一种特定的人，它们只不过是被赋予了一种大体上最有可能使一切受其影响的人们都能得到好处的形式，事实上，所有这一切是我们这里所说的形式规则的最重要的标准。正因为我们事前无法知道谁会使用并在什么情况下使用这些规则，所以它们并不涉及在某些特定目的和某些特定的人们之间进行选择的问题"①。我们往往希望制定对自己有利的特殊规则，却忽视了对人人有利的普遍规则。可是，真正的法治恰恰是后者而非前者。因为"法治就含有限制立法范围的意思，它把这个范围限于公认为形式法律的那种一般规则，而排除那种直接针对特定的人或者使任何人为了取得这种差别待遇的目的而使用政府的强制权力的立法。它的意思不是指每件事都要由法律规定，而是指政府的强制权力只能够在事先由法律限定的那些情况下，并按照可以预知的方式被行使"②。不明白这一点，我们也就难以建设真正的法治社会，我们的日常生活就难以得到法治的程序保障。没有公正而公开的程序保障，法律就可能变成徇私枉法的工具。普通人遇到纠纷，就会尽量避免打官司，正如母亲向我转述的口头禅所

① ［英］弗里德里希·奥古斯塔·冯·哈耶克：《通往奴役之路》（修订版），王明毅、冯兴元等译，中国社会科学出版社2015年版，第96—97页，重点原有。
② 同上书，第104页。

说，"冤死不告状，饿死不做贼"，因为普通人一般告状告不赢，做贼偷不着还要挨打①，打官司既劳民伤财又伤邻里情面还费时耗力，说不定还会碰上葫芦僧乱判葫芦案。看来，"对法的信任乃至信仰不可能只靠宣传和教育达到，而要靠对具体的法的经验。如前所述，人们通常由司法活动中形成他们对法的认识，如果他们发现幕后活动比公开程序更重要，发现最后的判决取决于法律以外的诸多因素，发现即使是公正的判决也无法执行，发现法官的学识、品格、能力和举止均不可信任，他们还会把法律与公正相联吗？他们心中可能产生对法的尊崇和信仰吗？"② 因此，一件不公正的案子对普通民众法治信仰的损害胜过千百个空洞的宣传！只要有一件不公的审判让人们知道了，任你再说一千道一万地唠叨法治的好处，他们也难以相信，因为事实胜于雄辩嘛。在这种情况下，有些人知道告不赢，却仍然要告，为的是像秋菊打官司那样讨一个说法。大多数人则不会用鸡蛋碰石头，因为结果早就可想而知。因为他们知道自己的状子说不定最终还是落到被告手里，让原告吃不了兜着走。这样的官司注定是无望的。在这样的社会，"以我的感受，大人物的经历不管多悲惨，也不能和小百姓们相比。大人物的冤枉总容易解决，小百姓们如果没碰对了人，碰巧了机会，也许很难得到命运的晴天……"③

我们不懂得，真正的法治才是对任何人都客观有效的公正程序和制度保障，正如一份法国文献所说，"法是由事物的性质产生出来的必然关系"④，所以才是具有普遍性的实践理性法则。只有遵照这样的实践理性法则来设计社会制度，我们才能生活在确然而自信的、有保障的状态之中。可惜的是，中国的一些后现代主义者盲目反对理性和法律，却忘记和忽略了他们所推崇的一些后现代大师恰恰是尊崇理性和法律的，例如，列维纳斯就认为，外在的法律或成文法是反抗暴行所不可或缺的手段，也是保障自由的政治条件。⑤ 有些人一见"理性"两字就想到理性霸权和理性

---

① 2016 年 9 月 17 日母亲何文秀在家中对我说的话。

② 梁治平：《转型时期的法律与社会公正》，《法律何为：梁治平自选集》，广西师范大学出版社 2013 年版，第 15 页。

③ 冯骥才：《一百个人的十年》（足本），江苏文艺出版社 1997 年版，第 15 页。

④ ［德］哈贝马斯：《公共领域的结构转型》，曹卫东、王晓珏、刘北城、宋伟杰译，学林出版社 1999 年版，第 57 页。

⑤ 参见 Emmanuel Levinas, *Collected Philosophical Papers*, Translated by Alphonso Lingis, Martinus Nijhoff Publishers, 1987, p. 17.

万能，其实，只要看看启蒙运动的祖师爷康德的著作就不难明白，启蒙是如何发现并界定人的有限理性的。人的理性不是万能和无限，却是人唯一能够依靠并且最值得信赖的唯一能力，所以，人类需要认识自己理性的限度和不同分工，需要像康德那样不断批判自己的理性。人的理性并非万能，但人没有理性则万万不能！

想到这里，我似乎忽然明白了三叔对我的期望。他总要希望我做点什么。既然不能在体力和武力上有所作为，那就应该在智力上和精神上尽一点绵薄之力。我经常得想想，不说为家乡，就算为社会，在制度建设方面，我是否尽了一点绵薄之力？如果没有，那就真的对不起三叔的在天之灵了。

我与三叔共命运，这种命运不是指宿命，而是指人的命运在其自由之中①，那些听天由命的人恰恰没有领会这一点，反而把自己的命运拱手相让出去，交给盲目的偶然去摆布，让自己与命运的搏击变成单纯对命运的盲目承受。每个人当然都得领受并且承受自己的命运，我也绝不否认偶然对人的命运有时可能起到决定作用——比如三叔的溺水而亡——但如果我们在命运面前完全听任摆布而无所作为，那我们与三叔放养的羊又有何不同？对人而言，"自由没有面包当然恰恰和面包没有自由一样不具有生活意义"②。当面包问题还没解决之时，我们常常还想不到自由，我们还不能自由。但人的自我的动机不仅是他的所愿，更是他的应然。③ 也就是说，我们人的行为动机不仅是考虑自己的私欲和爱好，也要考虑应该如何。应然的精神（Der Geist des Sollens）来自与"自成一体的因果性"自然界不同的另一个精神存在领域。④ 至少在应然的精神领域，我们可以把握自己的命运，因为这是自由的领域，而不是面包的领域。我的家人很少遇到缺少面包的问题，而且，即使暂时出现面包问题，也绝非不可解决、不可忍受。

由于听不到也看不懂外界的喧嚣和那些"被协调起来朝着一个方向影响个人"⑤ 的宣传，三叔本本分分地守候在自己的世界里，他最终冷静下

---

① 参见 Josef Stürmann, *Der Mensch in der Geschichte. Versuch einer philosophisch-anthropologischen Geschichtsbetrachtung*, Verlag Kurt Desch München, 1948, S. 117。

② Ibid., S. 221.

③ Ibid., S. 115.

④ Ibid., S. 98.

⑤ ［英］弗里德里希·奥古斯塔·冯·哈耶克：《通往奴役之路》（修订版），王明毅、冯兴元等译，中国社会科学出版社 2015 年版，第 169 页。

来，没去复仇，而是采取了宽恕的态度，这反倒让他守住了应然的精神，这种精神恰恰属于人的精神存在领域。有人说，没有宽恕就没有未来。在我看来，宽恕并非无原则地放弃过去。宽恕与其说是原谅别人曾经施加给自己却并没有得到他们本人承认和清算的错误，不如说是自己在内心深处放弃对这些错误的死死纠缠和念念不忘，继续开辟崭新的未来。三叔失去了一时的胜利，却赢得了做人的尊严。这至少可以表明，三叔作为真正的人活过一场。有了这份自由和尊严，三叔卑微的生活就不至于沦为卑贱的生活。

我知道，三叔一直在等待他心目中的那个戈多，他活在将来而未来的希望之中。这个戈多不是后现代的莫须有，而是踏踏实实地能够给他以说法、能够为他讨回公道的法治制度。有了希望，生活才变得可以忍受。因为"没有比知道我们怎么努力也不能使情况改变这件事更使一个人的处境变得令人难以忍受的了；即使我们从来没有勇气下定决心去做出必要的牺牲，但知道只要我们努力奋斗就能够摆脱这种处境，单单这一点就会使许多令人难以忍受的处境成为可以容忍的了"①。三叔能够容忍，大概正是因为他相信自己的处境有改变的希望。我的家乡有没有这样一个希望之地呢？如果过去没有，现在和未来能否有这样一个地方呢？如果说三叔生不逢时，没有得到他的名字户得春所预示的那种春天，那我们就能生逢其时而又生当其时吗？如果我们没有做出改变命运的努力，我们的后代又怎能生逢其时并且生当其时呢？

2012年6月，母亲因心肌梗死在奎屯的兵团医院住院，我在医院陪护。有一个30多岁的兵团女职工来病房诉说她刚刚经历的事情。她说，她在地里与几个民工发生争执，被他们围殴；她说的具体事由，我已记不清了，但显然我觉得她是占理的。如果不是被别人拉开，她险些被打死。我说："民工怎敢打你们正式职工？"她说："那些民工与当地领导勾结在一起，天不怕地不怕。"我说："那你咋不告呢？"她说："没人敢给我写状子，也没地方受理。反正我先来医院治伤，先保住自己的命再说。"我当时真有一种暗无天日的感觉。她不仅无处话凄凉，更无处说短长，没有哪家媒体敢于公开报道她的事情。可是，一方面，"任何社会都有不幸，

---

① ［英］弗里德里希·奥古斯塔·冯·哈耶克：《通往奴役之路》（修订版），王明毅、冯兴元等译，中国社会科学出版社2015年版，第114页。

关键在于如何提供及时有效的救济并防患于未然。造成社会苦难的原因是多种多样的，可以是个人的命运不济，可以是不法分子胆大妄为，可以是政府官员滥用公权。但是没有新闻报道，所有这些不幸都将埋没在社会生活的汪洋大海之中……"另一方面，"即便我们知道周围发生的不幸，也还需要借助媒体才能触动政府解救不幸。这是因为在没有民意压力的情况下，政府往往不会自动纠正自己的过错或制度的缺陷，而宁愿无所作为、任由错误泛滥延续；更有甚者，政府官员往往自己就是社会悲剧的始作俑者，不受控制的公权力是社会安定的最大威胁。只有保证新闻自由才能使媒体无畏无惧地大胆揭露，进而形成强大的民意，遏制公权滥用并促使其积极解救社会困苦"①。在1902—1932年担任美国最高法院大法官的霍姆斯（Oliver Wendell Holmes, Jr., 1841—1935）也说："罪犯逃脱法网与政府的卑鄙非法行为相比，罪孽要小得多。"家乡已经发生和正在发生的诸多事件，堪称这个论断的注脚。这并非某些后现代主义者所谓的有罪行、无罪犯，而是应该在官官相护的每个环节各负其责、各追其责。如果把人往死里打、往死里整算得上一种"根本恶"（radical evil），对这种根本恶的纵容、包庇和姑息养奸至少算得上是庸常之恶，这种庸常之恶对人与社会的危害性并不亚于根本恶，只是它们往往不易被我们察觉，更容易被我们忽视和宽恕罢了。相反，民主制度不仅允许和鼓励公民参政议政，可以调动他们的积极性，增强他们的主人翁意识和社会责任感，而且能够最大限度地减少因领导人的失误对国家和社会造成的损害，能够及时地纠正并制止少数决策者所犯的错误。难怪德语有一句格言叫"Jedes Volk hat die Regierung, die es verdient"②，意思是每个民族都有理应得到的那种政府，也就是说，有什么样的政府都是民众自找的，啥样的民众配有啥样的政府。我们付出多大的努力，就配有多好的政府。

1988年，二弟在信中对我说：

你寄来的虾米我们已经收到了，也给军哥拿了一些。……
家里的一切都好，姥姥的身体非常好，爸妈的身体也可以。这儿的天气非常冷，但有时中午又热，早晨穿棉衣，晚上穿毛衣，反正我

---

① 张千帆：《宪政原理》，法律出版社2011年版，第47—48页。

② Georg Büchmann（Hg.）, *Geflügelte Worte. Der Zitatenschatz des deutschen Volkes*, Buchclub Ex Libris Zürich, 1974, S. 416.

们都会注意的。

家里有一头肥猪（大约一百来斤重），还有一头牛（买时九百元，别人要就 1200 元），还买了一台收录机（大约 500 元）。

姥姥听了你的来信说，让姥姥多穿点衣服，还问他（她）身体好吗，姥姥都哭了。他（她）哭着对我说，小军，你给你哥哥说我的身体非常好，让你多穿点衣服，别凉着了，你的一只手和一只脚都冻烂过，让你好好的保护着点，别再让冻烂了。如果三叔在就好了，他看了我给他比画的一些内容，他一定会开心地笑的。[①]

是啊，如果我的家乡真的有了不用复仇而自有讨回公道的公正程序和制度保障（参见图 82），到那个时候，三叔"他一定会开心地笑的"。我相信！

图 82　一二三团团部的车排子垦区人民法院，拍摄于 2016 年 9 月 10 日。讨回公道的公正程序和制度保障主要指的不仅是公检法等机构，更是这些机构的运作机制能否真正遵循公正程序，能否为社会提供真正的制度保障

———————————

① 1988 年 10 月 29 日二弟户军辉给我的信。

走后门

——二弟之失

的确，再小的公权力，如果失去有效的监督，也必然会被滥用并导致腐败。因此，对公权力的制度约束和程序制衡就显得极为重要。二弟户军辉当年想当兵，几次未能如愿，后来又丢掉了公职，正是因为有人滥用职权。

二弟年轻时有点"二"，对人好起来像春风拂面，发起脾气来则如暴风骤雨，有时甚至没轻没重，但他绝非游手好闲、不务正业之徒，更不干胡作非为之事。有一次，皮革厂的几个伙伴准备趁着天黑去河西六队的拖拉机上卸铁，卖钱。走到奎屯河大桥处，二弟假装脚崴了，就没去。回家后，他向母亲说明了事情的真相。[1] 二弟初中没毕业，早早就不愿继续上学。父母晓之以理、动之以情，但年轻的二弟硬是铁了心不上了，还写了保证书说，今后不会埋怨别人。可多年以后，他还是后悔了，这件事可能成了他一生的憾事。我们贫家子弟，没门路又想改变命运的办法只有两条：要么上大学，要么去当兵。二弟当时最大的心愿就是去当兵。1989年春，三弟来信说：

> 你走之后，没过几天，（我）便上学了。天气转暖和了，可是刚过半个月，又下了一天的鹅毛大雪。
>
> 今年招兵，小军想去当兵，家里不让去，可是他还要去，弄得好几天没人放羊，可是到验兵那天，他却没验上。所以，现在又放羊了。[2]

---

① 据2017年4月5日晚母亲何文秀在家中的讲述。
② 1989年3月21日三弟户金辉给我的信。

　　我知道，除了考虑当兵苦、二弟年龄小之外，父母，尤其是父亲，还是想把二弟留在身边养儿防老。1990 年，信息闭塞的二弟告诉我：

　　　　我现在还打算去当兵，今年是南疆兵。据说是汽车兵，还有的说是步兵。爸爸妈妈不想让我走，让我在家放羊。说老实话，我还真不愿意放羊了。只不过不要紧，九月份还有一批兵团武警，我想我大概可以走。

　　　　因为今年没有去当兵，我和爸妈生了几天气，几天过后，我心里有些后悔，在这几天里是吃了玩，玩了吃，真没意思。想想爸妈把我养这么大，也不容易。养大我，别的不为，为了让我考中学、高中、大学。哥我没这份心也没法，让我多放几天羊为我自己挣点钱，可是我为什么这么傻。①

　　我不记得怎么劝慰了二弟。一个月后，三弟说："二哥今年 2 月份又去验兵，结果，他却没有验上。又有几天不高兴。可是事总得有个头。他现在在天天放羊。"② 稍后，三弟又告诉我，"小军今年没当上兵。自从去当兵人来信说部队上太苦了。他们还真有点不想干了"③。二弟倒是挺有一点自嘲精神，他对我说："哥，我这个人有个毛病就是爱吹牛，所以你不要生气，以前我给你去信说的话，等于没说，希望你不要生气。"④

　　1990 年末，三弟来信说，"二哥又想去当兵了，听说今年是消防兵，咱爸、妈也支持他去"⑤。可过了几天，传来的消息是，"小军今年当兵又去不成了"⑥。刚过完 1991 年元旦，二弟来信解释了原因：

　　　　至于我当兵的事，被别人给撞（顶）掉了。什么都过了，像五官、内外科、X 光透视都过了，可到了肝肾化验时，被别人撞（顶）掉了，以后我也不打算去当兵了。……很抱歉，你拿回来的黑米酒，让我给喝了，回信时别给爸妈说，他们不知道。你在过年回来（时）

---

①　1990 年 3 月 2 日二弟户军辉给我的信。
②　1990 年 3 月 16 日三弟户金辉给我的信。
③　1990 年 4 月 10 日三弟户金辉给我的信。
④　1990 年 4 月 4 日二弟户军辉给我的信。
⑤　1990 年 11 月 12 日三弟户金辉给我的信。
⑥　1990 年 11 月 28 日三弟户金辉给我的信。

帮我带两瓶，到时我付钱。你放心好了。①

　　我觉得，二弟既然有出去闯荡的想法，还是应该支持。当时，父母，尤其是父亲希望我这个已在政府机关里工作的儿子（参见图 83）能够派上用场，给二弟找个工作。父亲让三弟给我写信说："妈已经退休了，只是商店还未交了，小军也调回皮革厂了，爸让我告诉你们，让你们对小军在你们那里找工作的事多费点心。现在虽然小军调回来了，但是在皮革厂一年到头也落不了几个钱。现在爸、妈的力已经用完了，以后只有靠你们俩来给小军找个工作或技术让他做，你们在这方面要多操心点。"② 后来，三弟又来信转达了父亲的嘱托：

图 83　1990 年 7 月，我硕士毕业后被分配到新疆维吾尔自治区新闻出版局工作，当时的办公地点在乌鲁木齐市天山大厦内，我的办公室是一间阳光照射不到的"黑屋子"

　　前天，收到大哥的来信，大哥说支持二哥出去闯一闯，你们还是听爸爸说说吧！

① 1991 年 1 月 7 日二弟户军辉给我的信。
② 1992 年 4 月 8 日三弟户金辉给我的信。

　　爸爸说："过春节回来也好。小军准备去呼图壁去找工作。我的意思是寄托在你的身上。一是找个技术学习，二是找个工作干。至于钱由家里来出。要你们想一切办法来干这件事。小军他到外面找别人找活干，你们也可以帮助小军找个活干。反正他也不能干多好的活，就是出去掏力干活。我们也无人可托。只有全靠你们了，希望你们尽力帮助。"……家里的活现在也不太忙。姥姥现在很好，只是有时她总是说"冷"，因为她总是座（坐）在那儿，不来回走动。①

　　这段话里出现了许多个"活"。我忽然发现，汉语里的"活"字竟有这么多含义！"活着""过活""干活"都是"活"，似乎都在说中国人活着实在不易。我也试过完成父亲的嘱托，而且在乌鲁木齐给二弟找了几家饭馆打工，可他都没能长期干下去。回家后，二弟给我来信说："不知我这样理解对不对：人是在劳动中成长的，一个人如果离开了他自己应该劳动的事，而去贪恋轻松、舒心、玩乐的生活，他（她）就活的没有意义。……从你们那儿回来，就没闲着。回来的第三天把那点儿墙垒起来，第十天把墙泥泥上，然后剩下的就包给别人干了，商店也已经泥好了。"② 二弟还真有一点清教徒精神，这种精神不仅属于他，也属于多数兵团人。二弟就这样辛苦了一辈子，直到突然发病的那一天，即 2017 年 3 月 30 日的白天，他仍在一二三团老袁托运部给别人送货。

　　也许父母知道我没有走后门的本事，看二弟几经周折，未能如愿，母亲通过曾担任皮革厂指导员的王树清，让二弟上了兵团技工学校，并且每年出资 3000 元学费，让他学个一技之长。③ 1992 年 11 月 14 日，三弟来信说："……大前天小军去昌吉上技校，主要学习烹饪……小军走后的第二天，家里的猪得肺病，没办法只有宰了。第三天晚上，家里的商店被人偷了，没有偷什么东西，拿了几十块钱，几条烟，拿走了几双手套。正巧那天父亲感冒了，母亲上团拿药，回来时天已黑了，谁知就在母亲未回来之前小偷偷了商店。"真是屋漏偏逢连夜雨，总有人会乘虚而入，这大概就是鲁迅说的，"我觉得中国人所蕴蓄的怨愤已经够多了，自然是受强者的蹂躏所致的。但他们却不很向强者反抗，而反在弱者身上发泄，兵和匪不相争，无枪的百姓

---

① 1992 年 10 月 19 日三弟户金辉给我的信。
② 1992 年 6 月 22 日二弟军辉给我的信。
③ 据 2017 年 4 月 7 日下午母亲何文秀在家中的讲述。

却并受兵匪之苦，就是最近便的证据"①。别看我家处在戈壁滩上，这里的传统文化照样具有顽强的生命力。谁要担心它会断流，那多半是在杞人忧天。

二弟学完烹饪后，只在乌鲁木齐干了一段时间就回去了，也许最高兴的是父亲。当时，二弟不无兴奋地告诉我说："我没有到沙湾去，而是进工房了。在我回来的两个月里，我认识到一点，在家中有一个男孩，就是不干什么活，家中老人的心里有一种安慰。今年，爸的身体特别好。这是这几年没有过的。我一提到宅基地栽果树，爸特别高兴，你和三都是要走的人，而我走也行，不走也行，这对我都没有太大的伤害，就当把那些学习钱去旅游了一圈。长长见识吧。家里没有个人，爸的心里是不平衡的。"② 是啊，家里总得有个能依靠的儿子，年迈多病的父亲有这种想法，我完全可以理解。二弟能勇于承担自己的责任，也在某种程度上替不在跟前的我尽了一份孝心。不管他实际上做到什么程度，这份责任心还是值得我感谢的。正如三弟所说，"爸现在任何活都不干，也没有什么活要干。地里的活也不多。小军现在每天都干活，也没有星期日。不过他干的活多点，挣的工资就高，干的少，他就挣的少"③。二弟也觉得自己有用，好像自己的价值得到了实现和认可。于是，他给我写了一封长信：

　　来信已收到，谢谢你的夸讲（奖）。说实在的，我的行动能被你们认可，我就心满意足了。我记的（得）那是94年底，我从乌市回来时，咱爸抱着洋洋座（坐）在那儿。一看我回来了，咱爸长长的出口气，说"我现在放心了"，他说的是我的安全吗？不是的。因为家中在那一年是最不平静的，而且有个商店。咱爸的身体不好，咱妈又办不成什么事。晚上的看商店，商店的提货，都没有人。我一回到家，咱爸说了那一句话，看着咱爸那张因病和劳累而形成的一张脸（脸肿着，眼肿着，眼无神）。我当时好像突然醒悟过来。父母养儿是防老的，随（虽）然我们弟兄三人，你在外，当时我也在外，三又面临着出外，家中是没有人的。所以我就在实现我自己的承诺（自己对自己），让你们出外的人安心、在家的人舒心。咱爸的病是我回来后，看我没有出去的意思，才在安心的情况下治好，咱们全家，只有我和

① 鲁迅：《杂忆》，《鲁迅全集》第1卷，人民文学出版社1981年版，第225页。
② 1995年5月8日二弟户军辉给我的信。
③ 1997年6月16日三弟户金辉给我的信。

咱爸心里明白。这些你不明白。

　　你知道我为什么要买个三轮吗（参见图84），是争一口气。有些人拿"你有用我的时间，而我用你的时间少"这样的眼光来看我。现在我站起来了，不是一方面，而是全方面。早晚我要到官场上去转一圈。现在，我正在慢慢的起步。①

　　是啊，正如哈耶克早就指出的那样，如果个人地位"不是许多人竞争性活动的结果，而是当局有意识地作出的决定所造成的，当这种情况变得日益真实，并获得普遍承认的时候，人们对于他们在社会组织里地位的态度就必然发生变化"②。二弟的这种说法倒是让我想起母亲的表侄 WHQ。2016 年 9 月 17 日，母亲在家中告诉我，当年 WHQ 的母亲何发秀见别人砍枯树，她也砍，结果被人告发。别人都没受处分，唯独他母亲被

图84　1996 年 7 月 31 日我在皮革厂家门前给二弟照的照片，当时家里新买了三轮摩托车，二弟显然有了底气，还有点帅气和神气。这也算得上是他一生中少有的得意时刻吧

降了两级工资。WHQ 去奎屯告状，三天三夜见不上领导，只见到领导的秘书。秘书让他回去找一二三团领导解决问题。WHQ 独自在树林带里哭泣，想着自己这么可怜，却没人理会，只好悻悻而去。所谓踢皮球，就是没人负责或虚与委蛇，这难道仅仅是因为现代社会管理制度将人变成了管理机器上的一个个齿轮吗？即便有各种冠冕堂皇的理由和借口，难道就能让当事人逃避自己本该承担的责任吗？个人作为某个体制机器上的齿轮有没有责任？该不该负责？我们很少反思这种看似冤无头、债无主的小恶对我们的人生和日常生活会带来多大的影响。人们常说的官官相护，大概也能够说明这种现象在中国由来有自，只是不知是否于今为烈罢了，因而不

---

①　1997 年 10 月 22 日二弟户军辉给我的信。

②　［英］弗里德里希·奥古斯塔·冯·哈耶克：《通往奴役之路》（修订版），王明毅、冯兴元等译，中国社会科学出版社 2015 年版，第 125 页。

能简单地归咎于现代性的后果。同样，我也不知这件事对 WHQ 后来走上仕途有多少影响。他先后从团级一直升到师级。

母亲向我讲述：当年三弟在九连上小学，大概上了一学期，他们的学校就与八连的学校合并了。三弟当时跟外号叫"赖狼""豹"和"老拐"的几个同学一起贪玩，上完初中后没考上高中，父亲想让他上职高，但母亲和我当时都不赞成（我已不记得此事）。当时团场正在勤俭办学，不收复读生。父亲和三弟一起去团部报了职高。三弟上了职高，却跟不上趟，很快又回家了。当时，恰好我的小学老师刘茂元在团部管教育，母亲就去请求他让三弟复读，刘茂元建议母亲去找 WHQ。于是，母亲就去找当时主管教育的 WHQ 给八连的校长杨洪初写了条子。可杨校长对母亲说："同志，像你这个情况，不行！WHQ 写条子也不行！不管哪个人写条子都不行！"母亲只好回到皮革厂商店里睡下。第二天，天还没亮，母亲听到发动机的声音，就锁上商店的门，搭乘皮革厂 DXY 去北山拉沙子的敞篷车去团部。到了团部，天已经有点蒙蒙亮了。母亲在 WHQ 的家门前站了一两个小时，一会儿敲一下门，一会儿敲几下门，WHQ 不理母亲。快到 9 点半时，WHQ 开门，母亲说："WHQ，我找你有点事。"WHQ 问道："姨姨，你吃饭了没有？"母亲说："吃过了。"其实，哪里吃过？WHQ 说："姨姨，你在这里等着，我去买饭，我马上要上班了。"很快，WHQ 把饭买了回来，母亲跟他进了屋，他们一家三口开始吃饭。母亲还没开口讲这个事，恰好八连的杨校长也来到 WHQ 家。杨校长是个机灵人，一见这种情况，立即当着 WHQ 的面说："我同意让户金辉去八连复读。"但他后来还是把三弟弄成了旁听生，让三弟坐在最后一排。由于当时没车，那天母亲硬是从团部走回了皮革厂。后来，三弟成绩上去了，而且考了高分，学校又让母亲去学校传授教育经验。母亲说："都是他自己学的！"再后来，母亲去团部，把三弟读职高的费用要了回来。① 听了母亲述说自己当年在表侄门前吃闭门羹的经过，我安慰她说："也没啥，你想，这些当领导的，又不止你一个亲戚，找他的人肯定都让他头疼哩。"

把母亲讲述的先后发生在 WHQ 身上的两件事加以比较，就不难看出官场与民间的恶性循环效应。这难道就是所谓屁股决定脑袋吗？再好的人，再善良的人，即便曾经受到公权力的漠视和冷遇，一旦公权力在手却

① 据 2016 年 9 月 12 日晚和 2017 年 4 月 7 日下午母亲何文秀在家中的讲述。

又缺乏有力的制度约束和程序制衡，谁也不能保证自己就不会滥用这种权力来给别人带来同样的漠视和冷遇，即便这些别人是自己的亲朋好友，因为"缺少了积极主动、信息充分的公民，政府间可能滥用权力"①。这就是亚里士多德早就指出的，"谁要求理性来统治似乎就是要求神和法律来统治；但谁要让人成为统治者，就加入了兽性。因为贪欲是某种具有兽性的东西，即便最好的人，一旦当了摄政者也会被怒火冲昏头脑。所以，法律是纯粹的、没有欲望的理性"②。权力失去制衡，就一定会带来苦难和恐怖，在这种情况下，没人真正安全。正因如此，我们才需要用理性来主宰自己，需要依据实践理性来设计公正的制度并以此来治理社会。在"谁应得到什么是由几个人意愿来决定的那种制度"和"谁应得到什么至少部分的是靠他们的才能和进取心，部分的是靠难以预测的情况来决定的那种制度"③之间，我们愿意选择哪一种？难道我们真的无法选择和不由自主吗？

也许二弟吃一堑长一智吧。他没能进入官场，却较多地学会了社会上的人情世故，他能说会道、讲义气、重情面，这就是人们常说的生存智慧吧。没有这些，可能也难以在中国这样的熟人社会生存。当年，二弟告诉我："现在开始干活，心情特别好，我也不知为什么。大概是在这个社会上找到了一个属于自己的位置吧。从开始干活，我就在想，人活着是为什么，为了生活，不对，为了孩子，不对。大概是两样都对，再加上一样就是理想和爱。这是我大概的理解。而有些人除了金钱外就没有什么可说了，你说对吗？"④年轻的二弟对生活能有这样独到的理解和领会，我真为他感到骄傲！可后来，他的生活乃至人生却常常为金钱所困、所累，这难道仅仅是因为他自己不够踏实、不够努力吗？仅仅是因为他的性格不够坚韧吗？恰恰相反，与他一起干活的人都赞不绝口地对我说，"户军辉吃苦耐劳，很舍得下力气，绝对是干活的一把好手"。1998年春，二弟说："我现在是什么打算也没有，只希望有一天能干出自己的事，我现在正努

---

① 唐·艾伯利：《市民社会的含义、起源与应用》，见［美］唐·E.艾伯利主编《市民社会基础读本——美国市民社会讨论经典文选》，林猛、施雪飞、雷聪译，商务印书馆2012年版，第26页。

② Aristoteles, *Politik*, übersetzt und mit erklärenden Anmerkungen versehen von Eugen Rolfes, Felix Meiner Verlag, Hamburg, 1981, S. 116.

③ 参见［英］弗里德里希·奥古斯塔·冯·哈耶克《通往奴役之路》（修订版），王明毅、冯兴元等译，中国社会科学出版社2015年版，第121—122页。

④ 1997年12月3日二弟户军辉给我的信。

力工作。爸爸在 3 月 7—22 日住院了，大概是半月院，现在已全都好了。请你们放心。"[1] 稍后，二弟又告诉我："我现在也打算出去，克拉玛依采油三队的一个食堂现在需要承包，我准备与他人合资去弄。所以家中现在已经没有人照顾。我现在已经与咱爸、咱妈商量好了。家中的地（现在皮革厂与九连合并了），公家说没有盖房者，都不让种了，所以种不成了。家中商店，眼红的人居多，老是想弄咱家一下，就让眼红的人不管刮风下雨，天冷、天热，到其他地方去买吧。我们也不打算干了。这些就请你放心好了。"[2] 可是，二弟没能离开一二三团。后来，他们夫妇在皮革厂的旧工房里养鸡。当他们去团部卖鸡忙不过来时，母亲就去帮他们喂鸡。在寒冷的冬夜，空旷幽暗的工房让母亲觉得害怕，她就请求体弱多病的父亲陪她一起去。父亲穿着皮大衣，坐在二弟的沙发上，因为父亲认为自己作为公公不能坐在儿媳妇的床上（参见图85）。母亲说："我受多少委屈，你还不知道。"[3] 再后来，二弟在皮革厂的公职也被当时的会计搞掉了。[4] 这些年来，由于二弟媳妇是十六连的职工，所以，二弟算是十六连的一个家属。即便在家乡这样的小地方，有些人也只是掌握了那么一点天高皇帝远的小权力，但这里是他们说了算，这里的几十户散落的人家被攥在他们手心，这倒是让我想起托克维尔早就说过的话，"专制政体往往把自己表现为受苦受难人的救济者，表现它修正过去的弊端、支持正当的权利、保护被压迫者和整顿秩序。人民被它制造出来的暂时繁荣所蒙蔽，睡入梦中，但他们醒来以后，便会感到痛苦。自由与专制不同，它通常诞生于暴风骤雨之中，在内乱的艰苦中成长，只有在它已经长大成熟的时候，人们也能认识它的好处"[5]。不要说什么中国特色，好像中国人个个都是"钢铁战士"（我小时候看过的同名电影），好像个个都五毒不侵！我要说，人性都是一样的，人性的优点和缺点也都是相似的。"权力导致腐败，绝对权力导致绝对腐败"[6]，这是权力的普遍原理。这也就是我常说的原理决定论：我们不能被各种各样的假象、花言巧语，甚至歪理邪说迷惑，因

---

[1] 1998 年 3 月 27 日二弟户军辉给我的信。

[2] 1998 年 4 月 12 日二弟户军辉给我的信。

[3] 据 2017 年 4 月 8 日下午母亲何文秀在家中的讲述。

[4] 2017 年 4 月 7 日下午，母亲何文秀在家中对我说，这是父亲生前告诉她的。

[5] ［法］托克维尔：《论美国的民主》，董果良译，商务印书馆 2009 年版，第 301 页。

[6] ［英］阿克顿：《自由与权力——阿克顿勋爵论说文集》，侯健、范亚峰译，商务印书馆 2001 年版，第 342 页。

为说一千、道一万，事情都有各自的门道和规律，这些门道和规律就是决定事情之所以是这样的根本原理，正可谓人同此心、心同此理。不少中国人总是不关心这种原理，而是醉心于怎样把这种原理弄拧巴和弄变形的那些歪门邪道，因为对歪门邪道的钻研可以让他们得实惠，因为这些歪门邪道虽然是潜规则，却在很大程度上就是中国社会赖以运行的实际规则。所以，"中国的制度设计，似乎从一开始就实践着亦期待着'人'发挥主观能动，打破制度不便的作用"①。制度的弹性和灵活性也就与我们的省心省力互为因果，为钻制度的空子和漏洞大开方便之门。其实，"只有按照如我们从经验了解到的那些普通人、常人的德性而量体裁衣地厘定的制度，才是好制度。我们不能要那些只有超人才能操作并且是为超人而设计的制度"②。如果不能堵住制度的漏洞而放任"普通人、常人的德性"去任意扭曲和钻营制度，制度当然就形同虚设。

图85　1998年，在皮革厂工房养鸡时的二弟户军辉与二弟媳妇徐红霞在沙发上合影，这里曾经承载着他们的一部分梦想与幸福

我已经说过，对没有门路的农场后代而言，只有当兵和上大学才是改变身份的正规途径。二弟上不了大学，当兵的路又被堵死。后来，当年负

———————————

　①　陈新宇：《寻找法律史上的失踪者》，广西师范大学出版社2015年版，第19页。

　②　[瑞士]托马斯·弗莱纳：《人权是什么?》，谢鹏程译，中国社会科学出版社2000年版，第115—116页。

责招兵的武装部长告诉二弟，二弟当时之所以未能如愿，第一年是因为被别人顶替了，第二年是因为二弟没送礼，第三年是因为二弟查体时被查出色盲。① 二弟的人生轨迹也因此被改写。他过的是没有选择的生活，他只能在故乡那块小天地里铺展自己的人生，寻求自己的幸福（参见图86）。可是如今，二弟一家的幸福在哪里呢？我们的幸福又在哪里呢？如果只有我自己获得了暂时的、相对的解脱，而三分之二的亲人仍然处在水深火热之中，我又怎能不坐卧不宁、寝食难安呢？我又怎能不一半是海水、另一半是火焰呢？因为亲人的不解放和不自由就是我的不解放和不自由，因为他们的自由就是我的自由，在这方面，我深刻地感受到一种剧烈的撕裂感和分裂感：从外在自由和经济状况来说，尽管我与亲人们之间充其量也只是百步与五十步之遥，但是，当他们在故乡一个接一个或早或晚地结束了自己悲苦的人生之时，我却从他们身上分明看到了自己的苟延残喘和苟且偷生，深切感受到同样布满我们人生的无助、无奈、心酸和彻骨悲凉。

图86　1999年10月15日，二侄子户顺祥满百天，二弟户军辉与二弟媳妇徐红霞一起拍的全家福。也许二侄子的到来使他们暂时忘却了生活的艰辛和磨难吧

　　2017年3月31日凌晨4点多，我还在睡梦中，三弟打来电话说，二弟突发脑干出血，已被送进奎屯兵团医院重症监护室。14：23，三弟发来短

---

　　① 2016年9月10日下午，二弟户军辉对我说，"算你有口福"（实际上我刚在母亲家里吃过饭），他在自己家，用朋友刚钓来的鱼做了酸菜鱼，我们喝了一点啤酒，他向我讲述。

信："哥情况非常不好，速回。"我心不在焉、心急火燎地参加完北大的博士生开题报告会，急忙订购返家机票。4月1日5：39，三弟发来微信："二哥已于4月1日凌晨3点43分医治无效病逝。"看到这个消息，我与妻子悲伤难抑，抱头痛哭。赶回家乡，我对二弟媳妇说："设想一百个结局，我也想不到二弟会是这样一个结局。"这真是"尽管准备了千万种面对，谁曾想会这样心碎"（刀郎《德令哈一夜》）！二弟的人生，还没来得及完全展开就已戛然而止，早早地在家乡那块土地上画上了句号。对此，我们所有的亲人都无法选择，只能面对和承受。假如二弟当兵如愿以偿，他的人生会是什么模样？当年二弟与母亲去乌鲁木齐参加我的婚礼时，曾拍过一张合影照片（参见图87），我从二弟的表情中隐隐约约地看出他没能离开团场的遗憾。当年，二弟失去了当兵的机会；如今，我们却痛失二弟。尽管二弟的有些想法和做法让我不以为然，也曾让我生气，但我想起父亲对我们的谆谆教诲，即看人要全面。我知道二弟过得累，他的缺点和优点都很明显，但本质上是一个善良之人。我不想延续亲人之间那种互相怨恨、互相猜忌、互相伤害的恶性循环。我曾想，陌生人尚且能够原谅和宽恕，自己的弟弟又何独不能？在近年的交谈中，我已经能够感到二弟在觉今是而昨非，在对自己做过的有些事感到悔悟，只是碍于情面不便公开承认罢了。二弟的为钱所困，主要是环境与制度给他造成的贫困和不幸，而不仅仅是他的个人习惯。如果在一个社会里没钱就没有生命的保障，就不能坦然地就医，就不能体面地生存，那么，人们怎能不向钱看齐呢？显然，仅仅批判唯利是图的道德观是不够的，甚至是虚伪的。如果政府能够为每个人提供基本的医疗保障和生活福利保障，能够为每个人基本的生存权和健康权提供制度设计上的公平保障，人们的价值导向自然就会改观。如果二弟能够拥有较多的就业机会和挣钱途径，他也就不至于为钱所累、为生计所困了。因此，近年来，我们兄弟之间的交流比以往密切了，我也给了他一点经济援助。我悲悯亲人，实际上是在悲悯自己，是在悲悯我的另一半，是在怜惜另一个我。二弟之失，难道不是我们之失吗？二弟的命运所预示和提示的难道不是我们共同的命运吗？二弟原本是我们弟兄三个中身体最棒的。当年，一麻袋苞谷，我拎都拎不动，二弟扛起来就健步如飞。二弟曾几次劝我注意身体，可他却对自己的身体状况麻痹大意、满不在乎。二弟的忘我，二弟的吃苦耐劳，二弟的听天由命，二弟在贫困生活环境中养成的某些饮食习惯，二弟有时的积习难改、积重难返，难道不是我们许多人的通病吗？在廉价劳动力市场面前，二弟和他的许多同伴都只能拼死拼活却所得不多、所剩无几。在家乡这样的小地方，不仅要靠拼爹、拼关系，而且机会少、挣得少，也许十分努力只能得到一分回报。所以，干得越多，他们与大城市的整体收入差距就越大。这种资源配置和机会成本上的天壤之别，难道不是人为的不平等制度设计造成的吗？这种悲催结局应该怪罪于大自然还是制度性歧视呢？同样是人，难道在追求利益时的机会不均衡、权利不平等，不是制度设计问题的症结所在吗？

图 87　1991 年 10 月，母亲何文秀和二弟户军辉来乌鲁木齐参加我的婚礼时在我家书架前的合影，当时的二弟还比较消瘦，母亲还有点年轻

我曾告诉二弟，我在本书中专门写了他。谁承想，二弟没能见到本书就撒手尘寰，反而为本书增添了难以承受却不得不承受的浓重一笔。我走在家乡空空荡荡的街道上，一见身穿迷彩服、骑着摩托车的胖男子，就仿佛看见了二弟晃动的身影。没有二弟的故乡仿佛啥事都没发生过一样，只有我们在独自消受丧亲之痛，在一点一点地舔舐精神创伤，在让时间慢慢地治愈一切。我为二弟感到悲哀，因为他别无选择，因为他只剩下自己的力气，因为他只能靠廉价的劳动力来养家糊口，因为他只能燃烧自己的生命，因为他只能搭上自己的身体甚至性命。难道这就是我们这个社会为二弟准备的宿命吗？难道这就是我们这个社会为和二弟一样的无数底层民众预备的共同宿命吗？这种宿命，是他们无可奈何的被动选择，还是社会环境的强人所难呢？二弟在自己猝不及防，也不让我们有任何防备的情况下猝然长世。我痛惜他的性命，更痛惜他的命运！因为这种命运中有我自己

的命运，因为这种命运就是我们共同的命运。当二弟的生命失去基本保障、生活没有根本着落之时，我的生命难道就有这样的保障吗？我的生活就有这样的着落吗？当二弟为生计所迫、只剩下卖力的选择和卖命的无可奈何之时，我的生活又能好到哪里去呢？当二弟的人生无处安顿之时，我的人生又将在何处安家呢？不错，人固有一死，因为死亡本来就是生命的组成部分，但生在底层社会，难道我们普通人就该心没有天高、命却比纸薄吗？难道草民之命就该贱如草芥吗？难道平民之命就该轻如鸿毛吗？

母亲说，二弟是长虫。[1] 当年，父亲曾做梦看到我家房檐上有一条长虫，别人要打，父亲不让打。很快，母亲就生下了二弟。[2] 如果真有奈何桥，我倒希望二弟下辈子投胎到一个能够让他了却心愿的地方。二弟的人生已成过往，但我更希望他来自未来，来自一个能够为他提供公平机会来实现人生理想的未来社会。这样的社会将尽可能减少制度性贫困，让穷人拥有尊严并得到制度性的关爱与保障，真正让自食其力的劳动创造而非权力垄断成为每个人获取财富的手段，彻底铲除阻碍个人奋斗的权力樊篱。我多么希望二弟走向当来而未来的将来！我仿佛看到二弟的魁梧身躯正从这个当来而未来的将来向我们走来。

2017 年 4 月 3 日，我和三弟在故乡暂时瞒着年届八旬、心脏又搭过两个支架的母亲，为二弟下葬（参见图 88）。当日，表姐何玉芳在给姥姥赵发珍上坟时说：“婆，小军去照顾你了，你也把小军照顾好啊！”妻子在北京往朋友圈发了一首自己写的诗：

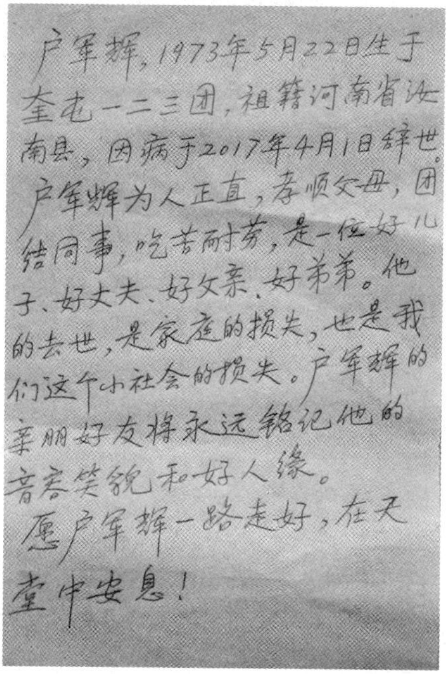
户军辉，1973年5月22日生于
奎屯一二三团，祖籍河南省汝
南县，因病于2017年4月1日辞世。
户军辉为人正直，孝顺父母，团
结同事，吃苦耐劳，是一位好儿
子、好丈夫、好父亲、好弟弟。他
的去世，是家庭的损失，也是我
们这个小社会的损失。户军辉的
亲朋好友将永远铭记他的
音容笑貌和好人缘。
愿户军辉一路走好，在天
堂中安息！

图 88　我为二弟写的简短悼词，由与二弟在皮革厂一起长大、现任一二三团四连指导员的方庆军在二弟的追悼会上宣读

---

① 在方言和口语中，指蛇。

② 据 2017 年 4 月 8 日晚母亲何文秀在家中的讲述。

2017 年的春天是黑色的

柳墨花白的春天里
扔掉
挂念和牵绊　妻儿和老母
不发一言你就走
老二！
你决绝有福
一如三十年前
你退学放羊　谁也劝不动

大漠绿洲
奎屯肥地
你往哪里去
老二！
哪堪这
爱妻娇子　满地狼藉

2017 这黑色的春天
你笑言
刚还完房贷又一贫如洗
虎背熊腰　血气冲顶
17 年前
你许诺
嫂子，下次来，我开车来接你

真想　这是你
给这个世界的
愚人节玩笑
真想你　再拎一袋沉面
送给老娘　撒娇讨钱
怨也罢　恨也罢
你哥心心念念忘不了

心窄了　给少了

借一曲《踏古》
琵琶声声　清越激扬
听琴人
婆娑泪眼
空盼峰回路转
老二！好走！

2017 年 4 月 3 日遥送二弟

　　2017 年 3 月 29 日，二弟去母亲家包了一顿饺子。在一点一点把真相透露给母亲之后，我请求母亲原谅我与三弟，因为我们没敢让她老人家见二弟最后一面。我对母亲说："你就全当那天包饺子就是小军和你见的最后一面吧！"二弟的猝然长逝，为我们空留一个失去二弟守护的故乡。二弟早早地去守护三叔、姥姥、父亲和姑爷所在的那片故土了。我怀念那个未受世俗熏染的二弟，那个小时候不愿偷东西而且一直堂堂正正做人的二弟，那个仍然保持着赤子之心、远离势利和心计的二弟。归于尘土的二弟能否归于年少时的清纯无邪呢？能否远离尘世的是非之地呢？是谁造就了故乡的阴邪，把尚未步入中年门槛的二弟早早送上不归路，是地府的幽灵还是人间的不公呢？在护送二弟灵柩去往六连坟地的车上，侄子户顺祥对我说："我爸是个好面子的人，没想到他最后这一走算是给足了面子。"我说："你觉得足了吗？"他说："我觉得很足了！"恰好此时我们的车队走到拐弯处。我回头数了数，在我们的大车后面，跟着 13 辆小轿车。
　　母亲回忆说，1981 年，父亲带着三叔以及二弟、三弟回河南老家看望奶奶。临走前，母亲给两个弟弟做了新衣，可等他们回来时，已经 8 岁的二弟屁股都露在外面。母亲说，她给弟弟们做的新毛衣和新衣服被换成了旧的。[①] 是

---

　　① 据 2017 年 4 月 6 日晚母亲何文秀在家中的讲述；母亲记不清具体年份了，但现在河南省驻马店市驿城区人民街办事处党政办工作的堂弟户明中在 2001 年 7 月 2 日给我的回信中曾说，"大伯在我 1 岁和 10 岁时来过，我和父亲深深感到他老人家的正直为人及对我们的关心"；2017 年 4 月 27 日早晨，我给四叔打电话询问，户明中生于 1971 年，由此推断，父亲两次回河南的时间分别是 1972 年和 1981 年。

啊，老家的亲戚和二弟一样，都是好面子的人。尽管人的知足程度确有不同，但是，如果他们不是到了生活拮据甚至赤贫的程度，我想，他们也不愿意做出这种丢面子的事情吧。如果一个社会只是到处宣传人穷志不穷而无心无力改善底层民众的生活水平并且缩小贫富差距，那与古代所谓饿死事小、失节事大的伪善道德又有多少区别？个人欲望的大小和知足程度固然因人而异，也不可预知和难以把控，但社会制度能够做的却是为底层民众改变命运提供平等的机会，为他们享受便捷化、人性化的公共服务提供公平的保障。

不知是否因为受到当兵未果的刺激，二弟还曾发愿"早晚我要到官场上去转一圈"。这当然是中国社会比较流行和普遍的世俗哲学之一种。因为许多人都明白，"我们日子之所以比他人过得好些或坏些，并不是因为那些没有人加以控制和不可能肯定地加以预测的情况所造成的，而是因为某些当权者希望有这种结果。并且，我们对于改进我们的地位所做的一切努力的目标，将不在于预测我们无法控制的那些情况，和对那些情况尽量地作出准备，而在于设法使握有全权者作出有利于我们的决定"①。正因如此，官本位的做法和想法才会大行其道。我们很难明白，"靠熟悉程序办事，而不是靠关系办事，这就是法治社会的特点"②。所谓人情世故，说白了就是对规则意识的破坏。当别人通过关系和人情走后门时，没有关系和人情的人可能会抱怨自己受到了不公待遇，可是，当自己有了特殊的权势关系和人情走上后门时，就该轮到别人而不是自己来抱怨了。所以说，"大众话语里对关系学充满了矛盾。它一面谴责，一面又羡慕并认可它。人们以复述这些巧计和日常生活中搞关系的小胜利的故事为乐，以各种各样关系的技巧的实例为榜样"③。如果大家都在利用自己的关系和人情走后门，社会就会陷入互害的恶性循环模式，区别只在于谁的权势大、关系硬、人情多，谁得到的好处、机会和利益就多，无权无势者就永远处于不仅得不到反而会失去的生存状态。于是，马太效应就会成为必然的社会常态。人们不仅不抱怨那些关系硬、人情多的人，反而常常羡慕这些人有本事，到处吃得香、吃得开，实际上就是欣赏蔑视并践踏规则的人，而很少对他们的行事方式本身做出反思。在

---

① ［英］弗里德里希·奥古斯塔·冯·哈耶克：《通往奴役之路》（修订版），王明毅、冯兴元等译，中国社会科学出版社 2015 年版，第 126—127 页。

② 蔡定剑：《民主是一种现代生活》，社会科学文献出版社 2010 年版，第 257 页。

③ 杨美惠：《礼物、关系学与国家：中国人际关系与主体性建构》，赵旭东、孙珉译，江苏人民出版社 2009 年版，第 163 页。

不少人看来，即便钻营潜规则一时没有得到好处，那也只是说明你的道行不够，而不是说明潜规则本身不灵。不少中国人历来只在乎聪明和变通，不在乎契约、诚信。所谓不管白猫黑猫、抓到老鼠就是好猫，表达的就是对规则的蔑视以及对胜者为王的价值推崇。我们的制度缺乏诚信和契约文化的基因，可有多少人想着去改变它，而不是娴熟地利用它并且想方设法地钻营它呢？我们什么时候能够醒来？我们愿意醒来吗？抑或即便暂时醒来还是但愿长睡不愿醒呢？

有人说，中国人喜欢自作聪明，以不守规矩和占小便宜而沾沾自喜，只要有空子就钻，有好处就捞，并且把这种习性叫作聪明和灵活。在我看来，这种习性更多的是由文化和制度造成的，并非我们的本性如此。换言之，这与其说是我们的国民性，不如说是由文化和制度养成的习惯，而这些习惯完全是可以改变和应该改变的，中国人到了国外就能入乡随俗并改掉这些习惯，即是明证。既然拉关系主要指通过送礼来操纵社会关系，其目的是获取无法立即或直接得到的东西和服务[①]，既然大家都在拉关系，区别只在于拉上拉不上或拉上的是什么样的关系，难道拉上关系时就不抱怨、拉不上时就抱怨属于正常状态吗？在这样的社会中，难道不是谁都没资格抱怨吗？因为大家都在默认这样的潜规则，甚至都在挖空心思钻营这种潜规则，而不是改变它。即便拉不上权势关系的人，也可以想一想：如果我们只想通过取得上位和接近权势的方式来拉关系，以此来破坏规矩和走后门，那么所谓前门就形同虚设，规则也就成了摆设。如果一个社会总是通过破坏规矩的方式来运作，它与所谓公平、法治就风马牛不相及甚至恰好南辕北辙。如果规则的制定者自己不遵守规则，甚至带头破坏规则，这不仅损害了规则本身的严肃性和有效性，而且侵害了遵守规则者的权益。在无规则可依的情况下，社会就会陷入道德失序、无法无天的混乱状态，甚至早晚会导致鱼死网破和同归于尽的绝望反抗，由此造成破坏社会稳定的最大隐患。从客观方面来看，"制度不公正问题是导致不同社会群体间、政府与民众之间矛盾与冲突加剧的根本原因"，"弱势群体利益表达的渠道过于狭窄，合法的社会抗议机制过少，缺少国际上通行的弱势群体表达自己利益的制度化方式。在利益已经高度分化的情况下，这些群体既

---

① 参见杨美惠《礼物、关系学与国家：中国人际关系与主体性建构》，赵旭东、孙珉译，江苏人民出版社 2009 年版，第 58 页。

没有相应的组织形式表达自己的利益要求，在媒体上也很难发出他们的声音。这样就很容易从忍受和沉默变为极端的反抗，或是从上访这种温和的抗议方式升级为极端行为。如果在一个对利益表达和社会抗议做出有效制度安排的社会中，类似事情发生的几率就会小得多"①。从主观方面来看，"只有当人们学会遵守和服从某些法则之后，自由才开始真正出现。在此之前，自由表现为无拘无束的放纵和无政府状态。所以，我们切不可把自由视为原始社会的表现形态"②。我知道这样说对二弟显得有点缺乏同情心，但如果我们想要终结这种看起来大家都无法改变的命运，那就只能摆脱感情用事，以理性代替感情，用实践理性主导社会的规则及其运行。我们之所以需要追求自由，恰恰也是因为"自由的试金石就是身处弱势的少数人所享有的地位和安全状态"③。

可是，不要说普通民众，就是有些中国学者也会说，法律难道不是人制定的吗？不是由人来实施的吗？既然如此，难道法律不也是主观的和因人而异的吗？它怎么可能不走样呢？这些人不明白，真正的法律和法治之所以能够成为客观的制度而不是个别人的武断甚至霸权话语，恰恰因为"每一项法律，如果不是不可更改、永垂不朽的自然法则的一个必然推论，就是武断的。只有通过以自然法则的明确推理的形式出现的形式法则，才能维护所有社会成员不言而喻地签订的持久协议。因为那些法则本身就包含对每个人和所有人的利益都明显有益的东西，但是并不包含对一个理性产物造成微小伤害的东西。如果大家对共同利益的信心不复存在，那么法律保障和自由体制也就不复存在"④。当然，如果保障不是来自法治，而是来自特权，人们自然会追求特权而非法治，而且，"保障越具有特权的性质，没有特权的人所面临的危险越大，保障就越为人们所珍视。随着有特权的人数的增加，在这些人的保障和其他人的无保障之间差别的增加，就逐渐形成了一套全新的社会价值标准。给人以地位和身份的不再是自

---

① 徐晓海：《制度公正的日常生活基础》，博士学位论文，吉林大学，2005 年，第 14、19 页。

② ［英］阿克顿：《自由与权力——阿克顿勋爵论说文集》，侯健、范亚峰译，商务印书馆 2001 年版，第 315 页。

③ 同上书，第 312 页。

④ ［德］弗里德里希·亨利希·雅各比：《莱辛所言：评〈教皇之旅〉》，［美］詹姆斯·施密特编《启蒙运动与现代性——18 世纪与 20 世纪的对话》，徐向东、卢华萍译，上海人民出版社 2005 年版，第 207 页；张君劢早就指出，"法者，所以达到社会全体人民，得以自由发表意志为目的。此乃真法"（张君劢：《宪政之道》，清华大学出版社 2006 年版，第 338 页）。

立，而是有保障，一个青年人拥有领得年薪的确定权利比对他怀有飞黄腾达的信心更是其结婚的资格，而无保障则成为贱民的可怕处境，那些在青年时就被拒绝于受庇护的领薪阶层之外的人，要在这种处境下终其一生"①。这肯定又是一种恶性循环。

2013 年春季，表姐承包的棉花地受了风灾。她已买了保险，理应得到赔付，但有些没受灾的农户也得到了赔付，表姐应得的赔偿金反而很少，所以，表姐与连领导发生争执。全连没受灾的人都站在当官的一边来劝她，她不听。有一天，在连队办公室里，连领导说，"谁不愿接受领导提出的方案，可以留下来"。结果，包括表姐在内的六个人留了下来。可其他人不知被连领导暗许了什么条件，最后都走了。她想要个说法，连领导不仅不给她说法，还威胁她。这下可把表姐惹毛了，她说："这个钱我要定了！"她接连三天找团里的领导，找不到人。于是，她花了 5 块钱把一纸诉状传真到农七师信访办。第二天，连领导就来找她了。结果，只有表姐和在她的告状信上签名的另一个邻居按最高标准得到了赔款。② 表姐采取的维权方式不是正规的法律途径，但与试图通过上位来取得某些特权的做法相比，她的方式毕竟是很大的进步。这就说明，"不付出一定的代价，人是享受不到政治自由的；而要获得政治自由，就得进行巨大的努力。但是，平等带来的快乐是自动产生的，在私生活的每一小节上都能感到，人只要活着就能尝到"③。说实话，我挺佩服表姐！假如这样的事落到自己头上，我能否做到像她那样据理力争、坚持立场呢？没有这样的个人努力和据理力争，那些有恃无恐的当权者岂不是在违法、违规的路上一路顺风、畅行无阻，因而才会习惯成自然，甚至变本加厉吗？他们之所以有恃无恐，除了由于社会缺乏有效的权力监管机制之外，不也恰恰因为他们利用了我们的恐惧心理和明哲保身、得过且过的惰性心态吗？约翰·密尔早就指出，"坏人达到他们的目的所需要的无非是

① 〔英〕弗里德里希·奥古斯塔·冯·哈耶克：《通往奴役之路》（修订版），王明毅、冯兴元等译，中国社会科学出版社 2015 年版，第 148 页。

② 2016 年 3 月 27 日下午表姐在我母亲家向我讲述；2016 年 9 月 14 日表姐给我母亲打电话，我又进一步核实。2017 年 4 月，我回到团场，三弟户金辉的同学"钢钢"告诉我，团场的保险公司仍有这样的情况：在没有天灾的情况下多年照收保险费，一旦哪一年出现了灾害，就只把当年的保险费退回，而拒绝理赔。我在想：果真如此的话，什么样的社会才能容忍这样一种让自己永远立于不败之地的霸王条款存在并且堂而皇之地大行其道呢？

③ 〔法〕托克维尔：《论美国的民主》，董果良译，商务印书馆 2009 年版，第 680 页。

好人要袖手旁观"①。常常有人说国人的道德水平如何如何，可在中国，究竟谁才是道理和规矩的最大破坏者呢？当普通民众的道理到了某些强势部门讲不通、吃不开时，你仍然要普通民众讲道理、守规矩，这如何可能呢？当某些有钱有势的部门或个人带头不讲理、不守规矩反而出尔反尔、说一套做一套时，社会公众怎么可能普遍守规矩、讲道理呢？在这种无理走遍天下、有理寸步难行的情况下，守规矩和讲道理怎么可能在社会上蔚成风气呢？如果法律在现实中起不了多少作用，普通民众又如何对法治有信心、有信仰呢？当某些有权有势的部门只是把所谓正能量挂在嘴上而在行动上充满负能量时，这个社会怎么可能是真正的正能量社会呢？如果不守规矩的人不仅得不到及时的阻止和有力的惩罚反而得利，如果作恶不仅不用付出多少成本和代价反而得势，好像谁蛮横谁就是老大，这个社会就必然是以权力和蛮横伸张话语权的社会。久而久之，人们自然会认为，讲道理和遵纪守法都不灵，许多人"唯一得到满足的嗜好，是对权力本身的嗜好，也就是对有人服从和对成为这个运转良好的、其他一切都为其让路的强大机器的一个部件而感到愉快"②，如此一来，整个社会怎能不充满戾气呢？正如胡适早就指出的那样，"现在需要的宪法是一种易知易行而且字字句句都就可实行的宪法。宪政的意义是共同遵守法律的政治：宪政就是守法的政治。如果根本大法的条文就不能实行，就不能遵守，那就不能期望人民尊重法律，也就不能训练人民养成守法的习惯了"③。有讨论，才有妥协。有协商，才有共识。有共识，才有服从。但所有这些的前提是，必须先有公平的规矩和公正的规则，否则就无法讨论和协商，就不会产生妥协和共识，也不会有真正的服从。这是基本的道理和原理。

另外，如果我们都对自己遇到的不公一忍再忍、默不作声，那整个社会就可能形成庞大的互害网络，个人或者参与其中推波助澜，甚至从帮闲变成帮凶，或者在夹缝中求生存、求自保，大家似乎都无可奈何。我们总有 N 多个理由让自己想得开、不关心、不较真和默不作声，让自己满足于

①　原文是："Bad men need nothing more to compass their ends, than that good men should look on and do nothing"（John Stuart Mill, *Inaugural Address Delivered to the University of St. Andrews*, 2/1/1867, People's Edition, London, 1867, p. 36）。

②　［英］弗里德里希·奥古斯塔·冯·哈耶克：《通往奴役之路》（修订版），王明毅、冯兴元等译，中国社会科学出版社 2015 年版，第 166—167 页。

③　胡适：《我们能行的宪政与宪法》（1937 年 7 月 4 日发表于天津《大公报》），《胡适全集》第 22 卷，安徽教育出版社 2003 年版，第 574—575 页。

做吃瓜群众。我自己正是这样。只有当身边的环境日益恶化以至于难以让我放下一张平静的书桌时，民主和自由才同时变成了迫切的现实问题而不仅仅是纸上谈兵的理论问题，我也由此变成一个愤中。我当然知道，牢骚于事无补、于己有害。但仔细想来，我凭什么发牢骚？我为社会做了什么？如果什么都没做，我凭什么发牢骚？面对诸多社会问题，除了逆来顺受、忍气吞声，我又说了什么、做了什么？如果什么都没说、没做，我难道不是活该逆来顺受和忍气吞声吗？至少这种局面有一部分是我自己的不说话和不作为造成的，这能都怪别人吗？如果我不说话、不作为而仅靠私下发牢骚，不仅无济于事，甚至连生闷气的资格都没有。

我们多数人正是这样在所谓的中国现实面前得过且过、苟且偷安才消磨了自己的意志，才使现实的某些方面变得越来越糟。往小了说，许多人都失去了理想追求和血性，只剩下对一地鸡毛的骨感现实采取兵来将挡、水来土掩的鸵鸟政策。这时候，犬儒主义就必然成为普遍的社会心态。且不说作为哲学流派的犬儒主义，这个词源于希腊语 κύνισμός，指的是像狗一样的生活态度。有人用这个词来形容同一个人的两面性：当自己的利益没受侵害时是儒，当自己的利益受到侵害时是犬。也就是说，有些普通民众也明白"会哭的孩子有奶吃"的道理，虽然一哭二闹三上吊不一定奏效，但不哭不闹、忍气吞声在非法治社会中多半只能撞大运或听天由命。通常，人们只是等到事到临头才会又哭又闹，尽管有时候这种哭闹和较真已经晚矣。其实，"会哭的孩子有奶吃"这种说法本身就是一笔糊涂账，它把孩子吃上奶归因于会哭，而不论孩子是否该哭，也不论孩子该不该有奶吃，是否该有对此做出判定的普遍标准和公平规则。它甚至可能含有无理取闹才能有奶吃的意思。这也可以表明，我们懒得动用自己的理性去想一想事情的原理是什么，也很少知道什么是真正的自由。在恐惧的主宰下，我们就没了脊梁骨，就能够忍受羞辱，并且随时准备放弃做人的尊严。这样的社会必然到处充斥着伪善、冷漠、懦弱、服从、表里不一和阳奉阴违，这里的 folklore（民俗）就可能变成 fakelore（伪俗）。长此以往，"那些不让大众参加的封闭型集团对非成员的歧视，更不用说不同国家国民之间的歧视，越来越被认为是自然的现象；人们对出于某个集团利益的政府措施强加于个人的不公正的行动熟视无睹，几乎形同铁石心肠；对于最基本的个人权利粗暴之至的蹂躏，像在强迫移民中所发生的事件那样，就连据认为是自由主义者的人们也越来越无动于衷了。所有这一切确实表明，我们的道义感已变得迟钝，而不是变得敏锐了"①。

1948 年 9 月 4 日，胡适在北平电台的广播词中别具慧心地指出：

> "自由"在中国古文里的意思是："由于自己"，就是不由于外力，是"自己作主"。在欧洲文字里，"自由"含有"解放"之意，是从外力裁制之下解放出来，才能"自己作主"。在中国古代思想里，"自由"就等于自然，"自然"是"自己如此"，"自由"是"由于自己"，都有不由于外力拘束的意思。②

1948 年 10 月 5 日，胡适在武昌对公教人员的公开演讲中又指出，"所谓自由就是不受外力的无理约束，不做傀儡，一切动作、思想、信仰，都由于自己作主，也就是西洋人所指解放的意思"③。我想补充说，只有"由于自己"才能让自己负起责任来。自由就是尊重人的自主能力和尊严权利，就是以符合人性的方式对待人，就是把人当作真正意义上的人来对待和看待。从客观上来说，民主就是让民做主，要真正保障这一点，就必须给每个人提供平等的机会和公正的程序，让每个人自己做主的能力得到锻炼和提升；否则，民主就可能沦为口惠而实不至的口号。"只有依靠社会现实的机制关系，为他们的目标提供实现的机会，他们的自我决定才能完全实现。"④ 从主观上来说，"最重要的是怎样才能教育人们去追求自由，去理解自由，去获得自由"⑤。在我的家乡，在广大的农村，自由虽然显得奢侈，却是必需品。那里相对匮乏的物质条件长期造成一种假象，好像那里的人们只需解决温饱问题，殊不知他们对自由与尊严的精神渴望被物质条件的借口蒙蔽了多少年！因此，"解决农村问题的根本办法不是将农民的手脚捆在土地上，而是使广大农村成为一个更适合人生存的地方；不是剥夺农民的迁徙自由，而是通过更好地落实宪法的平等原则来避

---

① ［英］弗里德里希·奥古斯塔·冯·哈耶克：《通往奴役之路》（修订版），王明毅、冯兴元等译，中国社会科学出版社 2015 年版，第 227 页。

② 胡适：《自由主义》，《胡适全集》第 22 卷，安徽教育出版社 2003 年版，第 733—734 页。

③ 胡适：《自由主义在中国》，《胡适全集》第 22 卷，安徽教育出版社 2003 年版，第 752 页。

④ ［德］阿克塞尔·霍耐特：《自由的权利》，王旭译，社会科学文献出版社 2013 年版，第 60 页。

⑤ ［英］阿克顿：《自由与权力——阿克顿勋爵论说文集》，侯健、范亚峰译，商务印书馆 2001 年版，第 307 页。

免迁徙所可能带来的社会问题；不是延续牺牲农村、发展城市的长期政策，不加反思地默认制度长期造成的城乡差别的合法性，而是通过制度变革逐步消除我们这个统一的国家里现已存在的种种无形的'国界'。即便政府不能采取积极措施减少城乡差别，那么它至少也必须避免通过歧视性的制度和政策主动剥夺农民作为公民的基本权利；否则，我们习以为常的制度、政策和政府行为就是在漠视宪法的存在"①。我的家乡虽然不是农村而是农场，但它们的社会原理都是一样的，正如秦腔《大实话》所唱："他大舅他二舅都是他舅，高桌子低板凳都是木头。"

---

① 张千帆：《权利平等与地方差异：中央与地方关系法治化的另一种视角》，中国民主法制出版社 2011 年版，第 89 页。

孝道与尊严

——父亲之怨

由此看来，政府有责任以理性的客观制度和公正程序来保障每个人的尊严与权利。其中一个重要的方面就是保障全社会的老有所养、老有所依、老有尊严和老有权利，而不能仅仅依靠数千年来的家庭养老和所谓孝道。父亲户连森的遭遇就是一个惨痛的教训。

父亲虽然没有过得了 73 岁这道人生的坎，却有足够的时间考虑并选择以什么方式来结束自己的生命。在他病病歪歪的一生中，尤其在越来越接近生命终点的晚年，父亲对人生、对生命一定有自己的感悟和体会。晚年的父亲一定经常想到了死亡，对死亡有自己的理解和认识。在这一点上，父亲活得比我更真实、更本真。海德格尔说，日常性的自我就是常人（das Man）。① 我们都是常人，谁能不是常人呢？谁都得过日子，"因此过日子又可以理解为，依靠全家人与命运不断博弈的过程。生命/生活的过程，就是一个人命运的展开"，"'过日子'既是一种存在状态，又是一种政治状态"②。因此，即便那些伟人，也有自己的日常生活，也有日常性的自我。这个日常性的自我就是常人或日常的此在，"日常的此在多半掩盖着它的存在的最本己的、没有关联的和不可超越的可能性"③。

我作为常人往往生而忘死，我总是相信，"人总有一死，但暂时还没死"④。也许与年龄有关，虽然我偶尔也听说一些死亡事件发生在认识的人身上，虽然"我们在真正的意义上并不体验别人的死亡，而是最多一直'在旁边'"⑤，但我常常试图回避自己的死，总觉得死属于别人。但父亲

---

① 参见 Martin Heidegger, *Sein und Zeit*, Max Niemeyer Verlag, 1953, S. 252。

② 吴飞：《论"过日子"》，《社会学研究》2007 年第 6 期。

③ Martin Heidegger, *Sein und Zeit*, Max Niemeyer Verlag, 1953, S. 256.

④ Ibid., S. 255.

⑤ Ibid., S. 239.

不一样，到了晚年，身体的每况愈下时时提醒着他，让他生出我们难以体会的悲观情绪和悲凉心绪，甚至是孤苦伶仃的心境。

记得当年每次回家，我都会和父亲单独聊聊天，那似乎是我们父子俩难得的轻松时刻。家事国事天下事，当然还有父亲的往事以及我们共同知道的陈年旧事。我想了解自己离家以后家乡发生的事，父亲也想通过我了解外面的世界。父亲平时看起来脾气挺好，懂得忍让，待人也质朴敦厚、慢条斯理，但发起火来却一反常态，很有爆发力。父亲发火的次数不多，可越是平素和颜悦色的人，发起脾气来也就越有威慑力。

20世纪70年代末，团场的日用品和粮食全得凭票供应。有一次，父亲冒着夏日的炎炎酷暑从河西给我买回了橘黄色的汽水。即便后来我走南闯北，甚至到了欧洲，仍然觉得那是最好喝的汽水，人的感觉就是这么主观、这么片面！因为"我们是根据我们已经注意到的事物、我们的需要或兴趣、我们的心情或感情以及我们熟悉或不熟悉的事物等能动地从我们的经历中选择我们的感觉对象的。我们对感觉进行选择的方式反映了我们观察客观世界的主观性"①。这也说明，人的幸福感并不依赖于物质。在那个物质匮乏的年代，只要稍微有点东西，我们就很容易满足，也很容易产生幸福感。正因如此，那时候的年味才总是被如今处于衣食无忧年代的不少人盲目怀念。殊不知，这种感觉和记忆的主观判断有多么不可靠，甚至可能多么危险、多么反动！因为它往往遗漏和遗忘了那个年代最本质的东西！它完全忽视并无视那个年代最大的不公和最大的恶行！虽然那时候的恶在经济数量的起点上不能与现在同日而语，但其性质是一样的，而在作恶的数量和规模上可能并不输于当代。无论那时还是现在，恶的制度原理和人性根源都是一样的。正因如此，我们在做出判断时不能仅凭感性，而是必须依靠实践理性。

当然，人的本性始终善恶并存。我说父亲善良，只是说他在事实上没作恶，不是说他绝对不可能作恶。任何人都可能作恶，但并非每个人都在事实上作恶。我对父亲的记忆已随时间的流逝日渐零散化、碎片化，有时甚至让我怀疑：如果我们彻底失忆，那些往事是否真的发生过。假如没了记忆又没有任何记载，不仅事情是否发生过成了疑问，连一个人是否存在

---

① ［美］约翰·查菲：《批判性思维》，姜丽蓉、刁继田、李学谦译，山西人民出版社1989年版，第193页。

过好像都变成了"烟涛微茫信难求"的事情。有道是:"人生到处知何似,恰似飞鸿踏雪泥。泥上偶然留指爪,鸿飞那复计东西。"(苏轼《和子由渑池怀旧》)如果连指爪印痕都没留下,又该如何呢?我们拿什么证明自己曾经存在过呢?我们是作为人存在过,还是作为别的东西来世界走了一遭呢?人迹与爪印,到底有啥不同呢?即便不能像飞鸿踏雪泥那样"留指爪",人却能够留下比爪印更持久、更坚固的精神印记。爪印可能随时被外在风雨洗刷和抹平,人的精神印记却能够遗世而独立。在这个意义上,人迹本来就比爪印更加无形,更加超越时空限制,因而是真正的自由与无限。

父亲为一二三团留下的最大精神印记之一,大概就是为家乡的果树栽培做出了开创性贡献。2017年4月5日下午,三弟开车载着我们一家人再次回到皮革厂。当年的老厂长王天兴对我说,"你爸当年去塔城果子沟采野果种从马上摔下来,摔成了工伤,他可是一二三团果树的创始人,你一定要好好写写这段历史。写就写历史,写现在没啥意义"。也许是由于二弟刚刚离去,为了安慰母亲,我们临走时,老厂长还拉着母亲的手,专门送行(参见图89)。

图89 我们离开皮革厂时,曾在1987—1998年任皮革厂厂长的王天兴拉着母亲何文秀的手,专门送行,左起:王天兴、母亲何文秀、母亲的后老伴杨加山、表姐何玉芳、表姐夫王文明、三弟户金辉

可我找到的不是塔城果子沟的资料，而是有关伊犁果子沟的两种不同描述：

八月，正是果子成熟的季节，我们去访问伊犁地区闻名已久的野果林。据说那是个规模罕见的花果山；但是有没有利用的价值，这是我们轻工业工作者最关心的问题。

车出伊宁，沿巩乃斯河东行；过了新源县境，翻上一座大山，就看到深藏在莫库尔山麓中的野果林了。果林在望，我们更是觅林心切，可是汽车却像捉迷藏似的在山上绕来绕去。待汽车绕到山底，跨过一座长桥，我们一下子就被投进果林的怀抱中。这时回首再看，已是身处环山深谷，四围都是果树，茂叶繁枝，遮天盖地，我们势如坐井观天了。

真巧，在这里我们遇到了一位哈萨克族同志，他听说我们是来查勘果林的，就热情地告诉我们：像这样大的果林，就有三处，林带相连，面积都很大。骑壮马在果林里走五天，也不能看遍全林。至于乘汽车，他可就说不上了。如此说来，我们原订一天看完果林的计划，是要修改了。

汽车在果林里渐走渐慢，这时我才看清果林的分布情况。只见一正条、一正条十几公里或二三公里长的山谷里，从山脚一直到山半腰，全是纵横交错、蔓延四布的果树。果树大的有三四人高，躯干粗大；而小的却不及人高，只有三枝树叶。但不论大小都结实累累的，远远看去，肥硕的果子随风摇晃，在阳光下熠熠发光。香气袭人，令人心醉。①

一到果园，我们就迫不及待地向山上爬去，像鸟儿一样投入了野果林的怀抱。我们从这一棵果树绕到那一棵果树，从这个山头绕到那一个山头。一棵棵铁灰色、粗壮苍劲的果树上，枝叶繁茂，枝杆上挂满了红色的、黄色的、白中透红的、青中泛紫的、粉里带黄的苹果，有的形似圆球，有的状似圆锥，有的底部略尖，有的体形扁圆，真是风味各异，引人入胜。我们在树间穿行，脚下开着龙胆花、仙鹤草、

---

① 汀川：《漫游野果林》，《新疆文学》1963 年第 4 期。

野薄荷、蒲公英，头上飞旋着黄雀、山燕、布谷、野雉，四周不见人影，却隐约传来阵阵歌声笑语。……在远古的新生代时期，濒临古地中海的天山一带，气候温和，雨水充沛，各种温带植物生长得十分繁茂，一棵棵野果树繁衍成林，绵延千里。后来，地中海向西退离，气候向大陆性转移，变得严寒而干燥，不少动植物相继死去。到第四纪冰期以后，在天山一些沟谷地带，由于温暖潮湿，一些野果林得以保存下来。现在，新源、巩留、霍城、伊宁、察布查尔等地都有大片的野果林，分布在海拔一千米到一千五百米的山坡上，面积约十四万一千亩。有野苹果、野杏、野山楂、野核桃，最近，在野果林还发现野梨。这样大面积的野果林在全国是罕见的，被称为世界温带果树起源的中心。①

虽然父亲当年去的是塔城的果子沟（参见图90），但我想，它的基本样貌也许和伊犁的果子沟大同小异吧。关于采野果树种，我找到了这样一条记载："1956年果树发展列入经济发展规划，受到高度重视，到1958年总面积已达630亩，苗木和接穗主要来自伊犁，品种有42个，主要品种有秋力蒙、冬力蒙、夏力蒙、阿尔波特、斯托诺维、黄魁、红魁、国光、金塔甘、夹塔杆、安托诺夫卡、赫鲁晓夫卡等，共计42个品种。"②1964年，郭亚林在《万绿丛中树最高》一文中有这样的描述：

可是当年白手起家，哪有那么多钱买树种？当时的团党委书记杨新三同志，觉得非自力更生想穷办法不可。听说托里山区有野果林，于是把参谋长关亚平和班长胡廷生找来：

"你们到托里山区去，好好依靠群众，把野果林找到，我们就有办法了！"

他们骑着马在山上跋涉了两天，可是并没有找到什么野果林。新疆又冷又干旱，所谓野果林，也许是一种幻想的传说吧？但是第三天，他们幸运地碰上一个哈萨克老猎人，确实帮他们在一条山沟里找到一沟火红的野果子。

采集野果的战士上山了。他们为了找到最好的果子，以神农氏的

① 郭从远、郭维东：《香飘野果林》，《新疆文学》1980年第12期。
② 一二三团史志编纂委员会编：《一二三团志》，中华书局1999年版，第197页。

图 90　新疆塔城地区托里县老风口果子沟位于县城以北 21 公里处，系巴尔鲁克山的五条山沟，沟内长满野苹果。照片来自网址：果子沟美景_ 新疆托里县政府网 http：//kazakh. xjtl. gov. cn/lvyouguanguang/jingdian-intro/yeguogou_ be1cb666/［2017 年 5 月 6 日］

精神尝了一树又一树，把舌头也尝木了，牙齿也像脱了齿础般的难受。这些他们都无所惧，不幸的是，班长胡廷生在第三天把胳膊摔折了。同志们要送他回来，他想，一共三个人，走一个不等于散了吗？

"同志们，我的手扭了一下，没什么，干吧！"胡廷生掩饰了他的重伤。等他坚持两个月胜利完成任务归来时，医生责备他：

"你算一个什么战士？胳膊断了也不知道吗？一个战士残废了，还能打什么仗？"

胡廷生说："正因为我是一个战士，所以我要坚守岗位。你把我的手锯掉吧，我一只手也要一天拿坎土镘开两亩地！"医生耐心给他治疗了两个月，保全了他的这只手。现在，他们三人小组采集回来的果子，已经大量繁殖，成了可贵的耐寒砧木①和风景林，而他自己，

① 砧木，英文是 rootstock，指用来嫁接繁殖时承受接穗的植株。砧木可以是整株果树，也可以是树体的根段或枝段，能够固着、支撑接穗并与接穗愈合后形成植株生长、结果，砧木是果树嫁接苗的基础。

早已调出农场。据说他现在在奎屯小果园工作。这真是前人种树后人乘凉，前人种果后人尝啊！

　　就是那许许多多赤胆忠心的战士，踏青山，走河谷，历艰险，洒血汗，搜集、培育了各种珍贵的树苗。因此，农场今天不仅有了普通的杨、柳，也有了白榆、大沙枣、核桃、白腊、紫穗槐、海棠、橡、枫等十几个品种的树。繁育苗圃累计已达二千亩，不仅为农场栽植了一万四千亩的林带，也供给了车排子一、二、四、五场全部基本林带第一批树苗和柳沟区部分树苗。①

　　这段记述中的"胡廷生"很可能就是"户连生"之误。父亲当年曾用名为"户连生"，有时被误写为"胡连生"，后来改为"户连森"，而且从描述的事实来看，不大可能再有与父亲的实际经历如此雷同的第二人。此外，我这样推断的理由，至少还有三个。

　　首先，虽然此文在谈农场植树造林时说到"一九五〇年冬天"，但下文说起委派采野果种任务的是"当时的团党委书记杨新三同志"。据史料记载，杨新三"1953 年 12 月由二十团副政委升任团政委，1958 年 12 月升调农七师第二管理处政委"②。由此可以断定，文中说的胡廷生等人采野果种之事，应该发生在杨新三担任团政委的 1954—1958 年，不可能在"一九五〇年冬天"。由于父亲 1956 年来到二十团蔬菜队，所以，采野果种的时间，可以进一步缩小到 1956—1958 年。即便杨新三没有与父亲一起去采野果树种，至少当时已经认识父亲和关亚平。据《一二三团志》记载，1968 年"5 月 24 日上午一派群众组织召开批判史（骥）、刘（长进）、杨（新三）大会后，四连和团校'井冈山'派学生发生冲突围攻，手榴弹炸伤学生张道德，在送往医院中身亡"③。表姐夫王文明回忆说，当时他在上小学三年级，在一二三团机关正对着的那条大路上，杨新三被从下野地押过来，脖子上挂着一串用八号铁丝穿起来的破鞋。这些破鞋都是在尿缸里泡过之后又晾干的，臊臭臊臭的，就这样把他们几人游街批斗。④ 后来，杨新三被下放到奎屯，白天与父亲一起在奎屯的师部招待所

---

①　郭亚林：《万绿丛中树最高》，《新疆文学》1964 年第 7 期。
②　一二三团史志编纂委员会编：《一二三团志》，中华书局 1999 年版，第 468—469 页。
③　同上书，第 747—748 页。
④　2017 年 4 月 5 日晚，在母亲何文秀的家中，我专门就此事询问表姐夫王文明。

的菜地和小果园里劳动，晚上就住在招待所。当时，父亲对他好，从不打他、骂他，他就对父亲很有好感。① 我想，父亲当时之所以对杨新三好，很可能也是因为他当年就与杨新三、关亚平结下的果树缘吧。后来，杨新三官复原职，每次来一二三团视察工作，都专程去皮革厂看望父亲，父亲还陪他一起察看果园（参见图91）。

图 91　20 世纪 90 年代初，杨新三（右一）来皮革厂，父亲户连森（右二）陪他一起察看果园，具体时间和拍摄人不详

其次，父亲在河南老家时就是中共党员和民兵队长。母亲回忆说，1961 年，她来新疆时，父亲的伤势已痊愈。当时，父亲带领一些人在搞果树嫁接，人们都喊他"户排长"。所以，我估计父亲去采集野果树种时至少已经是班长。直到我上大学之后，父亲还在我家保存着他当年用过的深色果树嫁接剪刀（参见图92），有时，我们还拿出来使用。

---

① 2016 年 9 月 14 日早晨，母亲何文秀在家中向我讲述；杨新三后来回忆说，当年他被打成右派，"在（奎屯的师部）招待所待了一个多月后，大概是 10 月份的时候，又把我们转到农科所，在农科所的试验田里干了一些农活，早出晚归，然后就是等着批斗，写材料，那个管我们的排长对我们很尖刻"，"现在回想起来，在那种肉体和精神的双重折磨下，有多少和我们一起开发新疆，建设垦区的有功之人遭到残害，而我还算是幸运的了。虽然那个年代中，在'文革'的浪潮中，一些人被愚弄，是非颠倒，黑白不分，但大多数人还是明事理的，在我们下放劳动和批斗中，很多群众同情我们，让我至今难以忘怀"（付海云整理：《脚印——杨新三回忆录》，新疆生产建设兵团出版社 2010 年版，第 189、191 页）。

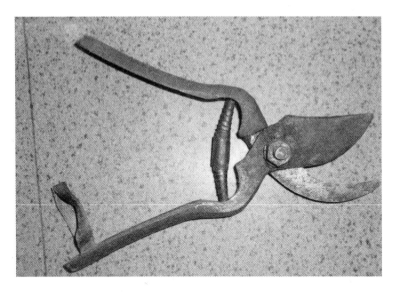

图92 父亲当年用过的果树嫁接剪刀与此类似（照片来自百度网）

　　最后，父亲曾告诉母亲，他当时借了哈萨克牧民的马去塔城的果子沟采集野果树种。父亲在勒紧马的缰绳时，缰绳突然断裂，于是，马惊了，父亲被拖了好远，险些被拖死，幸亏遇到一个放羊的牧民把马截住。他把父亲送到托里县的一家医院或诊所，父亲摔断的胳膊才被接上。恰好，1963 年，负责各连队林带和果树栽培的关亚平得知奎屯的师部招待所需要会管果树的人，由于他与父亲关系要好，也了解父亲，就把父亲从一二三团蔬菜队调往奎屯的师部招待所，专门管理那里的小果园，要不然，父亲也不可能有这样的调动机会。父亲除了管理招待所的小果园之外，还与另一位姓王的同志一起负责果园里的菜地，掏厕所，再把肥料运到地里，用铁锹一锹一锹挖地，非常辛苦。①

　　半个多世纪以来，一二三团的苹果以个大、上色均匀、口感脆甜、含糖量高等出色品质闻名遐迩，是人们馈赠亲友的佳品。当年，"讲到美化和绿化农场，最为可观的恐怕是果树了，那数百亩果园，一到秋天，缎锦点翠，翩翩风采，好看极了，动人极了。你如果漫步林中，阳光斑斑点点筛落在枝叶间，映照着累累果实。红玉、红元帅、国光像姑娘羞红了脸，

───────────

①　据 2017 年 4 月 5 日晚母亲何文秀的回忆以及 2017 年 4 月 13 日上午我打电话向母亲专门询问。

青香蕉、黄元帅笑脸迎人，咬上一口，干脆如香梨，甜美似香蕉。那一串串宝石似的葡萄，晶莹剔透，甜汁都快要溢出来了。这些年来，车排子的果品以其品种优良，个大汁多而蜚声北疆。因此，人们每每提到车排子的时候，又称赞它是苹果之乡"①。如今，当人们品尝着甜美果实之时，有谁还记得父亲当年冒着生命危险采集野果树种的功劳呢？

偶尔，我甚至觉得父亲的离去也带走了我对故乡的记忆，好像父亲已经终结了我的故乡情愫。在我的感觉里，父亲的盛年就是故乡的盛年，父亲的老去就是故乡的老去，父亲的离去也就是故乡的离去。从此之后，即便我再回到故乡，也只能是田园将芜胡不归。然而，在我的理性看来，父亲给我留下的不仅是已经荒芜的故园，也是有待繁盛的家园。如果单纯跟着感觉走，我可能会绝望；只有追随理性，我才能有希望。我相信，父亲一定不想把他独自承受的绝望传递给我们。

父亲不是一个斤斤计较的人（参见图93），只是在临近生命终点的那些年里，才对母亲也许还有我，生出了越来越多的怨气。我曾写道：

到了晚年，父亲的认真和固执更是到了顽固的程度。整天在病床上徘徊的他，有足够的时间考虑心事，回忆往事。因为不在他身边，我经常寄一些钱给他，他很高兴。实际上，除了看病，他也花不了多少钱，他只是喜欢作为一家之主手里掌握着财权的那种感觉，更主要的是我们这些当儿子的心里还想着他。有一次，我请假回去陪他住院，他很高兴。父亲"养儿防老"的传统思想比较重，尽管我们弟兄三个都不是不孝的孩子，可是，他却不能顺其自然，不能坐等其成。近几

图93　大概是1989年暑假，我用刚买了1年的华夏相机为父亲拍了这张照片，显出他的忠厚与平实，只是当时我的技术不行，连父亲的身子都没拍全

①　李福欣：《车排子的春天》，《新疆文学》1981年第10期。

年，他身体越是不好，心眼也越来越小，越来越多，总是把气窝在心里，稍有不如意就造成对自己的伤害，我们也总有一种不够孝顺的愧疚感。一个生病的父亲用养育之恩来要求儿子回报，这本身合情合理，可作为儿子的我们却难以事事如他所愿。1993 年，我陪他去乌鲁木齐动物园游玩，回到我家里，他就开始吐血，他的心理和身体已经无法适应城市的空气和环境。到了晚年，父亲身上的农民意识形态显露得更加充分：他只知道自己的儿子住在城市，就有可能忘了他，就应该怎样怎样；他不知道，他的儿子既不当官也不做生意，最多是一个百有一用的书虫而已。

晚年的父亲不是一个豁达和想得开的人，他大半生的压抑和郁闷到了最近一两年都爆发了出来。他把自己孤立起来，好像要和大家都过不去，想与周围为敌。前年夏天，我回去给他买中药，医生就告诉我："你爸肚里有气。"言外之意，他的心病比身体上的病更重。①

像父亲这样的团场退休职工当然有退休工资，但母亲说，父亲生前一次工资都没涨过，他死后团场职工才开始在银行发工资。团场与大部分农村一样，"缺乏养老的社会福利机制，老人唯一能够切实依赖的也就只有儿女的报答。所以，无论是从道德的还是从现实的角度看，父母一代更感觉到他们有权利要求儿女赡养老人"②。父亲碍于情面，并不提过分要求，只是让养儿防老的传统观念在自己心里发酵。虽然我主观上并不认为自己是不孝子，但在客观上确实没有做到"父母在、不远游"，没能在父亲生病的晚年经常照顾他、陪伴他。毕竟，孝顺父母应该出自内心的真诚，而不是外在的要求和强迫。孝不是做样子给别人看，而是出自本心和本分，尽自己所能。当我感觉到父亲对我有孝的要求时，就有一种被动的惶恐感和不安感，仿佛老有哪个地方做得不够到位，不能让父亲感到满意，虽然我知道父亲也是传统观念的受害者，他要求的既不算过多，也谈不上过分。当年我回到一二三团那个简陋的医院照顾他住院时，他脸上露出慈祥而知足的笑容，一直是绽放在我记忆中的花朵。当我带儿子回家探亲时，

---

① 户晓辉：《逝者如斯——记忆我的父亲》，《绿洲》2001 年第 5 期。
② 阎云翔：《私人生活的变革：一个中国村庄里的爱情、家庭与亲密关系》，龚小夏译，上海书店出版社 2009 年版，第 196 页。

父亲含饴弄孙的满足感至今让我记忆犹新（参见图94）。2016年7月，我又一次进入改建后的一二三团医院，楼房是新的，但听几个退休老职工说，里面的医生大多仍然是卫生员出身。医院的医疗水平、设施条件和公共服务意识，不能说有多大改善。这里只能看小病，大病还得转到奎屯或乌鲁木齐的兵团医院。① 2017年4月6日上午，我去该医院给母亲拿药，亲自体验了这里的服务水平：排队的人大概不到10人，可一个半小时过去了，才给四个人办了结账手续。有些老年人站不了这么长时间，只好先在旁边的凳子上歇息。大家对这样的办事效率怨声载道，可是好像又无可奈何，因为这种情况已经并非一年半载。当时，我问了一起排队的老人，回来后，还问了母亲和三弟。他们都说，这些年来一直如此。

图94　1994年7月22日，刚刚1岁多的儿子回到他爷爷家，喜欢看鸡、抓鸡，但又怕抓鸡。爷爷替他抓来，他既高兴又害怕，爷孙俩其乐融融

我想，父亲大概是带着对我们不够孝顺的怨恨离开了人世。一个人在

①　"1994年，原住一二三团隶属农七师卫生处管辖的农七师车排子医院，搬迁至奎屯市，建立兵团奎屯医院。在此之前，一二三团没有单设医院，全团的医疗服务由车排子医院担负。"（农七师一二三团史志编纂委员会编著：《一二三团简史》，新疆生产建设兵团出版社2011年版，第172页。）

怨恨情绪的支配下，往往难以做出理性的思虑和判断。因为"一个怨恨主体不仅诱骗自己去相信他的价值错觉是'正常的'，而且也产生了这样一种信念，那就是只有正被有毒的情感折磨的他才知道如何区别对与错。他并不承认在他的潜意识的无能中涌流着这种有毒的憎恨"①。可是，即便如此，我也不怨父亲。怪只怪自己没做好，恨只恨传统观念害人不浅，怨只怨家乡没有建起让父亲挺直腰杆和无后顾之忧的养老制度。父亲看似有三个高大健壮的儿子，而且我们也都对父亲怀着爱意和孝心，但仍然没能实现他养儿防老的夙愿。究其根源，这么多年来，我们都把社会保障层面的养老制度与家庭养老层面的道德说教混为一谈，甚至暗中以后者代替前者。换言之，政府与社会没有建立真正客观有效的制度保障机制，而是单纯寄托在孝道这种个人道德教育和主观修为之上。放眼中国历史传统，再看看当今中国社会，尤其是广大农村，靠养儿防老的老人有多少真正能够靠得住？又有多少老人因为老无所养和老无所依而选择自我了断？② 极而言之，如果每个家庭的孩子都放弃自己的职业和事业来尽孝道，这个社会将如何发展？长期以来，我们习惯于相信主观的、实际上靠不住的道德，却不愿反思孝道中的伪善和非人道因素，不愿费力去寻求并建立更加人道

---

① ［美］曼弗雷德·S. 弗林斯：《舍勒的心灵》，张志平、张任之译，上海三联书店2006年版，第154页。

② 刘燕舞指出，"关于孝的道德规范可以从三个层次来理解。层次最高者是尊敬父母，此为大孝，层次居中者是不使父母受辱，此为次孝，层次最低者是要能够赡养父母，是为下孝"，"然而，经验事实显示，当前农村在孝道的横向三个规范层面已经日渐式微，大孝几乎不可能了，次孝同样几乎不可能，下孝已经陷入了艰难维持的窘境。而对于孝道的纵向层面来说，则更是难上加难"，"在笔者看来，当前的道德衰败是一种彻底解体式的衰败，其解体之后并未形成一种新型的道德规范。这个变化具体来说就是伦理关系解体后开始往契约关系转化。本来，支撑中国家庭关系的主要是伦理关系，而这种关系又是基于血缘、情感等生物性因素以及拟血缘关系等社会性因素而建立起来的，然而，现在这种关系开始往契约型的法理关系转化，契约型的法理关系则是基于法定的权利和义务建立起来的。吊诡的还在于，目前的变化事实上意味着，契约型的关系也没有完全能够确立起来，相反，仅仅是形成了一种老年人从伦理关系角度做出需求的表达，而子女则从契约关系的角度仅实践作为子女的权利的一部分，而很少真正从法理的角度去尽作为子女的义务"（刘燕舞：《农村老年人自杀现象的伦理学分析》，《江西师范大学学报》2011年第3期）；另外，作者还提供了农村老年人自杀与制度依赖的个案："当前新农保对缓解农村老年人自杀危机亦有不可忽视的功能。笔者2011年元旦前后到中部农村应城市某地调查时，当地还没有实行新农保，一些老年农民听说邻近市县已开始实施新农保书均十分急切地询问笔者当地实行新农保的可能性以及进度，当笔者说最快1年最慢2—3年就可以实行时，竟有很多老年人对笔者表示，他们会为了等待新农保的实施而再多活两年从而暂时放弃他们的自杀计划。但是，当前新农保在保障高龄老人方面仍显乏力。"（刘燕舞：《农村老年人自杀及其危机干预（1980—2009）》，《南方人口》2013年第2期。）

化、更加合理化的养老保障制度。①

　　2015 年 10 月 18 日，我在国家图书馆讲《重阳节在当代》时曾指出，我当然赞成尊敬父母，也不反对子女报答父母养育之恩的自然感情，但我不主张从父母角度要求子女报恩，甚至把这种报恩夸大到《二十四孝》那样的极端程度。我们汉族人到现在还在过分强调孝和养儿防老，其实很自私，因为孝道把本来应该无私的母爱、父爱变成了利益和成本算计关系。中国的父母都说子女欠父母的养育之恩，所以子女要孝，但我们都忘了一点：每个人何曾是在得到自己同意或认可（假如可能的话）之后才来到人世的？我曾见子女与父母闹意见时反问道："谁让你生我的？"父母或者无言以对，或者拳脚相加。既然是父母决定要孩子（尽管不少父母可能是在没想清楚的情况下就要了，但行为事实就是最好的也无法否认的决定），就要养孩子，条件允许的话还要尽量养好。② 这本该是天经地义的事情，可中国传统的孝道却把主体意志的因果关系偷换成了子女欠父母债这样的事实关系，而且隔代相欠、代代相还，还也还不完。我很赞同周作人在 1919 年提出的主张，"父母生了儿子，在儿子并没有什么恩，在父母反是一笔债……在自然律上面，的确是祖先为子孙而生存，并非子孙为祖先而生存的。所以父母生了子女，便是他们（父母）的义务开始的日子，直到子女成人才止。世俗一般称孝顺的儿子是还债的，但据我想，儿子无一不是讨债的，父母倒是还债——生他的债——的人。待到债务清了，本来已是'两讫'；但究竟是一体的关系，有天性之爱，互相联系住，所以发生一种终身的亲善的情谊。至于恩这一个字，实是无从说起，倘说真是体会自然的规律，要报生我者的恩，那便应该更加努力做人，使自己比父母更好，切实履行自己的义务——对于子女的债务——使子女比自己更好，才是正当办法"③。近 100 年过去了，对孝道真正有所反思的中国人到底有多少呢？

　　我认为，过分的和极端的孝道不是理性的道理［不讲"理（性）"］。

---

　　①　近年来，一二三团团部已建起了两座养老院大楼，只是不知服务水平能否跟进。

　　②　约翰·密尔甚至认为，"造成一个人的存在，这件事实本身就是人类生活范围中最有责任的行动之一。谁来承揽这个责任，谁要授予可以是祸可以是福的生命，除非那个被授予生命的人将来至少会有取得称意生存的一般机会，那就是对那个人的犯罪行为"（［英］约翰·密尔：《论自由》，许宝骙译，商务印书馆 1959 年版，第 129 页）。

　　③　周作人：《祖先崇拜》，参见吴平、邱明一编《周作人民俗学论集》，上海文艺出版社 1999 年版，第 189 页。

与其在现代社会推行（无论是否改良的）孝道，不如提倡父母与子女平等的互敬互爱，同时，把古代政府以孝的名义推卸掉的社会养老责任从家庭子女那里还给现代政府和社会（当代的社会养老正在做这件事）。"责任"概念在实践上的先验性本来并不复杂，每个人只要想想就会明白，它是应然的实践概念。它最基本的意思是说，只要你做出行为就应该为此行为负责，不论你是否愿意承担责任、有多大的能力承担责任等。当然，道德上是否主张孝与社会是否建立养老保障制度体系是两个层面的问题，不能混为一谈。可惜，我们曾经长期相信以德治国，却疏于制度建设。

　　放眼中国社会，几千年来的孝道颤颤巍巍走来，如命悬一线般寄托在后代遵循孝道的偶然性之上。养儿防老，有多少人真正防住了？又有多少人是不得已而为之？不要说在如今，即便在以往的农业社会，子女能够放弃自己的农活和养家糊口的营生都去全身心地尽孝吗？从道德层面上说，中国传统的人情文化的道德标准是，大家互相欠人情，"其中既包括道德上的义务，又包括情感上的牵扯，还包括物质上的考虑。在所有各种类型的人情上，恩情是最重的人情，它使人毕生受惠，须以毕生偿还。更重要的是，普通的人情是可以还的，但是恩情却无法完全报答。最大的恩情是父母的养育之恩。养老的义务和孝道就是儿女报答父母的养育之恩。而因为恩情是无法完全偿还的，所以儿女对父母的报答也就是没有尽头，孝敬更加必须毫无条件、自始至终"①。但事实上，传统观念早就在年轻人身上发生了悄然变化。"首先，他们中很多人都不同意那种生孩子本身就是恩情、儿女须终生报答的观念。他们说，生孩子不过是婚姻的自然结果，孩子自己又根本无法选择是否要出生；父母一旦将孩子生下来，就有责任把孩子养大，就连动物都知道爱护养育后代，何况人呢！对于这代人来说，为人父母已经失去了过去那种至高无上的神圣与权威，他们如今强调的是父母对子女的社会责任。"② 与此同时，"年轻一代不再将养育之恩看得那么神圣。结果，以父母养育之恩的神圣性为基础的传统的孝道不复存在。对于他们来说，代与代之间的相互报答就与其他形式的报答一样，必须不断地有来有往才能维持。如果父母对儿女不好，或者如果父母没有尽责，儿女也就有理由去减少对父母相应的义务。所以，目前在养老方面出

---

① 阎云翔：《私人生活的变革：一个中国村庄里的爱情、家庭与亲密关系》，龚小夏译，上海书店出版社 2009 年版，第 193 页。

② 同上书，第 195 页。

现的危机主要是上述新的逻辑的出现而造成的"①。在我的家乡，在更广大的农村，孝道的脐带早就在悄然松绑，甚至发生了断裂。

对早已过世的父亲而言，这样的说法和情景也许过于残酷，也有点不近人情。晚年多病的父亲就像返老还童的小孩般任性，还有点病急乱投医。他从电视上看到广告说有一种鞋可包治百病，就非要我们给他买。我们当然都不信，但父亲却信以为真。当时，三弟来信说：

> 爸自从出院以后身体一直都挺好的。前两天，小军从奎屯给咱爸买了一双"必青神鞋"，380元，这一穿上，更有精神了。爸没病，全家人心情都好。我和小军今天刚把墙泥完，下面的活还多着呢！反正放假在家只管干活就行了。②

后来我才明白，在父亲看来，这双价格不菲的鞋不在于是否真有疗效，而在于心理安慰和满足。我后悔自己当时没有参透这一点。尽管父亲在这些小事上如愿以偿，但他还是带着怨气离开了人世。

当年母亲在团部照顾父亲住院。晚上，姑奶户振兰让母亲住在她家里。母亲说，"户连森住的是传染科，你家还有上学的孙女，我还是住在你家的棚子里吧"。于是，每天晚上，姑爷余小收都会撮一铲子炉火来棚子里给母亲生上火炉。③ 父亲晚年生病时，我在脱产读博士，每月的助学金不到300元。父亲的退休金到年底才能发到手里，他有时就念叨："晓辉上学有本事了，住在高楼大厦里不管我了，不给我寄钱了。"④ 虽然我已经不记得了，可母亲回忆说，她住在七连胡建设家里时，有一次遇到九连郭志宏的老婆。那人问母亲干啥去，母亲说去取大儿子寄来的钱。那人问："你儿子在干啥？"母亲答："在上学。"那人说："你们家儿子上学还给你们寄钱啊？"

1999年3月，路上化的雪留下了一个一个的坑。母亲在一二三团医院照顾父亲住院。二弟从皮革厂来医院气冲冲地对母亲说："你要过就和我

---

① 阎云翔：《私人生活的变革：一个中国村庄里的爱情、家庭与亲密关系》，龚小夏译，上海书店出版社2009年版，第197页。

② 1997年7月24日三弟户金辉给我的信。

③ 据2017年4月20日母亲何文秀在电话中的讲述。

④ 2017年4月9日早晨我离家返京前，母亲何文秀对我讲述的内容。

爸好好过，不过就离婚！"母亲一气之下从医院里走出来，真想趴到路上的汽车下一死了之，但想到还有我和三弟，怕让我们不好做人，只好作罢。母亲在胡清林家住了一夜，第二天又去医院照顾父亲。医生告诉她，父亲在医院把病房里的氧气罐推倒了，摔坏了氧气嘴。要是氧气罐爆炸，整个房子都完了。母亲给医院赔了不少钱。父亲出院以后，就想问二弟媳妇要回他们给父亲写了欠条的一些钱，想在团部买房子。结果，住在工房大院的二弟在院子里大发雷霆。第三天，父亲又被送到一二三团医院，进了抢救室。3月，医院已经没了暖气，母亲没地方住，只能睡在父亲脚那一头，她说："可把我整死了。"在抢救室住了一个星期，父亲又转入传染科。母亲想让二弟晚上照顾父亲，她白天看管，二弟说了一句："那我家咋办？"就开着三轮车回了皮革厂。母亲对我说："我受了多少委屈，你还不知道！"2000年前后，父亲常常走在路上就拉一裤子，有时还吐血，母亲吓得不行。当年的劳动节，表哥关小军认识的任医生来给父亲摸脉，正摸着，三弟从乌鲁木齐回来了。母亲送任医生出门时，他对母亲说："老户的病挺重，可我的药是好药。"母亲跟着他去拿了一服100元钱的中药。他让母亲写一份保证书，意思是一旦出了问题，保证不怪药的问题。母亲就从房建连把三弟叫来写了保证书。结果，吃了第一服中药，父亲不难受了，脚也不肿了。吃了第二服，更好了，父亲把一二三团跑了个遍，还自己买回了羊肉、羊心。可吃了第三服，就不起作用了，父亲的脚照样肿，该难受也照样难受。他们在任医生那里拿了九服药，后来，父亲把药撂了，不吃了。2001年春节，三弟从乌鲁木齐回家过年。父亲用棒子敲墙，让住在隔壁的三弟去照看他，并且说："小三，你把苹果给我煮煮吃。"父亲吃了以后就拉肚子。三弟在医院里抱着父亲，一个人给他脱裤子也脱不掉，又想给父亲洗屁股，也没地方洗。后来，还是表哥关小军来帮了忙。

父亲去世前两个星期已经不吃馍，只喝母亲给他买的奶粉、豆奶粉和牛奶。当时，父母住在七连那两间平房里。曾有一个人来卖膏药，父亲给了他200元钱，让他给父亲的一条腿上贴了五张膏药。那人说，膏药是250块钱，母亲说要通知派出所，他就不敢要那50元钱了。后来，父亲把膏药取掉，闻到一股子尿臊味。母亲去问一二三团医院拿中药的张医生，他说，"那是沥青熬的"。父亲临去世的头一天晚上，母亲在照看二弟的儿子户顺祥，父亲对母亲说："你把他们都叫回来吧，我不行了，汤水都不进了。"母亲想着以后就没父亲了，就跑到另一间屋里痛哭了一场。第二天，天不见亮，母亲想，也许父亲饿了，就把馍馍馏在锅里，在门口等着送牛奶的人来。两岁的户顺祥在里屋睡觉，父亲也走到门口来，他平时经常坐在门口。母亲等来牛奶就去烧好，给父亲凉着，又见户顺祥在床上爬，就赶紧给他穿衣服，鞋子还没穿，母亲就抱着他来看父亲，出来一看，父亲倒在地上，已经不行了。母亲大喊"快来人啊，快来人啊"，魏新花（团机关魏处长的女儿）听见母亲的喊声，就跑过来。他们把父亲平放着，七连的卫生员来看过后对母亲说："姨姨，你弄一万块钱都救不活了。"母亲给二弟和表哥关小军打电话，都打不通。后来，他们的邻居胡朝辉骑摩托车到皮革厂把二弟叫来，胡朝辉的父亲胡清林（他们都是四川人，当年在皮革厂与我们家住同一排房子）到房建连把表哥叫来。父亲生前多次要求自己死后火葬。① 据二弟说，父亲在走的前一天花 100 块钱雇人给自己洗了个澡。② 父亲的追悼会，由九连的文教郭志宏致悼词。我总是茫然地空想：如果那时一二三团医院能够给远离团部的各连职工提供陪护的条件和住处，如果能够配备尽职尽责的看护人员照顾病人而不至于让家属如此为难，躺在病床上的父亲会作何感想？母亲和我们又会作何感想？甚至父亲还会不会那么匆匆地结束自己的生命？我今天是否还会为亲人的悲惨境遇而如此心碎？如果家乡有相对健全的养老保障制度，我的父母至于那么为难吗？父亲对孝道的期望值还会那么高吗？

也许，无论身心，父亲已到了忍耐的极限。二弟说，"汝南人精，咱爸没精过自己，没战胜自己"③。我看则恰好相反，父亲的一生都在忍受病魔的长期纠缠和痛苦折磨，但在生命的最后时刻，父亲用自由意志表明自己不再屈服，他不仅战胜了肉身的痛苦，也战胜了自己的怯弱和屈辱。胜人易，胜己难。父亲在青壮年时征服了戈壁，在生命的最后时刻征服了自己。父亲以自己的死告诉我们，人不仅会死，而且能死，人有能力生，也有能力死。

父亲不愿苟延残喘，他把尊严看得比生命更重。我知道，父亲的选择有负气和好面子的因素，但我更知道，他的面子里一定有尊严！面子是看别人的脸色，尊严则是生命自身的精神价值。面子基于角色等级，尊严基

---

① 据 2017 年 4 月 8 日下午我对母亲何文秀的专门询问。
② 2016 年 9 月 14 日下午，二弟户军辉在自己家中向我讲述。
③ 2016 年 9 月 14 日下午，二弟户军辉在自己家中向我讲述。

于人格平等。父亲在生命终点做出的权衡明确告诉我，人活着有比肉体生命更值钱的东西，那就是人的尊严。即便在日常生活的小事和琐事上，人也需要维护自己的自由与尊严。人活一口气，这口气不仅是呼吸，不仅是面子，更是人的尊严。没了尊严，人就是行尸走肉，就与动物没什么区别。因此，人的生命就是尊严，尊严同样就是人的生命。只有在某些人和某些特殊时刻，人的尊严与生命的关系才能显示出更加本真的关系。因为尽管多数人可能在多数时候都愿意苟且偷生而不愿用生命换取自己的尊严，但总有人在某些时候毅然决然并且心甘情愿地做出这样的选择，父亲正是这样，他向我们表明：生命诚可贵，尊严价更高。若为尊严故，生命也可抛。在这个时刻，父亲的身体死了，父亲的精神却获得了新生和再生，这是真正意义上的人的诞生和到来！死亡并不能让父亲屈服，相反，"父亲在生命的最后关头，勇敢地迎接了死亡的挑战。在此之前，我一直以为父亲是怕死的，看来，我是多么不了解父亲！父亲的心理圆周注定比儿子的大。他的精神世界只能让我窥见一角，其中的大部分永远尘封在他自己的心里。人哪，真是原本独来还独去"[①]。老实说，我当初真没想到，一辈子都在隐忍的父亲最后竟选择了不再隐忍的方式结束自己的生命。父亲用最后的抉择昭示了人的存在有其富贵不能淫、贫贱不能移、威武不能屈的自由意志和精神力量，人本来就具有并且需要这种超越精神。如果不能看到和理解这一点，我就愧对父亲！如果忽视甚至蔑视这样的自由意志和精神力量，我们就没把人当作真正意义上的人。这样的视而不见和莫大误会早晚会出事，甚至会出人命关天的大事。在日常生活中是如此，在学术研究中又何尝不是如此呢？

父亲用最后的抉择告诉我，人活着不仅靠面包，更需要自由与尊严。自由与尊严的价值无法用面包来衡量。父亲最需要的并非吃喝与穿戴，而是尊重与尊严。难道父亲的掂量和选择还不足以表明普通人最后的、终极的生命需求吗？父亲用他的生命启示给我的道理，是他留给我最大的精神财富，这个道理难道不是胜过千言万语的空洞说教吗？难道不是胜过我读十年那些避重就轻、故弄玄虚和卖弄才学的所谓学术著作吗？如果说"父亲的戈壁母亲的河"（参见图95），那么，父亲的自由意志已经征服了戈壁，征服了自己的命运。他的身体已离我们而去，但在我的心中，他的自

---

① 户晓辉：《逝者如斯——记忆我的父亲》，《绿洲》2001 年第 5 期。

由意志和精神力量仍在茫茫戈壁滩上激荡。所谓"父亲的戈壁母亲的河"，说的不也正是这种自由意志和精神力量吗？

在象征的意义上说，父亲留给我的物质财富，也许就是一支笔。当年，我曾写道："我是一个经常和钢笔打交道的人。记得刚开始练习在纸上歪歪斜斜写字的时候，父亲为我买了几支铅笔，嘱我好好练字，等把字练好了，再给我买钢笔。在父亲眼里，笔似乎并不仅仅是一件用钱可以买到的小商品，它是一种资格，笔身上仿佛有一股无形的威慑力，这是一种文化的力量，父亲一辈子没上过学，解放后通过看报纸认了不少字，但很少用手抓笔，不是买不起，而是觉得与笔无缘，也绝少有用笔的机会，所以特别希望他的儿子能够弥补这一缺憾。"① 我手中的笔给父亲带来的只是一点心灵上的慰藉，并没有多少物质上的好处。父亲用自己的死嘱托我如何用好这支笔。我能否用好这支笔呢？这支笔即便没给父亲的过去带来什么，但能改变他的未来吗？

父亲去世后，三弟来信说：

图 95　2016 年夏天，通往母亲居住的小区路口新竖起了石雕碑"父亲的戈壁母亲的河"。一二三团史志办主任韩子猛告诉我，是他采的石头并起草了正面碑文，该碑高 12.3 米（象征一二三团），宽 1.6 米，厚 0.8 米

　　　爸的后事已经料理完了，（我）回来已上了几天班了。对于父亲的去逝（世），我没有太多的伤悲，我认为这是一种解脱，对自己、对母亲。只是他选择的方式太让我感到意外了。我有时在想，是不是我们做儿女的真的不孝吗？还是因为别的。想起家里的这几十年，仅在记忆中的，我都不愿再提及或想起，只愿母亲的生活会多些欢乐，

---

① 户晓辉：《笔事》，《新疆经济报》1994 年 2 月 5 日。

多些舒畅。我们去努力做吧！为了母亲。

　　走的那天去给父亲烧纸，我替你给父亲磕了三个头，算是做儿子的尽的孝心吧！我劝妈要经常出去转转，她说四十年没回过四川了。我想让她带上钱回一趟四川去，目的在于散心，劳累了一辈子了，母亲越来越像姥姥了，不论从背影还是从正面看。我是心有余而力不足，只希望母亲她不要为我攒钱，能用的就用吧！出去玩时，就开心地玩，我有钱我就给了。①

当年，我写了《逝者如斯——记忆我的父亲》一文，并委托《绿洲》杂志社的钱明辉先生给三弟寄了一份杂志。三弟来信说：

　　今天收到绿洲杂志社寄来的绿洲杂志，看到了哥写爸的文章，它让我想起来过去，很多很多，一种说不清楚的感觉，酸酸的。本想"十一"那天去殡仪馆奠拜一下父亲，可惜"十一"我没回成。临走的那天，我去给他老人家烧了一些纸钱。母亲怕父亲回来打扰她，还让我多说几句话。我说了，但没按母亲教的说，走时我替你磕了三个头，用来安慰那已失（逝）去的灵魂吧！②

2004年12月5日，我回到一二三团六连墓地给父亲上坟。"从五十年代开始在六连7轮5号地西奎屯河设立公共墓地，并配专人看管墓地，统一规划墓穴位置。七十年代，三营地区部分人开始就近将坟墓设在十七连跃进地边，天长日久，渐渐形成一个墓地。"③ 当年，奎屯河边的这块墓地是"满地的土丘，木头上写着死者的姓名、出生地，而这些出生地是来自五湖四海的：上海、北京、河南、河北、黑龙江、山东、广东、广西、甘肃、四川、江苏等，临终故地：新疆奎屯车排子"④，我们都把这里看作人生终点的共同归处，"那些离连队较远、稀稀拉拉点缀了几个'土馒头'的坟地，的确是荒僻的所在，是荒僻中的荒僻。往往只有一个大致的方位，而没有像样的道路。在清冷的早晨的荒野，在泛着白碱、长满蒿草

① 2001年6月6日三弟户金辉给我的信。
② 2001年11月2日三弟户金辉给我的信。
③ 一二三团史志编纂委员会编：《一二三团志》，中华书局1999年版，第89页。
④ 韩子猛：《奎河弯弯》，新疆大学出版社2003年版，第163页。

的大地上，在几棵半死不活的歪脖子榆树所指示的地方，几道拖拉机压出的歪歪扭扭、深深浅浅、乱七八糟的车辙，通向那些寂寞的尸骨"。① 我也是问了几回，才找到去坟地那条拐来拐去的路。如今，这些坟头大部分已变成水泥和砖块垒成的、更漂亮的微型建筑，木碑也大多换成正规的水泥碑。2016年3月25日，我出钱为父亲做了一块新墓碑（参见图96），我们弟兄三人一起去墓地，把它立在原先那个字迹已经斑驳不清的旧碑前。

图96　我们弟兄三人为父亲新立的墓碑，三弟请做碑者把父亲的三个儿子和三个孙子的名字都刻在了碑上

　　2016年9月12日，我骑着一辆破自行车重走了一遍当年与父亲一起骑车走过的大渠之路（参见图97）。当时我还对父亲说，"这么多年了，这条我上学经常走过的路，也没人修一修"。如今，这条路比过去宽多了，也平整了不少。可父亲已看不到这些。我替父亲看，我仿佛从未来走进当年的过去，走进父亲的未来。但我是父亲的未来吗？如果不是，那我自己又如何有未来呢？我固然已在年龄上成年，但在精神上是否成年了呢？"启蒙，康德说，类似于从小孩子的地位转变到成人的地位。经过启蒙的现代就是人类的成年。"② 我的故乡是否已经进入启蒙时代，是否已经成年呢？走在故乡既新又旧、不新不旧的那条我与父亲曾经一同走过的路上，我仿佛一下子体会到了"寂然凝虑，思接千载；悄然动容，视通万里"（刘勰《文心雕龙》）的况味！我看到父亲从这里的亘古荒原又走回人口稠密的中原大地，又回到自己的河南老家，虽然那

① 韩子勇：《深处的人群》，孙立生、矫健主编《新疆走笔：新疆当代作家优秀散文选》，新疆人民出版社2005年版，第300页。
② ［美］加雷特·格林：《现代文化的成熟：哈曼和康德对启蒙的根本隐喻的对立看法》，［美］詹姆斯·施密特编《启蒙运动与现代性——18世纪与20世纪的对话》，徐向东、卢华萍译，上海人民出版社2005年版，第300页。

里同样也变得面目全非，同样让他无法辨认，正如家乡也同样认不得他一样。我看到父亲的困窘，那也是我的困窘，是我们大家共同的困窘。父亲这辈子承受的不仅是戈壁滩上挥之不去的风霜雨雪，更是人间那些剪不断、理还乱的精神苦难。如今，他的身体和他的命运一起重新被戈壁滩的尘土掩埋，难道这就是所谓本是尘土仍要归于尘土吗？尘土真的能够掩埋人的高贵与尊严吗？归于尘土之后，人真的就能一了百了吗？假如时光真的能够倒流，父亲真能在属于他的那些时间里过上好生活吗？

图 97　2016 年 9 月 12 日，我重走当年与父亲一起骑车走过的大渠之路。我感到自己从未来走进当年的过去，走入父亲的未来。但我是父亲的未来吗

　　我又仿佛看见了父亲的命运，那也很可能是我的命运，那曾经是我们祖祖辈辈的共同命运，这种命运形成了黑格尔所谓单调的无限。[①] 我几乎不用看到就已经能够觉察：我实际上离这种命运很近、很近，因为父亲的命运与我的命运以及我们祖祖辈辈的命运都连成了一线，正如歌德所言：

　　一个小圈圈

───────────

　　① 原文是 die schlechte Unendlichkeit，旧译"坏的无限"或"恶无限性"，有误，据梁志学（存秀）先生的译法改译。参见 ［德］黑格尔《哲学全书·第一部分·逻辑学》，梁志学译，人民出版社 2002 年版，第 408 页。

限制住我们的人生，

一代一代的人

永远串在

他们的生存的

无尽的链索上。①

　　每个人的人生都是一部向死而生的存在的史诗（epic of being）。② 在这部一次性历险的宏伟史诗中，我们能否跳出这种恶性循环呢？

---

　　① ［德］歌德:《人性的界限》，载《歌德诗集》（下），钱春绮译，上海译文出版社 1982 年版，第 56 页。

　　② 参见 Emmanuel Levinas, *God*, *Death*, *and Time*, Translated by Bettina Bergo, Stanford University Press, 2000, p. 61。

生与死

——无私奉献为哪般？

新疆作家周涛说，"一个人只要没有个死去的亲人埋在地下，那他就不是这地方的人"①。也就是说，故乡是我们的生死之地。我的故乡不仅是我的亲人故去之乡，也是我愿意在那里葬身之地。因此，我在《故乡之殇》中写道：

> 有一次，他对妻子说："假如我死在你前头，我不愿火葬，你把我运回老家，我要躺在故乡那块子宫状的坟地里。"
> 妻子答应了他的请求。
> 老大觉得心里释然了许多。②

当然，这样的想法在禁止土葬的当代已变成奢望。中国人有句口头禅，"哪儿的黄土不埋人"，但如今确实并非哪里的黄土都允许埋人。但正如瑞士作家拉穆兹（Charles-Ferdinand Ramuz，1878—1947）所言，"只有在想安葬自己的地方才觉得是自己的家"③，也只有在家乡，我才想安葬自己。故乡是我见证亲人死亡之处，也是能够触发我先行到死来反观生活之处。我不是未知生、焉知死，而是未知死、焉知生。因为死是存在最本己的可能性，这种最本己的可能性是一种无关联的（unbezügliche）可能性，即只能由死者个人来承受自己的这种最本己的可能性。④ 也许人是唯一会死和能死的动物，这不仅是说，人能够意识到自己终有一死，而且是

---

① 周涛：《坂坡村》，《周涛自选集》，新疆人民出版社 1992 年版，第 74 页。
② 户晓辉：《故乡之殇》，《绿洲》1999 年第 3 期；罗文斌、董立勃主编：《阳光大坂——新疆当代散文选》，新疆人民出版社 1999 年版，第 169 页。
③ Hans-Horst Skupy（Hg.），*Das große Handbuch der Zitate*，Bertelsmann Lexikon Verlag GmbH，Gütersloh，1993，S. 426.
④ 参见 Martin Heidegger，*Sein und Zeit*，Max Niemeyer Verlag，1953，S. 263.

说，人有死的能力——人不仅在很多时候能够选择死与不死，而且可以先行到自己的死中去谋划自己的生。固然，人都是质本独来还独去，因为"每个人都孤独地来到这个世界，又孤独地离去，我们都是独行侠，独来独往，来这个世界走一遭，绝大多数人都不会为这个世界留下什么，就像石子落入平静的湖面，激起或大或小的涟漪，然后一切又归于平静，这就是生命的真相。出生和死亡这类只能由自己独自承受的事件，是造成人的本质孤独的基石。每个人自生下来就开始为死亡做准备了，只有想到我们来到这个世界没有任何必然性时，死亡才变得容易接受一些。毕竟，活过一次就已经是幸运了"①。但是，人活着就得活出人样来，这是人们常说的话。这其中的意思也包括活得像人、作为人而活。故乡让我未知死、焉知生，故乡让我愿意托付自己的生与死，其意思无非是说，故乡让我懂得了人的生死之谜——既然亲人的死好像只能在家乡的茫茫戈壁上留下一个个土堆，这种死难道不是在昭示我沿着另一个方向来思考生与死吗？人的精神看似无形，却比身体活得长久和永恒！亲人们来这个世界走一遭到底所在何为呢？他们能为身边的戈壁、田野与奎屯河留下什么呢？既然连身体都终将和一切物质一起随风而逝，那什么才是我们存在过的证据呢？难道真的神马都是浮云吗？难道真的"死去原知万事空"（陆游《示儿》）吗？未来能否救赎曾经的苦难呢？我在家乡的戈壁滩上、在奎屯河畔寻寻觅觅。我发现，所谓无迹可寻根本就是缘木求鱼，亲人为我留下的是他们的精神——那种无形的精神！他们以自己的死向我昭示出来的正是他们的精神与希望！这种精神不依赖身体和物质，所以并没有被泥土埋葬。畏与怕、爱与恨、苦难与希望、孤独与哀愁、操劳与烦心、感觉与理性，这些才是亲人们存在的依据和证据！它们没有也不会随亲人身体的消亡而一同逝去，它们仍然在茫茫戈壁和奎屯河上回游和激荡。只有能够保障这些依据和证据的客观制度，才是比人的身体活得更加长久的东西，才是能够让我们的日常生活回归日常和正常的东西，也才是能够让我们活出人样并且值得为之奋斗的东西。当然，没能建立这样的制度也怨不得别人，只能怪我们自己，因为好的制度得靠每个人的努力争取才能建立起来。

---

① 户晓辉：《逝者如斯——记忆我的父亲》，《绿洲》2001 年第 5 期。

死亡是存在本身不得不承担的存在可能性①，而活着并非这样一种可能性，因为在终极意义上说，人可以选择不活，却无法选择不死。也许正因如此，海德格尔才认为，人最本己的存在可能性是死，而非"生"或"活"。三叔、姥姥、父亲、姑爷和二弟在故乡先后离开了人世，他们的人生终点仿佛随着故乡一起远去，他们作为此在的肉身已不复存在。然而，"此在事实上死了，这同时是说，它在其朝向死亡的存在中无论如何总是已经做了抉择。对死亡的日常沉沦式回避是朝向死亡的一种非本真的存在"②。亲人的死迫使我走出日常生活的非本真式沉沦，学会以畏的方式看待人生、看待日常生活。因为人"朝向死亡的存在根本就是畏（Angst）"③，人本来就是一种朝向死亡的存在（Sein zum Tode），但我们又总是试图把对死亡的畏颠倒为对某个即将来临的具体事件的怕。④《老子》第七十四章说："民不畏死，奈何以死惧之。"但畏（die Angst）不是怕死，也不是个人任意的、偶然的软弱情绪，而是此在的基本境遇感（Grundbefindlichkeit des Daseins）。⑤ 怕（Furcht）有具体的对象，畏则没有对象，或者说，畏是对任何具体对象的否定。⑥ 在我看来，我们中国人总是把这种怕和畏混为一谈，或者用怕来替换畏，这也许是另一种不自觉的偷梁换柱或苟且偷生。其实，哲学家早就对此做了区分，我们大可在此基础上做进一步的领会。

虽然家乡的父老乡亲仍然把关系和关联延伸到死者世界，但他们能够看到死亡的真相——因为死亡以不可替代的方式显示出人作为个体的自由存在形式。死亡让我们摆脱了有，进入了无。从无（死亡）反观有（人生以及日常生活），自然别有一番景致，甚至应该别有洞天。人这种生物从行为上来看是个别的，从其本质上来看却不是个体性的。⑦ 从逻辑上来看，人首先是具有社会性和交互主体关系的个体，然后是不同的、具体的个体。尽管从感觉上来看，每个人一般先感觉自己是不同的、具体的个

---

① 参见 Martin Heidegger, *Sein und Zeit*, Max Niemeyer Verlag, 1953, S. 250。

② Ibid., S. 259.

③ Ibid., S. 266.

④ Ibid., S. 254.

⑤ Ibid., S. 43.

⑥ 参见 Paul Tillich, *Der Mut zum Sein*, Furche-Verlag, 1965, S. 41。

⑦ 参见 Josef Stürmann, *Der Mensch in der Geschichte. Versuch einer philosophisch-anthropologischen Geschichtsbetrachtung*, Verlag Kurt Desch München, 1948, S. 123。

体，然后才逐渐认识到这种个体是具有社会性和交互主体关系的个体。

简言之，我们应该在抽象的社会关系中来看待个体，而不是让个体消弭在具体的社会角色之中，甚至用具体的社会角色来替代甚至取消个体，可是，"在中国，文化强调的不是抽象的普遍人格，而是由（具体的）社会关系和角色定义的人"①。"换言之，当我们以任何经验性的关系、角色或对象为对象时，就仍然没有自由，自由不以'有'为对象，而以'无'为对象，即只以自在或自由本身为对象，这一点在认（知）识中办不到，却能够在非认（知）识的纯粹实践中做到。"② 这些道理看起来玄乎，但在日常生活中却能够得到一些经验性的验证。家乡的生活以熟人和亲戚之间的关系为主要内容甚至唯一内容。正因为人们都从感情的远近和可利用价值的大小来处关系，所以很少给彼此预留独立的私人空间。这种关系经常处于大起大落的张力之中，缺乏松弛感和自由度，好的时候如胶似漆，坏的时候剑拔弩张，而且坏的时候往往多于好的时候。这种社会表面上看起来固然有情感纽带和人情味，实际上却潜伏着自私自利的个人主义倾向，以及原子化和碎片化倾向，越是基层的人们也就越像一盘散沙。也就是说，这种私，不仅以个人为单位，而且以亲朋好友为单位。极而言之，在这个圈子里，大家是互助互利、互为手段也互为目的关系，缺少对各自作为独立个体的目的和价值的尊重；超出这个圈子之外，哪怕洪水滔天，关我何事？这样的社会关系缺乏陌生人原则和平等原则，因为在圈子之外，各种圈子的利益必然产生矛盾和冲突，但这种矛盾和冲突往往缺乏公平而正当的解决途径，因而陷入互害互损的恶性循环模式。我们很少考虑建立健康的公共制度和平等机制，疏于"培养一种人性的公共秩序不可缺少的民主性格"③。民主是积极而公平地协调个人利益的有效途径，"民主不仅是一种理论，更是一种实践；民主不仅是一种理想，更是老百姓的生活"④。2016 年 9 月，我又一次回到家乡，再次感到家乡就像一个漩涡，

① 杨美惠：《礼物、关系学与国家：中国人际关系与主体性建构》，赵旭东、孙珉译，江苏人民出版社 2009 年版，第 256 页。

② 户晓辉：《返回爱与自由的生活世界——纯粹民间文学关键词的哲学阐释》，江苏人民出版社 2010 年版，第 22 页。

③ 唐·艾伯利：《市民社会的含义、起源与应用》，见［美］唐·E. 艾伯利主编《市民社会基础读本——美国市民社会讨论经典文选》，林猛、施雪飞、雷聪译，商务印书馆 2012 年版，第 26 页。

④ 蔡定剑：《民主是一种现代生活》，社会科学文献出版社 2010 年版，第 264 页。

住的时间越短就越是只能看到虚假的和谐，住的时间越久就陷得越深，也就越想逃离这种不堪重负的关系网。这正是有些学者说的，"中国社会中的个体首先是天然地生活在一个他自己不能选择的网络中。他的喜怒哀乐，他的常规与失败总是嵌入在他的社会网络中而难以独享。这就是说，一个个体在没有打算拥有社会网络的时候，别人在道义上就是他的潜在资源，而无论他愿意与否，他本身也是别人的可利用者"[①]。可是，这种互相利用、互为手段的文化恰恰是我不喜欢甚至深恶痛绝的文化。我也分明从家乡亲朋好友的生活现状中感受到，个人正在从传统的关系网中艰难地、痛并快乐地剥离出来，我能够感同身受地与他们一起分享这种姗姗来迟而又激荡人心的痛苦与欢乐。

正因为生活在这样的文化中，家乡的人们才特别好面子。"他们好面子甚至为了面子争强好胜，却分不清面子与人格有啥不同。正因如此，他们没有意识到：尽管他们经常为了面子而忘记人格尊严，但他们对别人面子的损害常常也损害着别人的人格尊严，他们隐隐约约地渴望拥有的恰恰是自己的人格尊严而不仅仅是面子。面子取决于外在的角色，人格尊严则取决于内在的意愿自由。"[②] 也难怪，一方面，他们的生活习惯在某些方面高度自私；另一方面，他们接受的宣传和教育又是大公无私和公而忘私，也就是对一己之私的全盘否定。正如哈耶克所指出，"如果'共同体'或国家比个人更重要，如果它们自己的目标独立于个人的目标并超越个人目标的话，那么，只有那些为社会所具有的共同目标而努力的个人才能被视为该社会的成员。这种见解的必然结果就是：一个人只因为他是那个集团的成员才受到尊敬，也就是说，并且只有他为公认的共同目标而工作才受到尊敬，并且他只是从他作为该集团成员的资格中获得他的全部尊严。单纯依靠他作为人的资格却不会带给他什么尊严。其实，人道主义的真正概念，因而也是任何形式的国际主义的真正概念，完全都是有关人的个人主义观点的产物，而在集体主义思想体系中，它们是没有地位的"[③]。在我生长的环境中，在我受的教育里，个人一直埋没在集体之中，我们已

① 翟学伟：《中国人的关系原理——时空秩序、生活欲念及其流变》，北京大学出版社 2011 年版，第 86 页。

② 户晓辉：《纯粹的角色生存能否让我们过上好生活——对胡康华〈粉墨〉的政治生态解读》，《中国文学批评》2015 年第 2 期；未删节版发表于《新疆艺术》2016 年第 1 期。

③ ［英］弗里德里希·奥古斯塔·冯·哈耶克：《通往奴役之路》（修订版），王明毅、冯兴元等译，中国社会科学出版社 2015 年版，第 158 页。

经习惯了这样的观念，好像习惯成自然，好像这就是天经地义和理所当然。其实，我们的苦难，多半都是由这种被视为天经地义和理所当然的观念造成的，因为它遗忘、蒙蔽甚至取代了个人的尊严与权利。个人被单纯当作完成某些宏大理想和目标的手段，我们在这种实践目的中却很少占有什么份额，我们像卑微的蚂蚁一样奉献自己的生命，却把这种奉献视为全然无私，好像我们也不该要求和奢望任何回报；否则，就是不正当的非分之想，就可能让我们产生自责和负罪感。这也许就是刘泽华所指出的：

> 儒家文化中没有相对独立的个人，只有形形色色的角色，只不过随着时间的推移和种种具体条件的变化，人们在人伦关系网络中所处的具体地位不同而扮演不同的角色罢了。在"人道"观念约束下，人的价值取决于对"亲亲、尊尊"等伦理道德的认同，个人只有在遍布整个社会的人伦关系网络中才能找到自己的位置。而且，人们越是要证明自己是人，就越要沿着"人道"的轨迹，紧紧相互攀附在人伦关系网络上，使自身融合于社会群体之中。反之，如果有谁敢于背离儒家所规定的"人道"，他就失去了人的资格。[1]

1952 年，家乡的屯垦战士自编歌曲《戈壁滩上建花园》：

> 戈壁滩上建花园，
> 劳动的歌声满山遍野，
> 劳动的热情高又高，
> 生产运动猛烈地开展，
> 困难把咱吓不倒！
> 啦啦啦啦……
> 修水渠，打土坝，
> 三天三夜不合眼，
> 幸福的种子撒下去，
> 清清渠水流不完，

---

[1]　刘泽华：《王权思想论》，天津人民出版社 2006 年版，第 156 页。

　　劳动的双手能够翻天地。

　　戈壁滩上建花园，

　　好瓜好果大家尝，

　　好米好粮齐入仓，

　　人民给我们欢呼，

　　祖国给我们荣光。①

　　在今天看来，也就是站在过去的未来立场来看，这首朴素又豪迈的理想之歌仍然主要是集体层面和物质层面的追求，缺乏个人的和精神的内容（参见图98）。在20世纪70年代初，一二三团二连有一个钢铁大嫂排，姑奶户振兰也曾是其中的一员虎将，她们提出的口号是"宁愿身掉十斤肉，不要皮棉减半斤"②。从个人层面来看，这固然是一种可贵的奉献精神，但从社会层面来看，它把物质利益置于人的生命价值之上，并不符合以人为本的人道主义精神。它的进一步发展就是所谓"献了青春献终身，献了终身献子孙"的奉献之歌。③作为兵团人的后代，假如我不能离开家乡，假如我没有离开家乡，这句口号真让我有一种被摆上祭台的感觉。当然，即便我已经离开，仍然无法完全摆脱这样一种感觉，而且我还要感同身受地替兵团人的后代来感觉，替英年早逝的二弟来感觉！这句口号罔顾这样的历史事实：一代代兵团人来到兵团，留下来搞开发建设，实际上已经是他们自己做出的最好选择，因为对多数人而言，留在这里是他们力所能及的最好选择。他们并不是被父辈献祭的羔羊。这句看似豪迈的口号，恰恰忽视了兵团人的能动性，扭曲了兵团人淳朴的要活下去的价值观，抹杀了兵团人最初开发建设新疆的自觉性和主动性。这种靡有孑遗的奉献精神不仅忘我和无私到了极端，还要求把子孙后代也献出去。我倒不是要一味地较真，也不是要否认这个口号在当年建设边疆时起到的作用，而是说它在今天已经有点不合时宜，因为"公本位、群体本位的价值观无法使个人拥有自己的受法律保护的私人领域和私人利益"④。至少我们不能再一

---

　　①　李生隆口述，郭绍珍整理：《车排子军垦序曲》，一二三团史志编纂委员会编《一二三团志》，中华书局1999年版，第721页。

　　②　当年的大嫂排成员刘翠兰的口述，参见王博、韩子猛2012年编导的纪录片《嫂子颂（123团2连大嫂排）》。

　　③　参见一二三团史志编纂委员会编《一二三团志》，中华书局1999年版，第5页。

　　④　俞睿：《国家与社会关系视阈中的私人领域建构》，人民出版社2014年版，第131页。

图 98　一二三团综合文化活动中心前的宣传栏"戈壁滩上
建花园"

味地让人把青春、终身甚至子孙都一股脑地献出去，否则这种奉献的目的
和价值何在呢？这种口号的根本问题在于只把个体的人当成了手段而没有
同时也当作目的（参见图99）。换言之，它没有给个人生活的幸福与和谐
自由的发展留有必要的空间和位置。我们应该明白，"任何超越个人之上
的整体利益都只是一种虚幻，任何建立在脱离个体的整体利益之上的代表

都是欺骗，并极易蜕化为赤裸裸的强权。国家利益由每个具体个人的实实在在的利益构成，因而完全不需要虚幻而危险的整体主义代表"[1]。即便在当年艰苦创业时牺牲个人幸福是必要的和可理解的，那么，在这种牺牲和舍弃不一定必需的今天，我们必须把这种奉献精神中的人道主义思想开掘和凸显出来，重视每个人的现世幸福和平等权利，在确认人的奉献义务和责任意识的同时充分肯定他们作为活生生的个体所具有的寻求物质幸福和精神满足的平等权利。换言之，兵团的这种奉献精神要真正与时俱进，就有必要实现从当年的人与自然的关系向现在的人与人之间的关系的重大转移，从当年的以群体为社会主体转向现在的以个人为社会主体，真正做到在把人当作手段的同时也一直当作目的。因为即便在当年，"当新闻界向那些'一不怕苦，二不怕死'、不顾伤病坚持劳动和为了事业不顾伤病（有些作出了牺牲）的青年们欢呼叫好时，基层的现实却可能是医疗保健和安全保障的被抛弃，而不是青年英雄主义"[2]。如果不落实到以个体和个人为目的这个根本点上，我们的道德根基就会被连根拔起，"我们道德

图99　母亲所在小区里的宣传栏，讲的都是兵团创建之初感人的无私奉献故事

---

[1]　张千帆：《宪政原理》，法律出版社2011年版，第87页。

[2]　［美］托马斯·伯恩斯坦：《上山下乡》，李枫等译，警官教育出版社1996年版，第281页。

中的大部分人道主义的要素，即尊重人的生命，尊重弱者和普遍地尊重个人等，都会消逝"①，我们的权利与尊严就可能被长期蒙蔽和遗忘，我们的基本生存条件就可能一直会失去改善的机会与可能性，那些貌似高尚的口号就可能掩盖个别人以权谋私、损人利己的行径，也就可能成为掩盖社会不公的遮羞布，甚至可能成为极权主义的隐患。正如阿伦特已经指出的那样，极权主义真正新颖而可怕的地方就在于宣称这样一种观念，即人的自由必须为历史发展做出牺牲。② 换言之，如果仅仅强调个体为整体利益做出牺牲而罔顾个人的权利与自由，那就很可能出现哈耶克所谓"在我们竭尽全力自觉地根据一些崇高的理想缔造我们的未来时，我们却在实际上不知不觉地创造出与我们一直为之奋斗的东西截然相反的结果，人们还想象得出比这更大的悲剧吗？"③ 我们都曾受到一些理想的鼓舞和激励，到头来却发现这些理想貌似高大上，实则假大空。我们判断的标准其实并不复杂，那就是：看它是否仅仅把每个人当作手段。比如，"大公无私"之类的口号，提了这么多年，我们很少想一想：既然这种大公中根本没有任何私的份额，我们要它何用？我们一代代为它奋斗，究竟为了什么？关键是，这种根本不切实际的要求不仅不符合人道，更会造成人性的扭曲和变态，其结果就是在中国社会不难看到的荒诞现象，即一方面，"人们总是根据'家'的模式来设计国、社会、道德生活，使公与私、利他与利己难以分开。对公共生活总有一种按己所需去掠夺、占有（或破坏）的冲动"；另一方面，"所谓的'大公无私'不但未能'无私'，而且也不可能'大公'。这里，'公'和'私'处于畸形、暧昧、混沌的不正常关系中。在'大公'的背后，'舞私'者玩得炉火纯青。最大的'公'演变成了最大的'私'"④。

　　只有认清这一点，只有提升奉献精神的积极内核，它才能真正与时俱

---

　　① ［英］弗里德里希·奥古斯塔·冯·哈耶克：《通往奴役之路》（修订版），王明毅、冯兴元等译，中国社会科学出版社 2015 年版，第 170 页。

　　② 参见 Hannah Arendt, "Introduction into Politics", in *The Promise of Politics*, Eidted and with an Introduction by Jerome Kohn, Schocken Books, New York, 2005, p. 120。

　　③ ［英］弗里德里希·奥古斯塔·冯·哈耶克：《通往奴役之路》（修订版），王明毅、冯兴元等译，中国社会科学出版社 2015 年版，第 33—34 页。

　　④ 俞睿：《国家与社会关系视阈中的私人领域建构》，人民出版社 2014 年版，第 134 页；张君劢甚至指出，"中国人的思想，都拿国家当私产。买田地是置私产，贵为天子，富有四海，也不过是私产的扩大而已。我们不要以为这种思想到了现在，已经没有。不然！"（张君劢：《宪政之道》，清华大学出版社 2006 年版，第 147 页。）

进和深入人心，才能继续被人们发扬光大。如何从兵团的奉献精神中开发出既保持人的尊严又不损害个人价值的社会伦理学原则，是它走出昨日辉煌、创造崭新未来所面临的机遇和挑战，"因为我们在黑格尔那里已经学到，现代的自由许诺，是要帮助个人在社会秩序中得到他所有合法自由的权利"①。这也许就是有些学者已经指出的，"兵团职工的权利和义务不对等……兵团体制的主要弱点是：既不属一级政府，又不属军队序列，没有税收和工商，不享受国家的税收返还；但同时却要承担政府的相关职能和义务，已经被沦为'二等公民'的兵团人能否确保兵团的稳定，这些都是值得深思并急需解决的问题"②。2016 年 9 月 13 日早晨，我在母亲所在小区二期拍照（参见图 100），遇到团校一个老师主动与我搭讪。他说，他父亲 1959 年从甘肃来新疆就是为了能够吃上饭，因为当时老家饿死很多人，所以，来新疆干的活儿再累、再重都觉得没关系。这就让我想到，来新疆是我们的父辈们当初能够做出的更好选择，但他们还有权利要求更好。他说，兵团的体制是国家和自治区双重管理，但自治区是虚管。兵团的腐败比地方上厉害，因为权力过于集中。兵团的经济发展慢，主要因为体制，不能全怪领导，兵团是企业，但要向乌苏缴税。兵团是以部队的形式管理普通民众。当然，说到最后，他说，"我尽量客观，但纯属个人意见。咱们瞎谝，我啥也没说，你啥也没听见"。

令我稍感欣慰的是，21 世纪以来，一二三团已建成几十栋职工住宅，有一千多户职工先后住进了父辈们梦想的高楼大厦，母亲也算赶上了末班车。无论如何，当年来新疆之前曾给他们许诺的楼上楼下、电灯电话，以及戈壁滩上建花园，经过几代人的奋力拼搏，总算变成了现实。近年来，一二三团建起了养老院、新文化宫等公共服务设施，有了农贸集市（参见图 101），公共服务也在慢慢地趋向人性化，让那里兵团人的奉献也得到了一点应有的回报。2016 年夏季，国家又拨了一笔专款把团部的路修得更漂亮了。走在新修的人工湖畔，我感到这也许是三叔、姥姥、父亲和姑爷不曾梦见的现实。楼房和街道弄好了，人的精神面貌有多大改观呢？团场人是否在这里找到了自己的故乡呢？即便生活在戈壁滩上的花园里，他们就能过上好生活吗？对于这样一个打扮得越来越漂亮的地方，我是外来

① ［德］阿克塞尔·霍耐特：《自由的权利》，王旭译，社会科学文献出版社 2013 年版，第 103 页。
② 尚红娟：《对新疆生产建设兵团"存在的合理性"思考》，《理论界》2007 年第 7 期。

图 100　母亲所在小区的墙体宣传栏，可见这种价值观仍然以奉献为主，缺乏个人尊严和价值的成分

图 101　2016 年 9 月 11 日，母亲（左一）在楼头大路上的农贸集市上遇见了老熟人，当时这个流动集市是每月 1 日、11 日、21 日开市。母亲算是赶上了新时代的这个集，但它很快又被取消了

人。我来自外界，更是来自未来。因为我是站在未来的立场来看待故乡，正如我处身于已故亲人的未来看我们共同的故乡一样。如果不能让自己处

身于未来立场，我就真正辜负了他们曾经的努力和希望。

2016 年 9 月 13 日下午，我和母亲从一二三团团部的华夏书店往家走。我们坐在路边休息时，恰好住在路边平房里的家属 QL 老太太拄着拐杖向我们走来。她是河南人，我问她高寿，她说今年 87 岁了。老太太向我诉说她的抗拆经历：她的三间平房要被拆迁，给她 1.2 万元，她不干。她儿子在某连当副连长，曾和连长一起坐着轿车来她家劝拆。连长问她："要多少钱？"她说："不要钱，啥也没有命值钱。住楼房容易崴脚，现在这个平房是我和老伴一砖一瓦盖起来的，楼房能住 30 年，我这房子还能住 30 年，我死了它还在。"（参见图 102）有相识的路人说："你可把当官的为难死了！"她说："我为难他们干啥？我住我的房子，他们吃他们的饭，我碍着谁了？"2015 年 5 月，她家的水、电被切断。3 天之后，她的老伴去世。断电 20 天后，经过他们的请求，供电已被恢复，但自来水仍然不通。就在我们谈话时，老太太的外孙（在高泉农场上班，过中秋节回来探亲）正从我们前面的路上骑着一辆三轮车，拉着三个水桶去拉水。

图 102　老太太的三间平房背后已经被写上了"拆"字，拍摄于 2016 年 9 月 13 日。2017 年 4 月，我回到团场，这个房子还在。不知她还能坚持多久

老太太对我说："我年龄大，不糊涂。有人被拆实际拿了十万，可别人一问却说只拿了一两万，谁信啊？我看电视上大领导就不是这么说的，

下面的干部胡整哩。"这说明，老太太不愿拆迁的一个重要原因是嫌补偿款太少，没有满足她与别人受到同等待遇的心理预期，也不足以让她获得有尊严的再居住条件。

2016年9月17日上午，我和母亲刚从外面回到家中，就有人敲门。我开门一看，有两位我不认识的老年妇女，其中一个手里还攥着几张白色复印纸。我想一定是母亲认识的人，就赶紧请她们进门。母亲与她们寒暄，让她们吃苹果，她们不吃。母亲要去洗手，她们也说先坐着，不急。母亲和我都没想到，她们这次是来找我的——她们都把我当成了京城来的记者，所以专门来打听一下，看我知不知道相关情况。她们都是汝南人。一个①是五七排的家属，与1956年来新疆的老伴二婚，已一起生活24年。虽然她的工资低，老伴的工资高，但一直放在一起花。双方都各有4个儿女，她想问的是，如果比她年龄大的老伴先去世，她是否有权处置她与老伴的共同财产。我说："根据咱们国家的《婚姻法》，你应该有优先决定权。"她说："我要的就是这句话！"另一个说，她和弟弟1978年从河南省汝南县宿鸭湖水库移民来新疆。河南老家的移民及其家属早已拿到每人1.2万元的补贴款，但这里的社区中心让他们复印了三次证明材料（参见图103），仍然毫无结果。他们每次都得麻烦老家的亲戚熟人给开证明，落下了人情，花钱和寄东西还人情，还把老家的人得罪了。我问："这里有多少人没拿上补贴？"她说："不少！"

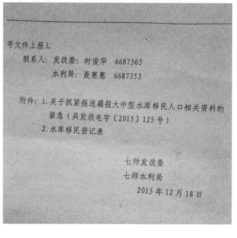

图103　当时她拿来的材料之一。为了保护她的隐私，这里只采用了一份没有个人信息的文件照片

我说："你们没想到打官司吗？"她说："没钱打官司，也没人愿意出头。"在我看来，也许更重要的原因在于找不到受理的地方。由此也可看出，"作为传统的承续，编户齐民制度部分地残存在我国现行的户籍制度中；

---

① 为了保护她们的隐私，这里隐去其真实姓名。

直到不久之前，代表国家的单位和组织还拥有对个人的全方位人身控制，并且这种控制至今尚未完全消灭；今天我们固然有了民法，但从总体上说，无论在立法还是司法上，权力和权利还是不对等的，对前者的强调超过后者，权力清晰明确而权利模糊不定。所有这些都表明，即使在现当代的中国社会，个人作为独立主体的基本权利、私人领域的独立自主，依然是不完全的，没有保障的，甚至是很成问题的"①。如果缺乏平等的权利保障，谁能过上安生的日子呢？即便有钱有权，但能否减少朝不保夕的惶恐不安呢？

这些只是我偶尔碰上的事情，我也有点爱莫能助，但它们不正是日常生活中最让人牵肠挂肚，也最让人愤愤不平的事情吗？我把她们送出家门时，甚至觉得自己不如她们觉悟高——至少她们已经有了维权意识，已经有了自己的行动。她们的行动至少可以表明，"维权的出现，意味着中国的法治运动进入一个新的阶段。以往，中国的法治运动主要自上推动，是在上者改造社会教导民众的手段，其动力为单向的。由此造成了法律与社会生活的脱节，和与普通民众的隔膜。如今，因为社会经济的发展，社会结构的改变，以及人民生活方式和思想观念的改变，普通民众的利益诉求开始同法治有密切关联，中国的法治运动也因此而获得了新的意义和持久的动力。民众的参与打破了在上者对法律的垄断，同时拓展了法律的疆域，丰富了法律的内容，使法律成为社会中不同个人、群体和组织均可利用的竞胜场所。法律话语正日益成为不同利益的表达方式，也成为社会互动的一个基本渠道。就此而言，中国现在才开始进入到它的法治时代"②。但我呢？我把她的材料拍了照，并且说可以帮她问一问，但我并没有亮明自己的学者身份。看得出来，她一听我不是京城来的记者，就有些心灰意冷。像我这样"在小事情上都没有学会使用民主的老百姓怎么能在人事情上运用民主呢？"③ 就算是来自京城的学者，我为自己的虚与委蛇感到内疚。恰恰在这里和这时，我又从实践者变成了认识者，我又从实践理性的立场回到了理论理性的立场。明明她的问题很可能就是我的问题，至少是我同样可能遇到的问题，可我却在有意无意地回避她的问题，这实际上也

①　俞睿：《国家与社会关系视阈中的私人领域建构》，人民出版社 2014 年版，第 76 页。

②　梁治平：《〈法治十年观察〉自序》，《法律何为：梁治平自选集》，广西师范大学出版社 2013 年版，第 455 页。

③　[法] 托克维尔：《论美国的民主》，董果良译，商务印书馆 2009 年版，第 118 页。

是在回避我自己的问题。这个典型的瞬间，让我一下子明白：民俗学的经验实证固然不易，但实践民俗学更是难上加难，因为实践民俗学的基本立场是要把别人和自己当作目的而不仅仅当作手段，这在一贯只顾感性手段、不重理性目的的中国，谈何容易？也正因如此，中国才更需要实践民俗学的研究。实践民俗学研究的难度恰恰与它在中国的紧迫性和必要性成正比。既然实践民俗学要坚持在把人当作手段的同时也当作目的，它就没有理由回避民众和学者自身在交互主体意义上共同面临的根本问题。在这个关口上，民俗学的经验实证研究与交互主体的实践研究立刻显出了基本的分野，即前者只关心自身设问的问题，并且常常回避民众提出的问题，至少对民众提出的问题保持不关心、不介入的中立态度；后者则以民众提出的日常生活问题为共同关注和讨论的问题，尽管我们作为学者不一定有能力实际地解决这些问题，但起码可以把这些问题当作课题，让它成为实践民俗学的问题意识。如果说学术的思考和表述也是一种实践，实践民俗学的实践要强调的就是立足实践理性的目的论立场来进行的实践，而绝非一般的实践，更不是那种文人感受式的实践和乡愁乡愿式的实践。

　　实践民俗学的实践在中国注定要难得多！因为它不再是单纯主观的感性抒发和感受表达，也不再是愿望思维式的一厢情愿，更不是要弄一些轻描淡写的老生常谈，而是试图践行实践理性的社会伦理和政治制度，推进日常生活的法治化保障，促使社会主义核心价值观对好社会的目的论条件——民主、自由、平等、公正和法治在中国社会的实践和实现，并对好生活的原理做出理性的追问和深描。① 就拿这个宿鸭湖事件来说，由于某些部门的权责不分，当追问缘由的我们被当作皮球踢来踢去之时，我们有多少时间和耐心一起陪练？我们又有多少生命经得起这样的消磨和折腾？即便我们只是想苟且偷生，即便我们老想着图省事而且多一事不如少一事，但我们这点卑微的愿望在被我们一忍再忍的日常生活中实现了吗？如果只有少数人较真并且愿意为此付出时间、精力和代价，多数人都事不关己高高挂起，这样的日子有希望吗？这样的世界会好吗？

---

　　① 奥地利民俗学者布丽吉塔·施密特－劳贝尔认为，以理解的视角和微观分析的方法照亮现在和过去的日常世界并且对它们加以深描，是欧洲民族学/人类学的一种特有能力，参见 Brigitta Schmidt-Lauber, "Der Alltag und die Alltagskulturwissenschaft. Einige Gedanken über einen Begriff und ein Fach", in Michaela Fenske（Hg.）, *Alltag als Politik-Politik im Alltag. Dimensionen des Politischen in Vergangenheit und Gegenwart*, LIT Verlag Dr. W. Hopf, Berlin, 2010, S. 56。

平等习惯

——我的亏欠感

因此，追根溯源，制度的某些劣根性不在别处，恰恰就在我们自己身上。我们受这些劣根性的习染，同时又在为这种劣根性增砖添瓦。细想起来，我自己就是一个典型实例。

1995 年中秋节，三弟从乌鲁木齐回去后给我来信说："这次出去，的确如二哥所说的那样，城市与兵团差别太大了。一下（长途）公共汽车就有这样的感觉了。兵团人劳动太苦了。也只有离开兵团才能不种地、不受苦！"（参见图 104）1987 年，我的九连同学肖永明的母亲曾对母亲感叹："晓辉妈呀，年年拾棉花，我的肉都要折几斤啊！"[1] 的确，中国农民已经够能吃苦了，但兵团人有过之而无不及，因为吃苦耐劳是兵团人的一大本色。[2] 在兵团长大的我虽然没下过苦力，也算沾染过兵团人的精神，对他们的苦也有一点感同身受的体会。他们不仅吃苦耐劳，而且任劳任怨，因为他们受到的是无私奉献精神的熏陶和教育。1964 年，依敏诺夫这样记述当年开发戈壁者的讲述："初到戈壁，我们就头顶青天，脚踏荒沙。白天气温高达四十度，找不到一点歇凉的地方，这儿又没有水，水都是从十里路外运来的。水少人多，我们实行了配给制；同志们的嘴唇干裂了，脱了一层皮；一星期、十天半月洗不上一次脸；有时刮起狂风，天昏地暗，吹得人的皮肤裂开口子，脱去一层皮，有时还叫风沙把人埋掉。但是谁也不叫苦，因为那时毛主席提出'鼓足干劲，力争上游，多快好省地建设社会主义'的总路线，在鼓舞着我们。我们一面挖渠，一面开荒，一面修房

---

① 2016 年 9 月 12 日母亲何文秀在家中的讲述。

② 正如王亚南早就指出的那样，"中国的农民是以具有极坚强的忍耐性见称的。然而，他们的那种吃苦耐劳的忍耐精神并不是天生的，而是由宗法社会组织、伦理教义，以及一再再生产出来的那种同形态的统治方式把他们教训锻炼成的"（王亚南：《中国官僚政治研究》，中国社会科学出版社 2005 年版，第 114 页）。

子，迎接困难，战胜困难。"① 后来，我也曾写道："开发和垦荒生活不仅直接造成了兵团人的生活方式，也直接模塑了他们的精神和心理世界，这种模塑和影响是多方面、多层次的……半个世纪以前开始的西部开发热潮所取得的辉煌成绩有目共睹，它的物质背景是一穷二白，它的创世意义在于无中生有，并在混沌和荒野中建立人间的秩序。在更抽象的意义上，第一代西部开发者面对庞大未驯的野性自然时惟一能够凭借的就是他们自己——他们的肉体以及集体的灵魂。在这场旷日持久的开发热潮中，他们直接燃烧着自己的青春，他们用自己的血肉之躯和生命这个柔弱但充满韧性的'鸡蛋'去撞击千年未老的荒石，结果是水滴石穿般地谱写了愚公移山的当代续篇。"②

图 104　1995 年，三弟户金辉（右一）来乌鲁木齐，与当时在此打工的二弟户军辉合影。他们不约而同地感叹："城市与兵团差别太大了"

1983 年 10 月，我写了这样一篇作文：

红柳与戈壁的联想

在祖国的大西北有许多戈壁，它们在一些人的心目中是一片凄

---

① 依敏诺夫：《锦绣戈壁》，《新疆文学》1964 年第 10 期。
② 户晓辉：《西部开发者文学现象扫描》，《绿洲》2000 年第 3 期。

凉、荒疏。然而在我看来，它们却有着另一番情趣。

记得今年春天，我到家乡的戈壁拾柴禾。踏着那松软的沙地和碱滩，我慢步走着，在我的身后留下一行清晰的脚印。环顾四周，真有茫茫戈壁，无边无垠之感。但这又不同于在沙漠中的感受，因为在这里，有着生命。再一次环顾四周，便可看见那儿一丛、这儿一丛地长着的，那是皮柴；这儿一棵、那儿一棵地分布着的，这是红柳。这红柳是耐旱的，它最粗也不过拇指，高也不过一米，然而它却有着很强的生命力。春天使红柳吐出绿蓝色的小穗子，皮柴和一些不知名的小草都绿了。于是，这经过严寒的冬天而变得更加荒疏的戈壁便有了绿色、有了生机，虽然这绿不像那草原绿那样浓、那么密。我放眼望去，远处和近处的绿连成一片，这使我突然有置身于绿色海洋中的快感。于是我想起了一首边塞诗来：葡萄美酒夜光杯，欲饮琵琶马上催。醉卧沙场君莫笑，古来征战几人回。是的，在如今这无人问津的戈壁，也许是古代边塞的战场，有多少壮士英雄，勇战沙场，为边塞的土地而捐躯，把血洒在这戈壁！又有多少边塞诗人发出"古来征战地，不见有人还"的叹息！

我俯身拾着那红柳下的枯枝。噢，这手中的枯枝昨天还为点缀戈壁而献出自身的绿，而今天它们却"零落成泥碾作尘"，依然落在这戈壁上，用自己的躯体化为沃土，撒落在戈壁上。这不正是"落红不是无情物，化作春泥更护花"的诗意吗？

我背着柴禾，走在回家的路上。我想，也许是因为这戈壁的贫瘠、荒凉才使人厌烦的。然而红柳却没有因为母亲有这样那样的缺点而离开她，而是把自身的绿献给母亲。那戈壁也没有坐等，而是以母亲的乳汁哺育着那能给她带来绿的孩子。那红柳的枯枝不正像当年的边塞勇士吗？而那些正在生长的红柳又将意味着什么呢？红柳在更新，戈壁也在变样！春风已经吹到了大西北的戈壁之上，我们何尝不做一棵红柳呢？（参见图105）

可见，当时的我仍然想的是忘我奉献精神。不知这种精神是否具有中国特色，但似乎在不少像我这样的穷家子弟身上时隐时现，正如岳永逸记述的那样，"在区政府所在地的重点中学上初中时，学校每个月都会给学生包一场电影。三年时间里，我一次也没有去看过。不是不想看，而是觉

图 105　在皮革厂肆意生长的红柳，据说现在已成了受保护的植物，不许人们随便砍伐，所以，它们比当年长得茂盛而繁密

得看了就是在浪费时间，对不起在地里劳作的双亲。很早就工作的大姐从来没为自己着想过，她同姐夫一道将大部分精力时间都用来帮着父母养育我们几个弟妹"①。后来，我发现，在进了城的凤凰男中，有不少人都有这种或隐或显、时隐时现的痛楚。2016 年初，黄灯的《一个农村儿媳眼中的乡村图景》一文在网上疯传，开启了 2016 年度的发现农村之旅。② 她在后来正式发表的文中写道：

　　我作为一个农民家庭的儿媳，身处其中，实在能体会到这种痛楚中的无奈。丈夫和任何一个通过求学改变命运的农村孩子一样，在城市的生活从来就不以追求享受为前提，甚至用在他身上的正常开销，在他看来都是一种负罪，与生俱来的家庭阴影深深渗透到他的日常生活中，他不抽烟、不喝酒、也没有多少交际，更谈不上特别嗜好，唯一的兴趣就是看书，过着一种在别人看来寡淡无味的简单生活。他性格沉默，不爱多言，他愈是沉默，我就愈能感受到过去家庭所施加给他的痛苦和压抑的深重，他像一条运气很好的鱼，通过自己的努力，

① 　岳永逸：《忧郁的民俗学》，浙江大学出版社 2014 年版，第 85 页。
② 　《返城之后，别忘了"另一个中国"》，《新京报》2016 年 2 月 15 日。

终于游出了这个令人绝望的家庭，但这种逃脱的幸运并不能给他带来发自内心的快乐，他所出生的原生家庭就像一个长长的阴影，只要还有家庭成员处于不幸和痛苦中，逃脱的个体就不可能坦然享受生活本该具有的轻松、愉悦，一种血肉相连的痛楚，总是无法让他对有着共同成长记忆的亲生兄妹的困境视而不见。①

多年前，摩罗写出了更极端的感受，"我每次回农村都有一种负罪感，虽然我在城里只是一般的市民，并没有过上富足的日子，但一回到农村就感觉自己在城里拥有的太多，面对农民觉得不好意思"，"我内心最隐秘的一角，盛满了任何学说和文章都无法涵盖的血淋淋的乡村经验和农民苦难。我到哪里都只是一个孤独的异数，是一个真正的化外贱民。我仄身在城市的夹缝里，也仄身在读书人的群体中，以格格不入的孤独情思，与乡野兄弟姐妹内心的悲愤、绝望和苍凉遥相呼应"②。虽然我没有如此强烈而极端的负罪感，但冷静反思自己的生活习惯，我发现自己的潜意识里也有一种不算浓重却挥之不去的原罪感，因为我知道自己"是父母养出的一个'变种'，是故乡推出的一个'叛徒'，这样的家伙不能在物质上给父母和父老乡亲以多少好处。惟一可能或比较容易的是给故乡以廉价的赞美，施之以居高临下的怜悯"③。我隐隐约约地觉得自己对亲人有所亏欠，好像我本该把他们拯救出来却没这个能力，好像自己过上好一点的生活，他们却仍属于世界上还没有解放的三分之二劳苦大众。所以，"不知道是否和家庭环境有关，我感到自己也是一个轻松不起来的人，我的生活很少得意忘形的时刻，我生活在别处，总是节俭和苛求今天，期望以此换取一个莫须有的明天，这是不是父母价值观的一种精神遗传呢？"④ 但我的好一点的生活也只是相对而言罢了。所谓城乡差别，只是量的差别而非质的不同。因此，城里人对乡下人的优越感多半只是五十步笑百步。城里人得到的实惠和好处，多半只是物质条件的便利，在精神方面则与乡村和农场大同小异，因为社会制度都是一样的。所以，就实质而言，即便我有能力

①　黄灯：《回馈乡村，何以可能？》，《十月》2016 年第 1 期。
②　摩罗：《我是农民的儿子》，《学习博览》2009 年第 3 期。
③　户晓辉：《故乡之殇》，《绿洲》1999 年第 3 期；罗文斌、董立勃主编：《阳光大坂——新疆当代散文选》，新疆人民出版社 1999 年版，第 163 页。
④　户晓辉：《逝者如斯——记忆我的父亲》，《绿洲》2001 年第 5 期。

把亲人从故乡拯救出来，能算真的拯救吗？我自己把自己拯救出来了吗？况且，即便我救得了家人，我又"焉得人人而济之？"（《孟子·离娄章句下》）所谓城乡差别，真的能让我们的日常生活产生如此大的差别吗？当父老乡亲的权利缺乏保障时，我的权利就有保障吗？我们是否认识到，"人生而为人，有其人权的理论，忽视了的正是义务与权利的基本前提：没有尽义务就不足以言权利；个人尽了他上千上万的义务，才足以赢得他的权利"①，我们是否只想要权利而不想尽义务呢？所谓城乡差别的表象长期蒙蔽了我们的理性，让我们看不到这种表面差异之下掩盖的岂不是同样的得过且过、同样的心酸和无助、同样的飘零和惶恐？所谓城乡岂不同样是五十步笑百步的窝里斗和窝里横吗？② 同样的事情演了又演，同样的故事讲了又讲，一代接一代，几千年乐此不疲！我们能否像小品《相亲》（2011 年辽宁卫视春晚节目，由赵本山和弟子宋小宝、赵海燕表演）中所说："海燕啊，你可长点心吧！"我想，多数中国人缺的不是钩心斗角、彼此算计或工于心计的心眼，而是理性，因此，我们应该再长点心智，再多一些实践理性！

细想一下，我对自己的节俭和苛求，一方面是潜意识中的原罪感在作祟，另一方面也是习惯使然。我出生的 20 世纪"六十年代后，提倡'新三年，旧三年，缝缝补补又三年'，以朴素为荣，男性服装款式变化不大，军便服为主。女性多穿小翻领列宁服，机制平布或斜纹布料。颜色以草绿、蓝、灰为多。脚穿自制或购买的布鞋，军用胶底鞋，头戴解放帽"③。母亲对我说："那么多年，家里连一辆新自行车都没买过，你们弟兄三个一直骑的都是几辆旧自行车，那时买不上啊！当年连废布都要用上，现在，连垃圾箱里的衣服都是新的。"④ 我上高中时住在姑奶家，邻居阿姨（刘德全的夫人，前者 1981—1984 年担任车排子派出所所长）见我背着用帆布拼制的书包，曾说："户晓辉，你回家后让你妈把你的书包给换换。"我回去告诉了母亲，母亲说："换！"我说："不用换了，反正快毕业了。"

---

① ［德］德罗伊森：《历史知识理论》，胡昌智译，北京大学出版社 2006 年版，第 62 页。

② 正如冯骥才笔下的一个科研人员所说，"中国没有真正搞科学的地方，处处，人人都搞政治。但不是政治家，是小政客们，政治小应声虫们。又不是真正搞政治，而是搞整人，互相整。今天你上来我下去，明天我上去你下来。整成一团团，谁也解不开，愈整愈带劲"［冯骥才：《一百个人的十年》（足本），江苏文艺出版社 1997 年版，第 351 页］。

③ 一二三团史志编纂委员会编：《一二三团志》，中华书局 1999 年版，第 77 页。

④ 2016 年 9 月 12 日母亲何文秀在家中的讲述。

我考上大学后，母亲为我买了一个新书包，我一直用到硕士研究生毕业（参见图106）。我在吃穿方面的不讲究和只会节流、不求开源，就是在这种环境中养成的习惯。

图106 1983年国庆节，刚上大学的我穿着军便服、背着母亲为我买的军用书包在西安革命公园拍照留念。在上大学和硕士研究生的七年里，我一直用的是这个书包，至今仍保存完好

关于我的节俭，有一段小插曲。儿子在北京东总布胡同小学6年级1班上学时曾写过一篇作文。这篇作文在老师的建议下数易其稿，我至今悉数保留。它的第一稿是这样写的：

节俭的老爸

我的老爸十分节俭。虽然工资挣得多，但他从不乱花一分钱。而且，人们都说"兄弟明算账"，老爸和我也明算账，我每周有10元零花钱，除了我的一日三餐以外，所有的吃、玩、用都得靠着这宝贵的10元。

我们家的家电、衣物等大都有年头了。举个例子：洗衣机，用了十几年了，一年前以40元"高价"卖出。电脑，上岗13年，11个月前光荣退休。我估计 250 元能卖出去，买的人也就姓二百五了。老爸的衣服、鞋有 85% 都穿了八年以上了，唯一不舍得穿的就是那套西服，只穿了两次，一次是结婚时，还有一次是出国面试时。

在日常生活中，老爸也时刻注意节俭。老爸绝对可以称为节水标兵，节电的楷模。除了晚上写作业、看书外，一天开灯绝不会超过 1 小时。看电视一天不超过 2 小时，用电脑一周不超过 7 小时……除了洗澡外，每个月用水绝不会超过 5 立方米。别人不知道还以为我们家还没小康呢！

噢，对了，老爸的光头也能节俭——节省理发费！（参见图 107）

儿子的描述令我哭笑不得。更有趣的是儿子同班同学的妈妈是个热心人，曾两度亲自操刀为他修改作文，其第一稿如下：

节俭的老爸

老爸的节俭是远近闻名的，被家人戏称为——节俭狂。

说起老爸节俭，可真让我佩服。现在都进入 21 世纪了，可老爸的穿着打扮还停留在 20 世纪 80—90 年代。

他手上戴得（的）手表比我年纪还大，衣服、鞋子坏了总是修补好接着再穿，就连他的光头也给家中节省了不少理发钱。老爸的唯一一套西装也有十多年历史，至今还是崭新的，只穿过两次，一次是结婚，一次是出国面试。

我家的电器大多数都是旧的。如果不能用了也会被老爸折价换掉。尤其是在节水、节电方面老爸简直是抠门到了极点。一次我写作业渴了去喝水，前脚打水，后脚就听到老爸迅速关灯的声音。我不以为然地说："只几秒钟的功夫您至于吗？"就冲他喊道："别关了，我还用呢！咱家也没穷到那份上。"老爸听后严肃地说："中国有 13 亿人，水资源匮乏，北京城也属缺水城市，没有水会导致电力不足，我们节约一滴水、一度电就是为国家节约能源，为国家做贡献。"

老爸对节水节电可有一套了，可以称得上标兵。除了晚上做饭、写作业外，开灯时间一定不超过 1 小时；看电视一天不超过 2 小时；用电脑一周不超过 5 小时。洗菜、洗澡的水也留下来拖地、浇花，我

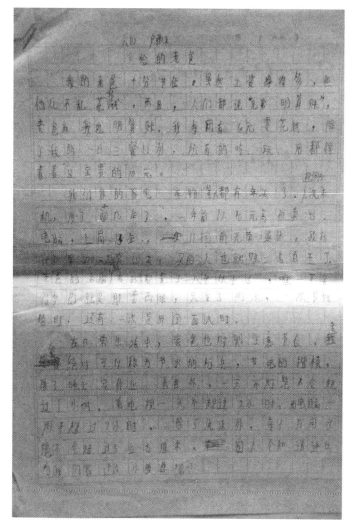

图107 儿子户张洋的作文《节俭的老爸》初稿第1页，儿子的夸张和想象令我哭笑不得

家一个月用水绝不超过5吨。说实在的，爸妈的月收入也算可观，但绝不乱花一分钱。随着科技发展，人民生活水平的提高，淘汰一些不入时的家电、家具、衣物等已经成为司空见惯的事情，然而我家在"节俭狂"老爸的带动下，却依然保持艰苦朴素的作风，不知道的邻居、朋友还以为我家生活困难没有步入小康呢！

老爸的节俭影响着我，我也积极参与学校的废旧用品回收活动。

旧报纸、费（废）塑料瓶我会把它们收集起来捐给学校。在我的心里
老爸是个英雄。特别是在当今创建节约型社会的过程中，更需要许许
多多像老爸一样的人加入到节约的行列中来。俗语说"涓涓细流汇成
江河"，如果大家都注意节约能源，社会就会更加前进、更加发展。
所以，老爸是我学习的楷模，他在我心里既平凡又伟大！

看到这样的改稿，我同样啼笑皆非。倒不是因为被添枝加叶的那些
事，以及我从被讽刺到被高大上的极端变化，而是感叹，那位古道热肠的
家长对孩子天然思维方式的修改，到底是也非也？利也弊也？

我的节俭习惯，其中既有理性成分，也有为节约而节约的非理性成
分。我认为，无论是否有钱都不该浪费，而且节约与是否有钱无关，这大
概算得上一种理性看法。但有时我为了仨瓜俩枣浪费时间，就是非理性的
习惯使然。有一次，儿子对我说，"钱，只有花了了的才是你自己的"，我想
想，还真是这么个道理！所以，我觉得，父母还真得经常向孩子学习。个
人的习惯是习惯，集体的习惯可能就是民俗。无论习惯也好，民俗也好，
都不一定合理，也不一定符合理性。在现代化的大潮之下，我们的习惯和
民俗的确应该向合理化和理性化方向发展。理由在于，"人，因为他所固
有的自然倾向，随身就把变得合理的可能性带入世界之中。在最广泛的意
义上，这就是他的理性的能力"①。在日常生活中，我们是否敢于并善于
公开地使用自己的理性能力呢？要讲求理性，首先得讲逻辑，以弥补中国
文化的天然短板：

> 中国文化传统的思维方式固然具有整体性、模糊性和所谓的辩证
> 特色，但由于它不讲求逻辑性，所以很容易由于缺乏分析性、可辩论
> 性而混淆各种差别，尤其是有些本质性的是非也容易变成中国特色的
> 所谓此亦一是非、彼亦一是非，而且许多是非和对错甚至本质性的和
> 原则性的区分，首先在思想中，其次在现实中，都在没有做出理论性
> 的区分和甄别之前过于匆忙地被转化掉、被跳过或者被"和谐"掉
> 了，以至于让思想中和现实中的许多本该区分和较真的事情都显得无

---

① ［奥地利］卡尔·莱昂哈德·赖因霍尔德：《对启蒙的思考》，［美］詹姆斯·施密特编
《启蒙运动与现代性——18 世纪与 20 世纪的对话》，徐向东、卢华萍译，上海人民出版社 2005 年
版，第 68 页。

可无不可，好像没有什么东西是截然对立和水火不容的，以至于有些符合逻辑的常识在中国反而变成了某种"异端"，致使在中国社会和学术界违反逻辑常识的做法已经见怪不怪。恰恰因为中国缺乏理性的和逻辑的传统，所以有些强权"逻辑"才能够长期霸占某些话语权，正如"指鹿为马"并非仅仅因为强权，而且因为有关白马非马的理论探讨端倪胎死腹中。也正因如此，自近代以来直到当代那些极端的中国特殊论者充满自相矛盾的论调才总是不绝于耳，才能够通行无阻、招摇过市甚至甚嚣尘上，仿佛世界上真的存在两种逻辑，一种叫逻辑，另一种叫中国逻辑；仿佛世界上真的存在着两种人，一种叫人，另一种叫中国人。这种观点的真正意思是说，在这两种逻辑和两种人之间没有任何共同之处和相通之处，实际上就等于宣布：中国逻辑不是逻辑，中国人也不是人。①

在我看来，经验主义思维传统已深入我们的骨髓，对我们的现实生活和学术研究产生了致命的副作用。我们常常对这种副作用缺乏自知之明。比如，在日常生活中，我们之所以缺乏基本的安全感和稳定感，是因为我们没有建立起真正能够保障每个人的权益和尊严的制度，而这又是经验实证思维方式的必然结果。因为这种思维方式只从经验上见到的东西出发，惯于采取守株待兔和摸着石头过河式的试错方式，而不是从人与人的基本存在方式的先验角度来思考问题并以此进行制度的顶层设计。②正因如此，我们才缺乏真正的法治。中国古代所谓"法者，编著之图籍，设之于官府，而布之于百姓者也。术者，藏之于胸中以偶众端，而潜御群臣者也"③，难怪会有所谓"礼不下庶人，刑不上大夫"（《礼记·曲礼》）之说。这可以表明，中国传统意义上的法主要是刑法，针对的是普通民众而非官员。它的主要用途是用来惩罚坏人和罪犯，而不是用来保障每个人的权利与尊严。之所以如此，其社会原因在于官本位，其思维方式上的原因在于中国

<hr>

① 户晓辉：《侨易学与黑格尔的辩证法》，《跨文化对话》第36辑，商务印书馆2016年版，第228页。
② 先验思考也是对认识与实践的前提的一种逻辑判断，"逻辑判断和经验判断的区别在于，逻辑判断的结论在内涵上少于前提……经验判断的结论则多于前提……也正因如此，逻辑判断在演绎运用适当的情况下能保证其绝对正确，经验判断则无论方法如何得法也不可能保证其绝对正确，而只能保证相对正确"（张千帆：《宪政原理》，法律出版社2011年版，"前言"，第4页）。
③ 梁启雄：《韩子浅解》，中华书局1960年版，第381页。

古代的法着眼于经验和实用的需要，主要考虑的是经验范围内可见的各种社会角色的人，忽视了超越这些不同等级和角色之后的共同人格和内在人性，甚至直接用前者遮蔽了后者，这也就意味着它忽视了普遍人性的存在，瓦解了社会平等的基础。由此看来，中国古代的法律只是手段，没有成为自成一体的目的，因为中国"法律的首要任务不是寻求'真理'，而是追问其是否'实用'，法律的要义乃是使处两造之间的纠纷得以顺利解决，又尽量不伤两造间的和气。因为案件之谁胜谁负只是一时之事，而维系和睦才是根本，法律在很大程度上具有息事宁人的特征。因此，官方在处理具体案件时总是以'赏准和息'为目标，这也成为传统司法的一大特征"①。所谓息事宁人的目的，就是追求稳定与和谐，如果把这种目的设定为法律的最高目的和根本目的，那就意味着，可以不顾其他一切，甚至可以不顾法律本身的目的，使法律成为社会和谐的手段。殊不知法律只有首先成为以自身为目的的东西，才能更好地完成它为社会服务的目的。如果法律只是权力和统治的工具，它当然也就根本无法开启也无须开启保障每个人的权益和尊严的思路与实践。相反，真正的法治不是权力的工具，也不只是社会病理的救治手段，而是人与人共同生活的手段与形式，是能够唤起生命与贯穿生命的力量。之所以如此，是因为真正的法治是从人的生存状况中演绎和推论出来的必然性。尊重每个人的依据在于：每个人的存在都有自己的人格价值，并且与任何他人一样拥有平等的权利来处于这种特定的存在状态。所以，人的生存只能是这种能够有意愿自由的生存，能够有意愿自由就意味着有尊严，所以，人的生存只能是有尊严的生存。因此，每个人必须尊重或至少不损害他人的尊严，这就意味着意愿自由也必然包含着（对自己和对他人的）责任。一旦有人违反了这种责任和义务，就需要通过法治来加以补偿和矫正。因此，每个人的特定存在都是法的本源依据。法提供的不是一般的秩序，而是有可靠保障的秩序。换言之，法给社会带来的和谐，从根本上说就是公正或正义。② 这种法治思维恰恰是寻求必然性和普遍性的思维方式，与只能追求偶然性、不确定性和或然性的经验思维方式有本质不同。正如恩斯特·布洛赫指出的那样，社

① 汤烈琴、李成文：《抹不去的传统——关于法治"不在场"的一种解读》，四川人民出版社 2009 年版，第 99 页。

② 参见 Günther Küchenhoff, *Rechtsbesinnung. Eine Rechtsphilosophie*, Verlag Otto Schwartz & Co., Göttingen, 1973, S. 124, S. 185 – 186, S. 199, S. 22, S. 200。

会乌托邦与自然法的重要区别在于，社会乌托邦追求人的幸福，自然法追求人的尊严。幸福一般是自上而下的设计，尊严则注重自下而上的参与。①在我的家乡，在我的成长过程中，我们难道不是一直在被幸福和富裕的生活理想激励着前行吗？我们要过正常的生活，我们有权追求作为普通人的幸福，我们还想过上有尊严的生活，这难道不是最正当和最基本的日常生活诉求吗？可是，当我们已经解决了温饱问题并且在一定程度上达到所谓小康水平时，我们这些最正当和最基本的日常生活诉求达到了吗？我们的日常生活真的幸福了吗？幸福毕竟只是因人而异的主观感受，因为人的各种欲望"能够让每个人以自己特殊的方式认识到，他应当把那些喜悦设定在哪里，同样这些欲望也能够教会他用来寻找那些喜悦的手段"②，正因如此，幸福既不能当作道德和伦理的原则，也不能当作施政追求的目标。当幸福成为被自上而下地设计的生活目标时，我们的尊严和权利就很可能被我们忘在了脑后。当我们的生活基本上达到所谓小康水平之后，我们才会益发觉得，尊严与权利是我们获得幸福感的基本保障。除非我们吃不饱、穿不暖，否则，我们就更需要维护自己的尊严与权利。当衣食无忧时，我们才能更清晰地认识到，尊严与权利是我们作为人的无价之宝，是我们与生俱来的财富，是好生活的目的条件。人的尊严是"一种无价的、没有等价物的价值，即不能用价值评估（aestimii）的客体与之交换的价值"，而且"人性本身就是一种尊严；因为人不能被任何人（既不能被他人，甚至也不能被自己）纯粹当作手段来使用，而且在任何时候都必须同时当作目的来使用，而且他的尊严（人格性）恰恰就在于此……他有责任在实践上承认任何一个他人的人性的尊严，因此，他肩负着与必需向每一个他人表示敬重相关的一种义务"③。也可以说，尊严是我们作为人的基础价值，没有尊严，我们就难以成为真正意义上的人。如果压根儿没有人的自由、尊严、权利和价值这些目的条件，我们就可能任意混淆是非并且把侵犯人的自由、尊严、权利和价值的事情视为无足轻重、无关痛痒和司空见惯的小事，一切侮辱人格的恶行都可能也可以得到原谅、宽恕和赦免。正因如此，这些恶行才不仅得不到道德上的谴责，更得不到法律上的

---

① 参见 Ernst Bloch, *Naturrecht und menschliche Würde*, Suhrkamp Verlag Frankfurt am Main, 1961, S. 13 – 14。

② Immanuel Kant, *Metaphysik der Sitten*, Verlag von Felix Meiner, 1919, S. 17.

③ Ibid., S. 320 – 321.

惩处。这样的文化观和价值观难以懂得，依法处罚罪犯恰恰是把罪犯当作
有理性的人来看待，并且尊重其人格中的人性的理性方式①，显然，我们
一般不会去处罚对人造成伤害的动物或自然物，因为我们通常并不把它们
当作（有理性的）人来对待。同样，阻止侵犯人权的行为，不仅是对被侵
犯者人格中的人性，也是对侵犯者人格中的人性的双重尊重。可是，在中
国社会，作恶不仅常常得不到惩罚，反而能够得到好处，只需付出很小的
代价甚至零代价；相反，行善却需要巨大的道德勇气，甚至需要付出巨大
的成本和代价。在这样的世界，正如昆德拉所言，一切都预先被原谅了，
一切都被可笑而又可耻地许可了。例如，关于老人跌倒扶不扶的讨论，大
多仅仅停留在道德层面。2014 年春晚的小品《扶不扶》，仍然以貌似巧妙
的换位思考方式来敷衍出皆大欢喜的道德结局。在这个问题上，多数人都
把道德与法律混为一谈。在道德层面上，何需争论？谁都知道该怎么做，
因为恻隐之心，人皆有之，因为人人都会设身处地设想有朝一日自己摔倒
别人会如何，这大概就是康德说的普通人都具有的庸常理性。② 可实际上，
老人的讹人行为已超出道德范围，而是法律应该和必须介入并加以惩罚的
犯罪行为。无论什么原因的跌倒者、受害者或弱者，一旦做出诬陷人的举
动，绝不能因为处于容易打动人心的弱势就可以获得法律惩罚的豁免权，
因为这已经不是单纯道歉就能打发的道德行为，而是必须以诬陷罪和诽谤
罪加以惩罚甚至重罚的违法行为。否则，老人讹上谁，就占谁的便宜，谁
就活该倒霉。这样的讹诈一旦被发现，大不了找个借口就可以万事大吉。
而扶人者却得想方设法，自证清白，否则就脱不了干系。想助人为乐的
人，不仅很可能助人为苦，弄不好还得搭上后半生的时间、精力、财力，
甚至生命；讹人者不仅不用付出任何代价（遑论什么良心自责），还可以
坐享其成甚至颐养天年！在看到做好事的人落得这般下场后，谁还会出于

---

①　康德写道："但是，哪种方式的惩罚和哪种程度的惩罚使得公共的正义成为原则和准绳
呢？无非就是对等原则（在正义天平的指针状态中）不偏不倚于这一方或那一方。所以：你使人
民中的某个他人遭受怎样无辜的灾祸，你就把它加给了你自己。你辱骂他，就辱骂了你自己；你
偷窃他的东西，就偷了你自己；你打他，就打了你自己；你杀害他，就杀害了你自己"（Immanu-
el Kant, *Metaphysik der Sitten*, Verlag von Felix Meiner, 1919, S. 159）。

②　对民俗学而言，"在熟人原则的熟人共同体进步为陌生人原则的陌生人社会的逻辑与历
史进程中，用陌生人原则而不是用熟人原则回答'扶不扶'，即参与建构陌生人原则的陌生人社
会的问题，已经对民俗学者提出了越来越严峻的实践要求"（吕微：《与陌生人打交道的心意与学
问——在乡愁与大都市梦想之"前"的实践民俗学》，《民俗研究》2016 年第 4 期）。

高尚无私的道德感继续救人？人们的心会拔凉拔凉到何种程度？这是怎样的世道、怎样的社会、怎样的生活？难道我们想一直在这样的日常生活中习以为常、安之若素？如果只见实然的日常生活状态，我们怎能有应然的好生活？

遗憾的是，无论在日常生活中，还是在学术研究中，我们都可以看到，在经验主义传统和实用主义传统的长期影响下，眉毛胡子一把抓、偷换概念、浑水摸鱼式的思维方式比比皆是。此亦一是非、彼亦一是非式的中国思维被不少人自豪地宣称为中国早就发明出来的高明辩证法。这种思维方式把现实生活和学术领域的事实与价值问题混为一谈，或者加以偷梁换柱，让我们无暇也不屑于做细致的区分和耐心的辨析，至少让我们在科学与民主、道德与法治、信仰与知识等重要分野方面长期未能做出"凯撒的物当归给凯撒，神的物当归给神"① 这样的划分。这就必然导致两种后果，一方面是使它们在被做出必要的区分之前就过早地被和谐和被混淆了，另一方面是使它们相互越界，由此导致对理性的误用甚至滥用。这种理论与实践上的混淆严重损害了中国社会的道德基础和法治信仰。

也许恰恰是中国现实中存在的诸多挂羊头卖狗肉现象，才使不少仅仅着眼于经验现实的人不再相信世界上还有任何坚固的东西。真假的不让分和不能分造成一种普遍的思想贫困状况：由于假货盛行就不再相信真货的价值，由于假药误人性命就否认真药的疗效。有些人会说，自由、民主，多少罪行假汝以行！他们不知道，"仍然使用旧的字眼，但改变这些字眼的意义"是那些善于浑水摸鱼者的惯用手法，因此，"类似这种遭到窜改的词语几乎包括一切普遍应用的道德和政治方面的名词。没有亲身经历过这种过程的人很难体会到这种篡改字义的作法所达到的规模，很难体会到它所引起的混乱和它对任何理性的讨论所造成的障碍"②，他们根本不再追究到底什么是真民主和真自由。中国某些后现代主义者甚至在没有弄懂什么是真民主之前就已经怀疑其价值。这种做法不仅否认了民主的可行性与必要性，也彻底断送了理解真民主的可能性。"反民主论者在追随西方'大师'们批判民主时，忽视了他们与西方'大师'们所处的环境、语境和基础的根本不同。西方学者对民主制的反思批判，是以形成共识的民主

---

① 《新约·马太福音》第二十二章第 21 节。

② 参见 ［英］弗里德里希·奥古斯塔·冯·哈耶克《通往奴役之路》（修订版），王明毅、冯兴元等译，中国社会科学出版社 2015 年版，第 174 页。

作为基本价值和共同理论基础，并基本肯定以选举为基础的代议制民主，否则就不可能有那些西方民主大师们提出的'现代性'民主理论——无论是自由民主、法治性民主，还是协商性民主和治理式民主等，因为这些民主理论都是在选举代议制民主基础上提出来的。就好比说，西方那些民主理论家们在批评民主制的种种弊端时，就像是一个主人站在一座有点古老的大厦里，对房子缺少下水道、通风设备和房子的装修指指点点，认为房子需要进行改造装修，并不是要拆除这幢房子。我们的学者也学会用同样的话语对大厦指指点点，但是，他们不是站在大厦里，而是站在空场上。代议制民主是民主大厦的构架，选举是它的基础，其他后来发展的民主形式，只不过是这座大厦的下水道、通风口和现代装修而已。新的民主形式都在补充、完善以选举为基础的代议制民主制度，而不是取代。如果反民主论者认为西方民主理论家们是从根本上否认几百年来的选举代议制民主，恐怕他们是搞错了。"①

当然，我们很少见到真民主，所以不知道它到底长什么样。我们往往以为一人一票就是民主，投完票也不唱票好像就万事大吉了。当这种投票屡屡被人操纵之时，当我们所谓民意被强迫和裹挟之时，许多人就认为民主不适合中国的国情。我们往往把民主误认为是某些领导人的作风或德行，而不知道民主实际上是一整套复杂的制度和程序，也想不到"个人的自由，只有通过那些他们所参与的保障相互承认关系的规范性实践机制，才能得以实现"②。实际上，所谓一人一票只是民主的要素之一，而且并非关键要素。美国政治学者罗伯特·达尔给理想的民主提出的五项最低标准是：（1）有效的参与；（2）投票的平等；（3）充分知情权；（4）对议程的最终控制；（5）成年人的公民权。如果任何一项标准遭到违反，成员就失去了政治上的平等。如果符合这种标准，就能达到理想的民主。③ 还有人说，民主有七大要素：司法独立、新闻自由、人权保障、议会财政、地方自治、一人一票、权力制衡（三权分立或司法独立）。前四者是民主的灵魂和保障，后三者只是民主的躯壳，但这七个要素缺一不可。尤其在

---

① 蔡定剑：《民主是一种现代生活》，社会科学文献出版社 2010 年版，第 41 页。

② ［德］阿克塞尔·霍耐特：《自由的权利》，王旭译，社会科学文献出版社 2013 年版，第 77 页。

③ 参见［美］罗伯特·A. 达尔《论民主》，李风华译，中国人民大学出版社 2012 年版，第 33 页。

缺乏前四个要素的情况下，后面三个要素就容易被人利用，使民主形同虚设、有名无实。① 权力之所以需要分散、相互竞争和制衡，是因为"把权力分裂或分散开来就一定会减少它的绝对量，而竞争制度就是旨在用分散权力的办法来把人用来支配人的权力减少到最低限度的唯一制度"②。如果没有真相、公识和理性常识，如果没有必要信息的公开和透明，如果不讲逻辑，我们怎么可能成为理性的人呢？哪里会有成熟的民意和真正的民主呢？没有民主，我们怎么可能过上正常的日常生活？怎么可能活出人样？道理很简单，假如涉及我们自己根本利益的事情都不让我们参与和决定，假如我们的真实想法都不能公开讲出来，假如我们一直都是被代表、被平均、被就业……"被"就会成为我们社会的特色③，这样一来，我们怎能做真正意义上的人呢？可见，没有民主的这些根本要素，就只会让一些明显违背公识、公理和理性常识的荒唐言行与荒诞事件大行其道、甚嚣尘上甚至堂而皇之地畅行无阻。但即便有再多的人把经念歪，也不一定表明经本身就不好。同样，有人滥用公权力为非作歹，并不表明我们就完全不需要公权力。个人只有在国家的法律保护之下才能成为真正意义上的人，才能有效地维护自己的尊严和权利。正如黑格尔已经指出："自然状态是粗野、暴力和不公正的状态。人必定会由这样一种状态进入国家群体之中，因为只有在国家群体中，法的关系才具有现实性。"④ 虽然那种浑水摸鱼、偷梁换柱的做法在学术领域相对容易蒙混过关，但现实生活中的

---

① 蔡定剑认为，民主是全体公民支配政府，政府对公民负责的政治体制，它有八项原则：(1) 民主国家必须是由公民定期选举产生政府进行统治；(2) 民主不仅是一种选举，还是公民广泛参与政府决策的一种制度；(3) 地方有广泛的自治和自主的权利；(4) 政府的首要职能是保护公民的基本人权；(5) 司法独立；(6) 遵循多元化原则；(7) 新闻媒体不受政府控制；(8) 实行多数决，但同时以尊重个人与少数人的权利为原则。这八条中，竞争性选举和代议制是最主要的标准（参见《民主是一种现代生活》，社会科学文献出版社 2010 年版，第 53—54 页）。

② [英] 弗里德里希·奥古斯塔·冯·哈耶克：《通往奴役之路》（修订版），王明毅、冯兴元等译，中国社会科学出版社 2015 年版，第 162 页。

③ 参见郭于华《"被"不能成为我们社会的特色》，《中国社会科学报》2010 年 1 月 28 日。

④ [德] 黑格尔：《黑格尔全集》第 10 卷，张东辉、户晓辉译，商务印书馆 2012 年版，第 340 页；参见 Georg Wilhelm Friedrich Hegel, *Grundlinien der Philosophie des Rechts*, Felix Meiner Verlag Hamburg, 1967, S. 214 - 215；实际上，后现代思想家列维纳斯恰恰与中国某些后现代主义者所误解的相反，即他恰恰承认国家、法律和普遍的合理性（参见 Pierre Hayat, "Preface: Philosophy between Totality and Transcendence", in Emmanuel Levinas, *Alterity and Transcendence*, Translated by Michael B. Smith, The Athlone Press, 1999, pp. xxii - xxiii）；否则，所谓他者的伦理学就无法得到客观而有效的保障。

普通民众却不会轻易答应，尤其当这种做法给他们的切身利益带来威胁和损害之时。我们应该明白，"社会公正靠制度机制建立，而不是靠口号和政策。西方古老的公正原则：任何权力要对当事人作出产生不利影响的决定必须听取他本人的意见，这被称为自然公正原则。中国如果不能在政治制度上建立倾听公众意见的机制，那么在技术层面上，通过公众参与的途径保证社会政策的公正性就成为必不可少的了。可见，过去的改革正缺少这种正确做事的方法，缺少公正的改革程序，才使改革的航船在茫茫大海中产生严重的偏斜"①。我们的日常生活之所以一直显得飘摇不定而且缺乏安全感，法治社会的日常生活之所以比我们平稳有序而且更有保障，与中国学者大多只知道追求偶然性和经验实证意义上的所谓普遍性而不知道、不理解也不想理解学术的必然性有深刻关联，或者说，我们的混乱现实在一定程度上就是由我们的混乱思维习惯造成的。

在我看来，不会寻求必然性的思维和学术不是好学术，甚至不是真学术；同样，不会寻求必然性的生活也不可能是好生活，甚至不是人的生活。以理论家为代表的欧洲学术恰恰以寻求人类共同生活的必然性为目的和基础②，法治社会恰恰也是以这种必然推论的理论思考为顶层设计的依据。这样的社会当然也就以减少偶然命运的摆布为依归，以提供最大限度的必然保障和可靠的安全措施为理性目的。在这样的社会中，和平与稳定是主调，现实的苦难被大大减少，安全、富裕、休闲时间以及文化、艺术和音乐成为理所当然。③ 尽管实际做起来总不能完美，但这与纯粹生活在偶然性、任意性和不确定性的社会之中当然也就不可同日而语。正当的程序机制是外在自由不可或缺的内在组成要素，因为"自由的实施是与机制化规范了的实践参与前提相连接；这样机制在这里就并不是外在的条件或补充，而是个人自由的内部媒介"④，甚至构成个人自由必不可少的目的条件。例如，就人大代表而言，"如果没有一种机制决定他要为谁说话，即使是个专家，他也不一定会说应该说的话，也不一定会为老百姓的利益

---

① 蔡定剑：《民主是一种现代生活》，社会科学文献出版社 2010 年版，第 111—112 页。

② 参见 Ferdinand Tönnies, *Soziologische Studien und Kritiken*, Zweite Sammlung, Verlag von Gustav Fischer, 1926, S. 200 - 201。

③ 参见 Emmanuel Lévinas, *Die Unvorhersehbarkeiten der Geschichte*, Aus dem Französischen von Alwin Letzkus, Verlag Karl Alber Freiburg/München, 2006, S. 179 - 180。

④ ［德］阿克塞尔·霍耐特：《自由的权利》，王旭译，社会科学文献出版社 2013 年版，第 88 页。

说话。因为在说话的时候他们会有顾虑，我这个代表是怎么选上来的，我说话是否有利于继续当这个人大代表？如果由选民决定他是否当选，当然他一定会替选举他的人说话，不管他是不是一个博士，或者是不是法律专家，都会说话。所以代表的素质和他的文化教育程度是没有关系的"①。这是由必然的原理决定的。

因此，"从日常生活出发，通过常人的日常评价去判定制度是否公正，这是一种抓住了制度公正问题根本的'基础性视野'，而不是那种退避中心的'边缘化视野'；这是一种在常人生活中以常人的心态、常人的眼光来评价制度公正的理论视野，而不是以专家、政治家或管理者的逻辑、原则或规范来裁判制度公正的权威视野；因此，这又是一种评价制度公正最广阔的理论视野，它越出了各种专业界限，使人们以日常生活为基础建立一种能够达成共识的制度公正原则成为可能"②。实践民俗学首先需要寻求并还原普通人在日常生活中本来就具有的常识感、公平感和正义感，继而把这些共识推进并提升为现代价值观公识，促进这些共识的普遍化、客观化和制度化，进一步推动中国社会的理性化进程。

---

① 蔡定剑：《民主是一种现代生活》，社会科学文献出版社 2010 年版，第 104 页。
② 徐晓海：《制度公正的日常生活基础》，博士学位论文，吉林大学，2005 年。

性本善还是性本恶

——我的父权心态

可是，我们自己的某些习惯就在破坏这些基本的常识感、公平感和正义感。因为我们有时能意识到它们，有时却把它们忘在脑后，甚至可能一边受到某些传统的毒害，一边又在为它们分泌更多的毒素。比如，我的苛求不仅对自己，当年也曾不自觉地对儿子。儿子小时候，虽然不算经常，但我确实打过他，而且不经提醒，我还自以为是、不以为非。在儿子3岁多时，二弟来信说："洋洋现在还淘气吗？别一天到晚都打他。他（毕竟）还是小，哪个孩子如果不淘气，他就永远长不大。只要不过（分），就由着他去吧。他的好奇心，有时你也帮他解决一下。他能把车拆散，你就给他装起来，然后给他说清楚，我想他就不会再拆了。"① 1997年11月15日晚，我从山东大学给儿子写信："亲爱的儿子：你好！你给爸爸的信已经收到了，爸爸以前曾经在不该打你的时候打了你，现在爸爸知道这样错了，请你原谅爸爸吧！以后只要你听话，爸爸就不会用棍子打你了。"但这样的"忏悔"仍然很不彻底，仍然具有浓厚的父权专制色彩，要不是弟弟们的提醒，我仍然缺乏真正的自知和反思。我当时没有反省：儿子应该听谁的话？当然是听我的话。为什么要听我的话？因为我是父亲！难道仅仅因为我是父亲吗？这难道不是预设了我的话一贯正确和永远正确而且仅仅因为我是父亲吗？这与某些中国逻辑难道不是如出一辙吗？说实话，当我写这些话的时候，从来没有追究过其中的道理。

我们到了北京之后，三弟来信劝我说："户张洋也已经上学了吧！你有时就是对他太严格了。其实他是个聪明的孩子，你只要给他讲道理，他会明白的，别总是斥责他。我们弟兄三人不就是已有所亲身感受了吗？"②

---

① 1997年1月4日二弟户军辉给我的信。
② 2001年9月10日三弟户金辉给我的信。

是啊，像我这样做家长的往往把自己的道理当作真理，强加给孩子。我很少想到，大人的道理固然有时是对的，但并不总是对的，而且常常不一定是对的。这里的关键问题在于我头脑里的观念，即是否把孩子当作平等的主体，是否意识到自己应该尊重孩子的感受和想法。我不大考虑，"个体如何从婴儿状态转变成为有关怀、有责任的成人？"① 可以说，当时我的脑子里压根儿没有一根清晰的弦，我根本忘记了周作人早就做出的告诫："以前的人对于儿童多不能正常理解，不是将他当作小形的成人，期望他少年老成，便将他看作不完全的小人，说小孩懂得什么，一笔抹杀，不去理他。现在才知道儿童在生理心理上虽然和大人有点不同，但他仍是完全的个人，有他自己内外两面的生活。这是我们从儿童学所得来的一点常识，假如要说救救孩子大概都应以此为出发点的……"② 只有在有了清醒的觉悟之后，我才会对自己的言行感到惭愧、惊悚甚至后怕——这真是无知者无畏啊！如果不能在把孩子看作孩子的同时也把他看作平等的主体，如果不能在把他看作教育的手段的同时也一直当作教育的目的，那么，即便他已长大成人，我仍然可能只把他看作孩子，而忘了尊重孩子的人格。中国家长不是常常对早已成人的孩子说，无论你长多大都是我的孩子吗？这种"家长般的心态"难道不是与我们自己被当作"永久的儿童状态"③的中国逻辑如出一辙吗？如果我们这样对待孩子，我们有什么理由抱怨自己也被同样对待了呢？我们怎么可能摆脱这种恶性循环呢？

　　的确，儿子小时候不仅聪明可爱，而且讲道理、明事理。1994 年暑假，我们带着儿子回皮革厂探亲（参见图 108）。当时，本来是堂妹户小群帮我照看儿子（参见图 109），由于她不得不回老家照顾四婶，儿子一时无人看管。妻子在儿子的"宝宝纪念册"上写道："1994 年 10 月 4—6 日，文晶④被送到玛依拉家，文晶突然独自来到一个陌生的环境被吓坏了，以为爸爸妈妈不肯要他了。他整日啼哭，呕吐，甚至不好好吃饭，也不睡

　　① 唐·艾伯利：《市民社会的含义、起源与应用》，［美］唐·E. 艾伯利主编《市民社会基础读本——美国市民社会讨论经典文选》，林猛、施雪飞、雷聪译，商务印书馆 2012 年版，第 34 页。

　　② 周作人：《我的杂学》，北京出版社 2005 年版，第 21—22 页。

　　③ 唐·艾伯利：《市民社会的含义、起源与应用》，见［美］唐·E. 艾伯利主编《市民社会基础读本——美国市民社会讨论经典文选》，林猛、施雪飞、雷聪译，商务印书馆 2012 年版，第 20 页。

　　④ "文晶"是儿子户张洋的姥爷张明功给他起的小名。

午觉了。妈妈吓坏了，怕文晶生病，匆忙于 7 日将文晶送往爷爷奶奶家。6 日晚，妈妈也呕吐。爸爸妈妈都很难受，舍不得宝贝儿子。看得出，文晶喜欢父亲生长过的土地，但怕爸妈再离开他。可爸妈还是悄悄走了，因为他们要生存，就必须牺牲。"我每次读到这段文字，一股酸楚就涌上心头。我们走后，三弟来信说："现在洋洋可听话了。你们刚走的前两天，他还时常哭闹，现在也不爱哭了，自己跟自己玩。我们有时还逗他玩，甚至现在我也可以抱他出去玩呢。洋洋他什么都吃，胃口也好。不过，我们也挺注意的，爸爸、妈妈现在也不寂寞了。你们走时父亲不是有病吗？走后没几天就好了。现在每天都乐呵呵的。家里棉花已基本拾完。今天全部卖了，三元五角一斤，卖了一千七百多元钱。等棉花彻底拾完，家里就清闲了。"[1] 稍后，三弟又在信中描述了儿子可爱的形象：

图 108　1994 年 7 月 24 日清晨，我们返回乌鲁木齐之前在皮革厂家门前的合影，这是我们一家四代唯一的全家福照片（前排从左到右：父亲户连森、姥姥赵发珍、母亲何文秀；后排从左到右：二弟户军辉、我、妻子张江艳、儿子户张洋、三弟户金辉）

　　给你们讲讲洋洋的情况吧！洋洋现在简直是太听话了，早晨一醒

---

① 1994 年 10 月 16 日三弟户金辉给我的信。

图109 1994年五四青年节，不满周岁的儿子户张洋与照看他的姑姑户小群在一起

过来，也不哭，给他穿衣服时也不哭。撒尿、拉大便也知道蹲在地上。什么事情都要去模仿，特别爱动，难免有磕碰，但是从来也没有哭过。晚上看见电视机里有小孩跳舞，他也跟着跳。样子可调皮了，头歪向一边，笑着，手向上翘着，脚在地上跺着。现在也会说许多话了，像"爷爷""奶奶""叔叔""肉肉""汤汤""烫烫"，就是"汤"和"烫"还说不清楚，特别喜欢吃肉，喝面汤。哎！怎么说呢！总之是很少见的听话的孩子。特别是现在他每天自己走来走去，也不要人抱。身体结实得很，走路也稳了。[①]

后来发生的事情，妻子是这样记述的：

1994年12月中旬，父亲回家看文晶，一周后回家说儿子说他想妈妈。小小的儿子乍一见父亲却不敢或不肯或不知相识。1995年1月22日，归心似箭的妈妈来到正和爷爷笑闹的儿子面前，儿子猛见妈妈，笑笑地躲到奶奶怀里，但他接受了妈妈的怀抱，只是不知道喊妈妈，只是傻笑着、望着。然后又跟在妈妈身边，憨笑着递香皂、拿拖

---

① 1994年11月1日三弟户金辉给我的信。

鞋。后来用河南四川话对奶奶说："晚上跟妈妈睡觉。"看着儿子额头的伤、手腕的烫伤、手指的冻疮，妈妈觉得自己很失职。当晚，文晶九点多钟就拉着妈妈去睡觉，一直酣睡到第二天十一点。爷爷、奶奶说这是从未有过的。望着儿子安详、甜蜜的睡容，妈妈再也舍不得儿子。2月4日初五，立春，爸妈接儿子回乌市，天气非常温柔。天空到处回响着鞭炮声。

　　我们接回了儿子，三弟来信说："洋洋一走，爸、妈还挺寂寞的，头天晚上妈想洋洋觉都睡不着了。也难怪，爸爸、妈妈整天虽然带洋洋挺累的，但是显得高兴，可洋洋一走好像他们都丢了个东西似的。想起洋洋那调皮的样子，我就想笑，不要说爸爸、妈妈了。……昨天我彻底地把院里院外、房顶屋下的雪都清扫了。现在我也没有什么活要干的，每天都看书写字。"（参见图110）①

　　图110　1995年8月，我们回家探亲，2岁多的儿子在皮革厂的爷爷家门前有模有样地"劳动"

　　当然，儿子虽然可爱，有时也淘气得气人，所以我偶尔打他两下。虽然次数不算多，但当他让我下不了台或者让我作为长辈的颜面无法自持

---

①　1995年2月14日三弟户金辉给我的信。

时，我只好用打来解决问题。这可能是不少中国家长曾经有、正在有，而且将来还会有的一种策略。当时，我们并不觉得打孩子有什么问题。当孩子不听话或犯错误时，打似乎成了许多家长的习惯动作，这也是以不变应万变的偷懒办法。也许我们都曾被长辈这样打过，所以我们觉得以同样的办法对待自己的后代也没啥不妥。可一旦意识到，孩子并非我们的私有财产，即使我们给了他（她）生命，我们也无权打他（她），更无权剥夺他（她）的生命，我们在伸手打的时候就可能会犹豫和迟疑，我们也可能收回自己即将伸出的手，忍住自己的怒气；一旦我们想到尊重孩子的生命和想法，想到还可以也应该与孩子平等相处，在长幼之间也可以（能）有朋友似的友情存在，我们就可能在打之外想出别的办法。

可是，在当时的我看来，玉不琢不成器，树苗不修不成材。有时看到表面上被压服的儿子，我心里又会生出怜悯和悔意，觉得再这样下去，弱小的儿子具有的反抗天性就会被我一点一点地压制下去，并且被摧残殆尽。在这样的环境下长大的儿子，能有温馨的童年记忆吗？我能指望他将来有什么创造性呢？在那个时候，我脑子里压根儿没有儿童权益的概念，也根本不知自问：有多少爱可以胡来？打不听话的孩子，似乎是日常生活中的天经地义和理所当然。1999 年 5 月 29 日早晨起来，刚满 6 岁的儿子用歪歪斜斜的铅笔字给我留了一张纸条，上面写着："做父亲的，不应该打孩子。因为，孩子很（狠）弱。户张洋写给爸爸。"（参见图 111）由此可以看出，儿子从小就是一个有正义感，并且敢于反抗家暴的孩子。可是，即便在当时，我仍然对自己欺软怕硬的做法缺乏深刻反省。1999 年 2 月 9 日，我从奎屯回到乌鲁木齐家中，翌日中午在沙发上与儿子有一段对话：

儿子：爸爸，你怎么每次从外面回来都变得温柔了？

我：从哪儿回来？

儿子：比如从奎屯、从山东回来。

我：对谁温柔？

儿子：对我呀。

我：咋样温柔了？

儿子：就像戴了一顶新帽子一样。

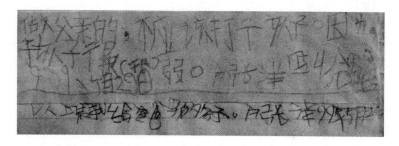

图 111　1999 年 5 月 29 日，刚刚过完 6 岁生日不几天的儿子在我的书桌上留的纸条，由此可以看出，儿子从小就是一个有正义感并且敢于反抗家暴的孩子。这句话写得歪七扭八、抻胳膊伸腿的，但逻辑清晰，标点正确，他拿不准该用"很"还是"狠"，还特意用括号标注

也许我平时给儿子留下的印象有些面目可憎吧，所以偶尔的"温柔"反而让他觉得不太适应。1999 年 10 月 4 日，儿子对他妈说："妈妈，你猜人永远也碰不见的是谁？"妈妈："是鬼吧。"儿子："不对，是人自己。这是我发明的脑筋急转弯。"2000 年 11 月 1 日下午，我在北京东城区的胡同里骑自行车带着儿子放学回家。路上发生了一段对话：

儿子：老爸，如果道德和金钱让你选择，你选哪一个？

我：道德。

儿子：我选金钱。

我：为啥？

儿子：缺啥选啥呗。难道你缺道德吗？

我：……

当然，谁都不愿说自己缺德，甚至不觉得自己缺德，但我们很少想到，当一个社会"不让个人的良心自由地运用它自己的规则，甚至也没有个人在任何环境中都必须或可以遵守的任何一般性的规则"① 之时，我们究竟是有德还是缺德？我们所受教育和宣传的虚伪性可见一斑，而"虚伪

---

① ［英］弗里德里希·奥古斯塔·冯·哈耶克：《通往奴役之路》（修订版），王明毅、冯兴元等译，中国社会科学出版社 2015 年版，第 162 页。

社会的罗网和伪善有着耗丧精力和败坏风气的恶果"①。我们很少想一想，"如何获得民主的习性、技能和价值?"② 孩子的话是否有道理? 我也很少有耐心聆听儿子的想法和感受。如果说"在中国，一些人总是认为孩子不懂事，从来不把孩子当成一个完整的'人'来看待，忽视孩子的思考能力和能动性，低估了孩子的智力水平"③，那我曾经就是这样。在我自己的身上就隐藏着专制思想的根苗，这自然与我受过的熏陶有关。当年，我们往往把过于讲究外表装扮的人视为油头粉面，把巧言令色的人视为油嘴滑舌并另眼相看，好像这样的人总有一点口是心非和表里不一。这也是当时的主流价值观，我在这种非黑即白的简单价值观熏陶之下成长起来。我们虽然长在戈壁滩上，却像一种精神家畜，吃的是广播、报纸、电影和书本给我们投放的单一饲料。我们没有比较，所以也无以鉴别。多年以后，由于有了不同文化观和价值观做比较和参照，我才逐渐意识到这种单一化的熏陶对我的反省能力和辨识能力有多大的摧残，甚至会导致我的脑残。我也进一步理解德国抒情诗人斯特凡·乔治（Stefan George，1868—1933）所说的，"只有对认识了世界的人来说家乡才变得富有成效"。换言之，"正因为几乎整个世界都变成了舞台，所以人们才在原先视域的位置上设立起家乡布景，以阻止力场的衰退"。当然，判断是否洗脑的标准也很简单，那就是看是否允许不同声音和不同看法公开而自由地表达出来。当年塑造我的那种价值观容不得差异和不同，它让我只能这样、不能别样。它让我不得不随大溜，让我觉得大流和主流就是对的，就不会错。不随大溜就是落伍，落伍就是落后，落后就有问题，也随时会出问题并且随时会吃亏。

正是在这种环境中成长起来的我，才不由自主地、不自觉地把自己当作家里的一家之主和"最高领导"，所以，在孩子面前就认为我说了算。我把孩子当成了工具和手段，而没有当成目的，"由于这些目标的确定是最高领导单独作出的，充当他们的工具的人就绝不能有自己的道德信念。他们首先必须无保留地委身于领导者本人；除此而外最要紧的是，他们应当完全没有原则，并且名副其实地做到不择手段。他们绝不能有自己想要

---

① ［英］约翰·密尔:《论自由》，许宝骙译，商务印书馆 1959 年版，第 55 页。

② 唐·艾伯利:《市民社会的含义、起源与应用》，见［美］唐·E. 艾伯利主编《市民社会基础读本——美国市民社会讨论经典文选》，林猛、施雪飞、雷聪译，商务印书馆 2012 年版，第 19 页。

③ 宋怀常:《中国人的思维危机》，天津人民出版社 2010 年版，第 197 页。

实现的理想；他们应当不持可能会妨碍领导者意图的是非观念"①。这当然完全不是民主做法，因为民主的真正基础就在于不同的看法和意见能够公开地进行辩论和讨论，任何一种看法和意见都不能把自己放在绝对正确和天然正确的位置上，而是必须接受公开的质疑、批评和修正。这种观念也是古希腊对欧洲文化的真正贡献之一。② 我认为，这也是古希腊对全人类的重要贡献。假如不允许公开表达自己的想法和意见，我当然会很不爽，可当我不让儿子表达自己的真实想法或者根本忽视他的想法时，我却根本忘记了他也会很不爽。那么，当我把儿子当作未成年的孩子时，我自己是否也一直在被别人当作未成年的孩子呢？当一个社会的成年人一直都把彼此当作未成年的孩子看待时，这个社会怎么可能是正常的社会或好社会呢？正如约翰·密尔所说，"在缺乏讨论的情况下，不仅意见的根据被忘掉了，就是意见的意义本身也常常被忘掉。在这种情况下，表达意义的字句就不复提示什么观念，或者只是提示它们原来所用来表达的观念的一小部分。鲜明的概念和活生生的信仰是没有了，代之而存在的只有一些陈套中保留下来的词句；或者假如说意义还有什么部分被保留下来，那也只是意见的外壳和表皮，其精华则已尽失去了"，因此，"只要哪里存在着凡原则概不得争辩的暗契，只要哪里认为凡有关能够占据人心的最大问题的讨论已告截止，我们就不能希望看到那种曾使某些历史时期特别突出的一般精神活跃的高度水平。并且，只要所谓争论是避开了那些大而重要足以燃起热情的题目，人民的心灵就永不会从基础上被搅动起来，而所给予的推动也永不会把即使具有最普通智力的人们提高到思想动物的尊严"③。没有平等而公开的讨论与争论，人不仅没有"思想动物的尊严"，而且久而久之就会丧失自己的能动性和主动性，重新回落到动物的被动性和懒惰习性的水平，最终也就与动物没什么区别。也就是说，没有言论自由，人性将逐渐丧失，人将在尚未成为真正意义上的人之前就退化为动物，或者一直停留在单纯动物的阶段和水平上。这也就是哈耶克早就指出的：

---

① ［英］弗里德里希·奥古斯塔·冯·哈耶克：《通往奴役之路》（修订版），王明毅、冯兴元等译，中国社会科学出版社 2015 年版，第 166 页。

② 参见 Emmanuel Lévinas, *Die Unvorhersehbarkeiten der Geschichte*, Aus dem Französischen von Alwin Letzkus, Verlag Karl Alber Freiburg/München, 2006, S. 177.

③ ［英］约翰·密尔：《论自由》，许宝骙译，商务印书馆 1959 年版，第 45、39—40 页。

使智识自由对知识的进步起主要推动作用的根本之点，不在于每个人都可能有能力思考或写点什么，而在于任何人对任何事由或意见都可以争论。只要异议不受到禁止，就始终会有人对支配着他们同时代人的意见有所疑问，并且提出新的意见来接受辩论和宣传的考验。

使思想获得生命的，是具有不同知识和不同见解的个人之间的互动。理性的成长就是一个以这种差异的存在为基础的社会过程。这种成长的本质，就是它的结果难以预测，并且我们不能知道哪些意见有助于这种成长和哪些意见不会有所帮助——总之，我们不能用我们目前持有的任何意见来支配这个成长而同时又限制它。①

没有这样的训练和锻炼过程，我们在理智和精神上的成长过程就被打断了，这种成长的正常环境与文化土壤就被玷污和破坏了，这样一来，我们也就难以拥有理智和精神上的成年和成熟，而一直处于理智和精神上的未成年状态。这并非危言耸听和妄自菲薄，而是道理和原理上的必然。当然，仅从道理上说，理有固然。不同的理解尽管公说公有理、婆说婆有理，但并非清官难断，而是需要相互驳难，需要有常理和通理可辩，需要共同遵循共同的思维逻辑和辩论程序。尽管有时候谁也说服不了谁，但道理往往越辩越明。中国缺乏辩难传统，动辄以为和对方过不去或者上纲上线，动辄问动机不问事实，更重要的是常常不许辩，也就不会辩（客观上的不能导致主观上的无能）。中国式的辩也的确容易变成人身攻击或别的什么，反正已经不再是辩难本身。无奈，中国的许多事情就是这么拧巴，而且必先弄拧巴了才能拧巴着办。否则，中国的进步真不知会大到几何！

2000 年 9 月 8 日是一个星期五，晚上，我和儿子住在北京西总布胡同临时租的一间平房里。儿子想找我下棋，我不想下。于是有这样一段对话：

儿子：（你）不能享受年轻人的乐趣。

我：（愕然）……

儿子：你说你有啥乐趣？

---

① ［英］弗里德里希·奥古斯塔·冯·哈耶克：《通往奴役之路》（修订版），王明毅、冯兴元等译，中国社会科学出版社 2015 年版，第 180 页。

我：我？有看书的乐趣，写作的乐趣，翻译的乐趣，和你在一起的乐趣……并不一定别人觉得有乐趣的事情，我觉得有意思、有乐趣，别人觉得有意思的，我觉得没有乐趣。

儿子：你想的和我想的不一样。

是啊，"凡持有一种坚强意见的人，不论怎样不甘承认其意见有谬误的可能，只要一想，他的意见不论怎样真确，若不时常经受充分的和无所畏惧的讨论，那么它虽得到主张也只是作为死的教条而不是作为活的真理——他只要想到这一点，就应该为它所动了"①。但是，即便在所谓的知识分子之间，要真正认识并做到这一点，谈何容易？当知识分子不被允许自由发言时，我们会不由自主地抱怨，好像压力完全来自外部。然而，就在知识分子自己的组织和活动中，我们可以扪心自问：我们做得如何？我们是否在重复我们所遭受的同样不公的做法？我们是否在延续同样的恶性循环而不是以理性的方式一点一滴地改变这样的循环？不同的意见和不同的声音，我们是否敢于公开表达？我们能否容忍或允许这种公开的表达？我们能否尊重表达不同意见的人？我们能否学会尊重哪怕自己平素看不惯的对手？正如胡适早就指出的那样，"……言论自由同一切自由一样，都是要各人自己去争取的。言论自由并不因为法律上有规定，或者宪法上有这一条文，就可以得来，就是有规定也是没有用的。言论自由都是自己争取来的。我为什么这样说呢？这几天与朋友们也讲过，无论世界任何国家，就是最自由、最民主的国家，当政的人以为他是替国家做事，替人民做事，他们总是讨厌人家批评的"②。

因此，异见的公开表达和发声，不在于内容如何，而在于敢于并且允许表达和发声这个事实本身。是否敢于公开表达和能否允许公开表达不同的意见和声音，不仅是衡量社会民主程度的重要标尺，而且是衡量社会的人性标准。亚里士多德把理性的言说看作人的本质。为什么？因为如若不能公开地、理性地、自由地表达自己的真实想法和反对意见，尤其是不同的看法如若不能公开地相互辩难并且得到公开的理性论证，人的理性就不能自己批判自己，理性也就不复存在，理性的人也就无从谈起。"当然你

① ［英］约翰·密尔：《论自由》，许宝骙译，商务印书馆1959年版，第40页。

② 胡适：《新闻独立与言论自由——台北市编辑人协会欢迎会上讲词》（1952年12月1日），《胡适全集》第22卷，安徽教育出版社2003年版，第756页。

也可以诉诸粗暴的强制而不是理性来说服他人。人们可以因为被强迫而做一些不愿去做的事情，但是他们不能被强迫去想一些他们不愿去想的事情。真相不能以强制的方式传播。在论证中，高压政策的背后永远隐藏着危险。防民之口，甚于防川。人们只有在自由思考的时候才能接受什么是真的，也只有在独立判断的时候才能确定什么是真。"① 因为"只有言论自由才能保证信息充分和准确，而只有在这个前提成立的条件下，普通人才有能力作出正确的判断"②，才能成为理性的人和真正意义上的人，否则就只能产生吃瓜群众。另外，言论自由也能够成为辅助法律的手段，有人担心言论自由会带来社会的混乱无序，殊不知"言论自由能帮助我们超越非理性的恐惧，但是我们需要一定的勇气才能克服对言论自由本身的恐惧。言论自由确实存在一定的风险，但是如果我们缺乏勇气、畏惧风险、不相信人民的判断能力，那么最后将因为压制言论而不得不承受大得多的风险——政府在缺乏监督和制衡的情况下滥用权力的风险"③。民主也好，理性也好，是我们作为人的基本需求，这与我们是哪国人、是哪个民族的人无关，也与是西方还是东方先觉识这些道理无关。我们可以不同意他人的观点，但应该尊重他人表达不同观点的权利，这是现代社会的伦理底线。

所幸，儿子小时候的一些自由言论都被我和妻子记在一个本子上。我没有记录他"和我想的不一样"的究竟是什么想法，这说明我并没有重视他的不同想法，也并没有把儿子当作平等的大人来对待和尊重。2000 年 1 月 30 日，儿子与妈妈有一段对话：

> 儿子：那些有钱人为什么有钱？他们的钱不会是从天上掉下来的吧？
>
> 妈妈：当然不是。那是因为他们很聪明、很勤奋，会挣钱。
>
> 儿子：可是寓言故事里的富人为什么都那么傻呢？

不知道儿子天生具有的对人类社会生活的好奇心、探索欲和质疑精神

---

① ［美］D. Q. 麦克伦尼：《简单的逻辑学》，赵明燕译，中国人民大学出版社 2008 年版，第 115—116 页。

② 张千帆：《宪政原理》，法律出版社 2011 年版，第 19 页。

③ 同上书，第 29 页。

是否被我们的教育一点一点磨灭了，因为他成年后选择的是我们完全陌生的数字娱乐专业，以"将游戏进行到底"的探索精神，把"享受年轻人的乐趣"变成了职业。如果说一方面"忽视孩子的思考能力，把孩子当成不懂事的'孩子'是中国人在教育观念上的最大错误之一"；另一方面"喜欢思辨是人的天性，而我们的教育却在不断地抹杀这种天性"①，那我对儿子的教育就曾经是一个例子。我以"为他好"的名义和动机，真的是干了为他好的事情吗？我的美其名曰的良好动机，真的能够达到良好的效果吗？

　　仔细反思，专制思维方式简直就在我们每个人的身上，只是多少而已。所以，民主的难度也在于每个人是否敢于挑战自己。我想起迈克尔·汉尼克（Michael Haneke）导演的电影《白丝带》（*Das Weisse Band*）带给我的惊异感。电影中的有些事情与我们见到的何其相似，但我们却因为司空见惯而见怪不怪甚至习以为常。当然，在家里，父母对我们并没有动辄棍棒相加。在我的记忆里，父亲没打过我，母亲也只打过我很少的几次。后来，每当我想起没有多少文化的父母尚且能够如此开明地对待我，心里就对他们充满感激之情。他们很少强迫我们做什么，而是顺从我们的天性。他们没有民间普遍盛行的那种官崇拜想法。他们自己不想当官，也不指望我当官，这就大大减轻了我选择学术之路的家庭压力和心理负担。②

　　进而言之，我潜意识中的父权心态的确与我曾经受到的潜移默化有关。从小的耳濡目染告诉我们，打孩子是教育孩子的必要方式，甚至是一种必需方式。打是为了把孩子往家长认为正确的方向引导，但我们很少想到，家长认为正确就一定正确和总是正确吗？在2014年上映的德国电影《缄默的迷宫》（*Im Labyrinth des Schweigens*，字面意思是"在缄默的迷宫里"）中，参与审判纳粹罪行的法兰克福检察官约翰·拉德曼的父亲也曾是纳粹，但颇具反讽意味并值得深思的是，这位父亲曾给拉德曼留下的纸条上写着"始终做正确的事情——你的父亲"（Tue stets das Richtige—Dein Vater）。什么是正确的事情？怎样判定和由谁来判定事情是否正确？当我让儿子听话时，已经先天地把自己摆在正确的位置上，似乎正确不正确都由我说了算，之所以如此就仅仅因为我是父亲，我比他经验丰富或先

---

① 宋怀常：《中国人的思维危机》，天津人民出版社2010年版，第195、142页。
② 2017年3月2日，母亲何文秀在电话中对我说："你真是我的儿啊，我就从没有当官的想法。"

知道许多事情。儿子能够与我争辩并且据理力争地表达他自己的感受和想法吗？他有这种自由吗？我允许他有这种自由吗？我能够剥夺他的这种自由吗？或者说，我作为暂时比儿子有钱有势的父亲，我有权利和资格剥夺他的这种自由吗？谁赋予我这种权利和资格，是中国传统文化还是多年的习惯？当我沉浸在这种理所当然的习惯之中时，我毁人不倦而又浑然不觉。如果没有自由的教化，怎么可能"造就一个阔大而自由的心灵"①呢？如果我希望生活在自我启蒙的时代，那我自己为这个时代做了什么？一般说来，"在理性能够无拘无束地发挥作用的地方，在每个人为了他自己、能够对他人的断言自由地思考和判断、并且可以分享他的判断的地方，在对任何学说的信仰的相信和表白不是被强制（这就是说，不是由命令或公民的奖惩来决定）的地方，就有启蒙了的时代"②。但我的这种作为是否在阻止甚至毁坏这样一个时代的到来呢？我自己是否经过了自我启蒙呢？如果没有，那我还算真正的学者吗？因为"不用说，学者算得上一位学者，只是因为他与他的启蒙相称。他越受到先入之见、虚假谎言和阴谋诡计的左右，他就越少是一位学者"③。

我当年对儿子的权益压根儿没有意识是因为我对自己的权益也同样没有意识，而且那时我脑子里压根儿就没有"权益"这个概念。我也不懂一个根本的道理，即"每一个人，不管他（她）是哪个阶级和阶层的人，不管他（她）是哪一个种族和性别的人，不管他（她）是健全的人还是残疾人，不管他（她）是哪个年龄段的人，不管他（她）具有什么信仰，甚至不管他（她）是好人还是罪犯，我们都应当把他（她）作为一个有生命、有情感、有尊严、有利益的人来对待，而不能以任何借口来做例外处理。这就是以人为本的根本含义。如果我们不能这样平等地来对待每一个具体的人，而是把各色人等区别对待，那么我们就背离了以人为本的基

---

①　参见［英］约翰·密尔《论自由》，许宝骙译，商务印书馆1959年版，第45页。

②　卡尔·弗里德里希·巴尔特：《论出版自由及其限制：为统治者、检察官和作者着想》，［美］詹姆斯·施密特编《启蒙运动与现代性——18世纪与20世纪的对话》，徐向东、卢华萍译，上海人民出版社2005年版，第101页。

③　安德里亚斯·里姆：《论启蒙：它危害和能够危害国家和宗教吗，或者一般而论就具有危害性？君主、政治家和神职人员需要加以注意的一个词》，［美］詹姆斯·施密特编《启蒙运动与现代性——18世纪与20世纪的对话》，徐向东、卢华萍译，上海人民出版社2005年版，第187页。

本精神"①。正是因为我缺乏这样的区分观念，所以，一些侵犯权益的事情在我的脑海里都曾经被当作轻描淡写和文过饰非的小事一划而过。20世纪 80 年代后期的某个暑假，我从西安回到家中，不记得是为了什么，我曾用军用皮带追出家门打过二弟。2004 年，母亲因患脑梗入住奎屯兵团医院，我回去陪护时，她告诉我，父亲当年对我这一做法耿耿于怀。但父亲从未对我提过此事，以至于我自己差不多已经把它忘在脑后。也许父亲觉得我的举动有损他的颜面：有父亲在，即便二弟有错，也轮不着我来教训他。的确是这么个理！可当时愣头愣脑的我，哪里考虑这么多啊！母亲的提醒才使我明白：无论二弟做错了什么，我都不该这样打他，因为我不仅没有这样的权利，而且侵犯了二弟的权利！虽然这是仅有的一次，但我对自己的暴行充满了悔意。我想，二弟性格有些叛逆和暴躁，大概也与他小时候挨过母亲和我的打有关吧。即便在穷苦人家，即便在底层社会，如何防止弱者把自己曾经遭受的不公再度加诸比自己更加弱小的人，如何才能避免以暴制暴、以恶制恶的恶性循环，这是每个人都需要经常提醒自己并且不断做出反思的实践问题。也许这类举动也是由于怨恨在潜意识中作祟，可"怨怨"相报何时了呢？

　　回想起来，在我小时候，男孩子们大都身着军装，绑着军用皮带，戴着军帽（参见图 112），还流行成群结伙打群架。当时，小朋友之间为了表明说的是真话或做了真实的承诺经常说"向毛主席保证"。在那个物质和精神双重贫瘠的时代，文攻武斗成为一种儿童游戏，"侮辱和损害别人几乎变成唯一能够让人们兴奋起来甚至达到狂欢的一项娱乐活动。似乎没人觉得这有什么不对，更没人觉得这是在作恶"②。我虽然不参与打架，有时还受欺负，但仍然把这种欺侮和凌辱独自消受，即便把这种外部刺激化作自强不息的一部分动力，但仍然属于真善忍的中国特色。我可以与这种习气保持距离，却没有能力对它做出反思。尽管我有时只是这种暴力的受害者，尽管也感觉到这种言语上的欺辱已经伤害了我的自尊心，但并不知道这种熟人之间的玩笑已经越界，已经侵犯了我的人权。在缺乏人权意识的情况下，我们的人权固然可能被别人侵犯，我们自己也可能侵犯别人的人权。说到这里，也许又会有人说，不同文化、不同

---

① 李景鹏：《中国公民社会成长中的若干问题》，《社会科学》2012 年第 1 期。

② 户晓辉：《纯粹的角色生存能否让我们过上好生活——对胡康华〈粉墨〉的政治生态解读》，《中国文学批评》2015 年第 2 期；未删节版发表于《新疆艺术》2016 年第 1 期。

国情对人权理解不一样嘛，言外之意是根本不承认普遍人权的存在。这种自相矛盾的中国"逻辑"竟然能够堂而皇之地大行其道而且畅行无阻，只能说明中国确实足够特色！其实，"人权"这个概念本来就是普遍概念，它指的就是做人或人之所以为人的基本权利。没有这些基本权利，人就不是真正意义上的人。难道这还不够简单明了吗？如果非要说这种人之为人的权利没有可以通约的共同之处，那就只能说明中国人不是人或不能是人。果真如此的话，中国人也就不能叫中国"人"，尽管可以随便给他们冠以其他任何称谓。因为只要是"人"，无论属于哪个国家或哪一种文化，总要有"人"这个概念共同和共通的基本权利。在中国，正是这种不承认人之为人的权利具有普遍性的怪论才掩盖了许多现实苦难的根源：人没有被当人对待，人缺乏平等的权利和自由的尊严。简言之，我们的苦难根源在于我们做不了自己的主，我们既缺乏自主的主观能力，也难以具备自主的客观条件。"一种在外部世界实施的行动，不能仅仅因为它没有受到主体内在的抵抗，就把它看成是一种自由的行动；只有当主体实施这一行动的意图，确实是出于他自己的意志的时候，只有在那一刻，这种行动才能被看作是自由。"① 那些愚蠢的、自私的和唯我独尊的中国学者整天跟着叫嚷中国特色和中国国情的所谓特殊性，却没有找到能够足以安顿这些特色和特殊性的基础与前提条件，相反，他们在有意无意之间却与某些宣传达成共谋甚至同流合污，至少受到这些宣传的暗中欢迎和窃喜。在他们嚷嚷着做爱国的中国人时，却恰恰忘了，如果他们还承认中国人是人的话，那么，从逻辑和事实的双重要求来看，我们就需要首先做人，然后才能做中国人。这就意味着，在对待不同民族、不同国家和不同文化的人时，我们不能忘了他们首先是人，不能把这个"人"字做淡化处理，甚至随意勾销掉，因为他们只有首先是真正的、普遍意义上的人，才能成为某个特定族群和特定地域的某个特殊的人。没有前一个共性条件，后面的特殊结果就不会出现，也根本不能成立。这不仅是逻辑的要求，更是中国现实中的各种实践最容易被忽视因而也亟须弥补的致命缺环。

---

① ［德］阿克塞尔·霍耐特：《自由的权利》，王旭译，社会科学文献出版社 2013 年版，第 50 页。

图112　1983 年国庆节，刚上大学的我在西安碑林拍照留念，当时还穿着军便服、戴着军帽。我并没有意识到这种着装习惯对自己的思想有什么影响

　　这就让我想起苏格拉底的一句名言：未经检视的生活是不值得过的。[①]在我从小养成的习惯中，对人、对动物都缺乏同情和怜悯之心。我们都生活在集体主义精神之中，我们很少有自我和个人，也很少需要为自己的行为负责。这不仅暴露出这种集体主义的伪善性和根本不值得追求的虚无性，也表明它从根本上瓦解了我们的道德感，因为它告诉我们天塌下来有大家顶着，因为大家负责其实就是无须每个人负责因而差不多就等于谁都不用负责，因为"在物质环境迫使我们要做出某种选择时有决定自己行动的自由，以及对依照自己良心安排自己的生活可以自行负责，这两者是道德观念能够赖以培育、道德价值在个人的自由决定中赖以逐日再造的唯一氛围。不是对上级而是对自己良心的负责，不是用强力所威逼出来的责任心，这种决定在个人所重视的事物中应该为他人牺牲哪些事物的必要性，以及对自己所做决定的后果负责——这些才是任何名副其实的道德的

　　① Hans-Horst Skupy（Hg.），*Das große Handbuch der Zitate*，Bertelsmann Lexikon Verlag Gm-bH，Gütersloh，1993，S. 567.

实质"①。同样，如果每个个体被要求单独完成任务，其责任感就强；如果要求某个群体共同完成任务，其中每个个体的责任感就会很弱，面对困难就会退缩，遇到责任就会相互推诿。社会心理学有一个名词叫旁观者效应（bystander effect），说的就是在紧急事件现场，由于旁观者的存在，个体的利他行为受到抑制，致使受害者得不到帮助。现场的人越多，人们就越倾向于袖手旁观，受害者获得帮助的可能性就越小。这种现象好像违背常理，因为我们通常认为，在场的人越多，受害者得到帮助的可能性越大，但这时往往发生"责任分散"（diffusion of responsibility），即面对突发事件，如果只有一个人在场，我们就会感到自己有责任帮助受害者；如果还有其他人在场，这种帮助受害者的责任就会分散出去，大家都会觉得这是别人而非自己的责任。在场的人越多，在场的每个人就觉得自己出手帮助的责任越小。这样一来，每个人都在观望，都在等待别人行动，由此造成旁观者的集体冷漠。因此，"在个人负责的范围以外，就既没有善，也没有恶；既没有机会获得道德评价，也没有机会通过为自己认为是正确的事物牺牲个人欲望来表明个人的道德信念。只有当我们对我们自己的利害关系负责并且有牺牲它们的自由时，我们的决定才有道德价值。我们没有权利以他人的利益为代价来博取自己无私的美名，而我们要是在没有选择自由的情况之下做到了无私，在道德上也不足以称道。如果社会成员每做一件好事都是别人使他去做的话，他们是没有权利受到赞赏的"②。当我们不能真正单独面临道德选择，而总是把这种选择掺杂别的因素甚至归咎于别人和外界的影响时，即便作恶，自然也不会有强烈的良心谴责和真正的忏悔意识。

可惜，在相当长的时间里，我们对此并无觉察，直到今天，仍有不少人没有能力判断真集体主义和伪集体主义之间的根本不同。其实，有一个简单的判断标准就是，真集体主义看重集体的目的是保障这个集体中每个人的根本利益和权利，其落脚点和根本目的仍然是这个集体（无论是一个国家还是一个共同体）中的个体；而伪集体主义则根本不提甚至无视集体中的个体利益和权利，其落脚点和根本目的是莫须有的所谓集体，实则让少数权贵阶层借以中饱私囊、名利双收。

---

① ［英］弗里德里希·奥古斯塔·冯·哈耶克：《通往奴役之路》（修订版），王明毅、冯兴元等译，中国社会科学出版社 2015 年版，第 225 页。

② 同上书，第 224 页。

在电影《白丝带》中，牧师的小儿子紧张地从怀里掏出一只受伤的鸟，小声问父亲能否收养它，在得到父亲同意之后，小家伙露出了难得而惊喜的笑容。然而，在我小时候那个世界，到处都可以见到鸟，却很少有人想到去收养受伤的鸟，反而有一些小朋友把小麻雀从窝里掏出来活活摔死，有的男孩子把猫绑上砖头扔进奎屯河，还有的把活刺猬裹上泥巴放在炉火中烧烤，然后剥皮吃肉。① 我虽然没这么干过，却并不觉得这种做法残酷。我记得，有一次，我在戈壁滩上拾柴火，遇见了一条蛇。听说，碰见蛇不打死而且不弄成两截，它就会尾随到家里来。于是，我惊慌失措地把这条蛇打死，分成两截，还埋在了不同地方。

当然，不要说对动物，就是对人，当时又有多少方式和方法让我们觉得不妥或不该呢？尽管偶尔也被别人欺负，但我并没有意识到自己也不该欺负更加弱小而无辜的动物。意识不到这一点，我也就不知道自己在对动物作恶，这种恶与我自己遭遇的恶是同一种恶，只是受害的对象不同，性质则是一样的。如果我能够原谅自己对动物的恶，为什么不能原谅别人对我的恶呢？难道仅仅因为恶的程度、大小以及对象不同吗？或者说，是否恰恰因为我不得不容忍人间的恶行，所以才可能去向更加无辜和更加弱小的动物发泄自己作恶的冲动呢？一个被丛林法则主宰的社会，难道不是永远由更强者向更弱者施暴和施恶的社会吗？毕竟，善与恶的区别不在于行为动机的对象，而在于"人心的颠倒"（Verkehrheit des menschlichen Herzens），因为"人是善的还是恶的，其区别必然不在于他纳入自己准则的动机（即这些准则的质料）的区别，而在于（准则形式的）主从关系，即他把二者中的哪一个作为另一个的条件"，也就是说，善恶取决于我们是否"把出自道德法则的动机置于其他（非道德的）动机之后"②。让非道德动机优先于道德法则的动机，就可能产生恶行。

应该承认，尽管童年时的精神生活像家乡的戈壁滩一样贫瘠，但童年的快乐却是轻盈而饱满的。我们在没有灯光的月光下玩捉迷藏游戏，野得让家长在吃饭时叫都叫不回去。我们童年的快乐好像都是野生的，而非家

---

① 一二三团作家韩子猛有类似的描述："可是这年的春天，一夜之间巢穴被捣，鸟蛋被食，还没睁开眼睛光着身子的雏鸟被人们抓出来从四米的高处向地上摔，不懂事的孩子们用脚踩着说是要听小鸟的肚子放炮"（《奎河弯弯》，新疆大学出版社 2003 年版，第 77 页）。

② Immanuel Kant, *Die Religion innerhalb der Grenzen der blossen Vernunft*, Verlag von Felix Meiner, 1922, S. 30, S. 37 – 38.

养的（参见图 113）。这实际上象征着我们在贫瘠的戈壁滩上缺乏文化的培育，我们的精神渴望遇到的不是阳光雨露的浇灌，而是文化沙漠和意识形态灌输。多年以后，我曾不止一次想过，假如我出生在书香门第，在我的求知欲最旺盛的时候恰好遇到足够的养分和高人指点，我也许会有别样的人生。这当然不过是空想而已。人生没有假如，我也对自己的出身家庭和出生地毫无悔意。在那样的年代，无论身在何处、长在哪里，我们知道的都是别人想让我们知道的，都是别人早就替我们筛选过的，而不是我们自己选择的。更严重的是，我们被灌输的还有虚假的、虚伪的和乡愿的知识。但最可怕的并非这些知识，而是我们不能对这些知识进行公开的讨论和甄别，久而久之，我们就丧失了甄别的意识和能力。当然，我们的心中更没有对神的敬畏并以此约束自己的言行。我们很少懂得尊重人，尤其不晓得在亲情之外如何善待陌生人，更不要说如何善待动物。在我们的字典里难以找到"残酷"这个词。"当社会本身是暴君时，就是说，当社会作为集体而凌驾于构成它的各别个人时，它的肆虐手段并不限于通过其政治机构而做出的措施……而这种社会暴虐比许多种类的政治压迫还可怕，因为它虽不常以极端性的刑罚为后盾，却使人们有更少的逃避办法，这是由于它透入生活细节更深得多，由于它奴役到灵魂本身。"[1] 在我们被告知和被养成的观念里，似乎只有坏人才会作恶。只要不变成坏人，我们就不会作恶，顶多只会犯错。我们根本想不到常人和底层人物也会作恶，想不到自己也会作恶，更不会相信好人甚至中国式的圣人会作恶，当然也不知道阿伦特所谓恶的庸常性。[2] 阿伦特的意思是说，恶具有庸常性。比如，在日常生活中，平常人犯下的小恶是不是恶？恶沦为庸常还是不是恶？日常生活中有没有恶的藏身之处？由于不思考而作恶的人虽然不是魔鬼，但是不是恶人？我们自己作为常人是否可能作恶？无论对自己还是对别人，难道我们不是常常因为恶是小恶就预先容忍甚至提前原谅了它吗？我们常

---

① ［英］约翰·密尔：《论自由》，许宝骙译，商务印书馆 1959 年版，第 5 页。

② 这个词的原文是 the Banality of Evil，一般被译为平庸之恶，不如直译为恶的庸常性。因为 the Banality of Evil（恶的庸常性或平庸性）不是也不等于 Evil of the Banality（庸常性之恶或平庸之恶）。即便平庸，也无所谓恶不恶，平庸本身并不是恶。写完这段话，我看到类似的观点："阿伦特在讨论阿道夫·埃希曼的时候写出了一句遭到多方误解的短语：'恶的平庸性。'这个短语不是指邪恶是平庸的，或者平庸性是邪恶，而是指：缺乏个人反思和个人责任感的状况可能把每日'对命令的遵从'和陈词滥调演变成为参与政治邪恶"（［美］斯维特兰娜·博伊姆：《怀旧的未来》，杨德友译，译林出版社 2010 年版，第 383 页）。

图 113　1995 年 8 月，我带儿子在我中学时经常游泳的皮革厂老水闸前戏水。不同时代，童年的快乐都显得同样轻盈而充实，它们不受简陋的环境和外在时空条件的约束，变成了纯粹内在的精神嬉戏

常因为小恶的司空见惯而习以为常，并且预先就忽视了它，我们总是容易认为它没什么大不了的，那是多大一点事儿啊？可是，"那些选择小恶的人很快就会忘记他们已选择了恶"①。这种小恶虽然具有庸常性，却依然是恶，它对我们带来的伤害，甚至可能比那些大恶更为深重和严重。我们可曾想到，"善与恶比邻而居。不要在一个人的身上寻求人为的单一性"②？为什么中国古人教导说，勿以恶小而为之，勿以善小而不为？而且，那个时代教给我们的思维方式是简单地同情弱者和受害者，憎恶强者和作恶者。一旦谁作恶就变成了敌人，而敌人就不该再被看作人，而是应该被视为禽兽不如。我们像一群吃狼奶长大的羊，根本不会考虑，"虽然恶在受害者思想中的存在最易被触及，但不能仅依靠受害者的陈述来解释或理解邪恶。行恶者常常是那些普通的、本意良好的人们，对其所做所为通常有着自己的动机、理由和逻辑思维的过程。虽然受害者的陈述应该被听取，但他们的观点不能被作为行恶者行为的唯一解释，为了做到真正的理解，有必要

---

① ［美］汉娜·阿伦特：《反抗"平庸之恶"：〈责任与判断〉中文修订版》，陈联营译，上海人民出版社 2014 年版，第 63 页。

② ［英］阿克顿：《自由与权力——阿克顿勋爵论说文集》，侯健、范亚峰译，商务印书馆 2001 年版，第 290 页。

听取行恶者的观点"①。我们很少想到、更少反思：自己是否可能成为恶人，尽管自己好像并没做什么特别出格和离奇的事情，哪怕只是在该说话的时候保持了沉默。我们对人心的奸诈不仅缺乏经验上的体会，更难以认识到，每个人都可能"由于他自己善的或恶的意念而欺骗自己，只要行动的后果不是按照其准则本来很可能造成的恶，就不会因为自己的意念而感到不安，反而认为自己在法则面前是有理的。由此出发，许多（自以为有良知的）人只要在没有听从法则的、至少主要没有听从法则的行动中仅仅侥幸地避免了恶的结果，就会感到心安理得，甚至会想象为一种功绩，觉得自己不必为任何眼看其他人所犯的那些违背法则的行为负疚；却没有深究，这是否仅仅是侥幸的功绩，而且，按照他们本来完全能够从自己的内心深处找出的思维方式，倘若不是无能、性情、教育在时间和地点上诱惑人的种种情况（纯粹是一些不能归因于我们的东西）使自己远离了坏事的话，那么，只要自己愿意，是否自己就不会犯下同样的恶行呢？这种蒙骗自己的、妨碍我们心中建立纯正道德意念的不诚实，还向外扩张成为对他人的虚伪和欺诈；后者即使不该称为恶毒，至少也该叫作卑劣，它包含在人的本性的恶之中。这种恶（由于它在应当把一个人当作什么人方面败坏了道德的判断力，使责任对内对外都变得完全不确定）构成了我们这个族类腐败的污点，只要我们不除掉它，它就会妨碍善的萌芽像其本来完全可能的那样发展起来"②。归根结底，恶就植根于我们的人性之中，恶就是我们每个人身上与生俱来的、无法彻底根除的一种根本恶（ein radikales Böse）。③ 因为我们每个人都是软弱的，我们都没有强大到随时随地把善行都实现出来的程度，况且还有这样的情况，即"因为我所作的，我自己不明白；我所愿意的，我并不作；我所恨恶的，我倒去作……因为立志为善由得我，只是行出来由不得我……故此，我所愿意的善，我反不做；我所不愿意的恶，我倒去做"④。用康德的话来说，恶"产生自人的本性的脆弱，即在遵循他认定的原则时不够坚定；而且与不纯正性相结合，没有按照道德的准绳把各种动机（即便是有善良意图的行动的动机）互相隔离开来，

---

① ［美］罗伊·F. 鲍迈斯特尔：《恶——在人类暴力与残酷之中》，崔洪建等译，东方出版社 1998 年版，第 52 页。

② Immanuel Kant, *Die Religion innerhalb der Grenzen der blossen Vernunft*, Verlag von Felix Meiner, 1922, S. 39－40.

③ Ibid., S. 33.

④ 《新约·罗马人书》，第七章第 15—19 节。

因此，最终充其量只看到行动与法则的符合，而忽视了从法则中把它们推导出来，即没有把法则看作独一无二的动机"①。

　　然而，当时，我们总是被教导首先分清敌我矛盾和人民内部矛盾②，我们总是习惯于一边倒式的、一刀切式的、站队式的认识，这种认识讲求的只是看问题的立场，而不是问题本身的是非与对错。我们不仅不被鼓励，甚至也不被允许去思考和争辩问题的是非与对错。我们一方面说金无足赤、人无完人，另一方面又以虚假和虚伪的道德完美主义要求别人。确切地说，我们常常一方面用金无足赤、人无完人来宽慰和原谅自己，另一方面又用虚假又虚伪的道德完美主义标准要求别人，整个就是马列主义头朝外式的双重标准！我们倒是不争论，好像这里的黎明静悄悄，"但是为知识方面这种平静所付出的代价却是牺牲掉人类心灵中的全部道德勇敢性……这是绝不能产生出那种一度装饰过知识界的开朗无畏的人物以及合乎逻辑而贯彻始终的知识分子的。在这种事态之下，只能找到这样一类的人，不是滥调的应声虫，就是真理的应时货，他们在一切重大题目上的论证都是为着听众，而不是自己真正信服的东西"③，这种情况很容易让我们变成吃瓜群众。换言之，我们对待学术问题以及身边的大事小事，不能只考虑立场和利弊，而要首先考虑事情本身，要回到事情本身，学会对事情本身的真伪和对错有公正的、不偏不倚的评判。否则，倘若只会从立场和主观情绪来看问题，也许在中国的现实中可以"战无不胜"，可以带来种种实惠和好处，但这种虚假和虚伪的方式怎么可能让我们过上好生活？怎么可能打开真学术的大门？只有在勇于并善于追求真理的文化传统中才可能诞生阿伦特这样的犹太思想家，尽管她也曾被关进集中营，尽管她也是受过迫害的犹太人之一，尽管顶着来自犹太人内部和外部的种种压力，但她仍然坚持反对对艾希曼做表演式的和示众性的审判，仍然坚持独立思考和理解，厘清艾希曼身上体现的恶之现代性特征与根源。即便作为受

---

　　① Immanuel Kant, *Die Religion innerhalb der Grenzen der blossen Vernunft*, Verlag von Felix Meiner, 1922, S. 39.

　　② "若要用一个信条将某个集团牢牢地团结在一起以便共同行动的话，那么，将'我们'和'他们'对立起来，即与一个集团以外的人进行共同的斗争，则似乎是这个信条中的重要组成部分。因此，那些不仅想要获得对一个政策的支持，而且要获得广大群众的无保留的忠诚的人，都总是运用它来为自己服务"［［英］弗里德里希·奥古斯塔·冯·哈耶克：《通往奴役之路》（修订版），王明毅、冯兴元等译，中国社会科学出版社2015年版，第155页］。

　　③ ［英］约翰·密尔：《论自由》，许宝骙译，商务印书馆1959年版，第38页。

害者，也同样需要甚至更加需要维护公平、正义的伦理标准和法律尺度。即便横竖都要惩罚罪行，也要分清并清算真正的罪行之所在！让罪有应得、让罪有应罚！让罪犯得到真正公正的审判，既是对其人格的尊重，也是对我们每个人的人格的尊重。① 只有撕开伤口，才能寻求救赎和疗治。这种思考的勇气和实践的能力怎能不让我们生出艳羡和敬佩之情呢？

当然，在高压严管的环境下是难以产生这种勇气和能力的。打压希望，只能带来恐惧、屈服和顺从，而不是独立思考和判断。所幸，2000 年来北京之后，我就很少打儿子了。2006 年，恰好儿子的学校要求家长给孩子写一封信，于是我写了这样一封信：

> 亲爱的儿子：
>
> 你现在站在我面前，已经赫然是一个小伙子了。昔日顽皮聪明的淘小子，对于你和我都仿佛已经是很久远的事情了。伴随着你的成长，那些我当年没有来得及体会和回味的成长经验，现在，又被你唤醒了，仿佛我跟着你又重新成长了一次。我想，这大概才是养孩子的真正回报，也即"孩子是父母生命延续"的真正含义吧。
>
> 按理想的状态来说，夫妻应该在心理上有了充分的准备之后才能够决定要一个孩子，这里面包括许多含义，比如，如何迎接一个新生命的到来，如何为他（或她）创造一个充裕的生存条件和舒适的精神

---

① 康德也早就指出，对不道德行为者的指责必须永远不能完全蔑视和否定不道德行为者的一切道德价值，否则就等于完全否定了他或她的向善的禀赋，也就无异于完全不承认他或她是道德存在者（参见 Immanuel Kant, *Metaphysik der Sitten*, Verlag von Felix Meiner, 1919, S. 322 - 323），即否认了他或她的人格；黑格尔进一步认为，公正地惩罚罪犯恰恰是尊重其自由意志，因为"自由恰恰在于意志的无规定性，或者说，意志本身没有任何自然规定。因此，意志自身是一种普遍的意志。人的特殊性或个别性并不妨碍意志的普遍性，而是附属于这种普遍性。虽然一种正当的、道德的或通常杰出的行为是由某个个人做出的，但所有的人都会赞同它。因此，他们从中认识自己，或认识他们自己的意志。这里与艺术作品的情况相同。连那些不能创作出这类作品的人，也发现这些作品表达了他们自己的本质。这种作品表现为真正普遍的作品。它获得的赞许越多，原创者的特性从中消失得就越少。可能出现的情况是，人并没有意识到自己的普遍意志。人可能相信某个东西完全违背了他的意志，即使它毕竟是他的意志。被惩罚的罪犯当然可以希望他自己逃避惩罚：但普遍的意志使得犯罪行为要受到惩罚。所以，我们必须认为，在罪犯本人的绝对意志之中就有他受到惩罚的内涵。在他受到惩罚时，有一种要求，那就是他也认识到他受到了公正的惩罚，如果他认识到这一点，那么，他虽然可能希望自己摆脱作为一种外在痛苦的惩罚，但只要他承认他受到了公正的惩罚，他的普遍意志就赞成了这个惩罚"（［德］黑格尔：《黑格尔全集》第 10 卷，张东辉、户晓辉译，商务印书馆 2012 年版，第 320 页）。

氛围，如何使他（或她）具有健全的独立人格，从而成为一个身体和精神都很健康的、对社会有用的人，等等。但在现实中，我认为，多数父母都很难做到这些。以受过高等教育而且从事科研工作的我来说，就经常为自己做父亲的"不合格"内疚。比如，在你成长的这13年里，我觉得陪你一起玩耍的时间太少，因为我的主要精力和时间都花在了自己的事业上。我虽然也和你一起游过泳、踢过球、下过棋、玩过游戏，但毕竟不多。其次，我后悔自己曾经不够尊重你。不知道你是否记得，在你大概只有1—2岁的时候，我第一次打了你，我已经记不清是为什么了，只记得当时那么小的你竟然要和我对打，我一气之下，打了你的脸。那是我第一次打你，想以此挽回我作为一个大人和父亲的"尊严"——我跟你妈说过：这么多年以来，每当我想起这件事，都后悔不迭。今年访问德国时，我在宁静的夜晚独自想起这件事情，心里仍然隐隐作痛。我想，我这个受过所谓高等教育并且有博士头衔和高级职称的学者，在对待孩子的问题上并不比别人高明多少，这让我感到很羞愧，同时，也让我深切地感到，教育孩子不一定是一个父母高高在上地训导孩子的单向过程（我以前就是这么理解的），而是父母和孩子一起学习、共同受教育、共同提高自己的精神境界以及对人生的理解程度的一个过程。

儿子，我现在真诚地为那次打你而向你道歉！你一天天地长大了，我也一点点地在学会尊重你、理解你，把你看作一个具有独立意志的人，而不仅仅是父母意志的延伸。我逐渐地认识到，孩子不是可以让父母任性所为的"私有财产"，他或她的年龄再小，也是和我们一样有平等权利的人。你一定记得，去年6月，我在《中华读书报》上写了一篇文章——《我们现在如何做父亲》，想表达的一个意思就是，在当今社会，做一位合格和称职的父亲并非易事，因为这至少意味着不仅要和中国传统尊卑观念以及"面子"文化做思想斗争，而且要能够挡住畸形的"应试教育"给孩子带来的外在压力。稍可令我欣慰的是，我一直不主张用各种"补习班"和题海战术把你压垮，更让我自豪的是，你到目前为止，一直是我和你妈的骄傲。

考试重要，但我认为它不是一切。我和你妈当然希望你有一个光明而胜于我们的前程。但我们首先希望你成为一个健康、健全并自立自强的人。良好的习惯、独立的思考和健全的人格比考试更重要，因为这些是你走好未来人生之路的基石。我和你妈不希望你将来"子承父业"，或者为我们实现我们未能实现的理想，因为我们的理想要靠我们自己来实现，而你的人生之路要靠你自己来走，谁也代替不了。我们只能尽可能给你创造一些条件，在你踏上自己的人生之路时，引导你一下，扶你一把。在这个过程中，咱们的人生或许都会有一些意想不到的收获，共同臻于成熟，这的确是我当初决定要一个孩子，并养育他（她）、为他（或她）做父亲时所意想不到的收获啊！为此，我真的应该再次感谢你来到这个世界上，给了我这个用别的方法不可能得到的成长和成熟的机会。

我愿意做你永远的父亲和朋友。

祝你不断进步！愿你前程如诗如画！

父亲：卢晓辉

2006 年 9 月 10 日于家中

是啊，父母与子女之间除了自然的亲情之外，还应有独立个体之间平等互爱的友情，这样才能实现人伦和人性的复归。我用了这么多年，才逐渐体会到这一点。所以，儿子满 18 岁以后，我对他说，"你已经是成年人，今后你要学会为你自己的行为负责。你人生的路你自己走，我们能帮你时就帮你一把，但主要靠你自己。你实现你自己的梦想，我实现我自己的梦想，如果实现不了就拉倒，我没有任何梦想让你替我实现"。我想尽量做到少干涉甚至不干涉儿子的人生选择。我没本事罩着他，所以还是早早让他学会自立自强，翅膀长硬了自己单飞。这也就意味着让儿子成"人"，因为"人自己决定自己，即人能够自由地行动，就此而论，人是通过理性来激发的，是一个充分意义上的人。在没有自由、没有自我决定的地方，就没有人性"[1]。这样一来，不仅是让儿子成"人"，也是让我自己成"人"，因为这是一种彼此以人相待的关系，因为"把人们当人来对待，你才将真正地成为人"[2]。也就是说，尽管我

---

① ［德］弗里德里希·亨利希·雅各比：《莱辛所言：评〈教皇之旅〉》，［美］詹姆斯·施密特编《启蒙运动与现代性——18 世纪与 20 世纪的对话》，徐向东、卢华萍译，上海人民出版社 2005 年版，第 199 页。

② Jack Donnelly, *Universal Human Rights in Theory and Practice*, Third Edition, Cornell University Press, 2013, p. 16.

们常常不得不把人当作手段，但与此同时一定也要把人当作目的。尊重别人的自由、尊严和价值，就是尊重我们自己的自由、尊严和价值。

2016 年 4 月 11 日上午，妻子看到陈希我的中篇小说《父》中有一段小弟说的话并念给我听：

> 都说（中国）父母把子女当作工具，传宗接代，老有所养。子女对父母不也是采取实用策略？你老了，没有利用价值了，就必然生出遗弃之心。你已经被用过了，即使赡养你，也只是尽尽义务。但你死了，又不一样了，你的地位又高了，你成了能够保佑子孙的神了，但也是供供你，利用利用而已。这样的供拜，就是有宗教形式，又能怎样？吃斋念佛却不事善行，捐赠寺院却不赡养父母，建立功德却无视公德，还有，父亲那代为革命事业牺牲家庭，我这代，提倡振兴中华，却无视个人权益。其实不过是野心在作怪，无视基本伦理的革命者或是宗教者，不过是野心家，拿冠冕堂皇的东西掩盖自己。①

此话虽然有点绝对，却是一种质的判断。我早就下决心在自己身上克服这种观念，防止它在我与儿子的身上重演，但我能做到什么程度？我真能做到鲁迅当年提出的要求吗？——"没有法，便只能先从觉醒的人开手，各自解放了自己的孩子。自己背着因袭的重担，肩住了黑暗的闸门，放他们到宽阔光明的地方去；此后幸福的度日，合理的做人。"② 我曾在《我们现在如何做父亲》③ 一文中引用过这段话。这实际上是说，不仅要在自己身上克服这个时代④，还要在自己身上克服那个传统。

正是站在未来的实践理性立场上，我才看到，有时候，日常生活中那种无私的爱对被爱者可能成为生命中不能承受之重。人的无私与忘我有时

---

① 陈希我：《父》，《花城》2016 年第 1 期。

② 鲁迅：《我们现在怎样做父亲》（1919 年），《鲁迅全集》第 1 卷，人民文学出版社 1981 年版，第 130 页。

③ 参见户晓辉《我们现在如何做父亲?》，《中华读书报》2005 年 6 月 22 日。

④ 尼采在《瓦格纳事件》（*Der Fall Wagner. Ein Musikanten-Problem*）的"前言"中曾说，"一个哲学家首先和最终对自己的要求是什么？在自己身上克服他的时代，变成'无时代的'，那么，他凭什么挺过他的最艰难的斗争？恰恰就凭那使他赖以成为他的时代产儿的东西"，原文是：Was verlangt ein Philosoph am ersten und letzten von sich? Seine Zeit in sich zu überwinden "zeitlos" zu werden. Womit also hat er seinen härtesten Strauss zu bestehn? Mit dem，worin gerade er das Kind seiner Zeit ist。

挺可怕，因为它表面上看起来是无私与忘我，实际上却以自我为中心，把
自以为是的感情和一厢情愿的好处倾注并强加到他人身上，使后者不堪重
负。这不仅模糊了人与人之间的自由边界，而且逾越了自我与他人之间应
该具有的界限，造成情感绑架。这些绑架以爱和亲情的名义，把他人看作
自我的延伸，而不是看作独立人格，常常侵犯他人的自由甚至尊严。有时
候，我和弟弟都有类似的体会：没回家的时候想回家，可一旦回到家里有
时又想走，因为亲人有时把自以为对我们好的做法强加给我们，让人难以
接受或难以承受，给我们的感觉是累和沉重，而不是轻松和自在。这种情
况并非个例。2006 年，在新疆农业大学求学的侄女在给我的信中写道：

> 我们全家都很好，妹妹上初中成绩很优秀，爸、妈现在开始忙
> 了，忙地里的活，妈妈真的很能干，但无论怎样，岁月的确一点一点
> 消磨着她的身体，她老了，而爸爸的头发也是一根一根地变白，似乎
> 每回一次家，总能发现他们变老了的痕迹，我无能为力。我心里明白
> 我应该听他们的话，应该尽我最大的能力为他们做点事，应该体贴他
> 们，不应该忍（惹）他们生气，更不能让他们伤心，可有时我觉得妈
> 妈很独裁，她认为她说的就一定对，我必须按她的想法去做，其实我
> 也有自己的想法，慢慢的，似乎形成一种恶性循环，刚回家，家里很
> 温馨，过一段时间，我和妈妈就会有分歧，我一说出自己的理由，妈
> 妈就会认为我跟她顶嘴，认为我不尊重她，其实根本没有，我是很爱
> 她的，渐渐的，我也大了，居然在心里会有一种担心，担心妈妈会真
> 的被我伤透了心，担心妈妈会因为我而感到寒心，哪怕是一会儿也不
> 愿意，我特别害怕，自己身上可能有缺点，让他们不满意的地方，但
> 我却不知道，也许真的是家家有本难念的经。但我知道，爸爸、妈妈
> 给我的爱，是我永远还不清的情，就希望自己早点儿工作，早点儿挣
> 钱，他们就不用那么累了。①

可见，人与人之间多么需要相互尊重和平等相待，哪怕是在父母与儿
女之间，哪怕是在亲人与熟人之间！可我们常常因为对方是亲人和熟人，
就不给他们留余地和空间，而且越是亲近和熟悉，就越是想以亲密无间来

---

① 2006 年 4 月 23 日侄女王娟给我的信。

表明关系的亲近，结果可能适得其反。人与人之间当然需要相对独立的空间，这首先意味着每个人只有作为独立的个体才能真正具有爱的能力。在我的家乡，我已经看到越来越多的人从纯粹的群体和家庭依附关系中游离出来，他们有了越来越多、越来越明显的自我意识，虽然其中不乏自私自利的考虑，但在自我意识觉醒之后再来结交各种人际关系与单纯沉浸在群体和家庭依附关系中失去自我，当然有很大的差别。

即便能够做到将心比心、推己及人，但我们能够做到爱人如己吗？① 爱怎样才能不变成彼此伤害？爱如何才能避免情感绑架？毕竟，爱一个人至少得让这个人自由，而自由不是为所欲为，而是至少能够为所不欲为，爱至少要符合文明的尺度，因为"文明有赖于摒弃专横的、固执的自作主张，而代之以理性"②。难道爱就是无私吗？难道爱就是恒久忍耐，凡事忍耐和积极忍耐就是在学习去爱吗？爱就是每个人都要担当的大任吗？

---

① 关于经验实证意义的"推己及人"与实践理性意义的"爱人如己"的区分和讨论，参见吕微《与陌生人打交道的心意与学问——在乡愁与大都市梦想之"前"的实践民俗学》，《民俗研究》2016 年第 4 期。

② ［美］罗斯科·庞德：《通过法律的社会控制》，沈宗灵译，商务印书馆 2009 年版，第 19 页。

回不去的家乡

——用心还是用脑

我的例子可以表明，家乡不在别处，就在我们自己身上。正如索尔仁尼琴所说，"对我来说，整个世界并不是外在的世界，不是那个吸引人的世界，而是我亲自经历的那个世界，它就在我的体内。我的全部任务就是要描写那个世界"①。我们常常随身携带着自己的家乡，却满世界去找家乡，这是不是有点像骑驴找驴呢？如此说来，我们岂不是很容易就回到家乡了吗？果真如此，那么，随着时间的推移，也许一部分家乡已融化为我们的个性，也许另一部分家乡会从我们身上碎落一地，成为我们身后逐渐模糊的背景。如此说来，那些腻腻歪歪、千篇一律、如同被人嚼了无数遍的馍一般的所谓乡愁，又从何谈起呢？是否真正的归途并非"到不了的地方都叫作远方，回不去的名字叫家乡"（方文山《牡丹江》）呢？我必须再说一遍，我不反对别人有这种嗜好，但我不愿用"乡愁"来形容我自己对家乡的感受，因为它对我来说实在有点名不副实和文不对题，至少显得轻描淡写和文过饰非。如果非要说，那我的"乡"关别处、"愁"在他方，甚至我的"愁"与那种触目皆是的所谓乡愁，压根儿不是一个愁。用吕微的话来说，"今天，也许，我们已经不能再把家乡、乡愁简单地等同于经验性知识的自然空间的语境（生活世界）条件下，熟人共同体及其模式化行为的过去人生内容的'共同的陌生性'，换句话说，我们应该站在真正的陌生人原则的先验知识，即实践主体当下人格形式的'共同的陌生性'的自由观念的'语境'（生活视界）条件下，重新对待家乡、看待乡愁"②。

说起家乡，我首先想到艾青那首脍炙人口且酣畅淋漓的诗：

① ［俄］亚·索尔仁尼琴：《古拉格群岛：1918—1956 文艺性调查初探》（下册），钱诚译，群众出版社 1982 年版，第 521 页。

② 吕微：《与陌生人打交道的心意与学问——在乡愁与大都市梦想之"前"的实践民俗学》，《民俗研究》2016 年第 4 期。

我爱这土地

假如我是一只鸟，

我也应该用嘶哑的喉咙歌唱：

这被暴风雨所打击着的土地，

这永远汹涌着我们的悲愤的河流，

这无止息地吹刮着的激怒的风，

和那来自林间的无比温柔的黎明……

——然后我死了，

连羽毛也腐烂在土地里面。

为什么我的眼里常含泪水？

因为我对这土地爱得深沉……

一九三八年十一月十七日①

诗人爱的，与其说是土地，不如说是在土地上土生土长的人。这种爱同样夹杂着悲愤、伤感、忧患和怒号。2016 年 7 月，这首诗的最后一句在网上被戏仿成"为什么你的眼里常含泪水，因为你脑子里进了太多水"，用来讽刺那些盲目的爱国者。如果诗人在天有灵，可能不一定高兴，但我还想进一步戏仿一句：为什么我的眼里没有泪水，因为我的脑子里进了太多水！——我想说的是，我们之所以对许多事情麻木不仁甚至失去痛感，正是因为我们的脑子里进了太多冷冰冰的水，而这种进了水的脑子不适合用来爱任何东西。

我当然爱我的家乡和家人，我的爱同样也是混杂而纠结的爱。德国著作家卡尔海因茨·德施纳（Karlheinz Deschner，1924—2014）曾说："家乡不是人们居住的地方，而是人们爱与被爱的地方。"② 没错！但家乡不仅有爱，也有恨；不仅有善，也有恶；不仅有我的熟悉，也有我的陌生。因而，家乡更是我们生发出爱恨情仇的地方。我早就注意到，在我的故乡，"恶的东西有时比善的东西生命力更顽强"，所以当我"诅咒故乡的

---

① 艾青：《我爱这土地》，《艾青诗全编》，人民文学出版社 2003 年版，第 213 页。

② Hans-Horst Skupy（Hg.），*Das große Handbuch der Zitate*，Bertelsmann Lexikon Verlag Gm-bH，Gütersloh，1993，S. 427.

恶时，不得不先看到很多故乡的善在一点一点地消失和湮灭"①。之所以如此，因为在包括我自己在内的每个人的心中都有恶的可能性，"我逐渐发现善与恶的界线并不在国家与国家之间、阶级与阶级之间、政党与政党之间，——而是在每一个人的心中穿过，在一切人的心中穿过。这条线在移动，它随着岁月的流逝而摆动；连被恶占据了的心中也保持着一小块善的阵地。连在最善的心中仍保留着一个……尚未铲除的恶的角落。自那以后我终于懂得了世间一切宗教的真谛：它们是与存在于（每一个）人内心的恶作斗争的。世界上的恶不可能除尽，但每个人心中的恶却可以压缩"②。既然如此，怎样压缩？如果没有强大的制度约束和有力的程序监督，仅靠个人的道德修为，能不能压缩并减少个人心中的恶？我们中国人总是愿意相信人性本善，而且关于人性善恶的古老争论大多限于经验观察和材料论证，结果谁也说服不了谁。殊不知，"有许多错误的论证常求助于某些与之毫不相干的因素来支持。在这种情况下，论据与论题之间错误的联系代替了正确的推理"③。不如我们回到中间立场，即人性既有善也有恶，关键看社会和制度如何激发人性的善与恶。好的社会和制度能够激发人性的善，因为它可以让人们在日常生活中真正善有善报，而不是让善有善报停留在人们的口头上或滞留在人们的希望中。相反，不好的社会和制度会让善有恶报、恶有善报——作恶者不仅得不到谴责和惩罚，反而常常得到好处。这样的社会和制度盛行的是劣币淘汰良币的逆淘汰，让马太效应大行其道、愈演愈烈。简言之，好的制度能使坏人变好，坏的制度能使好人变坏。也有人说，好的制度可以让人的问题变成不是问题，不好的制度则让原本没有问题的人变成全是问题。例如，2016 年末上映的电影《我不是潘金莲》（冯小刚导演），虽然可以被挑出许多毛病，但它的毛病也许正是中国魔幻现实的真实写照。电影中出现了人们常说的一句话，"当官不为民做主，不如回家卖红薯"，言外之意就是当官的要有德，要能够体恤民情、体贴百姓。可这句话把民众自己蒙蔽了多少年？我们看看电影中各级官员的行事方式和唯上不为下的态度就不难明白一个浅显道理：即便当官的有德，心中装着民

① 户晓辉：《故乡之殇》，《绿洲》1999 年第 3 期；罗文斌、董立勃主编：《阳光大坂——新疆当代散文选》，新疆人民出版社 1999 年版，第 167—168 页。

② ［俄］亚·索尔仁尼琴：《古拉格群岛：1918—1956 文艺性调查初探》（中册），田大畏、陈汉章译，群众出版社 1982 年版，第 604—605 页。

③ ［美］约翰·查菲：《批判性思维》，姜丽蓉、刁继田、李学谦译，山西人民出版社 1989 年版，第 597 页。

众，那也要看其德行的高低。关键在于，民众根本没有拿捏和制衡官员的任何办法，因为官员的乌纱帽不是民众给的。民众也没有任何途径来参与官场游戏，更无法参与制定公平的游戏规则，当然也就不能决定由谁来为自己"做主"。这样一来，只能由着这些能够参与游戏的人们自己玩，他们想咋玩就咋玩。这些人严重挫伤了民众的积极性之后，又反过来说民众的民主素质低，民众的政治参与度不高！民众只能袖手旁观甚至漠然置之，好像这种事情根本与自己了无干系，这就养成了所谓帝力于我何有哉以及"肉食者谋之，又何间焉"（《左传·庄公十年》）的传统心态和任逍遥习性，民众就会沦为吃瓜群众。这种民众无法参与的游戏，看起来与民众无关，但其结果却不能不与民众的日常生活息息相关，因为任何一个"空降兵"当了自己的地方官都直接影响每个民众的日常生活。其实，"民主就是利益相关的公民表达出来的一种利益参与行为。……民主是公民用来解决社会问题的一种手段。选举投票不仅是挑选一个领导人，实际上是在选择他们所希望的一种政策和他们所追求的一种生活"①。难怪有人主张把 democracy 译为"选举制"，而不是译为"民主"，因为选举之后是当选者主事和决策而非"人民做主"。如果没有真正的选举，如果没有决定官员乌纱帽的权利，人民如何选择由谁来为自己"做主"呢？民众自己又如何"做主"呢？如果民众没有平等参与、做主和选择的正当程序，民主就是一句空话，民众也就只能把希望寄托在地方官的道德水平之上。也就是说，当官的能否为民做主，也只能全看其主观德行的高低。舍此，民众还能有什么指望呢？但这种纯粹主观的道德有多少可靠性呢？在当官者的天平上，不掌握其乌纱帽的民众与掌握其乌纱帽的上级，哪个更重要呢？即便不出现利益分歧，他或她会听谁的呢？答案的必然性当然取决于乌纱帽的原理。② 显然，他们听从掌握自己乌纱帽的上级是必然的，为民做主则是偶然的。关键是，

---

① 蔡定剑：《民主是一种现代生活》，社会科学文献出版社 2010 年版，第 265 页。

② 蔡定剑曾在波士顿华人社区访问一个叫"华人组织前进会"的组织，其工作人员说，他们会到市政府官员那里反映华人的意见，阻止开发商拆迁华人在市中心的旧房。"我问，你们能阻止他们的开发吗？她很自信地说：'能！'开发要开发在政府部门有很多的程序要走，我们向这些政府部门表达意见。如果再不行，我们就找市长反映。我问市长会听你们的意见吗？她说：他不会无视我们的意见，因为他是我们选出来的！我想，这些问题与我们当前面临的问题有什么区别呢？美国人用他们的选举和公民投票来解决社会问题，我们只是少数领导人在会议室里决定市民的命运。是中国老百姓没有能力或素质决定这些事吗？"（参见《民主是一种现代生活》，社会科学文献出版社 2010 年版，第 268—269 页）

即便他或她的道德水平高，仍然要受制于掌握其乌纱帽者的左右，否则其乌纱帽可能就保不住了。① 这种办法在客观上把人性恶激发出来，而不是激励人们向善。另外，这句被民众挂在嘴边这么多年的话好像也在表明，民众自己没有能力为自己做主，他们就像永远长不大的孩子，必须让别人来为他们做主，时时处处得寻求"父母官"的庇荫，而不是法律的保护。

2015 年 8 月，在去新疆和静县考察的途中，中国音乐学院的一位教授问我："您说中国人热爱自己的家乡吗？"我说："这是一个好问题。"是啊，中国人，有多少不曾背井离乡？又有多少不是正在或即将背井离乡？可我们对家乡的爱恨情仇的确不是单纯的嫌贫爱富，而且物质条件和自然条件艰苦往往并非我们离开家乡和不喜欢家乡的主要原因。当年回乡，我曾多次从九连路口（参见图 114）步行五六公里的夜路回皮革厂。2016 年夏，我回到家乡，二弟也告诉我：有一年，他从乌鲁木齐回来，扛着大包小包，走到九连老羊圈处，实在拿不动了，就把我托他带给家里的一个包扔在了草丛里。第二天，他又骑着自行车把它驮回了家。20 世纪 90 年代中期，我搭乘一辆拉货的大卡车，大冬天带着给家里买的一台 19 寸彩电到了团部。我从当时已经搬到团部的表哥关小军家借了一辆自行车，把电视机绑在后座上，连夜推着自行车回到皮革厂。我的旅游鞋深一脚浅一脚地踩在大路的积雪上，发出咯吱咯吱的声响，刺破了寂静的夜空。过了水工团五连，夜路显得更加孤寂，一轮幽月照在雪地上闪出微蓝的银光。因

---

① 正如高新军指出的那样，"笔者在麻柳乡调查，看到了一种很有意思的现象，即在我国乡镇范围内，在还没有实现乡镇干部直接民选产生的情况下，如何解决干部对下负责的问题。应该说，在现有的自上而下的干部管理体制中，干部很自然地会产生对上负责为主的倾向，因为权力的授予方来自上级，下级干部也是由上级干部任命的"（高新军：《危机管理和后选举治理的成功范例——重庆市开县麻柳乡"八步工作法"制度创新的分析》，张千帆主编《新农村建设的制度保障》，法律出版社 2007 年版，第 438—439 页）；蔡定剑进一步指出，"为什么西方的议员那么负责？为什么他们不辞辛苦地每个星期要接待选民，婆婆妈妈的事情要他们解决，不是说议员都是慈善家，是助人为乐的人，他们是政治家，为什么他们会这么做而我们的人大代表不会这么做呢？就是因为他们是和一种政治利益结合在一块的，他们之所以要这么做是因为这些政治家想参政，想当国会议员，想在国会中露脸，想有地位，想出名等。要想当国会议员就要争取选票，他们想争取选票就要帮助老百姓解决些问题，不然的话老百姓不投他们的票。很简单，不管他的动机是什么，但是这个制度的安排使这些不管是野心家还是什么人必须顺着民意来，他们必须争取选票，得不到这个选票他们就选不上"（《民主是一种现代生活》，社会科学文献出版社 2010 年版，第 81 页）。

为那条大渠淹死过一些人，再加上皮革厂边上还有一块哈萨克族老坟园①，传说中的孤魂野鬼仿佛就追随在左右，我只能自己给自己壮胆。但这样的困难并非不能克服，而且已经被我这样的兵团人克服。真正让我感到不寒而栗的并非这些东西。

图114　从通往一二三团的大路拐往九连的路口，当年我曾多次从这里下车步行回皮革厂，当然，这里也是皮革厂通往外界的一个丁字路口

可是，这么多年来，也许正是家乡辽阔、美丽却又残酷、恶劣的自然环境蒙蔽了我的视线，阻塞了我的思路。它横亘在我的眼前，正如横亘在父老乡亲的眼前一样，成为我们不能不首先应对的现实问题。久而久之，我们的脑海被这些东西占据和塞满，好像我们的生活里除了这些东西，再没别的什么。随着自然环境的不断被征服和不断被改善，尽管我们的生活获得了不少便利，但我们真的过上好生活了吗？就一般情况而言，好像的确如管子所言，"仓廪实而知礼节，衣食足而知荣辱"。可是，即便在温

---

　　①　我们小时候称为"老坟园"或"老坟院"；大约在20世纪80年代，"皮革厂附近有一片哈萨克族坟地，一些职工利用坟地的空白地种上了蔬菜，民族同志看到后非常生气，认为侵犯了他们的利益，损害了少数民族的风俗习惯。皮革厂党支部知道后，耐心向职工宣传党的民族政策及少数民族的风俗习惯，职工群众以民族团结大局出发，尊重了少数民族风俗习惯，铲平了在坟地间种植的蔬菜地，恢复坟地原貌，增进了民族团结"（农七师一二三团史志编纂委员会编著：《一二三团简史》，新疆生产建设兵团出版社2011年版，第141页）。

饱线上挣扎，人也并非不知道礼节、不需要荣辱，否则就不会发生不食嗟来之食的故事。① 尽管有些中国人觉得好死不如赖活着，但毕竟"人不能只靠面包活着"②。也就是说，即便有人只想做一头快乐的猪，他或她也不可能仅仅看着和想着自己的食槽而别无所求。人不可能是猪，人的思想和要求一定大于猪，一定在本质上不同于猪，这是人的宿命。因此，人也需要活在逻辑公园，而不能活在猪逻辑公园。在我的家乡，无论过去、现在还是未来，真正让人们铭心刻骨和万般无奈的事情，并非自然条件和环境的艰苦，而是人与人之间彼此造成的温暖与冷漠、友爱与伤害，是人为造成的苦难与不幸，这些难道不是至少与面包和温饱同样重要的事情吗？尽管民众的俗话和谚语表达的价值观常常自相矛盾，但除了"好死不如赖活着""难得糊涂"之外，他们不也常说"不蒸馒头争口气"吗？这口气拿啥争呢？尽管许多人也爱自己的家乡，尽管许多人都想回报家乡的亲人，但很少想一想，"为什么他们的爱、关心和服务无法重塑（reform）社会，更不能帮助个人重新过上正常的生活"③ 呢？我们拿什么来反哺、回报家乡的亲人呢？拿什么来拯救你，我的父老乡亲？实际上，救他们就等于救自己。

　　我想，也许多数中国人对自己的家乡都怀有复杂、混乱甚至矛盾的情感。我不否认有些人一味赞美家乡的所谓诗意是出于他们的真情实感，但对我而言，这种甜兮兮、腻歪歪的文字往往显得无关痛痒和不着边际，甚至可能一美遮百丑，正如阎连科表白的那样，"说句实在话，许多时候我对那块土地的恨超过我对那块土地的爱。而又在许多时候，我对那块土地的爱，又超过对那块土地的恨。这种矛盾，这种混乱的情感和困惑，其实也就是一个字——怨。我对那块土地充满了一种哀怨之气。这种怨气阻隔着我和那块土地的联系与沟通"④。对故乡的诗意消费和盲目抒情已经延续了几千年，我不想再加入这种合唱，我也绝非这种合格和称职的吹鼓

　　① 参见《礼记·檀弓下》："齐大饥。黔敖为食于路，以待饿者而食之。有饿者蒙袂辑屦，贸贸然来。黔敖左奉食，右执饮，曰：'嗟！来食。'扬其目而视之，曰：'予唯不食嗟来之食，以至于斯也。'"

　　② 参见《新约·马太福音》第四章第4节或《新约·路加福音》第四章第4节。

　　③ 约翰·麦克奈特：《专业化服务：对社群和公民的负帮助》，见［美］唐·E. 艾伯利主编《市民社会基础读本——美国市民社会讨论经典文选》，林猛、施雪飞、雷聪译，商务印书馆2012年版，第242页。

　　④ 阎连科：《走在别人的路上：阎连科语录》，上海人民出版社2014年版，第21页。

手。尤其在十面"霾"伏的时代，我不仅看不清故乡的容颜，甚至可能在看清之前就呜呼哀哉了也说不定！我不愿只是在回忆中怀想家乡曾经的模样，不愿再次回到老地方去抒发一些感性的忧伤和悲天悯人的情绪。因为从本质上说，这些感性无论再复杂、再多变、再纠缠、再有多少所谓的脉络，都是无处安顿的东西，都是代代重复的东西，甚至很可能是后人复哀后人的东西。我们是单纯陷入这种情绪和情感的泥淖，还是想方设法以理性的方式终结这种恶性循环？没有制度性的保障，不建立客观的公正程序，这种哀婉的忧愁和悲剧的结局就必然会生发出无穷无尽的细节和所谓的历史脉络，可供江山代有的那些文人雅士去吟诵和玩味，也可以有无数的细节让他们去重新发现并以此自鸣得意。但是，这些偶然的脉络和感性的细节被发现得再多，也不是本质，更不是原理。尽管有了制度保障和公正程序也不可能绝对不出现这样的细节和脉络，但许多中国人常常把这两种不同性质的细节和脉络混为一谈。在他们看来，既然都免不了出现哀婉的忧愁和悲剧的结局，那我们的故乡也就不必建构制度性的保障和客观的公正程序。专制社会固然不好，但民主社会也不见得都好嘛。既然都有优点和缺点，于是就半斤八两，没有好坏、轻重和主次之分，本来世界上就没有绝对的事情嘛！此亦一是非，彼亦一是非，什么都无所谓嘛。

在这种思维方式的教育和影响下，我们根本就不需要而且也丧失了辨析与反思的能力。在大学时代，我一面思念家乡和亲人，一面又不大愿意提起家乡，直到30年后，我仍然写道："前几天在郊区开会，我说，哪里是故乡呢？好像我出生和长大的地方在我的感觉里也并不是故乡。当时没有多想兵团的问题，也许和兵团的经历有关。不过，十余年以来，我一直感叹兵团的后代对兵团这种东西的反思能力严重不足，因为我们生在一个不但不鼓励而且不允许反思的文化之中。"[1] 有时候，我觉得自己是一个没有故乡的流浪者[2]，好像处在一种无根漂浮的状态。尽管如此，家乡仍然不仅有坚硬的东西和难以捉摸的东西排斥着我，而且有难以摆脱的东西缠绕着我。我一进入家乡，就能够感到一股浓烈的兵团气息扑面而来。这

---

[1] 2014年10月24日我给同学兼好友许文军的电子邮件。

[2] 同样，岳永逸也表达了一种难以归类和找不到归宿的感受："我是被乡亲们定位为在城里生活，要敬而远之的与他们早已不一样的'城里人'。这种近在咫尺又远在天涯的隔膜使我每次回故乡时，既满怀渴望又充满伤感，惆怅的思绪会弥漫整个行程。如同孤魂野鬼，在逃逸故乡与回归故乡之间游荡、徘徊的浪子我，不时也散发着流氓无赖的混混气息"（《忧郁的民俗学》，浙江大学出版社2014年版，第97页）。

是什么气息？难道是本雅明所谓的光晕（Aura）吗？只要接触几分钟，只要说上几句话，兵团人流露出来的那种单纯、直接、豪爽和那种较真、敏感、固执己见，大概就构成了这种气息和光晕的一部分。他们正是靠着这种粗放、大气和奔放无羁才征服了穷凶极恶的大自然。"每一次进入兵团的领地，也都能感受到一种特殊而难言的气息。你是不是这里的人，你是否吃过这里的土喝过这里的水，仅凭你闻到、见到、听到这种特殊气息之后的反应，就可以猜个八九不离十。"① 对此，没在这里生活过的人，也许难以这么快就感觉出来，而我则一望即知。

更重要的是，有着特殊气息的家乡属于过去和现在，更属于未来。所以，即便对于过去和现在的家乡而言，我们也不一定回得去，而对于未来的家乡而言，我们是否反而能够回得去呢？因为我们是被抛入过去的家乡，但现在和未来的家乡却诞生在我们的手上，在一定意义上说，它们的模样与未来取决于我们。换言之，家乡不是固定不变的地点，而是过程。家乡的形象是一个时间过程，这不仅因为家乡以及家乡的人本身处在时间的发展过程之中，而且因为我们对家乡的理解也需要一个过程，也要经历不断的变化。这也就从一个侧面说明，家乡不是封闭的、已完成的现成物，而是开放的、处在变化之中的理念。家乡世界的视域是不断的预期（immerzu Antizipation），在其中，过去的特征与未来的特征是一体的，因而具有生成性。② 也许只有在这个意义上，我们才能说，被遗忘的家乡应该是生活或生命的真正目的。③

德国政论家、文学评论家和诗人库尔特·图霍夫斯基（Kurt Tucholsky，1890—1935）早就指出，"家乡就是我们的心说话的地方"（Heimat ist，wo unser Herz spricht）④。当然，也常有人说，我心安处即故乡。一般而言好像也的确如此，但我更想说，家乡不仅是心说话的地方，更应该是

① 户晓辉：《当代西部开发者文学现象扫描》，《绿洲》2000 年第 3 期。

② 参见 Klaus Held，"Heimwelt，Fremdwelt，die eine Welt"，in *Perspektiven und Probleme der Husserlschen Phänomenologie：Beiträge zur neueren Husserl-Forschung*，Verlag Karl Freiburg，1991，S. 312。

③ 参见 Josef Stürmann，*Der Mensch in der Geschichte. Versuch einer philosophisch-anthropologischen Geschichtsbetrachtung*，Verlag Kurt Desch München，1948，S. 129。

④ Kurt Tucholsky，"Heimat"，in Mary Gerold-Tucholsky（Hg.），*Zwischen Gestern und Morgen. Auswahl aus seinen Schriften und Gedichten*，Hamburg：Rowohlt，1972，S. 198 – 199；引自 Manfred Klein，*Antizipation und Noch-Nicht-Sein-Zum Heimatbegriff bei Ernst Bloch*，Hamburg，Disserta Verlag，2014，S. 38。

脑思考的地方。对于家乡，我们不仅要用心，更要用脑。如果心代表情感，脑就代表理性。只有心脑结合、理智与情感并用，才是对待家乡的恰当方式。所以，把家乡留给抒情诗来任意处置，就是一种不负责任的、不合适也不正当的做法。否则，像多数人那样一味沉浸在对家乡的怀旧情绪之中，甚至好了伤疤忘了痛，除了满足私情之外，对家乡能有多少好处呢？况且，家乡问题的"解决之道也绝不可能是去复古——恢复那些与我们所生活的、无可逃离的工业民主时代的种种条件不相吻合的团体和价值"①。本来，在日常生活中，我们运用情感的时候远多于运用理性的时候，因为我们常常靠情感维持人际关系，却较少用理性来思考和行动。这样的感情用事让我们吃尽了苦头而又浑然不觉。

德语有一句谚语说，"让我看你怎么住，我就告诉你，你是谁！"（Zeige mir, wie du wohnst, und ich sage dir, wer du bist!）住哪里和怎么住，真的如此重要，以至于能够决定我是谁吗？也许吧！住哪里和怎么住，不仅决定我的日常生活怎么过，而且决定我的自由、权利和尊严能否得到尊重和保障。因此，选择在何处安家以及何处是我的家乡，自然也就是非同小可的大事。对这样的大事，我们已经惯于感情用事，正如对家乡我们太容易上心、走心一样。我们常常心甘情愿地、无怨无悔地把过多的感情挥洒在自己的家乡，甚至让那些充满滥情和煽情的所谓乡愁和乡情四处飘荡却无处安顿。但我总觉得，对自己的家乡，我们不仅要用心，更要用脑，要动用我们的实践理性。一旦如此，我们就会追问：我回到的那个曾经的故乡是我希望拥有的家乡吗？这个家乡是一个什么样的家乡？我们要建设理性的、合理的家乡，还是要回到恶霸横行或潜规则当道的家乡？这样的故乡是我们愿意回去的家乡吗？所谓回不去的家乡，既是说我们不愿回到曾经这样的故乡，也是说我们希望的家乡还没有到来因而也无法让我们置身其中。如果前者是我不愿回去的故乡，后者就是我希望回去的家乡，是我愿意为之付出努力并且引领我的未来的家乡。

---

① 罗伯特·尼斯比特：《"寻求共同体"：秩序与自由之伦理学的研究》，见［美］唐·E.艾伯利主编《市民社会基础读本——美国市民社会讨论经典文选》，林猛、施雪飞、雷聪译，商务印书馆 2012 年版，第 45 页。

民主生活方式

——尚未到来的家乡

人只要存在，就是作为一个尚未现成存在者（ein Noch-nicht-vorhandenes）在前行。[1] 只要此在存在，只要是此在，它就有一种尚未（ein Noch-nicht），此在的生存方式恰恰是让它的尚未属于它。[2] 换言之，人不仅活在过去和现在，人更要活在未来，因为所有人都是未来的，都会超越他们已经过去和已经完成的生活或生命。[3] 人是如此，人的家乡又何尝不是如此呢？所以，无论弄哪门子学问，如果还想以本真的和贴切的方式理解人及其家乡，我们就必须以这种超越的方式来看待人及其家乡，而不能满足于经验观察和实证研究。因为从经验材料中不能把握人格存在[4]，人作为人格也不是事实性的存在者，而是一种可自由选择的存在者。[5] 这就意味着，人超越自然界及其规律而在世界中由自己实现的东西才是历史[6]，人格总是对自然秩序的一种突破[7]，这种突破就是人的自由，而真正的自由就是人身上隐秘的神性。[8] 这并非只是哲学思辨，而是人之为人本来已经天然具备的能力。哪怕像我们这样最普通的人，也同样如此，区别仅仅在于对自由能力的觉识程度、理解和领悟程度、认可程度、开掘和发挥程度

---

① 参见 Martin Heidegger, *Sein und Zeit*, Max Niemeyer Verlag, 1953, S. 237。

② Ibid., S. 242 – 243.

③ 参见 Ernst Bloch, *Das Prinzip der Hoffnung*, Suhrkamp Verlag Frankfurt am Main, 1959, S. 1616。

④ 参见 Wolfgang Senz, *Transzendentalphilosophie und Volkskunde. Zur Transzendentalphilosophie als Fundament des Vergegenwärtigens*, Unter Mitarbeit von Brigitte Senz, Peter Lang GmbH, Frankfurt am Main 2006, S. 9。

⑤ Ibid., S. 83.

⑥ 参见 Josef Stürmann, *Der Mensch in der Geschichte. Versuch einer philosophisch-anthropologischen Geschichtsbetrachtung*, Verlag Kurt Desch München, 1948, S. 30。

⑦ Ibid., S. 132.

⑧ Ibid., S. 45.

因人而异。好的学问能够帮助我们理解、领会和正确地使用这种自由能力，差的学问或伪学问则对这种能力视而不见，甚至构成蒙蔽和阻碍。因此，能够帮助我们理解、领会和正确使用这种自由能力的学问，是有关人的最高学问和最好学问，其他所谓学问都等而下之、无足轻重和无关痛痒，因为只有关乎自由的学问才最符合人的目的，也就是符合人是目的的目的论条件。人性的理念意味着人性的目的关系，人性由目的决定，人性自身就是目的。① 人的自我不是现成物，而是在自我立法中实现自身并且仅仅在自我立法中实现自身。所以，自我立法从出于自身（aus dem Selbst）到朝向自身或为了自身（zum Selbst）。② 立足自由的立场也就是立足未来的立场，反之，未来的立场也就是自由的理性立场。

实践民俗学本来就是这样一门自由的学问。难道有谁不想让实践民俗学成为一门直抵人心和直达人性的自由学问吗？如果中国民俗学者只是一味步当代德国欧洲民族学或经验文化学（参见图 115）之后尘，把从黑格尔到格林兄弟的 Volksgeist（人民精神）完全抛到一边而不再重新思考它，民俗学研究的民岂不变成了没有精神的存在者吗？没了精神，那还是真正意义上的人吗？民俗学者搞再复杂的术语和不断翻新的方法论，除了自娱自乐甚至自欺欺人之外，对普通民众有用吗？什么叫不接地气？什么叫走来走去没有根据地？至少是此之谓也。

我站在家乡的故土上，又一次想起记述法兰克福大审判的德国电影《缄默的迷宫》。有评论者认为，该片"台词中虽然出现过了无数次的'奥斯维辛'，但在电影中却被简化成了一片草地，一段围墙和几支烟囱，镜头一闪而过，观众根本来不及多看两眼"③。在影片中，年轻的法兰克福检察官约翰·拉德曼（Johann Radmann）和记者托马斯·格尼尔卡（Thomas Gnielka）站在奥斯维辛的铁丝网外有一段对话。当时，拉德曼说自己为了善而奋斗却不知该如何起诉那么多人。

格尼尔卡：你没明白审判的意义，约翰。看看周围，你看到了

---

① 参见 Hermann Cohen, *Ethik des reinen Willens*, Dritte Auflage, Verlag bei Bruno Cassirer Berlin, 1921, S. 322。

② Ibid., S. 341.

③ 参见 eve 的影评：《缄默的迷宫，有话要说的德国》，https：//movie. douban. com/review/7530889/。

图 115　德国图宾根大学经验文化学研究所的旧标牌，拍摄于 2006 年 6 月 9 日。当时该研究所已经挂上了更好看的新标牌，名称没变

什么。

　　拉德曼：奥斯维辛。

　　格尼尔卡：不，你看到的是一片草坪，几棵树几间营房，一圈围栏。奥斯维辛是在这儿发生过的那些事，它们被埋藏在这里。你要是不执行审判，它们就继续掩埋在这儿，不知何时就被遗忘了。

　　拉德曼：对这里发生过的一切，没有一种惩罚是合适的。

　　格尼尔卡：这不是为了刑罚，是为了那些牺牲者，为了他们的故事。

　　是啊，电影能够让我们看见的是奥斯维辛这个地方以及这里的"一片草坪，几棵树几间营房，一圈围栏"，我们已看不见奥斯维辛的意义和价值，也看不见这里的"一片草坪，几棵树几间营房，一圈围栏"的意义和价值。故事之所以重要，就因为它是人的故事，是生活和事件的意义或价值，那些草坪、营房和围栏最多只是故事的物证。相比之下，皮革厂的那些老房子、老菜地已荡然无存，甚至无法作为我的故事的物证。在德语中，Geschichte 作为不可数名词指历史，作为可数名词又可以指故事或往事。这实际上意味着，发生过的历史（往事）也可以成为故事，历史一旦被记述或讲述就成了故事。所以，胡塞尔的学生、故事现象学家威廉·沙普认为，当别人谈论生活时，我们就觉察出了故事。① 同样，在我谈论生活时，我不仅在谈过去的故事，也在谈现在和未来的故事。故事使过去成为现在，以便宣布未来。它唤起记忆以便证明希望。②

　　本书与其说是对苦难故事的讲述，不如说是对苦难故事的反思和目的条件还原，是对日常生活那种宿命般的命运的回顾和反省。在我看来，这种一代一代重复和轮回着而且多少代人走都走不出来的宿命般的命运，才是中国人延续时间最长、规模最大又一直被忽视的模式化生活，才是比大灾大难更为本真、更为久远、对我们更为深重的苦难，也只有这样的苦难才真正是"后人哀之而不鉴之，亦使后人而复哀后人也！"（杜牧《阿房宫赋》）正如阎连科所指出，"知青下乡，确实是一代人和一个民族的灾难。可在知青下乡之前，包括其间，那些土地上的人们，他们的生活、生存，他们数千年的命运，那又算不算是一种灾难？"③ 如果知青下乡被认为是浪费并耽误了他们的青春，那有谁想过：这是否意味着当地的农民世世代代都正在并且已经浪费并耽误了自己的青春与生命呢？他们的青春与生命就活该浪费并耽误吗？难道他们世世代代的这种浪费并耽误不是苦难吗？这种世世代代走都走不出去的苦难是天灾还是人祸呢？在我看来，天灾再大也比不过人祸。那些不可预测也不可抗拒的自然灾害算得上灾难，却不是苦难。日常生活中的卑微、无奈、悲凉、沧桑和宿命般的恶性循环才是真正的苦难。灾难可能让人受苦，这种苦却不是苦难，因为苦难是人为的——或者是人自己造成的，或者是由别人强加的，或者两种因素都有。这种苦难之所以是苦难，因为它本来是可以避免的，因为它本来是可抗的却没有遇到抵抗，因为它本来可以通过制度建设来得以终止却没人愿意为此付出努力，所以才成为世代延续甚至不断重复的苦难，甚至成为最坚固、最持久却一直被我们最不愿意看见因而就视而不见、听而不闻的模式化的日常生活方式！如果我们的日常生活远离现代价值观公识，甚至与它们绝缘，普通人本来具有的常识感、公平感和正义感就失去了保障和前

---

　　① 参见 Wilhelm Schapp, *Philosophie der Geschichten*, Vittorio Klostermann GmbH, 1981, S. 13。
　　② 参见 ［德］莫尔特曼《创造中的上帝：生态的创造论》，隗仁莲、苏贤贵、宋炳延译，生活·读书·新知三联书店 2002 年版，第 167 页。
　　③ 阎连科：《走在别人的路上：阎连科语思录》，上海人民出版社 2014 年版，第 40 页。

提条件，它们在日常生活中就会长期受到压制而无处体现，我们的人生就会有无穷无尽的苦难，这种苦难就会成为日常生活的常态模式，让我们习以为常、习焉不察。事实上，这种最不该忽视的生活模式却被大多数人忽视了！声称要研究模式化生活的民俗学却根本遗忘了我们最大的模式化生活，这岂非咄咄怪事？①

我们总以为个人的力量是渺小的，好像我们的胳膊拧不过大腿，好像我们的努力不仅无济于事，反而可能于己有害。假如每个人都作如是观，谁来改变我们的命运呢？如果我们连一点真实的想法都没有或者即便有也不敢公开表达出来，那我们有什么资格去奢望别的东西呢？如果说一部民主的宪法表达的是民主的意愿而不是民主的能力②，那我们也可以说，民主的意愿比民主的能力更重要，因为民主的意愿首先是民主能力的一部分。正如阿伦特所指出，问题的关键不在于一个人能够说出他乐意的任何东西或者我们中的每个人都有固有的权利来表达真实的自己，而在于我们从经验得知，没人能够充分把握客观世界，只有在我们与另一个人的言说自由中，世界才能从所有侧面呈现其客观性和可见性。③ 除非我安于现状，除非我非常满足；否则，就会跟阎连科有同样的愿望，"我们都希望用自己的努力，推开中国现实那关闭的另外一扇门和窗，让作家心灵的温暖，可以散发到那关闭的门窗之后的人们在时代困境中生存的冰寒上"④。我不是阎连科那样的讲故事高手，我也不想讲故事，我的这些笨拙的故事并非为了反其道而行之的报忧不报喜，而是为了彰显日常生活的一部分真相，并且还原其目的条件。2016 年春节前后，网上不时有人抱怨描写和批评负面现象的文章会唱衰中国、唱衰农村。这种观点的逻辑错误至少有两

---

① 正因如此，"我们必须在日常生活的理所当然上面再加一个理，这个理出来了，我们的传统民俗，我们的'非遗'才是真正有理的东西。而这样一来，也才能从根本上纠正对传统、对民俗的偏见。现在，对于民俗的态度只是政治上的承认和容忍，只是政策性的宽松，只是利用（如'统战'，如'文化搭台经济唱戏'之类），在骨子里面还没有正面树立起日常生活的理所当然的根本观念，这是因为，我们这些学者首先就还没有把一个先验之理放进我们的学科对象，并通过经验的事实将它证明出来"（吕微：《民俗学的哥白尼范式》，《民俗研究》2013 年第 4 期）。

② 参见 Thea Bauriedl，"Demokratie beginnt beim einzelnen"，in Heidi Bohnet und Klaus Piper（Hg.），*Lust am Denken. Eine Lesebuch aus Philosophie*，*Natur-und Humanwissenschaften* 1981 - 1991，R. Piper & Co. KG，München，1992，S. 303。

③ 参见 Hannah Arendt，"Introduction into Politics"，in *The Promise of Politics*，Eidted and with an Introduction by Jerome Kohn，Schocken Books，New York，2005，pp. 128 - 129。

④ 阎连科：《一派胡言：阎连科海外演讲集》，中信出版社 2012 年版，第 94 页。

点：一是通过质疑别人的动机替换了论题；二是犯了稻草人谬误，即"为了削弱对方的论点而故意扭曲其论证过程"①，"把不实之词强加于别人身上，然后揭露其虚妄，适时地忘了此人从来没说过这种话"②。如果有人认为我在唱衰家乡而且我的家乡真的能被唱着唱着就衰了，那么，依据这种"逻辑"，家乡也一定能够唱盛或唱荣。事实上，除了那种吹出来的虚假繁荣之外，所谓唱盛或唱荣与当年人人高喊的"抓革命促生产"的逻辑如出一辙。

立足理性的未来立场来看，尽管当前的城镇化大潮难免泥沙俱下，尽管那些盲目把乡村改造为城市的一窝蜂做法需要警惕，但如何把乡村建设为不仅有好山好水好地方的风景，而且有好人好事好制度的家乡，让乡村能够留住年轻人，并且能够承载他们的青春、梦想和希望，这实际上体现的是传统的共同体纽带向现代社会转型和分化的过程，也是滕尼斯所谓从共同体到社会的演化历程。人与人之间一切本源的或天然的联系逐渐演化为裸露的人格。③ 这个过程也是人从义务本位的时代走向权利与义务并重的时代的转型过程。尽管不是没有代价，但这个过程仍然是更加符合人性或有助于每个人完成人性的过程。在这个过程中，我们难免经历传统的礼崩乐坏，更难免经受心灵和精神上的蜕变，但只要是为了自由，这种代价就是值得付出的。

我回顾自己的历史，因为"历史本身是当前及其启蒙性完成的一种功能"④。"身在家乡，我不能不在现在与过去之间徘徊，在家乡的伦理原则和更广阔的现代生活观念之间穿梭。"⑤ 我不必留恋曾经的那个故乡，因为说到底，"我们在这里本没有常存的城，乃是寻求那将来的城"⑥。毕

---

① ［美］D. Q. 麦克伦尼：《简单的逻辑学》，赵明燕译，中国人民大学出版社 2008 年版，第 112 页。

② ［美］文森特·鲁吉罗：《超越感觉：批判性思考指南》，顾肃、董玉容译，复旦大学出版社 2015 年版，第 166 页；正如宋怀常所指出，"在反驳论证中，他们经常会对别人的观点作出片面的或是错误的理解，得出一个与别人原意不相符合的结论，并且把这个结论当成别人的观点进行反驳和攻击。这种思维的错误就在于从别人的论述中推不出反驳者所理解的观点"（《中国人的思维危机》，天津人民出版社 2010 年版，第 60 页）。

③ 参见 Ferdinand Tönnies, *Gemeinschaft und Gesellschaft. Grundbegriffe der reinen Soziologie*, Wissenschaftliche Buchgesellschaft Darmstadt, 1991, S. 45。

④ Helmut Jendreiek, *Hegel und Jacob Grimm. Ein Beitrag zur Geschichte der Wissenschaftstheorie*. Erich Schmidt Verlag Berlin, 1975, S. 69.

⑤ 祝秀丽：《伦理质询：家乡民俗的田野研究》，《民间文化论坛》2005 年第 4 期。

⑥ 《新约·希伯来书》（和合本），第十三章第 14 节。

竟，每个人只有一个人生。我们不能只是把希望寄托在莫须有的来世，而是必须让希望之光照进我们的此生此世。在我看来，时间之手抹去物质意义上的故乡，也是为了让我们自己重建精神意义上的家乡；正因如此，当家乡的物质外貌已然改变甚至注定会改变之时，我更关心的是它的精神面貌是否有所改观。过去的故乡也许会消失甚至注定会消失，未来的家乡却将永恒。本来，我们在这个世界并没有永恒的家乡，这并非只是基督教才给我们的启示。虽然我没有信仰基督教，但细想一下，也不难明白这个道理。我的家乡不是伫立在过去的桃花源，而是未来的乌托邦，是希望之乡。只有在这个意义上，我才愿说，安得故乡一两处，大庇天下父老乡亲俱欢颜。但这样的故乡不是让父老乡亲遮风挡雨的住处，而是让他们行动起来，养成权利观念和尊重每个人的尊严的习惯，为维护自己的权利和权益而奋斗的地方。在这方面，我们可以逐渐向美国学习，因为"在美国，几乎所有政治问题迟早都要变成司法问题。因此，所有的党派在它们的日常论战中，都要借用司法的概念和语言。大部分公务人员都是或曾经是法学家，所以他们把自己固有的习惯和思想方法都应用到公务活动中去。陪审制度更把这一切推广到一切阶级。因此，司法的语言差不多成了普通语言；法学家精神本来产生于学校和法院，但已逐渐走出学校和法院的大墙，扩展到整个社会，深入到最低阶层，使全体人民都沾染上了司法官的部分习性和爱好"①。

也许有些读者看到这里又会笑我呆得可以了，甚至会认为我在痴人说梦。的确，这就是我的家乡梦。也许它永远不可能在我的家乡完全实现，但我并非崇洋媚外，而是在向往事情的原理并且希望能够尊重事情的原理和规律来安排我们的日常生活。只有普通人具有的常识感、公平感和正义感得到制度化的保障和维护，只有首先把公权力装进法治的笼子里并且用共识和公识的程序标准进行监督与约束，这些共识和公识才能在我们的日常生活中得到体现和实现。"只有可以在大多数人所熟悉的事务中学习和完成承担自身的责任的地方，只有在是近邻的觉悟而不是某些有关他人的需要的理论知识在指导行动的地方，一个普通人才能真正参与公共事务，因为他们关心他所了解的世界。"② 因此，只有把社会主义核心价值观对

---

① ［法］托克维尔：《论美国的民主》，董果良译，商务印书馆 2009 年版，第 341 页。

② ［英］弗里德里希·奥古斯塔·冯·哈耶克：《通往奴役之路》（修订版），王明毅、冯兴元等译，中国社会科学出版社 2015 年版，第 246—247 页。

好社会的目的论条件——民主、自由、平等、公正和法治落实到客观的社会制度和个人行为准则层面，才能避免它们落空和有名无实，我们的家乡才可能有好生活，我们自己以及我们的后代才可能过上好生活。即便这个家乡梦一时难以实现，但我并不认为我们自己就不配过上这样有权利和尊严保障的好生活。即便它暂时不能实现，但它仍然具有乌托邦的可能性。正如马尔库塞所说，所谓乌托邦的可能性完全不是乌托邦的，而是在历史上和社会上对现成物的某种否定。① 在这个意义上，我仍然相信前东德作家海纳尔·缪勒（Heiner Müller, 1929—1995）的说法，即文学的真正任务是让现实的存在变为不可能。② 换言之，真正的文学应该是对现实的否定或颠覆，至少应该表明现实只是可能性之一种而非全部，甚至现实不一定是合理的、应然的可能性。亚里士多德早就指出，"如果有人指责诗人所描述的事物不符实际，也许他可以这样反驳：'这些事物是按照它们应当有的样子描写的。'"③ 正是基于这一点，亚里士多德对作家提出了一个本质要求，即诗人的职责不在于讲述已经发生的事，而在于讲述根据可然律或必然律而希望发生和能够发生的事。④ 好的文学与好的学术在本质上殊途同归。实践民俗学的描述和研究也应该与真正的文学起到类似的乌托邦作用。

我穿行在过去、现在和未来之间，因为"只有当它的历史动力被吸收时，过去才能变成当前的"⑤，而过去和未来在行动中又作为具体的可能性、力和内容在场。⑥ 也许我们本来就生活在两种时间之中。一种是不可能回头的线性时间，一切发生过的事情都只能成为回忆；我们都坐在这辆一直往前开、根本无法回头的客车上，我们都是这辆车上的匆匆过客，无论何时上车，早晚都要下车。另一种则是打通了过去、现在和未来的所谓

---

① 参见 Herbert Marcuse, *Das Ende der Utopie*, Verlag Peter von Maikowski, 1967, S. 20。

② Hans-Horst Skupy（Hg.）, *Das große Handbuch der Zitate*, Bertelsmann Lexikon Verlag GmbH, Gütersloh, 1993, S. 613。

③ 《诗学　诗艺》，罗念生译，人民文学出版社 1962 年版，第 93—94 页。

④ 参见户晓辉《亚里士多德模仿说的目的论》，《中国社会科学院文学研究所学刊》（2011），中国社会科学出版社 2012 年版，第 393 页。

⑤ Andreas Schmidt, "Die Poesie der Kultur. Ein Versuch über die Krise der wissenschaftlichen Volkskunde", in *Zeitschrift für Volkskunde*, 92 Jahrgang, 1996, I. Halbjahresband, S. 73.

⑥ 参见 Friedrich Kümmel, *Über den Begriff der Zeit*, Max Niemeyer Verlag, Tübingen 1962, S. 147。

循环的时间。这也许就是"来源（Herkunft）始终是未来（Zukunft）"①那种意义上的时间。我想，海德格尔并非在玩文字游戏。家乡有家人的命运，但何尝没有我自己的命运？尽管我早就离开家乡，但家人的命运其实就是我的命运，这不是矫情，也不是象征说法，而是说，我们在共同的来源和共同的未来遭遇共同的命运。正可谓"何时共登眺，整屐待晴云"（张继《寄郑员外》）。因为"我们的追求所在，是在每一次观察中都努力地投入'命运'的眼光与对他者的'爱'"②。这实际上也是对自己的命运的关注和对自己的爱。

当然，"我们很清楚，未来不会翩然而至，除非我们去推动它。一切跟人类有关的事，必须自己努力"③。没有自身的努力，我们就不会有未来和希望。没有我们的自主和努力，这个世界不会自动变好。我们的努力和希望就在于让我们自己的理性成为我们自己的主人。这首先取决于我们要找到理性的自我，其次表现为使生活方式趋于理性化，所谓理性的（vernünftig）也就是合目的的（zweckmäßig）。④正是在这个意义上，恩斯特·布洛赫才说，"理性没有希望就不能开花，而希望没有理性就不能发言"⑤。按他的说法，希望有主动和被动之分，分为能希望的希望（die hoffende Hoffnung）和被希望的希望（die gehoffte Hoffnung）。⑥前者大概指有希望能力的人，后者指人所希望的内容。有希望能力，这种要求看似不高，实则不低，至少需要做到歌德所言，"哪一种管理是最好的？恰恰是教会我们管理自己的那一种"⑦。即使在缺乏更好的管理时，也首先学会用理性来管理自己，这是我们在目前甚至未来需要学习和实践的自由能力。换言之，每个人都需要自我启蒙，都需要不断地摆脱精神上的未成年

① ［德］海德格尔：《在通向语言的途中》，孙周兴译，商务印书馆2004年版，第95页，括号中的德语系引者所加，参见户晓辉《民间文学的自由叙事》，社会科学文献出版社2014年版，第232页。

② 宵志强：《生活问题：民俗学"存在论研究"引论》，博士学位论文，中国社会科学院研究生院，2012年，第113页。

③ ［捷克］乔治·格鲁沙：《快乐的异乡人——乔治·格鲁沙诗文选》，廖天琪译，香港文化中国出版社2007年版，第142页。

④ 参见 Josef Stürmann, *Der Mensch in der Geschichte. Versuch einer philosophisch-anthropologischen Geschichtsbetrachtung*, Verlag Kurt Desch München, 1948, S. 152。

⑤ Ernst Bloch, *Das Prinzip der Hoffnung*, Suhrkamp Verlag Frankfurt am Main, 1959, S. 1618.

⑥ Ibid., S. 1624.

⑦ *Goethes Werke*, Band XII, Verlag C. H. Beck, München, 1978, S. 378.

状态，因为"启蒙就是人脱离自己造成的未成年状态的出路。未成年状态就是不经另一个人的引导就不能运用自己的知性。如果原因不在于缺乏知性，而在于不经另一个人的引导就缺乏勇气与决心去加以运用，这种未成年状态就是自己造成的"，因此，我们作为公众需要认识到自己"在一切事情上都有公开运用自己理性的自由"，因为"公众要启蒙自己，是更为可能的；只要允许公众自由，这几乎就是不可避免的"①。每个人摆脱未成年状态的精神启蒙都是一个无止境的过程。这是一场自己与自己展开的攻坚战和持久战，"人的理性能力不是一种神秘的本质，而是需要通过公共使用加以培育和维护的素质。在一个大家都纷纷放弃自己运用自己理性的勇气，转而追求不思考的安逸的时代，一个人单独保持自己的理性是困难的，但却又是必须的"②。

如果说民主是个人生活的一种人际方式（democracy is a personal way of individual life），它隐含的信仰是：无论个人禀赋有多大差异，每个人都有权利与别人享有平等的机会来发展自己的才能，都有能力不受别人的强制和强迫过自己的生活③，都有责任和义务在不侵犯别人的自由与尊严的前提下来生活，那么，我们当然也需要让民主成为我们自己的生活方式。换言之，民主的生活方式，从内在方面来看，就是理性规则和道德原则至上，个人恩怨、亲情友情和主观偏好必须服从理性规则和道德原则的制约

---

① Immanuel Kant, "Beantwortung der Frage: Was ist Aufklärung?", in *Immanuel Kants Werke*, Band IV, Herausgegeben von Ernst Cassirer, Verlegt bei Bruno Cassirer, 1922, S. 169 – 170；户晓辉：《从民到公民：中国民俗学研究"对象"的结构转换》，《民俗研究》2013 年第 3 期和人大复印报刊资料《文化研究》2013 年第 8 期；蔡定剑写道："我观摩了一些选举改革的地方，看到农民风雨无阻、扶老携幼奔向投票站，看到他们不顾寒冷的冬天要在操场或礼堂一等就是五六个小时，直到出选举结果才回家吃饭的情景时，我会感农民对民主的高度热爱和热情；当我看到农民拿到选票就像当年拿到土地证一样由衷地喜悦和感激，听他们说共产党 1949 年给农民发土地证是给了他们经济上的翻身，今天发给选票是给他们政治上的真正当家作主时，我会感到农民对民主选举深刻的认识和内心的渴望。一些农民为了维护自己的选举权利，那样坚定、义无反顾地同阻挠他们的官僚们和村里既得利益者不屈地斗争，多少愤怒的农民联名要求罢免不合法选举产生的、腐败的村委会干部，不顾阻挠，不畏严寒，四处奔走，甚至进京上访。有的人冒着打击报复的危险，有的人被非法关押、甚至被判刑。他们追求民主的大无畏精神令人感动。当看到当前中国农村民主发展的这些生动而真实的景象，你会觉得那些指责中国人素质太差搞不了民主的知识分子和领导者对民主和农民是多么无知和可笑！"（蔡定剑：《民主是一种现代生活》，社会科学文献出版社 2010 年版，第 39—40 页）

② 陶东风：《文化研究与政治批评的重建》，中国社会科学出版社 2014 年版，第 319 页。

③ 参见 John Dewey, "Creative Democracy—The Task Before Us", in *Classic American Philosophers*, edited by Max H. Fisch. Prentice-Hall, Inc., 1951, pp. 391 – 392.

和引导。从外在方面来看，就是公平、正义的法律和规则至上，并且以此为个人的权利与尊严提供客观的制度保障，强调对宪法的服从和对游戏规则的遵守，因为"运用并且实践法定的自由，就意味着，参与到一个机制化了的，并由相互承认规则进行调控的社会行动领域中去"①。从价值观上来看，就是每个人的尊严具有内在的和不可剥夺的价值，每个人的生命和生活都具有其自身的独特价值，因而都是无价的，也是不能用外在的价钱和物质标准来衡量与兑换的。② 我们每个人都有义务尊重别人的自由与尊严，因为尊重和保护别人的自由与尊严，就等于在尊重和保护自己的自由与尊严。因为这注定不是单向的关系，而是相互的和彼此的关系。只有这样，每个人的日常生活才能具有正当性和理所当然性。只有这样，鲍辛格的断言才可能变成中国现实，即"更加合理的结构（rationalere Strukturen）对民间文化而言不仅是被强加上去的，而且变成了生活世界的一部分。在这一点上，马克斯·韦伯的生活世界合理化理论比殖民化的图像更加审慎而且可能更加精确"③。

　　因此，回到家乡不是回到某个地点，而是回到自由与希望之中，向着人之为人的内在尊严出发。我的亲人们多是抱着对内在尊严和权利的遗憾离开了人世，仍然活着的我们也恰恰是靠着对内在尊严和权利的需求与渴望才能继续过着各自的日常生活。只有自由与希望才能为家乡奠基，而自由与希望又属于未来，因此，恩斯特·布洛赫才说，家乡是这个世界上"还无人曾在其中的某种东西"（etwas, worin noch niemand war）。④ 这样的家乡"泛指'至善'（hoechsten Gut）之下所能设想的一切"，它"是一个目标范畴，在一个世界家乡意义上，它包括了人的、指向自然的一切社会乌托邦。作为未来定位范畴，家乡与某一具体场所无关，家乡标志着动员所有现存社会力量，以积极的行动，即用我们的双手把世界变革为一

---

　　① ［德］阿克塞尔·霍耐特：《自由的权利》，王旭译，社会科学文献出版社 2013 年版，第 129—130 页。

　　② 这种现代观念恰恰来自康德的奠基和论证，参见 Friedrich Kaulbach, *Studien zur späten Rechtsphilosophie Kants und ihrer transzendentalen Methode*, Würzburg: Könighausen und Neumann, 1982, S. 182 – 183。

　　③ Hermann Bausinger, "Traditionale Welten. Kontinuität und Wandel in der Volkskultur", in *Zeitschrift für Volkskunde*, 81. Jahrgang 1985, S. 185.

　　④ 参见 Paul-Heinz Koesters, *Deutschland deine Denker. Geschichten von Philosophen und Ideen, die unsere Welt bewegen*, Wilhelm Goldmann Verlag, 1982, S. 273 – 274。

个有人类尊严的世界"，因此，"家乡是一个过程，它与自然的潜势目标相一致，并且家乡的发展与主体行动是紧密联系在一起的。在此意义上，家乡的实现与每一个个体的教养、自由和发展是分不开的"①。我们需要这样的家乡，至少需要以这样的眼光来看待和对待家乡。所谓乡愁本来并非对往昔的美化和想象，而是被误置到过去的希望，实际上也是对尚未到来和尚未实现的自由与尊严的渴望，日本学者称为心灵的故乡或憧憬的对象。在这个意义上说，学者对乡村或家乡的审美化改写造成的乌托邦固然需要批评，但不能由此忽视故乡或家乡本应具有的乌托邦价值。这种乌托邦是一种积极的、理性的希望，具有人道化、合理化，并且维护每个人的权利与尊严的价值诉求，而不是那种一厢情愿的、暗恋桃花源式的文人想象。亲人们的足迹在家乡已无迹可寻，但他们留下的精神和希望却有待我去参透和实践。在此，我仿佛看到了家乡的新时代，皮革厂那条通往外界的路上铺满了黄灿灿的南瓜子，仿佛象征着未来的希望（参见图116）。

图116　皮革厂唯一那条通往外界的路上铺满了黄灿灿的南瓜子，仿佛象征着家乡未来的希望

正因为家乡是我的，我才有资格为它赋予新理念和新时代，因为"一个新的时代不是开始于一个新的人，而是开始于一种新的理念或一种新的力量。从别人那儿获取你的理念是危险的，你应该从他们那儿获取信息。而观念，像经验一样，必须是你自己的"②。是啊，观念必须是我的，尽管我不是上帝，但至少在我的描述中，我说家乡要有光，我笔下的家乡就有了光，因为是我的观念为它带来了光。然而，被"照亮了的不是一切的过去事物——它们随着时间的逝去而退入黑暗之中。被照亮的是过去的事

①　金寿铁：《真理与现实——恩斯特·布洛赫哲学研究》，同济大学出版社2007年版，第383页。

②　[英]阿克顿：《自由与权力——阿克顿勋爵论说文集》，侯健、范亚峰译，商务印书馆2001年版，第403—404页。

物中，那些在现实的此时此刻还没有消失的。这些被唤醒及照亮了的事物，对我们而言，就代表了整个过去；它只是我们意识中的过去"①。要在现实中拥有一个有光的家乡，还需要每个人共同的努力和一点一滴的付出。正如鲁迅在近百年前就指出，"愿中国青年都摆脱冷气，只是向上走，不必听自暴自弃者流的话。能做事的做事，能发声的发声。有一分热，发一分光，就令萤火一般，也可以在黑暗里发一点光，不必等候炬火。此后如竟没有炬火：我便是唯一的光"②。没有这样的努力，没有这样有光的家乡，我们就真的像尼采感叹的那样："没有家乡的人，痛苦啊！"（Weh dem，der keine Heimat hat）③ 这样的痛苦和不幸，不是指没有具体的某个家乡，而是指人从根本上失去了存在的家园和故乡，正可谓"日暮乡关何处是？烟波江上使人愁"（崔颢《黄鹤楼》）。这样的无家可归，多半是由我们自己造成的结果。

2016 年 9 月 10 日，我骑着从母亲对门阿姨家借来的一辆自行车，沿着正在翻修的公路去奎屯河边的六连坟地看望三叔、姥姥、父亲和姑爷（参见图 117）。颠簸的土路上不时有路过的汽车扬起尘土，只有我这个光头老者在朗朗烈日下骑着破自行车左摇右晃地慢行。那些骑着摩托车从我身旁呼啸而过的年轻人，有的还转过头来，瞩目打量我这个前朝遗老式的怪物。是啊，这块当年曾让我心旷神怡的土地，如今却让我难有重温旧梦的心绪。"确实，每一次返回我们真实的诞生地或者先辈的土地，都给我们带来同样一种返回自己从来没有去过的地方的强烈感受。"④ 那块公共墓地已经修起一个漂亮的大门（参见图 118），但坟茔之间和坟头上却是荒草丛生，让我难以驻足。放眼望去，墓地中的树干都奇怪地枯死了，一根根光秃着顶部，矗立在坟茔之间，大有枯藤老树昏鸦的况味和意境。2017 年 4 月 3 日，二弟又在这里入土为安。已故的亲人们仿佛就在这块公共墓地里凝望着我们，看我们在戈壁滩上建起一座座漂亮的花园，开垦出一片片整齐的农田，但这些在他们看来并非难事，他们也早就已经做到。难的是看我们能不能做一点他们不曾做到的

① ［德］德罗伊森：《历史知识理论》，胡昌智译，北京大学出版社 2006 年版，第 9 页。
② 鲁迅：《随感录四十一》，《鲁迅全集》第 1 卷，人民文学出版社 1981 年版，第 325 页。
③ 参见 Hans Jonas, *Zwischen Nichts und Ewigkeit. Drei Aufsätze zur Lehre vom Menschen*, Vandenhoeck & Ruprecht in Göttingen, 1963, S. 8。
④ ［美］斯维特兰娜·博伊姆：《怀旧的未来》，杨德友译，译林出版社 2010 年版，第 397 页。

事情，看我们是否也将跟他们一样一代一代重蹈覆辙、抱憾而终，看我们是否仍然哀莫大于心死，看我们有没有愿望和能力建起更符合人道的社会制度，看我们是否愿意为了过上有尊严、有自由、有希望的好生活而做出一点一滴的努力并为之坚持。是啊，"死者在此意味着强迫。正是死者构成了背景，在这种背景之上，我们的存在才是一种有责任的存在（Verantwortlichsein）"①。死亡是我们共同的归路和归处，但在此之前，我们首先需要为自己的日常生活和生命找到合情合理的更好出路。我耳畔响起了1991年在家乡风靡一时的电视连续剧《辘轳·女人和井》片尾曲《不能这样活》：

图 117　姑爷余小收的墓碑，拍摄于 2004 年 12 月 5 日

东边有山

西边有河

前边有车

---

① Viktor E. Frankl, "Sein ist ein Verantwortlichsein", in Heidi Bohnet und Klaus Piper（Hg.），*Lust am Denken. Eine Lesebuch aus Philosophie*，*Natur-und Humanwissenschaften* 1981 – 1991，R. Piper & Co. KG，München，1992，S. 254.

图118　一二三团六连公墓的大门，如今这里已经"人"满为患。我们的人生要经过怎样的殊途才能在这里同归呢

后面有辙

究竟是先有山还是先有河

究竟这挂老车走的是哪道辙

哟呵

春夏秋冬

忙忙活活

急急匆匆

赶路搭车

一路上的好景色没仔细琢磨

回到家里还照样推碾子拉磨

闭上眼睛就睡

张开嘴巴就喝

迷迷瞪瞪上山

稀里糊涂过河

再也不能这样活

再也不能那样过

生活就得前思后想

想好了你再做

生活就像爬大山

生活就像趟大河

一步一个深深的脚窝

一个脚窝一支歌

然而，这么多年过去了，我们是否仍然在"迷迷瞪瞪上山、稀里糊涂过河"呢？"究竟这挂老车走的是哪道辙"呢？我们是否仍然把这样的提醒当作耳边风呢？我们每个人都必须独自面对自己的生活和人生经历。尽管生活实践的道德问题和政治问题已经被前人想过和经历过，但我们每个人对这些问题还必须在自己的日常生活中重新经历、选择和体会。这些问题，我们必须从头开始、重新做起。也就是说，如果我们要把这些问题想清楚、弄明白（尽管想对了不一定就能做对），那就需要我们自己在前人的基础上至少再想几遍，至少再亲力亲为几次。如果说实践民俗学视野下的民俗就是日常生活实践，那么，本书的实验写作恰恰试图立足实践理性的立场认真对待这样的问题，并且再次表明威廉·威尔逊的观点："我确信，我们产生和传播民俗不是因为我们属于某个特定的民族或某个特定的群体……而是因为我们是用传统的人类方式应对反复出现的人类问题的人类"，民俗当然是我们理解并同情其来源群体的手段，"但是，我们应该经常记住，民俗的本源不在于我们的差异，而在于我们共同的人性，在于我们人类共同的努力坚持"①。

本书正在写作时，恰逢 2016 年当地时间 8 月 5 日晚 8 点里约奥运会开幕式在巴西著名的马拉卡纳体育场举行，超过 7 万名观众、1.04 万名选手到场欢聚一堂。凭借《中央车站》获奥斯卡奖提名的巴西舞台剧演员费尔南德·蒙特纳哥（Fernanda Montenegro）和《007》系列电影的 M 夫人朱迪·丹奇（Judi Dench）合作，朗诵了巴西诗人卡洛斯·德鲁蒙德·德·安德拉德（Carlos Drummond de Andrade，1902—1987）的经典

---

① William A. Wilson, "The Deeper Necessity: Folklore and the Humanities", in *Journal of American Folklore*, Vol. 101, No. 400, 1988, pp. 157 – 158, 165 – 166；其中的"努力坚持"一词也是福克纳在《喧哗与骚动》中的用语即 endure。2016 年 4 月 14 日，我与在美国生活了 16 年并毕业于纽约大学的侄女张婉姣讨论 endure 和 suffer 的用法，她说，endure 主要强调主动坚持，suffer 更多地指被动忍受或承受。

诗篇《花与恶心》（*A Flor e a Nausea*）。在全球瞩目的体育盛会开幕式上能够让一首诗作在世人面前公然亮相，显示了其博大的人文情怀，此举立即让我对巴西这个国家刮目相看。这首诗由北京大学外国语学院的胡续冬译成汉语：

花与恶心

被我的阶级和衣着所囚禁，
我一身白色走在灰白的街道上。
忧郁症和商品窥视着我。
我是否该继续走下去直到觉得恶心？
我能不能赤手空拳地反抗？

钟楼上的时钟里肮脏的眼睛：
不，全然公正的时间并未到来。
时间依然是粪便、烂诗、癫狂和拖延。

可怜的时间，可怜的诗人
困在了同样的僵局里。

我徒劳地试图对自己解释，墙壁是聋的。
在词语的皮肤下，有着暗号和代码。
太阳抚慰着病人，却没有让他们康复。
事物。那些不引人注目的事物是多么悲伤。

沿着城市呕吐出这种厌倦。
四十年了，没有任何问题
被解决，甚至没有被排上日程。
没有写过也没有收到任何一封信。
所有人都回到家里。
他们不怎么自由，但可以拿起报纸
拼读出世界，他们知道自己失去了它。

大地上的罪行，怎么可以原谅？
我参与了其中的很多，另一些我躲在一旁围观。
有些我认为很美，让它们得以出版。
柔和的罪行助人活命。
错误像每日的口粮，分发到家中。
烘焙着邪恶的狠心面包师。
运送着邪恶的狠心牛奶贩。

把这一切都点上火吧，包括我，
交给 1918 年的一个被称为无政府主义者的男孩。
然而，我的仇恨是我身上最好的东西。
凭借它我得以自救
还能留有一点微弱的希望。

一朵花当街绽放！
它们从远处经过，有轨电车，公共汽车，钢铁的车河。
一朵花，尽管还有些黯淡，
在躲避警察，穿透沥青。
请你们安静下来，停下手里的生意，
我确信一朵花正当街绽放。

它的颜色毫不起眼。
它的花瓣还未张开。
它的名字书中没有记载。
它很丑。但它千真万确是一朵花。

下午五点钟，我坐在一国之都的地面上
缓慢地把手伸向这尚未明朗的形状。
在山的那边，浓密的云团在膨胀。
一个个小白点在海上晃动，受惊的鸡群。

它很丑。但它是一朵花。它捅破了沥青、厌倦、恶心和仇恨。

（译自作者 1945 年诗集《人民的玫瑰》）①

　　但愿本书就是这样一朵在"全然公正的时间并未到来"之前"凭借它我得以自救"并且"还能留有一点微弱的希望"的花。尽管"它很丑。但它是一朵花。它捅破了沥青、厌倦、恶心和仇恨"。威廉·威尔逊的话再次成为本书的注脚："我确信，对于我们同伴的努力坚持，民俗学将为我们提供我们能够得到的最好图像。我的更坚强的信念是，我们有责任用我们从民俗研究中得到的知识和我们已经发现的技巧来帮助彼此取胜。"②如果有人问，这还是民俗学吗？我会答曰：当然不是你们心目中那种经验实证范式的传统民俗学，但本书是日常生活的实践民俗学，至少属于未来而将来的实践民俗学！

---

　　① 参见网址：两位大咖在里约奥运会开幕式朗诵的是一首什么诗？_ 写诗_ 澎湃新闻-The Paper. http：//www. thepaper. cn/newsDetail_ forward_ 1509544［2016 年 8 月 6 日］。
　　② William A. Wilson, "The Deeper Necessity：Folklore and the Humanities", in *Journal of American Folklore*, Vol. 101, No. 400, 1988, p. 166.

下 篇

结 论

民　学

——民俗学本相

从理论上说，实践民俗学恰恰需要从具体到抽象的理论升华，并把条件还原法当作批判的武器，对经验实证的民俗学传统与某些后现代的民俗学倾向进行一场武器的批判。

通过对我家日常生活及其目的条件的还原，我们越发可以看出，民俗学本应是体己之学和贴己之学，它并非与生存无关的纯技术，也不仅是个人偶然的兴趣爱好，而是与自己的人生和生命息息相关的学问。可实际上，民俗学不仅越来越游离于学者个人，而且越来越远离民众及其日常生活，甚至越来越成为单纯的认识工具，越来越不接地气。民俗学越来越向其他社会科学看齐，并且发展为一种越来越精致的技术活，但这种技术活即便再高超，难道真是值得我们追求的问学路径和问学境界吗？

如果民俗学应该是体己之学和贴己之学，那首先涉及一个问题：我与民是什么关系？民与我有什么关系？因为"在其志业中，民俗的拥有者民众永远是民俗学者的一个心结"[1]。不过，从中外学术史来看，中外民俗学者们对这些问题的追问经历了一个共同的大循环：很多民俗学者在研究什么的时候始终不忘追问谁的什么，还把这个谁从外在的下层阶级问回了研究者自身——从俗到民，从物到人，从谁是民到每个人是民，再到我是民和民是我。[2] 尤其在中国，自现代民俗学开始起步时，学者们就开始对民众身份有自我认同感，甚至可以说，恰恰是现代学者对民众身份的自我

---

① 岳永逸：《都市中国的乡土声音——民俗、曲艺、心性》，中国人民大学出版社 2015 年版，第 294 页。

② 参见户晓辉《现代性与民间文学》，社会科学文献出版社 2004 年版；《返回爱与自由的生活世界——纯粹民间文学关键词的哲学阐释》，江苏人民出版社 2010 年版；《民间文学的自由叙事》，社会科学文献出版社 2014 年版；《从民到公民：中国民俗学研究"对象"的结构转换》，《民俗研究》2013 年第 1 期。

认同才促使中国民俗学研究开始发端。① 因为"当民俗学者把研究'对象'确定为特定的'你'时，总会在'你'身上或多或少地发现'我'，'你'会隐秘地通向'我'，至少他们会隐约地觉得自己也生活在民俗之中，自己也是'民'，民俗学的研究也是学者自我理解的延伸或一部分"②。可是，民俗学者在关于民俗的实证认识中很难遇见民众，因为民众往往对这种实证认识不甚了然也不一定关切；相反，学者常常只能在风俗中与民众相遇。只有沉入风俗、与民众一起卷入风俗，我们才能与民众相识、相知，才能不仅遭遇自己的命运，而且遭遇民众的命运，才能与民众一起共同遭遇民俗的命运和我们与民众共同的命运。只有在共同被卷入风俗的存在中，我们才能与民众同甘共苦、息息相通。

其实，民俗学在经验实证方向上与民众的疏离，表面看来是学者与研究对象的隔膜，实际上也是学者对自己的疏离，因为这种对象化的实证诉求恰恰使我们逐渐遗忘了自己的来路与归处。"当一位科学家只是谈到他人的日常而自己却远离它时，他就已经在纯粹形式上错过了自己的主题，因为他用日常否定了日常性。如果仅仅承认研究者在他的问题中被卷了进去，也同样如此，这不是在每个人都会有饥饿和性欲的意义上，而是在这样的意义上：即在日常中，自己的历史命运和他人的历史命运同时发生。日常意味着集体的经验视域。日常研究者的元视角要求他回答他向他人的日常提出的同样的问题；但不只是：科学家研究什么以及为什么研究？而且是：他们不研究什么以及为什么？"③ 我们可以看到，一方面，当德语的 Volkskunde 和英语的 folklore 传入中国时，没有变成"民学"，而是变成了"民俗学"，这一字之差恰好表明了历史的分岔和方法的歧路。实际上，仅从字面意思来看，德语 Volkskunde 就是"民学"，它关注的焦点是民而不是俗，而且根本没有"俗"的什么事情。也许正因如此，早在 20 世纪 30 年代，江绍原和樊缤就建议把 folklore 译为

---

① 参见［美］洪长泰《到民间去——中国知识分子与民间文学，1918—1937》（新译本），董晓萍译，中国人民大学出版社 2015 年版，"绪论"，第 2、163、177 页；户晓辉《现代性与民间文学》，社会科学文献出版社 2004 年版，第 149 页。

② 户晓辉：《从民到公民：中国民俗学研究"对象"的结构转换》，《民俗研究》2013 年第 1 期。

③ Hermann Bausinger, Utz Jeggle, Gottfried Korff und Martin Scharfe, *Grundzüge der Volkskunde*, Wissenschaftliche Buchgesellschaft, Darmstadt, 1999, S. 87 - 88；户晓辉：《返回爱与自由的生活世界——纯粹民间文学关键词的哲学阐释》，江苏人民出版社 2010 年版，第 351 页。

"民学"①。这可不是单纯的名分之争，而是表明，"民学"本来就是研究
"（人）民"的学问，所谓"俗"，充其量只是研究"民"的手段。正如
岩本通弥教授已经指出的那样：

在英文世界，研究 folklore 的学者往往关注表演（performence）
或口述历史（oral history），但在德国却不一样，德国的 Volkskunde 是
对普通老百姓的研究。比如 Riehl 通过统计等方法对当代普通民众的
生活进行的研究。我们可以说儿童的 folklore，某一城镇的 folklore，
但却不能说某一地方的 Volkskunde，因为 Volkskunde 根本的研究对象
是普通老百姓，而不是 folklore 本身，这有很大的区别。我们可以认
为这是两条不同的路线，事实上，柳田国男走的是与 Volkskunde 相近
的路线，然而很遗憾的是，日本民俗学界对柳田国男做了错误的解
读，将其摆到了 folklore 研究路线鼻祖的位置上，导致如今的日本民
俗学研究多在关注比较容易被看成是"民俗"的诸如地方的传统节日
等内容。然而，今时今日，我认为这个学科应该更多地关注都市中普
通人的生活，研究普通人"日常生活"的"民学"。②

如今，即便不能恢复"民学"这个名称，但我们至少可以为民俗学正
本清源，把"民"当作实践民俗学的实践主体，推动包括我们自己在内的
普通民众从臣民、草民成长为现代公民。另外，也许正是由于见物不见人
的实证倾向过于严重，所以，当中国既有的"风俗"概念遇到了"学"③
时，没有变成风俗学，而是变成了民俗学。风俗在我们的学科中已经变成
了民俗，这也意味着道与术的分道扬镳。当我们昂首挺进在经验实证的康
庄大道之时，在我们背负着不够专业化和学院化的讥讽、好不容易才把民
俗学发展为一门越来越精细、越来越锋利的技术活的同时，风俗之道已被
遗落在风中。风俗看不见摸不着，是 intangible，所以，风俗之道既包括风
俗的存在，也包括人对风俗的感受和体会。如果连这些都被经验实证范式

① 参见江绍原《关于 Folklore，Volkskunde，和"民学"的讨论》，《现代英吉利谣俗及谣俗
学》，上海中华书局 1932 年版；户晓辉《现代性与民间文学》，社会科学文献出版社 2004 年版，
第 132—133 页。

② 毕雪飞、〔日〕岩本通弥、施尧：《日本民俗学者岩本通弥教授访谈录》，《民俗研究》
2016 年第 5 期。

③ 王晓葵：《民俗学与现代社会》，上海文艺出版社 2011 年版，第 296 页。

遗漏甚至过滤掉了，对民俗学而言，这就绝非无足轻重和无关痛痒的小事，而是生死攸关的大事。难道这就是命运给我们开的恶意玩笑吗？难道这就是现代学术分化和知识细化的共同宿命吗？难道我们无暇左顾右盼的辛勤求索，换来的却是这样一种缘木求鱼的苦果吗？

当然，我借用"风俗"这个颇具中国特色的词，并不是要回到古代"观风俗，知得失"的采风传统，更不是要延续见俗不见人的习惯做法，而是只想保留它的生活气息和人间味道。怀旧与感受时光难再固然是人的一种形而上冲动，而且有时也的确不失为一种精神享受，但民俗学的当务之急，并非对风俗加以民族主义想象和浪漫主义怀旧，也不是给风俗抹上一缕海德格尔式的诗意，而是找回自一开始就被风俗遗落在风中的人及其主体性和整体性。实践民俗学不仅要看见民、发现民，还要把我们多年来一直未能踢出的临门一脚踢出去——重新还原日常生活的目的条件，并在其中看见并实现真正意义上的自由人！

这就意味着，为了打开实践理性的大门，我们需要暂时关闭经验实证的窗口。因为当民俗学者带着经验实证的问题意识走向田野时，已经在起点上注定了与作为主体的民众擦肩而过和失之交臂的结局！在这个方向上，即便"在实际的田野当中，学者才是真正的弱势方"①，那也是我们自找的，因为我们常常是不请自来的田野调查者——我们来认识并解决自己的问题，而不是被民众请来解决他们的问题。在这里，而且恰恰在这里，显明了经验实证范式的方向偏失和方法错位：我们提出和关注的问题属于我们自己，而往往不属于被调查者。我们希望保持价值中立，并且由此让民俗学成为一门更加客观、更加规范的现代学科，消除其他学科学者对我们的另眼相看，甚至弄得好的话可能还希望得到他们的刮目相看，却很少想一想：这样的效仿是否成了东施效颦，是否使民俗学丢失了本该具有的温度而变得冷若冰霜、冷酷无情？

恰恰在这个地方，民俗学从本来要与人打交道的实践范式变成一门研究物及其属性的实证范式，"民学"变成了"俗学"。民俗学者在错失民众的同时也失去了自我！因为以经验实证立场进入田野意味着，我们试图向被调查者提问，从他们那里获取各种信息和答案，而这些都是我们自己想知道的东西。这样的田野调查表面上出现了对话和协商，却并非真对话

① 施爱东：《学者是田野中的弱势群体》，《民族文学研究》2016年第4期。

和真协商，因为从根本上说，这里只是我们在提问，他们来回答。我们作为外来的提问者闯入他们的日常生活，尽管他们也可能反问我们，但他们的基本身份是我们的信息提供者，是我们可能的答案提供人，而不是实践的合作者。因此，无论是否如愿，我们都在把他们当作工具而没有同时把他们当作目的，我们也根本无视他们自身的目的。这时候并且以这种方式，无论我们怎样想把他们看作主体，都难以使他们成为真正的主体，更难以产生真正的交互主体关系。因为在这种情境下，我们与他们的关系只是单向的认识与被认识关系，缺乏双向性、平等性和真正的伦理性。他们的一些实际要求常常是我们不关心的问题，也常常是我们无能为力或难以解决的问题，甚至是我们不愿介入或被我们婉言谢绝的问题，而我们关心的问题又常常是他们不关心也不擅长的问题。也就是说，民众自身的问题往往被我们回避，因为我们带着自己的问题到田野中看到的常常是自己的影像，"我们很难听见、看见民众的日常生活，以及他们怎样在表达、言说自己"[1]。这样的研究只是一条单向街，它有我们的去却没有民众的回，因为来来回回走在这条田野之路上的只是民俗学者，而不是我们要研究的民众。他们仍然生活在被我们称为田野的那些地方，我们美其名曰尽量不打扰他们，我们只是在那里验证了自己的知识就立马走人，我们把田野当作所谓的知识试验场。其实，无论这种客观主义有多么"客观"——这里姑且假定我们能够做到所谓的"客观"[2]——无论我们在主观上多想避免对当地生活的干涉，我们的到来都不可能不构成某种打扰，只不过这种经验实证研究确实常常与民众的日常生活无关而已。

然而，不无悖谬的是，尽管我们与民众的亲近、亲熟甚至想方设法地

---

① 岳永逸：《忧郁的民俗学》，浙江大学出版社 2014 年版，第 193 页。

② 追求"客观"的田野研究自身往往陷入自相矛盾之中，因为这是不可能做到的事情。以陈泳超有关山西洪洞大娘娘传说的研究为例，作者力主不对话立场，但他不仅帮助"洪洞走亲习俗"成功申报了国家非遗项目（参见陈泳超《背过身去的大娘娘：地方民间传说生息的动力学研究》，北京大学出版社 2015 年版，第 232—233 页），而且在调查过程中，在全书行文，尤其在后记中，都表现出不由自主的情感立场和价值立场。因此，我在该书座谈会上指出，"尽管你主观上想采取这种不对话、不介入的立场，但实际上你已经越界了。越的什么界呢？你不得不对话！我指的还不是你的极端例子，我指的是你整个写作的过程里面，你其实在谈对话和实践问题。你不得不谈对话和实践问题，因为你已经不愿意在过去的文本研究范围里了。你本身是在对话和实践，你写作的时候可能在这方面不大自觉，但我特别看重这方面"（《陈泳超新书稿〈背过身去的大娘娘〉座谈会纪要》，施爱东、巴莫曲布嫫主编《走向新范式的中国民俗学》，中国社会科学出版社 2015 年版，第 191—192 页）。

套近乎多半是为了从他们那里得到我们想得到的信息和答案①，尽管我们把他们当作工具，但他们毕竟不是单纯的工具。当我们调查他们时，他们也在观察、评判我们，也在通过察言观色来调查我们，他们也会和我们一样随机应变，见人说人话，见鬼说鬼话。他们也会同我们玩捉迷藏和躲猫猫游戏。换言之，民众与我们并不产生我们所希望的那种实证关系，却会产生我们所不自觉甚至不期然而然的实践关系。我们就这样在田野里拧巴着混了这么多年，难道还不该幡然醒悟吗？难道我们不是有意无意地在飞机上扔照片吗？可我们丢的却不仅是别人，也是我们自己！因为我们的经验实证范式已经在起点上把人的尊严和人格过滤掉了。只要我们继续坚持经验实证范式，真正意义上的自由人就会任你东风唤不回！根本原因在于，这种经验实证范式在把被调查者当作单纯的手段（信息提供者）的同时实际上也把自己变成了单纯的手段。无论是否愿意和是否有意，从先验的角度来看，人与人之间的伦理关系都是彼此的和相互的关系。我们怎样对别人，首先也意味着我们怎样对自己。当我们把别人看作单纯的手段时，也就意味着我们把自己看作单纯的手段。这实际上是把我们自己和别人都当作物，而不是当作人来看待和对待。极而言之，在这种经验实证范式下，根本遭遇不到也不需要考虑真正的伦理问题。如果继续以经验实证为主导范式，伦理问题、人的自由、尊严与权利的问题就仍将继续被我们搁置和遮蔽。

可民俗学本该如此吗？习惯成自然了就对吗？② 谁给了我们进入并窥探他人生活的权利？③ 一门本想研究民众日常生活的学问竟然蜕变成一种无动于衷的冷血知识，而且与日常生活渐行渐远、与民众日益疏离，这是一种什么情况？是日常生活本身出了实践问题，还是民俗学者本身出了实

---

① 这实际上类似于中国那种实用的、策略性的伦理"关系学"："关系学杜绝了与脸无关的一般性的和抽象的道德，而仅仅以一套随机应变的搞关系的伦理为指导。随机应变的伦理允许一个人在不危及自尊和社会地位、不需固定的社会角色和期望的情况下，索取社会的和个人的好处。"参见杨美惠《礼物、关系学与国家：中国人际关系与主体性建构》，赵旭东、孙珉译，江苏人民出版社2009年版，第120页。

② 从逻辑上说，学科主流传统并非传统的全部，即便是全部，但传统的前例也不能构成必须遵循的充分理由，否则就会在逻辑上犯误用传统的错误。因此，"如果将历史悠久作为坚持传统的惟一原因是不合逻辑的，那么将历史悠久作为拒绝传统的惟一理由也不合逻辑"（［美］D. Q. 麦克伦尼：《简单的逻辑学》，赵明燕译，中国人民大学出版社2008年版，第112—113页）。

③ 参见刁统菊《民俗学学术伦理追问：谁给了我们窥探的权利？》，《民俗研究》2013年第6期。

践问题？难道这仅仅怪学科吗？当我们要研究的日常生活出了实践问题时，民俗学者却一概宣布这不是我们该研究的问题，我们只研究常态的、传承的和模式化的日常生活，难道这样就万事大吉了吗？退一步说，当所谓常态的、传承的和模式化的日常生活也出了实践问题，甚至被压制、被蒙蔽、被和谐而沦入地下活动，甚至销声匿迹之时，采用经验实证范式的民俗学者是否仍然超然物外、无动于衷，甚至认为这不是我们（哪怕只是思考和表述上）的分内之事呢？

从实践的立场来看，在中国，长期以来，日常非"常"是最大的常态。中国喊了那么多年民主，而民众究竟能否做主和自主，这难道不是声称研究民众的民俗学最该关注的问题吗？可是，秉承经验实证范式的民俗学者却对这种最大的事实视而不见、充耳不闻！这种避重就轻的做法在我看来简直是匪夷所思的咄咄怪事！也许别人觉得不足为怪，也许他们都是见怪不怪，但愿只是我在少见多怪。即便有些民俗学者在田野中产生了同情心，这种同情心也会迅速被深深的无力感消弭殆尽。是啊，经验实证范式本来就要求民俗学者价值中立嘛！在这种要求和追求之下，民俗学怎能不日益蜕变为一门寡情寡义、无情无义的冷门学问？在经验实证范式的支配之下，有些民俗学者越来越变成田野中的冷血动物，为了他们自己理解的那种科学和学术，他们故意克制自己的温情和温度，个别学者甚至宣称：没有田野就根本不跟你谈什么民俗学！不知在他们眼里，田野究竟是民俗学不可或缺的手段还是目的？他们仍然陷入农村与城市、田野与案头、学者与民众等简单对立之中而不能自拔，仍然对充斥在学术话语和学术观念中的似是而非不能自觉。如果把民众与学者截然两分，学者可能永远无法替民众代言，这样一来，民众在学者的言说和表述中就很容易沦为沉默者和腹语者，民俗学就会成为腹语者的民俗学，民众在民俗学中的地位就难免类似于胎儿在堕胎争论中的地位，沉默的民众就会变成敲响现代性大门的野蛮人。① 这甚至是一种必然的结局，因为在经验实证范式中，民众始终处在客位而非主位，他们始终沉默不语。相反，一旦超越这些简单对立，我们就会发现，"当民俗学者的双眼不仅遥望过去，而且凝视当下时，中国民俗学在不久的将来必然发生由强调传统、农民的乡土民俗学

---

① 参见 Susan Ritchie, "Ventriloquist Folklore: Who Speaks for Representation?" in *Western Folklore*, Vol. 52, April 1993, pp. 370, 377。

向强调现代、公民的都市民俗学的转型。现代性、都市化、公民的日常生活会成为当代中国民俗学基本的研究对象，至少会与传统、过去、乡民的日常生活这些研究对象一样重要"①。

也许正因为经验实证范式已经越来越表现出捉襟见肘和难以适应民俗学应然使命的致命缺陷，所以，至少半个世纪以来，民俗学的方法论变革已经在一定程度上悄然出现。简言之，这些变革至少表现在这样几个方面：

（1）从物到人。尽管民俗学在起源时曾给学科设定的任务并非只是见物不见人，但不可否认的是，民俗学者们在很长一段时间里的确见物不见人。后来，我们终于在田野中看见了人，实现了从物到人的回归。② 我们进一步认识到，"当民俗被我们所注意的时候，民俗也给我们指出了一种研究方法，指出了一条理解生活的路径，其原则就是不能离开人来研究生活中的文化。因为民俗是在人身上，人生活在民俗之中，与其他文化形式不同，民俗的统一形态在于离不开人"③。

（2）从描述到批判。这种转变以德国民俗学的图宾根学派为代表，其核心人物鲍辛格提出了批判的民俗学之说。④ 所谓批判的民俗学（kritische Volkskunde），不仅是对"民俗学的批判与自我批判"（Kritik und Selb-

---

① 　岳永逸：《都市中国的乡土声音——民俗、曲艺、心性》，中国人民大学出版社 2015 年版，第 254 页。

② 　"对物的研究阶段，民俗学的田野作业常常被称作'采风'。采风阶段极少看到'你'的存在，即使存在也是隐藏起来或蜻蜓点水式的。……但是现在不同了，民俗学正在凸显对人的研究，无论是田野还是书写，我们在关注村落里丰富多彩的故事的同时，越来越重视访谈对象作为面对面的'你'而非远方的'他'的生活经历及其对生活的纤细感受"，"由此来看，我们最需要保护的可能是民众个体的话语权和民众的文化权利，民俗学确实到了该尊重'你'的时候了"，"毫无疑问，学术转型的结果是更加尊重'你'，我们开始关注一个一个'你'的日常生活及其之间的情感纠葛和矛盾世界，这是一种更加积极的学术研究方向。'你'不再是一个列席的对象，会逐渐地从不占显要位置到凸显个性和特质从而完全掌握自己的话语权"（刁统菊：《民俗学学术伦理追问：谁给了我们窥探的权利？》，《民俗研究》2013 年第 6 期）。

③ 　刘铁梁：《感受生活的民俗学》，《民俗研究》2011 年第 2 期。

④ 　参见 Thomas Scholze, "Die Tübinger Schule", in Wolfgang Jacobeit, Hannjost Lixfeld, Olaf Bockhorn, James R. Dow（Hg.）, *Völkische Wissenschaft*: *Gestalten und Tendenzen der deutschen und Österreichischen Volkskunde in der ersten Hälfte des 20. Jahrhunderts*, Böhlau Verlag, 1994；当然，鲍辛格指出，"唯一对此提出抗议的，就是我们自己。因为一提到学派这个概念，人们似乎就想到了某种比较狭窄的口径。实际上，这种情况从来没有发生过。最多可以说，'图宾根学派'旗下的人有某种基本的共识。即我们的基本取向是：学术与社会责任不能分离，研究题目的选择要基于某些现实中的问题并包含着对现实的启蒙。除此而外，每个人都可以做他们能做的而且是他们认为重要的事情"（［德］赫尔曼·鲍辛格等：《日常生活的启蒙者》，吴秀杰译，广西师范大学出版社 2014 年版，第 43 页）。

stkritik der Volkskunde）和"对通行的基本概念做批判的审查"（kritische überprüfung der gängigen Grundbegriffe），也是对研究对象的批判。① 在我看来，这种批判依据的标准不是主观的任意，而是客观的实践法则。在德国，批判的民俗学的一个标志性事件是 1970年图宾根民俗学会出版了一本小册子——《告别民间生活》②（参见图 119）。正如柯尼希指出的那样，这本书"标志着民俗学开始成为批判性的社会科学。这本书分析了为什么民俗学当中存在着普遍的与理论为敌的倾向，讨论了那些不加反思就接受的价值观念，把民俗学学科史勾画为一个'在慵懒的传统绑缚之下'的病人史。保存者的心态、传承与传统聚合在一起，让人从民俗学专业中看到的是现代化的补偿代理之处，实际存在的社会问题被民俗学排除在外。传统的力量被看作新认识目标的对立面"③。批判的民俗学既然把学科史看作"病人

图 119　《告别民间生活》德文版封面（图片来自https：//www. amazon. de/Ab-schied-vom-Volksleben/dp/3925340491）。别小看一本书的力量，它至少象征着德国民俗学告别了一个过去的时代

史"，它的任务当然首先是治病救人。所谓"告别民间生活"，不是告别一切民间生活，而是告别那种想象的、浪漫化的、虚假的民间生活，走向并走进现实的、真实的民间生活。民俗学不再单纯地描述事实，不再让"实际存在的社会问题被民俗学排除在外"，而是要进行实践理性的批判，要立足实践理性的根本立场直面"实际存在的社会问题"，并且反思日常生活中"实际存在的社会问题"。这种研究取向就是所谓"法尔肯施泰因宣言"（Falkensteine Formel）要说的意思：民俗学分析文化价值的客观化（物品与规范）表达方式与主观化（态度与看法）表达方式，旨在促进社

① 参见户晓辉《民俗学：从批判的视角到现象学的目光——以〈技术世界中的民间文化〉为讨论中心》，《安徽大学学报》2013 年第 3 期。

② Klaus Geiger（Hg.），*Abschied vom Volksleben. Untersuchungen des Ludwig-Uhland-Instituts der Universität Tübingen*，Tübingen Vereinigung für Volkskunde，1970.

③ ［德］赫尔曼·鲍辛格等：《日常生活的启蒙者》，吴秀杰译，广西师范大学出版社 2014 年版，第 58 页。

会文化问题的解决，民俗学的学术研究也是一种社会政治实践。① 20 世纪
90 年代初，格特鲁德·贝内迪克特甚至提出"告别民俗学"的说法，并
且认为换一个名称，民俗学就有三种可能性：它是实践，是实践的理论，
是理论的实践。② 只是这种经验"实践"与本书的理性"实践"可能大异
其趣，其反启蒙立场与本书的理性启蒙立场也根本对立。大致在这个时候，
奥地利民俗学者也倾向于把民俗学看作一门文化学，它必须从社会问题出
发，并且有助于解决这些社会问题，重在解释人在社会情境中的文化和生活
方式。③

　　（3）从客观到主观。在从业余爱好者之学向专业化、规范化方向发展
的过程中，民俗学的确在不断追求科学化、客观化甚至转向社会科学化④，
但有学者反思说，"转向社会科学就能有益于民俗学吗？民俗学的这一新
的理论优势是否已损害了我们与文学及人文科学的传统关联呢？"⑤ 既然
把民看作人，调查者与被调查者的"情绪、感受、经历等主观因素，
（就）开始越来越多地被当作严肃的话题引入了学术研究领域"⑥。民众与
民俗学者自身的主观性得到了越来越多的关注，"因为民俗是在人身上，
人生活在民俗之中，与其他文化形式不同，民俗的统一形态在于离不开
人。……今天的民俗学所研究的，不再是从人身上取出的民俗，而是变成
了在人身上的民俗和与人同为一体的民俗"⑦。民俗学者在田野里寻找的
不是僵死之物，而是无形的风一般的生活整体和人的整体。但遗憾的是，
不少民俗学者仍然无力面对和思考这样的主观性，因为他们的经验主义和

---

　　① 参见 Wolfgang Kauchuba, *Einführung in die Europäische Ethnologie*, Verlag C. H. Beck München,
2006, S. 93。

　　② 参见 Gertrud Benedikt, "Abschied von der Volkskunde", in Christian Stadelmann und Edith
Staufer-Wierl（Hg.）, *Die Volkskunde als Wissenschaft? Zweite und letzte studentische Volkskundetagung-er-
ste studentische kulturwissenschaftlich Tagung vom 10. Bis 12. Oktober 1990 in Wien*, Institut für Volkskunde
der Universität Wien, 1992, S. 45 – 47。

　　③ 参见 Wolfgang Slapansky, "Nachbemerkung", in Christian Stadelmann und Edith Staufer-Wierl
（Hg.）, *Die Volkskunde als Wissenschaft? Zweite und letzte studentische Volkskundetagung-erste studentische
kulturwissenschaftlich Tagung vom 10. Bis 12. Oktober 1990 in Wien*, Institut für Volkskunde der Universität
Wien, 1992, S. 107。

　　④ 参见郭于华《试论民俗学的社会科学化》，《民间文化论坛》2004 年第 4 期。

　　⑤ ［美］史蒂夫·蔡特林：《我是民俗学家而你不是——民俗学实践中泛化与分界的策略对
抗》，宋颖译，参见周星主编《民俗学的历史、理论与方法》，商务印书馆 2006 年版，第 777 页。

　　⑥ 安德明：《家乡——中国现代民俗学的一个起点和支点》，《民族艺术》2004 年第 2 期。

　　⑦ 刘铁梁：《感受生活的民俗学》，《民俗研究》2011 年第 2 期。

后现代主义思维方式以及在学科界限上的画地为牢让他们陷入文化相对主义和主观个人主义的矛盾境地。"尤其是在理解与我们异质的和陌生的思想时，这种自身的特色虽然有时可能与异质的和陌生的思想撞出火花，但更经常的情况是容易让我们以己度人、用自己的前见、定见甚至偏见去同化甚至误解异质的和陌生的思想，一次次地让我们坐失以另一种与我们不同却是我们所缺少和需要的东西来丰富自己、完善自己的良机，因为我们认识事物的自然倾向是，只能认识我们想认识和愿意认识的东西。"①

（4）从异地到家乡。在德国，民俗学在 18 世纪末曾是有关本国和本民族的一种民族学或民族志，而民族学研究的则是遥远国度的陌生文化。② 也许正因如此，德国民俗学者才把"民俗学"这个名称改回"欧洲民族学"。现代民俗学早已扬弃了民俗学等于自己的东西而民族学等于陌生的东西这种古典的划分等式③，但民俗学仍然具有约定俗成的领域，即研究自己熟悉的乡约民规或乡土文化。早在 20 世纪 50 年代，德国民俗学者约瑟夫·哈尼卡（1900—1963）在《由失去家乡和强制迁徙造成的民俗变迁》一书中指出，个人或个别家庭在家乡传统中的变迁、生存和命运，恰恰是民俗学应该回答的问题。④ 稍后，鲍辛格也注意到德国民俗学的家乡保护情结，他指出："……只有在失去之后，人们才学会真正珍惜。但此外还必须指出，'家乡'这个概念已经具有感伤的特征。当家乡不再是那个没有受到干扰的力场总体的代称，当家乡被明确命名、被提升到意识层面上时，家乡就总是具有补偿的特征。"⑤ 安德明也把中国民俗学者以家乡为调查对象的研究概括为家乡民俗学，认为民俗学研究的重要对象是自己熟悉的家乡及其民众，"民俗学实际上就是关于我们自己身边的生活的

①　户晓辉：《侨易学与黑格尔的辩证法》，《跨文化对话》第 36 辑，商务印书馆 2016 年版，第 241 页。

②　参见 Hermann Bausinger, "Ungleichzeitigkeit. Von der Volkskunde zur empirische Kulturwissenschaft", in *Der Deutschunterricht*, 6/87 od. VI, 1987, S. 7 - 8。

③　参见 Catherine Pfeifer, "Das Eigene, das Fremde und die Volkskunde. Überlegungen zur ethnographischen Repräsentation", in *Schweizerisches Archiv für Volkskunde*, 101 (2005), S. 186, S. 196。

④　参见 Josef Hanika, *Volkskundliche Wandlungen durch Heimatverlust und Zwangswanderung: Methodische Forschungsanleitung am Beispiel der deutschen Gegenwart*, Otto Müller Verlag, Salzburg, 1957, S. 15 - 16。

⑤　[德]赫尔曼·鲍辛格：《技术世界中的民间文化》，户晓辉译，广西师范大学出版社 2014 年版，第 126 页。

学问，而不是追逐奇风异俗的猎奇行为"①。

（5）从家乡民俗学转向日常生活研究。在这方面，以德国、瑞士、奥地利为代表的德语国家民俗学开风气之先。实际上，早在 1859 年，德国民俗学的学科奠基人之一威廉·海因里希·里尔（1823—1897）就指出，民俗学的关键问题就是"日常的特定存在"（alltägliche Daseyn）。② 因此，鲍辛格才批评说，民俗学作为本文化的民族学或欧洲区域文化的民族学，长期对日常的东西、已经习惯的东西相对漠视。③ 自 20 世纪 60 年代以来，随着胡塞尔"生活世界"概念被引入民俗学，德语国家的民俗学早就把新的学科方向定位于日常文化和生活世界研究。1988 年，奥地利民俗学者赫尔穆特·保罗·菲尔豪尔出版的文集名称就叫《从家乡学到日常生活研究》（参见图 120）。④ 德国民俗学者明确指出，民俗学就是"对日常生活方式的研究"（Forschung zur alltäglichen Lebensweise）。⑤ 而且，"今天的德国民俗学家认为，日常生活的研究对我们的社会来说具有最高的意义"⑥。民俗学的主要任务变成了"从民众当下具有的日常生活来认知这个世界及其走势"⑦，也就是"扩展为把握日常特定存在的基本形式"⑧。

也许有人会问：日常生活的研究为什么"具有最高的意义"？在我看来，恰恰因为日常生活以生活世界为基础，而生活世界则是人的实践主体性的本源世界。换言之，在以生活世界为基础的日常生活中，我们

① 安德明：《家乡——中国现代民俗学的一个起点和支点》，《民族艺术》2004 年第 2 期。

② 参见 Brigitta Schmidt-Lauber，"Der Alltag und die Alltagskulturwissenschaft. Einige Gedanken über einen Begriff und ein Fach"，in Michaela Fenske（Hg.），*Alltag als Politik-Politik im Alltag. Dimensionen des Politischen in Vergangenheit und Gegenwart*，LIT Verlag Dr. W. Hopf，Berlin，2010，S. 46。

③ 参见 Hermann Bausinger，"Wir Kleinbürger. Die Unterwanderung der Kultur"，in *Zeitschrift für Volkskunde*，90. Jahrgang，1994，S. 10。

④ 参见 Helmut P. Fielhauer，*Von der Heimatkunde zur Alltagsforschung. Beiträge zur Währinger Kulturgeschichte*，Eingeleitet und Herausgegeben von Herbert Nikitsch，Wien，1988。

⑤ Hermann Bausinger，"Ungleichzeitigkeit. Von der Volkskunde zur empirische Kulturwissenschaft"，in *Der Deutschunterricht*，6/87 od. VI，1987，S. 13。

⑥ 简涛：《德国民俗学的回顾与展望》，参见周星主编《民俗学的历史、理论与方法》，商务印书馆 2006 年版，第 846 页。

⑦ 岳永逸：《都市中国的乡土声音——民俗、曲艺、心性》，中国人民大学出版社 2015 年版，第 315 页。

⑧ Hermann Bausinger，"Zur Spezifik volkskundlicher Arbeit"，in *Zeitschrift für Volkskunde*，76. Jahrgang 1980，S. 16。

才是完整意义上的人，而不是被各种职业和角色分割并分化之后的片面的"民"。民俗学本来就是"民学"，当代民俗学向日常生活的回归恰恰表明，以往的俗也好，现在的日常生活也好，都不过是民俗学研究"民"的途径和手段。对民俗学而言，重要的不是这些途径和手段，而是通过这些途径和手段来发现真正意义上的自由人。从民俗到日常生活的转变，只能表明民俗学的途径和手段从静态到动态、从片面到全面的转变，因为有些民俗学者已经从长期的见物不见人状态和目中无人的积习中幡然醒悟，实践民俗学更是要把促成臣民、草民向公民转变作为根本的实践目的。日常生活恰恰是实践并实现这种实践目的的最佳场域。

图 120　赫尔穆特·保罗·菲尔豪尔的文集《从家乡学到日常生活研究》德文版封面。这本小册子表明，德语国家民俗学早在 20 世纪 80 年代就发生了转向，只是当时的中国学者不大知道而已

其实，民俗本身就是生活文化，至少是模式化的生活文化。日常生活本身就包含着模式化的形式与内容。比如，生活方式的传承、延续和变迁已经是模式化的，命运的更迭与重复更是模式化的。当初的民俗学者路过生活和人去寻找遗留物时，只是遗忘了生活和人，后来的我们如梦初醒，觉今是而昨非，应该给我们纠偏的机会。可是，我们能否具备改正的能力呢？即使把原先遗忘的东西想起来或捡起来，如果不从经验实证范式转向实践理性范式，就能让民俗学扬眉吐气、从灰姑娘变成白雪公主吗？对民俗学寄予厚望的学者可以把民俗学夸成一朵花，比如，威廉·威尔逊曾自豪地宣称："没有其他哪个学科比民俗学更多地把我们与过去的文化遗产联系起来；没有其他哪个学科比民俗学更注重揭示不同文化表达的相互关系。没有其他哪个学科更关注于或者更应该关注于发现成为人意味着什么。正是这种发现我们共同人性的基础和我们人类生存的律令的企图把民

俗学研究置于人文科学研究的核心。"① 高丙中也认为，"民俗发生于其中的日常生活应该是整个社会科学的知识兴趣的出发点和立足点，民俗学与日常生活最直接、最密切的联系内在地决定了它在社会科学中应有的位置"②。但有些学者却一脸不屑地说："受欧美影响而展开的中国民俗学人类学，说透了并没有提出过什么值得重视的认识。"③ 有些民俗学者也把民俗学仅仅看作一门经验学科，可他们忘了：经验一般并不反思，一旦反思，就成了对经验的经验。也就是说，民俗学自一开始就不是普通民众的概念，而是学者的概念——民俗学是学者对普通民众不反思的民俗经验的反思。这就说明：民俗学本质上是一门反思的学问，没有反思就没有民俗学。所谓反思，德语中有一个非常形象的说法叫 Nachdenken（字面意思是"后思"），即在事后的沉思，也就是站在过去的后面来思考。换言之，实践民俗学的反思是站在过去的未来立场来思考，也应该是站在实践理性的立场来思考。因此，我主张区分民俗学者与民俗专家，尽管严格说来后者（与处在民俗之中的民众相比）已有所反思。民俗学者研究民俗本身就是对民俗的反思（无论学者自身是否自觉地意识到这一点，这都是民俗学的客观立场），民俗学的理论总体上是对研究的研究，是研究的警察。从根本上说，民俗学本身就是在普通民众不起疑处起疑（访民问俗），也就是当代德语国家民俗学所谓的追问"理所当然"（Selbstverständlichkeit，意即"不言而喻，不假思索"）。显然，当初在问普通民众的理所当然时，民俗学者却忘了问自己的理所当然（我凭什么和为什么理所当然地来问普通民众的理所当然？），只是晚近以来，民俗学的自觉反思意识越来越强，我们才想起追问学科自身的理所当然。民俗学者的目光从俗转向民（人），由此发现，原来民众也是和我们学者一样的人！这样的判断现在看来好像已经不言而喻且不证自明，然而，在相当长一段历史时期里，它不仅并非不言而喻和不证自明，而且根本不成其为问题。在发现民的主体性时，民俗学者也逐渐发现（觉悟）了自己的主体性。

　　当然，仅就上文提到的学科相轻现象而言，我愿意相信那些看不起民

---

　　① William A. Wilson, "The Deeper Necessity: Folklore and the Humanities", in *Journal of American Folklore*, Vol. 101, No. 400, 1988, pp. 157 – 158.

　　② 高丙中：《日常生活的现代与后现代遭遇：中国民俗学发展的机遇与路向》，《民间文化论坛》2006 年第 3 期。

　　③ 张承志：《时代的召唤与时代的局限——俞伟超师〈考古学是什么〉序》，参见《常识的求知：张承志学术散文集》，生活·读书·新知三联书店 2012 年版，第 139 页。

俗学研究的其他学科学者并无恶意，但问题的关键不在于民俗学是否真的门槛太低以至于是否有不少业余爱好者滥竽充数甚至糟蹋了行情，也不在于这些其他学科学者根本不了解中外民俗学自产生以来，的确产生过为数不多却非常出色的研究成果，而在于这些人的目空一切、目中无人和唯我独尊。这种高度自恋而又浑然不觉的可怜又可悲的态度，不仅限制了他们的问学境界，也决定了他们逼仄的人生格局。仅从外在方面来看，其他学科学者的不少研究可能得到各种奖项，可能给他们带来无数虚骄的光环和头衔并且充当他们自鸣得意的资本，但未必入得了我的法眼。有些学科自诩历史悠久、传统深厚且不乏坐冷板凳的功夫，殊不知坐得了冷板凳只是学术的必要条件，而非充分条件。且不说那些根本不值得研究的朽木不可雕的内容，即便他们一代又一代皓首穷经的研究、考证以及拾遗补阙，除了在无涯的知识海洋中增添几滴水珠和几朵浪花之外，到底有多少值得炫耀的人文价值，则是他们从来不怀疑也根本没有能力来怀疑的问题。[①] 他们不知道西方的古典学尤其是西方古典哲学的研究，不仅在内容上比他们研究的内容博大精深得多，有价值得多，而且在细密考辨、发微掘隐的功力方面，即便没有超过中国所谓国学，也至少丝毫不亚于他们。关键是，双方研究的内容和问题在真正的人文价值方面简直无法相提并论！研究所谓国学的学者多数缺乏基本的国际视野，尤其不知道西方古典学和西方古典哲学的深广程度，反而以可怜、可悲又可恶的井底之蛙和夜郎自大心态作茧自缚、傲视群雄，以老大自居，盲目地挟所谓历史悠久和源远流长以自重和自恋，根本不知道自己在精神上如何贫瘠，也根本意识不到自己是否对中国文化的长期堕落和恶性循环负有不可推卸的责任，反而到处看不起别人，让"万里悲秋常作客，百年多病独登台"（杜甫《登高》）不仅成为中国古代文人的生动写照，也成为研究这些古代文人的某些当代学者陈陈相因的积习和痼疾。

　　我提到西方古典学和西方古典哲学，并非要狐假虎威或拉大旗作虎皮，而是试图表明，民俗学自产生以来，就不乏像西方古典学和西方古典

---

　　① 正如清初学人颜习斋所指出，"千余年来，率天下入故纸中，耗尽身心气力，作弱人、病人、无用人者，皆晦庵为之也"，"书之病天下久矣！使生民被读者之祸，读书者自受其祸。而世之名为大儒者，方且要读尽天下书，方且要每篇读三万遍，以为天下倡。历代君相，方且以爵禄诱天下于章句浮文之中，此局非得大圣贤大豪杰，不能破矣"（曹聚仁：《中国学术思想史随笔》，生活·读书·新知三联书店1986年版，第239页）。

哲学那样的经典研究。一方面，从芬兰历史—地理学派对母题、类型的研究①到直接秉承西方古典学传统的口头—程式理论②，其索引和考证功夫并不输于那些研究所谓国学的学者，对其他学科也产生过较大影响；另一方面，民俗学也一直有少数学者从西方古典哲学中汲取思想营养，对学科基本理论问题做出过精深的研究。③ 在这两方面，中国民俗学同样也有过出色的研究，暂不一一列举。

当然，学如牛毛、成如麟角。每个学科都是庸者居多、优者寥寥。放眼中国的人文科学与社会科学，真正能经得起理性检验的研究究竟有多少？到处充斥着既不讲逻辑又不促进知识增长的所谓研究，它们除了浪费纸张、时间和精力之外，对中国的人性觉悟与社会进步有多少促进作用？那种触目皆是的无知和自大以及这种文人相轻式的中国劣根性，实在无聊

---

① 该学派的创始人卡尔·克隆（1863—1933）自 1880 年开始对童话做真正科学的研究，他在父亲朱利斯·克隆（1835—1888）的启发下，先后发表了《朱利斯·克隆先生的方法》（1889）和《论芬兰的民俗学方法》（1910）两篇文章，并于 1926 年出版了《民俗学工作方法》一书，对芬兰学派的童话研究方法做了系统阐述；克隆开创的方法得到他的学生安蒂·阿尔奈（Antti Aarne, 1867—1925）以及瑞典的冯·西多（Carl Wilhelm von Sydow, 1878—1952）、爱沙尼亚的瓦尔特·安德森（Walter Anderson, 1885—1962）等学者的响应和发扬光大。阿尔奈著有《童话类型索引》（1910）和《比较童话研究入门》（1913）；冯·西多著有《佩罗的一个童话及其原始形式》（1916）、《地理学与民间故事的地方类型》（1934）和《迁徙理论评注》（1938）；安德森著有《阿普列乌斯的小说与民间童话》（俄文版，1914；德文版，1923）和《国王与修道院长》（俄文版，1916；德文版，1923），他们都对芬兰学派的方法有所运用和完善；民间文学母题索引的代表作，参见 Stith Thompson, *Motif-Index of Folk Literature: A Classification of Narrative Elements in Folktales, Ballads, Myths, Fables, Mediaeval Romances, Exempla, Fabliaux, Jest-Books and Local Legends*, 1955。

② 参见［美］约翰·迈尔斯·弗里《口头诗学：帕里—洛德理论》，朝戈金译，社会科学文献出版社 2000 年版；［美］阿尔伯特·贝茨·洛德《故事的歌手》，尹虎彬译，中华书局 2004 年版；格雷戈里·纳吉《荷马诸问题》，巴莫曲布嫫译，广西师范大学出版社 2008 年版。

③ 例如，德语国家民俗学的代表作，可参见 André Jolles, *Einfache Formen: Legende/Sage/Mythe/Rätsel/Spruch/Kasus/Memorabile/Märchen/Witz*, Veb Max Niemeyer Verlag, 1956; Helmut Jendreiek, *Hegel und Jacob Grimm. Ein Beitrag zur Geschichte der Wissenschaftstheorie*, Erich Schmidt Verlag, 1975; Hermann Bausinger, *Formen der "Volkspoesie"*, Erich Schmidt Verlag, 1980; Max Lüthi, *Das Europäische Volksmärchen. Form und Wesen*, Francke Verlag Tübingen, 1992; Harm-Peer Zimmermann, *Ästhetische Aufklärung. Zur Revision der Romantik in volkskundlicher Absicht*, Verlag Königshausen & Neumann GmbH, Würzburg, 2001; Wolfgang Senz, *Transzendentalphilosophie und Volkskunde. Zur Transzendentalphilosophie als Fundament des Vergegenwärtigens*, Unter Mitarbeit von Brigitte Senz, Peter Lang GmbH, Frankfurt am Main, 2006;［德］赫尔曼·鲍辛格《技术世界中的民间文化》，户晓辉译，广西师范大学出版社 2014 年版；户晓辉《童话现象学：苦心孤诣谁愿识?》，《民间文化论坛》2016 年第 3 期；俄罗斯民俗学的代表作，参见［俄］弗拉基米尔·雅可夫列维奇·普罗普《故事形态学》，贾放译，中华书局 2006 年版。

得紧！但民俗学者没必要和他们比烂，而是要努力向人类最优秀的经典致敬和学习。我已经指出，"作为学者，尤其是经过近代以来的现代启蒙而处身于现代化和全球化时代的中国学者，我们应当摆脱那种长期以来的弱者心态和焦虑情绪，首先学会平心静气地承认自己的弱点和别人的长处，能够客观而理性地面对人类一切优秀的文化遗产并且尽可能向其中最优秀的学习。也就是说，学者起码对各种问题应该有一种客观而公正的评判和选择，而不应以自己的主观爱好和偏向为判断标准。中国学者首先需要不断地自我启蒙，也就是学会客观地认识自己的理性，正确地运用自己的理性，尽量减少感情用事和理性的误用"，因为"真正的学术进步不是随兴所至的信马由缰，不是在无数偶然性中追逐自己偶然碰上的兴趣点，不是任意填补根本没有多少价值的所谓学术'空白'，不是干什么就吆喝什么就挟什么以自重、好像从此学术就没了高下之分和价值差别的自鸣得意。真正的学术创新只能是在与学术思想谱系接上卯、对上眼的人那里才有可能也才可思议。真正的学术创新自有学术尺度为唯一的评价标准，它与那些非学术的褒贬无关，更与那些不懂装懂甚至一辈子顶着各种耀眼的学术头衔和光环却从来不曾在学术的圣殿里登堂入室的人无关。这些人可以借学术之名享尽人间的荣华富贵，但除了玷污学术的名誉之外，他们不能增减学术自身于分毫。上帝在准备为他们打开另一扇门的时候可能已经永远对他们关闭了学术圣殿的大门。当然，即便心无旁骛地孜孜以求于学术，也未必能得其门而入。尤其在中国，我们很容易看到这样的学人，他们整天打着学术的旗号招摇过市，却不知自己终其一生也不过是学术的门外汉而已。不是因为他们不聪明，而是因为他们太'聪明'——'聪明'得太具中国特色，因为学术只是他们获取别的东西的手段，从来不是他们追求的真正目的。当然，即便以学术为目的，缺乏沉潜的耐力，少了虚心的敬畏，没有会心的接续，也不足以成大事。不惟学术如此，其他行当也同理可证"①。

学术是天下之公器，自有其客观的评价标准和价值尺度。在我看来，无论是创作还是研究，判断其人文价值高低应该同时看两个客观的标准：第一，从外在方面看能否促进我们觉识并维护自己的独立人格、权利、自

---

① 户晓辉：《侨易学与黑格尔的辩证法》，《跨文化对话》第 36 辑，商务印书馆 2016 年版，第 224—225 页。

由与尊严。离这个目标越近的，价值越高，反之则越低；第二，从内在方面看智力含金量、逻辑水平和理性能力的高低，看能否有助于我们对自己形成理性认识并发挥自由意志，让我们学会独立判断，尽量不被情绪冲动裹挟，也不被煽动和诱惑操纵。在当下和未来的中国，我们尤其需要强调，这两个客观的价值标准处于头等重要的位置，其他一切施展在单纯追寻主观性和偶然性上的才气和机巧都是等而下之的雕虫小技。① 换言之，"我认为，对于当下中国来说，理性的目的论框架是我们研究各种理论问题以及处理各种现实问题最欠缺也最急需的思想资源。与这个框架相比，其他一切问题都处于相对次要和相对不重要的位置"②。也就是说，能够给我们带来精神解放和拯救功效的知识显然高于那些单纯扩大知识面的知识。因为"我们的一切研究都必须着眼于人类的最高目的，着眼于我们作为其成员的类属的完善，并且必须从受到科学教养的门生出发，就像从中心点出发那样在周围传播一种最高意义上的人道精神"③。真正的人道就是最高的和最大的道。在这个意义上才可以说，"道不远人。人之为道而远人，不可以为道"④。

可惜，人的认识局限有时真是不可救药，因为我们往往只能认识自己想认识和能认识的东西，在这个范围之外的东西往往被我们忽视和略过。据我的体会，当我们的问题意识不在某个问题上之时，就不会意识到这个问题有多么重要，甚至会完全对这个问题视而不见、充耳不闻。在这方面，我们的意识能够拓展多远，我们的世界就有多大！西谚云：God helps those who help themselves（上帝帮助那些帮助自己的人或神助自助者），也就是说，上帝的帮助和救助是有条件、有选择的，他老人家只救那些自救者。反过来想，那些不自助、不自救者，上帝也不能助之、救之。今人所谓"你永远唤不醒一个装睡的人"，大概可以看作这句话的世俗注脚。因此，我要再次提醒自己：首先救自己，不要没醒装醒，以免遇到这种无言以对的问题：你凭啥知道你醒着、我睡着，而不是正好相反？

我向来认为，学科大小不能决定学问的大小，我也早就说过，"尽管

---

① 参见户晓辉《民俗学为什么需要先验逻辑》，《民俗研究》2017 年第 3 期。
② 户晓辉：《侨易学与黑格尔的辩证法》，《跨文化对话》第 36 辑，商务印书馆 2016 年版，第 239 页。
③ ［德］费希特：《费希特文集》第 1 卷，梁志学编译，商务印书馆 2014 年版，第 491 页。
④ 朱熹：《四书章句集注》，中华书局 1983 年版，第 23 页。

在如今的国家学科体制中，民间文学是一门小学科，但小学科的冷板凳上未必不能做出大学问，因为问学的路径和境界不以学科大小而论，学问只有精粗高下之分而没有中外古今之别"①。实际上，仅从学科内部来看，被人瞧不起也只能怪民俗学自身浑水摸鱼、低水平重复的人太多！除了恨铁不成钢，我们也不能一味地怨天尤人，因为打铁还需自身硬。摆脱冷眼待遇的唯一正途就是，拿出让别人不得不信服和"值得重视的认识"，因为"我们无法为别人如何看我们负责，只能为自己做什么负责"②。关键是：民俗学能否拿出这样的认识？别人的冷嘲热讽是仅仅挑起我们的自暴自弃和反唇相讥，还是理性反思和砥砺奋进？

由此看来，学科的一些大是大非问题的确需要进行再思，学科的价值追求必须进行重估。

---

①　户晓辉：《民间文学：经世致用与自在自为》，《中国社会科学院院报》2007 年 5 月 24 日，参见黄浩涛主编《卅载回眸社科院》，方志出版社 2007 年版，第 190 页。

②　［美］丹·本-阿莫斯：《为民俗学正名》，宋颖译，参见周星主编《民俗学的历史、理论与方法》，商务印书馆 2006 年版，第 721 页。

从实证到实践

——民俗学浴火重生

　　为了完成这种再思与重估的任务，仅仅进行上述这些悄然的变革仍然是不够的，还必须对经验实证范式进行实践理性的改造与转换。换言之，由于民俗学在经验实证方向上已经跑偏了，这不仅使它难以胜任本该完成的实践任务和使命，而且使我们走得太远而忘了为什么出发，甚至与民俗学的实践理性起点渐行渐远。① 因此，为了使实践民俗学凤凰涅槃、浴火重生，为了从俗回到民、从经验实证范式下的民俗学回到实践理性范式下的民学，我们需要对学科方法和传统观念来一次彻底的变革与实验，从以往的经验实证范式转向实践理性范式，也就是以实践理性为目的论。也许有人会说，经验实证与实践理性可以是民俗学的两种并行不悖的研究范式嘛，何必要改弦易辙呢？简言之，我们的根本理由在于，经验实证范式只适合研究俗，不适合研究民和人。如果实践民俗学想从俗回到民、从民俗学回到民学，并由此看见真正意义上的自由人，它就需要从经验实证范式转变为实践理性范式。所谓实践理性就是以自由法则为行为的主观准则和主导动机。这就意味着我们不再把他人和自己当作单纯的手段（物），而是同时当作目的——因为人自身就是目的，所以不能被仅仅当作手段。② 如果仅仅被当作手段，人就变成了物，也就不再是真正意义上的自由人。这也就意味着实践民俗学把对他人和自身的道德责任与伦理义务放在首位，这种伦理学就是列维纳斯所谓的第一哲学，它先于民俗学的一切研究。实践民俗学需要回到这种原初的和本源的伦理关系而重新出发，重新

---

　　① 参见户晓辉《返回民俗学的实践理性起点》，吴效群编《民俗学：学科属性与学术范式》，河南大学出版社 2015 年版，第 65—86 页。

　　② 参见 Gerold Prauss, "Der Mensch als 'Zweck an sich selbst'", in Elisabeth Sträker (Hg.), *Ethik der Wissenschaften? Philosophische Fragen*, Wilhelm Fink Verlag/Verlag Ferdinand Schäningh, 1984；户晓辉《人是目的：实践民俗学的伦理原则》，《民族文学研究》2017 年第 3 期。

开启研究者的"我"被他人召唤的伦理责任和伦理义务,这才是真正的人性和精神性的发端之处。① 尽管在这种关系中"我"与他人可能仍然是不对等的,但只有在这样的实践民俗学中,我们才能遭遇真正的交互主体的伦理关系和政治关系。也就是说,在实践民俗学中,我们不再是自己先设定问题,然后去田野寻找信息和答案,而是把被调查的他人的问题当作我们自己的问题。实践民俗学的"研究议题来自日常生活,而不是从日常生活中寻找材料来对研究预设加以证伪或检验"②。即使不能直接帮助民众解决问题,至少我们可以思考这些问题,把民众的问题当作我们自己的问题。这实际上就是敢于直面我们共同遭遇的实践问题,而不是回避这些实践问题,也不是对这些实践问题采取虚与委蛇的态度。进而言之,实践民俗学的根本原则是,在把任何人当作手段的同时也要当作目的,这也是实践理性的目的论原则。"当我问自己,我所选择的行为准则是否能得到所有其他同类主体赞同的时候,我就已经把他们作为有理性的人而尊重他们,并且将他们作为自己行动的目的。"③ 这样才能确立真正的交互主体性,因为真正的主体性必然是交互的,它既是我们的,也是他人的。在把他人当作单纯的手段之时,我们不仅把他们物化了,也把自己物化了,由此导致的是双方而非单方的主体性的共同丧失。因为尊重他人的自由、尊严和价值就等于尊重自己的自由、尊严和价值。只有从经验实证范式中解脱出来,民俗学才能进入实践研究范式要重点关注的交互主体性,才能真正开始在把人当作手段的同时也当作目的,尊重每个人的自由与尊严,因为"在这里,每个人的自由发展是一切人的自由发展的条件"④。简言之,在中国这样的社会里,实践民俗学首先要致力于让日常生活回归正常,让变成异端的常识不再非常,让许多不会讲理的人首先学会讲理,让无理性和非理性的生活习惯逐渐回归并服从于理性,允许每个人用自己的理性为自己做主,让民众首先成为真正意义上的自由人和日常生活中的主体。所谓主体就是能够让自己的理性主宰自己并且为自己做主的人。所谓常识,

---

① 参见 Emmanuel Lévinas, *Die Unvorhersehbarkeiten der Geschichte*, Aus dem Französischen von Alwin Letzkus, Verlag Karl Alber Freiburg/München, 2006, S. 175。

② 赖立里、张慧:《如何触碰生活的质感——日常生活研究方法论的四个面向》,《探索与争鸣》2017 年第 1 期。

③ [德] 阿克塞尔·霍耐特:《自由的权利》,王旭译,社会科学文献出版社 2013 年版,第 54 页。

④ [德] 马克思、恩格斯:《共产党宣言》,人民出版社 1997 年版,第 50 页。

不仅指普通知识意义上的共识，"常识是对日常生活中显而易见的事物的敏锐洞悉。它以可靠的辨别力为标志，以语言作为首要的揭示事物的方法，不欺瞒，将语言的作用定位于表达而不是炫耀。常识更接近本源，服务于推理的基本原则。它是被亚里士多德定义的'理性的动物'所共享的普遍意识"①。因此，本书所谓常识主要指的是理性常识和公识。在正常的社会里，只要是具有正常理性的普通人，在其自由意志不受压制和影响的情况下，按照理性和逻辑的正确推论都能够得出共同的实践判断和实践认识，由此达成能够得到公认的理性共识，也就是基本公识。比如，社会主义核心价值观为好社会提出的目的论条件——民主、自由、平等、公正和法治，就是当今世界的常识和公识。这些理性常识之所以是公识，是因为它们是好社会的必要条件，所有理性的人在不受强迫的情况下都能够做出这种实践的共同选择和独立判断。只有大家共同承认并且追求民主、自由、平等、公正和法治这样的目的条件，每个人的人权才能得到根本的保障，我们才能活出人样，才能过上好生活，才能减少社会成员之间的互损互害，也才能减少人间苦难。所谓目的条件，并非仅仅把民主、自由、平等、公正和法治设定为伦理行为和政治行为的目的，而是要为实现这些目的创造客观的制度条件和公正程序。没有理性的目的，当然不行；但有了理性的目的而没有客观的制度条件和公正程序，理性的目的也无法真正变成目的条件。孟子早就说："徒善不足以为政，徒法不能以自行。"② 没有客观的制度条件和公正程序，"徒善"和"徒法"就可能徒有其表，甚至必然被架空，成为口惠而实不至的官样文章。因此，本书所谓目的条件，不仅强调把民主、自由、平等、公正和法治设定为日常生活中的伦理行为和政治行为的理性目的，更强调在日常生活中为这些理性目的创造客观的制度条件和公正程序，甚至把创造客观的制度条件和公正程序视为重中之重。换言之，本书思考的重点在于：什么是实现民主、自由、平等、公正

---

① ［美］D. Q. 麦克伦尼：《简单的逻辑学》，赵明燕译，中国人民大学出版社 2008 年版，第 99 页；在《论题篇》中，亚里士多德把ἔνδοξον（拉丁文字母转写为 endoxon，意思是得到认可的意见或有声望的意见）界定为"对于所有人、多数人或智慧的人来说正确的东西"（《论题篇》I. 1，100b21—22），这就相当于理性公识。对亚里士多德这个概念的不同用法的辨析和讨论，参见刘玮《亚里士多德伦理学的两个起点：Endoxa 与良好的教养》，《世界哲学》2011 年第 2 期；Otfried Häffe（Hg.），*Aristoteles-Lexikon*，Alfred Kräner Verlag Stuttgart，2005，S. 177 – 179；F. E. Peters，*Greek Philosophical Terms：A Historical Lexicon*，New York University Press，1967，pp. 52 – 55。

② （宋）朱熹：《四书章句集注》，中华书局 1983 年版，第 275 页。

和法治的目的条件以及如何落实这些目的条件，并且试图提出"为合作或民主商议社会体系服务的一种程序性思想"①。因为只有具备了这样的制度条件和公正程序，才能保障民主、自由、平等、公正和法治落到实处，才能"以恰当的机制或实践在一个社会内部实现那些普遍确认的价值"②，才能维护每个人的权利与自由。归根结底，尽管民主、自由、平等、公正和法治是理性目的，但它们都是为了实现以人为本、以人为目的这个终极目的的手段，也就是为实现在把任何人当作手段的同时也要当作目的这个实践理性的目的创造客观条件。没有这样的客观条件，即便是理性的目的也难以实现，我们的良好愿望就很可能会落空，人的权利与自由就难以真正得到保障，社会就会失去和谐的基础与平衡的条件，它就不可能是好社会，甚至不可能是正常的社会，在这样的社会中当然也不可能有好生活和正常的日常生活。

不过，即便是理性常识，仍然不一定能够得到普遍的公认和公开的承认。由于人的理性常常受习惯、性格、感性冲动、偏见等非理性因素的蒙蔽、干扰和胁迫，所以，未必每个人都能够随时随地敢于并善于运用自己的理性来做出独立判断，由此导致或多或少的人在或长或短的时间里缺乏常识和理性，甚至把经验实证的知性误用为实践理性。这也就意味着，远非每个人都能够觉识、承认理性常识和公识并以此为行为准则。当然，究其原因，一方面，人的理性能力在没有得到觉识和开掘的情况下会处于休眠和潜伏状态；另一方面，当公开运用自己的理性能力遭遇阻力并且可能遇到危险时，许多人也会主动放弃这种运用，宁愿选择不思考的安逸生活状态。在这种情况下，普遍公识当然也就难以得到普遍认可，更难以成为社会制度的程序原则。

进而言之，普通人的理性能力之所以处于休眠和潜伏状态，既有外因，也有内因。从内因来看，人本来就容易受非理性主宰，而对理性的觉识和公开使用则需要培育和锻炼。不过，人是由非理性还是由理性来主宰自己，尽管可以找出外因，但说到底还是由人自己造成的。人不能得到自由，就是不能由着自己。所谓由着自己，不是要让自己受非理性主宰，不是任性妄为和为所欲为，而是要由着自己的理性，让自己的理性主宰自己

---

① ［德］阿克塞尔·霍耐特：《自由的权利》，王旭译，社会科学文献出版社 2013 年版，第 63 页。

② 同上书，第 24 页。

并且为自己做主。人可以在这两种状况下进行独立选择。所以，说到底，人的自由或不自由状况都是由人自己的选择造成的，由此带来的后果在主观上也是要由人自己负责的。只有那些经过人自己独立选择而做出的行为，才能给人归责。也就是说，只有自由的行为，才能让人负责。从外因来看，正常的社会不仅应该允许并鼓励每个人自由地运用自己的理性来实践，而且应该创造各种条件让每个人学会公开使用并且磨炼自己的理性能力，让人的理性为自己做主，这样才能让人成为真正意义上的主体。从结果上来看，在不正常的社会里，理性常识和公识常常蒙受风尘，甚至可能被视为异端，难以得到普遍承认和公开表达。这样一来，尽管普通人在日常生活中本来就具有基本的常识感、公平感和正义感，但这些朴素的判断能力常常在现实中受到阻碍、扭曲甚至行不通，有理也寸步难行，长此以往，这些基本的常识感、公平感和正义感就会被淡化，甚至被遗忘，人们也就愈发不会使用自己的理性能力。当理性能力普遍受到蒙蔽并且长期受到阻碍而无处施展之时，人们就必然受到非理性的主宰，天长日久，人的精神就会被腐蚀和扭曲，就会从里到外都逐渐变得腐败和溃烂，社会就会出现严重失衡和精神苦难。当此之时，我们首先需要为理性常识得到公认而奋斗，"要在社会现实的混乱中找到那些标准，并以此来批判现存的机制和实践在体现普遍公认价值中的缺陷和不完善"①。没有这样的前提条件，日常生活就不可能正常，甚至可能随时随地变为非常。可是，中国的首要问题恰恰在于还缺乏让普通人公开运用理性能力的目的条件，还没有真正把理性公识的目的条件落到实处。因此，社会的客观制度在多大程度上以理性程序和法治框架为目的条件，决定着我们的自由能力在多大程度上能够得到普遍认可和正常运用，也决定着每个人的权利与尊严在多大程度上能够得到根本维护和客观保障。如果说人权意味着一种民主的框架（a democratic framework）②，那么，民主就不能仅仅被理解为多数人统治在特定区域的单纯数学性应用，而是对共存价值的微妙应用以及对基本人权的尊重。③ 人性是一种道德设定（a moral posit），而非一种自然事实，它

---

① ［德］阿克塞尔·霍耐特：《自由的权利》，王旭译，社会科学文献出版社 2013 年版，第 22 页。

② 参见 Eduardo J. Ruiz-Vieytez, *United in Diversity? On Cultural Diversity, Democracy and Human Rights*, P. I. E. Peter Lang, 2014, p. 21。

③ Ibid., p. 64.

被看作以实现人权为基础的一项社会规划。① 也就是说，人性是一种道德理想，需要去努力争取和奋斗才能实现，只有实现了人权才有助于实现人性。尽管在某些后发的现代化国家中仍然有人认为全球化和现代化只是西方强势文化的入侵并以此反对人权的普遍性，但这种观点经不住学理和事实的双重检验。

从学理上说，规范的起源与规范的效用必须分开，正如人权产生自西方文化圈这一事实并不能导致对人权的法律伦理效应加以肯定或否定一样。规范的有效性问题与其起源无关。② 同样，即便人类达成对民主、自由、平等、公正和法治之类的规范公识经历了漫长的历史过程，但我们不能以古人和不同民族在历史上并没有达成这样的公识这一经验事实来否定这些公识的普遍性和有效性。因为过去也好，现在也好，仍然有不少人并没有在这些规范问题上采用逻辑思维，这是经验事实。但是，一旦他们采用了逻辑思维，一旦他们站在实践理性的立场独立思考、选择和判断，他们就能够不约而同地达成这种共识，并且会形成对民主、自由、平等、公正和法治的理性公识。

从事实上说，1947 年 1 月，在由来自澳大利亚、智利、中国、法国、黎巴嫩、苏联、英国和美国等 18 个国家组成的人权委员会召开的第一届第一次会议上，中国常驻联合国代表张彭春（1892—1957）当选为人权委员会副主席，负责起草一份对全人类具有普遍意义的人权标准。当时的主要起草者有 7 人，但起主要作用的是张彭春和黎巴嫩哲学家查尔斯·马利克③、法国律师勒内·卡森④，其中前两人为《世界人权宣言》奠定了哲学基础。马利克是基督徒，主张给这份宣言融入基督教色彩，张彭春主张该宣言应有世界性和普遍性，因而在宗教方面应保持中性色彩，避免过度西方化。张彭春特别关注的是法国启蒙哲学和儒家的伦理传统，而且非常

① 参见 Jack Donnelly, *Universal Human Rights in Theory and Practice*, Third Edition, Cornell University Press, 2013, pp. 16 – 17。

② 参见 Jens Hinkmann, *Ethik der Menschenrechte. Eine Studie zur philosophischen Begründung von Menschenrechten als universalen Normen*, Tectum Verlag, 2002, S. 47。

③ 查尔斯·马利克（Charles Malik, 1906—1987），1945—1955 年任黎巴嫩驻美国和联合国大使。

④ 勒内·卡森（René Cassin, 1887—1976），1946—1968 年任法国驻联合国代表，是《世界人权宣言》制定者之一，联合国教科文组织创始人之一，1965—1968 年任欧洲人权法院院长。1968 年因对起草人权宣言的贡献，获诺贝尔和平奖。

强调《世界人权宣言》的普遍目标在于人的人道化（humanization of man）和提升人的道德高度（to raise the moral stature of man）。他吸收了儒家思想元素，但并没有生搬硬套，而是把"仁"翻译为"two-man minded-ness"，即人所共有的内在善和对他人的同情心（sympathy for others），并把它和"理性"视为人类共同具有的两种普遍特质。这种理解得到委员会成员的一致赞同，体现为《世界人权宣言》第一条的"良心"和"兄弟关系"："人人生而自由，在尊严和权利上一律平等。他们赋有理性和良心，并应以兄弟关系的精神相对待。"① 张彭春还强调社会权利与经济权利是人权的重要组成部分，这一主张得到苏联阵营国家和拉美国家的支持，《世界人权宣言》最终将社会经济权利和公民政治权利置于同等重要的地位。他对权利与义务对等问题的阐述，最终体现在《世界人权宣言》第 29 条中。至少由此看来，那种认为人权纯属西方观念的看法，并不符合事实。如果抛开与西方文化对峙的思维方式，我们会发现，"正如现代性和人权改变了西方文化一样，同样的改变在非西方世界不仅能够发生而且正在发生"②，我们可以看到，"有关人格尊严和一种公正的、与伦理价值相连的政治秩序的观念已经并且正在传播到所有文明之中。既然社会群体的根本利益只有在政治的协助之下才能实现，所以政治渗透了社会生活的所有领域"③。现代化的规划也在于为普遍主义和抽象公民（the abstract citizen）创造条件。

如果说普通人在日常生活中本来就具有基本的常识感、公平感和正义感，这并不意味着每个人在日常生活中随时随地就已经具有了这种理性能力，而是说，普通人都对行为的道德目的和公平标准具有应然的判断力，

---

① 2017 年 3 月 7 日下午，斯德哥尔摩大学人权教授汉斯·英瓦尔·卢斯在中国社会科学院文学研究所的讲座 "Peng Chun Chang: When Confucius came to the United Nations"（张彭春：当孔子来到联合国）中指出，如果遗忘了张彭春对《世界人权宣言》的杰出贡献，就相当于遗忘了爱因斯坦对科学共同体（scientific community）的杰出贡献；参见 Hans Ingvar Roth, "Peng Chun Chang, Intercultural Ethics and the Universal Declaration of Human Rights", in Göran Collste (ed.), *Ethics and Communication: Global Perspectives*, Rowman & Littlefield International Ltd., 2016, pp. 95 – 124。

② Jack Donnelly, *Universal Human Rights in Theory and Practice*, Third Edition, Cornell University Press, 2013, p. 107.

③ Sybille Bachmann, Menschenrechte als Herausforderung an die Politik, in Raúl Fornet-Betancourt (Hg.), *Menschenrechte im Streit zwischen Kulturpluralismus und Universalität. Dokumentation des VII. Internationalen Seminars des philosophischen Dialogprogramms Nord-Süd*, Verlag für Interkulturelle Kommunikation, 2000, S. 121.

这也就是人们常说的"人人心中有杆秤"和"是非自有公断、公道自在人心"。这种朴素的判断力恰恰不是已然和实然的经验事实，而是应然和可然的目的条件。这些目的条件是日常生活（包括公共生活和家庭生活）能够成为好生活的前提，例如，"自由、平等、追求幸福的观念都是共同设定的价值，它们的真理性无法用经验来证明。事实上，经验反倒更容易证明它们的非真理性。既然如此，我们为什么需要这些公设呢？这些公设在人们的公共生活中有什么样的作用呢？公共生活中的公设其实是一些关于核心价值的设定。没有这些价值共同设定，人们就不能对公共生活中的事情做出共同的判断，也不能对政治、社会制度提出共同的要求"①。正因如此，实践民俗学的关注重点才不是过去的已然和现在的实然，而是理性的应然和未来的可然。其实，普通人只要具备正常的理智，通常就能够对平等、公正、正义等价值公设具有基本的体认和觉识。"进而言之，所谓先验的学科观念，并非少数知识精英超前思想的天才一现，自由、平等的观念原本就内在于学科对象——普通人、老百姓的主观意识中，学者的学术工作只是通过学科的先验理念让普通人、老百姓的先天观念自觉地被呈现出来（康德反复强调他并没有发明什么道德法则而只是把普通人理性意识中已有的东西发现出来）。"②

首先，实践民俗学需要发现并还原普通人在日常生活中本来就具有的常识感、公平感和正义感。当这些朴素的判断力遇到阻碍、扭曲甚至难以施展之时，当我们不能或不敢为改善这种状况做出努力之时，当普遍公识还没有成为社会制度的程序原则和个人的道德准则之时，我们的日常生活就会出现实践问题并由此造成我们的挫折感、委屈感、苦闷感、压抑感和绝望感等生存情绪。实践民俗学需要从日常生活中这些典型的生存情绪来还原普通人在日常生活中本来就具有的常识感、公平感和正义感及其目的条件。当此之时，我们首先需要立足先验立场来看，"如果你的民俗志是一个先天描述，描述人的纯粹观念世界，那你的民俗志就区别于过去所理解的民俗志，也区别于你自己的民俗志"③。

其次，实践民俗学更需要在学理上把这些朴素的理性常识加以普及化、清晰化和纯粹化，使它们变成实践理性意义上的普遍公识和实践法

---

① 徐贲：《经典阅读：美国大学的人文教育》，北京大学出版社 2015 年版，第 102 页。
② 吕微：《民俗学的哥白尼范式》，《民俗研究》2013 年第 4 期。
③ 吕微：《从经验实证的民俗志到纯粹观念的民俗学》，《民间文化论坛》2007 年第 1 期。

则。在中国社会，最重要的是以普遍公识作为制度设计的目的条件，把公权力装进法治制度的笼子里，使有权有势者接受普通人的监督和制度的约束并带头守法。因为"撇开所有技术细节不论，法治的意思就是指政府在一切行动中都受到事前规定并宣布的规则的约束——这种规则使得一个人有可能十分肯定地预见到当局在某一情况中会怎样使用它的强制权力——和根据对此的了解计划他自己的个人事务。虽然因为立法者以及那些受委托执行法律的人都是不可能不犯错误的凡夫俗子，从而这个理想也永远不可能达到尽善尽美的地步，但是法治的基本点是很清楚的：即留给执掌强制权力的执行机构的行动自由，应当减少到最低限度。虽则每一条法律，通过变动人们可能用以追求其目的的手段而在一定程度上限制了个人自由，但是在法治之下，却防止了政府采取特别的行动来破坏个人的努力。在已知的博弈规则之内，个人可以自由地追求他私人的目的和愿望，肯定不会有人有意识地利用政府权力来阻挠他的行动"①。没有法治这个前提，政府就很容易成为任何普通人的胳膊都拧不过的大腿，政府就会拒绝任何人的监督与批评。长此以往，"传播知识的整个机构——学校和报纸，广播和电影——都被专门用来传播那些不管是真是假都会强化人民对当局所做决定正确性的信心的意见；而且，那些易带来疑窦或犹豫的信息将一概不予传播。人民对这个制度的忠诚会不会受到影响，成为决定某条信息应否被发表或禁止的唯一标准"②。这样一来，公权力就会沦为少数人以权谋私、假公济私、损公肥私、专横跋扈和任意妄为的工具，掌握公权力的少数人就很可能成为最大的不守规矩者和规矩破坏者，也很可能成为理性常识和公识的最大破坏者，由此成为人间恶行和精神苦难的始作俑者，法治也就不可能真正被建立起来，更不可能得到人们的普遍尊重，人们也就只能变成草民、刁民、臣民、暴民和私民，而不可能成长为公民。在暴力碾压法律的反面榜样示范之下，社会不可能确立并承认理性常识和公识，甚至难以成为能讲理和会讲理的社会。如此一来，道德和法治的底线就会形同虚设。没有民主和法治，所谓有理走遍天下、无理寸步难行就失去了基本的存在条件，就只能沦为一种看起来很美的空想。所以，有人说，每发生一起不公平的事件，就培养出一批未来的暴民；每发生一起官员带头

---

① 〔英〕弗里德里希·奥古斯塔·冯·哈耶克：《通往奴役之路》（修订版），王明毅、冯兴元等译，中国社会科学出版社 2015 年版，第 94—95 页。

② 同上书，第 176 页。

践踏法律尊严的事件，就会变成未来暴民射出的一支利箭。只有大多数人都以理性常识为达成共识的前提条件，只有大多数人学会以合乎普遍共识和公识的理性方式来讲理和做事，只有各种规则和制度符合理性常识和公识，一个社会才可能是正常的社会，其中的日常生活才可能是正常的日常生活。这是我们过上好生活并且活出人样的目的条件，也是日常生活的各种经验事实能够拨乱反正的先决条件。在这些先决条件尚未具备的情况下，如果仅仅王顾左右而言他，不去首先探讨这些先决条件是什么以及它们之所以缺失的根本原因，那就是在轻描淡写、避重就轻，这样的研究并不具有头等重要的学术价值和现实意义。如果社会主义核心价值观为好社会提出的目的论条件——民主、自由、平等、公正和法治不能落实为客观的社会制度和个人的行为准则，日常生活就失去了正常进行的前提，每个人就无法决定自己过什么样的生活并且选择什么样的人生，毕竟，"共同生活规则的规范合法性越来越取决于它对于个人自我决定的意义，也就是取决于，是以它的总和来表现个人自我决定，还是能够在它的前提中使个人的自我决定得以恰当的实现"①。没有这些必要而又必须的目的条件，我们想要的好生活和正常的日常生活不仅难以出现，甚至可能事与愿违。当日常生活无法正常进行下去并且无端受到阻断和扭曲之时，当我们的苦难和不幸是由我们自己不敢、也不善于运用自己的理性造成的之时，当普通人在日常生活中本来就具有的常识感、公平感和正义感无法得到体现，而且由此造成的挫折感、委屈感、苦闷感、压抑感和绝望感成为笼罩在日常生活上空挥之不去的阴影之时，民俗学的日常生活研究如果只将目光聚焦在一些无关紧要、无关痛痒、鸡零狗碎的经验现象之上，而对日常生活面临的最急迫、最长久、最苦闷的实践问题不闻不问、熟视无睹，那就无异于对人对己都不负责任。一味地回避这样的实践问题，就是在避重就轻，而一味地避重就轻，不仅无济于事，也无异于自误误人、自欺欺人。

　　实践民俗学要想直接触及好生活的先决条件，要想把受到扭曲和拧巴的理性常识矫正过来，首先就需要让普通人都意识到自己是具有理性能力的主体。正因为人与人的关系注定是相互的和双向的，所以，如果实践民俗学需要"把曾经倍受冷落的活动主体邀请回来"②，那首先就得把我们

---

　　① ［德］阿克塞尔·霍耐特：《自由的权利》，王旭译，社会科学文献出版社 2013 年版，第28 页。

　　② 高丙中：《民俗文化与民俗生活》，中国社会科学出版社 1994 年版，第 110 页。

自己作为民俗学者的主体性邀请回来，因为我们的研究首先不是为了作为民众的别人，而是为了作为民众的我们自己！这实际上意味着，即便风俗遇到了"学"而变成了风俗学，如果仍然一味地以中国古代文人的那种恍兮惚兮、啥都不做区分的自我中心式想象来面对风俗与民众，也照样会带来与经验实证范式相似的结局，即让我们与民众擦肩而过、失之交臂。因为这种士大夫情怀和浪漫主义情愫多半仍然只是在与学者自己的文人式想象打交道，而且只是在给日常生活的苦难涂上一层轻飘飘的诗意，并以此掩盖其残酷的真相与冷峻的现实，这种学术上的自娱自乐很可能使原本看起来很美的愿望再次遗落风中，甚至几千年来的中国传统思维方式已足以表明，这种眉毛胡子一把抓的所谓风俗学注定会带来事与愿违的结果。

在我看来，我们至少需要对经验实证范式与实践理性范式做出如下区分：经验实证范式强调通过实证经验认识已然和实然的事实及其规律，这些事实和规律一般被认为是在学者认识它们之前就已经存在的客观事实，这时，我们需要向已然和实然的事实学习。所以，在这里，认识的目的是追随并还原先在的事实及其规律，我们的认识实际上是被这些事实及其规律牵着鼻子走。实践理性范式则恰好相反，它主要关注的不是经验事实，而是行为事实及其在先的目的条件。因为实践是先有目的条件，后产生行为事实和行为后果。实践行为是按照在先的目的条件才发生的经验后果，也是从在先的目的条件出发而产生的因果性。目的条件是前因，行为事实是后果，在先的目的是导致实践结果的目的条件。因此，即便我们常常只能看到已然和实然的行为结果，也不能满足于此，而是必须返回并还原其目的条件才能判断：这些已然和实然的行为具有怎样的目的条件，它们是否具备以及在多大程度上具备合理的和理性的目的条件。如果具备，具备到什么程度；如果不具备，其原因何在。因此，实践民俗学必须采取条件还原法，它不仅把目光从经验事实转向行为事实，更要进一步还原行为事实的目的条件。人的实践行为总是有目的的行动，因此，目的总是在实践行动之先、之前。既然我们想理解人的实践行为，那就不能限于行为事实，而是必须理解导致实践行为的目的条件。当然，每个实践行为可能有不止一个目的条件，但是，既然实践民俗学首先要立足实践理性的立场，它就需要首先关注实践行为的理性目的，暂时忽略实践行为的各种感性目的。这就意味着，实践民俗学实际上也就是实践理性的民俗学。尽管它并不否认各种感性目的对实践行为的影响，但实践民俗学的首要任务是认识并力求实现那些实践行为的理性目的条件。因为只有实践行为的理性目的条件才能产生以理性公识为基础的道德行为和社会制度，因为好生活和好制度都是按照理性的目的条件来进行的顶层设计和具体实践，因为"……民主政体和民主公民社会秩序，原来是建立在区区几条有限的'公设'上面，算起来大概也不过是基本的五条，那就是每个人拥有的自由、平等、尊严，再加上公民权利和人权。民主生活秩序的法律、道德、习俗形成了一个复杂的'公理推导'网络，这个网络中的'正义真值'都是由那几条'公设'核心价值的真值流布下行而得以成立"①。当然，我们活着不是为了产生这些以理性公识为基础的道德行为和社会制度，但只有以理性公识为基础的道德行为和社会制度才是让我们成为真正意义上的自由人的目的条件，也才是能够让我们过上好生活和正常的日常生活的目的条件。可惜，中国人文科学与社会科学的不少学者在这个问题上一直执迷不悟并且长期延误。实践民俗学虽然姗姗来迟，却必须承担起推动中国社会确立以理性公识为基础的道德行为和社会制度这样的历史重任和学术使命。

因此，实践民俗学虽然也关注行为事实，却并不止步于此，而是要沿波讨源和追本溯源，即通过行为事实还原其实践理性的目的条件，通过前因去看后果。如果说经验实证范式以经验事实为依据，以顺藤摸瓜、按图索骥的方式寻求已然和实然的规律，那么，实践理性范式则恰好相反，它必须逆流而上，以实践理性的目的条件来评判行为事实，通过前因去看待后果，因为行为事实本来就是由应然和可然的目的条件造成的经验后果。通俗地讲，每个行为都是依据行为者主观上认为应然和可然的目的去做出的，也是为了实现这种应然和可然的目的。这种应然和可然的目的条件在多大程度上符合理性常识和公识，伦理行为的道德价值就有多大，政治行为的合法性也就有多大。虽然并非每个具体的行为事实都包含着理性目的，但只有首先把目的条件搞清楚，我们才能知道这个行为的效果如何、价值如何以及是否达成了目的，才能明白它的目的本身是否有问题。如果伦理行为和政治行为出了大是大非问题，那么，只有依据在先的理性目的条件，我们才能判断问题出在哪里，并且看看能否找到问题的根源和症结所在，以便至少在实践认识上正本清源、对症下药和标本兼治，而不至于头痛医头、脚痛医脚或治标不治本，甚至牛生病让马吃药。如果不具备这

---

① 徐贲：《经典阅读：美国大学的人文教育》，北京大学出版社 2015 年版，第 106 页。

些理性的目的条件，我们的实践行为就只能进行一些局部的微调或临时的改进，不可能发生质变意义上的道德改善和法治进步。

在一定程度上说，实践民俗学要还原的目的条件就蕴含在日常生活之中，也潜藏在普通人的内心深处。因为普通人在日常生活的行为中本来就具有基本的常识感、公平感和正义感，这就是人们常说的"人人心中有杆秤"和"是非自有公断、公道自在人心"。当然，这种朴素的理性常识指的不是问卷调查意义上的经验事实，而是普通人的判断能力和行为目的条件。所谓"人人心中有杆秤"和"是非自有公断、公道自在人心"，说的是普通人对道德公平与社会正义的基本共识。在日常生活中，普通人具有的常识感、公平感和正义感恰恰就是这种共识。经过理论还原和提升，这种共识就能够成为被普通的、正常的理性存在者不约而同地认可的理性公识。因此，首先，实践民俗学需要发现并还原日常生活中的这些基本公识，它们正是伦理行为和政治行为的基本目的条件。如果这些基本的目的条件遇到阻碍甚至被扭曲、被蒙蔽，实践民俗学就需要研究它们在日常生活中行不通的社会原因和个人原因，并想方设法来拨乱反正。其次，实践民俗学需要从学理上使这些基本的常识感、公平感和正义感更加普遍化、明晰化和纯粹化，把日常生活中的这些共识推进并提升到实践理性公识的层次。从常识意义上的共识到实践理性意义上的公识，从朴素的理性能力上升为经过理性的批判、辨析、选择和检验的实践理性能力，这不仅是普及数量意义上的提升，更是理性原则意义上的质变。只有在个人的主观道德准则与社会的客观制度程序上同时践行理性公识，才能促使变得非常的日常生活重新恢复正常，才能有助于让每个人成为真正意义上的自由人。由此来看，实践民俗学意义上的实践并非一般意义上的行为，更非泛泛而谈的行动，而是特指实践理性规范意义上的实践。它既非人的生物和生理活动，也不是人在自然界的生产活动，而是人与人之间的伦理行为和政治行为。因此，实践民俗学关注的重点就不再是前两种活动，而是日常生活中人与人之间的伦理行为和政治行为，即实现善与正义及其成败的实践行为。本书所谓"政治"，均指这种广义的政治，"这里的'政治'主要不是指官方意识形态，而是指由生活方式、历史传统和价值规范的相互作用所形成的政治文化，也就是人们共同生活的正当方式和正义原则"，它"不是权术、潜规则或丛林法则意义上的政治，而是亚里士多德意义上的政治，即通过理性的言说和互动促成公民之间的自由和平等的公共活动"①。孔子早就说，"政者，正也"②。可见，汉语的"政治"本来指的也是正确治理，即以公平正义来治理。这种含义恰恰与古希腊语的 πολιτική 以及由此派生的德语 Politik 和英语 politics 有相通之处，这三个词的基本意思都是作为技艺并且包含正当性的政治或政治学。所以，阿克顿说，"政治学＝公共生活的伦理学"③。政治主要涉及公共生活，但也涉及家庭生活，家庭成员之间也需要有家庭政治，因而政治关乎我们的日常生活质量，与我们的生命紧密相连，"政治与我们每个人、每天的生活息息相关。……政治决定着人们的衣食住行、婚丧嫁娶、生老病死、喜怒哀乐"，因为"我们每日的生活、我们的生命历程、我们如何与同属一类的他人相处，是由政治安排决定的。这一安排是好还是坏，是合理还是不合理，是公正还是不公正，关乎我们的生活质量，因而政治也是关于是非正误的常识"，但遗憾的是，长期以来，"我们并未真正理解政治的本质以及政治与日常生活的关系。事实上，若就人性的本质意义而言，我们既是社会的存在，因而也是政治的存在。你可能对政治没有兴趣，但政治对你却很有兴趣；你千方百计逃离政治，可政治却时时在你身边"④。正因为政治对日常生活具有如此重要的决定作用，实践民俗学的日常生活研究才需要把日常生活中的政治实践放在首要位置。既然要研究日常生活，那么，实践民俗学首先需要面对日常生活中出的实践问题和出了实践问题的日常生活，其次需要超越那些单纯的行为事实，发现问题的政治根源和症结所在，也就是需要着眼于行为事实的实践原理和目的条件。

当然，实践民俗学首先需要立足实践理性立场，关注政治实践的规范标准和制度建设。因为"一种按自由价值所构思的正义论，如果没有对相应的机制结构的同时陈述，就根本不可能建立和发展：理论不能局限于形式上的基本准则的引导，而必须把握社会现实，因为只有在社会现实那里才能找到那些条件，在这些条件下，他们所追求的目标，所有可能的自由都有一种同等的价值，才可能形成自己的形态。换句话说，这是伦理与自由思想的关联，它要求正义理论离开纯粹形式的框架，并且越过边界进入

---

① 户晓辉：《非遗时代民俗学的实践回归》，《民俗研究》2015 年第 1 期。

② 《论语·颜渊》，见朱熹《四书集注》，中华书局 1983 年版，第 137 页。

③ ［英］阿克顿：《自由与权力——阿克顿勋爵论说文集》，侯健、范亚峰译，商务印书馆2001 年版，第 405 页。

④ 郭于华：《回到政治世界，融入公共生活——如何重新激发底层公众的政治参与热情》，《人民论坛·学术前沿》2013 年第 23 期。

到社会的现实中去"①。只有立足这种实践理性立场，并且首先确立规范标准，并在制度建设上进行理性实践，那些日常生活中的各种经验事实才能找到理性的目的论方向。事实上，德国学者米夏埃拉·芬斯克已经编了论文集《作为政治的日常—日常中的政治》。她在导论中说，这个书名反映了欧洲民族学（从前叫"民俗学"）的三种重要关切：一是把日常生活看作习以为常的、看似庸常的、次要的、理所当然的东西；二是把日常生活看作一个政治协商过程的竞技场（eine Arena politicher Aushandlungsprozesse）；三是表明，欧洲民族学试图通过对生活世界情境的微观研究，以学科知识积极参与塑造各自当前的政治。② 只有日常生活的这种政治制度，才能在小事和细节上决定人之为人以及人能否成人，才能达到"要明显、毫无疑问地以看得见的方式实现正义"③ 的目的。"因此，从日常生活世界考察制度公正，可以发现常人共有的评价制度公正的原则。"④ 这不是为了标新立异，而是民俗学本该具有的 "来自底层的眼光"（Blick von unten），也是为了完成民俗学本该完成却一直被遗忘和耽搁了的实践使命，因为 "民俗学更关注人之为人的基础层面、人的生活世界以及民如何成为人"⑤。实践民俗学返回日常生活及其目的条件，正是为了由此回到人，回到个体的人及其基本的生存样态，首先恢复完整的自由人及其在日常生活中具有的常识感、公平感和正义感，然后再把这些共识推进并提升到现代价值观的公识层次，由此推动以现代公识为目的条件的日常生活政治制度实践，这恰恰也是民俗学当初立下的鸿鹄之志。但遗憾的是，在经验实证范式主导之下，多数学者长期以来一直在王顾左右而言他，在这方面，"我们虽然多吃了几担米，但我们的思维方式几十年来却并没有多少长进"，而且，"如果不明白这一点，我们就是再多吃几担米也是徒然，永远不会有真正的长进"⑥。

---

① ［德］阿克塞尔·霍耐特：《自由的权利》，王旭译，社会科学文献出版社 2013 年版，第108 页。

② 参见 Michaela Fenske（Hg.），*Alltag als Politik-Politik im Alltag. Dimensionen des Politischen in Vergangenheit und Gegenwart*，LIT Verlag Dr. W. Hopf，Berlin，2010，S. 9。

③ ［印度］阿玛蒂亚·森：《正义的理念》，王磊、李航译，中国人民大学出版社 2012 年版，第 366 页。

④ 徐晓海：《制度公正的日常生活基础》，博士学位论文，吉林大学，2005 年，第 89 页。

⑤ 户晓辉：《从民到公民：中国民俗学研究 "对象" 的结构转换》，《民俗研究》2013 年第1 期。

⑥ 宣炳善：《从李敖复旦的演讲思考演讲》，《粤海风》2006 年第 1 期。

事实上，早在 1902 年，德国学者阿尔布雷希特·迪特里希（1866—1908）就指出，"民俗学是有关一切生活（命）表现形式中的（人）民的消息"①。1927 年，德国民俗学者尤利乌斯·施维特林（1884—1962）也认为，德国民俗学应该把握（人）民的一切生活（命）表现形式。② 看来，民俗学的确让人怀疑是否想研究一切，或者更谦虚地说，至少是几乎一切东西。③ 表面看来，民俗学的雄心壮志不仅够大，而且有点太大！好像很少有哪个现代学科有这等凌云壮志和如虹气魄。也许在其他学科的学者看来，这等口出狂言的语气，要么是小学科的不自量力，要么是缺乏基本的学术训练。乍一看来，谁都可能有点纳闷：民俗学，你究竟想要哪样？一门学科正如一个学者一样，怎么可能什么都研究？难道本该最接地气的民俗学曾给自己许下了如此不接地气的宏愿吗？民俗学难道真的就这么不知天高地厚，而且还想气吞山河、天狗食月吗？

然而，且慢下断言！从当代民俗学发展的实际轨迹来看，这种想法的确显得有点大而无当。不过，民俗学的宏愿只是在学科后来发展实绩的比照之下才显得有些不知深浅、志大才疏。是否可能因为我们这些后来者没有足够的能力和足够的付出呢？是否可能因为我们后来误入歧途了呢？果真如此的话，我们似乎并不能单纯怪罪学科起源时的宏愿本身。因为"开端是伟大的。在开端处孕育了多种可能性。可实际上，只有一种或两种可能性变成了现实"④。学科的初衷和目的是否有问题，不该依据学科后来发展的经验事实来判定，而是应该以理性上是否可行与是否合理为逻辑根据。因为学科的初衷和目的也可能一直没有得到后人真正的领会，而且"就总体进程而言，当学科最初的目的没有得到展开和实现之时，人们还难以领会和理解其中的深意。只有经过了一定的发展和展开过程，理解的视域才可能被进一步打开。也就是说，当我们处在学科开端时，往往并不

---

① Albrecht Dieterich, "Über Wesen und Ziele der Volkskunde", in Gerhard Lutz（Hg.）, *Volkskunde. Ein Handbuch zur Geschichte ihrer Probleme*, Erich Schmidt Verlag, 1958, S. 83.

② 参见 Julius Schwietering, "Wesen und Aufgaben der deutschen Volkskunde", in Gerhard Lutz（Hg.）, *Volkskunde. Ein Handbuch zur Geschichte ihrer Probleme*, Erich Schmidt Verlag, 1958, S. 146。

③ 参见 Silke Göttsch, "Volkskunde, Europäische Ethnologie oder...? Auf der Suche nach disziplinarer Identität", in Regina Bendix und Tatjana Eggeling（Hg.）, *Namen und was sie bedeuten. Zur Namensdebatte im Fach Volkskunde*, Schmerse Verlag, Göttingen, 2004, S. 119；户晓辉《德国民俗学者访谈录》，《民间文化论坛》2006 年第 5 期。

④ 户晓辉：《德国民俗学者访谈录》，《民间文化论坛》2006 年第 5 期和中国社会科学院文学研究所编《走向世界的中国文学研究》，社会科学文献出版社 2010 年版。

能对开端本身有多少理解，更难有多好的理解。只有在开端得到了不同程度的展开（哪怕是被忽视甚至偏离）之后，我们才可能反过来对开端有更深入的理解"①，但"一门学科的理论所关注的基本问题（终极关怀）并不是在其起源处就一劳永逸地被固锁住的，学科理论的基本问题需要该学科的学者不断地追问，就此而言，学科问题是学科的先驱者和后来人不断对话并通过对话得以解决的结果"②。

既然是不断对话，每个学者当然都处在对话的进程之中，这种对话也就只有进行时，没有完成时。我现在说出的就是我在这个进行时的此时此刻的理解。简言之，在我看来，民俗学想研究的几乎一切东西，无非完整的日常生活中的完整的自由人及其目的条件。偏偏多数学者都从经验大全的意义上来理解完整和一切，却根本忽视了基本的事实：日常生活和人心永远不可能呈现出全部真相，我们也永远无法抓住全部真相。不仅对外人是如此，即便对我们自己而言，每个人都无法彻底参透自己的内心，也无法对自己的日常生活达至洞若观火的程度。况且，许多事情发生之后就消失在时间的黑洞之中，日益变得湮没无闻。有些学者把完整理解为全息式信息，主张对生活采取多维立体的全息记录。且不说任你有三头六臂、任你有现代技术的全副武装也无法做到这一点，单说即便能够做到这一点，又有多少意义和价值呢？还有学者认为，要最大限度还原并进入生活语境，好像非如此便无以实现"活鱼是要在水中看"③的理想。当然也有学者貌似谦虚而克制地认为，学科有分工，民俗学只是一门经验科学，仅限于经验的和实证的研究。可是，这与画地为牢有什么区别呢？关键是，如果仅限于经验实证领域来研究人，那还是真正意义上的人吗？如果想研究人，如果承认民俗学需要研究人，我们就得问一问：什么是真正意义上的人？真正意义上的人以何种方式存在？

据慕尼黑大学哲学教授约瑟夫·施蒂曼（Josef Stürmann，1906—1959）的划分，人的存在方式分为几种：Dasein（特定存在或定在）相当于 Vorhandensein（现成的存在），Existenz（生存）相当于 Gerufensein

① 户晓辉：《返回民间文学的实践理性起点》，《民族文学研究》2015 年第 1 期；参见户晓辉《民间文学的自由叙事》，社会科学文献出版社 2014 年版，"自序"，第 6 页。
② 吕微：《反思民间文学、民俗学的学术伦理》，《民间文化论坛》2004 年第 5 期。
③ 刘魁立：《谈民间文学搜集工作》，中国民间文艺研究会编《民间文学搜集整理问题》第 1 辑，上海文艺出版社 1962 年版，第 40 页。

（被召唤的存在）或 Berufensein（负有使命的存在）；Funktionalität（功能性）相当于 Kausalität（因果性）；Freiheit（自由）相当于 Befreiung von（摆脱……）或 Indeterminität zu（对……的不确定性）。[①] 在我看来，这些与其说是不同的存在方式，不如说是不同的存在层次。因为每个人都在不同程度上同时拥有这几种存在方式，只是对某些方式的偏重各有不同。也许有学者会说，民俗学只是一门经验学科，只需也只能研究人的特定存在和功能性存在，不能也不必研究人的其他存在方式。果真如此的话，民俗学研究的还是完整的人吗？关键是：如果只有特定的现成存在和功能性（因果性）存在而没有被召唤的使命、没有自由和不确定的希望，这种人还是真正意义上的人吗？这样的人与自然物的存在又有何不同呢？在这种情况下，即便我们的研究用尽心思、费尽周章，难道不是离研究人的目标渐行渐远甚至恰好南辕北辙吗？所以，"当学科在已经失去自己本然研究对象的地方大施拳脚的时候，无论怎样用力，都是枉费心机"[②]。其实，列奥·施特劳斯早就提醒我们："按照我们的社会科学，我们在所有第二等重要的事情上都可以是聪明的，或者可以变得聪明起来，可是在头等重要的事情上，我们就得退回到全然无知的地步。我们对于我们据以作出选择的最终原则、对于它们是否健全一无所知；我们最终的原则除却我们任意而盲目的喜好之外并无别的根据可言。我们落到了这样的地位：在小事上理智而冷静，在面对大事时却像个疯子在赌博。"[③] 仔细想想，中国有多少学者不是这样？即便看到这样的提醒，中国又有多少学者听得进、听得懂这种铮铮挚言？中国有多少自视聪明的学者以才情和机巧为自傲傲人的资本，却对人生和学术的大是大非缺乏基本的判断力？他们只会在经验实证范式中寻寻觅觅、拾遗补阙，根本想不到，即便他们的网眼再细，他们本该捕捉的大鱼早已逃之夭夭。他们的心力和才情无非是枉费在一些缘木求鱼又让他们自鸣得意的鸡毛蒜皮和细枝末节上罢了。他们自以为很聪明、很高明，陷入盲目的偶然性并以此扬扬自得甚至目空一切，全然不顾自己在建构一切的同时其实也在自我解构，甚至以挑战

---

① 参见 Josef Stürmann, *Der Mensch in der Geschichte. Versuch einer philosophisch-anthropologischen Geschichtsbetrachtung*, Verlag Kurt Desch München, 1948, S. 128。

② 户晓辉：《返回爱与自由的生活世界——纯粹民间文学关键词的哲学阐释》，江苏人民出版社 2010 年版，第 384 页。

③ ［美］列奥·施特劳斯：《自然权利与历史》，彭刚译，生活·读书·新知三联书店 2003年版，第 4 页。

一切、解构一切的姿态为反抗权威的唯一方式。他们在这些捡了芝麻、丢了西瓜的事情上费尽心机而又自以为发现了新大陆，却不愿也不能区分主要矛盾与次要矛盾，甚至不承认问题有什么根本和要害。中国的某些后现代主义者，尽管对某些传统痼疾有怀疑和解构之功，却偏偏对自身存在的大量误读和误植做法缺乏应有的怀疑精神。在希望打破非理性的旧体制之后，他们并不想建立理性的社会制度与公正程序，也不想践行实践理性的行为方式，而是试图以一己的非理性来取代他人的非理性，以更加私人化的情感来代替以往对这种情感的压抑和压制，甚至以否认理性和普遍价值的存在为扬扬自得的资本与精神反叛的标志，根本不管不顾自己主张的目的与手段之间的自相矛盾，反而以这种自相矛盾为标新立异的所谓中国特色。他们不相信、不承认理性、客观与普遍，而是把它们斥为本质主义，他们希望回到绝对的个体与主观。在他们的眼里，似乎一切普遍价值都可能异化为压制人的力量，都是话语霸权，因而都被他们弃之如敝屣。在他们看来，中国根本不需要再搞什么现代性，只需在后现代的文字游戏中无尽地嬉戏和延异下去。他们把自己一知半解的西方后现代思想照搬过来，当作反抗等级制的资源。他们只看到西方后现代的热闹表象，根本不懂不顾其逻辑前提和目的条件，他们混淆了现代秩序（法治）与封建专制（人治）、真自由（自我立法）与假自由（为所欲为、目空一切）的本质区别，因为他们否认世界上还存在着任何本质。在我看来，经验主义者常常陷入现象的万花筒而难以自拔，因而往往抓不住本质；后现代主义者则根本否认本质，因而嘲笑并否认寻求本质的必要性，他们的共同之处在于：都在王顾左右而言他，都在避重就轻，因而都不得要领。

可是，在中国，现代制度和生活方式还缺乏根本的程序保障，人权、民主、平等、法治等现代公认的价值观公识尚未真正被制度化。尽管有些人在理性上有所进步，但远不能说理性的太阳已然在中国升起。因此，中国的后现代主义者在反对旧思维方式的同时也一并否认理性，多半像堂吉诃德大战风车，因为无论在观念上还是在制度上，我们还没有多少真正的理性可厚非，也缺乏真正的主体可供解构，因为严格说来，我们的主体性尚未确立起来，尽管在一些后现代主义者看来，这种主体性压根儿不需要确立就已经弥散了。他们根本不明白，西方后现代主义者反对的是理性主义（夸大理性的作用以及对理性的误用）而不是理性本身，否则他们的反对本身也必然无效。更关键的是，西方后现代主义者看似解构了主体的人和本质，但他们并没有否定和反对一切普遍价值的前提。首先，他们讲道理和讲逻辑，否则，他们的否定和反对本身（无论内容是什么）就无效，也不能成立；其次，主张差异和多元的后现代主义者一定不会反对这样的前提和目的条件：我可以不同意你的说法，但我坚决捍卫你说话的自由与权利。否则，它的一切多元和众声喧哗的主张就会自动失效，而这种主张正是民主、平等和自由这些普遍价值的基本内容之一。中国的某些后现代主义者往往忽视西方后现代主义者默许的普遍价值前提，他们最大的问题是试图摧毁对普遍和绝对的信仰。在批判和解构假普遍和伪绝对时，他们也否认有任何真普遍和真绝对的存在。殊不知，如果没有西方前现代已经确立起来的普遍价值，后现代何以可能？进而言之，没有自由和理性这些普遍价值，后现代本身能够成立吗？假如在没有民主、平等和自由等普遍价值观的社会，后现代的差异性、多样性和众声喧哗即便可能产生和出现，但能够被允许、被保障吗？我们自己的社会也许恰恰可以提供一个反证：为什么中国很少产生自己本土的后现代？难道与中国尚未确立并践行成熟的、健全的（前）现代价值观没有关系吗？在中国，从西方移植过来的后现代崇尚的差异性、多样性和众声喧哗不仅不被鼓励，而且往往不被允许。[①] 由此看来，"他们的错误在于不识时务：当中国还没有完全进入'现代'的时候，他们就在大肆宣扬'后现代'。他们不知道，文明社会的民主价值已不可动摇，对民主反思批判只是为了更完善民主制，不是为抛弃民主，而我们的社会在还没有真正确立起民主的基本价值时就大肆批判民主。……没有这个平台，谈那些后现代的'先进'民主理论都是空中楼阁"[②]。中国某些后现代主义者不知是否想过，他们追求的目的如何达到？他们纯粹主观的那些任意性在哪里以及如何才能得到安顿和保障？他们自己提供的方式能否足以达到他们想要的目的和结果？欧美社会的现实

① 在这方面，韩水法曾指出，"虽然后现代主义五花八门的流派要努力打破现代秩序，但除了福柯的工作有一定的价值之外，其他的努力基本上是不成功的。我想举一个例子来说明：小孩子之所以敢对父母胡闹，是因为明明知道并确信他或她的父母是爱护他（她）的，并且会保护他（她）。其胡闹的指向正是其所依赖的东西。后现代各种流派的努力不能说是毫无意义的，但是在绝大多数情况下，它们是在现代制度和生活方式保护之下的一种活动。如果把现代的制度和生活方式全部取消，它们之中的绝大多数就会掉头回来寻求这种保护"（韩水法、李百玲：《不忍终结，于是寻找出路——韩水法教授访谈》，《学术月刊》2005 年第 9 期）。

② 蔡定剑：《民主是一种现代生活》，社会科学文献出版社 2010 年版，第 45 页。

和制度框架已经为那里的民俗学提供了民主、平等和自由等不言自明的观念前提和社会条件，或者说，这些普遍的观念前提和社会条件已经理所当然地成为他们无须讨论的学科基础和前提，他们一般只需直接谈论文化的差异性、个别性和多样性就足矣。相反，中国的"日常"缺乏欧美社会那样的现实前提和制度保障，当那里的学者在考虑如何把日常的主观感受和微观体验表达得更细致、更充分时①，中国的普通人本来就具有的常识感、公平感和正义感还常常无法在日常生活中得到普遍承认和公开表达；当他们已经开始像霍耐特那样讨论"法定自由的病态"②时，我们在很大程度上还需要努力争取这种法定自由，还需要在观念层面和社会制度层面首先确立并实践这样的目的条件。

由此看来，中国的后现代主义者至少缺乏两个先决条件：在理论上不理解也不屑于理解欧美现代性价值启蒙的深刻内涵和巨大的社会解放意义，在社会现实上也缺乏现代自由、平等、民主、法治的制度保障和公正程序。在这种情况下，他们盲目信奉文化相对主义和价值虚无主义，多半只能带来鹦鹉学舌的文字游戏，用种种思想误植和鸵鸟政策以快己意或自鸣得意。具有怀疑精神和反思精神的中国某些后现代主义者为什么就不反思一下自己呢？在他们的眼里，仿佛"一切等级的和固定的东西都烟消云散了，一切神圣的东西都被亵渎了"③，他们在内心深处在为这种烟消云散和彻底崩塌而欢呼雀跃。有些后现代主义者"本身缺乏深思，却以自作聪明的怀疑主义出现，愈是空疏缺乏理念，其夸大虚骄的程度反而愈益增高，试图以自欺欺人的、压倒千古大哲的虚骄之气来掩盖其理智上的软弱与无能"④。但他们忘了，至少我们评价和判定伦理行为与政治行为是好是坏、是善是恶，不能采用主观的和相对的标准，而是必须具有超越所谓前现代和后现代的普遍逻辑标准，"概括而言：一切行为都是处于个别的现实性之中带有特殊性质的一种行动。一个行为，若堪称自由之行为，那

---

① 例如，奥地利民俗学者布丽吉塔·施密特－劳贝尔（Brigitta Schmidt-Lauber）的著作《舒适度：一种文化学上的接近》（*Gemütlichkeit. Eine kulturwissenschaftliche Annäherung*, Campus Verlag, Frankfurt am Main/New York, 2003）研究的虽然是德语国家日常生活中一个难以把握的概念及其生成史和市民文化模式，但这个概念恰恰表明的是这些国家日常生活的惬意性与舒适性。

② ［德］阿克塞尔·霍耐特：《自由的权利》，王旭译，社会科学文献出版社 2013 年版，第138—151 页。

③ ［德］马克思、恩格斯：《共产党宣言》，人民出版社 1997 年版，第30—31 页。

④ 范进：《哲学——为人类精神寻找"家园"》，《中国社会科学》1995 年第 1 期。

么它必然包含着个别性、特殊性和普遍性的逻辑统一。恶的行动则缺乏这种同一性，它不能正确把握行为概念"①。也就是说，像自由、平等、博爱之类特定的普遍价值不是归纳出来的或然结论，而是根据演绎推理推论出来的必然结论，所以才具有普适性。"在哲学等人文科学上，普世价值（Universal value）泛指那些不分领域，超越宗教、国家、民族……只要本于'理性·良知·正义'皆为所有或几乎所有的人认同之价值、理念。现代公民社会普遍信仰'人权·自由·平等·民主·宪政·博爱'的价值观；反对传统社会'君主·奴役·阶级压迫·集权·专政·仇恨'的学说。"② 这些普遍价值之所以普适，因为它们并非来自不同社会现实的个案归纳，而是从逻辑上推论出来的好东西（如好社会、好生活和好公民等）之所以为好东西的必要条件。请注意：这是逻辑推论，不是事实判断！不少中国人在辩论和争论时都习惯于用事实来反驳事实，甚至常常用事实的反例来反对逻辑而不是以逻辑来反驳逻辑。我们常常不会按理性去推理，不知道如何去思考问题的答案和事情的原因，而是习惯于用事实本身来解释事实。西方人几千年来不厌其烦地反复论证和争论普遍价值的细节和程序，并非把它们当作只能信仰的对象，而是当作可以从逻辑上加以证明、更可以反驳的推论。逻辑的演绎方式可验证也可反驳，只要大前提为真，推论步骤正确，结论就必然为真。所以，以正确的演绎方式推论出来的结论才具有必然性和普适性。换言之，民主、自由、平等、公正和法治是好社会和好生活的目的条件，也是每个人的人权得到保障的基本前提。只有具备了这样的目的条件和基本前提，我们才能过上好生活和正常的日常生活，才能活出人样。相反，在不具备这样的目的条件和基本前提的情况下，对那些鸡毛蒜皮、鸡零狗碎和细枝末节的关注和研究，都无以改变社会机制和运作原理，因而都显得无足轻重和无关痛痒。如果有人想反对这些普遍价值，当然可以，但必须从逻辑的观点看（蒯因），必须经过猜想与反驳（波普尔）。恰恰因为从逻辑上可以有不同的思考进路，所以借助逻辑得出的知识才能有积累和辩难，依据逻辑才能有争论的规矩和章法，而不至于沦为感情用事和意气之争。被研究的对

---

① ［德］克劳斯·菲韦格：《"道德世界观"——论黑格尔对先验哲学实践理性的批评》，牛文君译，《安徽师范大学学报》2013 年第 1 期。

② 参见网址：普世价值—维基百科，自由的百科全书 https：//zh. wikipedia. org/wiki/% E6%99%AE% E4%B8%96% E5%83%B9% E5%80%BC［2017 年 5 月 14 日］。

象或现象可以没有逻辑，但我们的研究不能跟着没有逻辑，而是必须讲求逻辑推演。否则，当我们想写论文时，写出来的就不是论文，而是随笔或散文。

由此看来，我们要提防和破除的，一方面是传统民俗学的心贼，另一方面是后现代民俗学的心贼，然而，"破山中贼易，破心中贼难"。所以，我们要在大是大非和大方向上来一个大转变，从经验实证范式转向实践理性范式。民俗学想研究几乎一切东西，并非从经验上认识靡有孑遗的一切，而是在实践上增加超验意义和先验价值，即实践理性的目的论。因为人的伦理行为和政治行为本来就是先有超验意义和先验价值，后有经验的行为事实。超验意义和先验价值是伦理行为和政治行为的前因，经验的行为事实只是这些前因的后果。因此，即便说到完整的人，也是经验认识加上超验意义和先验价值才算完整，因为完整的人本来就不仅有经验认识，而且必须有超验意义和先验价值，缺了后者，人不仅不完整，而且根本不成其为真正意义上的人，尤其不能算实践意义上完整的自由人。这并非我的臆想和杜撰，而且只要破除一些执障就能够看到——民众本来就是如此！

事实上，"民俗学一开始即是一门经验学科"① 这种说法，看似有理，实则不然。民俗学后来确实发展成了一门经验学科，但一开始并非如此。发端于浪漫主义的民俗学的确过于强调浪漫主义中的经验因素（浪漫的民族主义），忽视了其中的先验因素（自由的民族主义），但不可否认，现代民俗学研究在发端时具有先验的实践理性起点，它本来应该是一门实践科学。② 即便是少数，总归还是有一些民俗学者从事过先验的和超验的研究。③ 只是问题的关键在于，无论这样的学者在事实上是多是少，我们选

① 王杰文：《"生活世界"与"日常生活"——关于民俗学"元理论"的思考》，《民俗研究》2013 年第 4 期。

② 参见户晓辉《返回民俗学的实践理性起点》，吴效群编《民俗学：学科属性与学术范式》，河南大学出版社 2015 年版，第 65—86 页；户晓辉《重识民俗学的浪漫主义传统——答刘宗迪和王杰文两位教授》，《民族艺术》2016 年第 5 期。

③ 除了吕微和我本人近年来的研究之外，还有上文提到的麦克斯·吕蒂、安德烈·约勒斯、赫尔穆特·延德赖克（Helmut Jendreiek）、哈尔姆-佩尔·齐默尔曼（Harm-Peer Zimmermann）和沃尔夫冈·仁茨（Wolfgang Senz）等德语地区民俗学者的先验研究；用现象学方法理解普罗普的童话形态学和鲍曼的表演理论的著作，参见 Harris M. Berger and Giovanna P. Del Negro, *Identity and Everyday Life：Essays in the Study of Folklore，Music，and Popular Culture*，Wesleyan University Press，2004。

择方法的依据都应该是学科试图解决的问题本身是否需要，而不是看学科发展的事实是有是无。退一步说，即便学科主流如此，但"从来如此，便对么？"① 毕竟，"无论一门学科在不同国家究竟在事实上发展成什么样子，都不足以说明它本来应当是什么样子以及它的学科属性是什么"②。民俗学自产生以来，大多处理的是特殊性和个别性问题，除了母题、类型等概念涉及普遍性问题之外，民俗学者最擅长的似乎就是追寻民族的、区域的、群体的、身份认同的文化特殊性和个别性，逐渐遗忘了自己的实践理性起点还有共同性和普遍性。例如，学科争论了一百多年的"民"被理解为各种各样具体的社会角色，但后来民俗学者们总算认识到，我们每个人都是民（邓迪斯和理查德·魏斯）！我们绕了一圈好像又回到了起点。其实，当初在赫尔德与胡适、周作人那里，民早就是"（人）民"了，民后面一直有一个大写的人，这个大写的人是普遍的价值基础，是自由的主体。后来的许多学者和政客忽视了这一点，只把民当作各种社会角色加以利用，在学科内和社会上做了不少越俎代庖的事情。在一定意义上说，赫尔德与胡适、周作人之所以能够看到（特殊的）民也是（普遍的）人，恰恰因为他们有现代价值观公识的启蒙，后来的许多学者之所以看不到这一点甚至对民俗学伟大先驱的洞见视而不见，恰恰因为他们远离甚至忘却了现代价值观公识的启蒙。可是，无论学者是否意识到这些，中国的民众都处在现代价值观公识的启蒙和自我启蒙（尽管艰难而缓慢）过程之中。中国人的日常生活也在经历着前所未有的嬗变，而这些嬗变能否让我们过上好生活和正常的日常生活的关键就在于，我们在日常生活中的伦理行为和政治行为是否出于以及在多大程度上为了体现并实现理性的目的论条件。如果继续忽视对学科普遍问题的探讨，继续对文化和人的普遍价值公识采取回避（价值中立）态度，继续忽视民众的主体性和自由意志，民俗学将如何应对时代和现实向我们提出的问题与挑战呢？民俗学研究的固然是处在某时某地、属于某个民族的具体的民及其特殊的文化，普遍价值公识好像也并非民俗学研究的对象，可是，在全球化时代，这些具体的民和特殊的文化却不能不与普遍价值公识产生重要的关联。没有普遍价值公识的制衡和补充，不仅文化多样性和特殊主义可能走向极端，而且多样性与

---

① 鲁迅：《狂人日记》，《鲁迅全集》第 1 卷，人民文学出版社 1981 年版，第 428 页。
② 户晓辉：《返回民间文学的实践理性起点》，《民族文学研究》2015 年第 1 期。

特殊性本身也无从表现和体现。民俗学的主流一直在谈文化、身份的特殊性与个别性，这固然是学科的本行，但我想在基础问题层面上提醒大家别忘了普遍性和一般性。这两方面谁也离不开谁。民俗学长期以来正确地强调了文化多样性和特殊主义，却有点忘却了普遍价值，应该把这个环节补上，才算完整和齐活。经验实证范式下的民俗学与中国社会共同的症结所在，恰恰都是缺乏普遍的理性目的论条件。

尽管多数民俗学者像其他学科的学者一样，只想研究片面的或单面的人（从严格意义上说，这种人已经不是真正意义上的人）或者人的某个方面，但民俗学当初的确立志要研究完整的人。民俗学眼中的人应该是生活中完整的活人，而不是脱离了生活的人；换言之，应该是真正意义上的自由人，而不是片面的非人。民俗学眼中的生活应该是以生活世界为基础和以实践理性目的为条件的完整的日常生活。[①] 如果其他学科研究的往往是日常生活中已然和实然的某些经验事实，那么，实践民俗学则恰好相反，它必须逆事实之流而上，追溯并还原行为事实的目的条件，从前因来看后果，并以实践理性的目的条件来评判日常生活中的行为事实，由此在学理上把普通人在日常生活中本来具有的常识感、公平感和正义感加以普遍化、明晰化和理性化，把它们提升到实践理性公识的层次，进一步推动以现代公识为目的条件的日常生活政治制度实践。这是实践民俗学研究日常生活与其他学科研究日常生活的显著区别之一。"民俗学的独特性，应该表现在它直接面对生活本身时，会具有怎样的学术眼光和运用怎样的研究方法，否则民俗学就很难被看作是一门独立的学术。"[②] 要想了解鱼的结构和本质，不一定非要解剖死鱼，同样，实践民俗学者不想把现象的水分榨干以后再来寻找现象的本质，因为那样恰恰可能让原本完整和鲜活的本

---

① 以对制度公正的研究为例，"日常生活世界并不是单纯主观性的意义世界，它……是未分化的、凭直接需求而选择行为方式、体现了人们整体本性的领域……只有回归到日常生活世界中，超越各分化领域的狭隘性、片面性，才有可能发现常人共有的评价制度公正性的原则。这种原则……是指排除了纯粹个体性、偶然性、特殊性的正义，能够对整个社会起普遍的指导作用……既然日常生活世界是尚未分化的原初状态，是不同专业领域的制度运行、展开的基础世界。那么，只有通过对制度公正共同基础的研究，以日常生活为根基、向生活世界回归，在生活世界中重新评价并协调各种制度公正观，才能避免公正观念、公正评价和公正制度的片面性，这种思路不仅合逻辑，而且也具有现实意义"（徐晓海：《制度公正的日常生活基础》，博士学位论文，吉林大学，2005 年，第 79—80 页）。

② 刘铁梁：《感受生活的民俗学》，《民俗研究》2011 年第 2 期。

质流失殆尽。尽管"人民生活在风俗当中，就像鱼类生活在水里一样"①，但人与生活毕竟不是简单的鱼水关系。生活是人活出来和实践出来的生活，不是人周围已然存在的外部环境。严格说来，只有把生活客观化为外部环境，才需要进行所谓田野调查，才会把田野调查视为理所当然。可是，立足非实证的实践立场就会发现，"把人、文化主体、人间社会视为'田野'，是令人震惊的"②。且不说把别的地方和别人的生活当成田野这种做法的怪异之处，单说所谓田野，难道不就在我们心中吗？每个人的生活和内心不就是终极意义上的田野吗？"20 世纪 90 年代，当有人一如既往地号召作家深入农村和所谓基层体验生活时，新疆著名作家周涛提出质疑：我们谁在生活之外？这实际上是对客观生活观的有力一击。只有把生活看作围绕在人周围的某种客观环境时才会提出深入（他人的）生活的问题。我在此再次强调，生活世界永远是人的主观生活，只要人活着，只要有人存在，谁也无法处在生活和世界之外或生活世界之外。研究和描述生活世界中的民间文学或民俗现象的学者当然也概莫能外。……只有经验和直观了学者自己的生活，才能更好地经验和直观所谓民众的生活，因为生活世界的本质特征是主观间构成的，描述和研究的根本任务在于互为直观和直接呈现。"③ 也就是说，作为民俗学者，我们实际上无假外求，我们就是民众，民众的"你"与我息息相通，生活本身就是我们的田野。因此，即便研究民俗学，我仍喜欢宅在家里。如果有人问：你弄民俗学怎么不下田野？天天宅在家里，算弄哪门子民俗学？我会回答说：我反对经验实证意义上的田野，因为真正的田野就是我们自己的日常生活和每个人的内心，所以，我天天宅在家里，就已然在田野之中了！你看人家弗雷泽就从未离开过欧洲，虽然有人讥笑他是扶手椅上的人类学家，但当年与土著朝夕相处的田野人类学家每每惊异于足不出户的弗雷泽（参见图 121）竟对所谓原始民族有惊人的洞察力和理解力。在与弗雷泽交谈时，来自中非的传教士们不止一次地惊呼："为什么你比在黑人中生活过 20 年的我还要了解他们？"尽管当代人类学家大多对弗雷泽不屑一顾，但我不得不说，

①　钟敬文：《新的驿程》，中国民间文艺出版社 1987 年版，第 444 页。

②　张承志：《人文地理概念之下的方法论思考》，参见《常识的求知：张承志学术散文集》，生活·读书·新知三联书店 2012 年版，第 5 页。

③　户晓辉：《返回爱与自由的生活世界——纯粹民间文学关键词的哲学阐释》，江苏人民出版社 2010 年版，第 365 页。

图 121　詹姆斯·弗雷泽像
（图片翻拍自 James George Fra-
zer，*The Gorgon's Head and other
literary Pieces*，Macmillan and
Co.，Limited，London，1927），
让我想起罗丹的雕像《思想者》，
在我的印象中，弗雷泽就是一个
思想者，虽然不一定是最优秀的

当代人类学已经变得日益琐碎和小家子
气，失去了弗雷泽时代的宏伟抱负，在
今天，有谁还愿意去耐心体会弗雷泽的
苦心孤诣呢？① 有多少人类学家还有弗雷
泽那么深厚的人文修养和人文关怀呢？
即便人类学家能把某个社会或某个族群
的社会制度和生活方式摸得门清，这对
其制度和生活方式的改善又有多大助益
呢？我不是要自比于弗雷泽，但他的例
子至少可以表明，理解意义，不一定非
要眼见为实。那种把田野绝对化的观点
暗含的前提是，田野提供了直接的经验
知识。果真如此的话，而且如果民俗学
想要获得的仅仅是经验知识的话，田野
当然就是民俗学研究的必要而充分的条
件。不过，正如康德早就指出的那样，
即使我们的一切知识都始于经验，但并
非所有的知识都源于经验。除了依靠经
验得来的那种经验性的知识之外，至少
还有先验的知识，这种知识不仅不依赖
于个别的经验，而且完全不依赖于任何

经验。② 换言之，"如果我们意识到，某种东西即使没有在经验中呈现给
我们，我们也能够知道它，那么，我们就是通过理性认识到它；因此，理
性知识和先验知识是一回事"③。实际上，民俗学应该研究的实践知识和
实践目的恰恰不是经验性的知识，而是通过理性认识到的先验知识和理性
知识，普通人在日常生活中本来具有的常识感、公平感和正义感也正是这
样的知识。实践民俗学试图研究的恰恰就是这些通过理性能够认识到的实

---

① 参见户晓辉《重识弗雷泽：一个人一生能讲几个故事？》，《民族艺术》2012 年第 2 期。

② 参见 Immanuel Kant，*Kritik der reinen Vernunft*，Verlag von Felix Meiner in Leipzig，1930，S. 38 - 39。

③ Immanuel Kant，*Kritik der praktischen Vernunft*，Verlag von Felex Meiner in Leipzig，1929，S. 13.

践知识，而这样的实践知识需要借助的认识手段，恰恰不是经验，而是理性本身。

退一步说，即便所谓下田野，也主要是为了理解意义和价值，而不仅仅是为了寻求因果关系。如果说"经验科学主要采用解释（erklärung/explanation）的方法研究各种因果关系，而实践科学则主要采用理解（Verständigung/understanding）的方法领会人的行为及其作品的意义和价值"①，那么，民俗学显然应该是一门实践科学，它需要从以往对自然的因果解释（causal explanation）转向对目的条件的意义阐释（interpretation of meaning）和还原。即便当代民俗学的语境分析方法，也并非想解释民俗，而只是通过考察文本以及民俗在社会中的整体经验来阐释民俗，它寻求的是意义而非原因。②

既然如此，理解意义和价值，尤其是还原实践行为的目的条件，就不一定非要借助经验的直接性和当下性。相反，理解和还原更需要知识储备、阅历、视域和判断力等主观条件，当然还需要等待时间上的契机。因为"思想，它有时也很慢，啊！简直慢得很呢！人，人们，社会，对于自己所遭遇的事情，对于自己的真正处境，往往要经过艰难的道路，而且往往是很晚，才能有所认识"③。因为"我们的视域能够打开多少，过去或历史的意义也就可能呈现多少"④，所以，德国哲学家恩斯特·布洛赫（Ernst Bloch，1885—1977）才说，过去产生于现在和将来。也就是说，过去的意义和价值只能在现在和将来才能被理解并呈现出来。这就表明，短期的所谓田野经验可能有助于经验观察，但对理解并体验意义和价值以及还原实践行为的目的条件而言，则不一定够用，甚至不一定管用。"田野是什么？田野能够带来先天的优势吗？田野的所谓亲身经历就足以表明眼见为实吗？眼见真的为'实'吗？如果没有好的案头功夫和同感（sympathy）能力，我们在田野中又能看见什么？"⑤ 同样，对实践民俗学而言，田野作业的要义在于体验价值、理解意义，并且还原实践行为的目的条

① 户晓辉：《建构城市特性：瑞士民俗学理论新视角——以托马斯·亨格纳的研究为例》，《民俗研究》2012 年第 3 期。

② 参见 Dan Ben-Amos，"'Context' in Context"，in *Western Folklore*，Volume 52，1993。

③ ［俄］亚·索尔仁尼琴：《古拉格群岛：1918—1956 文艺性调查初探》（下册），钱诚译，群众出版社 1982 年版，第 275 页。

④ 户晓辉：《返回民间文学的实践理性起点》，《民族文学研究》2015 年第 1 期。

⑤ 户晓辉：《重识弗雷泽：一个人一生能讲几个故事？》，《民族艺术》2012 年第 2 期。

件，因而必须超越田野的感性和经验而上升到理性。实践民俗学的田野不仅是别人的生活，更是我们自己的生活。更确切地说，真正意义上的田野不是外在的生活表象和经验事实，而是人的内心世界和精神家园，后者才是终极意义上的田野。

还原日常生活目的条件

——看见完整的人

只有破除那些令人执迷不悟的成见，实践民俗学才能获得解放和新生。也只有先破除那些执念，实践民俗学才能回想起被遗落忘川的学科任务，才能看到本该看到的本相。毕竟，"在近代历史上，民间文学或民俗学研究正是作为一门先进的、最先觉悟的学科才在各国先后起源和发展起来，作为一门特殊的人学，它理应再度对人的爱与自由问题有先行的觉识和体认，使自己迈向更加成熟的学科境地。从学科本源来看，民间文学或民俗学最初想关注却没有明确表达出来的生活世界正是一个爱与自由的世界，这意味着，现代民间文学或民俗学在起源时的先进性和先行觉悟就表现在它的学科根基是从爱与自由出发的，这门学科的伟大之处恰恰在于它的起点就是爱与自由，当我重新讨论学科的普遍基础问题时，仍然需要返回学科的根基和起点处，即返回爱与自由，返回生活世界"①。这并不是说生活世界已然充满了爱与自由，而是说，实践民俗学恰恰是立足爱与自由的立场来看生活世界和日常生活，这与其他学科单纯对生活世界和日常生活的经验实证研究大异其趣、迥然有别。如前所述，实践民俗学把爱与自由视为生活世界和日常生活适合于人并且属于真正意义上的自由人的目的条件，爱与自由的制度性体现形式和道德同义词就是民主、平等、公正和法治。当这些目的条件在我们的日常生活中被遗忘、被蒙蔽、被扭曲之时，实践民俗学就需要首先正视并且重视这些大是大非问题，需要分析它们产生的实践原因，需要提出标本兼治的实践措施。正如黑格尔指出的那样，精神的损失程度必须以满足精神的标准来衡量。② 实践民俗学对实践

---

① 户晓辉：《返回爱与自由的生活世界——纯粹民间文学关键词的哲学阐释》，江苏人民出版社 2010 年版，第 19—20 页。

② 参见 Georg Wilhelm Friedrich Hegel, *Phänomenologie des Geistes*, Verlag von Felix Meiner in Hamburg, 1952, S. 14。

理性的目的条件的还原和分析，也恰恰以满足人的精神自由所必需的条件为客观尺度和普遍依据。

但遗憾的是，长期以来，民俗学者们总是怀揣着各种与时俱进的方法论和问题意识去田野寻找答案，让田野中的民众回答学者的问题，"在民俗学的学位论文里见到的最多的，是深情致谢，附上一长串名单。鲜少有人帮助改善当地人的生活，遇到当地人有所求的时候，我们往往无能为力。其实，退一步而言，若非在长期而深入的田野作业中充分尊重访谈对象，我们如何了解他们的内心感受和地方社会的真正需要？"[①] 尽管民俗学者常常不能给当地人带来多少物质上的好处，尽管有些民俗学者说，"我们关注使平凡的人生活得更美好，但我们的职业并不是要设立预警线或赈济处"[②]，但"正是在这里，体现了民俗学和人类学的根本区别，民俗学家不可能像一个人类学家那样，置身度外，甚至居高临下，做一个冷静的、客观的、精明的旁观者，仅仅把'民'作为自己研究、同情、'算计'的对象，那些'民'，就是我们自己的父老乡亲，就是我们的兄弟姐妹，就是我们自己。这些风俗造就了我们，而我们也造就了风俗，我们的生命在风俗中得以寄托和展开，风俗也正借我们的生命而得以延续，我们的知识、学识，只有在这广袤的风俗世界所开展的语境中才获得意义，而风俗也正是通过我们的认识和理解才从幽昧深邃的生活世界中凸现出来，成为一幅生动的风情画卷。也就是说，作为一个民俗学者，我们不仅在客观地记录、描述风俗，然后就把我们的记录和描述写成学术著作发表，去评教授或者拿到国际上去交流，或者干脆让它躺在档案室和博物馆中，任其被人遗忘，被灰尘覆盖。民俗学不应仅仅成为民众生活和民族传统之外一个自成一体的学术建制，而应该成为民众生活和民族传统自我阐释、自我理解、自我延续的一个生命环节，民俗学家本身就是一个本民族风俗传统的阐释者、传承者"[③]。如果没有对民众的理解，如果不是为了有助于改善民众的日常生活，如果不是为了实现好生活的目的条件，民俗学的研究就只与学者的饭碗和认识旨趣有关，而与民众无关。当这种研究与民众

---

① 刁统菊：《民俗学学术伦理追问：谁给了我们窥探的权利？》，《民俗研究》2013 年第 6 期。

② ［美］史蒂夫·蔡特林：《我是民俗学家而你不是——民俗学实践中泛化与分界的策略对抗》，宋颖译，参见周星主编《民俗学的历史、理论与方法》，商务印书馆 2006 年版，第 772 页。

③ 刘宗迪：《唯有大地上歌声如风》，《读书》2004 年第 2 期；《古典的草根》，生活·读书·新知三联书店 2010 年版，第 14—15 页；另参见吕微《从"我们和他们"到"我与你"》，《民间文化论坛》2004 年第 4 期。

的日常生活没有直接关联时，它也就与学者自己的日常生活失去了联系。

　　既然如此，我们就需要回到事情本身，让事情本身自问自答，何如？既然想描述完整的人及其目的条件，我们当然要看看人及其在日常生活中本来就具有的常识感、公平感和正义感是个什么样子，看看日常生活本身出了什么样的实践问题，看看它们不能得到正常的表达和表现是否恰恰是因为我们的日常生活缺少了实践理性的目的条件。我们不能先用自己的问题把日常生活加以过滤和框定。民俗学当初立志研究的完整的人及其日常生活，首先是如其已然和实然，然后是如其应然和可然。已然和实然主要是经验事实，应然和可然则是目的条件，这两方面缺一不可。如果没有应然和可然，不仅不足以研究完整的人及其目的条件，也不足以描述人及其在日常生活中本来就具有的常识感、公平感和正义感，更难以把这些共识推进并提升到现代价值观的公识层次。一方面，完整的人及其日常生活本来就不仅有已然和实然的行为事实，更有应然和可然作为目的条件，实践中的人更是要根据应然和可然的目的条件来实现已然和实然的行为事实；另一方面，从根本目的上来看，日常生活中的人大多不是为了经验实证，而是为了在日常生活中的伦理行为和政治行为，至少为了实现大家在日常生活中都具有的常识感、公平感和正义感。日常生活中当然不仅有伦理行为和政治行为，而且也包含吃喝拉撒睡、酸甜苦辣咸等各种各样的实践行为，但伦理行为和政治行为却是其他实践行为的前提条件和基本框架，因为没有以民主、平等、公正和法治为目的条件的伦理行为和政治行为，日常生活中的其他实践行为就失去了制度保障和正当平台，在这种情况下，如果不讨论前提而只涉及其他实践行为的细枝末节，不仅可能避重就轻，而且可能本末倒置。要推进以民主、平等、公正和法治为目的条件的伦理行为和政治行为，就必须把日常生活中的这些共识推进并提升到现代价值观的公识层次，因为它们在日常生活中受到阻碍、扭曲和蒙蔽的根本原因就在于缺乏现代价值观公识的前提条件和制度保障。确切地说，实践民俗学不是为了认识已然和实然的行为事实，而是为了实践并实现应然和可然的目的条件。如果仅限于前者，那就不仅忽视并无视了日常生活的根本性质，也从根本上没把我们研究的主体当人看待。

　　这不是危言耸听，也不是小题大做。因为退一步说，人及其日常生活的本然，不仅包含实践上的已然和实然（行为事实），更包含实践上的应然和可然（目的条件）。以往民俗学的主流只关注一部分已然和实然，根本无视甚至忽视应然和可然，当然就难以看到完整的人及其在日常生活中本来就具有的常识感、公平感和正义感。① 换言之，民俗学的经验实证范式往往只是到民众的日常生活中去寻找并验证自己的认识，去发现日常生活的既成性，却忽视了日常生活的生成性，看不见人们在日常生活中的根本愿望首先就是实现自己本来就具有的常识感、公平感和正义感。其根本原因在于这种经验实证范式没有在日常生活中看见自由的人，没有把人当作实践的目的，而是仅仅看作认识的手段和工具。所谓只见已然和实然、不见应然和可然，实际上就是只见从事认识活动的民众，不见从事实践活动的民众。不难理解，不仅民众通常很少进行认识活动，而且只有实践活动才是民众日常生活的根本旨趣和根本利害，在日常生活中实现大家本来就具有的常识感、公平感和正义感才是中国民众最大的心愿之一。换言之，普通人本来就具有的常识感、公平感和正义感在日常生活中遭遇阻碍，甚至被扭曲、被蒙蔽，从而在许多生活小事和细节上难以体现，这才是中国人日常生活变为非常的首要原因。缺乏以现代价值观公识为基础的法治程序和制度保障，也是普通人本来就具有的常识感、公平感和正义感在日常生活中难以得到认可和实现的根本原因。

实践民俗学从经验实证范式转向实践理性范式，就是把关注的目光从人与自然的生产关系转向人与人之间的伦理关系和政治关系，而且在人与人的实践关系领域，不仅要看到过去的已然和现在的实然，更要看到理性的应然和未来的可然。换言之，日常生活的实践本来就是民众实现各种目的的活动和行动，也就是民众按照应然和可然实践并实现出来的已然和实然。在认识领域，已然和实然的经验事实占据优先位置，我们一般也只能

---

① 正如吕微指出的那样，"我是想提出一个整体性的问题，不是仅仅直观地、经验地看到的整体性。在民俗学中，我们区分了各种民俗：物质民俗、活动民俗、组织民俗、制度民俗、精神民俗等等，各种民俗加在一起，最终有了一个民俗学研究的整体观。在人类学中，学者区分了各种文化功能，各种文化功能加在一起，最终有了一个人类学研究的整体观，而一个为时空条件所限定的社区正是表达人类学整体观的一个非常有效的方法论。在民俗学和人类学的经验论整体观中，无论你研究的是人的'片面'的实践活动（民俗）还是整体的生活实践（社区），其实都可以讨论人的实践的主观意向性和主观目的性。关键的问题是，这个实践的意向性和目的性的根据是什么，如果意向性和目的性的根据仍然来自于人的经验，那么，经验研究自己就可以胜任且无求于外；但是，如果意向性和目的性的根据，我们用人的经验无法解释，那么这时，引入一个先验的思考维度就是必要的、必需的甚至必然的。我所说的整体性就是包含了人的存在（生活实践）的先验维度的整体性，窃以为，只有通过这样一个包括了经验和先验两个不同角度的整体性研究，即康德所说的哥白尼革命的学术范式，普通人—老百姓日常生活的理所当然才是可以被确立的"（《民俗学的哥白尼范式》，《民俗研究》2013 年第 4 期）。

认识过去的已然和现在的实然，而在实践领域，理性的应然和未来的可然则占据优先位置，因为人的实践总是按照自己心目中应然和可然的目的来进行的活动和行动，实践的目的条件总是在先的。这是实践理性范式与经验实证范式的一个本质分野。在日常生活的实践中，即便过去的已然和现在的实然再不堪、再令人难以忍受，也难以磨灭民众心中应然的愿望与可然的理想。在他们看来，日子和生活必须有"奔头"才值得去过。所谓"奔头"就是"经过奋斗可以指望的前途"① 和目的，就是过上"好日子"或"活好"，它"指在人的一生中，通过人的努力奋斗可以实现的愿望（Hope）和价值（Value），是支撑人一生的日常生活过程持续运行的'动力机制'（Dynamic Mechanism）"。一旦日子和生活没了"奔头"和目的，"人生的意义丧失，活着因而失去了动力"，其结果无非两种：或者混日子，或者自杀。② 在日常生活中，大家的共同"奔头"之一就是把普通人本来就具有的常识感、公平感和正义感实现出来，并且体现在日常生活的方方面面。关键是，即便受到打压和否认，民众自身拥有的自由意志和对权利与尊严的渴望可能受到暂时蒙蔽和遗忘，却不能被完全剥夺。自杀，非但没有剥夺死者的自由意志，反而彰显了人的这种不可剥夺的意志能力。即便现实中有各种各样的阻碍让应然和可然的实践目的无法达成并实现出来，实践民俗学也需要立足实践理性的立场来拨乱反正，由此反思并洞察造成这些阻碍和失败的主客观因素，勇于面对这些阻碍和失败给日常生活带来的苦难，善于挖掘人性善恶的根本原因。对中国人的日常生活而言，当务之急不是以舍本逐末的方式描述无穷无尽的乱象，也不是去追逐无关痛痒的装饰和无足轻重的休闲，而是直面制度之伤和原理之蔽。因为这才是我们的日常生活面临的苦难根源，这方面的改变和改善才是我们的希望所在。在这些问题没有得到思考和解决之前，那些避重就轻、舍本逐末、自作聪明的鸡毛蒜皮、细枝末节都显得奢侈而残酷，都显得无足轻重、无关痛痒和可有可无。我们需要的是雪中送炭，我们还不存在锦上添花的前提条件，因为我们的日常生活虽然可能有暂时的物质繁荣，却可能仅仅是昙花一现。如果没有理性的制度保障和社会机制，如果没有实践理

---

① 中国社会科学院语言研究所词典编辑室编：《现代汉语词典》（第6版），商务印书馆2015年版，第63页。

② 参见刘燕舞《论"奔头"——理解冀村农民自杀的一个本土概念》，《社会学评论》2014年第5期；吴飞《论"过日子"》，《社会学研究》2007年第6期。

性的启蒙和培育，如果忽视人的自由与尊严，日常生活的丰富细节就是无源之水，所谓经验多样性就是无本之木。当然，实践民俗学也同样需要警惕民粹主义倾向，因为"在政治文化没有被'刮骨疗毒'的时候，在公民权利没有'名至实归'的时候，在公民社会没有'稳如磐石'的时候，在阿伦特所谓'平庸的邪恶'到处弥漫，而反思的精神寥若晨星的时候，一味地寄希望于势单力薄的乡村小共同体，以及无限地美化'底层'的道德精神与文化质素，而鄙视乃至否定具有理智力量的知识分子阶层，只能是寻求民族自新之途的知识分子的'一帘幽梦'而已"①。当此之时，民俗学的日常生活研究如果仅仅在经验事实方面一味地拾遗补阙和追新逐异，那同样是在避重就轻和舍本逐末。

可惜的是，民俗学以往的经验实证范式长期忽视民众的理性能力、实践理性和自由意志，当然也就对人之为人所不可或缺的自由、尊严和权利很少给予应有的关注。我们如何才能把这些被长期遗忘和遗失的实践理性要素捡回来呢？我们能否想起"'生活'不仅是'民俗'的基本特征；生活问题之所以成为当下民俗学研究的核心问题，因为它是这门学科的内在使命"②呢？更重要的是，"生活带给我们每一个人以最鲜活的、最本真的一些经验和感受，而这些经验和感受是与各种各样的民俗文化纠缠在一起的，是被民俗所表达和所记忆的，所以你才没有办法将民俗看作纯粹客观的现象。也就是说，生活文化的整体性，其实是与作为生活实践主体的主观感受性联系在一起的，民俗作为交往的语言和手段最丰富和最充分地凝结了当地人心心相通的生活感受，所以才成为我们研究当地社会生活的核心对象。民俗联结每一个人的生活故事，成为人们彼此交往的纽带，所以民俗才体现出生活的整体性"③。实践民俗学要关注的生活感受，不仅是普通民众的主观感受，更是日常生活的实践目的能否实现给普通民众带来的实践境遇感及其目的条件。要还原这些实践境遇感及其目的条件，首先需要让日常生活回归本位，因为尽管中国古代一直有化俗成民的做法——所谓"上以风化下，下以风刺上"——但日常生活在中国往往被看作德政的手段，很少具有被正式认可的独立地位。也就是说，我们的日常生活一直缺

---

① 唐小兵：《底层与知识分子的民粹主义》，《南风窗》2008 年第 3 期。
② 胥志强：《生活问题：民俗学"存在论研究"引论》，博士学位论文，中国社会科学院研究生院，2012 年，第 4 页。
③ 刘铁梁：《感受生活的民俗学》，《民俗研究》2011 年第 2 期。

少实践理性的目的条件，这种倾向发展到极端就是使日常生活变成革命的对象（无论在古代还是在现代，这在中国似乎有一脉相承的线索）。由此看来，让日常生活回归本位在中国是一场真正意义上的实践变革。也正因如此，在中国，出了实践问题的日常生活和日常生活中出的实践问题才是实践民俗学应该优先考虑的问题。实践民俗学至少需要满足德国民俗学者约瑟夫·哈尼卡提出的要求，即民俗学当代任务的出发点，不是先前文化阶层的客观化的民间财富，而是人的存在欲求以及民众生活的基本动力。①

① 参见 Josef Hanika, *Volkskundliche Wandlungen durch Heimatverlust und Zwangswanderung*：*Methodische Forschungsanleitung am Beispiel der deutschen Gegenwart*, Otto Müller Verlag, Salzburg, 1957, S. 19。

我

——就是民

    这场实践变革的关键之一在于把民当作真正意义上的自由人。民俗学者们从见物不见人到看见民再到看见民后面站着一个大写的人即（人）民，经历了百余年的历史。这个时间可不算短了！实际上，民俗学的思想远祖赫尔德早就把"（人）民"这个概念的意思昭示出来①，只是我们这些后来者偏听偏信、太不争气。简言之，赫尔德的想法就是民也是人，而且是自由人。这个看似简单的想法，民俗学者硬是用了百余年的时间才以返璞归真的方式重新想起并且理解了它。换言之，尽管民俗学者从见物不见人到看见民已实属不易，但这时的民仍然只是民，民的后面还没有一个大写的人。从赫尔德到黑格尔再到格林兄弟，"（人）民"（Das Volk）概念本来具有深刻的哲学内涵，但到了民俗学这里，愣是被我们这些不争气的后来者给整没了！单说在黑格尔那里，"（人）民"要向公民社会②发展，最高形式的（人）民意识基于对自由的自我的无限性的意识。③ 当代德国民俗学者以抛弃"（人）民"概念为摆脱意识形态羁绊的得意之举并引以为荣，却忽视了这个概念在黑格尔那里具有的深刻的理性精神与目的论追求④，中国有些民俗学者也亦步亦趋地紧随其后。可是，在我看来，这不仅不是当代学者的学术进步，反而是思想退步！尤其在中国，如果放弃这些哲学含义，民俗学研究的（人）民就失去其作为人的共同根基——

---

① 参见户晓辉《赫尔德与"（人）民"概念再认识》，朝戈金主编《中国民俗学》第 1 辑，广西师范大学出版社 2012 年版，第 254—302 页。

② 黑格尔的 bürgerliche Gesellschaft 在作为一个具有特定历史指向的概念时一般被译为"市民社会"，但我认为，黑格尔论述的更是理论类型，应译为"公民社会"。

③ 参见 Georg Wilhelm Friedrich Hegel, *Vorlesungen über Naturrecht und Staatswissenchaft*, Felix Meiner Verlag Hamburg, 1983, S. 199。

④ 参见 Helmut Jendreiek, *Hegel und Jacob Grimm. Ein Beitrag zur Geschichte der Wissenschaftstheorie*, Erich Schmidt Verlag Berlin, 1975, S. 178 - 198。

自由与尊严。这也就意味着，民仍然没有被民俗学当作真正意义上的自由人来看待和对待。民俗学还没有"走出私情、亲情的操控，关注作为个体而存在的，并有着其基本尊严、价值与意义的芸芸众生（中的）这个'大我'"。① 这也难怪，因为在经验实证范式的长期主导之下，民俗学者一直执念于、痴迷于集体的模式化行为。在这种模式化行为中，民是神情模糊的集体，而不是面目清晰的个人。对此，不少民俗学者已经习以为常并且安之若素，他们或许不知道，或许知道却忽略了这样的事实：从芬兰和俄罗斯民俗学者在 20 世纪上半叶关注个体表演者与讲述人开始，到现在越来越强调并重视个体在模式化行为中的角色和作用，有些民俗学者其实已经转向了个体的民众，"这时的'民'，不再代表被抽象化的、由面目不清的个人组成的均质社区或群体，代表着落后与愚昧，'民'第一次呈现为有血有肉的丰富的个人"②。既然民俗学要研究民，那么，民能否自主和是否自主，就不是无关紧要和可有可无的问题，而是民俗学头等重要且不容回避的问题。民俗学需要追问：一直嚷嚷着"民为贵"的中国文化传统真的说到做到了吗？如果做到了，在日常生活中有哪些体现？体现的程度如何？如果没有做到，其原因何在？能否改善以及如何改变？换言之，在我们的日常生活中，我们能否参与决定并选择自己的生活方式？我们能否参与影响我们自己利益的重大决策的制定与实施过程？个体的民在民俗中如何感想并且如何敢想？如何安顿、保障甚至改善中国人日常生活的状况和境遇？个人意志在集体的模式化行为中如何发挥作用？个体在日常生活中有没有意识到自己的自由、尊严与权利？如何才能在日常生活中培育并保障每个人的自由、尊严与权利？这些都成了民俗学这个老革命遇到的新问题，尤其是实践民俗学需要面对的问题。细想一下，这其中的确蕴含着民俗学内在转机和重大进步的可能性。沿着这个实践的方向，"在直面个体的价值与尊严、生命的本真时，固本培元的中国民俗学有可能真正突围，有可能冲出雅俗、官民、古今、东西、真假、新旧、都市与乡村、传统与现代、大传统与小传统等这些蛊惑人的沼泽和叙述陷阱，有可能摆脱挥之不去的乡愁、有可能少些支配欲强的国族主义、浪漫主义的羁绊，淡化些身不由己的工具理性色彩"③。

① 岳永逸：《忧郁的民俗学》，浙江大学出版社 2014 年版，第 263 页。
② 彭牧：《实践、文化政治与美国的表演理论》，《民间文化论坛》2005 年第 5 期。
③ 岳永逸：《忧郁的民俗学》，浙江大学出版社 2014 年版，第 265 页。

　　遥想当年，顾颉刚喊出了颇具中国民俗学现代性特征的响亮口号："我们自己就是民众，应该各各体验自己的生活!"[1]（参见图 122）近 80年后，刘宗迪又心有灵犀地说，"那些'民'，就是我们自己的父老乡亲，就是我们的兄弟姐妹，就是我们自己"[2]。最近，吕微唱和陈泳超的一首短诗同样写道：

> 我知道你没哭
>
> 但我知道，你真的想哭
>
> 因为，我们都是稻草人
>
> 不管你假装看不看我
>
> 你我都在倾听着
>
> 关于我们的传说
>
> 传说中
>
> 那个舞弄着自制的三尖两刃刀
>
> 又用两支钢签锁了口的人
>
> 何尝不是我们自己[3]

　　鲍辛格也早就以"我们小市民"[4] 为题写过文章，而且认为"我自己可以说也是'民众'的一员"[5]。可见，中外一些民俗学者不约而同地把自己整合进了民众之中。但为了与顾颉刚的口号遥相呼应，我还想把这个我们变成我，因为"随着时间的推进，在这些年里，作为一个民俗学学者，我越来越感同身受地体会到顾颉刚这句话的切肤之痛。在中国，如果'民'不是自由人，民俗学者岂能独是自由人? 如果江湖中人没有尊严和

---

①　顾颉刚：《〈民俗〉发刊辞》，王文宝编《中国民俗学论文选》，中国民间文艺出版社1986 年版，第 15 页。

②　刘宗迪：《唯有大地上歌声如风》，《读书》2004 年第 2 期；《古典的草根》，生活·读书·新知三联书店 2010 年版，第 14 页。

③　陈泳超：《背过身去的大娘娘：地方民间传说生息的动力学研究》，北京大学出版社 2015年版，第 391 页。

④　Hermann Bausinger, "Wir Kleinbürger. Die Unterwanderung der Kultur", in *Zeitschrift für Volkskunde*, 90. Jahrgang, 1994.

⑤　[德] 赫尔曼·鲍辛格等：《日常生活的启蒙者》，吴秀杰译，广西师范大学出版社 2014年版，第 34 页。

权利，民俗学者又怎能独占或独享人的尊严和权利？”①

试想：民是我们和我们是民，民是我和我是民，这几种说法有没有区别？一个直观上的区别在于，民从我们变成了我，从群体变成了个体；另一个不太直观的区别在于，民是我们和民是我，让我们和我处在宾语位置上，我们是民和我是民，则让我们和我处在主语位置上。这不是玩语法游戏，也不仅是想表明，我们和我站在主语位置上说自己是民，比站在宾语位置上说时多了一些主动性、相关性和紧迫性，而且主语由复数的我们变为单数的我，也增加了作为个体的我的切身感和主体性；这更是要表明，站在主语位置上的我们和我，是实践者，而处于宾语位置上的我们和我，则是被认识对象。实践民俗学要研究的我们和我，恰恰都是站在主语位置上的实践者，而不是经验实证范式所研究的那种处于宾语位置上的被认识对象。当然，实践民俗学自身始终立足实践理性的自由立场来研究这些实践者。进而言之，实践民俗学研究和描述的日常生活中的人，不是别人，是我自

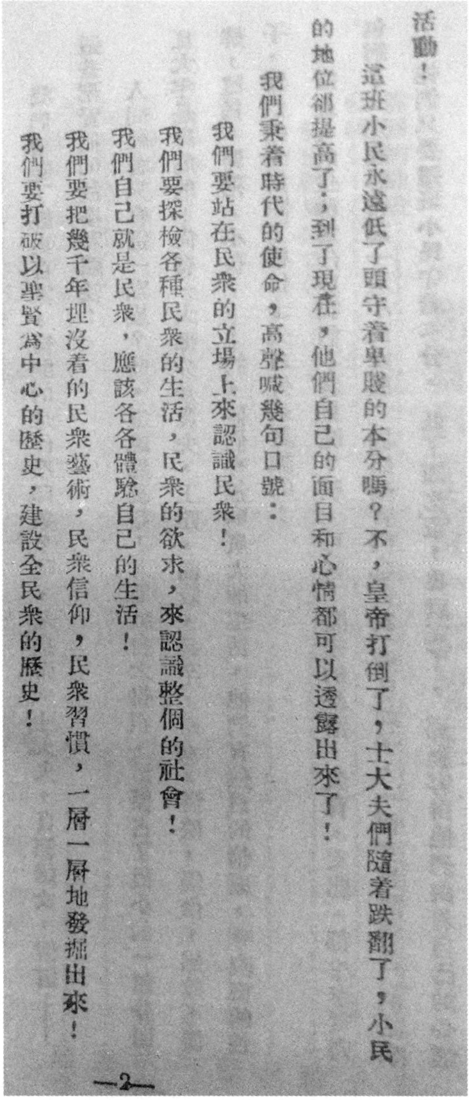
活動！

這班小民永遠低了頭守着卑賤的本分嗎？不，皇帝打倒了，士大夫們隨着跌翻了，小民的地位卻提高了；到了現在，他們自己的面目和心情都可以透露出來了！

我們秉着時代的使命，高聲喊幾句口號：

我們要站在民衆的立場上來認識民衆！

我們要探檢各種民衆的生活，民衆的欲求，來認識整個的社會！

我們自己就是民衆，應該各各體驗自己的生活！

我們要把幾千年埋沒着的民衆藝術，民衆信仰，民衆習慣，一層一層地發掘出來！

我們要打破以聖賢為中心的歷史，建設全民衆的歷史！

—2—

图 122　1928 年，顾颉刚为《民俗》第一期写的发刊词，目录页署名“同人”（翻拍自《民俗》影印本，上海书店 1983 年版），即便在今天看来，这些话虽然只是一些口号，但仍然具有振聋发聩的功效

① 户晓辉：《什么是民间江湖的爱与自由》，《民俗研究》2016 年第 4 期。

己。我自己的日常生活就是实践民俗学的田野，我本来就在自己的日常生活之中，也就已然在田野之中，何须到别人的日常生活中去讨生活、找田野呢？

民俗学关注的民一贯被认为是底层的小人物。实践民俗学恰恰试图恢复民背后大写的人，把小人物当作真正意义上的自由人来看待和对待。只有这样，才能实现民俗学的初衷和宏愿，才能在日常生活中见证并感受一种大爱，才能"让不起眼的事情变得引人注目"（das Unauffällige auffällig zu machen）[1]。正如德国民俗学者布鲁诺·席尔（Bruno Schier 1902—1984）所说，"对小人物的一种大爱"（eine große Liebe zum Kleinen）或"对无足轻重之事的一种静默的虔诚"（eine stille Andacht zum Unbedeutenden）会使我们把周围不起眼的日常性看作有价值的研究对象。[2] 如果说"对所涉及的（人）民性没有爱的民俗学自一开始就是一个冰冷的死胎"[3]，那么，实践民俗学需要爱的就不仅是民众和小人物，而是我们自己。因为我们自己就是民众和小人物，因为我们同样也过着民众和小人物的日常生活。如果这种生活没有价值和意义，我们自己又如何有价值和意义？如果这种日常生活出了实践问题，那就是我们大家共同的实践问题，而不仅仅是民众和小人物的实践问题。假如对日常生活中的民众和小人物没有爱，那我们的自爱就是自私而虚伪的爱。因为自爱只有小我、没有大我，它只能走向自相矛盾。因为爱必然包含着相互性和他人的存在，这是爱的宿命。谁也别想摆脱这种宿命，除非不想成为真正意义上的自由人。这也就意味着，实践民俗学研究的人是社会的人，是有自由能力的人，也是可以不受自然因果关系支配而自由地决定自己的行为准则的人，而不是自然科学意义上的人。本书所谓完整的人和真正意义上的人，指的就是有自由、尊严和权利的需求与能力的人，而不是医生眼中那种自然科学意义上的人。"医学研究的是作为自然躯体意义上的人，它和其他自然科学一样，研究的是处于因果关系链条中的人，也是被因果关系决定的人。在一定程度上说，医学中的人只是因果关系发生的一个场地或环节，就如同是

---

① 参见 http：//www.zeit.de/1992/28/den-alltag-dechiffrieren/seite-2。

② 参见 Bruno Schier，"Zur Stellung der Volkskunde im Wissenschaftgefüge unserer Zeit"，in *Zeitschrift für Volkskunde*，55. Jahrgang，1959，S. 5。

③ Viktor Geramb，"Zur unseren Aufgaben"，in *Österreichische Zeitschrift für Volkskunde*，Neue Serie Band 1，Gesamtserie Band 50，Wien，1947；户晓辉：《返回爱与自由的生活世界——纯粹民间文学关键词的哲学阐释》，江苏人民出版社 2010 年版，第 35 页。

疾病发生的一个场所一样，医生只需把身体上的病因找出来然后对症下药就可以万事大吉。民间文学或民俗学学者却不能这样研究人，因为我们更多地要面对人的精神世界，面对人的一些看不见摸不着的东西。最重要的是，民间文学或民俗学研究的不是处于自然世界中的人，而是处于人自己的世界即处于自由中的人。这一点决定了民间文学或民俗学与医学等自然科学的研究对象有本质差异。"① 相比之下，民俗学的经验实证范式正像医学那样把民当作自然科学意义上的人，所以，实践民俗学需要转向实践理性范式才能看到并且实现具有理性自主能力的自由人。尽管我们看到的人总是处在权力斗争甚至丛林法则的现实因果关系之中，但人的精神毕竟具有超越性，社会的人不同于自然人（动物）的本质就在于其超越性，这种本质往往并不能像医学中的自然人那样被经验观察所认识，这就从根本上决定了经验实证意义上的田野不适合实践民俗学。

尽管民俗学的研究迄今还很少涉及自由，但自由恰恰是现代人的根本特征。首先，自由与独立的人格有关。由于传统民俗学讨论的多是集体的民众（蒙面人）而不是具有独立人格的个人，所以，自由并没有成为传统民俗学的问题意识。例如，当年我们做民间文学三套集成时，只讲文本的忠实标准和规范，却忽视了学术伦理问题。研究者也好，整理者也好，将好几个人的讲述文本或者将同一个人在不同时间、不同场合讲述的文本，糅在一起，为了追求学术的完整性而不顾伦理，现在再这样做就不行了。以前，我们的民不是主体，而是理论研究的对象。现在，我们在田野中看到的不再是东西，而是人。只有立足实践理性立场，主体的实践、主体的权利、自由和意志才能被我们当作问题和焦点呈现出来。尽管当代民俗学已经把作为传承人或表演人的民众从传统的集体性中解放出来，但只有立足实践民俗学立场，自由的人才能成为民俗学的首要问题。

无论是否承认，没有自由，就没有人的人格尊严与权利可言，这样的人就不能说是真正意义上的人。这就意味着，在相当长的时间里，人还没有作为真正意义上的自由人来生活，甚至还没有被承认为真正意义上的自由人。这不足为奇。可一旦有了自由的觉悟，我们就可以发现，小人物也是主体的人，因而拥有人的权利和自由意志。从民俗到日常生活的转变，

---

① 户晓辉：《返回爱与自由的生活世界——纯粹民间文学关键词的哲学阐释》，江苏人民出版社 2010 年版，第 13 页。

不仅是民俗学研究对象的转移，更是研究理念的重大变革：日常生活之所以不再是遗留物，恰恰因为日常生活是主体的人的实践活动和政治互动过程。实践民俗学眼中的人，不再是被动地保留和传递遗留物的工具、手段或途径，而是有尊严、有自由、有主体性的（人）民。这在中国还远非已经实现的现实，而是有待实践民俗学用自由与尊严的目的条件去实现的行为事实。

当然，爱日常生活中的人，就不能不爱日常生活本身，可日常生活常常显得平淡无奇，好像千篇一律，而且乏善可陈。尽管对平庸之事的学术探讨不一定平庸①，但是，难道我们非要化腐朽为神奇，而且要于无声处听惊雷吗？实践民俗学研究者不仅要重新发现自由的民众及其日常生活，更要进一步反思，"民俗学是不是应该返回到不是以'民俗'为对象，而是通过'民俗'进行研究，在这样的基础上进行讨论呢？是不是有必要开始从'当下的日常'中确立自身的定位？当今的民俗学一边把柳田定位为开山祖师，同时又把最具柳田特色的部分舍而弃之"②。这种重新发现和回归的意义非同小可，因为它让实践民俗学研究者认识到：民俗学"是懂得怎样研究生活文化的学问"，它关注的是"普通人在日常生活中创造、建立和传承的文化，并且是体现出集团性、模式性等特征的文化"，而其他社会科学"关注的是人们在某一生活领域中的作为"③。也就是说，人的日常生活不只是行为事实，也需要超越行为事实的目的条件。而且，行为也不仅有非理性动机，还有理性动机和目的条件。这些都是不易被经验观察到的意义和价值，它们就潜藏在我们的内心深处。

① 参见 Andreas Schmidt, "Die Poesie der Kultur. Ein Versuch über die Krise der wissenschaftlichen Volkskunde", in *Zeitschrift für Volkskunde*, 92 Jahrgang, 1996, I. Halbjahresband, S. 73。

② ［日］岩本通弥：《以"民俗"为研究对象即为民俗学吗——为何民俗学疏离了"近代"》，宫岛琴美译，《文化遗产》2008 年第 2 期。

③ 刘铁梁：《感受生活的民俗学》，《民俗研究》2011 年第 2 期。

田　野

——请向内心走去

　　真正的田野就在我们的内心，就是我们的内心，"正是人类强大的内心才是我们作为人文学者和民俗学者的研究对象"①。这倒不是什么唯心主义，而是说人的内心才是生活意义的发源地，人性的善与恶、愚昧与偏执、高贵与良知都潜藏在我们的内心深处。因此，内心才真正是广阔无垠而又深不可测的田野。我们看到和理解的一切，都需要通过内心才能呈现，甚至就呈现在我们的内心，而且，只有内心才隐含着生活中所作所为的深意，才具有现实主义意义上的真实。"所谓现实主义，最根本的就是真实的问题。真实，是现实主义的灵魂。那么什么是真实？我想，对于一个写作者来说，真正的真实不在日常生活里，而是在作家的内心世界里。"② 内心的真实是最大的真实。不能或不敢触及这种真实的文学，不是我心目中的好文学；没有能力和胆量触及这种真实的学术，也不是我心目中的好学术。

　　也许正因如此，柳田国男和关敬吾才把民俗学称为内省之学，即自我认识的科学③，内心的记忆也是民俗学者理解日常生活并且还原其目的条件的正当途径。所以有学者认为，民俗学最本质的存在就是记忆。④ "因为记忆、作为一种现象和方法，即使是无意识的，无目的的，和其关系最

---

① William A. Wilson, "The Deeper Necessity: Folklore and the Humanities", in *Journal of American Folklore*, Vol. 101, No. 400, 1988, p. 166.

② 阎连科：《走在别人的路上：阎连科语思录》，上海人民出版社 2014 年版，第 114—115 页。

③ 参见柳田国男、关敬吾《民俗学研究的出发点》，王汝澜译，《民间文学论坛》1982 年创刊号。

④ 参见［日］岩本通弥《作为方法的记忆——民俗学研究中"记忆"概念的有效性》，王晓葵译，《文化遗产》2010 年第 4 期；王晓葵《民俗学与现代社会》，上海文艺出版社 2011 年版，第 272 页；马潇《口述记忆中的春节习俗变迁（1949—1989）》，《民俗研究》2006 年第 4 期；邵卉芳《记忆论：民俗学研究的重要方法》，《云南社会科学》2014 年第 6 期。

为密切的不是别的学科，而是民俗学。而且依靠记忆、从记忆中获得恩惠最多的，也是我们民俗学。"① 2002 年 7 月，我在芬兰参加第 6 届国际民俗学暑期培训班，它的主题就是"记忆、回忆和创造性"（Memory, Recollection and Creativity）（参见图 123）。②

图 123　2002 年 7 月，我在芬兰拉米参加第 6 届国际民俗学暑期培训班时与赫尔辛基大学的安娜－莉娜·希克拉（Anna-Leena Siikala）教授和劳里·哈维拉赫蒂（Lauri Harvilahti）教授合影

因此，我要向那些希望回到田野的民俗学者发出呼吁：在走向田野的同时也请走向内心！"不是去田野，而是自己出发'发现'田野。"③ 民俗学当初本来就想走进内心来把握完整的人及其日常生活条件，所以它才显得有点好高骛远，"其目标并不在于弄清过去，也不是单独地、个别地理解某些生活样式，而必须是整体地、有机地、综合地来掌握它、认识它"④。毋

---

① ［日］岩本通弥：《作为方法的记忆——民俗学研究中"记忆"概念的有效性》，王晓葵译，《文化遗产》2010 年第 4 期。

② 参见户晓辉《第六届国际民俗学暑期培训班侧记》，《民族文学研究》2003 年第 2 期。

③ 岳永逸：《都市中国的乡土声音——民俗、曲艺、心性》，中国人民大学出版社 2015 年版，第 299 页。

④ ［日］柳田国男、关敬吾：《民俗学研究的出发点》，王汝澜译，《民间文学论坛》1982 年创刊号。

宁说，民俗学试图"整体地、有机地、综合地来"理解的日常生活，不仅包括看得见的经验事物，也包括看不见的意义、价值及其目的条件，甚至包括这些意义和价值是否实现以及是否落空，其原因何在，也就是要思考和探寻日常生活的应然和可然的目的条件，因为"民俗和人类的精神生活有着天然的切合。相对于人类在社会上的外在活动，精神生活是人类内在创造、传递和体验精神价值的心意活动，而民俗则是人类日常情景中，代表了民众群体的精神意愿，展现这类精神生活的基本形态，呈现为精神生活的独特风景线。在人类的精神生活领域，民俗与哲学层面理性辨析的人类精神生活不同，它是一类民众群体认同，但又是未经严格梳理的混沌遗体的精神生活形态，它往往是人们不经意形成的初级的精神意识，处在人类一般精神生活的基础层"①。进而言之，当代民俗学从民俗进展到日常生活，也是为了实现学科当初的宏愿，即理解完整的人及其日常生活并且还原其目的条件。这种完整当然不是在面面俱到和事无巨细意义上的流水账，而是更加关注"人类一般精神生活的基础层"。所谓完整，不如说是还原其他学科遗漏和遗忘的精神层面及其目的条件，由此呈现人及其日常生活的本然样态。所谓本然，既有经验上的已然和实然的事实，更有实践上的应然和可然的条件。以往的民俗学和其他一些学科一样，主要关注的是一部分已然和实然，所以它们呈现的还不是人及其日常生活的本然，甚至严格来说并非真正意义上的人。只有在已然和实然的经验事实上再补上应然和可然的目的条件才算完整，才是真正意义上的人。确切地说，必须从前因看后果、以前因来判定后果，才能认识并理解日常生活中的伦理行为和政治行为。只有还原已然和实然的应然和可然，才能认识并理解这些伦理行为和政治行为的目的条件，才能看出这些伦理行为与政治行为是否出了实践问题，如果出了那么其症结何在。这种要求不是我的一厢情愿和想当然，而是人及其日常生活本来就是如此，非如此也不足以呈现并理解人及其日常生活的本然样态，更无以还原其目的条件。因此，"是现实选择了我必须写什么，而不是我去现实和历史中选择我要写什么"②。是现实的本然和真实决定我怎么写，因为应然和可然就蕴含在现实之中，与已然和实然的事实相比，应然和可然的目的条件是更高的真实。可惜，

---

① 陈勤建：《民俗——日常情景中的中国人的精神生活》，《民俗研究》2007 年第 3 期。

② 阎连科：《走在别人的路上：阎连科语录思录》，上海人民出版社 2014 年版，第 120 页。

民俗学一直像其他社会科学一样过于务实和唯实，它们都把主要精力放在表面的已然和实然现象上，严重忽视了现实中本来就有的应然和可然条件。

我们被这种肤浅的成见蒙蔽得太久了！这种蒙蔽造成的怪象就是：我们研究的民众尚且能够看到日常生活中的应然和可然，可民俗学者却只见前者，不见后者；当民众都能从应然和可然来看待日常生活中的已然和实然之时，固守经验实证范式的民俗学者反而做不到这一点。正是在这个意义上，"民俗学这门关于土地与劳苦大众的学问，即关于身体、经验、记忆和当下紧密相连的'乡土'的学问，常常被为数不少的民俗学从业者忽略"①。有些过于"实诚"的民俗学者正像某些作家一样，只相信眼见为实。殊不知人文科学和社会科学要研究的主要并非可观察的事实，而是意义和价值。德国思想家对人文科学或精神科学的方法论已做出的一系列反思早就告诫我们②，意义和价值并不能被我们直接看到，而是具有先验性和超验性。即便仅仅观察事实，即便在同一个田野现场，不同的观察者，所见也会有所不同；而且，即便同一个观察者，在不同的问题意识引导之下，看到的和理解的东西也必定有所不同。其实，民俗学的田野调查并非为了观察事实及其细节，而是为了通过事实及其细节理解超验意义和先验价值。正如胡塞尔所说："每个人'都自带一个超越论（先验）的我'。"③人不能不是超越（经验）的存在者，同样，人的日常生活也总有无法直接观察的超验意义和先验价值，这种超验意义和先验价值常常构成日常生活实践的目的条件。有些民俗学者即便承认有那种超验意义和先验价值，也会认为那应该是哲学而非民俗学关注的事情。但问题恰恰在于，如果民俗学者仅仅停留在经验实证的层次而忽视超验意义和先验价值，那就有可能使我们"成天口口声声'到民间去'面对人与生活的鲜活经验，进行

---

① 岳永逸：《忧郁的民俗学》，浙江大学出版社 2014 年版，第 138 页。

② 参见李凯尔特《文化科学和自然科学》，涂纪亮译，商务印书馆 1986 年版；恩斯特·卡西尔《人文科学的逻辑》，沉晖、海平、叶舟译，中国人民大学出版社 1991 年版；马克斯·韦伯《社会科学方法论》，韩水法、莫茜译，商务印书馆 2013 年版；威廉·狄尔泰《精神科学引论》第 1 卷，童奇志、王海鸥译，中国城市出版社 2002 年版；Hans-Helmuth Gander, *Positivismus als Metaphysik. Voraussetzungen und Grundstrukturen von Diltheys Grundlegung der Geisteswissenschaften*, Verlag Karl Freiburg, 1988。

③ 原文为 "jeder Mensch ein 'transzendentales Ich in sich trägt'"，引自 Frank Welz, *Kritik der Lebenswelt. Eine soziologische Auseinandersetzung mit Edmund Husserl und Alfred Schütz*, Westdeutscher Verlag GmbH, 1996, S. 69。

'深入'的田野调查，却对真正的、鲜活的中国问题视而不见、听而不闻"，从而让"真正的中国问题从自己的指间轻易地流失了"①。

因此，意义与价值的先验性和超验性决定了实践民俗学的研究必须立足实践理性的先验立场和超验立场。如果缺乏这种立场，即便我们在田野中好像直接进入了现实，但仍然可能根本无视日常生活中本来就蕴含的超验意义和先验价值，并且反而会使我们离现实非常遥远，让咫尺变成天涯，让空间上的临近变成时间上的遥远。所以，"通过单纯经验性的摸索而没有一个引导原则来让人能够据以寻找，就不会在任何时候找到合目的的东西；因为在方法上着手去经验，仅仅叫作观察"，正因如此，才需要实践民俗学，因为只有实践民俗学才能"在我们失去（经验实证的）理论时从一种目的论原则出发"，"在（经验实证的）理论的知识源泉不够时，可以使用目的论的原则"②。简言之，实践民俗学对日常生活的观察需要引入目的论原则才能让这种观察有理性的方向和依据。也就是说，实践民俗学的观察不能停留在经验现象的已然和实然上，而要超越这种已然和实然。实践民俗学不仅要补上并且看见实践的应然和可然，还要立足实践理性的应然和可然的目的论立场来看经验事实的已然和实然。这并非学者的个人爱好，而是日常生活本来就已经蕴含的超验意义和先验价值对我们提出的客观要求。

所谓应然和可然的现实，就包含超验意义和先验价值。所以，我们也需要超越已然和实然的现实，才能看到应然和可然的现实。其实，这两种现实是同一种现实的两面，现实就是有两副面孔的雅努斯神（Janus）。民俗学本想看到和理解的完整，本来就包含现实的两面，而非一面。只有同时具备两副面孔的现实，才是真实的现实，也才是民俗学本来想进入和理解的完整现实。在某种意义上说，正因为应然和可然的现实是更本质、更真实的现实，它才难以被看到，才更容易受到感觉的遮蔽和感性的忽视。因此，真实在很大程度上是有待我们去发现的意义和价值，而不是现成地摆在田野中的经验事实。正如作家阎连科一针见血地指出的那样，"生活

①　吕微：《民俗学的哥白尼革命——高丙中的民俗学实践"表述"的个案研究》，《民俗研究》2015年第1期。

②　参见 Immanuel Kant, "Über den Gebrauch teleologischer Prinzipien in der Philosophie", in *Immanuel Kants Werke*, Band IV, Herausgegeben von Ernst Cassirer, Verlegt bei Bruno Cassirer, 1922, S. 489–491；这里所谓的"目的论"与康德的"目的论"概念有所不同，不是指判断力上的目的论，而是指理性主体间在逻辑上可普遍化的实践目的。

中还有一种在常人看来不可能的存在存在着",也就是说,"生活中其实有一种不存在的存在,不真实的真实。或者说,有一种亟待我们重新发现的真实。……而真实本身的命脉则是'发生'和'可能'",所以我们"不应该追求人们看到的真实,而应该追求因为看不到就误以为不存在的真实","事实上,并没有什么真实的生活摆在你的面前。……真实并不存在于生活之中,更不在火热的现实之中。真实只存在于某些作家的内心。来自于内心的、灵魂的一切,才是真实的、强大的、现实主义的。哪怕从内心生出一棵人世本不存在的小草,也是真实的灵芝。这就是写作中的现实,是超越主义的现实。如果硬要扯上现实主义这杆大旗,那它,才是真正的现实主义,是超越主义的现实主义"①。当然,真实不仅存在于作家的内心,也存在于每个人的内心。正因如此,只有秉持这种超越主义的现实主义精神,实践民俗学研究者才能看见、描述和理解完整的人及其日常生活,才能还原其目的条件。

2016 年 8 月 19 日初稿于北京首开常青藤

2016 年 9—12 月修改

2017 年 1—5 月定稿

---

① 阎连科:《走在别人的路上:阎连科语思录》,上海人民出版社 2014 年版,第 115—117 页。

附 录

我的青春简历

　　我的过早稀顶早早地注定了我有一个漫长的中年时光。我知道这一点像一个宿命，不可救药，所以我从来对那些预支给我的尊称报以淡淡一笑。我没有为绝顶犯愁，我担心的只是自己为什么绝顶了仍然不够聪明，好像青丝遗去，没有得到同等数量的回报。我的光头就是我身上的一个寓言，它预示着我的一部分精神已经提前步入老年期，或者已经未老先衰。每次照镜子，脑门上就会反射出一种提示的光芒，好像我把自己的一部分已经死亡的肉体顶在头上，好像这部分为大脑提供容器和营养的物质载体没有经过青春期的充分发育和宣泄就直接迎来了它的垂暮之年。

　　思前想后，我似乎并没有经历过青春期的明显阶段，我的那些明显的青春征兆，在它们即将来临之前似乎被什么东西闷住了，没有多少表现就变得悄无声响。我知道，自从离开我生活过的那个团场，我的一部分精神就开始老化，它们被连根拔起，被移植到一个营养过剩的地方——大学生活腰斩了我的青春，使它的萌芽失去了自然而然的接续。我的还没有发育起来的青春过早地接受了过量的刺激，它背上了沉重的义务和责任，它开始变得一丝不苟，它开始失去了飞翔的笑容。

　　我确信，我的大部分青春都挥霍在了书里，所以，它才那样不声不响，好像还没有开始就在哪个地方已经结束。其实，离开团场的那一年，我才17岁，这是很多人青春伊始的年龄。时间的远洋客轮载着我，像离开一个孤岛似的一点一点远离那个逐渐模糊的地方。每离开一次，我的精神就蜕了一次皮。每一次离去都像是一次成年仪式。可是，当这个地方日渐从我的生活中淡出时，它却日益凸显为我精神内核的一部分外形和轮廓，它突兀在那里，苍老而坚硬，仿佛我青春期一个没有建起或修完的纪念碑，我越是检省自己的内心，就越是吃惊且不无几分沮丧地发现：这么多年的城市生活和我读过的那么多书，仍然没有把这个纪念碑补建起来。

　　现在看来，这可能是我那半路遭劫的不幸青春的后遗症：在我身上，出现了一种错乱，我的精神好像分了岔，一部分比别人早熟，另一部分却越来越坚硬，而不是越来越成熟。有时我想，我的青春期大概因为改道易辙而被无限期地延长了，这可能是传统中国男人的一个通病。我可以研究后现代，可以阅读后殖民。可是，我的断裂的青春注定有一部分被遗留在前现代，它矗立在我曾经生活过的那个日渐荒芜的团场。在那里，钟表几乎派不上多少用场，人们从容地把时间晾在地里，随意翻检；人们在日月轮回中劳作，在四季更替中出生入死。他们的物质生活粗鄙而简陋，却有很多细腻而精致的精神作为补充，他们有足够的时间对生活做翻来覆去的打量，他们的心中埋藏着漫不经心又难以理喻的执着认真。当我看到城市人被时间的秒针追得四处逃窜时，就仿佛看到了精致光滑的表象下人们粗鄙的精神和惶惶不可终日的神情。我想，造物主总是在暗地里公平地分配着每一项事物，从来不会对一部分人慷慨无度，对另一部分人吝啬有加。

在我生活过的那个地方，富裕的时间里承载的生活内容并不宽绰和轻闲。人们平时可以嬉笑怒骂，嘻嘻哈哈，但是，一遇到人生的重大问题，都是一脸一心的严肃。他们骨子里都是笑的悭吝人，其中有为了几句话而记恨一辈子的，有为了争一口气而投河自尽的，有因为互相看不惯而多年不共戴天的……这些本来可以一笑置之的小事，却成了他们生命中的硬伤。在故乡那块荒草丛生的墓地里，不少人的墓碑都应该刻上"死于伤心过度""殁于流言蜚语""殁于丢失体面""因赌气投河而亡"等字样。不过，这些非自然死亡的人的墓碑上往往并不注明死因，因为人们并不认为他们的死与生老病死有什么不同，他们的墓碑与坟堆被活人处理得与其他死者毫无二致。他们的死只显示了死的方式和手段，没有出示死的目的和意图。他们不是不知道生命的珍贵和一次性，没人相信生命真的会失而复得。但是，在他们的心目中，似乎还有比生命更重要的东西，在我目睹了一些人的视死如归之后，我更加坚信，他们的确把一些东西看得比生命本身更贵重、更沉重，也更严重。当这些东西变得不堪忍受、重得无以复加之时，他们不是想方设法把这些东西卸下或者杀死，而是枪毙这些无形之物的载体——生命。在他们看来，生命不是一切事物都围绕在四周并且应该全心全意为之服务的中心，它只是另一些更加重要、更加庞大的事物的一个场所、一条通道。在我生活过的那个地方，有不少人没有被艰苦卓绝的物质生活压垮，却被这种看不见摸不着的精神疾病夺去了生命。

我知道，他们死于执迷不悟，死于过于认真，死于对纯粹和绝对的追求，死于对纯洁的过度迷信。我不过是这种精神疾病的一个幸运儿，是一个死里逃生的幸存者。我知道，真正绝对和纯粹的东西，只能存在于人们的幻念之中，它并不总是拯救人类灵魂的良药，有时它也是有害的，甚至是致命的"毒药"。这正所谓"水至清则无鱼，人至察则无友"。纯洁的东西要人命，对纯洁的迷信和对绝对之物的认真追求从来就显得与时代格格不入。人毕竟是一种吃五谷杂粮、有七情六欲的动物。可是，我不是一个大彻大悟的人，我只能在人生的舞台上，一边被无形之物牵制着，一边看到另一些人受到这些无形之物的捉弄。

我不想做一个悲天悯人的圣者。我只能感到曾经有不少人，和我一样，好像青春期出了一点儿问题，所以到了中老年时仍然对一些青春期迷恋过的虚念抱有一种狂热和虔诚，他们赤膊上阵，根本不带任何防护或保护设施，可以将危险与伤害置之度外，甚至为这种虚无缥缈的东西献身。在当代社会，这样的人越来越少了，更多的人在趋利避害，他们爱惜自己的生命胜过一切，他们不愿意或很少奋不顾身，他们更愿意今朝有酒今朝醉；他们小心翼翼地躲避着爱情的陷阱，只想从中抽取有利有益而又轻松的成分。

我不得不承认现在的很多人比我这样不今不古的人更加聪明了，他们处处都保持着适度的清醒，他们在任何一件事物上都不会陷得太深：爱情这东西美丽却伤人，还是浅尝辄止，最好还是那种一次性的消费；文学这东西，虚头巴脑，没有半点实惠，还是趁早拜拜了吧，您哪！现在的年轻人的青春期无遮无拦，毫无挡挂，这反倒使它变得像昙花一现般短暂易逝——可不是嘛，现在的孩子从生下来就开始接受一种后青春期或成人式的教育。我儿子 2 岁 3 个月时的一天，我正在看电影《红高粱》，在床上玩耍的儿子突然抬头指着巩俐说："我最喜欢她了。"我和妻相视无语。过了一会儿，我转看另一频道的《香魂女》时，专心玩耍的儿子又突然抬头指着斯琴高娃说了同样的话。妻笑问："你一会儿喜欢巩俐，一会儿又喜欢斯琴高娃，到底喜欢谁？"儿子不假思索地脱口而出："我喜欢女人。"我们皆愕然失笑。不谙世事的黄口小儿从社会上接受的完全是成人的方式和价值观，我预想我儿子的青春时代一定会比我的青春期成熟，他受到那些锋利而虚幻的事物的折磨和伤害可能要少得多。这是一个轻松的时代。人人都不想自己和自己过不去，人们发明了各种取巧的机器，人们有一百个理由去为一件偷懒的行为辩解。"因为在这个世界里，一切都预先被原谅了，一切皆可笑地被允许了。"（米兰·昆德拉语）这个时代已经为人们松绑，人们在逐渐学会宽容，人们不再狭隘地看待自己和他人。整个人类似乎已经走过了自己的青年时代，跨入了从容不迫的理智之年。人人都不会像从前那样犯那么多青春期式的错误，他们的生活不再盲目，一切都显得井井有条，顺理成章。

我随时都在提醒自己：不要用自己的经历作为标准去衡量一切，更不必装作一个谢顶的智者为社会的发展指点方向。我和绝大多数人一样，不知道人类将向何处去。我像一个坐过了站还没有下车的旅客，我越来越感到自己从前认为已经被斩断、已经死去了的那部分精神肢体仍然顽强地活着，它们显得有些不合时宜，好像与周围的人群有些格格不入。正是这些东西在支撑着我修补那个尚未完成的旧梦。它们使我梦游在一个似是而非的时代。

我在继续着青春期还没有做完的一个梦幻，我要把自己置之死地而后生，我向书本和文字讨生活，看一看自己能不能左冲右突，杀出一条血路。我知道这种堂吉诃德式的愚人之举在很多人眼里显得古怪和异常，我也知道，冥冥中造物主给每一个人都上好了发条，限制了定数。你没看有些人发光发亮，早早地把一生的燃料和精神能量提前用完，所以他们的生命早早就吹灯拔蜡似的熄火了？而另一些或绝大多人则懂得悠着点儿的道理，他们只让自己一点一点冒烟，这样可以若明若暗地一直延续很多年。

少壮不努力，老大徒伤悲。

古典时代的价值观是：我拿青春赌明天。

它把未来的一切重负全部压在未成年的青春的脊背上，使青春累弯了腰，使中老年时期的事情强行挤入本来就很拥挤的青春时光，使青春也见了白发，甚至像我这样的没了头发。这时候的青春好像一篇好文章的伏笔，一首音乐的序曲，实际上，它更像一个大厦的地基，要戒骄戒躁，稳扎稳打，它必须为一个宏伟的理想做好铺垫。现在的青春信奉提前消费。它把一切都视为过眼云烟，它只相信现在，它把中老年时期才能享受的事物提前到青春时代，做透支式的消费。

我无法臧否其中的优劣。我只能说一个时代有一个时代的青春。我注意到的差别在于：当我醒着还在做梦的时候，很多即将或正在进入青春期的年轻人却在经历一场无梦的睡眠，他们夜夜无梦，所以活得平静而快活，不再有被梦魇惊扰的后顾之忧。

　　我忽然想起一位朋友的一句话——看一个人有没有头绪，就看他还有没有梦。我的另一个写诗的朋友，在经历了青春期的一次失恋之后果断地终止了自己的一部分梦幻，之后再也不写诗了。我由此想到，诗人乃至作家大概都是一些青春期无限延长的人。

　　值得一提的是，我儿子周岁那天，我在床上放了手机玩具、小汽车玩具、鸡翅、酒瓶、书、钢笔、铅笔，让他抓周，结果他上去一手抓一支钢笔，另一只手抓了一支铅笔。我又惊又喜，亦喜亦忧。造物主可能又在不知不觉中安排了新一个轮回。我不知道儿子会不会成为一个比我更会做梦的人，我同样不知道：世界失去梦想，人类将会怎样。

　　　　　　　　　　　（原载《新疆经济报》2002 年 8 月 12 日）

故乡之殇

　　老大每一次从家里回来，都会坐卧不宁几天，像是被什么东西叮住了魂，老大说不清痛在何处，但他明白这种咬人的东西就是他的出生地，一种被称为"故乡"的那个地方。

　　从地图上看，老大的故乡像时间老人不小心遗落在准噶尔盆地西缘上的一粒眼屎。老大长到十七岁才从这粒眼屎中爬了出来。老大清楚地记得：他是在父母和亲戚亦喜亦忧的目光的护送下离开故乡的。这是他第一次远行，对他来说也是第一次从故乡的子宫中诞生出来，有一种永别的仪式的意味。那时候他也清楚地知道，大学生活将把他从故乡中甄别和拯救出来，他永远不会像父辈那样面朝黄土背朝天，粘在那块火辣辣的戈壁荒滩上了。他心底的那丝得意正和乡亲们脸上的艳羡一样，掩也掩不住。事隔多年，当老大返回故里的次数累积到一定数量之后，他为当年的年轻幼稚而感到有些脸红。这块眼屎大的地方是他的一块精神胎记，他走到哪里都走不出它的影子。

　　老大的离开故乡带有一种命定和宿命的色彩。还在他很小的时候，母亲曾逗他："长大以后想干啥？"他随口说出一个答案——开飞机。其实，当时的他只见过玩具飞机。今天的老大偶然还有一种第六感觉，那就是：他不会永远属于那块眼屎大的地方。那块三面环河的三角地在他的记忆中只能用他姥姥形容食物之少的那种说法来形容，即像"眼屎那么大"，这里面并不含贬义，故乡就是他的衣食父母，用姥姥形容食物的说法来形容它，也正合适。

　　老大感觉自己是被故乡弹出来的，仿佛自己是故乡遗弃的一个孩子，每次重返故乡，它都有一种坚硬的东西在顶着他，使他感到有一种莫名的东西不欢迎他。他想，故乡大概只属于自己的童年吧，现在的故乡早已不属于他，之所以他在一年中还能有那么一两次重返故里，完全是因为父母还生活在那块土地上。其实，老大每次回去并不只是为了看望父母、亲戚，他明白，回乡的精神意义是重返童年的时光，尽管每一次返回，所见的不过是时间之手不断将他童年时的物象和人事抹去。

老大不愿意廉价地赞美故乡，因为这种东西早在他远离故乡之前就已经成为他的一个情愫。很长一段时间，老大把故乡那块眼屎大的地方当成世界的全部，他在那里的河里学会游泳，在那里的野沙枣林里打沙枣吃，在那里的戈壁滩上拾柴火，在那里的泥路上步行上学。他好像对那里的每一棵芨芨草、每一堆骆驼刺都很熟悉，这使他多年以后返回故里时仍然要独自去戈壁无人烟处看望这些童年时候的"伙伴"——他忍不住要摸一下它们，他心中有一种想亲吻它们的念头。他想到除了自己，也许永远没有第二个人会来看望这些自生自灭的荒草野刺，他心中有一种悲天悯物的感伤。老大感到自己的故乡就像这些荒草野刺，具有野生的性质，如果不是因为是自己的故乡，谁会驻足对它做一番仔细的端详和打量呢？别说这些故乡的荒野中自生自长的植物，就是故乡的人们，不也是在无人知晓中长大，又在无人问闻的状态下离去吗？

老大清楚地记得，当年他从八九公里外的团部中学返家，常常在空旷无人的土路上心旷神怡地亮出歌喉唱自己喜欢的歌，他在故乡的荒原上寻找并感受唐诗的意境。多年以后，他回想起来，仍然能够感觉到那种天人合一式的欢悦，对这种想象的快感的追求是命定地使他从家乡的土地上剥离出来的一个决定因素，这一点也早早地告诉他，父母的工作不会在他的手上继续下去。老大甚至也隐隐约约地感觉到，他的这种诗意对农场里的父亲母亲们来说是陌生而奢侈的。当他看到在烈日下为棉花打药或在隆冬时拿着坎土曼翻土的人们时，他又觉得自己的这种诗意是多余而残酷的。有时，他忽然有一种强烈的多余感，感到多余的不是他的情感，而是他这个人本身，这个生僻之地把他养大似乎只是为了把他送出去，为它自己培养一个过客，一个过一段时间还会坐长途车回来看一看它的那么一个人！每一次回去，乡亲们在向他投以艳羡的目光的同时也附带地寒暄几句，然后就各自离去，各自回到或者说再次沉入各自的生活中去，形同路人。

曾经有很多次，老大都有一种想当救世主的念头。他想把乡亲们（无论从前是否有过仇怨），尤其是把父母兄弟们从那块荒僻的土地上连根拔起，"移植"到一个水草丰美、吃喝不愁的地方。可是，每当此念一起，紧接着涌上心头的就是一种深深的沮丧和无力的感觉——老大再明白不过的一个道理就是，像他这样一个以书本为食、以墨水为饮料的人根本无力担当救世主或说小一些叫"救乡主"的角色，他是父母养出的一个"变种"，是故乡推出的一个"叛徒"，这样的家伙不能在物质上给父母和父老乡亲以多少好处。唯一可能或比较容易的是给故乡以廉价的赞美，施之以居高临下的怜悯。

好在老大认识到这一点后，尽管物质上不能对家乡带来任何改变，而在言辞上也比较注意节俭，他提防着那种赞美的虚情假意，还有那些无谓的赞美可能对乡亲们所造成的伤害。他只是让故乡小心地珍藏和包裹在心里，在不经意时翻检出它的片段，像农民对待秋收后的粮食那样，捡出其中的沙粒，留存它的精华。

所以，多少年后，老大仍然保持着一种逃回故乡的姿势。他可以在离故乡几公里以外的地方下车，拎着包步行回乡，没有人接也毫无怨言；他从来没有抱着衣锦还乡的态度还乡，他宁愿穿得像平常一样，其实那里的很多年轻人早已穿得比老大风光多了。老大不想用自己的返回惊动故乡，也许他想以这种姿势消除故乡的警觉，他想"随风潜入夜，润物细无声"。

老大不知道这种藏而不露的习性是不是得自家乡的熏陶或遗传。其实，虚张声势者在他的故乡不乏其人，不过，乡亲们多数对那些擅长夸饰或夸夸其谈者投以冷漠或嗤之以鼻。老大想，他的家乡可以用河南的一个地名来准确地描述，那个地名是：新乡。因为它就诞生在 20 世纪 50 年代后期支边来的父亲们的手中。父亲告诉他，他们来到这里时，到处是戈壁荒滩，是他们这帮从内地来的小伙子不分昼夜地苦干，才有了今天这个可以称作他的"故乡"的地方。父亲说，当时他曾五天五夜没睡觉，累得不行了，站着就睡着了。老大听着父亲的这一席话，回味着"开天辟地"这个词的含义，他感到父亲他们的辛苦和幸运都集中在一点，即重复当年上帝的那份创造工作。

令老大百思不解的是：他的家乡虽然是一个"新乡"，却并非有些学者总结的那样没有传统。也许从五湖四海来的人们带到这儿来的不只是他们自身，还带来了中国农业社会中无处不在的那种农民意识形态。老大感到他的故乡的是是非非和这种农民意识形态有着千丝万缕的联系。这种冠以部队称号的小型社会所具有的封建专制特色令老大吃惊，这一发现促使老大观察到故乡的人们在人际方面所花费的时间和精力绝不比他们和残酷的大自然打交道所耗去的时间与精力少。想到这一点，老大心中的故乡总是沉甸甸的，也许正是因为他心目中的故乡过于沉重，才使得他性格中的幽默因子总是先天地发育不良，也使他对相当多的赞美故乡的言辞保持着一种戒备和警惕。

故乡的环境是艰苦的，艰苦得使吃苦耐劳成为父老乡亲们的第二天性；故乡的那个小型社会里没有生人，即使从外地来的一个黑户，要不了多长时间也会成为人人都熟悉的同乡人。老大小的时候，这里没有电视，娱乐活动少得可怜，大家的乐趣就是张家长、李家短，谁家发生了打斗事件，东家与西家不说话了，王五看不起赵六了，等等。总有一些喜欢搬弄是非、惹是生非、偷鸡摸狗、恃强凌弱者，这使得乡亲们在粗糙而匆忙的物质生活的遮掩下大都有一颗敏感而刚烈的心。他们可以因为对方的一句不中听的话而红脸，甚或大打出手，闹得几月甚至数年互不往来；他们可以因为受到不公正的待遇或脸面上过不去而去寻短见。多年之后，当老大坐在车上"检阅"故乡的路边散布的小房子的时候，他脑海里忽然闪过了一个念头，这一个个用土块搭起的房屋里住着一个个恩恩怨怨的故事，真正折磨着人们的不是残酷的自然，而是人与人之间的这种恩恩怨怨。

确切地说，老大是从自己父母身上悟出这一点的。老大的父母都是那种一眼望去就知道他们不会干坏事的善人，他们大半辈子的经历也已经表明，除非受到别人欺侮，他们绝不会主动去欺侮别人或比他们弱的人。父母的老实也使老大小的时候受人欺侮而忍气吞声，这反倒使他养成了一种争强好胜的性格——事实证明，小时候经常受欺侮的他终于从环境中挣脱出来，而那时候常欺侮他的人，现在仍在那块土地上重复着父辈的劳作，受着土地的钳制和摆布。

这似乎是他的因祸得福之处。他没有怨恨父母，反而感激父母给他遗传了一种好的品质，尽管这种品质在一个注重公关和交际的时代多少显得有些不合时宜。老大弄不明白的是：为什么像父母这样心地和善的人过在一起却总是磕磕碰碰的？老大从方方面面得到的信息告诉他：父亲1956年响应党的号召支边来到新疆时，女性奇缺，小伙子们找对象很困难。母亲是父亲出钱托人从四川接来的。在老大的记忆中，父母的婚姻有旧时的半包办性质，至少是标准的先结婚，后恋爱，据说这种婚姻的好处是稳定性强，最适合居家过日子。不能说父母的恋爱不成功，在老大小时还经常听到父亲对母亲的昵称，母亲在吃穿上也时常关心父亲，只是老大常听他们吵架甚至骂架，骂得厉害时骂出了母亲的眼泪。老大当时除了有些害怕以外，并没有怎么在意，因为周围的人们谁家没有个家长里短。直至多年

　　以后，老大每次回去，家里都是一片祥和之气，老大为家庭生活的进步沾沾自喜，想到物质生活的改善的确促进了精神文明的提高，也直到有一次老大回家恰好又碰见父母闹纠纷，他吃惊地从母亲那儿得知：父母已经十年没有在一起了！其间的相互冷漠、相互误解、相互隔膜已到了何等程度，可想而知！

　　打那以后，老大曾几次给父母做思想工作，他认定父母之间的隔膜是源于双方缺乏开诚布公的交流。当老大拉开攻势，试图各个击败时，他终于发现：同一件事，当他听父亲讲述时，他觉得父亲有理；当他听母亲讲述时，又觉得母亲在理。父亲或母亲可以和老大谈论家事，然而一旦他们坐在一起说不到几句又要互相争执起来，这种情况越到年老越严重。

　　经过几次调和的努力之后，老大终于沮丧地承认，调和的效果甚微。父母之间的相互冷漠和相互伤害已到了无法调和的程度，他们之所以一直没有走离婚那条路，一方面是传统思想使然，更主要的大概还是为子女考虑。

　　过了七十岁大寿的父亲显得苍老了许多。老大最近回去见到父亲倚坐在土炕边上，眼泡和双脚都肿了起来，看得出来，他最大的心病仍然是和母亲的误解和隔阂。想到父亲很可能像外祖母那样带着满腹误解和隔膜走完自己的一生，并把这些人间的怨怼带到另一个世界去，老大心中只能又一次涌上几个词，那就是：可怜的父亲！

　　老大这时彻底被一种绝望感和无能感压得喘不过气来，他觉得自己一肚子道理和经纶都派不上用场，他没有钱资助父母，更没有办法从精神上拯救父母！他真的感到一无所有，感到赤贫如洗！他怀疑自己从前所学的精神食粮如果只能救自己却连自己的父母都救不了那还有什么用？老大心中的愧疚化作一种折磨他的恐惧：他怕收到来自故乡的电报或电话，他怕有一天会听到父亲（长年身体欠佳）辞世的噩耗。

　　老大心中一个越来越清晰的感觉就是：故乡在随着父辈们的衰老而衰老，随着亲人们的相继辞世而渐渐死去。细想起来，故乡是从什么时候开始露出死亡之端倪的呢？老大思前想后，把这个年份定在 1985 年，至少对于老大来说，这个日子是真实的。因为就在那年的 5 月，老大的三叔掉进大渠中溺水而亡。他是暑假返乡才知道这个消息的。当时，他的三叔早已长眠于故乡坟地的土堆之中。老大伤心之余，怎么也想不通谙熟水性的三叔怎么会溺水而死呢？据说家乡的大渠中因每年都有溺水而亡者，每年也会拉一两个替死鬼下水。又据说三叔是在放羊经过渠上的桥时不慎落水的。三叔是个心地极善的哑巴，幼时生病看不起医生，一辈子没有娶妻生子。一生所为都是行善积德之事，最终却不能得一个善报！老大觉得故乡大概有一股邪气，这股气邪得可恶，邪得可怕！

十年之后，老大的外祖母住进了故乡坟地的一堆新土之中。老大终于对故乡有了深一层的理解：他眼中的故乡就是生出晚辈、埋葬长辈的地方。故乡的独特之处是它曾经年轻，它也会衰老，在老大的记忆中，故乡的年轻身影历历在目：那矗立在河边的工房，那散发着尿臊味的马号（棚），那些幼时玩的捉迷藏游戏，还有那些原本身体很好有朝一日忽然病倒就再没有起来的人们……老大曾经幻想用照相机把这些东西全都记录下来，以作为它们曾经存在过的证据，它们都是故乡的静态或活态的组成部分，还有那些阴暗和邪恶的角落，同样是故乡的生态平衡所必不可少的部分，你要埋葬这些东西，必须将故乡一起作为陪葬。老大注意到，恶的东西有时比善的东西生命力更顽强，所以当他诅咒故乡的恶时，不得不先看到很多故乡的善在一点一点地消失和湮灭。

老大想，故乡的存在和人一样，都具有一种转瞬即逝的特点。从哲学的高度说，人生如梦是一个恒在的事实。西部的故乡所谓的旧貌换新颜不过是加速故乡死亡的另一种说法。当时过境迁、物不是、人已非的时候，故乡的容颜在哪儿呢？老大故乡的那条土路因缺少经济利用价值而得以保存原状，这使他把故乡和这条土路还有这里的亲人连接起来。如果这条土路连同他的亲人都从这个世界上消失了，他到哪里去寻找自己的故乡呢？如果老大失去了记忆，他还有故乡吗？他的故乡可能只是一场噩梦！

老大心想，故乡只存在于人的记忆之中，它的高贵和它的龌龊都只能成为一种心史，没有了记忆，人就失去了历史，同时也就没有了故乡。所谓故乡的永恒只能或最多在人们的心中，老大不相信有所谓永恒的和永远的故乡，且不说现代化是对人们故乡的取消，单是时间的魔手就可以夺去故乡的真容，并最终将故乡从人们的记忆中抹去和掠走。所以，老大觉得，如果故乡在他心中活过（事实的确如此），那么它也会衰老，也是会死的，他想到这一点，甚至觉得永恒的故乡有些像是鬼话了。古今中外那些名人，有不少爱写故乡，比如唐代诗人贺知章在《回乡偶书》中叹道："少小离家老大回，乡音未改鬓毛衰。儿童相见不相识，笑问客从何处来。"其实，他早已不是故乡的主人，他的故乡已经死了。老大觉得自己和很多有名无名者一样，之所以喜欢返回去看望父母亲人，在潜意识层面上，也是在无意中凭吊自己的童年。此时的故乡早已蜕化成一种遗物。

　　老大并不为故乡的渐渐远去和终将消失感到难过和悲伤。他明白故乡的血脉中那些纯净和污浊的东西仍然残存在自己的血液之中。于是，有一次，他对妻子说："假如我死在你前头，我不愿火葬，你把我运回老家，我要躺在故乡那块子宫状的坟地里。"

　　妻子答应了他的请求。

　　老大觉得心里释然了许多。

1999 年 2 月 15 日（农历除夕）于乌鲁木齐

　　（原载《绿洲》1999 年第 3 期；收入罗文斌、董立勃主编《阳光大坂——新疆当代散文选》，新疆人民出版社 1999 年版）

姥姥走了

姥姥走了。

在农场的人们忙着收获的深秋季节，在城里人刚刚从国庆的喧闹声中抽身而出的时刻——10月2日凌晨1点25分，世界上最疼爱我的姥姥走了，在我的生命中闪耀了近30年的一团爱的火焰熄灭了。

姥姥是撑持了整整7天7夜饭水不进才走的。她得的是心肌梗死和由长期高血压导致的轻度脑溢血。等我9月30日接到弟弟发来的电报从乌鲁木齐连夜赶回家，姥姥已经昏迷几天，呼吸深沉，面色潮红，双眼瞳孔缩小，有半身不遂。我在姥姥的耳畔喊着："姥，我回来了！我是晓辉！"姥姥微睁了一只眼睛，但已什么都看不见，只是从眼眶里滚出一滴浑浊的泪水，呼吸更加紧促，她激动，她大概还能听到一些声响——她知道自己盼望见上一面的大孙子回来了！人之将走，其言也善，然而姥姥临行前的7个昼夜，一言未发。临到终了，她老人家吃力地睁开双眼，想最后一次再看看这个世界、这个家还有她的儿孙，可是她看不见了，她极为平静地去了，仿佛一台运转了88个春秋的永动机，确实因为自己老了，转不动了，第一次不借助外力而自动停了下来，融入大自然的宁静和黑夜的沉寂。

7个昼夜的沉默，对姥姥对我们都是一个漫长的铺垫：姥姥在弥留之际肯定还有正常的思维，只是病魔已经封住了她的口，夺走了她的大部分视力和听力，使她半身后来是全身不能动弹，但是，它没能夺走姥姥的情感——在饮水不下、不省人事的几天里，姥姥的面部时常还有激动和伤心的表情，伴之以眼角的泪水和心跳的加速。姥姥一定是在回忆、总结自己的一生：她老人家受过的苦，拥有过的幸福，还有那些铭刻在心头的悲欢离合……

对我来说，姥姥弥留之际的长达一星期的沉默是富有象征意味的。姥姥这辈子吃过的苦，怕是几天几夜也说不完，既如此，还有说的必要吗？

关键是，姥姥从来不认识一个字，她生平的叙说家常，真正如王国维所言，"一切景语皆情语也"。姥姥从根本上是沉默的、失语的，但是她把一张可以用文字说话的嘴长到了她的长孙——我的身上。姥姥呀姥姥，你几十年如一日辛辛苦苦、默默无闻地把我带大，然后你看着我走进大学读了文学学士还有文学硕士，在我还没有来得及告诉你——你的孙子还要进名牌大学念博士的时候，你却走了！所有这些，不都是为了从我这一代开始不再沉默，让我的父亲、母亲还有亲爱的姥姥开口说话吗？在这一点上，我可以向我的父老乡亲、向姥姥的在天之灵起誓：我不一定做得最好，但也绝不会做得太差！你们不要以为我没有钱就没有能耐，你们即使有了钱可能仍然不能张嘴，我就是你们养育出来的一副喉舌啊！你们世世代代的沉默将从我开始发声！

　　时间从来都是等量而不等质的。1995 年 10 月 2 日，这个日子对于那些沉浸在节日氛围里的人们来说是无比轻盈、异常欢快的，然而我们全家却因为姥姥的溘然长逝而陷入沉重的时间质地之中。姥姥轻轻地、悄无声息地走了，正如她轻轻地、悄无声息地来。1907 年 2 月 25 日，姥姥诞生在四川省射洪县金华区武东乡十大队的赵氏之家。在那样一个重男轻女的年代，苦难深重、人口稠密的地区一个贫寒的家庭里生了一个女孩，其情其景，不难想见。

　　姥姥是小脚，具体从几岁开始缠脚，已不得而知。记得我小时候，每次姥姥洗脚，都躲在屋子的一角，免得捂出的臭味让我们闻见。后来读了一些书，才知道缠脚者忍受的身心折磨并非常人所能忍受，而且在那个以小脚为美的恋脚癖时代，小脚甚至直接决定一个女人的价值，同时也深刻地影响着她的丈夫的性心理及对她的宠爱程度。姥姥曾经给她的孙女（即我舅舅的女儿，这些话她从来不给我们男娃儿讲）说，她因为脚不够小，迟迟嫁不了人，等到 20 多岁才成婚。我姥爷相亲时头一回见我姥姥，就嫌她脚太大！家里的相框里有姥姥 1963 年来新疆之后在奎屯留下的一张黑白照片：从帽子、衣裤到鞋子为一色黑的老年装束，当时姥姥才 40 多岁，面部皮肤白皙，青春的尾巴还在。遥想少女时代容光焕发的姥姥，虽然不一定多么美貌，但至少是不出古典美的大格的。姥姥保存了唯一的一张我姥爷和他同伴合影的照片早已发黄，至今仍和姥姥的那张旧照片并排夹在同一个相框里：我们弟兄三人小的时候，姥姥常指着这张照片说，那个站在边上拿礼帽的就是你姥爷。照片上的姥爷身材修长，头发仿佛还有一定的造型，穿着长袍，手拿礼帽，长方脸也算得上英俊。不知他这身装扮是专为照相准备的，还是生活中本来就如此？我上小学和初中的时候，常听姥姥说起姥爷活着时候的一些逸事，可我大都忘记了。现在想来，这或许因为我在潜意识中对姥爷的做派有些反感吧。我至今仍然对那些把自己修整得过分光滑的男人存有戒心，怀疑过分包装的背后多少都有一些道貌岸然和表里不一的成分。我对姥爷所知甚少，只是隐隐约约地知道他早年迫于生计，经常出门在外，同别人合伙做事，挣一点糊口钱养家，至于做什么事，我也不清楚。

"自古商人轻离别。"我姥爷大概算不得商人，但他当年的确经常不在家，我听姥姥说过。这些年我自己也已成家，偶发思"古"之幽情，心想：当年姥姥与姥爷的感情如何？他们之间的感情是否对等呢？我学过一些深层心理学，总觉得姥姥对姥爷见她第一面时的惊讶的回忆是一个重要的提示：姥爷经常外出谋生，固然是迫于生计，但还有没有连姥爷本人也说不清、道不明的其他缘由呢？我知道用这种"理论"去猜测、去推想早已作古的姥爷是残酷的，同时，对那个生存维艰的岁月做这种事后诸葛亮式的臆断也显得过于学究气。但是，一个不容否认的事实是：在姥姥的一生中，思念的情感一直盘踞在她老人家的心里。旧中国女人有多少陷入了这种与亲人生离死别的典型情境啊！可以说无以计数。罗兰·巴特精辟地分析过这一经典性的情境："远离是就对方而言的，对方离开了，我留下了。对方永远不在身边，处在流离的过程中；从根本上说，对方始终漂泊不定，难以捉摸；我——热恋中的我——又注定了得守株待兔，不能动弹，被钉在原处，充满期冀，又忐忑不安——像火车站某个被人遗忘角落里的包裹。思念远离的情人是单向的，总是通过待在原地的那一方显示出来，而不是离开的那一方；……这就是说：我爱对方要甚于对方爱我。"①思念的柔情总是更多地滞留在守候者一方。所以，我断定姥姥爱姥爷要胜过姥爷爱姥姥。

我舅舅4岁多那年，姥爷客死他乡（好像是因为欠债被人家打死的），我不知道姥姥是否见到姥爷的尸首，大概姥爷的几个同伴就地把他掩葬了吧。姥爷过世几个月后，姥姥生下了我妈。姥姥不到30岁就开始失去了

---

① ［法］罗兰·巴特：《恋人絮语——一个解构主义的文本》，汪耀进、武佩荣译，上海人民出版社1988年版，第7页。

丈夫，硬是把舅舅和我妈两个孩子拉扯大。在那样的地方——穷乡僻壤，在那样的时代——民不聊生，一个身材矮小的小脚女人，不靠别的，只凭自己的一双手来养活一家三口人，该是何等的艰难困苦啊！我不知道在这些漫长的苦苦煎熬的日子里姥姥是否想到过改嫁，但我很能体会姥姥忍受的身心之痛：自从我记事时起，我知道姥姥的耳朵背得厉害，是姥爷早逝给她的打击太大所致？还是由于长期劳顿、心灵的枯萎甚或严重的营养匮乏使然？既当母亲又当父亲的家庭重负、来自左邻右舍的闲言碎语和蔑视的眼神、身为女人又失去丈夫只能一天天一夜夜独对黄灯挨到天明的孤寂难耐，就得在方方面面战战兢兢、谨小慎微以至于像瓜田不纳履、李下不整冠那样避嫌，所有这些，几十年如一日，也许姥姥早已习惯了，也许她并不觉得有什么了不起，因为那时在她的周围，像她那样的女人大概远不只她一人。吃苦耐劳几乎成了她的一种与生俱来的第二天性，看姥姥那双和她自己的小脚极不相称的大手，指关节尤其粗壮，如竹节一般，她一生的辛苦，大概都刻在那双手上了。有时，妈妈怨姥姥重男轻女，让我舅舅上了小学而没让她上。其实，妈妈也知道，姥姥独自一人能把他们养大已经是幸运了。即使姥姥有重男轻女的想法，那也怪不得她本人，正像我姥爷当年嫌姥姥脚不够小也不能全怪他个人一样。妈妈知道姥姥的不易，所以1963年就把姥姥从四川老家接到新疆和我们生活在一起，至今已经有32年了。

　　离开老家以后，姥姥又想念在老家务农的儿子——我的舅舅，还有那些亲戚老乡，主要是失落在故土的那些往事，时常在姥姥闲暇的时候袭上她心头。我小的时候，姥姥常给我讲梁山伯与祝英台的故事，情节全部来自她早年在老家看的川剧。讲到兴头上，姥姥还能用四川调唱上几句，形容梁、祝二人同窗学习时同吃同住又同睡，因祝英台女扮男装致使梁山伯一直蒙在鼓里，但又疑心为什么祝英台每次解手都不让他看见——姥姥在笑梁山伯的憨和迂！讲到雷公将梁山伯的坟墓劈开，祝英台化为蝴蝶钻入梁坟时，姥姥显得异常激动，大概她老人家从自己绘声绘色的讲述中也获得了一种共鸣和感动吧！

　　我从来没有也不愿称姥姥为"外婆"，当然也就极少自称为她的外孙，因为我怀疑甚至厌恶"外祖父（母）""外公（婆）""外孙（女）"之类的书面语说法。这些"外"究竟能外到什么程度呢？从血缘关系上讲，我身上流淌的血液中所含奶奶和姥姥的遗传成分是大致等量的，并无多少内外之分。如果有内外，并不应该依照男权社会的人为标准，而应该依据一个标准，即爱的情感。从这一点说，姥姥在我们的心目中是相当"内"的，如果可以的话，不妨称她为"内婆"。我小的时候，父母都忙于上班，只有姥姥每天在家看护我，给全家人做饭，为我炒葵花子，讲故事，让我用小手给她老人家捶背和挠背；看了朝鲜影片《卖花姑娘》之后，我对"门后有鬼"的喊声记忆颇深，晚上不敢独自入睡，就央求和姥姥同睡一床，姥姥在外侧，我在里侧。我和两个弟弟都是在姥姥的看养下长大的，当然我们有父母，但他们都有工作，都得忙里忙外挣钱养家。从感情上，我们经常亲近的仍然是朝夕相处的姥姥。

1983 年，我离家去西安上大学。之后，每年寒暑假几乎都要回去看望家人。每次回家，姥姥都握着我的手，叙说离别之情，说她打喷嚏了，耳朵根子发烧了，做梦梦见我了，所有这些都是她心目中思念亲人的遥感征兆。姥姥以我为自豪，好像她的这个孙子上了大学必然有大出息似的。所以姥姥虽然也跟我讲一些我不在家时家里发生的事情，但姥姥的眼中，我的翅膀已经长硬了，有"本事"了，所以也就要敬我如"宾"了：饭桌上，姥姥不时地把好吃的菜推到我面前（她对家里的客人就是如此），拖着 80 来岁的老身要给我盛饭，还忙着为我炒瓜子、洗水果。我帮家里担水，姥姥笑着说："回来就给我们挑水！"所有这些，岂是我这个后生所能承受？这是一种超重的爱，这种爱里已经夹杂着敬畏、恭敬还有谦卑，这些都不是我情愿领受的。如果说姥姥对我的爱超重，对我有一种负担感，大概也就在这里吧。姥姥啊姥姥，你的孙子就是再有"本事"，不还是你的孙子吗！也许在你眼里，我们永远都是一群长不大的孩子，需要你永久的呵护和爱怜？可是，我们在一天天长大，你却在一天天衰老，身体状况也只能每况愈下，年龄不饶人呵！

广告宣传的许多东西都是可疑的。比如当大众传媒喊出"顾客就是上帝"的时候，还存在上帝吗？（尼采早已宣布："上帝死了！"）广告词说"撒向人间都是爱"，究其实，撒的是爱心还是"钱心"呢？东西假了不要紧，关键是感情假了。姥姥不懂得"爱"这个字是什么意思，我也从未听她说起或用过这个字，但她奉献给我们、奉献给周围邻里的恰恰就是纯纯正正的爱！姥姥耳朵背，好像是一种补偿，她的眼力和记忆力到 80 多岁时还是明显好于她的同龄人。我家在兵团农七师一二三团皮革厂定居 20 余年，厂里有几十户人家，但姥姥足不出户，就可以把全厂男女老少姓甚名谁及其亲属关系称谓说得一清二楚。她平日不常出门，不过一旦遇到本厂的人（一般年龄都低于她一辈甚至两辈），姥姥总是从老远就亲切地和人打招呼，而且都是"小张""小李"地，一般错不了。然后就礼貌地问对方吃饭了没有，家里忙吧等。姥姥走后，单位邻里许多人都来送黄纸，叙说姥姥生前对他们的热情，给他们心里送去了温暖，都夸她老人家待人亲。10月4日姥姥出殡，正值拾棉忙季，可厂子里的青壮劳力几乎全员出动，为姥姥送行。

姥姥走后，妈妈告诉我，20世纪60年代初我家还住在奎屯，一次姥姥下身出血不止，当时医生对此也无能为力，就让姥姥坐在凳子上，让血自然流淌，要不是后来血自己不流，姥姥险些丧命。可怜的姥姥经过这次"崩漏"之后才真正开始步入老年，那时可能我还没有出生。我不懂医学，但我想这大概和她早年的饥寒劳苦及后来的身心情绪郁闷有关吧。我们家在穿戴方面不讲究，但在饮食方面还是比较舍得花钱，所以姥姥来新疆以后，吃穿明显好于老家。姥姥爱我们，但并不是不求回报。吃饭的时候，我们给她碗里夹一块好肉，吃瓜的时候往她手里递一块瓜，她就感到心满意足。我给家里的信抵家时，她最关心说了些啥，有没有问候她；我每次回家探亲时给她买了衣物和吃的东西，她尤其高兴得如儿童一般，逢人便说。到了80岁以后，姥姥越发有了一些返老还童的心理迹象，许多东西吃了身体不舒服，不吃心里又不舒服。

姥姥姓赵，名发珍。除了户籍上写着她的姓名和出生年月以外，姥姥是匿名的，不说别人，就连我们也是经常不需要知道她的名字。姥姥不识字，也不会认、写自己的名字，所以她对外界究竟发展成什么样子，并没有一个稍微清晰的认识，对于一些现代化的家用设施更是不甚了然。你说电有危险，可她偶尔还要去抓电线头，以便把它拉扯到合适的地方；看见家里其他人吃药，比如知道我爸吃了治咳嗽的药，她也要吃，因为她认为自己也咳，而根本不知道这种药与她自己的病是否对症；姥姥看电视，正像儿童一样，见男女拥在一起，就说他俩喜欢上了，偶尔见了三点装，她还说那个女的连衣服都不穿，真羞！看武打片，她会说这个人不讲理，欺侮那个人。姥姥的许多感情和经验还停留在过去的时代，所以她和周围的一切，包括我们，都存在着交流的困难，这或许就是代沟吧，但我更愿意用"隔世"或"恍若隔世"来说明这种情况。姥姥在50岁以前积累的经验和养成的习惯太顽固了，加上后来绝少有新鲜的东西取而代之，所以随着年岁的增长，那些旧经验、老习惯愈加形成一个坚硬的外壳，老而弥坚，把姥姥和我们隔开，这个硬壳里包裹的就是姥姥的孤独。姥姥从老家带来了一个习惯：只要身体一不舒服，就喜欢躺着或坐着哼哼，心理学上认为呻吟也是对病痛的一种无害的宣泄，可我总觉得姥姥的哼哼还是对她本人之孤独的一种治疗。我在家时，常听姥姥独自一人自言自语，浓重的四川口音深一句、浅一句，有些还是骂人的话，外人听起来怪吓人的。姥姥大概也知道自己的一些话过时了或至少是不怎么入时吧，自己的絮叨别人常常不爱听，她也许真有恍若隔世的感觉。她缺少可以说长道短的同代人的交流，能够和后代说到一起的话题也越来越少。近几年，姥姥感到自己越来越成为别人的包袱了，她抄起斧头劈柴，妈妈不让她劈，她生气；她用酱油拌生韭菜，弟弟不让她吃（因为吃了咳嗽），她也生气。到了晚年，姥姥生的很多气都是因为交流的困难和误解而产生的。这种精神上的磨难大概和不识字有直接的关系吧。

姥姥这辈子不识字，也很少花钱。并不是她不喜欢钱，这几年过年时我给她的压岁钱，她都小心翼翼地收藏着，这次临住院前，她才交给我妈。姥姥绝少有花钱的机会，所以钱的面额大小，她也不认识。钱这个东西，真是生不带来，死不带去。姥姥这辈子和豪华、奢靡无缘。姥姥还是这个姥姥。有钱，似乎不能给她增加什么；无钱，也不能从她身上减少什么。姥姥没有什么财产留给我们，她留给我们的只是她仅有的一件东西，那就是爱。别人有钱财等物质可供后代开销，这时候物质可以充当一种间接的代用品，而我的姥姥却一无所有，所以只能花费、燃烧她自己，如春蚕抽丝一般吐出爱的雨露，滋润我们成长。这次姥姥生病的头几天，还能说话，她对三弟说："小三，我把饭给你们煮到锅里了，我不能给你们舀了，快去吃吧！"（实际上，这已经是臆语了！）在医院时，她对二弟讲："我死了，可以保佑你们平安！"（二弟闻此，双眼噙满泪花）这两句话是姥姥最后的留言。

苦难的姥姥走了，她带走的却不只是苦难，她结束的是一个旧的时代。我花900元钱给姥姥买了一副上好的杨木棺材，我敢说，这是姥姥最贵的一次开销，但已不是在生前，而是在她走后。出殡的那天，天亮得比平时早，我们最后一次看了姥姥慈祥、平静如睡眠一般的脸，姥姥给这个世界最后留下的仍然是一个充满爱意的微笑。拖拉机缓缓地载着姥姥和送葬人，向墓地驶去，一路上尘土飞扬，每过一座桥或拐一个弯或经过一个连队，我们都给姥姥放炮开路，撒放纸钱。我平生第一次像这样哭了一路。

人类是多么孱弱无助啊！当我们面临亲人的生离死别，当我们眼睁睁地看着亲人撒手尘寰而又不得不送她踏上黄泉之路，我的心底升起苏芮那如泣如诉的呢喃，就让她唱给姥姥吧：

> 你走了吗　你走了吗
> 也许你只是静静地睡着了
> 你走了吗　你走了吗
> 也许你知道我在等你开口说话
> 你醒着吗　你醒着吗
> 看看你床前一双双望穿的眼眶
> 你说说话　你说说话
> 我不能眼睁睁地让你离开
> 你转回头　这条路不该你走
> 你转回头　我替你跟他们要求

尽管感情常常无理可讲，但理智清楚地告诉我：姥姥走的是一条不归路。隔千里不隔一层板。棺木似乎对姥姥来说是一种附加之物，但它载走的何止一个姥姥，更有姥姥的苦难、姥姥的善良，还有姥姥对我们永生永世的爱！陪我说第一句话的姥姥、不会表达真情却付出了热忱的生命的姥姥就这样瓜熟蒂落般地走了！我们是谁？我们不过是从姥姥这棵耗尽了生命的老树上长出的新枝，这难道就是生命递传的残酷代价吗？这难道不是一种断根之痛吗？土坟和姥姥是相称的。姥姥的坟坐落在蜿蜒的小河边，近旁有一棵遮风挡雨的沙枣树。我和弟弟在姥姥的坟头上栽了一棵苍翠的红柳，弟弟说红柳就像常青树，可以长久地陪伴姥姥。姥姥啊姥姥，我知道你已经完成了造化的循环，修好了人生的正果，你从虚无中来，到虚无中去，你来自尘土，仍将归于尘土，这就是创世的秘密，这就是人类精神的死结！肃立在亲人的坟前，有谁还敢怠慢甚至挥霍人生？又有谁敢漠视生命的一次性？人生不过是一次探险，姥姥的一生所实践的是爱，所征服的是苦难。我甚至可以说，姥姥来到这个世界似乎就是为了爱和苦难（为了后来的我们免受苦难，她老人家已经把苦难尝遍），因此，我可以替姥姥吟诵那句探险家名言："我来了，我看见了，我征服了！"① 生命的意义在此。那些只顾一次性消费人生、只知道及时行乐的人，不配说这句话。

姥姥走了。在我家房前屋后忙忙碌碌几十年的身影不见了。再也听不见那挠心的哼哼声，再也吃不上姥姥为我炒的瓜子、做的泡菜，再也没有一个永远在家里盼我、等我归来的姥姥了！姥姥啊姥姥，什么时候你再回到我身旁，让我再给你挠挠背，让我再看看你慈祥的笑容，让我再听听你用四川话给我讲的故事，让我再和你叙叙家常……姥姥，你走了，可是你永远活在我们的心中，因为爱是不能忘记的，苦难也将铭刻在心头。假如有来世，我还是你的孙子，你还是我的姥姥！

姥姥，你安息吧！

一九九五年十月十六日写于乌鲁木齐

（原载《绿洲》1996 年第 1 期）

---

① 实际上，这句话最初出自恺撒。公元前47年，恺撒大帝在小亚细亚吉拉城的一场持续5天的战役中击败了法纳西斯，于是给罗马友人报捷说："Veni, Vidi, Vici"（我到，我见，我胜）。

逝者如斯

——记忆我的父亲

5 月 25 日。

这是一个让我感悟生命过程和全部奥秘的日子。我的儿子曾经在这一天从无到有地来到这个世界，就在今年的这一天，我的父亲又从有到无地离开了人世。父亲的火化清楚地演示出生命是一个从无到有然后又从有到无的过程。

这是生命的迎来送往的日子。父亲的时间在这一天结束正如八年前他孙子的时间在这一天的开始。这一天，让我看到了生命更迭和延续的壮阔场面，也让我体验到生命的大悲大喜。

我不得不慢慢地接受这个事实。数天前，父亲在电话里还对我说，咱爷俩在电话里见个面就行了，你那么远，可不要回来，我把你们养大就可以了……曾经有那么一两次，我以为他过不去了，结果他没事。这一次，我想他不会有事，不料他真的那么快就走了。父亲走得很孤独，他没能迈过 73 岁这道坎。

父亲的离去使我第一次试图全面打量他的一生。我知道，在这个世界上，几乎没有第二个人会用文字记录他，将他生命的一些足迹和印痕从时间的忘川中抢救回来。父亲像影子一样，总是出现在我的身后。几十年来，我竟然没有认真思考过他的存在，只有当他去世以后，我才回过头来，却发现自己已经无法再现一个真实的父亲。我对他的理解和描述，无论怎样客观，都难免夹杂着一种猜测和想象的成分。

父亲 1928 年农历十月初五出生在河南省汝南县。那是一个兵荒马乱的年代，人口稠密的中原地带更是处于水深火热之中。父亲在兄弟四人里排行老二，从生下来就赶上闹饥荒，因为养不活，差一点被奶奶送人。由于小时候严重的营养不良和发高烧，父亲的身体从小就落下了肺部的隐患。我的三叔更是因为没钱看病，从小成了哑巴。1956 年，父亲响应政府号召来到新疆支边，其中也有逃荒的意味。穷则思变，实属无奈。1956年支边的河南人，在兵团里构成了一个群落，他们吃大苦，流大汗，是兵团的第一批垦荒者。这些河南年轻人拉爬犁、挖地窝子、开垦荒地，他们不仅创造了兵团的物质文明，也缔造了最早的兵团文化。一个最明显的例子就是，他们把河南话变成了兵团的"官话"。父亲与兵团的河南老乡一见面，只要凭口音就能彼此认出对方，他们一般都要问对方是哪一年来新疆的，如果一听是1956年来的，他们就会多一分亲近感。1956年支边的第一代兵团人，大部分都在艰苦的垦荒生活中留下了身体的硬伤或残疾。如今，多数已经离开人世。在这些人中，父亲已经算走得比较晚的了。

　　在去塔城为一二三团采果种的途中，父亲从惊马上摔下。我不知道这件事发生在哪一年。自我有记忆以后，他就已经是这样了。父亲因公受伤，有了残疾证。可他仍然踏实卖命地干活，从不偷懒。兵团的人们来自五湖四海，人们以不同省份划分人群，比如河南人、四川人、上海人，并且对其形成固定的认识和看法。我曾经在很多场合听过有关河南人的微词或笑话，对此，我不置可否。应该说，如果以省份来分类，河南人给全国人民造成的不良印象比其他省份的人要多。可是，当我反思父亲的河南人身份时经常会想一个问题：父亲这个河南人为什么就不像人们说的那样糟糕，反而还那么善良呢？当然，这只能反映出那种以省份来划分人群的"地方性知识"是很不准确的。父亲在单位上一直是组长、班长，如果有文化，他至少可以当个连长、厂长。那个年代的这些头衔没有多少特权，而是处处带头，硬干出来的。在我上小学的时候，他还在学校当过贫下中农辅导员，我当时颇以父亲为自豪。我更多地继承了父亲的本分、淳朴、善良的秉性，从小，大人们就说我像一个敏感而腼腆的女孩子。或许因为父亲不够强壮或不够凶，或许因为我自己的软弱，我小时候常受到一些淘气孩子的欺负。我当时没有意识到自己缺乏父亲有力的保护，只是奋发图强，努力以优异的学业让别人对我刮目相看。

　　在我的记忆里，父亲似乎从来没有在我与别的孩子的争斗中站出来保护过我。现在想来，可能父亲完全心不在焉，他一心扑在工作上，他那个年代的人就是这样。体质不好加上受过内伤的他，作为丈夫，常常不能像别的男人那样做一些重体力活，比如他很少下河抓鱼。有一次，我嘴馋了，还是母亲去渠沟里为我抓了一些小鱼；作为父亲，他很少给孩子提供一个强有力的保护伞。最近几年，他曾经几次跟我提起，我6岁随他回老家，在火车上，由于怕生，我老是半夜一次次把他叫醒，弄得他整夜睡不好觉。父亲在叙说这件事时语气总是很平和，面带几分为自己能够庇护儿子而自豪的神色。

河南人出色的生存能力在父亲的身上获得了很好的体现。父亲绝不是一个无能的弱者。他的体魄可能不够强壮，可他的脑瓜却特别好使。在20世纪70年代只供应10%的细粮，甚至基本上没有细粮吃的时候，父亲能够用粗粮从奎屯河对面的老乡那里换回一些细粮和鸡蛋。在父亲和母亲的共同操持下，我们家的生活一直保持在中上水平。母亲有一个"理论"：你爸的身体不好，再不吃好一些，咋行？我们家在吃的方面是舍得的，所以，尽管父母个子都不高，我和两个弟弟却都长得比较高大，弟兄三个在当地也齐刷刷地引人注目。父亲退休的前几年，承包了厂里的一个小商店，他自己骑车或赶着毛驴车去团部提货，还教会母亲打算盘。在这个地广人稀的小地方做小本买卖，父亲很注意和气生财，他明明知道有人欠债不还，还是给他们打欠条。我每次回去都劝他说，你挣的几个钱能经得起欠吗？他不听，仍然我行我素。父亲有他的一套生意经，大钱挣不了，可是能保证不断有小的进项。他从一点一滴挣起，不忽视小钱。单位上有另一个河南人看着小商店有利可图，一度接手过去，经营了一段时间，难以为继，只好交回。

父亲有着河南人在艰苦的环境中磨砺出来的那种特有的小世故。他经常说，人在社会上，一个人都不为（在河南话里，我不知道该用"为"还是"偎"，意思是互相帮助和亲近）怎么能行？他的反应快，应变能力强。该忍时能忍，该爆发时又能够爆发。父亲基本上没有打过我，只是在看不过去的时候训我几句。他不大管我，基本上让我顺着自己的爱好和兴趣发展。他说话时不大绕弯子，有时说得很动听，让人心里暖洋洋的，有时说得很难听，伤人伤得很厉害。他和母亲吵架时，尤其是这样。在我小时候的记忆里，总是母亲先大声嚷嚷起来，父亲不吭气，待忍不住了，也对吼几嗓子，接着被左邻右舍拉开。在以后的几天里，两人不说话，多半是父亲在适当的时候主动开口，打破僵局。应该说，我们弟兄三个小的时候，父母亲经常吵架，可是，和好后仍然有一段夫妻之间的融洽。到了晚年，父亲的脾气越来越大，也越来越不能忍了。

对于我来说，父母的婚姻永远是一个猜不透的谜。遥想父亲当年，出钱将母亲从四川接到新疆成亲，（后来）两人不是没有感情。母亲在20世纪70年代后期曾经指着父亲的一张照片让我看，那张照片上的父亲显得白皙而英俊。在平时的日常起居中，母亲总是把好吃的留给父亲，在吃穿上给他以体贴和照顾。父亲年轻时也经常用昵称称呼母亲。可是，10多年以来，父亲和母亲的关系每况愈下，有时候真让我疑心他们的结合是一场误会或者错误。也就在那个时候，有一次，母亲告诉我，她和父亲已经有10年没在一起了。有了家室的我立即就明白，父亲和母亲的关系恶化到了不可救药的程度。他们之间已经没有了黏合剂，多年的一地鸡毛式的生活以及相互之间的言语伤害，早就把他们的爱情涤荡殆尽，原来的感情基础在一天天损耗，新的积怨以更快的速度在增加。他们闹过离婚，可都没下定最后的决心。我曾经苦口婆心地分别给他们做工作，试图使他们能老来相伴，尽释前嫌。可他们公说公有理，婆说婆有理，谁也不是能够听劝的人，谁都不认为自己有错，仿佛真理都在自己这一边，倒弄得我不知所措。清官难断家务事，我的劝言多半只能以收效甚小或者以我自己的绝望收场。我不明白，在兵团艰苦的自然环境中，父亲和母亲为什么就不能想开一些，互相宽容一些，和气一些，再苦、再难的事情都没有让他们低头，可是，一句伤人的话就能够让他们记一辈子。那种流行的心理调解手册上说的办法，对他们滴水不漏的心灵不起作用，要他们换一种活法，无异于要他们的命。直到父亲去世，我才明白，他们无法选择，不是不想，而是没有第二种可供选择的方式。

父亲和母亲都是那种争强好胜也很好面子的人。他们在人生的一些基本问题上，过于认真，有时甚至到了生命不足惜、认真价更高的地步。到了晚年，父亲的认真和固执更是到了顽固的程度。整天在病床上徘徊的他，有足够的时间考虑心事，回忆往事。因为不在他身边，我经常寄一些钱给他，他很高兴。实际上，除了看病，他也花不了多少钱，他只是喜欢作为一家之主手里掌握着财权的那种感觉，更主要的是我们这些当儿子的心里还想着他。有一次，我请假回去陪他住院，他很高兴。父亲"养儿防老"的传统观念比较重，尽管我们弟兄三个都不是不孝的孩子，可是，他却不能顺其自然，不能坐等其成。近几年，他身体越是不好，心眼也越来越小，越来越多，总是把气窝在心里，稍有不如意就造成对自己的伤害，我们也总有一种不够孝顺的愧疚感。一个生病的父亲用养育之恩来要求儿子回报，这本身合情合理，可作为儿子的我们却难以事事如他所愿。1993年，我陪他去乌鲁木齐动物园游玩，回到我家里，他就开始吐血，他的心理和身体已经无法适应城市的空气和环境。到了晚年，父亲身上的农民意识形态显露得更加充分：他只知道自己的儿子住在城市，就有可能忘了他，就应该怎样怎样；他不知道，他的儿子既不当官也不做生意，最多是一个百有一用的书虫而已。

晚年的父亲不是一个豁达和想得开的人，他大半生的压抑和郁闷到了最近一两年都爆发了出来。他把自己孤立起来，好像要和大家都过不去，想与周围为敌。前年夏天，我回去给他买中药，医生就告诉我："你爸肚里有气。"言外之意，他的心病比身体上的病更重。当然，他主要是生母亲的气，甚至不惜以恶语相加。这是一场变质的婚姻，以往的情感纽带早已被风化和侵蚀得面目全非，作为儿子，我们能说谁的不对呢？有时，我真想让他们离婚，因为用父母的精神痛苦来为子女维持一个完整的家庭，只能有名无实，也是不人道的。可是，转而又想，如果真离了，他们和我们做儿子的就真的可以幸福吗？人生真是充满了诸多的无奈，有着太多找不到答案的问题，到处都有让人不知何去何从的十字路口。我曾经几次想和父亲谈心，想以精神分析学的方法深入他的内心，都被父亲弹了回来。对此，我有一种深深的无力感。我知道，父亲和母亲之间的矛盾只能以一方的离去而告终。这种残忍的预料不幸成了事实。

在离世之前，父亲的身心忍受着巨大的痛苦。病痛的折磨使他瘦得只剩下骨头上的一张皮，想吃的东西，身体不接受；与此同时，每天照料他的母亲，在他眼里也动辄得咎。父亲在忍无可忍的情况下走上了自我超脱之路。乡亲们说，父亲享福去了。是啊，人世间一切能结束和不能结束的苦难与不幸，现在都可以结束了。

父亲的离去，使我欲哭无泪——我的泪不在眼里，而是在心里。我的心在流泪，也在流血。我悲伤，更感到很多无能为力的遗憾。我知道自己每一次回去或者在电话里说的"注意身体"和"吃好一些"之类的客气话，甚至给他寄的钱，都不能代替在他身边的实际照顾，因而都显得空洞和大而无当，可我又无法不上班去天天陪着他。这些年，我上学、搬家，疲于奔命，经济上并不宽裕。至于他的那些一意孤行的想法，我更是无法改变，当然有时也觉得难以承受。我知道，父亲和母亲都很想和和睦睦、恩恩爱爱地过一生，但他们做不到。每次我回去，他们都把和睦的生活"表演"给我看，他们怕让我看见真相。我常常想，他们要是在生活中一直这样表演下去，就好了。不能说父亲的一生没有过幸福和快乐的时光。

当他和别人开玩笑时，当他十八年前为我准备上大学的行李时，当他把自己的孙子抱在腿上用河南话给他讲故事时……这些都是他人生的精彩瞬间，我至今还清楚地记得他久违了的爽朗笑声。可是，回顾起来，他的一生，实在是沉重而艰苦的一生。相比而言，他吃的那些物质上的苦还不算什么，最重要的是他的心里苦。他活得太累，他的生命里有不能承受之重。

　　每一个人的离去都会带走一部分生活，父亲也一样。他走过的路，他参加修建的那个礼堂，他挥洒过汗水的那块庄稼地，他一镢头一镢头挖出来的小毛渠……所有这些，有的已经先他而消失，有的早晚会随他而去，时间会帮助他做好这一切。我曾经几次和父亲聊起他早年的垦荒生活，试图通过回忆，让我也感受一下第一代兵团人当年经历的苦难。父亲总是微笑着对那段经历做一番轻描淡写，好像这段经历已经过去，不值得再提起似的。我知道，苦难一旦随时间一点一点远去，成为回忆中的往事，它就开始由苦变甜了。可是，苦难的毒汁已经渗入父亲的躯体，他的身体上就铭刻着苦难，不善言说的他没法描述，我笨拙的笔也难写其一二。即使让没有任何苦难体验的演员在影视剧中模仿，也最多是一种滑稽的表演而已。父亲在身体和心灵上所经受的苦难，只能随他的离去而成为一段秘史，永远消失在时间的黑洞之中。或许当年他采来种子，亲自栽活的那棵树能够长成百年老树。可是，到那时候，除了树以外，谁也不会记得谁才真正是这棵树的主人。故乡有几棵由两人才能围抱其树干的百年老树，或许只有这些树才清楚地记得父亲在那块土地上挥洒的汗水和劳作的业绩。难怪动画片《狮子王》中的树王爷爷就是一部活历史，小辛巴要了解自己的身世和森林的历史就必须找树王爷爷。人活着的时候，可以砍树，可是，树随便一活就比人长寿。故乡的人们不知是否早已明白了这个道理，他们砍了很多小树，锯掉了不少粗树，就是没有碰这几棵百年老树。我猜想，老树是时间的见证者，父亲他们那一代的历史就镌刻在老树的记忆神经里，老树的年轮就是智慧的象征，就像一张张能够放出当年活剧的光盘。多少兴衰更替、人事代谢，都被它们尽收其中。可惜，我手中没有打开这些光盘的解码器。

　　父亲身后留下的是广袤的戈壁和坚实的土地。他在这些戈壁和土地上留下的踪迹最终会被时间的魔手抹去，好像这个世界，他根本就没来过一样。即使他的儿子和孙子，也终将化为虚无。六年前，在掩埋了姥姥之后，二弟感叹了一句："真是一代催一代啊，咱们催着咱爸，洋洋（我儿子）又催着你。"每个人都孤独地来到这个世界，又孤独地离去，我们都是独行侠，独来独往，来这个世界走一遭，绝大多数人都不会为这个世界留下什么，就像石子落入平静的湖面，激起或大或小的涟漪，然后一切又归于平静，这就是生命的真相。出生和死亡这类只能由自己独自承受的事件，是造成人的本质孤独的基石。每个人自生下来就开始为死亡做准备了，只有想到我们来到这个世界没有任何必然性时，死亡才变得容易接受一些。毕竟，活过一次就已经是幸运了。既然结局无法改变，我们只好去关注生命的过程，为这个或长或短的旅程填充上形形色色的内容。时间可以改变一切，唯独难以改变的是人的心灵。我清楚地意识到，父亲的一些精神已经输入了我的血脉。比如，不知道是否和家庭环境有关，我感到自己也是一个轻松不起来的人，我的生活很少得意忘形的时刻，我生活在别处，总是节俭和苛求今天，期望以此换取一个莫须有的明天，这是不是父母价值观的一种精神遗传呢？自姥姥去世之后，我就变得忧郁了，死神的影子经常闪现在我的脑海里，正像佛教把美女与骷髅联系在一起一样，我常常把生命的开端与结局直接放在一起来看，这就使我的一些想法悲观、消极而且无趣。父亲的离去也许会使我的思绪在这个方向上越走越远，也说不定。

去年秋季的一天晚上，我和儿子行走在北京的胡同里，他忽然对我说："老爸，我有一种感觉。人生像一场梦，从出生就开始了，死了，梦就醒了。"我问："什么感觉？"他答曰："活着没意思，可是我又不想死。"我惊问："你怎么会有这种感觉？"他说："我也不知道。要是人不得病就好了。"我惊异于孩子的感觉竟然如此新鲜和准确，还没有像我似的受到污染和毒害。父亲已经做完了一场大梦，而我们犹在梦中。我又梦见，在骄阳似火的正午，父亲戴着草帽在浇地，让每一个干渴的嫩苗都喝上一口清水；我梦见自己小时候躺在父亲看守的棉花垛上，看天空上似棉絮般飘浮的云团；我梦见父亲经常早早起床，用他的咳嗽声为我们家举行迎接旭日的仪式；我梦见年迈体弱的父亲拄着拐杖，站在家门口的路上，仿佛在对这个世界做最后的告别和打量；我同样梦见，去年8月我回去看他，他要我在家里多住一天，我却因为赶一个翻译任务和搬家而没有满足他的要求……我的悔恨和执迷不悟是因为梦还没有做完。父亲在生命的最后关头，勇敢地迎接了死亡的挑战。在此之前，我一直以为父亲是怕死的，看来，我是多么不了解父亲！父亲的心理圆周注定比儿子的大。他的精神世界只能让我窥见一角，其中的大部分永远尘封在他自己的心里。人哪，真是原本独来还独去。

　　父亲选择新疆作为自己的归宿，由此也使新疆成为我的出生地，成为我魂牵梦萦的精神故乡。人的生命、父亲、故乡，这一切都是宿命。我离开故乡，是为了和她保持一段距离，以便更清楚地凝望她，更深情地想象她；我记忆和书写父亲，是为了哭他、痛他、怀念他，并且让自己铭记生命的无可奈何和人在大地上的位置。

2001 年 6 月写于北京

（原载《绿洲》2001 年第 5 期）

当代西部开发者文学现象扫描

　　作为一个描述和包容性的概念，"开发者文学"所指称的文学现象无疑是广泛的，凡是以开发或垦荒生活为题材的文学样式似乎都可以归类于其中。但是，本文所说的"当代西部开发者文学"主要指开发者文学的主流，即以兵团人的开发、垦荒生活为描写对象的文学现象。当代西部（这里也用其狭义，指新疆）的大开发是以兵团人响应号召，大规模、大面积地出击为主体的，这是一次主动而自觉的集体行为，它使西部荒原上破天荒地出现了星罗棋布的绿洲文化，使无数荒漠在一夜间变成桑田。在这一开天辟地式的伟大创举中，有着无数可歌可泣的动人故事。但是，对这些故事的讲述或复述却带有自发的和个体的性质。它仿佛集体劳动的间歇时人们口头上流行开来的一段传奇，又像是多年之后在惬意的环境里对一段往事的追忆。它没有人逼迫和组织，荒草一般不择地而出，因此，迄今为止还没有经过文学批评的系统检视和扫描。当代西部开发者文学的这种自发的甚至是自生自灭的特点，绝非它不重要的同义语。在我看来，它的很多现象不仅值得文学批评者的关注和研究，而且还是对我们习以为常的既有文学范式的一次输出，它的成功和教训对我们文学经验的疆界来说都是一次延伸和一次难得的拓展。

情结：追忆苦难

　　从根本上说，一切文学都涉及人类过去的经验，都带有一种回忆和追述的痕迹。而当代西部开发者文学的一个不约而同的特征恰好在于它那强烈而炫目的追忆色彩，这种色彩不是预谋的结果，却在相当长一段时间里反复出现在不同作者的不同作品之中，形成了一个不容忽视的文学征兆。

　　半个世纪以前开始的西部开发热潮所取得的辉煌成绩有目共睹，它的物质背景是一穷二白，它的创世意义在于无中生有，并在混沌和荒野中建立人间的秩序。在更抽象的意义上，第一代西部开发者面对庞大未驯的野性自然时唯一能够凭借的就是他们自己——他们的肉体以及集体的灵魂。在这场旷日持久的开发热潮中，他们直接燃烧着自己的青春，他们用自己的血肉之躯和生命这个柔弱但充满韧性的鸡蛋去撞击千年未老的荒石，结果是水滴石穿般地谱写了愚公移山的当代续篇。作为第一代西部开发者的儿子，我有幸目睹和参与了这场肉搏战的一部分，更重要的是，我是这场西部开发活动的一个副产品，也是它的一个直接成果。理由很简单，没有这一场轰轰烈烈、惊天地泣鬼神的开发，就没有我这个"中国犹太人"（河南人与四川人的结晶）。我对那种由极端险恶的自然环境和极"左"思潮共同赋予第一代开发者的苦难体验得不多，但至少与这种苦难是没有隔阂的。

在新疆很多地方的人群中，我似乎仅凭长相、穿戴或说话的语气和方式（尽管都是普通话）就能分辨出哪些是兵团人；每一次进入兵团的领地，也都能感受到一种特殊而难言的气息。你是不是这里的人，你是否吃过这里的土喝过这里的水，仅凭你闻到、见到、听到这种特殊气息之后的反应，就可以猜个八九不离十。开发和垦荒生活不仅直接造成了兵团人的生活方式，也直接模塑了他们的精神和心理世界，这种模塑和影响是多方面、多层次的。这里，我只想说一说苦难情结问题。能够帮助我对兵团人做直觉判断的有力表征是，他们的脸上往往写着苦难。岁月、风沙、盐碱的侵蚀直接就刻写在他们那与大地同色同构的一张脸上。当物质生活贫乏到极点的时候，兵团人正是凭着与苦难殊死搏斗的精神力量才生存了下来，他们的斗争方式是：把苦难吃掉，使苦难在自己身体中被消耗掉，被消化掉，使它成为身体的一部分，吸收其营养，排泄其糟粕。时间长了，这种苦难就在兵团人的身体上留下了这样那样的硬伤，在他们过了中年之后，陆陆续续暴露出来，我认识的不少第一代兵团人正是被当年潜伏下来的这些硬伤夺走了生命。但我更关心的是开发者所经历的苦难如何成长为他们体内的一块不可小视的精神印记。从垦荒和开发生活的第一天起，"吃苦耐劳"这个词就不足以形容第一代开发者所吃的苦、所耐的劳了，如果硬要描述，那也只能是轻描淡写。创世的艰难和苦难是后来的坐享其成者无法体验的，它具有一次性，无法重复和复制，因而在很大程度上，它只属于亲身体验过它的那些人。经历过苦难的人们可以失去一切，但谁也无法剥夺或抹去他们对苦难的经验和记忆——这是唯一真正属于他们的一份精神财富，这份独具的财富，他们生不带来，死时却可以带走。

　　西部第一代开发者对苦难的记忆库存是饱和的，这些记忆往往是作为一些精神性的山峰或纪念碑突兀在那里，它们往往比别的往事更加清晰，更加容易被调动、唤起或凸显出来。很多很多的往事都已经被时间冲洗掉了，唯独对苦难的记忆被筛选出来，成为真正难言的心灵史。要知道，我们在这里说的是对苦难的记忆而不是苦难本身，这两者的根本不同正在于苦难是现在进行时，而对苦难的记忆则是对过去完成时的一种再现，这时候的苦难可以有很多物化的形式，比如一把当年的铁锹、一块当年垦出的荒地、一个当年住过现在早已废弃的地窝子等。几年前，当我父亲看到自己当年一桶泥、一块土块亲自突击出来的旧礼堂被人拆掉了几个破窗户时，急得在家里的院子里踱来踱去。我知道他宁愿那座破旧的礼堂暴露在风吹日晒之中，无人使用，任肆虐的自然随意处置，也不愿它遭到人为的破坏。这时受到触动的与其说是一个旧礼堂，不如说是父亲的记忆。我曾经不止一次地听到父亲和他的战友们聚在一起时回忆那段苦不堪言的开发生活，如今丰富得无法与当年同日而语的物质生活并不能使他们得出结论说我们的生活比蜜甜。在他们的心目中，好像有一个固执的区域在抵御变化，并且不容触碰，使得以这个区域为标准来判断的一切都变得无法认同或今不如昔。据我判断，这一个密封的心灵区域的相当部分是由苦难情结构成的——它是兵团人自尊心的一部分，当没有经历过苦难的一部分城里人嘲笑兵团人的土气和粗野之时，兵团人也以自己曾经历过人生的大磨难而看轻那些娇生惯养的“盆生植物”。直到今天，能不能吃苦仍然是兵团人价值判断和群体认同的一个潜在标尺。

　　这种对苦难不思量、自难忘的情结在那些曾经在兵团生活过或者现在仍然在那里生活的作家身上大都有比较明显的体现。在很多时候，他们的写作是一种强迫症，这不是来自别人或来自强权的逼迫，而是来自内心的苦难情结的驱使——他们的写作是为了树立一个精神的纪念碑，是与遗忘展开的一场争夺战，类似于在广场上建起一个大理石碑。为了从时间和空间上的遗忘帷幕下抢回那种一次性的苦难记忆，当代西部开发者文学在描述苦难时都有一种反复铭刻的冲动。同一个作者在不同的作品中以及不同的作者在处理同类题材时，都会有一种不由自主的重写或反复书写的倾向，他们在不同的时间、不同的地点所遭遇的苦难具有惊人的相似之处，他们的叙述模式和对苦难的感受显得类同或趋同，至多是大同小异。如果有什么私人文学或私小说，那么，此时的西部开发者文学具有的正是这种私人的性质，它的写作在很大程度上是为了锁住那段苦难的记忆，它渴望被阅读是为了让读者了解并记住这段苦难的历程。须知写作者的这种初衷和恐慌不是没有道理——这个世界已经变得越来越简单、容易，不知道也不想知道苦难的人越来越多，甚至连西部开发者的后代们已经开始淡化、遗忘父辈们曾经承受过的苦难。记述苦难的文学正和广场上的纪念碑一样，不无让更多的人（包括自己的后代）铭记苦难的意味。

既然很多时候西部开发者文学的写作是出于给往事一个说法，使它有一个合适的文学形式得以栖身和安顿，所以，这一题材的文学往往带有很强的自传色彩，具有一种回忆录的特质。即使在那些看似虚构的字里行间，写作者也往往会不由自主地站出来发言，急于表白自己。这就使得当代西部开发者文学出现了两种贴合现象，即文学中反映的生活与实际生活的贴合，以及文学中的主人公与作者本人的贴合。由于文学中描写的生活大都是作家体验或经历过的生活，其中要表现和抒发的也正是自己想要表现和抒发的情感，因此，西部开发者文学具有强烈的写实性，它来不及，也往往不允许虚构。作家在面对自己要抒发的情感和要表现的生活时，就像面对酷烈的大自然和现实的生存一样，需要一种直接性，一切花拳绣腿都是致命的和令人鄙夷的。在很多时候，西部开发者文学似乎在有意无意地抵制叙事幻觉的出现，它追求的是生活的原生态，是对苦难的逼真描述。这种总体倾向上的追求当然并不排除局部的虚构技巧，比如人名的虚构、事件的位移等，但这些小打小闹不足以改变当代西部开发者文学的求真求实求诚的总体走势。

苦难的经历在第一代开发者的青年时期是一些最具代表性和最有意义的因素，是他们最重要的人生经验的组成部分，以至于他们中的很多人，到老年时期还在不断地向那个人生的早期阶段回返和梦游，他们的精神还有很大一部分黏附在那里，化石般地凝结或停驻在那个时段上，不愿或很难沿着时间的长河顺流而下。回忆这些苦难经历时，总是要涉及具体的时间、环境、细节和地点，人的记忆也总是要和他的良好的愿望玩一下捉迷藏游戏。回忆是来自过去生活的一些碎片和痕迹，它打断并闯入现实界面，使我们沉湎于其中，勾起我们的沉思和回顾，这时候，它在作家身上就引发了用文学形式将这些往事的碎片连缀起来以恢复某种过去的整体的冲动或欲望，因此，无论是人的记忆本身还是根据记忆写出的文学，都有其或多或少的失真、扭曲的必然成分。难怪歌德在自传的开头说："当我们想回忆幼年的遭遇的时候，我们往往会把我们从别人那里听来的跟我们确凿地亲自体验得来的混在一起。"① 但是，我感兴趣的不是当代西部开发者文学中哪些是作者生活经历的真实写照，哪些又是对真实经历的扭曲变形，我注意到的是当代西部开发者文学在处理往事和苦难题材上的改写倾向。

美国哈佛大学中国文学和比较文学教授斯蒂芬·欧文在研究中国古典文学中的往事再现问题时曾指出："写作使回忆转变为艺术，把回忆演化进一定的形式内。所有的回忆都会给人带来某种痛苦，这或者是因为被回忆的事件本身是令人痛苦的，或者是因为想到某些甜蜜的事已经一去不复返而感到痛苦。写作在把回忆转变为艺术的过程中，想要控制住这种痛苦，想要把握回忆中令人困惑、难以捉摸的东西和密度过大的东西；它使人们同回忆之间有了一定的距离，使它变得美丽。"② 当代西部开发者文学在回忆当年的苦难时也有一种普遍的改写或美化倾向——当年的苦不堪言变成记忆中值得反复咀嚼、略带甜涩味的小点心，写作中的回忆变成与往事干杯，距离使苦变甜，并由此产生了美感。我相信，很多时候，这是心理记忆的自然功能，陈年旧事在经过记忆通道时绝不是没有损耗，也不可能原封不动。不过，我同样相信，当代西部开发者文学中的往事改写现象与写作者的情感有很大的关联，正是我们在上文中所说的苦难情结使作家不由自主地也是不自觉地把苦涩化为香甜。

在很多时候，当代西部开发者文学的写作就是受到这种对苦难和往事的满腔热情和充盈的感情的唆使才开始起动的，写作的发动是为了抒发情感，为了给即将迸发的情感储存找一个出口。当然，西部的开发者们目睹了太多的壮烈惨剧，他们有幸看到了别人所难得一见的大自然的狰狞面孔。当代西部开发者文学对苦难的记述就不仅仅是为了写作者自己，为了后代或他人，它的另一个目的还在于同大自然无处不在的毁灭力量和抹杀力量相抗衡。当大自然把一切苦难的物证和曾经历过苦难的人都埋没之后，对苦难的记忆仍然活在文学之中。

---

① ［德］歌德：《歌德自传——诗与真》（上），刘思慕译，人民文学出版社 1983 年版，第 3 页。

② ［美］斯蒂芬·欧文：《追忆——中国古典文学中的往事再现》，郑学勤译，上海古籍出版社 1990 年版，第 134 页。

原型：女性救赎

当代西部开发者文学与往事和苦难的纠缠不休不仅表明以作家为代表的第一代开发者在精神上沉湎于过去，还生活在别处，它同时也显示了一种对深度模式的追求。这一点，可能是由西部人的经验性质所决定的。在新疆，不同民族、地域、时代的文化因子的多元共生，给人一种文化并置的感觉。在新疆的都市里，所谓后现代文化的因素也能很快被接受，并且会迅速流行开去。在新疆的荒僻山区，可能仍可以见到前现代文化的某些形态。但是，从总体上来看，新疆人尤其是西部开发者的经验模式仍属于古典的和前现代的。这一点在文学观念上的表现就是对深度模式的自觉或不自觉的寻求。以当代西部开发者文学为例，作家试图在文学作品中思考人生，寻觅人生的价值和意义，使自己的作品尽可能抵达某种深度，为此，他们就要潜入生活，对它的各种地形做出勘探和规划，并以此绘制出人生的地图。这时候的文学和人生还有着朴素而直接的一致性，这种文学是为人生的文学，而不是为文学的文学。它不仅留意自己忠于生活的诚实度，而且很在意作品思考的深度、表现的深度。上文指出的追忆苦难的情结，是这种深度模式的表现形式之一，而这里要讨论的女性救赎原型则是当代西部开发者文学中的深度模式的另一种表现形式。

在中国人的经验共识中，大西北从来就是雄性化的土地。杨牧在《大西北，是雄性的》这首诗中对这种不成文的共识做了诗意的表达：

> 天山的喉结高高突起
> 啸一支雄浑的大风歌
> 马队掠过，驼队掠过
> 天边任何一帧剪影
> 都不会使人产生联想：它属于女性
>
> 大西北，是雄性的
> 没有柔弱，只有亢奋
> 赤日，活跃着雄性的激素
> 清月，也带着青铜的光晕
> 土著者本来是骏马的家族

那些告别柳烟的历史

也都在阳关交付了最后的女儿泪

演进着一条男儿的征程①

与此恰好形成对照的是，周涛在《美丽的江南你是女人》一诗中也做出了另一种山河判断："阳光妖媚的/草木湿润的/美丽的江南呵，你绝对是女人。"② 在出女人、养女人、出之东门美女如云的江南水乡，女人司空见惯，女性的自然属性在不足为奇、按部就班、顺理成章、自然而然地完成着，没有什么东西来硬性阻断她们的自然过程，这些过程像春去秋来一样习以为常，江南多女人正像那里多雨多水一样。在雄性的大西北，尤其是西部大开发的伊始阶段，女人的稀少正像这里的沙漠和戈壁缺雨少水一样。物以稀为贵，在很多时候人又何尝不是如此？在当年与大自然展开的那场轰轰烈烈的肉搏战中，西北男儿用肉体击败了坚不可摧的自然，然而，他们却很难战胜自己身体的自然需求——为了解决这个问题，西部开发的领导者们曾经从内地成批调集了青年女性来新疆共同参加垦荒，这在当时曾经是一项政治任务。李光武在《绿洲上的人们》一诗中写道：

绿洲的女人被"分配"给陌生的老兵

对历史的幽默，感到很苦味

忠贞的女人说，绿洲的哲学是个谜

绿洲的女人都有女兵的风韵

喜欢枪也喜欢枪一样剽悍的男人

绿洲女人的雪臂，是绿洲疯长的藤蔓

绿洲女人的红唇是沙漠的杯盏

饮醉了绿洲，也饮醉了绿洲的男人

午夜的绿洲流淌着葡萄酒一样的甘醇

---

① 杨牧、周涛、章德益：《边塞三人集》，新疆人民出版社 1993 年版，第 14 页。
② 同上书，第 291 页。

绿洲的女人是世上最痴心的女人
用腥甜的乳汁喂养儿女也喂养四季
绿洲女人的手掌，很温柔很粗砺

绿洲的女人把芳香的麦垛做洞房
绿洲的女人把潮湿的地窝子做产床
绿洲的女人对此很不在意

绿洲的女人用阳光的金线刺绣
绣万顷春天，绣纵横阡陌
绣出绿洲每一片吻形的绿叶

绿洲的女人在透明的大风中舞蹈
绿洲的女人在燃烧的火洲上歌唱
女人呵，你是绿洲最浪漫的主人①

　　应该说，这是当代西部女性开发者生活的真实写照。我在这里引用这首诗的片段不仅是因为它写出了西部女性开发者生活的一部分真实，更主要的还在于它体现了当代西部开发者文学的性别诗学共同具有的理想主义色彩。在整个西部大开发的过程中，女性不仅在超乎寻常的、为娇柔女子难以承受的环境中完成着她们生儿育女的自然功能，也在同样艰苦的环境下与男子并肩战斗，向生猛未驯的大自然发出挑战，与活跃在第一线的男性相比，她们在前线和后方（家庭）都留下了自己的身影。应该承认，在这个西部开发的总体进程中，在我们描绘的这个宏观场面里，女性的角色并不是完全整齐划一的，这里面总还有形形色色的变奏和插曲，偷工减料、告密、打小报告、出卖肉身、仗势欺人、搬弄是非……这些西部开发者日常生活中的负面行为并不乏女性执行者和操作者。但是，在这方面，当代西部开发者文学在对生活的忠实描述时却表现出大致相同的一种选择和偏爱，即它们更乐于将这些不甚体面和不算光彩的生活场景过滤掉，尽量对这些东西视而不见，而且一般来说，绝不会让这些东西成为作品的主要

---

　　①　李光武：《绿洲上的人们》，《兵团建设》2000 年第 7 期。

描写对象。这固然是出于审美而不是审丑的需要，但正是在这里，我们发现：当代西部开发者文学具有用女性来体现理想和价值的理想主义色彩。

在我接触的西部开发者文学作品中，性描写的场面很少出现，即使偶尔出现，也惜墨如金，完全是为了表现一个共同的主题服务的，这个主题就是：一场铭心刻骨的爱情。在当代西部开发者文学中，女主人公出场的身份或者是母亲，或者是恋人，无论哪一种身份，她们大都是无私无畏的、痴情的、热烈的、专一的。作家对这类形象的情有独钟，大概是因为无论在西部开发者的现实生活中还是在文学描述的生活里，女性都被赋予了其生物属性之外的社会和精神价值，正像当代西部开发者文学中的爱情绝不仅仅是爱情本身一样，这种爱情受到酷烈的自然环境的干扰和非人式的压迫，但它一定会像顶风冒雪的花朵那样开得更加鲜艳和夺目，这正如那句诗所说："已是悬崖百丈冰，犹有花枝俏。"在此，我们注意到，当代西部开发者文学中的爱情描写大都出于男性视角，在一些极端的个例中，女性的爱情不仅能够拯救男主人公的灵魂，而且还直接把男主人公从身心俱损的死亡边缘拉回来。在这里，人类心理中的女性原型所具有的母性的、包容的、养育的、保护的和女性智慧的特点得以充分显示出来。读这些作品时，我常常想到歌德笔下的永恒之女性、引领我们向上，想到诺瓦利斯的夜和圣母玛利亚，想到里尔克的夜及女性情人。当然，西部开发者文学在描写这些女性原型的特点时还是下意识的，其深广度还比较有限。

我在这里想指出的是，西部开发者文学中描写的大都是经典的爱情模式——它追求爱的深度，它讲求心心相印，它追求一个先验的内核和本质，它力图在对方的生命中只留下唯一的、难以抹去的生命印记——这同样是一种深度模式，是爱的深度模式。正是在这里，又一次显露出当代西部开发者文学的理想主义与浪漫主义基调。这种理想主义和浪漫主义一直是当代西部开发者面对艰苦环境和吃苦耐劳时的精神支柱，也是他们所受教育的重要内容；而理想主义色彩和浪漫主义基调在当代西部开发者文学中也直接促成了对待开发生活的两种态度：一种是以苦难的眼光看待西部的开发史和开发者的那段生活，但是，这种苦难是被赋予了积极的价值和理想主义色彩的；另一种是盲目的乐观主义，在这种肤浅的创作观支配下，开发者的生活被描写为处处充满了阳光和诗意。在我看来，这种阳光常常是伪造的，这种诗意更多的是虚情假意。这种描述常常保持着走马观花的姿势，暗含着离开并与开发生活保持距离之后的优越感。当然，我这里指的并不是那些对西部开发者精神世界中已有的乐观精神的文学表现或发掘，而是用自己虚伪的乐观主义贴附在开发者原本艰苦的生活之上，这种做法不仅可恶，而且也很残酷。当代西部开发者文学对革命豪情或革命浪漫主义（借用当年的两个流行词）的偏爱和倚重，对开发生活中悲观情绪的忽略使它陷入了第一种俗套之中；而对理想的女性形象的重笔勾勒和对女性原型母题的潜意识追求，又使它陷入了第二种俗套之中。文学中存在的这两种俗套很可能来自现实生活中人们意识形态的直接投射，也正是在这里，我们感觉到了当代西部开发者文学在思维方式上受到政治意识形态的有力模塑和潜移默化的影响。一方面，这种模塑和影响往往很容易使作家不自觉地认同既有的或现成的价值观念和生活模式（对于文学来说，这是危险的陷阱），而很难对这些流行的、共有的东西保持距离或持有一种反省的态度；另一方面，也使他们的写作存在一些顾虑和禁区，当代西部开发者文学写现在进行时的作品不多，可能与此有关。作家们在写作题材的选择和偏爱方面的趋同，在对某些生活现象或题材的回避上又表现出惊人的一致性，这似乎不是一种偶然现象。它昭示出当代西部开发者文学的一部分写作处境，同时也向我们提出了一些值得思考的问题。

思想：艰难困境

当代西部开发者文学中的苦难情结和女性原型的存在无疑只是它的深度模式的两个方面而不是全部，但是，这两方面既显示了它的特征和成绩，也暴露了它的自我重复的险境——当代西部开发者文学首先陷入了思想的艰难困境，它需要真正的思想解放，它需要自我放松和自我松绑。

在阅读优秀的西部开发者文学作品时，我常常被一些典型的事件和情境打动。当代西部开发者文学在读者群中的成功主要依靠一种共鸣，依靠以情动人、以事感人。与思想的贫乏或先天不足相比，当代西部开发者文学有着情感盈余或感情过剩的现象。这本来是不足为奇的，因为在西部，天地有大美而不言；西部的人，见天地之大美而难言。此时的难言，首先是难想。西部开发者生活的壮怀激烈和他们耳闻目睹的波澜壮阔的场面最先引起的正是人们大起大落、跌宕起伏的情感——西部的物象首先作用于人们的感官，而不是理智的思想的器官——大脑。西部的生存环境似乎先天地磨砺了人们的感官，而使其思维的敏捷度和逻辑特征相对滞后。作为一种补充，这里是孕育情感和想象力的沃土，是文学的天然温床。我这样说只是表明西部生存环境为文学特别是优秀的文学提供了可能性，这种可能性能否转化为现实，关键在于人，在于作家自身。

西部历史和经验的零乱、无序使它很难向悠久的中原文化传统归属，对于我们熟悉的汉民族文化来说，西部汉民族开发者的很多生存体验是一种陌生的逸出，一种难以用既有的思维定式加以容纳的地方性知识。可以说，西部是天高皇帝远的地带，是正统汉文化的边缘区域，是一种传统意义上的文化边疆，没有传统重负而能够轻装上阵的文学本来可以在这片更广阔、更辽远的土地上做出其他地域无法做出的贡献，以丰富文学的样式和文学经验的传统库存。但是，在当代西部开发者文学领域，这一点还不尽如人意。我们可以随便举几个例子。

首先，是苦难的价值和意义问题。如前所述，苦难情结是当代西部开发者文学写作的一个重要的心理驱动力，而西部开发者文学的一个重要题材就是再现开发生活中的苦难历程。但是，它展现的苦难，其经历者大多只是小我而不是大我。很多时候，它只是写出了苦难在主人公人生经历中的价值和意义，它把苦难作为一个先在的东西肯定下来，而很少写出苦难为什么会出现，以及它对人生和人类有什么价值和意义。所以，在阅读不少描写苦难的西部开发者文学作品时，除了感动和激动的感受之外，其他想法就所剩无几了。

其次，是理想主义的破灭问题。当代西部开发者是在理想主义的教育中成长起来的，很多人（包括我这个准开发者）已形成了理想主义的价值观和人生观。这种理想主义价值观和人生观从深层意义上决定了我们的经验模式。这种传统的、古典的经验模式为第一代开发者共同拥有，像我这样的第二代中也有相当一部分人拥有这种不自觉的经验模式。的确，每个人都是自己观念和经验的俘虏或战利品，我们也很容易把自己拥有的价值观、人生观和经验模式作为不证自明的公理肯定下来，并以此来衡量、判断一切事物，它不容置疑，它先天正确。一旦遇到无法同化的现象，错的肯定是外在的现象，而不是自己的标尺本身。每个人都会待在这个陷阱里养成一种惰性。

但是，我们所拥有的古典的、传统的经验模式正在受到新的生活现实的检验和挑战，也面临着式微和破灭的可能。一个极富寓意的例子是：我的儿子看到今天有钱人的风光后提出了一个朴素的问题："为什么寓言故事里的富人都那么傻（一种传统的经验判断体系）呢？"另一个极简单的例子是：如今很多仍然健在的第一代开发者，尽管衣食无忧，然而仍然神情恍惚、如坐针毡，因为他们曾经信以为真，甚至奉为天理的东西竟然变了，在现实中竟然越来越找不到它们的踪影，也没有这些东西的安身之处——这似乎比死亡还要致命。

　　不过，到目前为止，西部开发者文学似乎还很少触及这样的问题。也许这并不重要，重要的是它表明，当代西部开发者文学的写作者们大多还和他们要描述的对象一起，停留在理想主义的经验模式之中，他们还缺乏一种自省的批判意识，他们的精神还缺乏一种从自身走出一段距离再回望的能力，他们对现实生活过于认同，他们的体验模式还过于单纯或单一，缺乏一种横看成岭侧成峰、远近高低各不同的多元、多维视角。这不仅造成了当代西部开发者文学的无根和浮游状态，也使当代西部开发者的生活远没有得到多角度、深层次的挖掘和多元化的表现。

　　西部文化和文学传统的稀缺恰好为我们创造和生产新的文化和文学传统提供了广泛的空间和可能性，但是，这种可能性不会自动变为现实。它的实现需要作家主体的自我约束（克服懒惰习性）和自我挑战。尽管中国文学的很多传统思维习惯和语汇不足以概括、描述西部的经验，但是，要在西部文学中做出新的发现和创造性的表现，就必须克服那种虚无的和目空一切的态度，向人类一切优秀的文学和文化学习。当代西部开发者文学乃至更广泛意义上的西部文学的写作和研究，需要一种文学人类学的宏大视野和气魄，需要我们在西部这块广袤的土地上，用我们自己的文学发现来回答人类的文学所提出的共同问题。如果在不远的将来会出现一个新的西部开发热潮，它与半个世纪前开始的那次开发热潮的一个重要区别可能就在于资金和智力因素的空前投入。我之所以在这里用一个条件句，是因为我并不认为新的西部开发热潮会因为外在的宣传、鼓动而自动到来。外在的因素只是一个推动的助力，关键是生活在西部的主人翁们要勇于把自己从束缚自我的思想或思维方式的牢笼中解救出来。我相信《国际歌》里唱的——"从来就没有什么救世主"，唯一的路是自救。西部开发及开发者文学，大概其前景全系于此。

（原载《绿洲》2000 年第 3 期）

我们现在如何做父亲?

——旧话重提

一年一度让千家万户惊心动魄的升学考试又开始了。

我儿子参加的不是高考,而是北京某重点中学实验班的招生考试。但摆在他面前不到十分之一的录取率,其严峻和残酷的程度丝毫不亚于高考。儿子平时在班上是学习委员,成绩自然也名列前茅,只是有他这个年龄的孩子最大的"毛病"——贪玩。在许多孩子为作业或课外班的学习忙得晕头转向的时候,他参加的课外班不多,课内外的功课在他来说似乎"倍轻松",占的时间也很少。结果,他险些没考上。

说实话,对紧缺教育资源"僧多粥少"的局面,不仅孩子,就是我也并不十分清楚。只是在参加考试时,望着人山人海而又忧心如焚的家长和孩子,我才意识到这种竞争远非"激烈"二字能够形容。许多为人父母的大概都比我"清醒",所以早给孩子报了这样那样的课外辅导班,把孩子的课余时间填得满满的。据我所知,有一个家长当年不仅给孩子请了家教,还在"非典"期间让孩子做了十本练习题,结果,她的孩子以很高的分数考进了我儿子考的那所重点中学。我当然丝毫无意臧否这位家长的做法。我想问的是,如果儿子今年落榜,我是否会为没有给他报更多的课外班并让他做大量的练习而后悔甚至内疚?我会不会认为"他应该像我的童年一样有充分自由的嬉戏时间"这种想法错了?

实际上,我们都知道现代"科举"唯分数之马首是瞻的不合理,对"分数挂帅"和"高分低能"的批评也远非自今日始。但现实中分数仍然是学生的生命线,应试教育让学校、家长以及孩子的目光和情绪不得不随分数的升降而起伏或波动。有些尖子生一旦分数下滑甚至想轻生。以我儿子为例,虽然并不特别看重分数,但如果他因为一两分之差而名落孙山,去参加电脑派位的择校,我们会觉得他比窦娥还冤。可他考上了,我也一则以喜,一则以忧。因为新的中学会不会为了追求升学率而只看分数,很难说。现在的小学、中学，甚至大学，从升学到评职称，到处都以量化为主要的甚至唯一的尺度。这是否可以理解为"数字化时代"的另一种含义？正如英国学者贡布里希所说："大学职员中的普通教员知道他的价值是由自己发表的论文数量和受邀请参加讨论会的次数来衡量……正是这些压力，产生了人们常说的学术工业，这种学术工业极少推动学科发展，反而常常阻碍学术的发展"，但是，"谴责这种学术工业是件易事，可医治其病根却不那么方便。毕竟我们大多数人都是其中的一员。我们生活在一个看重成果的世界中"。置身在这样的评价体系中，如果要批判它，不与它"同流合污"，那么，我们就或者要有拒绝它的勇气，或者是自己已经"赎身"（指评上了正高职称）。所以，我的一位朋友说了一句经典的话："读书，从评上研究员开始。"因为，这时候，你才有可能（仅仅是有可能）无功利地为学术而学术，不管发表、不发表，或者发表的多少。康德不正是在评上正教授之后沉默了十年才写出著名的三大批判吗？

我们往往很容易把自己"摘"出来去批评某种社会不公正现象，但我认为，在批判之前，最好先考虑一下自己的立场以及自己和这种不公正现象之间的关系，看看自己是否真的和它没有干系，或者自己是否曾经有意无意地参与或助长了它的形成和扩散，如果是这样，我们就要考虑一下自己批判的资格，至少应该首先进行自我批判。我说这些是想表明，我们已经进入了德国哲学家胡塞尔批判的"数学化"时代。数学式的计算思维统治了一切，纯粹的数字和量化成为我们生活中至高无上的衡量尺度。我儿子刚刚经过的就是被这样的标准裁决的一道关口。生活在这样一个"数字化时代"，我们的命运似乎就在于能否和绝大多数人看齐，能否和这些无所不在的数字化标准通约，或者能否被它们"除尽"。作为一个受过人文教育并从事人文研究的父亲，我当然知道：分数不是教育的一切，生活的意义和价值不能仅仅由数字来决定。可是，要给孩子自由发展的空间和时间，我很清楚：作为父亲的我首先得有勇气让自己的孩子做一个不能被这个"数字化时代"除尽的"余数"。

我承认，我是现代教育体制的受益者。我绝不主张绝圣弃智式地返回原始时代。但每当我看到报纸上不断有消息说名牌大学的大学生甚至博士生跳楼自尽时，心头总不是滋味：这难道不是在以生命为代价对我们"数字化"教育体制的致命（的确是"致命的"！）偏失做最强烈的非议和血淋淋的抗议吗？我不知道这些尖子生的父母作何感想。我们当然可以指望有关的教育决策者改变观念，制定出更加符合理性和人性的评价体系。但我对这些人向来持悲观态度。所以，关键的问题是，在这样一个不断追求"数字化"（请注意：我主要不是在电脑的 digital 意义上使用这个词）的时代，我们如何做父亲？是让自己的孩子完全遵循时代的游戏规则从而做"数字化"的牺牲品，还是给他们自由选择的权利和空间，关心他们人格的健全和情感的需求，从而让他们甘冒变成社会"零余"的危险？

但愿我这样说只是危言耸听，因为毕竟可能存在着许多中间道路或折中的办法。这让我想起鲁迅在《我们现在怎样做父亲》（1919 年）一文中说过的一段话——至今读起来，不仅没有过时感，反而更觉得耐人回味：觉醒的父母，要"自己背着因袭的重担，肩住了黑暗的闸门，放他们到宽阔光明的地方去；此后幸福的度日，合理的做人"①。这是一件极伟大的要紧的事，也是一件极困苦艰难的事。

（原载《中华读书报》2005 年 6 月 22 日）

---

① 鲁迅：《我们现在怎样做父亲》（1919 年），《鲁迅全集》第 1 卷，人民文学出版社 1981 年版，第 130 页。

纯粹的角色生存能否让我们过上好生活

——对胡康华《粉墨》的政治生态解读

胡康华的长篇小说《粉墨》写的是小地方小人物的小人生。作者既没有着力渲染人物复杂的内心世界，也没有以炫技手法描述他们后现代式的情感生活，甚至没有刻画出一个贯穿作品始终的灵魂性人物，但他以洗尽铅华的笔触呈现的那种集体沉迷于角色而又忘却人格的粉墨人生，却令我久久难以释怀，并且产生了驻足玩味的理论冲动。

作者开篇就说，"这部小说记录的是一群表演者。其实他们都是社会底层的普通劳动者，又生活在一个特殊的年代"①。表演的舞台就在堪称中国"古拉格"的东盐池，而表演者除了知青以外主要就是在那个"特殊的年代"未经任何法律程序就被任意划定角色从而陆陆续续被打入另册的劳改犯和下放人员。作者叙述的各种表演，既在舞台上，也在生活中，恰恰是这种双重表演构成了小说人物的角色人生。

显然，东盐池的自然环境已足够险恶——躲在荒凉戈壁滩的地窝子里休"风假"是司空见惯；东盐池的物质生活也足够匮乏——"顿顿吃高粱米"②是家常便饭。可是，作者对自然的险恶和物质的匮乏却惜墨如金，因为外在条件再险恶也险不过人心，只有人自身才是人间恶行的真正根源，才可能使东盐池成为一座让作者"想起来就心悸的'活狱'"③。不过，在《粉墨》中，胡康华保持了小说家应有的克制。按福楼拜的说法，小说家是想消失在自己作品之后的人。④ 同样，胡康华在《粉墨》中始终

---

① 胡康华：《粉墨》，新疆美术摄影出版社、新疆电子音像出版社 2010 年版，"前言"，第 1 页。

② 同上书，第 50 页。

③ 伊吾（胡康华笔名）：《一种名叫打架的游戏》，见《上路的日子》，新疆人民出版社 1998 年版，第 133 页。

④ 参见 [捷克] 米兰·昆德拉《小说的艺术》，孟湄译，生活·读书·新知三联书店 1992 年版，第 152 页。

站在"后台"，大有玄机地"等待着粉墨登场的人们卸妆"①。他作为小说家无须议论和表态，只需让人物自身出场说话，让小说中的情节或事件本身发言。这就可能使读者发现人物没有明确意识到的意义和价值，也可能让小说发挥出超乎作家意料的认识功能。《粉墨》"不仅以原生态的写作手法写出了宁为玉等人物的命运，更把笔触深入到命运中人物的思想活动，深入开掘他们悲剧命运背后的深层心理和性格原因"②。只是造成这种悲剧命运的主要因素其实不仅在于人物的心理和性格，更在于小说呈现出来的政治生态。本文正是试图从政治生态的客观立场来进一步解读《粉墨》的独特价值和意义。

　　政治生态是人在特定政治生活中的生存状态，它不仅决定着人类公共生活的方式、规则和质量，而且决定着人是否过着真正属于人的生活，即人是否作为人来生存。正是在这种意义上，亚里士多德才认为"人在本性上就是一种政治动物"③。在古希腊语中，politikòn zōon 不仅意味着"过政治生活的动物"，也指"去做公民的动物、要过公共生活的动物"④。在亚里士多德那里，polis 指的与其说是现实中已经存在的城邦，不如说是一种应然的政治共同体或"理想国"⑤。同样，"政治动物"这种规定也意味着一种目的论结构，即成为"政治动物"或者过政治生活是人的目的。由于一个事物的目的就是该事物的至善，所以，成为"政治动物"或者过政治生活不仅是人成为人的方式，而且是人的目的或至善。我们过着怎样的政

---

　　①　胡康华：《粉墨》，新疆美术摄影出版社、新疆电子音像出版社 2010 年版，"前言"，第 2 页。

　　②　张江艳：《追梦的书生与毁梦的时代——翟永明〈哀书生〉和胡康华〈粉墨〉的社会历史解读》，《北京劳动保障职业学院学报》2014 年第 2 期。

　　③　Aristotle, *Politics*, with an English Translation by H. Rackham, Harvard University Press, 1959, pp. 8 – 9.

　　④　亚里士多德这句话的德语译文就有这样的译法：Der Mensch von Natur das auf die Polis verwiesene Lebewesen ist（Joachim Ritter, *Metaphysik und Politik. Studien zu Aristoteles und Hegel*, Suhrkamp Verlag Frankfurt am Main, 1977, S. 126），意思是：人本然地是趋向于（被引向）城邦（政治生活）的动物；吴寿彭提供的选择译法也是："人类自然是趋向于城邦生活的动物"或"人类自然地应该是趋向于城市生活的动物"（分别见［古希腊］亚里士多德《政治学》，吴寿彭译，商务印书馆 1996 年版，第 7、130 页）。

　　⑤　正因如此，欧根·罗尔费斯把亚里士多德的这句话译为 der Mensch von Natur ein staatliches Wesen ist（人在本性上就是一种国家动物）或 der Mensch ein von Natur auf die staatliche Gemeinschaft angelegtes Wesen ist（人是一种本性上就存心想要国家共同体的动物/人是一种本来目的就在于国家共同体的动物），分别参见 Aristoteles, *Politik*, übersetzt und mit erklärenden Anmerkungen versehen von Eugen Rolfes, Felix Meiner Verlag, Hamburg, 1981, S. 4, S. 88。

治生活或者具有怎样的政治生态，不仅决定着我们是怎样的人，而且在很大程度上决定着我们能否成"人"，能否过上好生活。因此，在亚里士多德看来，政治能力或政治潜能（politikē dynamis）就是人的至善[1]，这种政治能力或政治潜能是一种技能（希腊语 politikē 的本意就是城邦艺术或治理术），需要在城邦这种已经完备的政治共同体中加以训练和培养才能实现出来。更确切地说，人做"政治动物"这种目的与城邦这种政治共同体的目的是一致和相互促进的关系：只有积极地做"政治动物"的人才能建成好的城邦，也只有在好的城邦或政治共同体以及好的政治生态中才能让人成为"政治动物"，才能让人达到自身的目的，成为真正意义上的人。正是从这样的视野来看，《粉墨》描述并呈现的政治生态值得给予特别的关注。

一　被侮辱与被损害的

《粉墨》中的"一群表演者"可谓同是天涯沦落人。他们本已被任意打入社会的最底层，共同被赋予了他们不得不接受的角色，他们本应相安无事、惺惺相惜。可惜这种应然只是一种可能，却没有变成现实。

小说一开始，曾任兵团建筑设计院副总工程师的"阶级异己分子"谢培良和儿子谢东就像被"一场疯狂咆哮的飓风"刮到了荒凉而偏僻的东盐池。他们被抛入东盐池的世界，而且"在很短的时间内，都不同程度地获得了自己的幸福"[2]。大设计师陈从周的大弟子谢培良受到厂长金兆汉的重用，"自从他被打成右派以后，还没有人把他当人来看待，更不要说重用了"，所以除了受宠若惊和感激涕零，他"也觉得幸福突然降临"[3]；儿子谢东不仅"第一次看见有人让我爸爸喝酒，爸爸一个劲地点头，脸上的笑像是快哭了"[4]，而且"觉得自己像从地狱里出来进了天堂"，"是世界上最幸福的人"[5]；"过去因为他长得黑，个子又矮，在师部中学老让人欺

---

①　参见 Aristotle, *Politics*, with an English Translation by H. Rackham, Harvard University Press, 1959, pp. 230–231。

②　胡康华：《粉墨》，新疆美术摄影出版社、新疆电子音像出版社 2010 年版，"引子"，第1—2 页。

③　同上书，第 4 页。

④　同上书，第 10 页。

⑤　同上书，第 1 页。

负。别人只要一笑话他黑，他就觉得低人三分"①，而东盐池的学生不仅
不欺负他，还让他玩上了最喜欢的篮球。"东盐池似乎扫除了他内心的阴
影，不再像过去那样小心惊恐。"② 可是，谢东的幸福感是短暂的，因为
东盐池"这个地方人的成分特别复杂"③，堪称纯粹的角色生存世界。尽
管这里的人们多半都在接受劳动改造，但他们并不认为彼此拥有的角色是
一样的，而是仍要分出三六九等，按照角色等级出演自己的人生，把生活
变成一个高低有序、强弱分明的舞台。他们的眼里似乎只有角色，他们仅
仅以角色来看人和待人。无论是否愿意接受这些角色，人们都被死死地固
定在这些角色之中。角色构成人们唯一的身份。在这里，文工团的舞台与
生活的舞台同形同构。不独东盐池的演员们在舞台上上演别人的人生，这
里几乎所有的人都把生活当成一个大舞台来上演自己的人生，都想在其中
扮演有权有势的强者，谁也不想成为弱者，因为那样就意味着自己必然会
成为被侮辱与被损害的人。

　　因此，读者很快就和谢东一起发现，东盐池并非世外桃源，而是由被
侮辱与被损害的人们共同组成并且共同造成的一个世界。由于被侮辱与被
损害，他们被发配到东盐池，但来到这里之后，他们又在做着彼此侮辱与
相互损害的事情。"演员们都化妆了，熟悉的人变个样，还真认不出来
了"④，一心想靠舞台扮相在同学面前得意一番的彭兴国还是被昔日的老
同学们认了出来，他们在台下使劲呼喊着彭兴国的外号——"尿盆"，让
他在台上终究难逃被羞辱和下不了台的难堪局面。在东盐池，连个人的生
活习惯或生理特征（缺陷）都可能成为起污名的理由：谢东因为长得黑被
同学们称为"卡翁达"或"老卡"，也有人叫他"非洲总统"，谢东的爸
爸也因此被叫作"大老卡"；公社中学爱抽莫合烟的女校长被称为"大烟
鬼"，学校的工宣队长被称为"秦塌鼻子"，炊事班的侯班长被叫作"猴
子"，挖盐老职工田松林的外号是"田老鼠"。最典型和最悲惨的是和谢
培良父子一起被遣送到东盐池的师文工团演员宁为玉。他的"女里女气"
和"人来疯"不仅为他招来了"宁娘们""宁老婆子"的外号，而且让他
身心俱损、痛不欲生。在"一打三反"运动中，宁为玉受到诬陷，被民兵

---

① 胡康华：《粉墨》，新疆美术摄影出版社、新疆电子音像出版社 2010 年版，第 95 页。
② 同上书，第 16 页。
③ 同上书，第 10 页。
④ 同上书，第 23 页。

抓了起来。当时，"师部篮球队那个外号叫'铁匠'的大个子两步就跨过来，当胸揪住他的衣服，一只手就把他提溜到了半空中，接着'啪啪'两声闷响，他的整个脸就木了，舌头也像发面似的猛然膨胀起来，好像嘴里被人塞了一大团棉花"，"宁为玉像是'铁匠'手中的篮球，被他抢起来从左手扔到右手上，像老鹰刚抓到的兔子，任凭他四肢乱蹬，几步就把他提出审讯室，扔到旁边的一间黑房子里。一个星期以后，就被遣送到东盐池来劳动改造了……"周围的人们不仅觉得好玩、解气甚至解恨，而且还由此得到了说不出的快意，谁也没有觉得"铁匠"的做法有什么异样和不妥。"到了东盐池，保卫科的人把他直接押送到新生队去了，让他和那些劳改释放犯人们在一起。几十个人挤在一个大帐篷里，屋子里就像个牲口圈，出门上个厕所还有警卫端着枪跟着。"① 好在队长看他是搞文艺的，身体单薄，就没让他打土坯，而是派他给工地拉水。"别看这是队上最轻松的活，但对他来说，简直能要他的命。别说装满水的重车了，光拉着空车从盐碱地里走到机井跟前，他简直全身都快散架了。每次拉上一车水，他要把身子伏下去，脑袋都快挨着地了，两条腿颤抖着拼命蹬，水车才能颤颤巍巍地动起来。到了下坡的时候，他觉得应该松口气了，谁知道车一跑起来，他压不住车把，后面一沉下去，他整个人就被车把挑到半空中。工地上的人们看到他在半空中两腿乱蹬的样子，都只管哈哈大笑。"② 而且，"到东盐池这么多年了，他一直是众人耍笑的对象"③。后来，当再次回到连队下工地时，"宁为玉的处境比过去更惨了，他成了这帮小青年任意取笑的对象。他们不能容忍他在人群里有说有笑，只要发现了，就有好几个人扑上来，伙同连队里爱开玩笑的老娘们，肆无忌惮地折腾宁为玉。做这种事，赵建勇从来不出头露面，而是指使李永强、黑旦几个不长脑子的年轻人对他进行摧残"，有一次，"把他的裤子扒下来还不罢休，有人还朝他的裆里倒凉水，撒盐粒……"④ 侮辱与损害弱者就这样变成了东盐池的"快意恩仇记"。人们似乎只有通过损人才能自保，才能显出自己的强悍，不逞强几乎就等于示弱。

　　在东盐池这样一个通过角色的任意分派来控制人身的社会，人们自然

---

① 胡康华：《粉墨》，新疆美术摄影出版社、新疆电子音像出版社2010年版，第32—33页。
② 同上书，第34页。
③ 同上书，第72页。
④ 同上书，第177页。

要向往权势。因为一个人只有接近权势才能获取人上人的角色（权势越大，就越能够任意地给别人分派角色而越少被别人分派角色），才能在一定范围内恃强凌弱和任性妄为并且不用为此付出任何代价（零成本或低成本），至少才可能不受别人欺负和凌辱，所以文弱的寇挥才会羡慕建勇，"我要有个哥哥就好了，啥时候都没有人敢欺负"①。北京知青杰子和华子虽然都被划归内部管制人员，但由于来自首都而且据说文武双全，讲哥们义气，还会唱戏，就受到东盐池年轻人的敬畏，唯独赵建勇颇为不忿地想，"那个叫杰子的北京流氓青年，居然成年青人眼中敢作敢为的英雄了"②。东盐池也有不少上海支边青年，但他们不敢打架，也不威风，当地青年就瞧不上他们。要想获取权势，除了凭体力，还有一条终南捷径，就是通过特殊的门路和"关系"。因此，林志国在娶了金厂长的千金小姐金一鸿之后神气十足地说："那没办法，他们干气，谁叫他们的爹不当官。我现在知道当官的有油水了，我要是不娶厂长的丫头当老婆，新解放能让我开，你门都没有。"③ 同样，为了进省城，漂亮的菊没有和自己喜欢的书呆子寇挥相好，而是以"调出艾丁湖那个鬼地方"为条件嫁给了并没有感情基础的师政委司机。在小说的结尾，这位已经和菊离婚多年的司机对大学毕业后留在省城的寇挥说："后来为什么你们没有发展下去，很简单，菊在骨子里是个很虚荣的女人，在那种时候，她是不会和你这样一个小盐工过日子的，我说的是实话。"④

在东盐池，一方面，人们向往有权有势的角色；另一方面，一旦有人得到了这样的角色，无论是否走了正道，往往都会引发人们不由自主的嫉恨情绪，甚至可能进一步引发疯狂的报复行为。也就是说，这里的人们已经不大相信有正当的事情。即便是凭真本事获得的角色，也常常会招致无端的猜忌和恶意的报复。正因如此，本来要当演员的放羊女郭春玲只在宣传队待了一个星期，就坚决要求调离。"她说宣传队的人特坏，合伙欺负她一个新来的弱小女子。还说刘组长和宁为玉去省城购买戏服，让大老王当了一个临时队长，他滥用职权，对她进行了大肆的污蔑攻击，而铁柱和几个男知青更是下流，刚开始想占她的便宜，后来知道她和大东恋爱了，

①　胡康华：《粉墨》，新疆美术摄影出版社、新疆电子音像出版社 2010 年版，第 112 页。
②　同上书，第 162 页。
③　同上书，第 221 页。
④　同上书，第 299 页。

嫉妒得不行，就散布了好多特别难听的流言。"① 由于权势的得失和使用缺乏公平而又公开的规则，所以人们就只好想当然地迷信潜规则。人们一方面畏惧真正有权有势的人，另一方面又害怕弱者得势，所以在东盐池几乎人人自危却不一定能够自保。

在这方面，越是人多的时候越想出风头的宁为玉是最大的受害者。"有些人嫉妒他的才华，一直想找个机会报复他"②；他受到陷害的主要原因就是别人的嫉贤妒能，"无论他怎么样上诉、申辩，根本没有人相信他。他没有想到，那些演员的心简直太狠了，平常大家还在一起说说笑笑，称兄道弟，可一来了运动，马上就有人揭发、造谣，明明知道他是被冤枉的，不但没有人出来替他说话，还都在专案组面前添油加醋。他这时候才明白，文工团那些人都在嫉妒他"③。在宣传队里，仅仅因为看不惯，大老王就仇视宁为玉，"只要有人一提'宁导演'，大老王马上就变脸，不知道有什么仇。嘴里翻来覆去就两句话，一是'把他个释放犯，狗日的咋没劳改'，二是'那个女里女气的娘们样子，把人恶心死了'"，"一个扛搂耙拿大锹挖硝捞盐的工人，也想当导演。导演，那都是有级别的，最低都是副师级"④。宁为玉给女演员说戏，"大老王看得牙直痒痒，恨不得冲上去把这个不男不女的东西扔到大库房的窗外去"⑤；"宁为玉只要前脚出门，大老王就要在刘干事面前骂狗日的太骚情、太猖狂。宣传队啥都好，惟一不满意的，就是刘干事把姓宁的任命为演员组的组长，和他平起平坐"⑥。可见，在大老王的眼里，即便是舞台角色仍然要受制于生活角色的等级。这种几近疯狂的报复固然针对的是宁为玉，但又何尝不是针对那种畸形的政治生态呢？

在东盐池，似乎谁都可能成为被侮辱与被损害的人。哪怕仅仅由于嫉贤妒能，就能够成为编造和散布流言蜚语、侮辱和损害别人的正当理由。侮辱和损害别人几乎变成唯一能够让人们兴奋起来甚至达到狂欢的一项娱乐活动。似乎没人觉得这有什么不对，更没人觉得这是在作恶。

---

① 胡康华：《粉墨》，新疆美术摄影出版社、新疆电子音像出版社 2010 年版，第 225 页。

② 同上书，第 174 页。

③ 同上书，第 32 页。

④ 同上书，第 66—67 页。

⑤ 同上书，第 68 页。

⑥ 同上书，第 69 页。

二　舞台角色与生活角色

本来，在纯粹的角色生存中被流行和被教导的是角色决定论，即恶是坏人的专利，好人与坏人的角色已经决定了人的好坏和命运的好坏。可是，在东盐池这个"从来都是搁牛鬼蛇神的地方"[①]，好像既没有绝对的好人，也没有绝对的坏人。因为这里的多数人都是受害者，同时又在不同程度上成为他人的加害者。比如，何艾香尽管由于父亲出身不好受到牵连，但她一直是学生干部，而且也被迫做过惩治"落后分子"的事情——有一次施校长逼她带领几个红卫兵骨干揭发一个爱说怪话的男同学，由此让他被学校开除了事。这表明，在权势的诱惑或逼迫之下，好人也可能干坏事。在某个场合下的好人，换一个场合可能又变成了不太好的人，甚至成为坏人。即使弱者或受害者，心里往往也是对强者充满了畏惧和敌意，不仅同样向往权势，而且随时准备复仇，或者一旦自己处于强势也同样会欺负比自己更加弱小的人。这里的人们推崇和向往的勇敢"是野蛮、残忍和粗暴，是一种人对另一种人有恃无恐的欺凌和糟践"[②]。这样一来，人们都摇摆在得势便猖狂、失势便落魄的两极之间，犹如受宠若惊时的谢培良，"一会儿像个披毛散发的狮子在咆哮，一会儿又像是个可怜的小绵羊在打哆嗦"[③]。东盐池的人们以漫不经心、习以为常甚至理所当然的态度做着嘲讽他人、谩骂他人甚至加害他人的事情却不会觉得有什么异常，因为大家都这样，因为既用不着为此感到内疚，更不必付出多少代价。"无论他们活得多么委琐、下贱，但只要有一点能表现出自己与众不同的机会，都会把歧视和不平等的病毒传播得无孔不入，并且成活率高得惊人。"[④] 这些日常的举动好像够不上惩罚，也犯不着刑法，却成为人们在纯粹的角色生存中比狠斗勇的生存策略。

可以说，东盐池奉行的是暴力美学，除了舞台表演的短暂插曲之外，生活中经常充斥着语言暴力和肢体暴力。人与人之间的欺侮和歧视四处弥漫，甚至连道德都形同虚设，哪怕单纯的嫉妒都能演化为造谣生事和迫害

---

① 胡康华：《粉墨》，新疆美术摄影出版社、新疆电子音像出版社 2010 年版，第 23 页。

② 伊吾（胡康华笔名）：《一种名叫打架的游戏》，见《上路的日子》，新疆人民出版社1998 年版，第 141 页。

③ 胡康华：《粉墨》，新疆美术摄影出版社、新疆电子音像出版社 2010 年版，第 8 页。

④ 伊吾（胡康华笔名）：《我们老百姓家的孩子》，见《上路的日子》，新疆人民出版社1998 年版，第 12 页。

他人的正当理由。老实本分的寇挥因为会拉二胡被选进了东盐池宣传队。可是，为了"不想让大家看他不顺眼"，他不愿早回宿舍，因为"自从他进了宣传队，一夜之间，就像是逃离革命队伍的叛徒，遭到了知青们一致的唾弃"，"他穿过一道道有些敌意的目光，走到屋角自己的床边坐下"①。"寇挥每天就是要等到这一切都结束了，同学们全都睡死了，这才离开排练室，蹑手蹑脚地进屋、上床。从小一起长大的伙伴，怎么现在连话都不说了。"② 同样，长得漂亮、舞又跳得好的菊"觉得那帮同学看我的眼光怪怪的，我明白，班上那几个一直嫉妒我的学生干部，不知道在背后又说了我什么难听的坏话。不过，我已经习惯了，别看我们的中学不大，但班里面钩心斗角的破事并不少。加上我的舞蹈成功了，还不知道有人嫉恨成什么样了"③。由于缺乏公平而公正的明规则，所以一切规则无论正当与否都被人们不分青红皂白地怀疑为潜规则。人对人、对社会的游戏规则缺乏基本的信任。实际上，人们良莠不分地加以痛恨和报复的，与其说是人，不如说是潜规则本身。

在东盐池，似乎只有角色"政治"畅通无阻——只要某人是弱者，就可能或者必然被人看不起，甚至可能或者必然受到强者堂而皇之的欺侮或理所当然的嘲笑，正如北京知青杰子"到了新疆以后，怕被人看不起，所以在各方面都争强好胜，在连队里干什么活都要争第一。可是，无论怎么表现，都没能改变人们对他的看法，这一辈子是洗刷不清了"④；只要把某人视为"阶级异己分子"或"牛鬼蛇神"的角色，就可以心安理得地以非人的眼光看待他，就可以仇视他，用无所不用其极的残忍手段折磨他、摧残他，甚至置之死地而后快；一旦有人自以为是地扮演了具有道德优势的角色，哪怕事实上完全不是这么回事，也会理直气壮、堂而皇之地把他认为承担道德劣势角色的人踩在脚下。宁为玉的命运就是活典型。人们把荒诞剧演成人生正剧，却好像完全出于天经地义，很难有谁对此持有疑义或反思，更难有人为此做出良心的忏悔和拷问。《粉墨》为我们展示的正是这样一种政治生态。

这里出现的是阿伦特所谓恶的庸常性（the banality of evil）以及常人

---

① 胡康华：《粉墨》，新疆美术摄影出版社、新疆电子音像出版社 2010 年版，第 110 页。
② 同上书，第 111 页。
③ 同上书，第 126 页。
④ 同上书，第 249 页。

作恶的可能性。也就是说，东盐池的人们基本上意识不到也不思考自己是否在作恶。东盐池的这些底层人物都算不上大恶人，而是在不知不觉之中作了一些不以为意的小恶，而且"那些选择小恶的人很快就会忘记他们已选择了恶"①。人们随时随地可能感觉到恶，却没有机会也没有能力认真地想一想：这种恶来自哪里，谁才是真正的恶人。显然，胡康华没有像许多"文革"题材的作家那样把这些现象简单地归咎于特定时空、特定人群中少数人的恶，而是促使我们从更深的层面反思人性恶的根源。他在一篇散文中写道："几十年来，我一直没有忘记童年时受到的伤害……我并不想计较那些欺侮过我的童年伙伴，但我不能饶恕那种罪恶，那种把天真无邪的儿童们教导成凶手的罪恶。"② 在《粉墨》中，胡康华只站在"后台"来描述常人和底层人物身上的恶的庸常性，却可以启发我们做深入的思考。

的确，《粉墨》中的人物既不是纯粹的恶人，也不是纯粹的善人。像北京知青华子和杰子，当年也曾是好学生，后来因为打架或以暴抗暴变成了"流氓青年"，被发配到东盐池。即便在这里，他们仍然有善良和仗义的一面。这说明，许多时候，善恶就在一念之间，而不在于角色的好坏。可惜，东盐池的人们太看重自己的角色，甚至在他们的眼里，角色联系几乎就是人与人之间唯一的"关系"。长此以往，人们就忘记了卸妆之后的自己，甚至没有机会也没有能力去想一想：自己卸了妆以后会如何，卸妆之后还有没有自己。他们好面子，甚至为了面子争强好胜，却分不清面子与人格有啥不同。正因如此，他们没有意识到：尽管他们经常为了面子而忘记人格尊严，但他们对别人面子的损害常常也损害着别人的人格尊严，他们隐隐约约地渴望拥有的恰恰是自己的人格尊严而不仅仅是面子。面子取决于外在的角色，人格尊严则取决于内在的意愿自由。人与人之间固然不得不拥有角色联系，却更需要建立人格关系。

尽管舞台角色受制于生活角色，但舞台上表演的毕竟是一种虚拟人生，也是一种可能的人生。这实际上意味着，舞台角色可以为人们摆脱生活角色提供暂时的、虚拟的可能，至少可以让人们暂时与生活角色保持一

① ［美］汉娜·阿伦特：《反抗"平庸之恶"：〈责任与判断〉中文修订版》，陈联营译，上海人民出版社 2014 年版，第 63 页。
② 伊吾（胡康华笔名）：《一种名叫打架的游戏》，见《上路的日子》，新疆人民出版社 1998 年版，第 134 页。

定的距离，从而设想一种在角色联系之外获取人格关系的可能。宁为玉之所以那么喜欢演戏，恰恰因为舞台上的粉墨人生为他不堪忍受的生活角色暗示了人格关系的希望和可能。这种乌托邦式的希望和可能并非过去虚妄不实的"桃花源"，而是未来可能实现的"理想国"。

> "妈的，演戏真好，平常唱歌受限制，说话要小心，穿啥样衣服，都看人眼色。只要是一上台子，想怎么唱怎么扭，真开心呵。"宁为玉感慨万千地想，不由得又拿起口红，朝嘴唇上重重地涂。①

也可以说，正是舞台上的这种自由生存状态为宁为玉暗示的希望和可能才几次把他从自杀的边缘上拉了回来。在生活角色中，宁为玉几乎没有自己决定自己的自由空间，连穿衣说话都受人管制。他在排戏、演戏时自己决定自己的状态，与他在生活角色中受人管制的状态形成鲜明反差。对生活角色来说，舞台角色只是一种希望和可能，但正是这种对生活角色的乌托邦式超越才给宁为玉活下去提供了勇气和理由。正因如此，他在寻死觅活的时刻才不知不觉地唱起了《白毛女》中喜儿的不屈誓言："想要逼死我，瞎了你眼窝；我是淘不干的水，扑不灭的火……"②

同样，东盐池的人们不仅在生活中表演，而且也观看甚至羡慕舞台上的表演。尽管这是一种双重表演，但舞台上的虚拟表演毕竟不同于生活里的实在表演，舞台角色也不同于生活角色。在这方面，胡康华已经给我们做了暗示："无论人们怎么样装饰自己，或者扮演他人，他（或她）都无法改变与生俱来的本性。因为只有时间才是万能的真主，他早已按照你的遗传、秉赋决定了你终身的命运，他老人家才不在乎你目前是什么角色。你只可能是你自己，如果说你还有点出息的话，这一生就把自己演好。"③通过对舞台角色和生活角色的区分，我们可以进一步指出，胡康华的真意在于表明：舞台角色实际上是对生活角色的虚化和扬弃。经过这样的虚化和扬弃，从舞台角色上卸了妆的演员可以回归生活角色，但从生活角色卸了妆的人们则不再是角色，而只能回归自己不扮演任何角色的独立人格。只有这种自己决定自己而不被外物或他人决定的独立人格才是每个人原本

① 胡康华：《粉墨》，新疆美术摄影出版社、新疆电子音像出版社 2010 年版，第 119 页。
② 同上书，第 179 页。
③ 同上书，"前言"，第 2 页。

平等的原身份。这就意味着，人与人之间除了角色联系之外，还需要发生并建立人格关系。

三　法：善恶之彼岸

正因为人格在道德上是中性的，在意志上是自己决定自己的因而也是自由的，所以它才能成为人们原身份平等关系的基础。法恰恰以这种原身份的平等关系为基础来约束每个人的任性，并且保障个人权利和人格尊严。但是，纯粹的角色生存基本上只认角色，甚至让角色决定一切，也就是让人完全受外物和他人的引导和决定，因此难以产生对独立人格的觉醒意识以及对法治的内在需求。当然，东盐池并非完全缺乏基本的善恶观念，但这里的罪与罚只是阶级斗争意义上的，而不是真正法治意义上的。谢东问黑旦："'文化大革命'刚开始的时候，乱得很，不是还砸烂公、检、法吗，你知不知道啥叫公、检、法？"黑旦回答："知道知道，砸烂公检法我知道，公安局都不管用了。"① 东盐池早就没有法了，这里可谓无法无天，或者说长官意志就是"天"，"领导的话具有法律效力（Führerworte haben Gesetzeskraft）"②，这也就意味着权力失去了有效约束和制度制衡就可能自己变成"天"。"当时的师长是延安时期的一个军械厂的厂长，有一句口头禅是'修理修理'。看谁不顺眼了就说：'让他到东盐池去，修理修理他。'"③ 不仅如此，领导还可以任意干涉别人的私生活。谢东因为和连长顶嘴就被训斥道："奶奶，你还敢犟嘴！要在部队上，我马上关你狗日的禁闭！"④ 也许正因如此，谢东留的长头发又遭到连长的呵斥："我命令你，马上回去把头推了，不三不四的，像个啥样子"⑤；同样，"自从宁为玉被下放到东盐池来，他老婆就没有停止过为丈夫鸣冤。她成天挺着个大肚子，在文工团、师部、兵团到处上访，要求为她丈夫平反。她甚至还在师部农场找到了和她丈夫有'奸情'的詹大胡子，让他写材料证明他们之间的清白。也许，她的苦心感动了老天，师政治部做了批示，宁为玉和詹大胡子的问题按人民内部矛盾处理。这样一

---

① 胡康华：《粉墨》，新疆美术摄影出版社、新疆电子音像出版社 2010 年版，第 96 页。

② Hannah Arendt, *Eichmann in Jerusalem: A Report on the Banality of Evil*, Revised and Enlarged Edition, Penguin Books, 1994, p. 148.

③ 胡康华：《粉墨》，新疆美术摄影出版社、新疆电子音像出版社 2010 年版，第 13 页。

④ 同上书，第 160 页。

⑤ 同上书，第 255 页。

来，宁为玉在东盐池的新生队劳动改造不到两个月，就调到老一连当盐工了"①。人的命运就这样维系于领导是否开恩或者领导道德水平是高是低这些原本靠不住的偶然性之上，真可谓命悬一线。

在砸烂公、检、法时代的东盐池，人们不仅不知道什么是真正的法，而且也普遍认为法没有什么用处。当年中国最著名的罗马法权威潘开墅沦落为东盐池中学的敲钟老头，就颇具象征意味。小说写道：

几杯酒下肚，一向沉默不语的老潘头突然滔滔不绝的说起话来："……1926 年，我潘开墅 17 岁，在'中国公学'大学部读书，成绩是最好的。中国公学的校长是谁，你们知道吗？是胡适先生，胡适先生最赏识我，他亲自为我出具出国留学证明，让我到外国留学深造。1928 年 9 月，我在比利时鲁汶大学苦读 6 年，先后获得政治外交学硕士学位、法学博士学位，震动了全校师生。当时，在比利时获博士学位的中国人不超过 10 个人呀，我为中国人的脸上争了光。1934 年，我学成归国，先后在上海持志学院、东吴大学、中央大学、厦门大学当法学教授……"

"潘老师，你喝醉了，你在说胡话。"

"小于，小何，我没有喝醉，我没有说胡话。你们知不知道，什么叫罗马法？罗马法起源于 2000 多年前的古罗马，被称为'万法之源'，它是当今全部民法的鼻祖。当今世界有两大法系——在法国、德国以及中国等地实行的大陆法，以及在美国、英国及其他英联邦国家实行的英美法。罗马法对两法系的产生和发展都有极为重要的影响，连恩格斯都说过，罗马法是'商品生产者社会的第一个世界性法律'。"

"潘老师，说这些没有用，这些都是资产阶级的东西，现在没有用了。"

"不，有用，如果没有用，我就不会听周总理的话，3 次拒绝蒋介石让我去台湾的邀请，我爱新中国，我想为国家出力。唔、唔……"②

正因为法作为"资产阶级的东西，现在没有用了"，所以，在东盐池，

---

① 胡康华：《粉墨》，新疆美术摄影出版社、新疆电子音像出版社 2010 年版，第 70—71 页。
② 同上书，第 217 页。

人们不会意识到是否需要划分公共生活与私人生活的界限，也缺乏个人权利和独立人格的观念。即使滥用权力的情况已经司空见惯，人们也已经习以为常；即使许多人都深受其害，大家也只好逆来顺受、忍气吞声。这样一来，不仅公权力可以随意"侵入私人生活领域，公共意识转化为个人意识，私人生活被刻上政治的烙印"①，而且每个人似乎都可以随便干扰别人的生活并且随意侮辱别人的人格。确切地说，东盐池可能不乏某些社会标准，却没有真正的法律标准。但是，社会标准不同于法律标准，况且"如果法律追随社会偏见，那么社会就具有了暴政的性质"②。在东盐池，似乎强权就是真理，这里不顾情理，更不讲法理，所以才必然会出现政治生态上的暴政倾向。

不过，《粉墨》也暗示出东盐池人们法律观念的微妙变化。请看寇挥、华子和杰子三人在县城下馆子时的对话：

> 3 人正吃喝着聊天，就听见窗外的大街上一阵吵闹，扭脸看出去，是两个赶毛驴车的农民在吵架，围着一群看热闹的人。一会儿，人群簇拥着朝马路对面涌去。杰子笑着说："这是上哪儿说理去呢，难道还到法院里断官司不成？"
>
> 人群散开处，寇挥看见对面街道上的单位大门上，分别挂着县公安局、法院和检察院的牌子。他随口问道："这个检察院是干啥吃的。我光知道公安局是抓人的，法院是判刑的。"
>
> 杰子惊奇地看了他一眼，问道："哎呀兄弟，你连这个也不知道吗？"
>
> 寇挥说："我还是第一次看到这种单位。'文化大革命'刚开始，老听说砸烂公检法，原来就有检察院呀。它不能抓人，也不能判刑，要它有啥用？"
>
> 杰子说："平日里我把你当成秀才，今天我可要给你讲一课了。你说的没错，公安局是抓人的，法院是判刑的。但是，公安局要掌握犯人的证据才能抓人。这个检察院要干的，就是调查案件，掌握了犯罪证据以后，发出拘捕票，公安局接到拘捕票以后，才能抓人。"

---

① 朱承：《礼乐文明与生活政治》，《中山大学学报》2014 年第 6 期。
② ［美］汉娜·阿伦特：《反抗"平庸之恶"：〈责任与判断〉中文修订版》，陈联营译，上海人民出版社 2014 年版，第 203 页。

寇挥听得糊涂，说："呜哟，还要这么麻烦，我们东盐池那么多劳改犯，没听说谁还要检察院来出什么证据，发什么拘捕票。"

杰子说："'文化大革命'以后，这些东西确实都没有了。过去可复杂了，检察院收到审查案件的材料，要在 3 天以内，法院还要通知犯人，犯人还有权委托律师在法庭上为自己辩护呢。"

寇挥轻蔑地说："哼，犯人犯法了，还让律师给他辩护，便宜坏家伙了。"说完他又问，"我在电影上也看到过律师为好人辩护，施洋大律师就是给工人辩护的。"

杰子和华子对视了一下，像是对他的无知无可奈何。杰子摇头笑了笑说："过去的法律的确很复杂，给你一下说不清楚。"

寇挥说："这些乱七八糟的玩艺只有外国才会有。我们这儿哪里用得上这个。看谁不顺眼了，抓起来收拾，这有什么不好呢？"

杰子见他还不明白，又用筷子蘸着酒，在饭桌上写上公、检、法 3 个字，圈圈点点地重新讲它们之间的分工和律师制度，还打了不少比方。可寇挥越听越糊涂，一脸的茫然。华子劝道："算了，别讲这些了，的确像小寇子说的，现在这些个玩艺早没用了，菜都凉了，咱们还是喝酒吧。"①

寇挥说出了东盐池人不约而同的看法，即法律只是用来惩治坏人的，普通民众只要不犯法，就与法律没有多少关系。在他们眼里，法律无非是刑法，舍此无他。因此，他们才会认为，一方面，犯人犯了法是不需要辩护的，要是"犯人还有权委托律师在法庭上为自己辩护"岂不"便宜坏家伙了"；另一方面，"看谁不顺眼了，抓起来收拾，这有什么不好呢"，因为这在东盐池已经成了稀松平常和理所当然的事情，出证据和发拘捕票不仅闻所未闻，也没有必要"这么麻烦"。这里没人会想到，今天我们可以对"犯人"是否受到公正的法律待遇不闻不问，明天万一自己沦为阶下囚（生活在那样的政治生态中，这种可能性实现的概率不可谓不高）又该当如何。这里更没人听说过，只有用程序权利（procedural right）才能确保实体权利（substantive right）的现代法治观念。但是，老潘头的角色由敲钟老头变成学校的英语老师，恰恰象征着法律在东盐池的命运也发生了

---

① 胡康华：《粉墨》，新疆美术摄影出版社、新疆电子音像出版社 2010 年版，第 246—247 页。

逆转。当初，"在师部关押期间，宁为玉仍然不甘心就这么被人陷害，把专案组让他写交代材料的纸，全都写成上诉申辩材料。可那些材料交到专案组手里就如同石沉大海，真是叫天天不应，呼地地不灵"[1]。在小说临近结尾时，铁柱告诉寇挥："华子在东盐池打官司的事，你知不知道？这都不知道，真是个书呆子。你走以后快一年了，华子把林志国给告下了。地区在东盐池还专门设立了一个审判法庭。杰子还帮华子请律师，你知道这个大律师的老师是谁，就是以前在学校敲钟的老潘头。原来这老家伙是美国留学的，平时窝窝囊囊话都说不清楚，一说法律滔滔不绝，一套一套的，谁也辩不过他。东盐池第一次审判人，看热闹的人山人海。大家都觉得志国太冤枉了，又没把人打坏，判了8年徒刑。气得志国在法庭上大骂华子和老潘头，马上就被公安局的人带走了……"[2]　"大家"站在社会标准的立场上认为，杰子偷窥志国和金一鸿的家庭生活本来就不对，虽然志国用自制猎枪打了杰子，但志国站在道德的制高点上，而且"又没把人打坏"，却被"判了8年徒刑"，所以"大家都觉得志国太冤枉了"。可是，法律标准的确不同于大家普遍认可的社会标准。从某种意义上说，社会标准常常是人们依据角色联系做出的主观判断，具有很大的弹性、相对性和模糊性，它依据的主要是经验判断和情感"逻辑"，而法律标准恰恰是超越角色联系和社会标准的一种客观尺度，它依据的是可普遍化的理性思维和法律推论。法律标准以充分的说理性和程序正义为手段，以实质正义为目标，力求用一整套客观机制来保障人权并对公权力进行赋权、保权和限权，以减少社会不公。

四　自由人格：超越纯粹的角色生存

无论如何，东盐池开始有法了。有法就开始有"天"，有"天"的日子就有了盼头。这也就意味着，一个好社会不能只有道德而没有法治，也不能只有角色联系而没有超越角色联系的人格关系。换言之，好的政治生态不能只是按照角色的相对等级排序，还必须拥有依据平等人格和公平正义的普遍原则来运行的秩序。

东盐池的人们被抛在生活的舞台上，不得不扮演各种角色，不得不粉

---

[1]　胡康华：《粉墨》，新疆美术摄影出版社、新疆电子音像出版社2010年版，第33页。

[2]　同上书，第298页。

墨登场。于是，粉墨舞台好像顺理成章而又习惯成自然地变成了他们的粉墨人生。长此以往，他们就对这种纯粹的角色生存流连忘返，即便有时感到厌恶甚至恐惧，也常常忘记了自己还有卸妆之后的人格，他们在这种角色中沉沦，他们活着，却难以明白怎样活得更好；他们欣赏舞台角色，却很少意识到舞台角色实际上已经在暗示他们可以暂时摆脱并扬弃生活角色，从而设想另一种可能的自由生存。

　　显然，在对这种纯粹角色生存的看似不动声色的呈现和描述中，胡康华流露出一种质疑和否定的态度。因为角色联系并非人与人之间唯一的纽带，更不是人与人之间相处的最好方式。借用马丁·布伯的术语来说，我们固然不得不在生活中扮演角色，却不能只有角色联系，因为纯粹的角色生存意味着人与人之间只是一种"我与它"（Ich-Es）的联系，它往往会使人们成为彼此利用的工具，并且把人与人的关系异化为人与物甚至物与物的联系。在一个好社会中，尽管人们不得不拥有角色联系，但除此之外还需要发生人格关系。换言之，人们要想保持真正属于人的关系就需要超越现实中的角色联系而进入精神上的人格关系，即由"我与它"的联系进入"我与你"（Ich-Du）的关系。因为我与你是一种伦理关系，我与它不仅不是伦理关系，而且实际上并不发生"关系"。从哲学原理上来看，"关系"不是发生在角色之间，而是发生在人格之间。在这个意义上，只有人格之间才互相"有"关系，才互相"发生"关系，而角色之间则是对象（物）之间的联系，不是人们之间的相互"关系"。人与人的关系总是互相的和彼此的关系，当我说"你"时，我就把我的对方肯定为人格并由此与这个人格的你进入某种关系，我自己也由此作为人格转向了另一个人格。这种情况在我与它的联系中是不可能发生的，因为其中没有交互性。这也就意味着，人格关系是发生出来的事件，而角色联系却不用发生也会自动出现。角色联系必然有等级分殊和利害差别，而人格关系则是一种超越角色联系的平等而自由的关系。① 更确切地说，人的角色联系需要以人格关系为基础和前提。当然，这指的是一种应然的逻辑而不是实然的心理，因为生活在纯粹的角色生存中的人们恰恰在心理上难以意识到这样的基础和前提。因此，虽然我们不得不拥有角色生存，但这种角色生存仍

---

① 参见户晓辉《民间文学的自由叙事》，社会科学文献出版社 2014 年版，第 153、160—161 页。

然有纯粹和不（非）纯粹两种类型。所谓纯粹的角色生存指的是人们在主观上缺乏人格意识，而在客观上又完全受制于角色联系的那种生存方式。与此相对，不（非）纯粹的角色生存指的是人们尽管不得不拥有角色联系，却又同时发生人格关系。这也主要体现为主观和客观两个方面：在主观上，人们能够明确地意识到自己的角色联系需要以人格关系为基础和逻辑前提；在客观上，恰恰因为有了这种觉悟，人们会在角色联系之外主动而积极地追求以人格关系为基础的法治，有意识地克服长期以来对常人政治行为能力的高估以及对人治和德治的轻信与盲从，实现依靠程序正义来保障人权并且限制公权的实质正义。纯粹的角色生存与不（非）纯粹的角色生存主要是一种存在论层次上的理想类型划分。本来，人与人之间除了有（不平等的）角色联系之外还需要发生或建立（平等的）人格关系，但是，纯粹的角色生存只有前一种联系而缺乏后一种关系，因而它只具备经验上相对的角色等级而缺乏绝对的独立人格和平等权利的基础，所以也就难以产生保护平等权利和人格尊严的现代法治。换言之，本文所谓纯粹的角色生存只是理论分析的一种理想类型，而不是直接指《粉墨》呈现出来的全部生活，这就意味着，纯粹的角色生存更多的是对角色联系与人格联系做出的一种质的区分而不是量的判断。因为如果仅仅从量上来看，只要是人与人相处的社会，就必然会或多或少地发生人格关系。即使这种人格关系并非出自人们主观上的有意而为或者在客观上受到极端的压制，它可能暂时消失，却不可能在数量上永远消失为零。正因如此，尽管东盐池的人们在主观上过着纯粹角色生存的生活，但他们的角色联系在客观上仍然出现了一些"缝隙"，也就是必然会发生一些人格关系，《粉墨》恰恰为我们呈现了这些必然的因素。例如，宁为玉与老婆的同甘共苦和相依为命已经超越了角色联系；二连女知青冯克莉虽然家庭出身不好，但仍被划为可以改造好的地富分子，可她偏偏不顾自己的前程和领导的反对，执意嫁给不三不四的"坏分子"杰子，她考虑的已经不仅是杰子的社会身份和生活角色；"下马崖的知青寇挥和东盐池一个不明身份的人像认识了好多年的老朋友"似的一见如故，"这个华子比他年长许多，一点都没有嫌弃他。这么热情，还把他看成哥们儿"①，这表明，彼此不明身份的两个陌生人之间恰恰因为不了解对方的角色反而可能发生超越角色联系的关系；

---

① 胡康华：《粉墨》，新疆美术摄影出版社、新疆电子音像出版社 2010 年版，第 55 页。

尽管在东盐池人们被告诫说"你不能见到谁对你好一点，你就把心里话都说出来，除了你的父母，明白吗"①，但素昧平生又同样因为出身不好而挨整的何艾香和迟媛媛却互诉衷肠、结成了朋友：

> 迟媛媛一把抓住何艾香的手说："何艾香，这么多年我们家一直受欺负，被人看不起，我从来没有和人说过心里话，没想到在东盐池有了你做朋友，我要是写信给我妈，还不知道她多高兴呢。"②

这同样是起初不了解彼此的角色后来却因为类似的处境而突破角色隔阂的例子。另外，东盐池宣传队去巴里坤草原慰问演出时与当地牧民联欢，"这一次，所有的人仿佛忘记了过去的无聊争吵，尽情地欢笑嬉戏"③。这些美好的自由瞬间是角色生存中必然会出现的亮光。尽管东盐池的人们主观上缺乏清醒的觉悟和足够的认识，但从客观上来看，假如没有这种我与你的关系以及我把别人当作你来对待的关系，人与人之间就不再发生真正属于人的关系，社会也就不再是人的社会。人之所以是政治动物，就因为人必须生活在彼此以人相待的群体和社会之中，需要过一种公平正当的公共生活。人的生存就包含着彼此承认对方为人并且彼此把对方当人来对待的义务和责任。因此，人的存在不仅是一种伦理的存在，而且是一种法的存在。因为法是对人的伦理存在的客观保障。如果每个人的"我"都以非人的态度对待他人却不用付出任何代价，也不会遭到任何约束和惩罚，那将是一个怎样的"社会"？活在这样一个不知还能否称为社会的"社会"里，真会像宁为玉感叹的那样，"不知道这种可怕的日子什么时候是尽头"④：

> 宁为玉每天掐着指头算日子，每算一天，就像被刀子割下来一块肉。他觉得自己早晚有一天，会像一头牲口，被那些刽子手们割成碎片。他的心里每天都在悲号、流血，连死掉拉倒的心都有了。要不是家里还有两个活蹦乱跳的儿子，还有那个和他同甘共苦的病老婆，宁

① 胡康华：《粉墨》，新疆美术摄影出版社、新疆电子音像出版社 2010 年版，第 116 页。
② 同上书，第 61 页。
③ 同上书，第 240 页。
④ 同上书，第 34 页。

为玉真想把家里灭小咬（小咬：戈壁滩上的一种小蚊虫）的那瓶
"敌敌畏"全喝下去，不再受人间这么痛苦的折磨了。[①]

　　其实，角色联系只能是相对的，因为只要是角色，就难免有相对的高
低强弱之分。如果缺乏法治的公平尺度和客观制衡，角色之间的权势差异
往往就可能被人滥用和放大，甚至由此导致种种恶行。尽管《粉墨》没有
为我们描述人们卸妆之后的"身份"，但已经为我们暗示了希望和方向。
所谓卸妆之后的"身份"就是每个人无法卸掉或脱去的人格。这并不意味
着每个人可以拥有两种生存方式，而是说，我们不能忘记：人格关系是角
色联系的基础和前提，粉墨人生远非人生的全部。换言之，我们固然不得
不拥有角色联系，但除此之外，我们还需要发生人格关系。我们每个人在
卸妆之后仍然可以作为平等的人格而彼此发生关系，这是一种自由生存的
关系，而纯粹的角色生存恰恰由于只有或者只允许角色联系所以才是一种
不自由的人生。法恰恰是以超越角色联系的人格关系为基础来设计和运转
的一整套政治制度，反过来说，为了保障人在拥有角色联系的同时仍然可
以建立自由而平等的人格关系，我们也需要法治做客观保障。所谓"法律
面前人人平等"恰恰表明，现代法治是建立在人格关系基础之上的政治实
践，同时也是为了给这种平等的人格关系提供良好的政治生态保障。
　　在德语中，Recht 既是"法"，又是"权利"，"法意味着每个个人都
被他人当作一个自由存在者加以尊重和对待……人在尊重他人时，就是在
尊重自己。由此可以得出，侵犯某个个人的权利，所有人的权利就都受到
了侵犯"[②]。在纯粹的角色生存中，人们缺乏独立人格的意识，因而也很
难意识到：尊重他人的人格就是尊重自己的人格，就是尊重所有人的人
格；侵犯了别人的自由和权利就等于侵犯了自己的自由和权利，也就等于
侵犯了所有人的自由和权利。在他们看来，自由无非就是为所欲为，但这
种"自由"无非是得势便猖狂、失势便遭殃的单调轮回以及多年的媳妇熬
成婆式的恶性循环，与真正的自由精神恰好背道而驰。真正的自由非但不
是为所欲为，而且恰恰同时意味着不损害、不妨碍他人自由的责任。自由
的真意在于每个人的自由都以他人的自由为边界。这也就意味着，我的自

---

①　胡康华：《粉墨》，新疆美术摄影出版社、新疆电子音像出版社 2010 年版，第 173 页。
②　[德] 黑格尔：《黑格尔全集》第 10 卷，张东辉、户晓辉译，商务印书馆 2012 年版，第
327 页。

由中包含着他人的自由，他人的自由中也包含着我的自由，这才是"我为人人，人人为我"的真正含义。因此，权利不等于权力：纯粹的角色生存中只讲通过不同角色获取的外在权力，由此也只能设想并产生具有差序格局的等级秩序。只有引入公平的社会游戏规则和现代意义上的法治秩序做基础，才能把纯粹的角色生存变成不（非）纯粹的角色生存，也就是通过法治秩序来维护每个人平等的内在权利和独立人格，并且有效地限制公权力的使用。由此看来，只有根据法治的理念建立并运行起来的不（非）纯粹的角色生存才可能产生好社会，而纯粹的角色生存往往只能产生东盐池这样的坏社会或伪社会，在这样的"社会"中生活的人们往往只是由于时间和地域的偶然因缘聚集在一起的乌合之众，而不是真正的"政治动物"。

其实，法和自由像一枚硬币的两面，互为表里，它们都以人格的独立和平等为基础。如果一个社会的法律形同虚设而且保护不了弱者的自由和权利，那么它也同样保护不了强者的自由和权利，因为强者一旦失去自己的角色也随时可能沦为弱者。假如没有法治对平等人格的保护而只有纯粹角色生存的分殊和不同，谁都可能在"扮演"弱者角色时遭到暴力和强权的不公平扼制。所以，我们才不仅需要法律而且需要真正的法治。法治不仅保护弱者，而且要限制有权有势的强者。如果没有规则至上同时又以良法为至上规则的法治，一个社会就很难具备良好的政治生态，每个人的权利和利益也就难以得到公平的保障，人们的生活就会失去根本的稳定性和确定性。东盐池因为"无法"所以才"无天"（暗无天日），人们看不到希望，只能像浮萍一样听凭偶然的主宰，这里的人们"像是一个心不在焉的航行者，从来就不曾意识到随波逐流有什么危险……"① 可是，人作为一种政治动物不能总是任凭偶然性的摆布和捉弄，而是应该努力为自己创造一种有保障和有尊严的好生活。因此，《粉墨》再次印证了我的一个看法，即小说是把我们从偶然性中拯救出来的一种精神手段。小说固然无法让我们过上好生活，但至少可以启发我们：怎样才能过上好生活，什么样的生活才是好生活。好生活不仅是所谓衣食无忧的"好日子"，不仅是活着或者生存，而是让每个人都活得有人格的尊严，活得有自由的保障。好生活是正当的生活，是有法治作制度保障的生活，是对坏的政治生态有所觉悟、有所抵制和有所反抗的生活。丛林法则、稀里糊涂、冷眼旁观或一

① 胡康华：《粉墨》，新疆美术摄影出版社、新疆电子音像出版社2010年版，第281页。

味忍受不应该是人的生活，更不是人的好生活。

《粉墨》的作者试图站在"后台"，为我们暗示另一种生存的可能——卸妆之后非角色生存的可能，所谓非角色生存也是一种超越角色联系而发生人格关系的自由生存。即使作者没有明确揭示，但至少已经暗示了这样一种自由生存的可能。也就是说，《粉墨》把东盐池人们的生存状态当作诸多可能中的一种呈现出来。它要告诉读者，人们看到的和实际经历的生活只是一种可能，而且并非唯一的可能，因为在这种可能之外，还有其他的可能。正如米兰·昆德拉所说："小说不研究现实，而是研究存在。存在并不是已经发生的，存在是人的可能的场所，是一切人可以成为的，一切人所能够的。小说家发现人们这种或那种可能，画出'存在的图'。再讲一遍：存在，就是在世界中。因此，人物与他的世界都应被作为可能来理解。"① 胡康华从"后台"看，实际上就是从可能的自由立场来看。他之所以能够呈现出东盐池底层人物的粉墨人生，是因为他掌握着这种人生可能的底牌，就像他能洗出一张照片是因为他手中握有底片一样。如果说小说的客观描述是一种写作方式上的肯定，那么，胡康华站在"后台"的写作立场则是一种写作态度上的否定。胡康华呈现了人生的正片，是因为他完全了解人生的反片，并且用反片使正片变成不可能。也就是说，胡康华呈现了东盐池人们粉墨人生的不自由，恰恰是要让读者以超级魔幻的方式想象一种"后台"生活的自由。正因如此，宁为玉才会厌恶那种本不该属于他却被别人强加给他，而且让他不堪重负甚至痛不欲生的生活角色，才会对舞台角色心驰神往：

> 宁为玉心里说：有鬼才好，闹吧，使劲地闹。把盐池子闹垮才好，把东盐池闹个房倒屋塌才好。这么活着还不如叫鬼给拿走，省得我自己寻死觅活的，老是下不了决心。说不定我重新投胎，还是个大富大贵的人哩；说不定我们能离开这个鬼地方，全家人还跳出苦海，过上幸福的日子哩。②

其实，即使重新投胎成为大富大贵的人，宁为玉也未必就能脱离苦

---

① ［捷克］米兰·昆德拉：《小说的艺术》，孟湄译，生活·读书·新知三联书店1992年版，第42页。

② 胡康华：《粉墨》，新疆美术摄影出版社、新疆电子音像出版社2010年版，第251页。

海。"那个时代并没有伸出上帝之手来拯救他（也没有拯救我们），而是以更加卑劣的邪恶去摧残他。"① 宁为玉之所以喜欢舞台角色，不仅因为舞台角色可以让他以乌托邦的方式暂时扬弃生活角色，而且因为他向往的实际上是角色联系之外的人格关系或自由生存。这也就意味着，要想真正从精神上离开东盐池这个鬼地方并且过上幸福的日子，人们就必须扬弃这种纯粹的角色生存，在角色联系之外建立起人格关系，或者说，必须使人格关系成为角色联系的基础。

萨特曾说："人们描绘世界是为了一些自由的人能在它面前感到自己的自由。因此只有好的或坏的小说。坏的小说是这样一种小说，它旨在奉承阿谀，献媚取宠，而好小说是一项要求，一个表示信任的行为。"② 我想补充的是，好小说还是让不自由的人们能在它面前意识到自己的不自由从而对自由有所觉悟、有所憧憬的小说。以这个标准来衡量，世界上只有两类小说：好小说是关于人的自由的小说，同时也是自由的写作；其余的都是坏小说。显然，《粉墨》在当代中国就是这样一部好小说。它不仅让我们体验到读者与作者之间的自由信任关系，更让我们通过小说中的不自由领会到：纯粹的角色生存无法让我们过上好生活。单凭这一点，《粉墨》就超越了绝大多数同类题材的小说，达到了发人深省的思想深度。

（原载《新疆艺术》2016 年第 1 期，删节版发表于《中国文学批评》2015 年第 2 期）

---

① 伊吾（胡康华的笔名）：《老师是上海人》，见《上路的日子》，新疆人民出版社 1998 年版，第 132 页。

② ［法］萨特：《萨特文论选》，施康强选译，人民文学出版社 1991 年版，第 134 页。

诗人生活者许文军

　　诗人……是不可见的天神的王国在人世间的眺望者，是肩负着耶稣式的使命来到人间以救赎人类的罪恶的人……好诗人，就是那些勇敢地去接受撕毁的自我牺牲者，他们的存在表明一个巨大的困惑，那就是没有了绝对的力量，人的生活只能是这样。①

　　……这个人无疑是天才，但不是严整的哲学家和学者，在他的凌乱而磅礴的思想力量当中，包含着令人迷惑的矛盾和率性之想，也包含着一语中的的直觉……②

——题记

一

世上真有不少巧合之事。

　　2015 年 4 月初，我正要去陕西岐山出差。临行前恰好收到文军的邮件，嘱我为他的读书笔记写点漫谈或回忆文字。但写什么呢？漫谈文字我已多年不写，回忆文字倒是想写，但我那不争气的记忆就像存量有限的仓库，存了新货就挤出旧物。随着越来越多的抽象物占去空间，许多本该记住的往事，要么已全被清除，要么遗失了丰满的细节和血肉，只剩下干巴巴的轮廓和骨架。比如这次回岐山县的蔡家坡，可谓故地重游，因为 1987 年我和文军同在这里的陕西省汽车制造厂子校实习过。可 28 年后再次踏上五丈原，好像只剩下了怅然若失，这里的人不再、物已非，连当年 3 月 27 日去过的诸葛亮庙（至今我仍保存着当时的门票），也早已变换了格局，唯一能够辨识的就是那块被粉刷一新的牌匾"五丈秋风"，还被挪了

---

① 2006 年 2 月 15 日许文军给我的信。
② 2006 年 9 月 9 日许文军给我的信。

位置，配上了原本没有的楹联。我已认不出这些地方，就像这些地方肯定
也认不出我这个真正的"老"户一样。当年的蔡家坡和当年 21 岁的老户
（我 17 岁上大学即被同班同学叫作老户）都已无迹可寻，可我还想回到那
里去寻找我们的蔡家坡，尽管这个蔡家坡可能早已不在岐山，而是变成了
我记忆中一团模糊的情愫。和我相比，文军的记忆力却好得出奇，他曾几
次在信里提起在蔡家坡实习时的往事："忽然想到毕业实习时在九十三厂，
要走了，就油印了一本薄薄的诗集，叫《野桃花》，散给那些……娃娃。
净是些青年人的忧郁和梦幻，可能他们早就不记得了，或者他们根本就没
有当回事。但我记着呢。"①

　　惭愧的是，这些事在我脑海里早已烟消云散。生活中习以为常的事情
经过他的笔端就会生发出这种新奇而又出人意表的戏剧效果。我常想，真
正有才华的作家就应该像文军这样，读他的文字常常能感觉到，他像一个
全知全能的感受器，随时随地在全方位地捕捉生活中的各种诗意和戏剧性
元素，由此反馈出各种全息影像，让万物皆着我色。我虽算不上愚钝，但
自忖达不到文军这样细致入微的程度。

　　尽管如此，我还是想写点什么。一旦要写，又好像拔剑四顾心茫然，
不是了无头绪，而是头绪太多，因为有太多已经不再饱满甚至已经干瘪的
往事又重新挤入我的记忆，它们像久别重逢的朋友那样争相奔赴我的笔
端，唯恐再次被落下，从此散落风中。

二

　　但我还是只能挑一小部分来写。

　　很久很久以前，我和文军当然并不相识。尽管后来我知道他家待过
的新疆生产建设兵团农七师一二五团和我家的一二三团相隔不远，但如
果不是上大学，我们一定是鸡犬之声相闻、老死不相往来。1983 年 9
月，我们被"抛入"陕西师范大学中文系 83 级 4 班的同一个宿舍。我
们同气相投，一见如故，很快就成为形影相随的好友。关于我们宿舍，
文军有过这样一个梦：

　　　　畅老师来咱们宿舍不知道是不是咱们年级第一个宿舍，我觉得好

---

　　①　2006 年 2 月 22 日许文军给我的信。

像是的。那是发生在一年级刚开学不久，我看不出他是来找什么人或者交代什么事，因而是捎带地来聊两句，可以很确定地说，他是专门来了解情况的。

我向他描述道，他那个下午三四点钟的时候是如何坐在陈越的床头，挨个问起大家喜欢读什么书。陈越用陕西话说：我喜欢古典的东西。畅老师点头称是，显然表现出某种特别的欣赏。……问到郭林龙，他回答说外国作品……这个回答使得大伙与畅老师一起轻微地笑起来。（任）和平是北岛舒婷的诗，老牛用他深重的鼻音说：我喜欢苏联文学。说话间老牛的表情似乎有些痛苦和烦躁，仿佛在为某个被遗忘的好东西而鸣不平。李亚安好像不在。

老户的回答是：还是喜欢鲁迅的！语气颇为坚定，似乎有意确定自己的某种坚持而把刚才的轻浮气氛撇清一下。老户想当年就是这样一副力挽狂澜的架势。畅老师表示首肯。

我在梦里这样回忆畅老师向我的提问：因为问到我的时候，已经是六七个人的最后一个，畅老师似乎有些不想继续问下去了，但他老人家不忍心拉下一个眼睛灼热地注视着他的少年的期待，于是就礼貌性地保持了形式上的一视同仁。我似乎急切地回答他说：我中外都喜欢！这个回答显然有些语气太大，虽然倒是实情，但是并没有吸引畅老师的注意，话题很快就从我这里转到其他上面去了。①

虽然这只是文军的一个梦，却能反映我给他留下的印象。我完全不记得自己"想当年就是这样一副力挽狂澜的架势"。翻看当年的日记，我在1985年10月29日晚坐在教室里写过这样一份自我鉴定：

走进大学，我开始在思想上寻找自己，两个春秋过去了，我很努力，但至今仍没找到。专业上颇为自信，雄心已定，便没有停止追求的步伐。努力于能力的培养，因而在另一些方面也颇有所失！路虽然很不平，但回顾身后：脚印是稳健的！简单的头脑被现实矫正了许多，但为人诚实，却信守如初。不甚顾及周围人的评价，为了学业，在某时对纪律有些怠慢，但默默为集体尽己所能，对看不惯者不能不

_____

① 2009 年 2 月 11 日许文军给我的信。

表示不满，因而多冒"傻"和"迂"的令名。

对己要求严格，有时过于苛求认真，以致物极必反，为此吃了苦头。自嘲之后，尽力不被同一块石头绊倒两次！因而本人的特点：执着于寻找自己，又极自信，有毅力和决心付出必要的代价。

重视体育锻炼！但由于生性不好动，故而体育活动参加不多。但课余锻炼经常不断。

感到缺少的东西太多，又对自己极为不满。故自我清醒的同时，在竭力把握好自己！

要不是有日记里的这些文字为证，我已完全不记得还写过这样的自我鉴定。当时我也没觉得自己"颇为自信"、"极自信"与"又对自己极为不满"之类的说法有什么矛盾，因而对其中隐含的不够自信甚至自卑好像浑然不觉。但这些文字倒是我在大学时代的写照。那时候，文军和我们宿舍的任和平、牛忠奇都是写诗的文青，我基本上是诗盲，可能还有点愤青，但我们都酷爱读书。后来有人传说，陕西师范大学图书馆是梁思成设计的，其藏书在西北地区堪称一流，而且馆内环境也颇有书卷气。用今天的话来说，当年我和文军都曾"翘课"，尤其是大三、大四的时候翘副课更多，惹得老师们不快，但我们并没有野玩，而是去图书馆或教室看书。那时候师范生有伙食补贴，省吃俭用的钱基本上都被我们用来买了书。我们经常出没于小寨、钟楼和南稍门等各大书店之间。有几次，学校的小书店还没开门，我们早早等在门口，因为去晚了想买的书可能就卖光了。多年以后，当年精挑细选、东奔西跑买下的书被我卖掉了不少，尽管像卖掉了自己的一段历史般心疼，也没办法，因为家里放不下，因为兴趣转移，因为读书策略的改变。由此，我也感到自己当年盲目买书，似乎更多地满足的是对书的占有欲，因为许多书压根儿就没翻过，也许真的是书非借不能读也。文军大概和我有类似的感受："读经典吧，那东西好啊。最明显的感受就是《忏悔录》，买了十几年，放在书架上没动，偶然一翻，石破天惊，世界上还有这么好的东西！怎么以前一直有眼无珠呢？"①

1986年11月15日，我这个诗盲在85级思想政治专业班1203教室的"学习园地"看到一首诗，觉得有意思，竟抄录在日记之中：

---

① 2006年1月27日许文军给我的信。

周末，我们去了女同学宿舍①

邵　璞

周末，我们去了女同学宿舍，我们没有理所当然的借口，就是想
去坐坐

那天大家说了很多，很多。尤其那位玻璃似的女同学

平时老像一股羞涩的风

匆匆地一闪而过

那天却像仲夏的雷阵雨下得很急很多

开始讨论黑格尔和马克思主义哲学，后来扯到"飞碟"一样的
世界

最后终于谈到

借书比读书更难的图书馆

老少打给菜的胖乎乎的服务员，形形色色的人的性格和弗洛伊德

我们感觉有一大堆的为什么，那飘摇的长裙和瀑布般的长发

不是女同学的美吗

怎么像红色的信号灯

男同学见了就要躲

不然大家就要议论他有点那个

我们常常一样夜不能寐，一样常常躲进盥洗室

把烦恼打在脏衣服上，一样天天忘不了对照巴掌大的小镜子

和路旁的窗户玻璃

常常一样散步到深夜

可好不容易碰到

目光却暗暗回避

擦肩而过

我们是一双双

像海一样的眼睛

需要世界注视发现我们

---

① 我如获至宝地从日记中摘引了这首诗，原以为出自校友之手。但上网一查，才知道作者毕业于复旦大学，而且这首诗原载《飞天》1982年第4期，1985年被收入《朦胧诗选》。可见我这个诗盲真是孤陋寡闻。正因如此，我从日记把它搜罗出来时还保持着某种新鲜感，并且让它通过这种新鲜感与我们的大学时代发生关联。

也需要认识跑向世界的一切
我们能透视一本本历史书
怎么就识不破一个抽象的性别
等什么怕什么呢
两道深情的目光凝视在一起
又有什么不能理解

周末我们去了女同学宿舍
下一周我们还要去
我敢说我们纯洁
但那不像一块空白
不像一年级小学生的方格本
我们得到了很多，很多
真的，即使没有苏小明
没有《大众电影》《大篷车》
我们也不会感觉时间像个包袱
像一大堆作业
我们开始珍惜每一分钟
热爱这独身的集体生活
因为它不再是一、二本书
二十几节课
朦朦胧胧地跟着读、背诵和默写

　　我真庆幸自己抄下了这首诗，让我从已经淡忘的记忆中重新瞥见那个时代的一点影子，再次回味当时的一点气息。它表达了那个年代的男生对女生和书籍的共同渴望。只是前一种渴望是被压抑的，至少是半遮半掩和羞羞答答的，而后一种渴望却是可以公开的，甚至可以是肆无忌惮的。也许正因如此，我们把主要的精力都升华到书里去了。那时候，我们对书籍、对知识真可谓如饥似渴，甚至有点饥不择食。我和文军一样来自文化积淀较弱而封建意识又较强的兵团，那里的物质生活差强人意，但文化和精神生活基本上一贫如洗。在我们幼小的心灵需要呵护和培育、需要好的引导和指点时，难得遇到好机会，有的多半只是硬性的灌输和对好奇心的扼制。文军曾回忆说：

　　记得初二的时候，我一个人窝在家里一边查字典，一边读《第二次握手》。结果是字典和小说都翻烂了。父母每每进来，满脸疑惑地瞧瞧他们的儿子，不知道是应夸他还是应规劝他。如果那时，有一个稍稍懂点文化的人指导我一下，而不是他妈的酒鬼饭桶的新疆二杆子在教室里指手划脚，我会得到更好的启蒙的。高中有阵子，忽然热衷上政治经济学，把薛暮桥的政治经济学原理抱着一个劲地钻，每学到一个概念和一个原理就喜不自禁，揪住正在洗脚的父亲就争论，而且往往争得老子哑口无言。但争完了就完了，并未得到老子更多的鼓励和指点，如果有幸得到进一步的引导，那将是多么美丽的一件事！当年我的一个老师已经把小提琴借给我拿回家，并且告诉我说他可以免费教我，但文化并不多的父母却并没有当真，以至于一样乐器不会的我，现在常常想到此事，即觉莫名的痛苦。①

　　也许我比文军稍微幸运一点的是在中学里还遇到了几个水平不错的右派老师，否则可能不会报考中文系。偶尔，我和文军一样忽发奇想：假如我生在书香门第，正如一株渴望成长的幼苗从一开始就得到充足的营养和及时的浇灌，也许今天会不一样。但我知道，这也不过是一想而已——人生没有假如，我当然不会蠢到去怨天尤人。相反，倒是应该感谢命运让我们在风华正茂的年龄赶上了一个允许求知并且鼓励读书的年代。据我的日记记载，大学时我得到畅广元、叶舒宪、阎庆生等老师的不少帮助和指导。1985年11月14日，我和文军去叶舒宪老师的宿舍，叶老师对我们说，哲学需以高峰黑格尔为突破点，马克思哲学不能放下，否则会被别人唬住！1986年4月4日晚，我去畅老师家拜访，他嘱我把精神分析学抓住，以成为自己的专长，而且一定要带着问题去看书。但那时年轻的我并不能体会这些话的重要性，所以仍然在乱读书以至读书乱。正如文军后来对我说："显然是火候不到，读书绝对要火候，否则就等于本该饮牛的时候，偏要给牛听音乐。"② 我也对他说："没办法，那时候甚至后来的很长

---

　　①　2006年10月12日许文军给我的信。

　　②　2006年2月15日许文军给我的信。

时间里一直没'迷'过来，这些年才逐渐有所觉悟。虽然有些晚了，但还不至于太晚。想早，它也早不了啊。我觉得自己觉悟、有需求，最重要。否则，别人指给你，也是外在的，作用不大。这大概就是所谓外因通过内因起作用吧。"① 在这方面，文军大概和我一样走了不少弯路，他说："如果上大学那会儿有一个人能指点咱们读这些东西，那该多好啊！一句一句地，指给咱们看，解释给咱们听康德和黑格尔是什么意思……写到这句，忽然特别激动，不知道为什么，特别感到忧伤和缺憾，几乎要流下泪来的样子。这当然是奢侈的要求，即使现在的老师比如我，也不会给学生们讲这些；讲了他们也不会有兴趣。在黑格尔看来，如果没有从前的过程也不会有今天的认识，扬弃的过程嵌入所有的精神运动之中。但我仍然不能认可从前的学习都是合理的。回想上大学时候苦读惠特曼的情景，那时只知道他是泛神论的，而且是从斯宾诺莎那里来的，也知道惠特曼是个超验性的人物，但苦读一年也没有任何收获，实际上直到现在才有些了解。"②这也许是我们不得不付出的代价和必要的损失。文军当时读了很多诗歌和小说，而我则读了许多乱七八糟的理论。在那个还算崇尚读书的年代，我们的青春就是这么任性！

其实，看起来大家都在读书，读的内容、动机和效果却不尽相同。在我们宿舍，文军与任和平经常交流写诗的体会，他们时而意气风发，时而感时伤怀。文军也曾把他写的诗拿给我看。1985 年 11 月 1 日，我在日记中写道："给文军习作提意见：1. 情绪太浓缩，未经充分展开的部分与浓味调开（淡与浓）；2. 主观色彩太强，客观的描写较弱，仿佛一色盲看一红杯子，只带黄色（主观），却不见杯子的原色，缺乏红色与黄色的交融。"也许我这个诗盲在诗歌上的确有些辨不清颜色，后来文军也就懒得再和我谈诗了。但我们谈别的，生活、人生、见闻、读后感，几乎无所不谈。时间长了，文军、张居辉和我成了班里最要好的"三剑客"，经常一起出没于宿舍楼、教室、图书馆和食堂之间。翻阅我的日记——

1985 年

11 月 14 日："刚才，与文军至叶舒宪老师家。他谈到：外语每

---

① 2007 年 12 月 29 日我给许文军的信。
② 2007 年 12 月 29 日许文军给我的信。

天要安排四个小时，且要读原著，敢于搞翻译（用之于专题写作）。"

11月21日："刚才，与文军谈文化背景。"

1986 年

1月15日："上午，与文军在光明影院看北京电影制片厂《青春祭》，影片画面尤其拍得富有艺术美。"

2月12日："昨日，过生日（或许是二十一日），中午与文军进城，照彩照，晚上，文军、小杜均很热心（小杜批评我，有时说话跟吵架一样，应戒！）20岁了，忆往昔，我无愧；看前面，我有未来。"

4月12日："下午，与文军在校外餐厅就餐。"

6月9日："方才，文军与小杜请我至校门前餐厅喝啤酒。"

6月13日："十日晚，拉文军至餐厅喝啤酒，抒发了一大通苦恼和矛盾。"

6月21日："昨夜，与许（文军）、张（居辉）谈及爱情与性欲（sexuality）的关系，争执激烈，夜三时归。"

9月14日："上午，与居辉进城看《您好！出租汽车》（南斯拉夫）及电视录像。"

11月5日："昨晚，与文军去国防公办影院看台影《汪洋中的一条船》，片子本身一般。"

12月31日："昨晚，与居辉在长延堡喝啤酒，后在校园（6号楼后）散步。谈及许多。尤觉文军、居辉和我的友谊难得，（居辉同感）。"

1987 年

1月6日："昨夜，与文军谈至夜深。"

1月9日："我的话总是显得那么笨拙，真如文军说的，过若干时间回头看一看，这一段会非常可笑。"

当时，我说不清也不曾考虑，是什么东西让我们走得这么近。文军和我都有些愤世嫉俗和特立独行，所以在不少人眼里我们都是自由散漫的学生。当时学校的学习环境和氛围还算不错，但我仍有看不惯和不满足的地方。1986年10月，经阎庆生老师推荐，我参加了陕西省鲁迅研究学会纪念鲁迅逝世五十周年学术讨论会，9日听了陈孝英先生关于北京"新文学十年讨论会"的报告，我在当天的日记中写道："我应该下定决心，打到北京去，要非社科院研究生院不去！师大的沉闷，会把现有的生命力窒息的。"要不是看日记，我早就忘了还曾萌生过这样的念头。

其实，文军和我都有自己的标准和尺度，我们并没有做过什么出格之事，我们只是需要过自己的内心生活、需要解答自己内心的疑惑。那时候，我们俩在学校一人买了一个减价处理的砖头录音机，把郭峰的《让世界充满爱》和西崎崇子的小提琴协奏曲《梁祝》听了无数遍；我记得有很长一段时间，文军特别喜欢惠特曼、里尔克和郭沫若的诗，甚至到了痴迷的程度。我当时并没有细究个中原委，只感觉他整天想的都是一些大事。多年之后，他在信中说："人们不约而同地创造出各自的上帝们，来整体地结构世界与人自身，实在是件惊心动魄的大事，我不知道还有什么事可以与之相比。……我一直被这个问题困扰着，但我知道绝无人可以解答。这个疑问，来自哲学，也来自神学，但更是来自自己的体验。"① 文军就是这样一直都有敏感的体验，而且他的敏感常常就是敏锐和犀利。诗人嘛，不如此咋能成诗人？有时我想，文军就是我的一面镜子，他偶尔对我的一句评价可能会让我扪心自问：我是这样吗？我自己咋没有这样的感觉？但仔细想想，没准还真是这么回事。后来我明白了，每个人都不一定真的了解自己，所以才需要有朋友来帮助自己和认识自己。反过来说，很长时间，我不懂文军的诗，也不一定真的了解文军这个人，尽管我们的关系很近。我们可以谈天说地，几乎无话不说，但似乎总有我们没有彼此诉说和触碰的心灵区域，那是什么呢？

毕业以后，我留在母校上研究生，他被分回新疆伊犁。我们天各一方。我来不及细想，可能也没有能力细想，我是否真懂文军。毕竟，那时候我们还年轻。我们都在寻找着，但找什么和要什么，可能连我们自己也说不清楚。1988 年 5 月 23 日，文军给我写了一首诗：

赠老户
我们拥有相同的大志
我们拥有相同的悲哀
我们轻易分手，分手时并不懂得

---

① 2006 年 2 月 26 日许文军给我的信。

过去的珍重
我们渴望重逢
渴望重新走进那家酒馆
狂饮苦海

互相勉励已是虚假
礼貌问候从不曾出现笔头
只需一声轻轻的关切
轻轻的一声足以终生享受

我们都曾看重生命
我们都曾发誓响当当地走
我们的爱恋总是沉默，总是沉默
沉默是为了
有朝一日像好汉那样
摧枯拉朽

但眼下我们哥儿们
必须学会忍受
学会忍受，哥儿们，一如奴隶
在卑贱的脸颊里
咬紧牙齿和喉头

三

　　2007年深秋，我们班在母校搞了毕业20周年同学聚会，我没有参加。当年11月26日，文军在给我的信中写道："在这之前我根本不可能对类似的任何活动有任何好感的，咱们在这方面一样。"我回信说："同学都已经今非昔比了，所以，我觉得要通过聚会的形式找回自己的从前，那多半是枉然啊。我仍然觉得即使分享自己的过去，也是和少数同学，因为许多人在同学的4年中只是被机械地编排在一个班里，然后又各奔东西，谈不上共享什么东西（你知道，我指的是精神上的）。"

　　说起能够与我共享大学经历的同学，文军当然是首选。我大学四年的青春记忆是和他一起完成的，我们一起走过人生唯一的这段时光。我们的欢笑和泪水、痛苦和绝望、幼稚和倔强、探求和迷茫全都一起留在了母校那块土地上。1990 年 7 月 18 日，我硕士毕业刚刚离校，文军就给我寄来了一封信：

这几天西安的气温差强人意，窗外是不复有你的校园。本来，离开新疆就已经远离了家，你走后，我简直感到自己已经断了根，完全和新疆脱离了关系，没有任何时候比我此刻更意识到人世漂泊的不定。我变成一个陌生人了，你或许也有同感？你在师大待过七年，大概也造成了师大与你的故乡的意义？你是在师大开始懂事、开始发达的嘛，人一旦习惯于苦闷反而不易摆脱，我是否可以这样体会你此刻的心情？当然师大给你做学问的条件自是无可比拟的，你今后也能择路而生，我相信你的忍耐和能力，虽然我素恶学问，虽然你可能有空前的丧失。

你的学问我无可厚非，但你人情世故方面的欠缺我以为比我稍差（多）一些，因为我也没有这方面的才能，而且偶然地比你先尝到利害……

你日后的出路无非几种，一在这里待下去，或在新疆，或拼命考博士；二出国，使出吃奶力气奋力一击，插翅高飞，义无反顾；三结婚生子，改行弄别的，融融乐乐，以尽天年。三条路都不是坦途，相比较而言，怕是末一条最坎坷，你自己看着办吧。老户，谁让你搞上那么一摊金贵的玩意儿。

是啊，谁让我和文军都"搞上那么一摊金贵的玩意儿"呢？想来想去，不是别人，是我们自己。我们都有些不谙世事，有时不能，有时不愿，更多的时候是既不能更不愿。虽然文军也自认为"差不多完全不能学会精明地做人"①，但他对人情世故的洞察和适应能力远在我之上。看到不谙世事的我离开校园，只身闯入凶多吉少的社会，对人生体察入微的文军又怎能不生出担忧和关爱？那时候刚刚走上社会的我读到文军的信真是倍感温暖和亲切，但感动之余，我并没有铭记他在信中给我预示出来的道路。倒是这次翻出此信一看，发现文军真像一个具有神算能力的巫师，早

① 2006 年 2 月 2 日许文军给我的信。

早地为我指明了未来的路。因此,我曾给他写道:"你看起来好像比较超脱,但至少和我比起来,你还是比较入世的,至少能俗能雅吧,而我则相反,雅没弄好,俗也俗不起来,愿意默默沉浸在自己的世界里。"①

　　文军在大学时代是个诗人。这一点,我们班的同学都知道。那个时代,诗人在社会上还挺时髦,不像现在这样小众和小资。据说写诗也是一种青春饭,大部分诗人到了一定年纪就改行或"移情别恋"了。我不知道文军后来是否还写诗,甚至不知道他发表了多少诗,是否出过诗集。但在我这个诗盲的眼里,真正的诗人不在于写了多少诗,也不在于是否自我标榜为诗人或是否被册封为诗人,而在于是否像文军这样作为诗人来生活和存在,用他自己发明的"生活者"这个词②来说:真正的诗人是诗人生活者,因为"神学是诗的,或者说宗教本身就是诗的,而这种诗并不是世俗的文学这个概念所能概括的。……迷信也是诗性的。哲学也是诗性的。因为人的存在就是诗性的。这种认识我在八十年代的时候就有了,不独是在海德格尔的那句话热起来以后才有"③。用康德的话来说:真正的诗人都是先验的诗人或纯粹的诗人。

　　在熟人看来,文军和我大概都属于那种不食人间烟火的人,其实我们做家务、看电视、逛菜市场,吃喝拉撒睡,一样都不少。但我做这些事情总有些心不在焉,好像生活在别处,动作勤快但神情恍惚,所以多少年都没什么长进。我相信文军在这方面绝对比我出色得多,他像一个演员,"总是一个人在家,一边熬着稀饭,一边想着上帝"④,因为"演员过着双重生活,真实的观念人必然也是如此"⑤。不过,文军所谓的生活者并不是指参与和投入世俗生活的多与少,而是指存在者。也就是说,生活者就是带着存在感来生活的人。如果从世俗生活的立场来看,文军的特立独行和我行我素甚至与世俗生活有些格格不入:"如果要我选择,我愿意选择

---

　　① 2009 年 7 月 1 日我给许文军的信。

　　② "我总有种倾向,就是从来没把自己当作研究者,也就是从来没有为某种研究目的和结果而做什么有计划有组织的事情,通常都是漫无边际地东游西荡,如果要找出其中的目的所在,那么只能说是寻找内心的存在方式。始终想着的是真理本身,而没想过关于真理的社会学。从这个意义上说我根本算不得学者,而算得上一个存在者,或者我自己发明的一个词,叫生活者。"(2006 年 8 月 10 日许文军给我的信)

　　③ 2006 年 1 月 9 日许文军给我的信。

　　④ 2006 年 4 月 25 日许文军给我的信。

　　⑤ 2006 年 2 月 3 日许文军给我的信。

中世纪欧洲的修道院里的生活，那些是纯粹的诗人的生活。"① 生活者过的不是一般的世俗生活，而是"纯粹的诗人的生活"，这种生活是"绝无表演性的，不为了混个什么东西的，不拌杂虚假的，完全纯粹的"② 生活。正是在这个意义上，文军说："我一向认为自己是个生活者，这个生活者的生活要借用其他的东西来扩展自己，一如形式需要质料来实现自身。"③

那么，诗人呢？诗人绝非像古代文人那样整天搔首弄姿、风花雪月甚至到处拈花惹草的酸文人，而是敢于带着自身的存在感独自面对上帝的人。他首先得有自身的存在感，而许多人恰恰没有这种感觉；其次还得敢于追随这种存在感，哪怕追到如临深渊的绝境也不会退缩，"诗人都是这样的奋不顾身的，我是指优秀的诗人。而常人（包括海德格尔自己在内）根本不懂得这种献身是怎么回事——不是无法学会，而是天生就不具备这种牺牲精神和走向危险的不可知之物的被诱惑的可能性。……所以外在诗人的职业性并不能始终约束人，只有人的内在性才具有始终如一的引导作用"④。"诗，如果不是与哲学朝向同一个目标而且常常捷足先登的，那么至少是与哲学形异而神同的原本惟一的东西。甚至可以说从形式上说，诗是哲学的祖先，哲学只是诗的无可奈何的残余而已，大火之后必然会留下千头万绪的线索供人们爬梳。哲学的概念性的东西可能会吓住初学者，而诗则容易接近，惟其如此才造成更多滥竽充数的，但从根本上说诗是要求绝对的天才的，或者你可以说所谓天才本身就是诗的"⑤，因此，"神秘主义者信奉生命本身而不信奉某种强制的外在力量。诗人和信徒是神秘主义者"⑥。

文军就是这样一个诗人兼信徒并且"看窗外的白天和夜晚来来去去，写一些椎心泣血的文字"⑦ 的神秘主义天才。我说文军是"天才"绝非出于多年挚友情分的虚誉，我也从来不愿把一些廉价的吹捧无原则地送给他人，更别说是文军！一个认清自己天生的才分、用多年的坚持和努力使这种才分获得不断生长和壮大并且能够孤注一掷、义无反顾地把它发挥到极致的人，不是天才又是什么？这种天才是"先天就带着动力来

① 2006 年 1 月 8 日许文军给我的信。
② 2006 年 2 月 16 日许文军给我的信。
③ 2007 年 12 月 18 日许文军给我的信。
④ 2009 年 7 月 23 日许文军给我的信。
⑤ 2006 年 1 月 16 日许文军给我的信。
⑥ 2006 年 1 月 9 日许文军给我的信。
⑦ 2006 年 3 月 2 日许文军给我的信。

到世间的人，他们有足够的内在性，处处表现出不安的感受，好像他们原本不是要来这个世界，而是要往另外一个地方去的；这种内在性会使他们自然走到某种地步……他们常常会被强烈的使命抓住，投入无止境的精神苦旅……"① 文军多次对我说，他自己缺乏方向感和目的性，但在我看来，他的方向感和目的性极为明确而且专一不二，那就是要成为真正的诗人生活者。能够做到这样敢于独一无二并且坚持独一无二的诗人，不是天才诗人又是什么？其实对于诗人，文军有过非常准确的界说：

　　诗人是什么样的人？这个问题在我看来必须放在原初意义与世俗意义的角度来描述，在属灵的时代诗人比现在的诗人肩负更多的使命，尽管他们可能与现在的诗人的运用他们的天赋以达到某种目的这种纯形式上来说，并无不同，但其自觉的目标则绝异。他们是不可见的天神的王国在人世间的眺望者，是肩负着耶稣式的使命来到人间以救赎人类的罪恶的人——他们所针对的人类的罪恶不是别的，而是人类生活的无目的性。耶稣是真正的诗人！后来的时代，神的力量极度萎缩，从无位格的神，变成某种不具权能的价值和不可思议的力量，甚至在后现代哲学里变成了破坏，怀疑与某种抽象的性质而完全不具有质料性。很奇怪，诗人并没有消失，毫不费力地找到它的新武器和新位置。在新时代，他们成为一些注定要迷失在经验、现象和在古典时代完全不可依赖的感官的迷局里不可自拔的人类，他们自觉或者不自觉地诅咒理性，远离理性与逻辑，毫不迟疑地毁坏一切似乎并不特别具有理性价值，只是看上去刻板的知识与教条；完全依靠着个人经验与体验，听任内心的莫名其妙的冲动和不可分析的倾向把自己带到什么境界，把完全不具普遍有效性的个人经验原则放肆地推广到无远弗届，用它来解释一切，评判一切，但很奇怪，原本应该处处碰壁，不可推广的个人体验的扩大化，不仅没有导致胡说八道，如同康德鄙夷的那样，反而获得了它越来越洪亮的喝彩，更加无逻辑的感动，更加繁杂的理解；他们不再指点前景和希望所在，失去了这个天职以后的诗人们好像并没有忧伤和失落，他们做着同样的事，虽然不再为上帝代言，但他们想要说出来的话仍然说不胜说，生存的每一个面相，

---

① 2006 年 1 月 24 日许文军给我的信。

每一个时刻，每一个外在与内在的颤动与隐现，都对他构成难以言说的意义；由于有了他们的存在，人类的现世生存的所有滋味全部得以焕发出来，使得普通的人们看到他们的生活应该是什么样的。他们找不到绝对的价值和意义——很多诗人自以为找到了，但无限并不是造出来让人找到的，能找到的就一定不是无限——可是对绝对性的寻求本身竟然具有了永恒性，迷惘和对迷惘的克服本身组成了饱满的心灵空间。美丽的女学者，被称为当代帕斯卡尔的薇依有一句话，可移作对失去神圣的诗人的生存写照：人的心灵造出来不是为了得到幸福，而是为了被撕裂的。好诗人，就是那些勇敢地去接受撕毁的自我牺牲者，他们的存在表明一个巨大的困惑，那就是没有了绝对的力量，人的生活只能是这样。①

因此，在文军这样的诗人生活者身上出现诸多自身难以克服的矛盾和冲突，不仅毫不奇怪和再正常不过，而且似乎还是必然的事情。作为诗人生活者的他有着绝对的个体主义甚至原子主义倾向。只是他的个体是精神意义上的，而不是世俗意义上的，因为在他看来，"作为个人，作为具体地生活在五味杂陈的生活里的肉体的人，实在乏善可陈，不可能过上什么高雅的生活……尘世的生活，如果不给它以某种主观的赋予，实在是粗糙丑陋的"②。至少在精神领域，他不仅不合群，而且似乎眼里只有作为绝对个体的他自己：

> 我好像……对所谓的民族主义的愚蠢和盲目从来都不遗余力地揭露。我的博士论文弄陆游，那个东西现在看来很差劲，但有一点到现在我仍然很自信，那就是我用最有力的事实和分析拆穿了陆游这样一个民族主义者的把戏……我就是完整的自己，就是在一步一步走向上帝的唯一的存在，在我之外不存在其他的东西；我能做的就是在混乱之中趟出一条可辩识的连续的路，哪管这条痕迹稍纵即逝，方生方灭，然后和这条路一起回归到混沌和无序当中去……③

---

① 2006年2月15日许文军给我的信。
② 2006年2月2日许文军给我的信。
③ 2006年1月9日许文军给我的信。

　　可以想见，文军的博士论文让他吃了苦头，这反而让我对他肃然起敬，因为他敢于用博士学位来挑战庞大的知识体制以及在中国无孔不入而又甚嚣尘上的民族主义意识形态，并且义无反顾地说出他所看到的真相，这岂是一般人能够做到？我想开一句玩笑：文军不愧是我们4班而非1班（一般）的同学！在中国，我越来越觉得哪怕只是在科研院所和大学校园，知道真相已属不易，敢于说出尤其是写出真相会有多难，有时又有多么危险！但是，读书和研究如果不敢或不能求真，还有什么意义和价值？

　　作为个体的文军反抗的是集体的民族主义谎言，而这种集体的民族主义谎言也是我一贯厌恶和反对的蠢行，尽管它被有些政客和人们奉为瑰宝。在我看来，从纯粹精神意义上说，绝对意义上的个体只能在人类的共同体中才有意义，甚至才能成为真正的个体。因为独我不是我，哪怕仅仅在精神层面上说，"完整的自己"也只能在人与人的交互关系中才能成就和完成。所以，尽管文军"从来不想救别人"，但他却做不到"从来不关心别人怎么样"，这与他是否喜欢群体生活以及是否合群是两码事。正因为文军崇尚的是精神上独立而自由的个体，所以他在现实生活中反而不是自私自利者，更不是那种精致的利己主义者。实际上，他在生活中经常都在关心别人，不管这些别人是他的亲人、朋友还是素不相识的人。他在给我的信中多次谈到"爱"，不是男女之爱，而是人与人之间的爱，而且按照他的推论，人与人之间只能以爱的方式相处，舍此无他——"所以，我极愿意承认，作为一个似乎绝对的个人主义者的我自己，在本质上必然是一个精神的共产主义者。而且，我更愿意承认，所有的人类在本质上都必然是亲如一家的成员，相知如一体的存在物，因为我正是经由外在的种种隔膜，限制，尤其是种种你死我活的对抗当中，看到本质的爱的"[①]。他的眼里有"人"，不是那种抽象的人，而是作为类来存在的具体的人[②]，"就是在这种生之忧郁，存在之恐怖与战栗，逝去之速且清绝，脆弱与受限之天命等似乎反生命的经验里，我时常体会到某种温柔和美好，它就在此生，不在彼岸，就在当下的旋生旋逝中，就在挣扎向上帝的徒劳里而不在可能会出现的结果里"[③]；"一个人，一些书，一些纯粹过往的历史和纯

---

　　① 2007年12月12日许文军给我的信。

　　② "自从看神哲学的东西以后，人类作为一个整体的存在就特别使我惊讶和不解。"（2006年2月5日许文军给我的信）

　　③ 2006年1月23日许文军给我的信。

粹不可触摸的幻觉，必要的生活，就差不多构成我们的一生，想到这事，就觉怡然自得，好像有个私下的红颜知己似的。……惆怅是自然的，对人生的爱是不可解释的，因此，人的孤独也就是不可劝慰的"①。

是啊，"人的孤独是不可劝慰的"。海德格尔说，每个人的死都是独一无二、不可替代的。可细想一下，好像人的许多东西都是不可替代甚至难以重复的。比如，诗人在人群中的孤独，别人怎么去替代和劝慰？我可以为别人吃饭，却实在代替不了他本人的吃饭。想想当年多少个夜晚，我和文军在学校里的许多角落、在运动场的看台上，甚至在西外的校园里海聊欢聚。有段时间，我们下了晚自习经常去校门外通往西外那条路上的夜市，每人一个肉夹馍，再喝一碗货郎挑着担子来卖的馄饨，那感觉美得太②！我们的相随相伴缓解了青春时代必然出现的孤独感和思乡念头，却并不能消除每个人的全部孤独。说实话，我在那时好像很少思考上帝的问题，也就是说，上帝对我还不是"问题"。可我觉得那时文军好像已经在接触泛神论，更确切地说，上帝对他不是一个理论问题，而是被他感觉到了的存在。所以后来他告诉我：

> 我则是一直鬼使神差地在上帝四周逡巡，从来没有离开过。不是不得不信，而是一直就没有背离过。这造成对人这种存在于地球上的生物的一个前所未有的奇异景象。那是让人感叹万千，心绪难平的事情。我感到每一点思想的进步都连带地呈现可惊可怖的景象。我希望可以有人与我同感此事。③

我当然也有过类似的惊异和"同感"：想到造物的奇妙，看到生命奇迹的发生，读德文的赫尔德，看《动物世界》中的非洲动物大迁徙，看雅克·贝汉的《微观世界》和《迁徙的鸟》，哪怕只是想想人体构造的奇妙……我常常激动莫名，会想到莱布尼茨的前定和谐，能感觉到并且愿意相信上帝的存在。只是我更愿意像康德那样把宗教看作单纯理性限度之内的信仰。这一点，我和文军有很大的不同。所以文军对我说：

① 2006 年 2 月 9 日许文军给我的信。

② 陕西方言，即美得很。

③ 2006 年 4 月 9 日许文军给我的信。

"你是康德型的人"①，"你可堪步其后尘，成为他那一国的子民，我是不行了，不能让自己完全规定到概念与严格的原则里头"②。我当然知道自己也不一定能够成为康德型，只是想如虎头（冯八飞）教授说的那样——"学习康德好榜样"③。我知道，在文军那里，康德型是带有某些贬义的，因为文军相信，"对于上帝，内在的直观而非条分缕析的理性才是胜任的工具"④，文军根本不想做康德型的人，他"不认为某个精神的形式能给我们决定性的救助，从这个意义上说人永远是孤苦的人，（是）永远在寻找着绝对力量的生物"⑤。

由此也就带来了文军的另一些矛盾和困惑，即选择理性还是非理性，要逻辑还是非逻辑。有时候，他说："我发现我对逻辑性强的东西排斥得厉害，那是个不可入的荆棘丛。可是神学偏有很多严密的逻辑"⑥；"也许个性不同，我根本无法相信纯粹的逻辑性的东西能被我信为法宝，对自己能在逻辑和概念方面能有本质的进步从来就没有信心，也就是说我永远只能属于柏拉图派里的一个小萝卜头，你可能属于亚里士多德那一国的"⑦。不过，文军的真实想法可能有些折中："对于有些问题，我觉得启示性的，情感性的，直觉性的，非理性的直观性的东西更擅长，另外一些问题却只由理性来处理，非理性的东西根本不能奏效。"⑧不过，他还是相信"生存者的路可能是最危险的，因而那等于直接把活的心脏放到时间的磨盘上磨，只有诗人才分摊上这样的十字架和天命"⑨。我想，文军是准备"分摊上这样的十字架和天命"的，我曾对他说，"你的敏感在于早早地临到了存在的深渊处（之一），要知道，我们中的许多人都不敢揭开这个幕布，所以，他们终其一生也不会提出这样的问题"⑩。

---

① 2006 年 4 月 10 日许文军给我的信。
② 2006 年 4 月 6 日许文军给我的信。
③ 虎头：《学习康德好榜样》，《当代》2006 年第 6 期。
④ 2006 年 2 月 20 日许文军给我的信。
⑤ 2006 年 4 月 2 日许文军给我的信。
⑥ 2006 年 2 月 8 日许文军给我的信。
⑦ 2007 年 8 月 27 日许文军给我的信。
⑧ 2006 年 8 月 26 日许文军给我的信。
⑨ 2006 年 8 月 8 日许文军给我的信。
⑩ 2008 年 4 月 17 日我给许文军的信。

四

其实，理性与非理性、逻辑与非逻辑的确如文军说的那样各有用途，而且也应各司其职。也就是说，不论我们怎么划分，它们都不是非此即彼或相互否定的关系。但我和文军的不同可能首先在于阅读的目的：我自觉理性和逻辑能力较差，所以我的阅读有一个直接的实用目的就是缺啥补啥。

翻看日记，我接触哲学并不算晚。1985 年 10 月 13 日，我在日记中写道："我还没有找到自己，虽然正在找寻。知识只要活学，到一定程度会达到水到渠成的交融状态……我正在走出愚昧，或者尚未走出来。真正的懂，或许要到老年（那时已是'夕阳无限好，只是近黄昏'之境），而真正的不知道：少年时与中青年时的朦胧……真正的认识，需通过反面来认识，即肯定—否定—否定之否定（肯定—质变）。看书的选择性，极其重要。优秀的书，其一本对人的影响胜过平庸书的十本，而且真正对自己有重大启发的书，会开启你的智慧，而扫除更多的愚昧，其效力的久远甚或会影响人的一生。经典哲学名著，每一位作者都是一个丰满的宝库，大概真正理解一部分（客观限度如此，主观上当然试图全面），正会具此功效。"翌日我写道：

> 近两日，读《西方哲学史》时，有一种忘我的专注。虽较难啃，然正是急需，因而也有一种难舍而硬攻的决心。罗素着重了各家的承继与影响（比较），及其"与古代到现代的政治、社会情况的联系"（尤其是中世纪史较详），对各家只取其代表作中的有代表性（特色）的观点加以评介（当然有罗素个人的主观性），其评述精当，文笔于生动中见科学性，但难免有简单的缺憾，尤其是对康德、黑格尔等"大家"的篇幅太小。哲学的知识应该尽早具备（尽管许多哲学的理解要依靠阅历）。它不仅帮助人们认识细节，尤其是把人的视野展开，宏观与微观、主体与客体，无不驰骋在人的视野之内。

当月 23 日我又写道："美是什么？若让我用一句话回答，我便说：不知道！（至少现在如此。）然而，在刚刚接触了黑格尔的哲学时，我发现了美！一种深邃、辩证而充满力度的浩瀚淹没了我。正如他说，'那在时间上最晚出的哲学体系，乃是前此一切体系的成果，因而必定包括前此各体系的原则在内；所以一个真正名副其实的哲学体系，必定是最渊博、最丰富和最具体的哲学体系'（《西方哲学名著选读》，第 375 页），黑氏说的正是他自己。其体系的博大精深值得放为重点。唯心主义在一些基本问题上是头脚倒置的，然而在相当方面是深刻的！因而，颇怀疑上海'大学生丛书'《不结果实的智慧之花》之书名的稳妥性"；第二天的日记写道："深刻的事物是不会掌握所有的人的，而少数深刻的哲学家又不愿（不屑）像街市上的个体户那样兜售自己的货色。视那些来往的过客如戏台上的角色，为了演戏，他们是不可或缺的，然而真正的'剧'作家并不轻易出场。他面对的是整个人类和宇宙，思考的是人类对自己及对自然的关系的重大主题，而这并非人人都能肩负，必须由哲学大家来承担。哲学家的感情或许是特殊的。"1986 年 4 月 25 日，我在日记中写道："看 Taylor 的《Hegel》，颇有吸引力，Hegel 的辩证力量委实摄人心魄！"虽然有这些记述，但那时的我仍然是把哲学当作工具，又缺乏高人点拨和人生阅历，所以也只是弄了一点皮毛。正因如此，后来就知难而退了。直到 21 世纪初，我才再次返回德国哲学。难怪文军说："我是几经变化，你虽然专一不二，但目标则不断扩大和游移。"[1] 这大概是大学时代任性读书留下的积习和毛病。

　　文军差不多在和我不约而同的时间也移师于西方哲学和神学。起初我有些惊诧，但细想文军的诗人本性，这又好像出于必然。我知道文军不屑于当学者，他多次说，"我大概不能成为一个学者，倒很容易成为一个不断尽忠于诸神的忙碌的信徒"[2]，"我要是生在中世纪，绝对应该当神父，在眼下，只能做一个不称职的学者"[3]。文军的文学才能比我大得多，而且在阅读和写作时也比我更加随兴所至，也更加任性。他说，在阅读目的方面，"我从来没有故意要从哪个角度或者哪种机巧达到什么目的，我完全没有目的，只不过是像莱布尼兹所说的，把内在的先验规定性唤醒而已"[4]，而在写作方式上，"形式上的自身连贯是我一向不能自如掌握的东西，如果不小心成了自身大致一致的东西，那也是在很少数运气好的情况下"[5]。当然，我也曾对文军直言不讳地表达了我的看法："认识事物，不

---

[1]　2006 年 4 月 5 日许文军给我的信。
[2]　2006 年 4 月 3 日许文军给我的信。
[3]　2006 年 4 月 4 日许文军给我的信。
[4]　2006 年 4 月 11 日许文军给我的信。
[5]　2010 年 2 月 3 日许文军给我的信。

能仅仅从自己的好恶出发，否则会遮蔽不少东西。这种倾向，我们不能彻底避免，但要警惕"①，而且一个人的才华也需要"适当管理、约束和经营"②。"我不把这个过程或训练理解成纯粹'技术'性的东西，而是是否在哲学的路上的问题。当然，我们可以说'我本来就不想上这个路'，那是我们的自由。"③

五

我曾对文军说："看来，咱们想从哲学里得到的东西不太一样，所以还是那句话：我们只能看到我们想看到和能看到的东西。你好像得处处是'有我'之境，而我想看到'无我'之境，虽然最终可能仍然'有我'。也就是说，我可能更注重哲学的所谓客观思想。"④"我看德国哲学，主要不是想着用，而是想弄明白他们怎样想，为什么这样想"⑤；换言之，文军似乎更喜欢以我为主、让神学和哲学验证并巩固他作为诗人生活者的已有感受，而我则企图先从"无我"出发或者先虚我以待，待别人的我即"你"来化我，由此来扩大旧我甚至化成一个新我。也可以说，文军更像康德说的那种憎恨地面上一切牢固建筑的游牧者和怀疑论者，他的思想也更像德勒兹和瓜塔里所谓的"游牧思想"，他认为，"越是康德所说的居无定所的游牧性天才思想家，越是能够成为集大成者的定居者的先师，虽然从事劫掠者自己没有体系，而且往往以破坏体系为己任，但被破坏者往往能从游牧者的作为里得到启示"⑥。文军坦言："经由哲学能够成为什么样的人可能取决于我原本就已经成为什么样的人这一先天规定。我不相信学出专业的哲学模样能够改变什么，除了使得原有的故我得以延伸以外，我不相信所谓的彻底改造。"⑦ 我当然也"不相信所谓的彻底改造"，但我相信哲学能够丰富和完善自己，即哲学是成己之学。我所谓成己之学，即让人在理性上成年的学问，实际上就是学会认识和使用理性的权能与权限，履行特尔斐神庙的神谕——"认识你自己"。这当然是一个无限趋近

① 2009 年 8 月 25 日我给许文军的信。
② 2008 年 8 月 21 日我给许文军的信。
③ 2008 年 5 月 28 日我给许文军的信。
④ 2009 年 7 月 6 日我给许文军的信。
⑤ 2008 年 1 月 11 日我给许文军的信。
⑥ 2006 年 8 月 16 日许文军给我的信。
⑦ 2007 年 12 月 14 日许文军给我的信。

的过程，所以我准备活到老学到老。

　　文军的读书笔记更像帕斯卡尔、蒙田、利希滕贝格、尼采等随想录式的哲学写作。相比而言，我多倾心于德国哲学，文军更钟情于法国哲学。我比较前现代，文军则接近后现代。我曾给他写道："我现在有个毛病，见到德语写的哲学就觉得够味，有一种酒徒遇到了烧酒的意思"①；"我常常觉得有了这个东西再看别的东西就不够劲，就像一个酒徒喝了高度老白干再喝低度酒或啤酒一样"②；"我觉得这辈子不学英语可能不遗憾（虽然它是国际语言），但不学德语会遗憾"③；"至少目前我对德国哲学还是比较'迷信'"④。文军承认，"德意志的清晰与彻底就在于他们不唯实利而只求真相"⑤，不过，他同时也认为，"德语哲学是不错，但有时候也会让人烦，他们表现出的繁琐与无聊也是必须接受的副产品。康德所说的思想纯正癖就是这类的东西"⑥。文军显然更欣赏法国哲学的气质。他说："法国人的天才就是别具手眼，在稀里糊涂，打情骂俏当中，时常爆出惊人的片断"⑦；"法国人的天才和散漫确实极明显，与其他民族的智慧都不一样，看惯了德国式的严整与清晰，再读法国人的东西就觉得他们每个人都像在赌博，因为他们自己也不知道自己要干什么，只是绝不搅扰内在的神秘性，等着它自己发作并绝对配合它，共同表现它的神奇，将自己和世界一起置于光怪陆离的境地。法国人像唐朝人。这样的气质天生属于信仰和诗的国度"⑧。一次，文军还对德国哲学和法国哲学作了比较：

　　　　法国人怎么会那么别？如果从好的方面来理解就是他们个个都是横行霸道，不管别人怎么说，他们已经有自己的看法而且为自己的看法着迷。他们好像从来没有整体观念，不去面面俱到地搞一个完整的东西，或者说总是被细节吸引着，被某个让他们吃惊的东西一直吸引着走到自己也回不来的地方。计划在他们那里好像从来都是似有似无

---

①　2009 年 10 月 16 日我给许文军的信。
②　2008 年 9 月 17 日我给许文军的信。
③　2008 年 12 月 29 日我给许文军的信。
④　2009 年 1 月 2 日我给许文军的信。
⑤　2010 年 1 月 29 日许文军给我的信。
⑥　2006 年 4 月 26 日许文军给我的信。
⑦　2006 年 11 月 5 日许文军给我的信。
⑧　2006 年 1 月 10 日许文军给我的信。

的样子，什么都不能拦住他们自由散漫的漫无目的的、无所用其心的游荡，什么都不能让他们停止下来，如果不是他们自己又心猿意马的话。那是一个天然充满神秘感和潜意识魔力的国度。如果某个事让他们着迷，那么他们一个劲地朝里钻，不管是朝自己肉里还是朝石头里，直到钻出个透明的洞来。他们的较真和德国人的较真好像很不同，德国人的执着常常执着于某种格局，某个形式化的外在的东西，一定要达到预定的框架不可；法国人则一定要弄到鱼死网破，再弄不下去了才扔下不管。①

文军对德国哲学的这种形式化有成见，认为它只是外在的、技术性的东西，而我认为这种形式化和逻辑化的东西恰恰是欧陆哲学的强项，甚至在某种程度上就是它们的本质，"准确地说，没有这些东西，就没有西方哲学，尤其没有德国哲学。没有这些东西，你可以随便叫它什么，但就是不能叫'哲学'"②。我认为，无论在生活中还是在学术界，中国人常常因为严重缺乏这种形式化和逻辑化的东西而深受其害、大受其苦，但我们常常对此不自知、不反省，不以为短，反以为长。

文军对法国哲学的情有独钟可能恰恰因为他与法国哲学的气质相近、趣味相投。我觉得，文军对莱辛（尽管是德国人）的感受和评价也完全适用于他本人："莱辛这个人无疑是天才，但不是严整的哲学家和学者，在他的凌乱而磅礴的思想力量当中，包含着令人迷惑的矛盾和率性之想，也包含着一语中的的直觉，这让我想起周涛若干年前比较口内作家如王蒙、张承志与新疆作家时说过一句话：咱们围着一堆石头找来找去，找不出名堂，人家一伸手就抓着一块羊脂玉。就是这个意思。"③ 文军同样具有"一语中的的直觉"能力，所以他的读书笔记常常直达本质，"一伸手就抓着一块羊脂玉"。

其实，我和文军的意见分歧并没有表面看起来那么大，因为他也承认，"理性就是用概念或者语言的方式思想和表达的能力……人绝对不能做到无理性，你信不信理性都是对理性的依附，而理性的运思本身恰恰是人的有限性或者原罪之一斑，从而只能运用这个笨拙的利器，这个

① 2006 年 1 月 13 日许文军给我的信。
② 2008 年 5 月 15 日我给许文军的信。
③ 2006 年 9 月 9 日许文军给我的信。

直接的间接，绝无其他良法的办法来接近无限"①。我和文军都反对那种"对思想性的东西缺乏必需的尊重与敬仰……把哲学弄成一种职业和智力游戏"② 的常见做派，都主张弄哲学要有点信仰和存在感，"问题是要有魂，不说哲学，哪怕学问，最好有这个东西，才有意思"③。

六

自从文军迷上了神学和哲学之后，我们的交流比大学时代更多、更深。在我看来，文军不仅想交流，更期待着被倾听——"有时候就是有种说不出的激动和快乐，不知道跟谁说说才好"④ ——所以，我也就不仅是耐心的对话者，更是忠实的倾听者。很多时候，与其说我是文军的对话者，不如说我是他的倾听者。我觉得，文军首先是想让我知道他遇到的困惑和难题，其次才是想看我有什么想法。读他的信，时而妙趣横生，时而意趣天成，时而令我会心一笑，偶尔也让我捧腹不已。他的这些读书笔记常常更像神学絮语和哲学随想录，他被自己的思考和困惑牵着走，我常常也不得不紧随其后。我得承认，文军阅读和思考的问题常常超出了我的兴趣范围和阅读视野，所以有时让我简直跟不上他的步伐，不是力不从心就是应接不暇或者难以招架。我已经说过，文军的敏感常常就是敏锐和犀利，他的直觉能力常常为他赋予了捕捉问题的先机，并且让他"常常捷足先登"，我的反应往往滞后半拍甚至几拍。不信，请看我随便选一些可以构成对话的片段：

> 许：有一天我在班上说，我是个好老师。为什么是个好老师呢？因为我不知道如何当一个坏老师，只会做一个好老师。人类只能和必须以理性的方式生存，这可能是个极重大的命题。⑤
>
> 户：我知道你在把自己理解了的东西说给学生，这些东西不一定都对（谁敢保证都对），但那是经过了你自己的东西，即那是变成了你的东西。而这是我认为的好老师的一个重要标准，否则，无非是知识的二道贩子而已。⑥

---

① 2006 年 4 月 6 日许文军给我的信。
② 2009 年 3 月 12 日许文军给我的信。
③ 2009 年 10 月 28 日我给许文军的信。
④ 2006 年 8 月 26 日许文军给我的信。
⑤ 2006 年 3 月 28 日许文军给我的信。
⑥ 2008 年 4 月 11 日我给许文军的信。

许：我不羡慕别人的天分，主要因为羡慕没有用。而且暴得大名者往往不那么聪明。总之，不笨不傻就能混事；我羡慕别人的学识的积累，这个东西你明明看到你自己也可能做到的，但你却没有机会去做，这种眼看着发生的悲剧性的擦身而过，实在让人伤神。①

户：我当然承认才华的重要性，而且也早给你说过。但我觉得：一、即使有才华，也需要管理、培植，才能成事、成势（不是所谓成名成家或者赢得别人的评价），浪漫派所谓的"天才"只是他们的一个概念；二、即使没什么才华，接受自我训练总比不接受要好，至少如果同是"失败"，不会比不接受更失败……因为才华这种东西，有时候也需要开发和开掘才能发挥出来，不少人失去了这个契机，才华在他（她）身上就一直是一种潜能或潜矿藏②；理解不光与所谓才情有关，也关乎耐心，即是否被这个东西吸住，在这里流连忘返、乐不思蜀。好东西历来都是这样，不知道错过了多少人，才能遇见一个知音，正如老师培养学生，废掉多少个，或许才能成一个③。

许：我不知道你怎么样，我自己是太累了，趣味盎然的时候当然很好，不觉得累，但不顺利的时候就倍感疲倦，而后面一种出现的机会当然比前一种多。④

户：不用气馁，闻道有先后。年轻的时候，我们没有对哲学的需要。除了极少数天才，哲学实在不是年轻人所需要和能够懂的东西。我是觉得：朝闻道夕死可矣，我自己感到比从前的自己有进步，也许将来会比现在有进步，这就足矣⑤；其实，我们不必气馁，比比那些绝大多数一辈子都不读或者读了而不明白的人，我们仍然是幸运的。我越来越感觉到这一点⑥。

许：经典太多，太稠，看不过来，咋办?⑦

---

① 2007 年 5 月 2 日许文军给我的信。
② 2009 年 6 月 25 日我给许文军的信。
③ 2009 年 5 月 19 日我给许文军的信。
④ 2006 年 6 月 22 日许文军给我的信。
⑤ 2009 年 8 月 19 日我给许文军的信。
⑥ 2008 年 1 月 16 日我给许文军的信。
⑦ 2006 年 4 月 3 日许文军给我的信。

户：看书太多太急，也是我的一个不小的"痼疾"。我这几年收敛了不少，但仍然无法做到"一本书主义"。我给我那个学生说，要有几本垫底的经典书，心里才能踏实。读经典，一旦读懂，等于站在巨人肩上或者和他们对话；读一般书，再高也高不到哪里去，因为起点不一样。我是准备选少量精读的经典书，辅以相关问题的和配合理解的书，我认为后者也有必要看，尤其是研究得不错的书。我不是那种有能力创造自己体系的人，这些人往往意在从某个大家的思想中生发开去，建立自己的学说，而他对大家的理解往往建立在误解的基础之上；当然，我可能最多是一个学者，即想搞明白大家究竟想说啥，这样的目的不是说不会有误解，但毕竟目的不同。在这个基础上能够有些心得或者综合，就不错了。别的恐怕也干不了。①

许：我想，中国学界如果真想认真学习西方文化，最好先从神学开始，然后再学哲学和其他，否则会出现无原则的把西方的东西本土化和私人化，而忽视他们的根本的前提和不言自喻的假设。②

户：我倒不是迷信哲学，因为它肯定不是万能，人类弄了几千年也没有一劳永逸，而且肯定永远不能。但我理解的哲学有基本的使命，不是哲学家的个人特性和一己爱好的单纯集合。哲学的本源在于爱智，在于哲学 + ing，这是一个正在进行时，一个过程，这个过程是哲学家单独面对上帝的过程，在上帝和标准、尺度面前，他永远是谦卑的，所以根本没有时间去横向地傲视同侪。关键是没有这样做和这样谈论的必要。③

请注意：我选出来的这些对话片段并非出自同一年，甚至可能相隔好几年。文军讨论的这些话题，当时我做了怎样的回应似乎已经无关紧要，反正文军主要并非在我这里寻求什么答案。我之所以能够用我们不同年份的书信片段来构成对话，恰恰表明了文军的敏锐、锐利和"常常捷足先登"，因为有时候的情况的确是：文军在几年前讨论的问题，可能我在几年后才真正有所回应或者才开始有所思考。当然，我这样随意挑选出我们

---

① 2009 年 6 月 26 日我给许文军的信。
② 2006 年 4 月 24 日许文军给我的信。
③ 2008 年 12 月 8 日我给许文军的信。

的书信片段来构成隔空对话也是为了表明，对于精神交流来说，具体的时空并不具有本质意义，因为精神与精神的对话向来可以是穿越的，"似乎一个观念与另一个观念，一个思想与另一个思想的联系根本无需历史的刻板的条件制约，而是像飞鸟掠过水面一样的迅捷和不可捉摸"①。我之所以仍然标上通信时间，只是为了留下一点历史记录和考证的线索。

　　读者诸君读到文军这些精神上的喃喃自语大可不必大惊小怪，也不必看到某处的论述就急于得出以偏概全的结论。一个敢于记录并揭示自己精神生活的诗人，一个不回避自己精神世界中涌动出来的各种矛盾和冲突的诗人，恰恰是诗人生活者的重要标志。我们中间的许多人当然活得单纯而快乐，一辈子也未必遇见多少真正的精神矛盾，因为他们终其一生也无须把自己提升到精神的层面，或者压根不需要知道什么叫精神，照样过得随遇而安、幸福安康并且颐养天年。这似乎也没什么不好，因为无论中外，自古皆然，无论是否于今为烈，却都概莫能外。文军曾发问："我们这些懒惰成性，成天蹲在灯下的老蛀虫，难道真的比他们多有几分智慧与知识吗?"② 是啊，这可真不好说，八成是相反，即我们的读书和思考不是让我们感觉自己知道得多，而是让我们明白自己知道得少，而且越来越明白哪些是我们需要知道和可以知道的，哪些是我们不能知道也无须知道的，哪些又是我们知道得再多也没有多少意义和价值的。"衡量一个人是否有知的标准可能就看他是否在很多方面无知，而且对这个无知心知肚明，无能为力，但毫不烦恼。因为他已经发现了本质的知识所在，其余都变得不重要了。"③

　　在这种超越时空的交流活动中，我们两个"老蛀虫"经常彼此打气、相互鼓励，仿佛在相互诉说、彼此倾听，不断地分享各自的思想和情感。文军说："我不认为自己聪明，相反一直觉得自己是不聪明的，愚执的，总专注于无人注意的事情，而且一根筋地钻到底，直到不了了之"④；我也说："不要说天才，就是才子，我也算不上，最多还有些悟性而已……"⑤我们两人都是学然后知不足。文军说："不行啊，知识不足，道行太浅。不管是知识还是思想都不行"⑥；我说："人到中年，总是开始有了迫切

---

① 2006 年 8 月 10 日许文军给我的信。
② 2006 年 8 月 14 日许文军给我的信。
③ 2006 年 1 月 9 日许文军给我的信。
④ 2006 年 3 月 21 日许文军给我的信。
⑤ 2008 年 1 月 16 日我给许文军的信。
⑥ 2006 年 4 月 2 日许文军给我的信。

感，而且更加切近地知道了自己能做的和不能做的"①；"我知道自己充其量是哲学的一个'粉丝'而已。虽然弄哲学不一定有资格，但喜欢哲学还是够格的吧"②。

　　尽管文军和我都不一定能够达到什么程度，但我们可以说，那些乱七八糟的破玩意儿要想在我们面前来随便蒙事，恐怕已不太容易。2009 年 6 月 25 日，我给文军写道："尽管方式不同，但是谁也成不了另一个人……哪怕最后让自己成为一个更纯粹的那种天生本来应该成为的人，也不坏。"在这个意义上说，哲学与神学对我和文军来说似乎都是成己之学。在他是成为真正的诗人生活者，在我则是成为真正的学者。尽管我们想成的内容不太一样，但形式相同。"这可能是先验的原罪在我们身上的经验的实现吧。"③

　　因此，文军和我一道走在成己的漂泊之路上——"怎么才能让我感到充实和饱满呢？什么可以使我一劳永逸地获得绝对坚实的依赖感与依托呢？难道真的要这样无所依傍的漂泊下去，永恒只能在绝对的动摇与惶惑中虚位以待地梦想吗？"④

　　1986 年 12 月 27 日，我们中文系 83 级 4 班举行了最后一次新年联欢会。同学们在贺片上彼此留言。文军给我的留言是：

> 那一天晚上也会灿烂
> 那一天晚上夜幕沉沉
> 你还能听到我的言语吗

我给文军的留言是：

> 我遗憾我不是诗人，然而我想起了普希金，"在我孤独的雪屋里，响起了你的铃声"，我又想起了依努斯，"西沉的永远是同一个太阳"。

2015 年 4 月 16 日（文军生日）写于北京首开常青藤寓所

---

① 2009 年 8 月 10 日我给许文军的信。
② 2008 年 5 月 16 日我给许文军的信。
③ 2006 年 3 月 21 日许文军给我的信。
④ 2006 年 3 月 1 日许文军给我的信。

回忆苦难需要唤醒实践理性

——读梁一儒《困学集》

2016年末，刚刚步入耄耋之年的山东大学文艺学教授梁一儒先生出版了一本随笔集。尽管已有几本同名文集，但这本《困学集》独具特色。它并非专谈学术，而且也讲人生，特别是第三部分"雪泥鸿爪"中那些短小精悍的篇目弥足珍贵，值得再三玩味。

在我看来，无论创作还是研究，判断其人文价值高低应该同时看两个客观标准：第一，从外在方面看是否能够促进我们觉识并维护自己的人格、尊严、权利和自由。离这个目标越近，价值越高，反之则越低。第二，从内在方面看智力含金量、逻辑水平和理性能力的高低，看能否有助于我们形成理性认识并发挥自由意志，让我们学会独立判断，尽量不被情绪冲动裹挟，也不被煽动和诱惑操纵。当下和未来的中国最急需的恰恰是符合这两个客观价值标准的创作和研究，那些单纯在主观性和偶然性上恃才傲物的大量写作不过是可有可无的雕虫小技。正是与这一类写作相比，梁一儒先生的这部分回忆文字才彰显出实践理性的夺目光彩。作者坦言自己曾对史书和回忆录有一种误解，好像只有重大事件才有资格入史，只有杰出人物才配写回忆录。经过长期的实践探索，他终于认识到，国家史、民族史都是由普通人鲜活的生命史构成，国民记忆库需要依靠普通人碎片化的记忆来丰富和充实。因此，梁一儒先生才认为自己有责任以普通人的身份写下那段不思量、自难忘的人生经历。其实，普通人回忆的分量恰恰在于，他们讲述的故事看似微不足道，实则足以改变他们的人生。他们通过回忆得到的精神救赎也无异于表明：拯救一个人的灵魂就等于拯救整个世界。

当然，对苦难的回忆不是苦难本身，两者的根本差别在于，苦难是现在进行时，对苦难的回忆则是对过去完成时的现在进行时再现和将来时体认。在立足现在和未来的立场回忆过去并且重新咀嚼记忆时，梁一儒先生不光是在怀旧，还在对记忆进行新的体认。哪怕是遗忘和变形，也并非对记忆原封不动的再现，而是构成新知。这是双重内化的过程：作为回忆者，梁一儒先生不仅走进了往事的内部，也走进了自身的内部。一方面，当初经历这些事情时，他对它们不一定有充分的理解。只有在后来回忆这些往事时，他才把这些直观感受和外部感知内化为理性反思的对象。他通过回忆再次走进往事的内部，于是又看到甚至体会到前所未有的新境界和新含义。另一方面，回忆也是梁一儒先生走进自身的过程。当他回想起从前的自己时，这个从前的自己才有了深度和厚度，才有了精神上的辨识度。那些当初没有理解的东西，在他自己身上被重新理解，那些空洞的内容又重新得到充实。因此，人的确都需要通过回忆和返回自身才能更好地理解自己想理解的东西，也才能更好地理解自身。难怪黑格尔说，一个人越是有教养，就越不是生活在直接的直观之中，而要让自己的所有直观都沉入回忆，让自己的感受完全带有回忆的特征。因此，只有当现实完成其教化过程之后，人才可能对自己、对事物有深入的理解。这时候，生活中的梁一儒先生已经变老了，他可能理解得越多就越悲观。他无法用这种悲观使自己变得年轻，只能让自己看得更加清楚。所以，即便是同一件往事，在未经世事的年轻人笔下和在梁一儒这位饱经风霜的老人笔下，其写法、内容和含义就颇为不同。这固然由于人生阅历的深浅不同以及知道与理解迥然有别，但更重要的原因还在于，这件往事在年轻人那里可能只是感性记录，在梁一儒先生这里则是实践理性的睿智。

　　从时间上来看，回忆是当下经验的一个联想要素，因而不同于通常的记忆。回忆具有双重功能：把某种东西设定为过去的东西，同时又把它引入意识的当下。过去生活的外在形式已经过去了，但它的内在形式仍然保留着。过去在回忆中同时被设定为过去并且被昭示为当前的。所以，回忆中的梁一儒先生是在与自己交谈，也是过去的他与现在的他以及将来的他在进行交谈。回忆当然是立足于现在，但相对于过去而言，现在不正是过去的未来吗？所以，回忆是立足于过去的未来而追忆过去，实际上是站在未来的立场来看过去。这个未来，不仅是时间上的未来，更应该是实践理性意义上的将来。否则，它就只是时间之流，仿佛空洞的直线和无意义的空壳，没有任何进步和长进，也缺乏人的实践理性目的，因而不再是属于人的时间。

　　正因如此，痛定思痛的梁一儒先生深刻地认识到，回忆苦难需要唤醒实践理性，需要对记忆本身天然具有的无原则怀旧倾向和抹稀泥本性保持高度警惕。也许他已经看到，这些倾向和本性已经在太多人的身上造成了对苦难的遗忘，甚至是甜兮兮的改造。这种状况已经够糟了，他不想再加入这种大合唱，也不愿再去单纯抒发一些感性情绪。因为从本质上说，这些感性情绪是无处安顿的东西，是代代重复的东西，甚至可能是后人复哀后人的东西。如果没有基于实践理性原则的道德实践和制度保障而一味地陷入感性情绪的泥淖，这种哀婉的忧愁和悲剧的结局就必然会生发出无穷的生活细节和历史脉络，可供江山代有的那些文人雅士们去吟诵、去研究，并让他们自鸣得意。但这些偶然脉络和感性细节被发现得再多也无济于事。它们既非本质，也非规律。

　　所幸，梁一儒先生有着多年研究马列文论和美学的理论功底，所以，他在回忆往事时能够认清历史规律，并且率实践理性而为。他用深沉的实践理性来引导细腻的感性经验，以具有强烈代入感的华美笔触呈现了特定情境下显露出来的人性善与人性恶。他的文字，不仅感人至深，而且发人深省，至少可以启示我们：站在实践理性的立场回忆苦难，既要用心，更要用脑。当此之时，在思想和道德操守上进行反思固然重要，但更重要的是把社会主义核心价值观为好社会提出的目的论条件——民主、自由、平等、公正和法治——真正落实为客观的社会制度和个人的道德准则。既然人性中善恶并存，那么，社会制度的好坏就取决于它是更多地激发人性善还是人性恶。好的社会制度能够把公权力装进法治的笼子里，能够激浊扬清、惩恶扬善。不好的社会制度往往缺乏公平的规则和公正的程序，作恶者不仅得不到应有的谴责和惩罚，反而常常得到好处，这就进一步激发了人性恶。因此，只有真正能够体现民主、自由、平等、公正和法治的社会制度才是好的社会制度，才能减少人为的苦难。归根结底，民主、自由、平等、公正和法治都是为了保障并维护每个人的尊严和权利，都是为实现以人为目的、以人为本的根本目标创造客观条件。没有这样的客观条件，人的权利和自由就没有保障，社会就会失去和谐的基础与平衡的前提，就不可能是好社会，甚至不可能是正常的社会。社会的客观制度在多大程度上以理性程序和法治框架为目的条件，决定着我们的自由能力在多大程度上能够得到普遍认可和正常运用，也决定着每个人的尊严和权利在多大程度上能够得到根本保障。在个人道德准则方面，让每个人都懂得自由的真正含义不是随心所欲和为所欲为，而是有所不为和为所当为，即让每个人都学会用自己的实践理性为自己做主，让自己的实践理性给自己立法，并且自觉自愿地守法。所谓实践理性，可以理解为以民主、自由、平等、公正和法治的实践法则作为主观行为准则，从主观上保障每个人不侵犯他人的尊严和权利。

由此看来，尽管梁一儒先生在经历人生苦难时忍受了屈辱和不公，但在理性的回忆中却赢得了做人的自由与尊严。有了这份自由与尊严，他曾经度过的那段卑微生活就不至于沦为卑贱生活。可以说，梁一儒先生亲历亲知的这些回忆文字，既体现了他本人在历经沧桑之后的精神成熟与理性觉醒，也为我们深刻理解人性并且唤醒自己的实践理性提供了一份珍贵的精神启示录。

（梁一儒：《困学集》，中国广播影视出版社 2016 年版）

参考文献

一 汉语

［英］阿克顿：《自由与权力——阿克顿勋爵论说文集》，侯健、范亚峰译，商务印书馆 2001 年版。

［印度］阿玛蒂亚·森：《贫困与饥荒——论权利与剥夺》，王宇、王文玉译，商务印书馆 2001 年版。

［印度］阿玛蒂亚·森：《正义的理念》，王磊、李航译，中国人民大学出版社 2012 年版。

艾青：《我爱这土地》，《艾青诗全编》，人民文学出版社 2003 年版。

安德明：《重返故园——一个民俗学者的家乡历程》，广西人民出版社 2004 年版。

安德明：《家乡——中国现代民俗学的一个起点和支点》，《民族艺术》2004 年第 2 期。

安德明：《民俗学家乡研究的理论反思》，《民间文化论坛》2005 年第 4 期。

安德明：《对象化的乡愁——中国传统民俗志中的"家乡"观念与表达策略》，《民间文化论坛》2015 年第 2 期。

毕雪飞、［日］岩本通弥、施尧：《日本民俗学者岩本通弥教授访谈录》，《民俗研究》2016 年第 5 期。

蔡定剑：《民主是一种现代生活》，社会科学文献出版社 2010 年版。

陈家琪：《让我们分享阿伦特的爱》，《社会科学报》2016 年 6 月 30 日。

陈连山：《重新审视五四与中国现代民俗学的命运——以 20 世纪对于传统节日的批判为例》，《民俗研究》2012 年第 1 期。

陈勤建：《民俗——日常情景中的中国人的精神生活》，《民俗研究》2007 年第 3 期。

陈希我：《父》，《花城》2016 年第 1 期。

陈新宇：《寻找法律史上的失踪者》，广西师范大学出版社 2015 年版。

陈泳超：《背过身去的大娘娘：地方民间传说生息的动力学研究》，北京大学出版社 2015 年版。

［美］D. Q. 麦克伦尼：《简单的逻辑学》，赵明燕译，中国人民大学出版社 2008 年版。

［美］丹·本－阿莫斯：《为民俗学正名》，宋颖译，周星主编《民俗学的历史、理论与方法》，商务印书馆 2006 年版。

［德］德罗伊森：《历史知识理论》，胡昌智译，北京大学出版社 2006 年版。

邓晓芒：《对强制拆迁的法律分析》，《南风窗》2011 年第 1 期。

刁统菊：《民俗学学术伦理追问：谁给了我们窥探的权利?》，《民俗研究》2013 年第 6 期。

丁立群：《理论哲学与实践哲学：孰为第一哲学?》，《哲学研究》2012 年第 1 期。

丁阳华、韩雷：《论民俗学中的"生活世界"》，《温州大学学报》2008 年第 4 期。

董秋菊：《新疆"兵团文化"形成述论——以农七师 130 团为例》，《濮阳职业技术学院学报》2012 年第 3 期。

［英］法拉、帕特森编：《记忆》，户晓辉译，华夏出版社 2006 年版。

范进：《自由：通向人类希望之路——对康德〈实践理性批判〉辩证论的一点思考》，《中国社会科学院研究生院学报》1988 年第 2 期。

范进：《自由：康德哲学判断人的行为善恶的前提》，《江淮论坛》1988 年第 2 期。

范进：《自由概念：道德规律的最高根据——对康德道德哲学的一点思考》，《天府新论》1988 年第 2 期。

范进：《康德道德哲学的拱心石》，《中国社会科学》1988 年第 3 期。

范进：《视角的转换：对康德哲学的重新理解》，《中国社会科学院研究生院学报》1989 年第 5 期。

范进：《康德论文化概念》，《哲学动态》1989 年第 9 期。

范进：《康德哲学的三个问题》，《文史哲》1992 年第 2 期。

范进：《哲学——为人类精神寻找"家园"》，《中国社会科学》1995 年第 1 期。

［德］费希特：《论学者的使命　人的使命》，梁志学、沈真译，商务印书

馆 1984 年版。

冯骥才：《一百个人的十年》（足本），江苏文艺出版社 1997 年版。

付海云整理：《脚印——杨新三回忆录》，新疆生产建设兵团出版社 2010 年版。

［英］弗里德里希·奥古斯塔·冯·哈耶克：《通往奴役之路》（修订版），王明毅、冯兴元等译，中国社会科学出版社 2015 年版。

弗洛姆：《占有和存在之区别——以诗为例》，蒋芒译，刘小枫主编《人类困境中的审美精神——哲人、诗人论美文选》，知识出版社 1994 年版。

［美］洪长泰：《到民间去——中国知识分子与民间文学，1918—1937》（新译本），董晓萍译，中国人民大学出版社 2015 年版。

高丙中：《民俗文化与民俗生活》，中国社会科学出版社 1994 年版。

高丙中：《中国人的生活世界：民俗学的路径》，北京大学出版社 2010 年版。

高丙中：《民俗生活：民俗学的研究对象和学术取向》，《民俗》1991 年第 3 期。

高丙中：《生活世界：民俗学的领域和学科位置》，《社会科学战线》1992 年第 3 期。

高丙中：《日常生活的现代与后现代遭遇：中国民俗学发展的机遇与路向》，《民间文化论坛》2006 年第 3 期。

高丙中：《"公民社会"概念与中国现实》，《思想战线》2012 年第 1 期。

高丙中：《民俗学对象问题的再讨论——一项建设的后现代性的硕果》，《民俗研究》2013 年第 4 期。

高丙中：《中国民俗学的新时代：开创公民日常生活的文化科学》，《民俗研究》2015 年第 1 期。

高丙中：《民间、人民、公民：民俗学与现代中国的关键范畴》，《西北民族研究》2015 年第 2 期。

高丙中：《民俗学的中国机遇：根基与前景》，《广西民族大学学报》2015 年第 5 期。

郭从远、郭维东：《香飘野果林》，《新疆文学》1980 年第 12 期。

郭亚林：《万绿丛中树最高》，《新疆文学》1964 年第 7 期。

郭于华：《"弱者的武器"与"隐藏的文本"：研究农民反抗的底层视角》，《读书》2002 年第 7 期。

郭于华：《试论民俗学的社会科学化》，《民间文化论坛》2004 年第 4 期。

郭于华:《倾听无声者的声音》,《读书》2008 年第 6 期。

郭于华:《"被"不能成为我们社会的特色》,《中国社会科学报》2010 年 1 月 28 日。

郭于华:《我们究竟有多么特殊?》,《学习博览》2013 年第 3 期。

郭于华:《回到政治世界,融入公共生活——如何重新激发底层公众的政治参与热情》,《人民论坛·学术前沿》2013 年第 23 期。

[德] 哈贝马斯:《公共领域的结构转型》,曹卫东、王晓珏、刘北城、宋伟杰译,学林出版社 1999 年版。

[德] 海德格尔:《形而上学导论》,熊伟、王庆节译,商务印书馆 1996 年版。

[德] 海德格尔:《在通向语言的途中》,孙周兴译,商务印书馆 2004 年版。

韩成艳:《在"民间"看见"公民"——非物质文化遗产保护语境下的实践民俗学进路》,《民俗研究》2013 年第 4 期。

[美] 汉娜·阿伦特:《反抗"平庸之恶":〈责任与判断〉中文修订版》,陈连营译,上海人民出版社 2014 年版。

[德] 汉斯·约纳斯:《奥斯维辛之后的上帝观念——一个犹太人的声音》,张荣译,华夏出版社 2002 年版。

韩少功:《马桥词典》,作家出版社 1996 年版。

韩子猛:《奎河弯弯》,新疆大学出版社 2003 年版。

韩子勇:《深处的人群》,孙立生、矫健主编《新疆走笔:新疆当代作家优秀散文选》,新疆人民出版社 2005 年版。

[德] 赫尔曼·鲍辛格:《技术世界中的民间文化》,户晓辉译,广西师范大学出版社 2014 年版。

[德] 赫尔曼·鲍辛格等:《日常生活的启蒙者》,吴秀杰译,广西师范大学出版社 2014 年版。

[德] 黑格尔:《黑格尔全集》第 10 卷,张东辉、户晓辉译,商务印书馆 2012 年版。

胡适:《胡适全集》第 22 卷,安徽教育出版社 2003 年版。

户晓辉:《地母之歌:中国彩陶与岩画的生死母题》,上海文化出版社 2001 年版。

户晓辉:《中国人审美心理的发生学研究》,中国社会科学出版社 2003 年版。

户晓辉:《现代性与民间文学》,社会科学文献出版社 2004 年版。

户晓辉：《返回爱与自由的生活世界——纯粹民间文学关键词的哲学阐释》，
　　江苏人民出版社 2010 年版。

户晓辉：《民间文学的自由叙事》，社会科学文献出版社 2014 年版。

户晓辉：《既要比"耕田"，也要比"过年"》，《陕西日报》1985 年 3 月 6 日。

户晓辉：《流行歌曲随想曲》，《新疆经济报》1991 年 5 月 20 日。

户晓辉：《笔事》，《新疆经济报》1994 年 2 月 5 日。

户晓辉：《做一个真正的文人》，《新疆经济报》1995 年 6 月 28 日。

户晓辉：《放浪于精神幻路——读〈荒芜英雄路〉随想》，《新疆经济报》
　　1995 年 9 月 21 日。

户晓辉：《从大众批评的缺席说起》，《文艺评论》1995 年第 3 期。

户晓辉：《多元文化语境中的文学与批评》，《绿洲》1995 年第 5 期。

户晓辉：《姥姥走了》，《绿洲》1996 年第 1 期。

户晓辉：《知识分子的良知——读梁晓声的〈九五随想录〉》，《新疆日报》
　　1997 年 4 月 15 日。

户晓辉：《故乡之殇》，《绿洲》1999 年第 3 期。

户晓辉：《西部开发者文学现象扫描》，《绿洲》2000 年第 3 期。

户晓辉：《重拾一段爱》，《都市消费晨报》2000 年 1 月 25 日。

户晓辉：《自我与他者：文化人类学的新视野》，《广西民族学院学报》2000
　　年第 2 期。

户晓辉：《逝者如斯——记忆我的父亲》，《绿洲》2001 年第 5 期。

户晓辉：《我的青春简历》，《新疆经济报》2002 年 8 月 12 日。

户晓辉：《第六届国际民俗学暑期培训班侧记》，《民族文学研究》2003 年
　　第 2 期。

户晓辉：《关于文学人类学的批评与自我批评》，《广西民族学院学报》2003
　　年第 5 期。

户晓辉：《我们现在如何做父亲？——旧话重提》，《中华读书报》2005 年
　　6 月 22 日。

户晓辉：《德国民俗学者访谈录》，《民间文化论坛》2006 年第 5 期和中国
　　社会科学院文学研究所编《走向世界的中国文学研究》，社会科学文
　　献出版社 2010 年版。

户晓辉：《民间文学：经世致用与自在自为》，《中国社会科学院院报》2007
　　年 5 月 24 日。

户晓辉：《民俗与生活世界》，《文化遗产》2008 年第 1 期。

户晓辉：《重识弗雷泽：一个人一生能讲几个故事?》，《民族艺术》2012 年第 2 期。

户晓辉：《建构城市特性：瑞士民俗学理论新视角——以托马斯·亨格纳的研究为例》，《民俗研究》2012 年第 3 期。

户晓辉：《赫尔德与"（人）民"概念再认识》，朝戈金主编《中国民俗学》第 1 辑，广西师范大学出版社 2012 年版。

户晓辉：《亚里士多德模仿说的目的论》，《中国社会科学院文学研究所学刊》（2011），中国社会科学出版社 2012 年版。

户晓辉：《从民到公民：中国民俗学研究"对象"的结构转换》，《民俗研究》2013 年第 1 期。

户晓辉：《民俗学：从批判的视角到现象学的目光——以〈技术世界中的民间文化〉为讨论中心》，《安徽大学学报》2013 年第 3 期。

户晓辉：《为民主、争自由的民俗学——访日归来话短长》，《民俗研究》2013 年第 4 期。

户晓辉：《真正的学者应志于自由之学问——读〈自由之路——梁志学文选〉》，《哲学动态》2014 年第 2 期。

户晓辉：《民间文学：转向文本实践的研究》，《中国社会科学》2014 年第 8 期。

户晓辉：《非遗时代民俗学的实践回归》，《民俗研究》2015 年第 1 期。

户晓辉：《返回民间文学的实践理性起点》，《民族文学研究》2015 年第 1 期。

户晓辉：《返回民俗学的实践理性起点》，吴效群编《民俗学：学科属性与学术范式》，河南大学出版社 2015 年版。

户晓辉：《纯粹的角色生存能否让我们过上好生活——对胡康华〈粉墨〉的政治生态解读》，《中国文学批评》2015 年第 2 期；未删节版发表于《新疆艺术》2016 年第 1 期。

户晓辉：《民间文艺法律保护问题的理性思考》，《文化遗产》2016 年第 3 期。

户晓辉：《民间文艺表达私法保护的目的论》，《民族文学研究》2016 年第 3 期。

户晓辉：《什么是民间江湖的爱与自由》，《民俗研究》2016 年第 4 期。

户晓辉：《侨易学与黑格尔的辩证法》，《跨文化对话》第 36 辑，商务印书馆 2016 年版。

户晓辉：《民俗学为什么需要先验逻辑》，《民俗研究》2017 年第 3 期。

户晓辉：《人是目的：实践民俗学的伦理原则》，《民族文学研究》2017 年第 3 期。

黄灯：《回馈乡村，何以可能》，《十月》2016 年第 1 期。

黄清喜：《民俗为民众身体感受之生活事象》，《民间文化论坛》2012 年第 3 期。

黄裕生：《站在未来的立场上》，生活·读书·新知三联书店 2014 年版。

［德］阿克塞尔·霍耐特：《自由的权利》，王旭译，社会科学文献出版社 2013 年版。

［德］伽达默尔：《美的现实性——作为游戏、象征、节日的艺术》，张志扬等译，生活·读书·新知三联书店 1991 年版。

简涛：《德国民俗学的回顾与展望》，周星主编《民俗学的历史、理论与方法》，商务印书馆 2006 年版。

金寿铁：《真理与现实——恩斯特·布洛赫哲学研究》，同济大学出版社 2007 年版。

［德］克劳斯·菲韦格：《"道德世界观"——论黑格尔对先验哲学实践理性的批评》，牛文君译，《安徽师范大学学报》2013 年第 1 期。

［法］克洛德·列维－斯特劳斯：《忧郁的热带》，王志明译，中国人民大学出版社 2009 年版。

赖立里、张慧：《如何触碰生活的质感——日常生活研究方法论的四个面向》，《探索与争鸣》2017 年第 1 期。

李福欣：《车排子的春天》，《新疆文学》1981 年第 10 期。

李景鹏：《中国公民社会成长中的若干问题》，《社会科学》2012 年第 1 期。

李梦林：《"怨恨"与宪政论析——法律情感现象学的一个例证》，硕士学位论文，西南政法大学，2006 年。

李秀芹：《新疆生产建设兵团体制研究——历史制度主义的视角》，硕士学位论文，南昌大学，2012 年。

李幼蒸：《形上逻辑和本体虚无——现代德法伦理学认识论研究》，商务印书馆 2000 年版。

梁一儒：《困学集》，中国广播影视出版社 2016 年版。

梁治平：《转型时期的法律与社会公正》，《法律何为：梁治平自选集》，广西师范大学出版社 2013 年版。

梁治平：《〈法治十年观察〉自序》，《法律何为：梁治平自选集》，广西师范大学出版社 2013 年版。

［美］列奥·施特劳斯：《自然权利与历史》，彭刚译，生活·读书·新知三联书店 2003 年版。

刘魁立：《谈民间文学搜集工作》，中国民间文艺研究会编《民间文学搜集整理问题》第 1 辑，上海文艺出版社 1962 年版。

［日］柳田国男、关敬吾：《民俗学研究的出发点》，王汝澜译，《民间文学论坛》1982 年创刊号。

刘铁梁：《感受生活的民俗学》，《民俗研究》2011 年第 2 期。

刘铁梁：《民俗文化的内价值与外价值》，《民俗研究》2011 年第 4 期。

刘玮：《亚里士多德伦理学的两个起点：Endoxa 与良好的教养》，《世界哲学》2011 年第 2 期。

刘燕舞：《农村老年人自杀现象的伦理学分析》，《江西师范大学学报》2011 年第 3 期。

刘燕舞：《农村老年人自杀及其危机干预（1980—2009）》，《南方人口》2013 年第 2 期。

刘燕舞：《论"奔头"——理解冀村农民自杀的一个本土概念》，《社会学评论》2014 年第 5 期。

刘泽华：《王权思想论》，天津人民出版社 2006 年版。

刘宗迪：《古典的草根》，生活·读书·新知三联书店 2010 年版。

刘宗迪：《唯有大地上歌声如风》，《读书》2004 年第 2 期。

鲁迅：《我们现在怎样做父亲》（1919 年），《鲁迅全集》第 1 卷，人民文学出版社 1981 年版。

［美］罗伯特·A. 达尔：《论民主》，李风华译，中国人民大学出版社 2012 年版。

［美］罗伊·F. 鲍迈斯特尔：《恶——在人类暴力与残酷之中》，崔洪建等译，东方出版社 1998 年版。

吕微：《民俗学：一门伟大的学科——从学术反思到实践科学的历史与逻辑研究》，中国社会科学出版社 2015 年版。

吕微：《反思民间文学、民俗学的学术伦理》，《民间文化论坛》2004 年第

5 期。

吕微：《从"我们和他们"到"我与你"》，《民间文化论坛》2004 年第 4 期。

吕微：《家乡民俗学——民俗学的纯粹发生形式》，《民间文化论坛》2005 年第 4 期。

吕微：《民间文学—民俗学研究中的"性质世界"、"意义世界"与"生活世界"——重读〈歌谣〉周刊的"两个目的"》，《民间文化论坛》2006 年第 3 期。

吕微：《从经验实证的民俗志到纯粹观念的民俗学》，《民间文化论坛》2007 年第 1 期。

吕微：《民俗学的哥白尼范式》，《民俗研究》2013 年第 4 期。

吕微：《民俗学的哥白尼革命——高丙中的民俗学实践"表述"的个案研究》，《民俗研究》2015 年第 1 期。

吕微：《与陌生人打交道的心意与学问——在乡愁与大都市梦想之"前"的实践民俗学》，《民俗研究》2016 年第 4 期。

吕微：《"审美的日常生活"年——"日常生活"系列研讨的民俗学起例》，2016 年，未刊稿。

［瑞士］马克斯·皮卡德：《沉默的世界》，李毅强译，上海书店出版社 2013 年版。

［德］马克斯·韦伯：《经济与历史支配的类型》，康乐、吴乃昌、简惠美、张炎宪、胡昌智译，广西师范大学出版社 2004 年版。

马潇：《口述记忆中的春节习俗变迁（1949—1989）》，《民俗研究》2006 年第 4 期。

［美］曼弗雷德·S. 弗林斯：《舍勒的心灵》，张志平、张任之译，上海三联书店 2006 年版。

梦海：《"陌生"的家乡》，《中国社会科学报》2016 年 4 月 1 日。

［德］莫尔特曼：《创造中的上帝：生态的创造论》，隗仁莲、苏贤贵、宋炳延译，生活·读书·新知三联书店 2002 年版。

摩罗：《我是农民的儿子》，《学习博览》2009 年第 3 期。

农七师一二三团史志编纂委员会编著：《一二三团简史》，新疆生产建设兵团出版社 2011 年版。

彭牧：《实践、文化政治与美国的表演理论》，《民间文化论坛》2005 年第

5 期。

彭牧：《技术、民俗与现代性的他者》，《西北民族研究》2011 年第 1 期。

［日］千叶德尔：《"乡土"的民俗研究》，余志清译，王晓葵、何彬编《现代日本民俗学的理论与方法》，学苑出版社 2010 年版。

［英］乔治·奥威尔：《动物庄园》，赵润译，江苏文艺出版社 2013 年版。

［捷克］乔治·格鲁沙：《快乐的异乡人——乔治·格鲁沙诗文选》，廖天琪译，香港文化中国出版社 2007 年版。

［加拿大］L. W. 萨姆纳：《权利的道德基础》，李茂森译，中国人民大学出版社 2011 年版。

尚红娟：《对新疆生产建设兵团"存在的合理性"思考》，《理论界》2007 年第 7 期。

邵卉芳：《"生活世界"再认识》，《民俗研究》2012 年第 6 期。

邵卉芳：《记忆论：民俗学研究的重要方法》，《云南社会科学》2014 年第 6 期。

［德］舍勒：《道德建构中的怨恨》，罗悌伦译，刘小枫选编《舍勒选集》，上海三联书店 1999 年版。

施爱东、巴莫曲布嫫主编：《走向新范式的中国民俗学》，中国社会科学出版社 2015 年版。

史骥：《奎屯小城的诞生》，《新疆地方志》1994 年第 3 期。

［美］史蒂夫·蔡特林：《我是民俗学家而你不是——民俗学实践中泛化与分界的策略对抗》，宋颖译，周星主编《民俗学的历史、理论与方法》，商务印书馆 2006 年版。

［美］斯蒂芬·欧文：《追忆——中国古典文学中的往事再现》，郑学勤译，上海古籍出版社 1990 年版。

［美］斯维特兰娜·博伊姆：《怀旧的未来》，杨德友译，译林出版社 2010 年版。

宋怀常：《中国人的思维危机》，天津人民出版社 2010 年版。

泰特罗：《本文人类学》，王宇根等译，北京大学出版社 1996 年版。

［美］唐·E. 艾伯利主编：《市民社会基础读本——美国市民社会讨论经典文选》，林猛、施雪飞、雷聪译，商务印书馆 2012 年版。

汤烈琴、李成文：《抹不去的传统——关于法治"不在场"的一种解读》，四川人民出版社 2009 年版。

唐小兵：《底层与知识分子的民粹主义》，《南风窗》2008 年第 3 期。

陶东风：《文化研究与政治批评的重建》，中国社会科学出版社 2014 年版。

汀川：《漫游野果林》，《新疆文学》1963 年第 4 期。

［法］托克维尔：《论美国的民主》，董果良译，商务印书馆 2009 年版。

［美］托马斯·伯恩斯坦：《上山下乡》，李枫等译，警官教育出版社 1996
　　年版。

［瑞士］托马斯·弗莱纳：《人权是什么?》，谢鹏程译，中国社会科学出版
　　社 2000 年版。

万斌、吴坚：《论自由、民主、法治的内在关系》，《浙江大学学报》2011
　　年第 5 期。

王杰文：《表演研究：口头艺术的诗学与社会学》，学苑出版社 2016 年版。

王杰文：《"生活世界"与"日常生活"——关于民俗学"元理论"的思
　　考》，《民俗研究》2013 年第 4 期。

王杰文：《超越"日常生活的启蒙"——关于"经验文化研究"的理解与
　　批评》，《文化遗产》2014 年第 6 期。

王俊：《胡塞尔现象学的生活哲学面向》，《中国社会科学报》2016 年 7 月
　　26 日。

王素珍：《中国民俗学研究动机、旨趣的回顾与反思》，《民间文化论坛》
　　2011 年第 6 期。

王文宝编：《中国民俗学论文选》，中国民间文艺出版社 1986 年版。

王霄冰：《德国巴伐利亚州家乡文化保护协会负责人访谈录》，《文化遗
　　产》2012 年第 2 期。

王晓葵：《民俗学与现代社会》，上海文艺出版社 2011 年版。

王亚南：《中国官僚政治研究》，中国社会科学出版社 2005 年版。

王智斌：《难道法律真的不管家务事?》，《珠海特区报》2010 年 3 月 11 日。

［美］文森特·鲁吉罗：《超越感觉：批判性思考指南》，顾肃、董玉容译，
　　复旦大学出版社 2015 年版。

吴飞：《论"过日子"》，《社会学研究》2007 年第 6 期。

吴冠军：《海德格尔的焦虑与坚决》，《社会科学报》2016 年 7 月 14 日。

［古罗马］西塞罗：《论法律》，王焕生译，上海人民出版社 2006 年版。

新疆生产建设兵团史志编纂委员会编：《新疆生产建设兵团大事记》（1949
　　年 10 月—1992 年 12 月），新疆人民出版社 1995 年版。

徐贲:《经典阅读:美国大学的人文教育》,北京大学出版社 2015 年版。

徐晓海:《制度公正的日常生活基础》,博士学位论文,吉林大学,2005 年。

胥志强:《生活问题:民俗学"存在论研究"引论》,博士学位论文,中
　　国社会科学院研究生院,2012 年。

胥志强:《生活转向的解释学重构》,博士后出站报告,华中师范大学,
　　2015 年。

宣炳善:《大学演讲与自我启蒙》,《书屋》2005 年第 8 期。

宣炳善:《从李敖复旦的演讲思考演讲》,《粤海风》2006 年第 1 期。

宣炳善:《李敖清华演讲的爱国主义与法律信仰》,《社会科学论坛》2006
　　年第 9 期。

宣炳善:《人性自由实践的互为启蒙及其中国语境》,《民俗研究》2013 年
　　第 4 期。

薛波主编:《元照英美法词典》(缩印版),北京大学出版社 2013 年版。

[古希腊] 亚里士多德:《政治学》,吴寿彭译,商务印书馆 1996 年版。

[俄] 亚·索尔仁尼琴:《古拉格群岛:1918—1956 文艺性调查初探》(上、
　　中册),田大畏、陈汉章译,群众出版社 1982 年版。

[俄] 亚·索尔仁尼琴:《古拉格群岛:1918—1956 文艺性调查初探》(下
　　册),钱诚译,群众出版社 1982 年版。

[日] 岩本通弥:《作为方法的记忆——民俗学研究中"记忆"概念的有
　　效性》,王晓葵译,《文化遗产》2010 年第 4 期。

[日] 岩本通弥:《以"民俗"为研究对象即为民俗学吗——为何民俗学
　　疏离了"近代"》,宫岛琴美译,《文化遗产》2008 年第 2 期。

阎连科:《一派胡言:阎连科海外演讲集》,中信出版社 2012 年版。

阎连科:《走在别人的路上:阎连科语思录》,上海人民出版社 2014 年版。

阎云翔:《私人生活的变革:一个中国村庄里的爱情、家庭与亲密关系》,
　　龚小夏译,上海书店出版社 2009 年版。

杨美惠:《礼物、关系学与国家:中国人际关系与主体性建构》,赵旭东、
　　孙珉译,江苏人民出版社 2009 年版。

杨显惠:《定西孤儿院纪事》,花城出版社 2007 年版。

杨显惠:《夹边沟记事》,花城出版社 2008 年版。

一二三团史志编纂委员会编:《一二三团志》,中华书局 1999 年版。

依敏诺夫:《锦绣戈壁》,《新疆文学》1964 年第 10 期。

［美］伊维塔·泽鲁巴维尔：《房间里的大象——生活中的沉默和否认》，胡缠译，重庆大学出版社 2013 年版。

俞睿：《国家与社会关系视阈中的私人领域建构》，人民出版社 2014 年版。

［美］约翰·查菲：《批判性思维》，姜丽蓉、刁继田、李学谦译，山西人民出版社 1989 年版。

［英］约翰·密尔：《论自由》，许宝骙译，商务印书馆 1959 年版。

岳永逸：《忧郁的民俗学》，浙江大学出版社 2014 年版。

岳永逸：《都市中国的乡土声音——民俗、曲艺、心性》，中国人民大学出版社 2015 年版。

翟学伟：《中国社会中的日常权威——关系与权力的历史社会学研究》，社会科学文献出版社 2004 年版。

［美］詹姆斯·C. 斯科特：《农民的道义经济学：东南亚的反叛与生存》，程立显、刘建等译，译林出版社 2001 年版。

［美］詹姆斯·C. 斯科特：《弱者的武器》，郑广怀、张敏、何江穗译，译林出版社 2007 年版。

［美］詹姆斯·施密特编：《启蒙运动与现代性——18 世纪与 20 世纪的对话》，徐向东、卢华萍译，上海人民出版社 2005 年版。

张承志：《时代的召唤与时代的局限——俞伟超师〈考古学是什么〉序》，《常识的求知：张承志学术散文集》，生活·读书·新知三联书店 2012 年版。

张承志：《人文地理概念之下的方法论思考》，《常识的求知：张承志学术散文集》，生活·读书·新知三联书店 2012 年版。

张翠霞：《常人方法学与民俗学"生活世界"研究策略——从民俗学研究范畴和范式转换谈起》，《中央民族大学学报》2011 年第 5 期。

张轩栋：《"清官难断家务事"的法学分析》，《赤峰学院学报》2015 年第 6 期。

张君劢：《宪政之道》，清华大学出版社 2006 年版。

张千帆：《宪政原理》，法律出版社 2011 年版。

张千帆：《权利平等与地方差异：中央与地方关系法治化的另一种视角》，中国民主法制出版社 2011 年版。

张千帆：《为了人的尊严——中国古典政治哲学批判与重构》，中国民主法制出版社 2012 年版。

张千帆主编:《新农村建设的制度保障》,法律出版社 2007 年版。

张汝伦:《作为第一哲学的实践哲学及其实践概念》,《复旦学报》2005 年第 5 期。

赵旭东:《人类学是关乎人类整体的学问》,《中国社会科学报》2016 年 6 月 22 口。

钟敬文:《新的驿程》,中国民间文艺出版社 1987 年版。

周涛:《稀世之鸟》,解放军文艺出版社 1990 年版。

周涛:《坂坡村》,《周涛自选集》,新疆人民出版社 1992 年版。

周星:《"农家乐"与民俗主义》,《中原文化研究》2016 年第 4 期。

周星:《"生活革命"与中国民俗学的方向》,《民俗研究》2017 年第 1 期。

周星:《生活革命、乡愁与中国民俗学》,《民间文化论坛》2017 年第 2 期。

周作人:《祖先崇拜》,吴平、邱明一编《周作人民俗学论集》,上海文艺出版社 1999 年版。

祝秀丽:《伦理质询:家乡民俗的田野研究》,《民间文化论坛》2005 年第 4 期。

二　德语

Albrecht Dieterich, "Über Wesen und Ziele der Volkskunde", in Gerhard Lutz (Hg.), *Volkskunde. Ein Handbuch zur Geschichte ihrer Probleme*, Erich Schmidt Verlag, 1958.

Andreas Schmidt, "Die Poesie der Kultur. Ein Versuch über die Krise der wissenschaftlichen Volkskunde", in *Zeitschrift für Volkskunde*, 92 Jahrgang, 1996, I. Halbjahresband.

Bernd Rettig, *Hegels sittlicher Staat. Bedeutung und Aktualität*, Böhlau Verlag, 2014.

Bruno Schier, "Zur Stellung der Volkskunde im Wissenschaftgefüge unserer Zeit", in *Zeitschrift für Volkskunde*, 55. Jahrgang, 1959.

Burkhard Liebsch, "Geschichte und Überleben angesichts des Anderen. Levinas' Kritik der Geschicht", in *Deutsche Zeitschrift für Philosophie*, Jahrgang 44, 1996, Heft 3.

Caroline Sommerfeld-Lethen, *Wie moralisch werden? Kants moralistische Ethik*, Verlag Karl Alber Freiburg/München, 2005.

Catherine Pfeifer, "Das Eigene, das Fremde und die Volkskunde. Überlegungen zur ethnographischen Repräsentation", in *Schweizerisches Archiv für Volkskunde*, 101 (2005).

Christian Stadelmann und Edith Staufer-Wierl (Hg.), *Die Volkskunde als Wissenschaft? Zweite und letzte studentische Volkskundetagung-erste studentische kulturwissenschaftlich Tagung vom 10. Bis 12. Oktober 1990 in Wien*, Institut für Volkskunde der Universität Wien, 1992.

Cornelia Burkhardt, Gerald Frankenhäuser, "Warum lebt der Mensch moralisch", in *Deutsche Zeitschrift für Philosophie*, 2/1991.

Emmanuel Lévinas, *Die Unvorhersehbarkeiten der Geschichte*, Aus dem Französischen von Alwin Letzkus, Verlag Karl Alber Freiburg/München, 2006.

Ernst Bloch, *Das Prinzip der Hoffnung*, Suhrkamp Verlag Frankfurt am Main, 1959.

Ernst Bloch, *Naturrecht und menschliche Würde*, Suhrkamp Verlag Frankfurt am Main, 1961.

Ferdinand Tönnies, *Die Sitte*, Frankfurt am Main: Literarische Anstalt: Rütten & Loening, 1909.

Ferdinand Tönnies, *Soziologische Studien und Kritiken*, Zweite Sammlung, Verlag von Gustav Fischer, 1926.

Ferdinand Tönnies, *Gemeinschaft und Gesellschaft. Grundbegriffe der reinen Soziologie*, Wissenschaftliche Buchgesellschaft Darmstadt, 1991.

Frank Welz, *Kritik der Lebenswelt. Eine soziologische Auseinandersetzung mit Edmund Husserl und Alfred Schütz*, Westdeutscher Verlag GmbH, 1996.

Friedrich Kaulbach, *Studien zur späten Rechtsphilosophie Kants und ihrer transzendentalen Methode*, Würzburg: Könighausen und Neumann, 1982.

Friedrich Kümmel, *Über den Begriff der Zeit*, Max Niemeyer Verlag, Tübingen 1962.

Georg Wilhelm Friedrich Hegel, *Grundlinien der Philosophie des Rechts*, Felix Meiner Verlag Hamburg, 1967.

Georg Wilhelm Friedrich Hegel, *Vorlesungen über Naturrecht und Staatswissenschaft*, Felix Meiner Verlag Hamburg, 1983.

Georg Wilhelm Friedrich Hegel, *System der Sittlichkeit* [*Critik des Fichteschen*

Naturrechts], Felix Meiner Verlag Hamburg, 2002.

Gerold Prauss, "Der Mensch als 'Zweck an sich selbst'", in Elisabeth Ströker (Hg.), *Ethik der Wissenschaften? Philosophische Fragen*, Wilhelm Fink Verlag/Verlag Ferdinand Schöningh, 1984.

Goethes Werke, Band XII, Verlag C. H. Beck, München, 1978.

Günther Küchenhoff, *Rechtsbesinnung. Eine Rechtsphilosophie*, Verlag Otto Schwartz & Co. , Göttingen, 1973.

Günther Patzig, *Ethik ohne Metaphysik*, Vandenhoeck und Ruprecht, Göttingen, 1983.

Hannah Arendt, *Vita active oder Vom tätigen Leben*, Piper Verlag GmbH, München, 2013.

Hans-Horst Skupy (Hg.), *Das große Handbuch der Zitate*, Bertelsmann Lexikon Verlag GmbH, Gütersloh, 1993.

Hans Jonas, *Zwischen Nichts und Ewigkeit. Drei Aufsätze zur Lehre vom Menschen*, Vandenhoeck & Ruprecht in Göttingen, 1963.

Hans Jonas, *Das Prinzip Verantwortung. Versuch einer Ethik für die technologische Zivilisation*, Insel Verlag Frankfurt am Main, 1984.

Hans Peter Thurn, *Der Mensch im Alltag. Grundrisse einer Anthropologie des Alltagslebens*, Ferdinand Enke Verlag Stuttgart, 1980.

Harm-Peer Zimmermann, "Annäherung an Ferdinand Tönnies", in Kai Detlev Sievers (Hg.), *Beiträge zur Wissenschaftsgeschichte der Volkskunde im 19. und 20. Jahrhundert*, Karl Wachholtz Verlag Neumünster, 1991.

Harm-Peer Zimmermann, "Sitte und Konvention: Ferdinand Tönnies Version einer Dichotomie von Überlebenslogik und Herrschaftslogik", in *Zeitschrift für Volkskunde*, 88. Jahrgang 1992.

Harm-Peer Zimmermann, *Ästhetische Aufklärung. Zur Revision der Romantik in volkskundlicher Absicht*, Verlag Königshausen & Neumann GmbH, Würzburg, 2001.

Helmut Jendreiek, *Hegel und Jacob Grimm. Ein Beitrag zur Geschichte der Wissenschaftstheorie*, Erich Schmidt Verlag, 1975.

Helmut P. Fielhauer, *Von der Heimatkunde zur Alltagsforschung. Beiträge zur Währinger Kulturgeschichte*, Eingeleitet und Herausgegeben von Herbert Nikitsch, Wien, 1988.

Helmuth Vetter, "Zeichen des Anderen. Zum zweiten Hauptwerk von Lévinas mit Bezug auf Heidegger", in *Deutsche Zeitschrift für Philosophie*, Jahrgang 42, 1991, Heft 4.

Herbert Marcuse, *Das Ende der Utopie*, Verlag Peter von Maikowski, 1967.

Hermann Bausinger, "Traditionale Welten. Kontinuität und Wandel in der Volkskultur", in *Zeitschrift für Volkskunde*, 81. Jahrgang 1985.

Hermann Bausinger, "Zur Spezifik volkskundlicher Arbeit", in *Zeitschrift für Volkskunde*, 76. Jahrgang 1980.

Hermann Bausinger, "Ungleichzeitigkeit. Von der Volkskunde zur empirische Kulturwissenschaft", in *Der Deutschunterricht*, 6/87 od. VI, 1987.

Hermann Bausinger, "Wir Kleinbürger. Die Unterwanderung der Kultur", in *Zeitschrift für Volkskunde*, 90. Jahrgang, 1994.

Hermann Cohen, *Ethik des reinen Willens*, Dritte Auflage, Verlag bei Bruno Cassirer Berlin, 1921.

Hermann Glockner (Hg.), *Hundert Aussprüche Hegels*, Fr. Frommanns Verlag Günther Holzboog, 1958.

Igor Nowikow, *Der Freiheitsbegriff bei Kant. Eine philosophische Untersuchung im Rückblick auf das christliche Freiheitsverständnis*, Peter Lang GmbH, 2014.

Ilse N. Bulhof, "Literarische Elemente in wissenschaftlichen Texten: Grundlegung einer hermeneutischen Ontologie", in *Allgemeine Zeitschrift für Philosophie*, 12 Jahrgang, 1987, Heft 2.

Immanuel Kant, *Metaphysik der Sitten*, Dritte Auflage, Herausgegeben und mit Einleitung sowie einem Personen-und Sachregister versehen von Karl Vorländer, Verlag von Felix Meiner, 1919.

Immanuel Kant, *Kritik der Urteilskraft*, Fünfte Auflage, Herausgegeben, eingeleitet und mit einem Personen-und Sachregister versehen von Karl Vorländer, Verlag von Felix Meiner, 1922.

Immanuel Kant, *Die Religion innerhalb der Grenzen der blossen Vernunft*, Fünfte Auflage, Herausgegeben und mit einer Einleitung sowie einem Personen-und Sachregister versehen von Karl Vorländer, Verlag von Felix Meiner, 1922.

Immanuel Kant, "Beantwortung der Frage: Was ist Aufklärung?", in *Immanuel Kants Werke*, Band IV, Herausgegeben von Ernst Cassirer, Verlegt bei Bruno Cassirer, 1922.

Immanuel Kant, "Über den Gebrauch teleologischer Prinzipien in der Philosophie", in *Immanuel Kants Werke*, Band IV, Herausgegeben von Ernst Cassirer, Verlegt bei Bruno Cassirer, 1922.

Ina-Maria Greverus, "Über Kultur und Alltagswelt", in *Ethnologia Europaea*, Volume IX (1976).

István Hermann, *Kants Teleologie*, Akadémiai Kiadó, Budapest, 1972.

Josef Hanika, *Volkskundliche Wandlungen durch Heimatverlust und Zwangswanderung: Methodische Forschungsanleitung am Beispiel der deutschen Gegenwart*, Otto Müller Verlag, Salzburg, 1957.

Josef Simon, "Ende der Herrschaft? Zu Schriften von Emmanuel Lévinas in deutschen Übersetzungen", in *Allgemeine Zeitschrift für Philosophie*, Jahrgang 10, 1985, Heft 1.

Josef Stürmann, *Der Mensch in der Geschichte. Versuch einer philosophisch-anthropologischen Geschichtsbetrachtung*, Verlag Kurt Desch München, 1948.

Julius Schwietering, "Wesen und Aufgaben der deutschen Volkskunde", in Gerhard Lutz (Hg.), *Volkskunde. Ein Handbuch zur Geschichte ihrer Probleme*, Erich Schmidt Verlag, 1958.

Jürgen Sprute, "Das moralische Urteil in der neueren ethischen Diskussion", in *Allgemeine Zeitschrift für Philosophie*, 1979 4/2.

Klaus Held, "Heimwelt, Fremdwelt, die eine Welt", in *Perspektiven und Probleme der Husserlschen Phänomenologie: Beiträge zur neueren Husserl-Forschung*, Verlag Karl Freiburg, 1991.

Konrad Köstlin, " 'Heimat' als Identitätfabrik", in *Österreichische Zeitschrift für Volkskunde* 99 (1996).

Manfred Klein, *Antizipation und Noch-Nicht-Sein-Zum Heimatbegriff bei Ernst Bloch*, Hamburg, Disserta Verlag, 2014.

Manfred Riedel, "Menschenrechtsuniversalismus und Patriotismus Kants politisches Vermächtnis an unsere Zeit", in *Allgemeine Zeitschrift für Philosophie*, Jahrgang 18, Heft 1, 1993.

Martin Heidegger, *Sein und Zeit*, Max Niemeyer Verlag, 1953.

Michaela Fenske (Hg.), *Alltag als Politik-Politik im Alltag. Dimensionen des Politischen in Vergangenheit und Gegenwart*, LIT Verlag Dr. W. Hopf, Berlin, 2010.

Michael Terwey, "Theorie und Empirie bei Tönnies", in Lars Clausen und Franz Urban Pappi (Hg.), *Ankunft bei Tönnies. Soziologische Beiträge zum 125. Geburtstag von Ferdinand Tönnies*, Walter G. Mühlau Verlag, 1981.

Oliviero Angeli, Thomas Rentsch, Nele Schneidereit, Hans Vorländer (Hg.), *Transzendenz, Praxis und Politik bei Kant*, Akademie Verlag, 2013.

Paul-Heinz Koesters, *Deutschland deine Denker. Geschichten von Philosophen und Ideen, die unsere Welt bewegen*, Wilhelm Goldmann Verlag, 1982.

Paul Tillich, *Der Mut zum Sein*, Furche-Verlag, 1965.

Rudolf Eucken, *Die Lebensanschauungen der grossen Denker. Eine Entwicklungsgeschichte des Lebensproblems der Menschheit von Platon bis zur Gegenwart*, Walter de Gruyter & Co. , Berlin, 1950.

Silke Göttsch, "Volkskunde, Europäische Ethnologie oder. . . ? Auf der Suche nach disziplinarer Identität", in Regina Bendix und Tatjana Eggeling (Hg.), *Namen und was sie bedeuten. Zur Namensdebatte im Fach Volkskunde*, Schmerse Verlag, Göttingen, 2004.

Thea Bauriedl, "Demokratie beginnt beim einzelnen", in Heidi Bohnet und Klaus Piper (Hg.), *Lust am Denken. Eine Lesebuch aus Philosophie, Natur-und Humanwissenschaften 1981 – 1991*, R. Piper & Co. KG, München, 1992.

Thomas Scholze, "Die Tübinger Schule", in Wolfgang Jacobeit, Hannjost Lixfeld, Olaf Bockhorn, James R. Dow (Hg.), *Völkische Wissenschaft: Gestalten und Tendenzen der deutschen und Österreichischen Volkskunde in der ersten Hälfe des 20. Jahrhunderts*, Böhlau Verlag, 1994.

Viktor E. Frankl, "Sein ist ein Verantwortlichsein", in Heidi Bohnet und Klaus Piper (Hg.), *Lust am Denken. Eine Lesebuch aus Philosophie, Natur-und Humanwissenschaften 1981 – 1991*, R. Piper & Co. KG, München, 1992.

Viktor Geramb, "Zur unseren Aufgaben", in *Österreichische Zeitschrift für Volkskunde*, Neue Serie Band 1, Gesamtserie Band 50, Wien, 1947.

Werner Jaeger, *Paideia. Die Formung des griechischen Menschen*, I-III, Walter de Gruyter & Co. , 1959.

Wilhelm Schapp, *In Geschichten Verstrickt. Zum Sein von Mensch und Ding*, Richard Meiner Verlag, 1953.

Wilhelm Schapp, *Philosophie der Geschichten*, Vittorio Klostermann GmbH, 1981.

Wilhelm Seeberger, *Hegel oder die Entwicklung des Geistes zur Freiheit*, Ernst Klett Verlag, Stuttgart, 1961.

Wolfgang Kauchuba, *Einführung in die Europäische Ethnologie*, Verlag C. H. Beck München, 2006.

Wolfgang Senz, *Transzendentalphilosophie und Volkskunde. Zur Transzendentalphilosophie als Fundament des Vergegenwärtigens*, Unter Mitarbeit von Brigitte Senz, Peter Lang GmbH, Frankfurt am Main 2006.

Wolfgang Welsch, "Subjektsein heute. Überlegungen zur Transformation des Subjekts", in *Deutsche Zeitschrift für Philosophie*, 39. Jahrgang, Heft 4, 1991.

三　英语

Alexander Solzhenitsyn, *Nobel Lecture*, Translated from the Russian by F. D. Reeve, Farrar, Straus and Giroux, 1972.

Alexandr I. Solzhenitsyn, *East and West*, Harper & Row, Publishers, Inc. , 1980.

Alfred Schutz and Thomas Luckmann, *The Structures of the Life-world*. Translated by Richard M. Zaner and H. Tristram Engelhardt. Jr. , Northwestern University Press, 1973.

Alfred Schutz and Thomas Luckmann. *The Structures of the Life-world*. Vol. 2, Translated by Richard M. Zaner and David J. Parent. Jr. , Northwestern University Press, 1989.

Bradley Murray, *The Possibility of Culture: Pleasure and Moral Development in Kant's Aesthetics*, John Wiley & Sons, Inc. , 2015.

Claude Lévi-Strauss, *Tristes Tropiques*, Translated by John and Doreen Weightman, Jonathan Cape Ltd. , 1973.

Dan Ben-Amos, " 'Context' in Context", *Western Folklore*, Volume 52, 1993.

Emmanuel Levinas, *Collected Philosophical Papers*, Translated by Alphonso Lingis, Martinus Nijhoff Publishers, 1987.

Emmanuel Levinas, *Alterity and Transcendence*, Translated by Michael B. Smith, The Athlone Press, 1999.

Emmanuel Levinas, *God, Death, and Time*, Translated by Bettina Bergo, Stanford University Press, 2000.

Hannah Arendt, *Eichmann in Jerusalem: A Report on the Banality of Evil*, Revised and Enlarged Edition, Penguin Books, 1994.

Hannah Arendt, "Introduction into Politics", in *The Promise of Politics*, Edited and with an Introduction by Jerome Kohn, Schocken Books, New York, 2005.

Hans Ingvar Roth, "Peng Chun Chang, Intercultural Ethics and the Universal Declaration of Human Rights", in Göran Collste (ed.), *Ethics and Communication: Global Perspectives*, Rowman & Littlefield International Ltd., 2016.

Harris M. Berger and Giovanna P. Del Negro, *Identity and Everyday Life: Essays in the Study of Folklore, Music, and Popular Culture*, Wesleyan University Press, 2004.

Ivan Brady (ed.), *Anthropological Poetics*, Rowman & Littlefield Publishers, Inc., 1991.

J. Ivan Prattis, *Anthropology at the Edge: Essays on Culture, Symbol, and Consciousness*, University Press of America, 1997.

John J. Drummond, "Time, History, and Tradition", in John B. Brough & Lester Embree (ed.), *The Many Faces of Time*, Kluwer Academic Publishers, 2000.

John Dewey, "Creative Democracy—The Task before Us", *Classic American Philosophers*, Edited by Max H. Fisch. Prentice-Hall, Inc., 1951.

Jonathan Webber, "The Kingdom of Death as a Heritage Site: Making Sense of Auschwitz", in William Logan, Máiréad Nic Craith, and Ullrich Kockel (ed.), *A Companion to Heritage Studies*, John Wiley & Sons, Inc., 2016.

Lynne Ann DeSpelder and Albert Lee Strickland, *The Last Dance: Encountering*

Death and Dying, Mayfield Publishing Company, 1992.

M. D. Muthukumaraswamy and Molly Kaushal (ed.), *Folklore, Public Sphere, and Civil Society*, Indira Gandhi National Centre for the Arts, 2004.

Monika Betzler (ed.), *Kant's Ethics of Virtue*, Walter de Gruyter GmbH & Co. , 2008.

Robert Baron, "Public Folklore Dialogism and Critical Heritage Studies", *International Journal of Heritage Studies*, Vol. 22, 2016.

Seán Hand (ed.), *The Levinas Reader*, Blackwell Publishers, 1996.

Susan Ritchie, "Ventriloquist Folklore: Who Speaks for Representation?" *Western Folklore*, Vol. 52, April 1993.

William A. Wilson, "The Deeper Necessity: Folklore and the Humanities", *Journal of American Folklore*, Vol. 101, No. 400, 1988.

一滴眼泪的微笑

——后记

作为实践民俗学的田野笔记，本书研究的不再是经验实证意义上的田野，因而不再是见物不见人的田野，而是把人的内心当作交互主体意义上的田野，因而是人同此心、心同此理意义上的田野，当然也是日常生活的苦难与希望意义上的田野。它不是单纯的回忆和怀旧，而是对回忆和怀旧的反思与先验还原。它的主旨，与其说是描述了我家日常生活的一部分已然和实然，不如说是立足应然和可然的立场还原其目的条件；与其说是故作高深、故弄玄虚，不如说是通过摆事实、讲道理，进一步论证理性常识和公识原理是好生活不可或缺的目的条件。它的意图，与其说是提供答案，不如说是提出问题。它对现实的批判直指我本人的自我反省和自我解剖，它的沿波讨源和发微抉隐是为了更深入地开掘人性善恶的根源及其目的条件。这个人是我，但未必不可以是别人。

本书的写作有意抑制我本来就发育不良的文学想象力。若干年前，我读到韩少功《马桥词典》中的一段描述：

> 晚上，我住在乡政府的客房里。有人敲我的门，打开来，黑洞洞的外面没有人影，只有一根圆木直愣愣捅进房来。我终于看清了，随后进来了盐早，比以前更加瘦了，身上每一块骨节都很尖锐，整个身子是很多锐角的奇怪组合。尤其是一轮喉骨尖尖地挺出来，似乎眼看就要把颈脖割破。他笑的时候，嘴里红多白少，一张嘴就暴露出全部肥厚的牙龈。
>
> 他的肩还是没有闲着，竟把一筒圆木又背了这十多里路。
>
> 他显然是追着来看我的。从他手势来看，他要把这筒木头送给我，回报我对他的同情和恓记。他家里也许找不出比这更值钱的东西。
>
> 他还是不习惯说话，偶尔说出几个短短的音节，也有点含混不

清。更多的时候，他只是对我的问话报以点头或摇头，使谈话得以进行。我后来知道，这还不是我们谈话的主要障碍，即便他不是一个牛哑哑，我们也找不到什么话题。除了敷衍一下天气和今年的收成，除了谢绝这一筒我根本没法带走的木头，我不知道该说什么，不知道该说什么才能点燃他的目光，才能使他比点头或摇头有更多的表示。他沉默着，使我越来越感到话的多余。我没话找话，说你今天到龙家滩去了，说我今天已经到过你家，说我今天还看见了复查和仲琪，如此等等。我用这些毫无意义的废话，把一块块沉默勉强连成谈话的样子。

幸好客房里有一台黑白电视机，正在播一部老掉牙的武打片。我拿出兴致勃勃的样子，一次次把目光投向武士、小姐、老僧们的花拳绣腿，以示我的沉默情有可原。

幸亏还有个挂着鼻涕的陌生娃崽几次推门进来，使我有些事情可做，问问他的名字，给他搬凳子，同他身后的一位妇人谈谈小孩的年龄，还有乡下计划生育。

差不多半个钟头到了。也就是说，一次重逢和叙旧起码应该有的时间指标已经达到了，可以分手了。半个钟头不是十分钟，不是五分钟。半个钟头不算太仓促，不算太敷衍，有了它，我们的回忆中就有了朋友，不会显得太空洞和太冷漠。我总算忍住了盐早身上莫名的草腥味——某种新竹破开时冒出来的那种气味，熬过了这艰难而漫长的时光，眼看就要成功。

他起身告辞，在我的强烈要求下重新背上了那沉沉的木头，一个劲地冲我发出"呵"、"呵"的声音，像要呕吐。我相信他有很多话要说，但所有的话都有这种呕吐的味道。

他出门了，眼角里突然闪耀出一滴泪。

黑夜里的脚步声渐渐远去。

我看见了那一颗泪珠。不管当时光线多么暗，那颗泪珠深深钉入了我的记忆，使我没法一次闭眼把它抹掉。那是一颗金色的亮点。我偷偷松下一口气的时候，我卸下了脸上僵硬笑容的时候，没法把它忘记。我毫无解脱之感。我没法在看着电视里的武打片时把它忘记。我没法在打来一盆热水洗脚的时候把它忘记。我没法在挤上长途汽车并且对前面一个大胖子大叫大喊的时候把它忘记。我没法在买报纸的时候把它忘记。我没法打着雨伞去菜市场呼吸鱼腥气的时候把它忘记。

我没法在两位知识界精英软磨硬缠压着我一道参与编写交通法规教材并且到公安局买通局长取得强制发行权的时候把它忘记。我没法在起床的时候忘记。

黑夜里已经没有脚步声。

我知道这颗泪珠只属于远方。远方的人，被时间与空间相隔，常常在记忆的滤洗下变得亲切，动人，美丽，成为我们梦魂牵绕的五彩幻影。一旦他们逼近，一旦他们成为眼前的"渠"，情况就很不一样了。他们很可能成为一种暗淡而乏味的陌生，被完全不同的经历，完全不同的兴趣和话语，密不透风坚不可破地层层包藏，与我无话可说——正像我可能也在他们目光里面目全非，与他们的记忆绝缘。

我想找到的是他，但只能找到渠。

我不能逃离渠，又没有办法忘记他。

马桥语言明智地区分"他"与"渠"，指示了远在与近在的巨大区别，指示了事实与描述的巨大差别，局外描述与现场事实的巨大差别。我在那一个夜晚看得很清楚，在这两个词之间，在那位多个锐角的奇怪组合扛着木头一步从"渠"跨入"他"的时候，亮着一颗无言的泪珠。①

此后，这颗"无言的泪珠"一直闪现在我的记忆里，钻心刺骨、历久弥新！当越来越多的人聚在不同的微信群里却由于三观（人生观、世界观和价值观）不同而分道扬镳时，当时空的靠近不再是心灵相近的因缘、反倒是精神疏远的反证时，这颗"无言的泪珠"早已超越韩少功为它赋予的含义，达致人与人的存在境遇，成为精神隔膜的根本写照，也验证了我的一种理解：它隔离的岂止是城乡以及我与家乡的父老乡亲，简直就是普通人与普通人！它表达的又岂止是相见不如怀念呢？

人非草木，孰能无情。几千年来，活在号称抒情诗国度里的我们盛产了太多的眼泪，但有多少眼泪可以让我们胡来，可以让我们任意挥霍为滥情，并且一代一代廉价地消费下去，以至于可以让我们穷得只剩下眼泪呢？我不想加入煽情的行列，不想再为这颗"无言的泪珠"增加新的细节和新的种类，也不想把自己仅仅托付给这滴随时都可能蒸发掉的眼泪，但

---

① 韩少功：《马桥词典》，作家出版社 1996 年版，第 159—161 页。

我绝非要轻视它。相反，在我的眼里，这滴眼泪承载的是生命的全部重量，甚至可能是生命中不能承受之重！它可能潜藏着生活的最后秘密，甚至可能是民俗学的最后秘密。正因为这颗"无言的泪珠"有如此分量和重量，才不容我感情用事、任意挥霍和随意打发。毕竟，几千年来，已经有无数文人雅士走在消费这滴眼泪的大路上，我不想凑这个热闹。在写作本书时，我的眼中时常也会情不自禁地"闪耀出一滴泪"，但我努力不让它模糊我的双眼。如果这颗"无言的泪珠"代表人的自然情感，那它当然可以随意流淌，也自有江山代有的才子佳人们不断给它增添丰富性与多样性，用不着我来操碎了心。如果它象征人间的屈辱和不公，说多了都是泪，我就要想方设法，让这颗"无言的泪珠"变成一滴会微笑和能微笑的眼泪。兹事体大，不可不察。

本书思考的主题就是如何成就并保障一滴眼泪的微笑。它的引述有意造成互文文本和六经注我的效果，它重复某些结论也是由于重要的话要说三遍。为了体现我对相关问题的连续关注及其发展脉络，特把从前发表过的几篇旧文作为本书附录。这些文章，大多已很难找到。那篇写我的大学同学兼好友的文章，也是对我自己的日常生活做一点探幽发微的工作。另两篇评论文字并非直接写我的家乡，但涉及的问题直接与本书相关，故一并收录。将这些文章与本书对照阅读，既有互补、互参之效，也可看出我在想法上的连贯与变化。

书中使用的照片，除了注明出处或拍摄者不详之外，多数由我本人拍摄。

为了写作本书，我曾分别于 2016 年 3 月、7 月、9 月和 2017 年 4 月四次返回家乡调研。感谢一二三团史志办主任韩子猛先生惠赠他的小说和部分团史资料，感谢大叔余建军、姑姑余军玲、堂嫂叶桂英、二弟户军辉、三弟户金辉、堂弟户明中、堂妹户小群为本书提供部分照片，感谢吕微研究员和安德明研究员推荐本书申请中国社会科学院创新工程学术出版资助项目，感谢科研局朱渊寿先生的支持与关爱，感谢中国社会科学出版社郭晓鸿博士和熊瑞女士的细心编辑，感谢妻子对本书的两个修改稿分别提出了修改意见，也感谢对本书的写作给予各种帮助、支持和关注的亲朋好友！在某种意义上，这本书也是为你们写的，因为我写作时，心里想的不仅是自己和家人，也把陌生的你们视同亲人。如果你们能从本书中找到或多或少的共鸣，那就是对我最大的褒奖。

最后，我想请你们一起聆听刀郎的歌《德令哈一夜》：

> 看着窗外烟雨中依旧车水马龙，
> 始终无法清晰地记起昨夜谁入梦，
> 毕竟心里也不敢轻易去碰刚愈合的痛，
> 你再忍一忍，你再等一等。
> 是谁把我昨夜的泪水全装进酒杯，
> 是否能用这短短的一夜把痛化做无悔。
> 毕竟泪不是飘落在窗外无心的雨水，
> 只要被打碎，就会随风飞。
> 谁在窗外流泪，
> 流的我心碎。
> 雨打窗听来这样的伤悲，
> 刹那间拥抱你给我的美，
> 尽管准备了千万种面对，
> 谁曾想会这样心碎。
> 谁在窗外流泪，
> 流得我心碎。
> 情路上一朵雨打的玫瑰，
> 凋零在爱与恨的负累，
> 就让痛与悲哀与伤化做雨水，
> 随风飘飞。

户晓辉

2016 年 12 月 8 日记于十面霾伏中的北京

2017 年 5 月改定